Constantin Sonkwé Tayim
Narrative der Emanzipation

Studien und Texte zur Sozialgeschichte der Literatur

—

Herausgegeben von
Norbert Bachleitner, Christian Begemann,
Walter Erhart und Gangolf Hübinger

Band 135

Constantin Sonkwé Tayim

Narrative der Emanzipation

Autobiographische Identitätsentwürfe
deutschsprachiger Juden aus der Emanzipationszeit

DE GRUYTER

Gedruckt mit freundlicher Unterstützung der Geschwister Boehringer Ingelheim Stiftung für
Geisteswissenschaften in Ingelheim am Rhein.

ISBN 978-3-11-030726-9
e-ISBN 978-3-11-030745-0
ISSN 0174-4410

Library of Congress Cataloging-in-Publication Data
A CIP catalog record for this book has been applied for at the Library of Congress.

Bibliografische Information der Deutschen Nationalbibliothek
Die Deutsche Nationalbibliothek verzeichnet diese Publikation in der Deutschen
Nationalbibliografie; detaillierte bibliografische Daten sind im Internet
über http://dnb.dnb.de abrufbar.

© 2013 Walter de Gruyter GmbH, Berlin/Boston
Druck: Hubert & Co. GmbH & Co. KG, Göttingen
♾ Gedruckt auf säurefreiem Papier
Printed in Germany

www.degruyter.com

Meiner Frau Magloire Sonkwé
und unseren geliebten Kindern
Janice Uriel,
Mel Evans,
Joyce Trinity
und Franck Vanel.

Vorwort

Die vorliegende Studie entstand zwischen 2009 und 2012 im Promotionsstudiengang Literaturwissenschaft der Ludwig-Maximilians-Universität München und wurde dort 2012 als Dissertation angenommen. Sie ist für die Publikation leicht überarbeitet worden. Diese Studie zu jüdischen Selbstentwürfen der Emanzipationszeit ist der Versuch, die jüdische Emanzipation und die damit einhergehende Assimilation der Juden an die nichtjüdische Gesellschaft aus dem persönlichen Blickpunkt der Betroffenen zu erfassen. Es geht um die Problematik des Eintritts des Judentums in die Moderne, um die damit zusammenhängenden Umwandlungen in der jüdischen wie in der nichtjüdischen Welt, sowie um die Folgen dieses Prozesses für die Bestimmung von Jude-Sein. Ferner geht es um die Spannung zwischen einer Bewahrung der Tradition und einem Bruch mit ihr, auch um das Verhältnis von Juden zu unterschiedlichen europäischen Mehrheitsgesellschaften. Motiviert wurde die Studie nicht zuletzt durch meinen Glauben daran, durch die Auseinandersetzung mit jüdischer Identität Denkanstöße für ein Nachdenken über die Bedeutung von eigener und fremder Kultur in Afrika erhalten zu können.

Für ihre wissenschaftliche und persönliche Unterstützung bei der Erstellung dieser Arbeit bin ich mehreren Menschen dankbar, die an dieser Stelle genannt werden sollen. Mein ganz besonderer Dank gilt zunächst meinem Doktorvater Prof. Dr. Christian Begemann für die Betreuung meines Dissertationsvorhabens, das er durch seine kompetenten Anregungen sehr gefördert hat. Mein herzlicher Dank gilt ferner Prof. Dr. Tobias Döring, der nicht nur ohne Zögern bereit war, das Zweitgutachten zu übernehmen, sondern auch meine Arbeit von Anfang an mit viel Interesse verfolgte und sie mit konstruktiver Kritik begleitete. Der Ludwig-Maximilians-Universität München bin ich dafür dankbar, dass sie meine Arbeit zunächst zweieinhalb Jahre durch eine Qualifikationsstelle am Zentrum für Sprach- und Literaturwissenschaft und dann durch ein sechsmonatiges Abschlussstipendium des Graduate-Centers finanziell unterstützt hat. So konnte ich mein Projekt über drei Jahre hinweg ohne finanzielle Engpässe durchführen. Im besonderen Maße zu Dank verpflichtet bin ich dem Koordinationsbüro des Promotionsstudiengangs Literaturwissenschaft der Universität München für die immer vertrauensvolle und wohlwollende Betreuung während dieser drei Jahre. Herzlich danken möchte ich Dr. Brigitte Rath, Dr. Elisabeth Dobringer und Dr. Markus Wiefarn. Dass ich mich hauptsächlich auf meine Arbeit konzentrieren konnte und wenig mit behördlichen Angelegenheiten zu tun hatte, haben ich ihnen zu verdanken. Für die Bereitschaft zur Diskussion über die vorläufigen Ergebnisse meiner Arbeit danke ich zudem den beteiligten Professoren des Promotionsstudiengangs Literaturwissenschaft sowie meinen Doktorandenkollegen. Ute Gröbel, Nadine Feßler, Daniel Graziadei und besonders Sören Stange haben mir trotz zahlreicher Beschäftigungen bei der Korrektur der vorliegenden Arbeit geholfen. Hierfür und für die anregenden Hinweise bin ich Ihnen zu Dank verpflichtet. Zu danken habe ich ebenfalls Dagmar Bouziane, die meine Literaturrecherchen in der Berliner Staatsbibliothek beträchtlich erleichtert hat. Ferner danke ich dem Personal der Bibliothek des Jüdischen Museums in Berlin für ihre Unterstützung bei meiner Quellenforschung. Meine tief empfundene Dankbarkeit möchte ich hier für jene Menschen bekunden, die mich in meiner Studienzeit begleitet haben und auf ihre Weise zum Zustandekommen dieser Arbeit beigetragen haben. Genannt seien stellvertretend Prof. Dr. David Simo, Prof. Dr. Alioune Sow und Prof. Dr. Joseph Gomsu von der Universität Yaoundé I, die in all den Jahren durch zahlreiche Seminare, Vorlesungen, Tagungen und persönliche Gespräche meine Ausbildung förderten. Ebenfalls danke ich Dr. Christa Grimm von der Universität Leipzig, meiner ersten Forschungsstätte in Deutschland, für ihre langjährige persönliche und akademische Unterstützung. Die Herausgeber der Reihe „Studien und Texte zur Sozialgeschichte der Literatur", Prof. Dr. Norbert Bachleitner, Prof. Dr. Christian Begemann, Prof. Dr. Walter Erhart und Prof. Dr. Gangolf Hübinger, haben meine Arbeit freundlicherweise in ihre Reihe aufgenommen. Dafür bin ich ihnen zu Dank verpflichtet. Die Arbeit wurde dank einer finanziellen Förderung der Johanna und Fritz Buch Gedächtnis-Stiftung gedruckt. Dafür möchte ich der Stiftung meinen Dank aussprechen. Das Verfassen dieser Arbeit wurde weitgehend durch den Wunsch beschleunigt, baldmöglichst wieder bei meiner Familie zu sein, von der ich drei Jahre lang getrennt leben musste. Für ihre Geduld, ihre Liebe, ihre Motivation und ihre bedingungslose Unterstützung bin ich meiner Frau und meinen Kindern zutiefst dankbar. Last but not least möchte ich abschließend meiner Mutter Pauline Tayim und meinem leider verstorbenen Vater Lucas Tayim für ihre Liebe danken und dafür, dass sie sich bei meiner Erziehung und Ausbildung alle erdenkliche Mühe gegeben haben. Auf ihre Weise haben sie an dieser Arbeit mitgeschrieben. Danke!

Yaoundé, im Januar 2013   Constantin Sonkwé Tayim

Inhalt

Abkürzungsverzeichnis

Bildung:	Rosenzweig, Franz: Bildung – und kein Ende. Wünsche zum jüdischen Bildungsproblem des Augenblicks insbesondere zur Volkshochschulfrage. In: Ders.: Zweistromland. Kleinere Schriften zur Religion und Philosophie. Berlin/Wien: Philo 2001.
Briefe:	Heine, Heinrich: Briefe. Erste Gesamtausgabe nach den Handschriften herausgegeben, eingeleitet und erläutert von Friedrich Hirth. Mainz: Florian Kupferberg, 1948.
EG:	Geissmar, Clara: Erinnerungen. Leo Baeck Institute, ME 181.
Erinnerungen:	Bloch, Joseph Samuel: Erinnerungen aus meinem Leben. Band I und II. Wien und Leipzig: R. Löwit Verlag, 1922.; Bloch, Joseph Samuel: Erinnerungen aus meinem Leben. Band III. Aus dem handschriftlichen Nachlass des Verfassers herausgegeben von seinem Bruder Morris Bloch. Wien: Appel & Co.-Verlag, 1933.
GD:	Burg, Meno: Geschichte meines Dienstlebens. Teetz: Hentrich & Hentrich, 1998.
GM:	Fromer, Jakob: Vom Ghetto zur modernen Kultur. Eine Lebensgeschichte. Charlottenburg: Im Verlage des Verfassers, 1906.
JK:	Mayer, Sigmund: Lebenserinnerungen. Ein jüdischer Kaufmann 1831-1911. zweite Auflage. Hg. von Sidonie Rosenberg. Berlin/Wien: Benjamin Harz Verlag, 1926.
LBI:	Leo Baeck Institute
Lebenserinnerungen:	Hirsch Heymann, Aron: Lebenserinnerungen. Nach seiner Niederschrift im Auftrage seiner Kinder herausgegeben von Heinrich Loewe. Berlin. Eigentum der Familie, 1909.
M:	Wengeroff, Pauline: Memoiren einer Grossmutter. Bilder aus der Kulturgeschichte der Juden Russlands im 19. Jahrhundert. Band I und II. Mit einem Geleitwort von Dr. Gustav Karpeles. Zweite, durchgesehene Auflage. Berlin: Verlag von M. Poppelauer, 1913.
ML:	Lewald, Fanny: Meine Lebensgeschichte. Band I, II, II. Frankfurt am Main: Helmer, 1988.
Poetik:	Aristoteles: Poetik. Übersetzt und herausgegeben von Manfred Fuhrmann. Stuttgart: Reclam, 1982.
Nathan:	Lessing, Gotthold Ephraim: Nathan der Weise. Stuttgart: Reclam, 1975.
Zwist:	Bloch, Joseph Samuel: Der nationale Zwist und die Juden in Österreich. Wien: Verlag von M. Gottlieb, 1886.

1 Einleitung

1.1 Problemskizze und Ziel der Arbeit

Ausgangspunkt der vorliegenden Studie ist die These, dass verallgemeinernde Konzepte wie „Assimilation", „Zionismus", „Sozialismus" und „Traditionalismus", die zur Bezeichnung unterschiedlicher Tendenzen des Judentums in der „Emanzipationszeit" gängig geworden sind,[1] nur in begrenztem Maße ein Umfassen der tatsächlichen Wandlungen jüdischen Selbstbewusstseins in dieser Zeit ermöglichen. Die Arbeit möchte vor dem Hintergrund politischer, gesellschaftlicher und kultureller Umwandlungen, die mit der Emanzipation der Juden als einer Übergangsperiode einhergehen, literarische Darstellungsformen jüdischen Selbstbewusstseins herausarbeiten, und dabei die Dissonanzen in den unterschiedlichen Positionen hervorheben. Exemplarisch wird dargestellt, wie deutschsprachige Juden ihr Dasein in ihren Autobiographien ausformulieren, wie sie ihre persönliche und kollektive „Identität" im Umfeld von Assimilation und Emanzipation entwerfen. Es geht um die Frage nach dem Selbstverständnis von Juden in der Emanzipationszeit, oder anders ausgedrückt, was das Wort „Jude" bedeutete. Dabei geht es nicht darum, kohärente Identitätsmodelle herauszuarbeiten. Stattdessen möchte ich durch das Aufzeigen von Dissonanzen die Komplexität und die Grenzen unterschiedlicher Modellierungen von Identität aufzeigen.

Von Pogromen und Ghettos über „Taufepidemien" und den Verlust des Glaubens bis hin zum Judenstern liest sich die Geschichte der Juden in Europa in großen Teilen als Geschichte von Ausgrenzung und Resistenz gegenüber Ausgrenzung. Sie ist aber zugleich eine Geschichte von Angleichung und Resistenz gegenüber Angleichung. Die in den Jüdischen Studien übliche Verbindung von Emanzipation und Assimilation spricht dafür.[2] An diesem je nach Ort und Zeit unterschiedlichen komplexen Prozess nahmen die Juden in verschiedener Art und Weise teil. Zu keiner Zeit wurde aber diese Verstrickung von Anglei-

---

1 Vgl. Leo Baeck: Von Mendelssohn zu Franz Rosenzweig. Typen jüdischen Selbstverständnisses in den letzten beiden Jahrhunderten. Franz Delitzsch-Vorlesungen. Stuttgart 1958; Klara Pomeranz Carmely: Das Identitätsproblem jüdischer Autoren im deutschen Sprachraum. Von der Jahrhundertwende bis zu Hitler. Königstein 1981.
2 Vgl. Jacob Katz: Zur Assimilation und Emanzipation der Juden. Ausgewählte Schriften. Wissenschaftliche Buchgesellschaft. Darmstadt 1982 (Im Folgenden „Zur Assimilation und Emanzipation"); Reinhard Rürup: Emanzipation und Antisemitismus. Studien zur „Judenfrage" der bürgerlichen Gesellschaft. Frankfurt am Main: Fischer Taschenbuch Verlag, 1987.

chung und Resistenz gegenüber Angleichung so prägend und intensiv in der Öffentlichkeit ausgetragen wie in der sogenannten Emanzipationszeit. Heinrich Heine zählt aus methodologischen Erwägungen zwar nicht zu den hier untersuchten Autoren,[3] es findet sich in der Geschichte der Emanzipation aber kaum eine andere Figur, die die Ambivalenz und die Problematik dieses Prozesses besser verkörpert und darstellt. In einem Brief an seinem Freund Moses Moser aus dem Jahr 1826 beschreibt Heine, ein Kronzeuge dieser Epoche, die äußerst komplexe gesellschaftliche und geistige Situation des sich emanzipierenden Juden am eigenen Beispiel: „Ist es nicht närrisch", schreibt Heine, „kaum bin ich getauft, so werde ich als Jude verschrien. Aber ich sage Dir, nichts als Widerwärtigkeit seitdem. – Z.B. auch, daß ich um den Ruhm von 1825 geprellt bin."[4] Die Taufe, die Heine hier in Bezug auf sich selbst erwähnt und zugleich bereut, ist das Los zahlreicher Juden, die unter der wachsenden Forderung des nichtjüdischen Teils der Bevölkerung, sich anzugleichen, aus unterschiedlichen Motivationen den Schritt unternahmen und dadurch meistens zwischen die Stühle gerieten. Sie erfuhren Ablehnung von Seiten der Nichtjuden und von Seiten mancher Juden. Die daraus resultierende Verstimmung, der sogenannte „Judenschmerz", wurde für eine ganze Generation von Juden symptomatisch. In einem weiteren Brief an demselben Freund im selben Monat schreibt Heine,

---

3 Die einzige zusammenhängende Lebensbeschreibung Heines sind seine *Memoiren und Geständnisse*. Allerdings wird das hier diskutierte Thema der jüdischen Emanzipation und Assimilation in diesen *Memoiren* nur am Rande erwähnt. Walter Zimorski, der auf Heines Misstrauen gegenüber der traditionellen Form der Autobiographie als Form der Selbstdarstellung verweist, fasst in dieser Hinsicht Heines *Memoiren* zusammen. Ihm zufolge sind es „zeitkritische *Memoiren,* die autobiographische Selbstdarstellung mit satirischer Zeitdarstellung verbinden: moderne europäische Zustände im Revolutions- und Reformzeitalter des restaurativen Metternich-Regime, widergespiegelt in literarischen, politischen und sozialen Auseinandersetzungen und Anschauungen, die Heine auf bezeichnende Weise durch verschiedenartige Ausschlußmaßnahmen stigmatisierten." (Walter Zimorski: „*wie ich meine Zeit und Zeitgenossen betrachte.*" Identitätsstrukturen in Heines Vermächtnisschriften. In: Heinrich Heine: Memoiren und Geständnisse. Hg. von Walter Zimorski. Schleswig 2000, S. 143-163, hier S. 144) Neben den *Memoiren* hat Heine seine persönlichen Erfahrungen und Erlebnisse entweder in Briefform niedergeschrieben, oder als Skizzen in seinem *Buch Le Grand* und im Hamburg-Porträt der *Memoiren des Herren von Schnabelewopski* veröffentlicht. Vorzugsweise setzt er sich in Briefen und in diversen Erzählungen und Fragmenten mit der „Judenfrage" und dem eigenen Jude-Sein auseinander. In dieser Hinsicht würde eine Einbindung seines autobiographischen Werkes in die vorliegende Arbeit den Rahmen der Studie sprengen. Eine Auswahl der Interpretationsliteratur zu den *Memoiren* befindet sich am Ende der 2005 von Walter Zimorski herausgegebenen Version dieser Schrift.
4 H. Heine: Briefe. Erste Gesamtausgabe nach den Handschriften herausgegeben, eingeleitet und erläutert von Friedrich Hirth. Mainz 1948, S. 179.

seine Taufe weiter bereuend: „Ich bin froh, der alte Friedländer und Ben-David sind alt und werden bald sterben, und diese haben wir dann sicher, und man kann unserer Zeit nicht den Vorwurf machen, daß sie keinen einzigen Untadelhaften aufzeigen könne".[5] Diese Aussage betont nicht nur die Umbruchssituation des Judentums in dieser Epoche, sie berührt auch die andere Seite jener Spannungssituation der Angleichung und des Widerstands gegen Angleichung. Es geht um das für viele Juden notwendige und lebenswichtige Weiterbestehen des Judentums. Aus dieser Perspektive lässt sich die Geschichte europäischer Juden, vor allem in der Emanzipationszeit, in Form einer Dialektik von Sichtbarkeit und Unsichtbarkeit lesen. Denn die Emanzipationszeit, die für das Judentum auch den Übergang von der Tradition in die Moderne kennzeichnet, steht ebenfalls für eine weitgehende kulturelle Angleichung der jüdischen Gesellschaft an ihre nichtjüdische Umgebung, also für das Unsichtbarwerden des Jüdischen. Sie steht aber zugleich für den Kampf des Juden um seinen Eintritt in die Moderne, ja ohne sein Judentum völlig aufzugeben, d.h. in die moderne „westliche" Gesellschaft eintreten, ohne sich selbst verleugnen zu müssen, Gleichberechtigung zu erlangen ohne dafür den hohen Preis der Aufgabe der eigenen religiös-kulturellen Tradition zu zahlen, also am Ende doch sichtbar zu bleiben. Es ist die ästhetische Verarbeitung jener Spannung zwischen Sichtbarkeit und Unsichtbarkeit, die u.a. im Mittelpunkt der vorliegenden Untersuchung steht. Mir kommt es darauf an, mich auf persönliche Narrative von Zeitzeugen zu stützen, um ihre Vor- bzw. Darstellung des jüdischen Daseins im Spannungsfeld von Emanzipation und Assimilation anschaulich zu machen. Dabei nimmt auch die Frage nach dem Verhältnis zwischen dem Judentum und den europäischen Mehrheitsgesellschaften eine wichtige Stelle ein.

Heinrich Heine zum Beispiel hatte 1825 seinen Übertritt zum Protestantismus als „Entreebillet zur europäischen Kultur" bezeichnet.[6] Der Dichter machte also keinen Hehl daraus, dass er die Taufe nicht als religiösen Akt auffasste, sondern als säkularisierte Praxis der gesellschaftlichen Positionierung. Er vermittelte dadurch auch eine Vorstellung des Verhältnisses von Judentum und Europäizität[7], das auf Trennung basierte. Auf der einen Seite ironisierte er über

---

5 Heinrich Heine: Briefe, S. 183.

6 Heinrich Heine: Aphorismen und Fragmente. In: Ders.: Werke und Briefe. Hg. von Hans Kaufmann. Berlin 1962, S. 361-432, Hier S. 375.

7 Der Begriff „Europäizität" impliziert in der vorliegenden Studie keineswegs die Existenz einer vermeintlichen europaweiten, einheitlichen „Realität". Je nach der geographischen Herkunft der behandelten Autoren bezieht er sich jeweils auf Preußen/Deutschland, Österreich, Russland. Dabei wird ferner nicht davon ausgegangen, dass die Erfahrung der Emanzipation bzw. der Assimilation auch innerhalb der einzelnen Länder einheitlich gewesen wäre.

die Nichtzugehörigkeit der Juden zum religiös-kulturellen Europa,[8] andererseits glaubte er, zumindest zu jenem Zeitpunkt, zu wissen, wie die von Antisemiten befürwortete Trennung von Judentum und Europa überwunden werden konnte, nämlich durch die Taufe. Wie gewaltig Heine sich getäuscht hatte, zeigen seine Äußerungen bereits einige Monate nach diesem schwerwiegenden Schritt. Unter anderen schrieb er an seinen Freund Moses Moser am 9. Januar 1826, also nicht mal ein Jahr nach der Taufe: „Ich bin jetzt bey Christ und Jude verhaßt. Ich bereue sehr, daß ich mich getauft hab; ich seh noch gar nicht ein, daß es mir seitdem besser gegangen sey, im Gegentheil, ich habe seitdem nichts als Unglück".[9] Diese Aussage drückt aber nicht nur die Reue des Getauften aus, sondern auch seine Enttäuschung darüber, dass sein vermeintliches *Entreebillet* ihm den ersehnten Zugang zum bürgerlich-kulturellen Europa doch nicht ermöglichen konnte. Diese Erkenntnis ist für das Verhältnis von Judentum und Europäizität deshalb folgenschwer, weil sie auch die Unvereinbarkeit beider kulturellen Räume bedeutet. Entscheidend und deshalb für die vorliegende Untersuchung umso wichtiger ist die ambivalente Situation, die aus diesem Zustand hervorgeht, und deren Widersprüche Heine in einem Gespräch mit Ludwig Kalisch 1850 unmissverständlich formulierte: „Ich mache kein Hehl aus meinem Judentume, zu dem ich nicht zurückgekehrt bin, *da ich es niemals verlassen habe. Ich habe mich nicht taufen lassen aus Haß auf das Judentum. Man muß glauben.*"[10] Denn zu einer Zeit, wo Judenheit immer stärker durch die ethnische Abstammung bestimmt wurde, bedeutete die Taufe für den nicht sehr jüdisch geprägten[11] Heine lange noch keine Befreiung vom Judentum. Zwischen nationalistischen Ausgrenzungen, Forderungen zur Angleichung und der innerjüdischen traditionalistischen Tendenz enthüllte sich die Situation des sich modernisierenden Juden als äußerst komplex und ambivalent. In dieser Hin-

---

Es geht mir also nicht um die Opposition Judentum/Europa, sondern um das Verhältnis der Juden zu den jeweiligen Mehrheitsgesellschaften.

8 Vgl. Heinrich Heine: Briefe (Ritzelbüttel d.23.August 1823), S. 71-74. Heine schreibt zum Beispiel in diesem Brief an Moses Moser: „Wär ich ein Deutscher – und ich bin kein Deutscher, siehe Rühs, Fries a.v.O. – so würde ich Dir über dieses Thema lange Briefe, große Gemüthsrelazionen schreiben..." (S. 71). Er verweist damit direkt auf den reaktionären Antisemitismus von Jakob Friedrich Fries und Friedrich Rühs, die seit der gesetzlichen Gleichstellung der Juden gegen eine religiöse Gleichstellung antraten.

9 Heinrich Heine: Briefe, S. 178f.

10 Heinrich Heine: Begegnungen mit Heine. Berichte der Zeitgenossen. Hg. von Michael Werner in Fortführung von H.H. Houbens „Gespräche mit Heine". [Band 1:] 1797-1846. [Band 2:] 1847-1856. Hamburg 1973, Hier Band II. Herv. i. O.

11 Heine hatte selbst keine jüdische Erziehung und zeigte auch keine besondere Wendung zur Tradition und zum aktiven Judentum.

sicht scheint es lohnenswert, der Frage nachzugehen, wie die untersuchten Autoren ihr persönliches Verhältnis zu den jeweiligen Mehrheitsgesellschaften ästhetisch verarbeiten und wie sie in Bezug auf gesellschaftspolitische und religiös-kulturelle Forderungen ihre Identität zugleich als Europäer und als Juden entwerfen. Dabei geht es nicht lediglich um die diskursive Konstruktion von Identität, sondern in erster Linie auch um die gattungsästhetische Frage der Existenzbedingungen einer spezifischen jüdischen Autobiographie.

Es fehlen nämlich Bezugspunkte zu einer jüdischen Tradition der Autobiographie, die zum „christlich-abendländischen" Modell äquivalent wäre, wie es von Georg Misch herausgearbeitet wurde. Misch führt die Entwicklung der modernen Autobiographie unmittelbar auf die „Entwicklung des Persönlichkeitsbewußtseins der abendländischen Menschheit" zurück.[12] Autobiographie sei „eine Äußerung des Menschen von sich selbst"[13] und verkörpere die „Freude nach Selbstdarstellung der Persönlichkeit".[14] Diese Orientierung am Individuum trennt diese Tradition grundsätzlich von der alt-jüdischen Erinnerungstradition, die, wie im ersten Kapitel gezeigt werden soll, eher das Kollektive in den Vordergrund der Darstellung stellte und weniger Interesse am „Ich" zeigte. Erst gegen Ende des 18. Jahrhunderts tritt die jüdische Tradition des Memoirenschreibens mit Salomon Maimon in die Moderne und orientiert sich im Zuge der zunehmenden Assimilation weitgehend an der sogenannten „christliche[n] Tradition der Autobiographie".[15] In dieser Hinsicht möchte die Arbeit die Frage beantworten, wie sich die jeweiligen Texten zwischen traditionell-jüdischen und modernen Paradigmen der Autobiographie bewegen, und welche Erkenntnis daraus gewonnen werden kann, d.h. was für ein Identitätskonzept sich daraus ergibt. Denn „die Beobachtung der Einbettung der deutschsprachigen jüdischen Autobiographie in den Komplex der jüdischen Geschichtserinnerung"[16] trifft offenbar nur auf bestimmte Texte zu, vorausgesetzt man einigt sich darüber, was eine jüdische Autobiographie sein soll. Diese Frage wird noch im Laufe der Arbeit diskutiert. Vorläufig soll betont werden, dass die Bezeichnung „jüdische Autobiographie" in der vorliegenden Arbeit im Sinne einer rückblickenden Lebensdarstellung eines Autors oder einer Autorin jüdischer Abstam-

---

12 Georg Misch: Geschichte der Autobiographie. Band 1,1. Das Altertum, erste Hälfte. 3. stark vermehrte Auflage. Frankfurt am Main 1949, S. 5. (Im Folgenden „Geschichte der Autobiographie")

13 G. Misch: Geschichte der Autobiographie. Band 1,1. S. 10.

14 G. Misch: Geschichte der Autobiographie. Band 1,1. S. 8

15 Vgl. G. Misch: Geschichte der Autobiographie.

16 Markus Malo: Behauptete Subjektivität. eine Skizze zur deutschsprachigen jüdischen Autobiographie im 20. Jahrhundert. Tübingen 2009, S. 71.

mung verstanden wird. „Autobiographien" von Autoren jüdischer Abstammung, ob religiös-konservativ oder „Assimilierte", wie sie hier also untersucht werden, zeigen ein weites Spektrum ästhetischer Mittel, die, selbst im Fall von „traditionell gerichteten" Memoiren zwar stark ihren topischen Charakter[17] betonen, aber zugleich den Erinnerungsprozess und die Schreibweise stark reflektieren. Genauso wie in dem Fall von traditionell ausgerichteten Texten wie der Autobiographie von Aron Hirsch Heymann die Fiktionalität des Erzählens und die ästhetische Konstruktion des Narrativs ermittelt wird, soll bei der nach Grundlagen der modernen Autobiographie und nach Goethes Paradigma verfassten Autobiographie von Fanny Lewald der Status des Textes als historisches Dokument überprüft und problematisiert werden. Darüber hinaus will die Arbeit den Prozess der narrativen Selbstkonstruktion erläutern, der diesen Texten zugrunde liegt.

Sein Leben selbst erzählen, nach welchem Paradigma auch immer, zeugt von einer Geste der Selbststilisierung. Wer sein Leben zum Zwecke der Veröffentlichung bzw. der Weitergabe an die Nachwelt niederschreibt, beansprucht eine gewisse Originalität. Letztere wird meistens subjektiv in einem Narrativ konstruiert, ob der Autobiograph sich damit zu einer Gruppe bekennt oder sich von ihr absetzt. Im Zuge dieses Narrativs soll ein Bild, eine Identität des schreibenden Subjekts entstehen, das dieses Subjekt von sich an die (Nach-)Welt weitergeben möchte. Ziel der vorliegenden Arbeit ist deshalb des Weiteren, bei den untersuchten Autoren den Prozess aufzudecken, durch welchen diese Konstruktion von Selbst erfolgt, d.h. also, die narrative Konstruktion von Identität in diesen Texten zu hinterfragen.

---

17 Ein „topisches Erzählen" ist nach Norbert Mecklenburg die „pragmatische –bei einem fiktionalen Text quasi-pragmatische – Einbettung der Narration in Argumentation, Darstellung der einem Sachverhalt zugrunde liegenden Umstände, die Punkt für Punkt durchgegangen werden." (Norbert Mecklenburg: Erzählte Provinz. Regionalismus und Moderne im Roman. Königstein/Ts. 1982, S. 194.)
Zum Verhältnis von Topik und Topographie bzw. von Narration und Argumentation in Autobiographien Günter Butzer:Topographie und Topik. Zur Beziehung von Narration und Argumentation in der autobiographischen Holocaust-Literatur. In: Günter (Hg.): Überleben schreiben. Zur Autobiographik der Shoah. Würzburg 2002, S. 51-76, bes. 51-53. Butzers Verbindung von Topographie als „Löschung der Rhetorizität zugunsten narrativer Authentizität" und Topik im Sinne der „explanatorischen Funktion" dient zwar der Untersuchung von autobiographischen Texten im Kontext der Shoah, dieses Modell kann aber durchaus an einem anderen Stoff angewendet werden. Entscheidend ist sein Hinweis auf die „wechselvolle Beziehung [...] zwischen dem Anspruch auf Authentizität und dem Willen zur Überzeugung" (S. 53).

Die Autobiographie wird allgemein als Gattung der Rechtfertigung definiert.[18] Der sein Leben (re)konstruierende Autobiograph fühlt sich dazu verpflichtet, seine Lebensschritte rückblickend zu rechtfertigen, er möchte auch
seine Bilanz, d.h. das am Ende erreichte Ziel rechtfertigen. Der Autobiograph
rechtfertigt sich also darüber, warum er zu dem geworden ist, was er ist bzw.
war. Nicht zuletzt muss er aber auch die autobiographische Tätigkeit selbst
rechtfertigen, legitimieren. Bei solchem Unterfangen übernimmt der Komplex
des Erklärens, Legitimierens, Verteidigens eine gewichtige Rolle ein. Dies trifft
in vielerlei Hinsicht auf die in dieser Arbeit untersuchten Texte zu. Zu der Erklärung der eigenen Person, kommt noch ein weiteres Element hinzu. Weil der
Autobiograph auch immer ein „Kind [seiner] Zeit"[19] ist, geht es ihm nicht nur
um die Erklärung des eigenen Daseins, sondern auch immer um die Darstellung
und Erklärung von Zeitverhältnissen. Es sind diese Darstellung und Erklärung,
die bei dem Memoirenschreiber noch ausgeprägter sind, die die Autobiographie
in die Sphäre der Historiographie eintreten lassen.[20] Autobiographische Texte
erheben in diesem Sinne auf unterschiedlicher Stufe Anspruch auf eine gewisse
Referenzialität, sie behaupten ihren Status als zeitgeschichtliche Quelle. In
dieser Hinsicht bieten sie ein „topisches Erzählen" an, das auf ein Nebeneinander von Narration und Argumentation basiert. Weil es demnach in der vorliegenden Arbeit darauf ankommt, die Argumentationslinie der Autoren nachzuzeichnen, stehen zwei Fragen im Mittelpunkt der Untersuchung: Wie wird das
Sprach- und Erzählverhalten der Autoren zum identitätskonstituierenden Element? Wie wird Identität, d.h. der eigene Entwurf von Jude-Sein, zusammengesetzt, erklärt und gerechtfertigt? Am Ende kommt es auf die Frage an, welche
Identitätskonzepte sich aus dem *narratio-argumentatio*-Spiel herausarbeiten
lassen. Bevor nun im Einzelnen auf diese Fragen eingegangen wird, soll zuerst
den Untersuchungsgegenstand vorgestellt werden.

---

18 Vgl. Georg Misch: Geschichte der Autobiographie. Band 1.1.; Jean Starobinski: Sur quelques
formes de critiques de la notion d'identité (remarques historiques). In : Marquard/Stierle (Hg.):
Identität. 2. Aufl. München 1996, S. 644-650.
19 Bernd Neumann: Identität und Rollenzwang. Zur Theorie der Autobiographie. Frankfurt am
Main 1970, S. 1. (Im Folgenden „Identität und Rollenzwang")
20 Ricœur betont die Asymmetrie zwischen historischem und literarischem Erzählen, indem
er darauf hinweist, dass die Vergangenheit, wie sie tatsächlich gewesen ist, Sache der Historiographie sei und das literarische Erzählen bloß das Historische nachahme (vgl. Paul Ricœur:
Temps et récit. Tome I. Paris 1983, S. 123; Paul Ricœur: Temps et récit. Tome III. Paris 1985, S.
275). Selbst wenn er erkennt, dass literarisches und historisches Erzählen ineinander verstrickt
sind und sich einander bereichern, denkt Ricœur, dass allein die Historiographie eine Refen-
renzialität beanspruchen könne, die sich auf das Empirische bezieht, und das selbst das realis-
tischste literarische Erzählen nie erreichen könne (vgl. Ricœur: Temps et récit I, S. 123f.).

1.2 Das Material und der Kontext

Die jüdische autobiographische Literatur ist äußerst umfangreich. Trotz einer immer intensiveren Beschäftigung mit dieser Textsorte seit den siebziger Jahren ist nach wie vor schwierig, sich einen übergreifenden Überblick darüber zu verschaffen. Mit Monika Richarz' bahnbrechender und umfangreicher kompilatorischer Arbeit[21] Mitte der siebziger und Anfang der achtziger Jahre hielt die Forschung zum ersten Mal einen Anhaltspunkt zu einer mehrere Jahrhunderte übergreifenden Memoirenliteratur fest. Die drei Bände von Richarz, die auf die sehr umfangreiche und zeitübergreifende Leo-Baeck-Sammlung von „Memoiren und Erinnerungsschriften" des Leo Baeck Institute in New York beruhen, sind seitdem eine wichtige Grundlage für Forschungen in diesem Bereich. Weil sie aber nur Auszüge aus den Texten anbieten, dienen sie dieser Studie nur als ein Hinweisgeber. Die hier untersuchten Texte sind allerdings Teil der New Yorker Sammlung. Ein Teil davon ist mittlerweile online zugänglich, die gedruckten Texte sind in ihrer Mehrheit aber auch an verschiedenen deutschen Bibliotheken wie in der Münchner oder in der Berliner Staatsbibliothek vorhanden. Neben ihrer Präsentation ist an dieser Stelle aber auch ihre zeitgeschichtliche Eingliederung wichtig. Dabei geht es darum, zum Zweck methodologischer Effizienz die Emanzipation als Prozess zeitlich-historisch einzugrenzen.

Der Zeitraum der Emanzipationszeit wird in der Geschichtsforschung nicht eindeutig bestimmt. Allgemein wird der Zeitraum zwischen 1780 und 1871 als Emanzipationszeit genannt. Als markante Momente zu Beginn dieser Periode werden Lessings *Nathan der Weise* (1779), Wilhelm Dohms Abhandlung *Über die bürgerliche Verbesserung der Juden* (1782) und das Toleranzpatent von Kaiser Joseph II. in Österreich (1781) genannt, die für die Juden eine neue Ära begründeten, mit mehr Freiheitsansprüchen und größeren Hoffnungen auf eine Gleichberechtigung.[22] Der Historiker Jacob Katz, nach dessen Definition ich mein Verständnis von Emanzipation richte, betrachtet die Emanzipation der Juden aber nicht nur aus ideengeschichtlicher, sondern auch aus sozialge-

---

21 Vgl. M. Richarz (Hg.): Jüdisches Leben in Deutschland. Band I. Selbstzeugnisse zur Sozialgeschichte 1780-1871. Stuttgart 1976; M. Richarz (Hg.): Jüdisches Leben in Deutschland. Band II. Selbstzeugnisse zur Sozialgeschichte im Kaiserreich. Stuttgart 1979; M. Richarz (Hg.): Jüdisches Leben in Deutschland. Band III. Selbstzeugnisse zur Sozialgeschichte 1918-1945. Stuttgart 1982. Richarz' dreibändige Arbeit bietet Leseproben aus jüdischen Memoiren aus drei Jahrhunderten, meistens unveröffentlichte Texte, die ursprünglich für den Familienkreis bestimmt waren, mit einer kleinen Einführung zu den Personen und ihrer Familienumfeld. Die Bände werden eingeleitet von Erläuterungen zur Entstehung und zum historischen Kontext.
22 J. Katz: Zur Assimilation und Emanzipation, S. 88.

schichtlicher Perspektive und verbindet sie mit einer Abkehr des Judentums vom Paradigma der „traditionellen Gesellschaft", d.h. „einer Gesellschaft, die ihrem Selbstverständnis nach auf Wissen und auf Werten beruhte, die ihr aus der Vergangenheit her überliefert waren".[23] Deswegen bedeutet Emanzipation sowohl gesellschaftspolitische Entwicklung der Rechtssituation von Juden als auch religiös-kulturelle Assimilation. Zur Begründung dieser Auffassung schreibt Katz weiter:

> Im Jahre 1858 erhielt der erste Jude, Lionel de Rotschild, einen Sitz im englischen Parlament. In der Schweiz wurde im Jahre 1866 die Emanzipation praktisch durchgeführt. In Italien und Deutschland enthielten die Konstitutionen der neuen Nationalstaaten Paragraphen über die Gleichheit aller Bürger. In Österreich-Ungarn wurde im Zuge der politischen Reorganisation nach dem Kriege gegen Preußen im Jahre 1866 das gleiche Prinzip akzeptiert. Um 1870 waren alle Juden West- und Mitteleuropas gleichberechtigte Bürger ihrer respektiven Staaten.[24]

Dass damit aber weder eine Emanzipation der Juden im Sinne einer tatsächlichen Gleichberechtigung, noch eine Emanzipation des Judentums als Konfession endgültig gesichert waren, wie das auch in der Geschichtsforschung mehrheitlich angenommen wird, will Katz keineswegs leugnen. Das beweisen auch seine Ausführungen zu den gesellschaftspolitischen Kämpfen um diese Emanzipation, die selbst noch nach dem Edikt von 1812, das die Verbesserung der rechtlichen Situation der Juden in Preußen anstrebte, fortgeführt wurden. Ihn interessiert vielmehr die Tatsache, dass diese Periode (1780-1871) für eine „Kristallisierung der Idee [der Emanzipation] in einem öffentlich vertretenen und politisch verfochtenen Postulat" steht.[25] So definiert, umfasst die Emanzipationszeit aber nicht weniger als ein Jahrhundert. Eine Auseinandersetzung mit der Literatur aus diesem breiten Zeitraum erfordert also *de facto* eine weitere Eingrenzung der analysierten Texte.

Trotz der zahlreichen Quellen aus diesem Zeitraum, die nicht einmal alle in Katalogen erfasst sind, erweist sich eine Auswahl der zu untersuchten Texte als aufwendig, weil ein beträchtlicher Teil dieser Texte entweder keine Selbstdarstellungen sind, überhaupt nicht auf die Problematik jüdischer Identität eingehen oder sich nicht auf die Emanzipationszeit beziehen.[26] Die vorliegende Untersuchung beschäftigt sich mit Schriften, die auch thematisch entscheidend

---

23 J. Katz: Tradition und Krise. Der Weg der jüdischen Gesellschaft in die Moderne. München 2002, S. 15.
24 J. Katz: Zur Assimilation und Emanzipation, S. 158.
25 J. Katz: Zur Assimilation und Emanzipation, S. 86.
26 Siehe zur Kategorisierung dieser Texte den Anhang dieser Arbeit.

die Frage jüdischer Identität ansprechen, in Bezug auf die Entwicklung der eigenen Person oder auf die Umgebung. Um den theoretisch-methodologischen Rahmen der Arbeit nicht zu sprengen, werden Briefe und Tagebücher nur am Rande der Analyse als Argumentationsstütze benutzt. Die Arbeit konzentriert sich demnach hauptsächlich auf zusammenhängende „Autobiographien" in erzählter Form sowie auf Memoiren. Die Texte sind von Aron Hirsch Heymann (*Lebenserinnerungen*), Jakob Fromer (*Ghettodämmerung* bzw. *Vom Ghetto in die moderne Kultur*), Fanny Lewald (*Meine Lebensgeschichte*), Meno Burg (*Geschichte meines Dienstlebens*), Pauline Wengeroff (*Memoiren einer Grossmutter*), Sigmund Mayer (*Lebenserinnerungen. Ein Jüdischer Kaufmann 1831 bis 1911*), und Joseph Bloch (*Erinnerungen aus meinem Leben*). Die Analyse stützt sich nebenbei außerdem auch auf andere autobiographischen Quellen aus dieser Epoche, u.a. Ludwig Kalisch (*Bilder aus meiner Knabenzeit*) und Clara Geissmar (*Erinnerungen*). Entscheidend in der Wahl dieser Texte war die erzählte Zeit, die teilweise oder ganz mit der bereits beschriebenen Emanzipationszeit zusammenfällt – wobei die Entstehungszeit als Kriterium in der Textinterpretation keineswegs unberücksichtigt bleibt. Eine Schwierigkeit mit dieser Eingrenzung besteht allerdings darin, dass die Emanzipation als ein Prozess zu betrachten ist, der auch nach 1870 noch weiter lief. Mir war aber wichtig, Texte zu betrachten, die rückblickend das Leben in einem gemeinsamen Zeitabschnitt rekonstruieren, weshalb Texte, die sich mit dem politisch-kulturellen Umfeld des Ersten Weltkriegs beschäftigen, nicht berücksichtigt wurden. Die umfangreiche Literatur über die Juden im Ersten Weltkrieg[27] macht die These plausibel, dass der Krieg im deutschsprachigen Raum ein neues Umfeld, neue Voraussetzungen schaffte und eine Wende im Kampf der Juden um Gleichberechtigung bedeutet.

In den letzten Jahren haben sich Studien zur jüdischen Autobiographie im deutschsprachigen Raum, zumindest im Bereich der Literaturwissenschaft, mehrheitlich auf die Autobiographie der Shoah und der Zeit unmittelbar davor

---

27 Als Hinweis wären beispielsweise folgende Studien zu nennen: Egmont Zechlin: Die deutsche Politik und die Juden im Ersten Weltkrieg. Göttingen 1969; Ulrich Sieg: Jüdische Intellektuelle im Ersten Weltkrieg. Kriegserfahrungen, weltanschauliche Debatten und kulturelle Neuentwürfe. Berlin 2001; Frank M. Schuster: Zwischen allen Fronten. Osteuropäische Juden während des ersten Weltkrieges (1914-1919). Köln/Wien 2004; Jacob Rosenthal: Die Ehre des jüdischen Soldaten. Die Judenzählung im Ersten Weltkrieg und ihre Folgen. Frankfurt am Main 2007; Michael Berger: Eisernes Kreuz, Doppeladler, Davidstern. Juden in deutschen und österreichisch-ungarischen Armeen; der Militärdienst jüdischer Soldaten durch zwei Jahrhunderte. Berlin 2010.

konzentriert.[28] Während im Angloamerikanischen Raum einige Studien wie Alan Mintz' *Banished from their father's table* oder Marcus Moseleys *Being for Myself Alone,* die allerdings äußerst historiographisch und soziologisch orientiert sind, in unterschiedlichem Umfang und zu unterschiedlichen Zwecken sich mit der Autobiographie der Emanzipationszeit beschäftigen,[29] ist in der deutschsprachigen Forschung das Interesse für autobiographische Quellen aus dieser Epoche eher gering. Dies mag an der Aktualität der Shoah für den heutigen Forscher liegen. Das Buch von Maria Kłańska *Aus dem Schtetl in die Welt. 1772 bis 1938. Ostjüdische Autobiographien in deutscher Sprache* umfasst auch die Emanzipationszeit, ist aber auch weitgehend historiographisch orientiert und unternimmt eine Rekonstruktion der Fluchtwege von Ostjuden und ihres Lebens im Westen. Kłańska berichtet über jüdische Autobiographien in deutscher Sprache aus dem Blickpunkt der Migration. Ihr Interesse gilt dem Unterschied zwischen dem Leben der Autobiographen in ihrer Heimat im Osten und ihrem Leben nach ihrer Auswanderung. Eine literaturwissenschaftliche Analyse der Texte strebt die Autorin nicht an. Der Umfang der erfassten Texte ermöglicht allerdings auch kaum eine nähere Untersuchung der Textstrategien und der Identitätsproblematik. Eine auf einzelne Selbstentwürfe fokussierte Analyse, wie sie in der vorliegenden Arbeit angestrebt wird, hat dagegen Markus Malo in

---

28 Allein aus dem deutschsprachigen Raum wären u.a. folgende Titel zu nennen: Klara Pomeranz Carmely.: Das Identitätsproblem jüdischer Autoren im deutschen Sprachraum. Königstein/Ts 1981; Manuela Günter (Hg.): Überleben schreiben. Zur Autobiographik der Shoah. Würzburg 2002; Ibsch Elrud: Die Shoah erzählt: Zeugnis und Experiment in der Literatur. Tübingen 2004; Phil C. Langer: Schreiben gegen die Erinnerung. Autobiographien von Überlebenden der Shoah. Hamburg 2002. Susanne Düwell: Narrative der Shoah. Repräsentationen der Vergangenheit in Historiographie, Kunst und Politik. Paderborn/München 2002; Corine Susanek: Cornelia Edvardsons und Ebba Sörboms Autobiographik zur Shoah. Köln 2008; Süsanne Düwell: „Fiktion aus dem Wirklichen". Strategien autobiographischen Erzählens im Kontext der Shoah. Bielefeld 2004; Alvin H. Rosenfeld: Ein Mund voll Schweigen. Literarische Reaktionen auf den Holocaust. Göttingen 2000; James Edward Young: Beschreiben des Holocaust. Darstellung und Folgen der Interpretation. Frankfurt am Main 1992.

29 Alan Mintz' *Banished from their father's table* beschäftigt sich mit autobiographischen Texten von prominenten Figuren aus Osteuropa wie M.Z. Feierberg, M. Berdichevsky und Y. H. Brenner aus dem Hintergrund der Haskala. Mintz interessiert die jüdische Autobiographie-Tradition aus Osteuropa und ihre Ursprünge sowie die Wende zur Moderne. Das Potential dieser Autobiographie als privilegierter Zugang zur jüdischen Geschichte steht im Zentrum seines Interesses. Bei Moseley handelt es sich wie übrigens bei Mintz auch, um auf Hebräisch verfasste Texte. Moseleys Auswahl reicht noch weiter in die Geschichte und er untersucht die Voraussetzungen und Bedingungen der Existenz einer jüdischen Autobiographie (vgl. Alan Mintz: „Banished from Their Father's Table". Loss of Faith And Hebrew Autobiography. Bloomington & Indianapolis 1989).

Gestalt seiner 2009 veröffentlichten Dissertation *Behauptete Subjektivität* vorgelegt. Allerdings widmet sich Malo dem 20. Jahrhundert, hauptsächlich Narrativen der Shoah.

   Die in der vorliegenden Arbeit untersuchten Autobiographien sind hauptsächlich Texte, die noch nicht von der literaturwissenschaftlichen Forschung
erfasst wurden. Ihre Auswahl steht erstens für einen integrierenden Blick auf
die jüdische Literatur der Emanzipationszeit, damit die literaturwissenschaftliche Auseinandersetzung mit der jüdischen Identität aus dieser Zeit nicht mehr
ausschließlich kanonisierten Texten wie etwa denen von Heine, Börne, Herzl
gilt, sondern auch weniger prominente Personen in Betracht zieht.[30] Dies soll
eventuell eine alternative Lektüre ermöglichen bzw. fördern. Diese Auswahl
steht zweitens für eine Auseinandersetzung mit Texten aus den unterschiedlichsten Lebensbereichen, damit auch Autobiographien von jenen Autoren, die
keine Berufsschriftsteller waren, ihren Platz in diesem Unternehmen finden.
Somit kann ein möglichst breites Spektrum an Erfahrungen, Vorstellungen und
Möglichkeiten anschaulich gemacht werden. Es wird sich im Fortlauf der Analyse zeigen, dass die Literarizität[31] der Selbstdarstellung bei einer Berufsschrift-
stellerin wie Fanny Lewald vergleichsweise zwar ausgeprägter ist, derartige
Techniken allerdings auch vom Kaufmann Mayer oder vom Soldaten Burg eingesetzt werden. Drittens erfasst diese Auswahl unterschiedliche geographische
Räume, was den Vorteil mit sich bringt, dass eben dieses Spektrum der Interpre-
tationsmöglichkeiten erweitert. Zugleich aber wird die methodologische Eingrenzung erschwert. Die Frage stellt sich, ob es möglich und methodologisch
berechtigt ist, Autoren aus weit auseinander liegenden Räumen wie Russland,

---

30 Es muss an dieser Stelle darauf verwiesen werden, dass es weder von Heine, Börne oder
Herzl eine zusammenhängende Lebensdarstellung im Sinne des hier untersuchten Musters der
Autobiographie gibt. Die Literatur zu Herzls Tagebüchern sowie zu Börnes Tagebuchskizzen
und Briefsammlungen ist sehr umfangreich und muss hier nicht aufgelistet werden. Fanny
Lewald hat in der Forschung zwar weniger als die anderen erwähnten Autoren diesen diskriminierenden Umgang erfahren, die unzähligen Texte über ihr Werk im Allgemeinen und über
ihre Autobiographie insbesondere sind stark feministisch geprägt und orientieren sich mehrheitlich an ihrem Kampf zur Emanzipation der Frau. Die wenigen Arbeiten, die, wie die Dissertation von Gudrun Marci-Boehncke, sich vornehmen, die jüdische „Identität" von Fanny Lewald anhand von ihrem autobiographischen Werk zu problematisieren, tendieren dazu, eine
Rekonstruktion des meist als „außergewöhnlich" gepriesenen Wegs des jüdischen Mädchen
und ein Kommentar desselben zu liefern (vgl. Gudrun Marci-Boehncke: Fanny Lewald: Jüdin,
Preußin, Schriftstellerin. Studien zu autobiographischem Werk und Kontext. Stuttgart 1998).
31 Zur Unterscheidung von literarischer Autobiographie und Autobiographie als Zweckform
und historische Quelle vgl. Markus Malo: Behauptete Subjektivität. eine Skizze zur deutschsprachigen jüdischen Autobiographie im 20. Jahrhundert, S. 12-23.

Österreich und Deutschland in einer Studie zusammenzubringen, besonders wenn man bedenkt, dass die gesellschaftspolitischen Voraussetzungen zur Emanzipation und Assimilation von Ort zu Ort unterschiedlich waren. Eben diese Frage stellte sich auch schon Klara-Pomeranz Carmely 1981 im Rahmen ihrer Arbeit zur jüdischen Identität von der Jahrhundertwende bis 1933.[32] Die Antwort, die sie gab, möchte ich mir in dieser Arbeit zu Eigen machen:

> Selbst wenn man annimmt, dass die Verhältnisse an den verschiedenen Orten nicht in allen Punkten gleich waren [...] so kann doch ein Umstand als feststehend angenommen werden, nämlich der, daß in allen drei Gebieten die jüdischen Schriftsteller, da sie in einer nicht-jüdischen Gesellschaft lebten und wirkten, mit derselben Frage fertig zu werden hatte, der Frage nach ihrer Identität und Zugehörigkeit.[33]

Die Emanzipation der Juden als Prozess kann zu jenen Phänomenen gezählt werden, die Foucault als „‚transversale‘ Kämpfe" bezeichnet.[34] In unterschiedlichem Tempo und Umfang und nach unterschiedlichen Maßstäben ging sie in ganz Europa vor sich. Die Juden aus den unterschiedlichen Staaten hatten gemeinsam, dass sie in einem besonderen Kontext von gesellschaftlicher Integration und Angleichung früher oder später das eigene Dasein profilieren mussten. Die vorliegende Arbeit will darlegen, dass jenseits jeder Gruppierung, und über die Paradigmen von Assimilation, Traditionalismus, Sozialismus und Zionismus[35] hinaus, die Auseinandersetzung der Autoren mit der jüdischen persönlichen und kollektiven Identität Diskontinuitäten erkennen lässt, die eine Typologisierung erschweren und es unmöglich machen, jüdische Selbstentwürfe nach festen Kategorien und Konzepten zu bestimmen, d.h. feste „Typen jüdische[n] Selbstverständnisses" herauszuarbeiten.[36] Es lassen sich beim Lesen der Texte oft andere Töne vernehmen, als jene, die die Autoren vermitteln möchten, und immer wieder wird eine feste Kategorisierung der Personen durch diese Diskontinuitäten verhindert. Demnach ist meine Absicht, statt einer Reduzierung auf verallgemeinernde Formeln, die Heterogenität der individuellen Ent-

---

32 K. P. Carmely: Das Identitätsproblem jüdischer Autoren im deutschen Sprachraum, 1981.

33 K. P. Carmely: Das Identitätsproblem jüdischer Autoren im deutschen Sprachraum, S. 1f.

34 Es handelt sich bei „transversalen Kämpfen", so Foucault, um solche, die sich „nicht auf ein einzelnes Land beschränken. Natürlich sind die Bedingungen in manchen Ländern besonders günstig für ihre Entstehung und Ausbreitung, doch sie sind nicht auf bestimmte politische oder ökonomische Systeme beschränkt". (Michel Foucault: Ästhetik der Existenz. Schriften zur Lebenskunst. Hg. von Daniel Defert und François Ewald. Frankfurt am Main: 2007, S. 84)

35 Vgl. u.a. K. P. Carmely: Das Identitätsproblem jüdischer Autoren im deutschen Sprachraum.

36 Vgl. Leo Baeck: Von Mendelssohn zu Franz Rosenzweig. Typen jüdischen Selbstverständnisses in den letzten beiden Jahrhunderten.

würfe herauszuarbeiten. Das Gedächtnis der Emanzipation ist in dieser Hinsicht nicht in den genannten pauschalisierenden Begriffen enthalten, sondern in den einzelnen Erfahrungen der Protagonisten. Bei meinem Unternehmen möchte ich mich ständig an folgenden Grundsatz halten, der m.E. die Grundlage jeder, nicht nur historischen Auseinandersetzung mit der Geschichte jüdischer Emanzipation und Assimilation sein sollte:

> Der sich mit diesen Problemen beschäftigt, darf sich nicht von seiner persönlichen Einstellung leiten lassen, gleichgültig, ob er wünscht, daß kein Jude vom Judentum abgefallen wäre, oder daß er der Meinung ist, es wäre eine bessere Lösung für die Juden sowohl wie für ihre Umwelt gewesen, wenn sie alle den Weg zum Christentum gefunden hätten. Beide Wunschprognosen müssen angesichts der realen Situationsgegebenheiten als Illusionen gelten.[37]

1.3 Vorgehen und Arbeitsschritte

Diese Arbeit beruht auf dem Grundsatz, dass die autobiographische Tätigkeit mit literarischer Konstruktion einhergeht, wie das gleich im ersten Kapitel anschaulich gemacht werden soll. Aus diesem Grundsatz ergibt sich die geeignete Methode der Analyse. Es geht darum zu zeigen, wie die Selbstdarstellungen aufgebaut sind. Dabei gilt es, diese gegen den Strich zu lesen, um so ihr jeweiliges Aufbauprinzip anschaulich zu machen. Gelesen werden die Texte nicht nur auf der Grundlage ihrer ästhetischen Konfiguration, sondern gleichzeitig immer auch in Hinblick auf Vorstellungen von Identität. Es geht also nicht nur darum, die Struktur der Texte bzw. ihre „configuration narrative", sondern auch ihre Argumentation zu hinterfragen, die in vielen Fällen mit dieser Struktur als „agencement des faits" zusammenhängt.[38] In Bezug auf den Argumentationsaufbau heißt das, dass die Diskurse identifiziert werden, die zur Konstruktion des Judenbildes beitragen und die von diesen Texten ausgehandelt werden. Es soll gezeigt werden, was die Aufnahme dieser Diskurse ermöglicht und was diese verhindert und welche Vorstellungen vom Jude-Sein sich daraus ergeben. Die Analyse der jeweiligen Texte auf sprachlicher Ebene soll belegen, dass jede beanspruchte Wahrheit, selbst die autoritärste Behauptung des eigenen Standpunktes des Autobiographen, in einer Sprache erfolgt, die die Äußerungen auch über ihre intendierte Bedeutung hinausführt, und Anderes zu denken gibt, so dass am Ende keine feststehende Wahrheit herauskristallisiert, Identität also

---

37 Jacob Katz: Zur Assimilation und Emanzipation, S. 190.
38 Vgl. Paul Ricœur: Soi-même comme un autre. Paris 1990.

nicht *ist*, sondern immer im Entwurf bleibt. Es geht ferner darum, zu zeigen, dass gewissermaßen „der Text klüger [ist] als sein Autor".[39] Ohne im Sinne von Roland Barthes den Autor gleich zu „töten",[40] geht diese Arbeit mit Michel Foucault davon aus, dass der Sinn-Zusammenhang eines Textes immer auch von seinen historisch-apriorischen Entstehungsbedingungen abhängt. Das Autorenwerk verliert also tendenziell seine Souveränität, es ist in eine bestimmte diskursive Ordnung einbezogen, in ein „ensemble des énoncés qui relèvent d'un même système de formation".[41] Was ein Autor schreibt, wie er es schreibt und insbesondere die Bedeutung des Geschriebenen, werden im Sinne von Bourdieu zudem weitgehend auch von den sozialen Strukturen beeinflusst, die „l'écrivain, comme tout agent social, porte en lui à l'état pratique, sans en détenir véritablement la maîtrise".[42] Derrida formuliert diese Spur der äußeren Wirklichkeit, wie sie sich unkontrolliert im Wort des schreibenden Subjekts manifestiert, folgendermaßen:

---

39 Franz K. Stanzel (2006) bezieht dieses Urteil eigentlich auf die Fiktionalität des autobiographischen Textes.

40 Barthes hat 1968 in seinem bahnbrechenden Aufsatz *La mort de l'auteur* (dt. *Tod des Autors*) dazu aufgefordert, den Autor-Gott abzusetzen (vgl. Roland Barthes: La mort de l'auteur (1968). In : Ders.: Œuvres complètes. Tome III. 1968-1971. Paris 2002, S. 40-45). Man solle aufhören, so Barthes, die *Erklärung* des Werkes stets auf der Seite desjenigen zu suchen, der das Werk in Schrift gesetzt hat, nämlich des Autors. Nach Mallarmés Empfehlung, „supprimer l'auteur au profit de l'écriture", postuliert Barthes, „l'écriture" sei jene neutrale Tätigkeit, „où vient se perdre toute identité, à commencer par celle-là même du corps qui écrit" (Roland Barthes : La mort de l'auteur, S.40). Der Autor wird zu einem „Schreiber", der seinem Text nicht vorangeht, sondern mit ihm gleichzeitig entsteht. „Nous savons maintenant", so Barthes weiter, qu'un texte n'est pas fait d'une ligne de mots, dégageant un sens unique, en quelque sorte théologique (qui serait le „message" de l'Auteur-Dieu), mais un espace à dimensions multiples, où se marient et se contestent des écritures variées, dont aucune n'est originale : le texte est un tissu de citations, issues des milles foyers de la culture. (Roland Barthes: La mort de l'auteur) Einen Text *einem* Autor zuschreiben bedeute sich vorstellen, dass dem Text eine transzendentale Bedeutung innewohnt, eine Art geheime „Botschaft", die der Leser entschlüsseln [*déchiffrer*] soll. Das heißt also, die Bedeutung des Textes fixieren [*arrêter*], die historische und kulturelle Verortung des Subjekts ignorieren und ein individuelles und absolutes Subjekt zu kreieren. An der Stelle setzt Barthes eine Art transindividuelles Subjekt. Letzten Endes heißt dies : „refuser Dieu et ses hypostases, la raison, la science, la loi" (R. Barthes : La mort de l'auteur, S. 44). *Der* Autor ist also tot, und als Ersatz eignet sich nach Barthes' Ansicht keine andere Instanz besser als der Leser, dessen Aufgabe nunmehr darin bestehe, die vielfältige Schrift zu entwirren [*démêler*].

41 Michel Foucault: L'archéologie du savoir. Paris 1969, S. 148.

42 Pierre Bourdieu: Les règles de l'art. Genèse et structure du champ littéraire. Paris 1992, S. 184.

Dès lors ce qu'on appelle le sujet parlant n'est plus celui-là même ou celui-là seul qui parle. Il se découvre dans une irréductible secondarité, origine toujours déjà dérobée à partir d'un champ organisé de la parole dans lequel il cherche en vain une place toujours marquante. Ce champ organisé n'est pas seulement celui que pourraient décrire certaines théories de la psychè ou du fait linguistique. Il est d'abord [...] le champ culturel ou je dois puiser mes mots et ma syntaxe, champ historique dans lequel je dois lire en écrivant.[43]

Es geht in dieser Arbeit also auch darum, Diskontinuitäten in den analysierten Texten sowie strukturelle Zusammenhänge mit anderen Texten und Kontexten herauszuarbeiten. Dieser Vorgang funktioniert auch in Form eines Hin und Her zwischen jüdischer Geschichte und autobiographischem Text, weil Autobiographie, obwohl oder gerade weil sie in dieser Arbeit als narrative Konstruktion aufgefasst wird, grundsätzlich Anspruch auf „Authentizität" erhebt und ihr beanspruchtes Potential als historische Quelle geprüft werden kann. Dabei ist der Bezug auf die Geschichtsschreibung nicht notwendigerweise als Suche nach der „absoluten Wahrheit" zu verstehen, sondern als produktiver Vergleich. Des Weiteren werden zur Erläuterung der Dissonanzen in den entworfenen Identitätsmodellen postkoloniale Kategorien in der Analyse herangezogen. Die Voraussetzungen und Bedingungen eines solchen Verfahrens werden noch in einem Exkurs diskutiert.

Die Arbeit besteht aus vier Kapiteln. Das erste Kapitel erarbeitet die theoretische Basis, auf der die Analyse der Texte beruht. Zuerst wird auf die Autobiographie als eine spezifische Gattung eingegangen. Eine leitende Frage dieses ersten Teiles betrifft die Voraussetzungen und Bedingungen einer „typisch jüdischen" Autobiographie. Eine Definition der Autobiographie als Gattung sowie die Diskussion ihrer Motive ist hier entscheidend, weil dadurch die Frage der Eingliederung der untersuchten Texte in eine bestimmte Tradition von Selbstdarstellung unmittelbar verhandelt wird. So soll erkennbar werden, inwiefern die Wahl einer bestimmten autobiographischen Form identitätskonstitutiv sein kann. Da manch ein Text aus der hier in Frage kommenden Auswahl sich deutlich als ‚Memoiren' versteht und die meisten Texte sich an der Schwelle zwischen Autobiographie im strengen Sinne des Wortes und Memoirenliteratur bewegen, erweist sich in einem zweiten Schritt eine Klärung des Verhältnisses beider Texttypen zueinander als angebracht, zumal diese Unterscheidung auch im Sinne einer Unterscheidung zwischen „traditionell jüdisch" und „christlich-abendländisch" für die Analyse produktiv sein kann. Im zweiten Teil des ersten Kapitels sollen einige Rezeptionsansätze autobiographischer Texte besprochen

---

43 Jacques Derrida: L'écriture et la différence. Paris 1967, S. 265.

werden. Hier sollen jene Lektüreweisen eingeführt und erläutert werden, die die Textanalyse unterstützen sollen. Dabei lassen sich diese Ansätze hauptsächlich an der Autobiographie von Fanny Lewald anwenden.

Daneben sollen die Paradigmen Autobiographie und Identität in einen Zusammenhang gebracht werden. Ich werde hier ein postmodernes Identitätskonzept beschreiben, das sich in seiner Anwendbarkeit auf jüdische Literatur als am besten geeignet zeigt. Weil die Juden während der Emanzipationszeit sich in einer politisch wie kulturell äußerst komplexen gesellschaftlichen Konstellation zwischen Hass und Akzeptanz, zwischen Assimilation und Festhalten am Judentum bewegen, eignet sich zur Beschreibung ihrer Identitätsentwürfe m.E. der Identitätsbegriff, wie er von Stuart Hall expliziert wurde. Dies soll aber nicht heißen, dass andere Begriffe von Identität, die im gleichen Schritt erläutert werden, für die Analyse nutzlos wären.

Das zweite Kapitel beschäftigt sich mit der Autobiographie von Fanny Lewald *Meine Lebensgeschichte*. Frauen im Allgemeinen und jüdische Frauen im Besonderen haben im Deutschland des 19. Jahrhunderts aufgrund ihrer Marginalisierung einen besonderen gesellschaftlichen Status. Dies führt zu der Annahme, dass sie ein anderes Geschichtsbewusstsein besitzen als ihre männlichen Zeitgenossen und dementsprechend auch ihre Erfahrungen anders verarbeiten. In dieser Hinsicht gebührt der Autobiographie von Fanny Lewald besondere Aufmerksamkeit. Mit Lewald fällt die Wahl auf eine als assimiliert geltende Schriftstellerin jüdischer Abstammung, die die Forschung offenbar eben aufgrund ihrer nichtjüdischen Erziehung bislang nicht aus meiner jetzigen Perspektive erfasst hat.

Mit Pauline Wengeroff greife ich im dritten Kapitel die Thematik des Eintritts des Judentums in die Moderne aus der besonderen Perspektive des „Ostjudentums" auf. Die *Memoiren einer Grossmutter* wurde in der Forschung mehrmals behandelt. Mein teilweise auf Paradigmen des Postkolonialismus basierter Ansatz mag als gewagt erscheinen, er ermöglicht m.E. aber einen neuen und aufschlussreichen Zugang zu diesem Text, wie das aus der Analyse hervorgehen wird.

Das vierte und letzte Kapitel der Arbeit widme ich Texten von fünf verschiedenen Autoren. Es handelt sich in der Reihenfolge um Jakob Fromer, Sigmund Mayer, Joseph Bloch, Aron Hirsch Heymann und Meno Burg. In einem jeweils einleitenden Teil werden Personen und Texte vorgestellt sowie ihre Motive und der Entstehungszusammenhang ihrer Lebenserinnerungen erläutert, so dass anschaulich gemacht werden kann, aus welcher Warte Identität konstruiert wird bzw. welche Art von Identität aus der Zusammensetzung der Texte entsteht. Die Texte werden anschließend auf ihre Ästhetisierung des Erlebten hin untersucht. Dabei steht die Frage im Mittelpunkt, was die verschiedenen Autoren unter „Jude-Sein" verstehen, wie sie sich selbst als Jude erinnern und wie sie dies darstellen. Hier wird das Verhältnis von „Nation", „Religion" und „Rasse" aus den Texten herausgearbeitet und die Frage nach der Trennung von Judentum und Nichtjudentum exemplarisch diskutiert.

2 Autobiographie und Identität

2.1 Was will Autobiographie?

Die Autobiographie erscheint mittlerweile als etwas, wovon alle sprechen, von dem alle beinahe wissen, aber von dem keiner genau zu sagen vermag, was es ist und was seine Voraussetzungen sind. Der wohl einzige Konsens liegt im Bescheid, dass der Begriff nicht klar umrissen werden kann. Im Folgenden werden einige der in der Gattungsforschung üblichen Herangehensweisen an die Autobiographie diskutiert. Anschließend werden einige Rezeptionsmodelle diskutiert, die bei der Textanalyse Anwendung finden. Dabei erstrebe ich keine umfassende Auseinandersetzung mit der Theorie der Autobiographie. Es kommt lediglich darauf an, auf einige der wichtigsten Positionen der Autobiographie-Diskussion einzugehen, die zur Erfassung der analysierten Texte beitragen sollen.

2.1.1 Hermeneutische Zugänge

In seinem monumentalen Werk *Geschichte der Autobiographie* weist Georg Misch gleich in der Einleitung auf die Schwierigkeit einer Definition hin. Die Autobiographie, der Misch bereits das Attribut der Gattung[1] zuschreibt, weise „als Ganzes betrachtet, einen proteischen Charakter" auf, sie entziehe sich noch mehr als anderen Formen der Dichtung einer Definition.[2] Kein Wunder also, dass Misch, nachdem er somit mögliche Einwände vorweggenommen hat, eine wenig einengende Definition der Autobiographie liefert: „Sie[die Autobiographie] lässt sich kaum näher bestimmen als durch Erläuterungen dessen, was der Ausdruck besagt: die Beschreibung (*graphia*) des Lebens (*bios*) eines Ein-

---

1 Misch muss zu diesem Zeitpunkt schon die Flexibilität des Gattungsbegriffes im Sinne gehabt haben, angesichts der Vielfalt dessen, was er unter den Oberbegriff „Autobiographie" bringt. Er sprach selbst, den Gegenstand seiner Forschung betreffend, von der „schier unbegrenzte[n] Mannigfaltigkeit des autobiographischen Schrifttums" (Georg Misch: Geschichte der Autobiographie. Band 1.1, S. 6). Fowlers späterer Hinweis, das Konzept der Gattung sei ‚of little value in classification', jedoch von großer Wichtigkeit als ‚a communication system, for the use of writers in writing, and readers and critics in reading and interpreting' soll in diesem Sinne verstanden werden (vgl. Alastair Fowler [1982], nach Peter Wenzel: Literarische Gattung. In: Ansgar Nünning (Hg.) : Metzler Lexikon. Literatur- und Kulturtheorie. Stuttgart/Weimar 2004, S. 209-210. Hier S. 209.).
2 Georg Misch: Geschichte der Autobiographie. Band 1,1., S. 7.

zelnen durch diesen selbst (*auto*)".[3] Ob diese etymologische Definition von Misch, selbst für sich genommen, weil oder gerade obwohl sie auf normative formelle Aspekte verzichtet, so praktikabel ist, wie Cornelia Hild meint, muss man bezweifeln.[4] In der Tat ebnet diese Definition, indem sie die Praxis an sich nicht beschreibt und keine Auskunft gibt über Art und Weise des *graphia*, allen möglichen Fragen den Weg. Auf diese Fragen gehe ich weiter unten ein. An dieser Stelle soll aber darauf hingewiesen werden, dass Mischs Auffassung der Autobiographie alles andere als „praktikabel" wird, wenn man seine Ausführungen weiter verfolgt. In der Tat verzichtet Misch nicht allgemein auf formal-normative Fragen. Obwohl er zum Beispiel den Begriff Gattung mit viel Flexibilität benutzt, gibt er ihn nicht auf. Dass diese Flexibilität eigentlich auch den Zwecken seiner Studie dient, ist deutlich erkennbar. Es geht ihm nämlich darum, „die schier unbegrenzte Mannigfaltigkeit des autobiographischen Schrifttums in dem universalgeschichtlichen Zusammenhang der Entwicklung des menschlichen Geistes in der europäischen Kultur [zu] erfassen".[5] Für eine Studie, die von der ägyptischen und babylonisch-assyrischen Kultur bis zur Neuzeit reicht, erweist es sich als eine Notwendigkeit. Misch setzt aber Kriterien und Normen fest. Und obwohl er in seiner Studie auch Formen der biographischen Selbstbeschreibung aus anderen Kulturen, besonders aus dem alten Orient betrachtet, orientieren sich seine Kriterien deutlich an der abendländischen Tradition der Autobiographie. Für die Autobiographie, die, so Misch, als „allgemein menschliche Form der Aussprache der Lebenserfahrung"[6] auf Tatsachen basiert ist, ist grundlegend, dass sie die *Entwicklung* eines selbstbewussten Ich bzw. eines Geistes darstellt:

> Als eine Äußerung des Wissens des Menschen von sich selbst hat die Autobiographie ihre Grundlage in dem ebenso fundamentalen wie rätselhaften psychologischen Phänomen, das wir Selbst-Bewußtsein nennen[...] Die Geschichte der Autobiographie ist in einem gewissen Sinne eine Geschichte des menschlichen Selbstbewußtseins.[7]

Damit wird deutlich, dass Misch die Beschreibung eines Selbst als privaten Bereich dieses Selbst betrachtet, das somit nicht nur Individualität beansprucht. Es handelt sich um ein Individuum, das sich zu einem selbstbewussten Subjekt entwickelt hat, und dem es darum geht, diese Entwicklung seines indi-

---

3 Georg Misch: Geschichte der Autobiographie. Band 1.1., S. 7.
4 Vgl. C. Hild: „Not Blood Relations, Ink Relations" Autobiographie und Fiktion. München 2007, S. 4.
5 Georg Misch: Geschichte der Autobiographie. Band 1.1., S. 6.
6 Georg Misch: Geschichte der Autobiographie, Band 1.1., S. 6.
7 Georg Misch: Geschichte der Autobiographie. Band 1.1., S. 10f. .

viduellen Daseins nachzuzeichnen. Die „Freude nach Selbstdarstellung der [eigenen] Persönlichkeit",[8] die das darstellende Subjekt bewegt, und die Misch als grundlegendes Merkmal des autobiographischen Schreibens nennt, rührt daher, dass dem rückblickenden, vollendeten Subjekt, ein Gefühl von Genugtuung bzw. ein Bewusstsein von Beherrschung innewohnt.

Dass Misch Goethes *Dichtung und Wahrheit* als Paradigma für seine Beschreibung der Autobiographie nimmt, hängt damit zusammen, dass „Goethe [das ausspricht], was in der literarischen Gattung ‚Autobiographie' von Natur aus und von Anfang an angelegt ist: die Entfaltung eines autonomen Selbstbewusstseins".[9] Auch die Rezeption von Goethes Autobiographie wurde mindestens bis Mitte des 20. Jahrhunderts noch durch das Totalitätsprinzip der Identität und den aristotelischen Entelechie-Gedanken stark geprägt. Goethes „Ich", das sich im Laufe seiner unterschiedlichen Lebensstationen verändert und am Ende jedoch dasselbe bleibt, verkörpert das sich von Anfang an auf ein bestimmtes vorgesetztes bzw. übergeordnetes Ziel hin bewegende, selbstbewusste Subjekt. Dieses Subjekt trägt also in sich das Ziel seines eigenen Lebens. Dieses *individuum ineffabile* versteht seine Individualität aber zugleich als eine Inkarnation von etwas Höherem, von einer höheren Wahrheit. Sein Leben steht nämlich als Paradigma für das allgemeine Menschenschicksal seiner Zeit. Goethe will, so Misch, als einer, „der mit der allumfassenden Erfahrungsbreite" seiner Zeit vertraut war, das Ideal seines Zeitalters verkörpern.[10] Er ist das Paradigma für „die Entwicklung des Persönlichkeitsbewußtseins der abendländischen Menschheit",[11] denn „der eigenste Kern der europäischen Selbstbestimmung [...] ist die Gestaltung des Lebens aus dem Bewusstsein der Persönlichkeit".[12] Mischs Subjekt der Autobiographie beansprucht aber nicht nur Individualität, sondern auch die Fähigkeit, das Erlebte, das ihm verstreut vorliegt, in einen *Zusammenhang* zu rekonstruieren. Die Zusammenführung der persönlichen Entwicklung in ein kohärentes Ganzes ist zugleich die Erschaffung von Bedeutung. „Schließlich hat", so Misch,

---

8 Georg Misch: Geschichte der Autobiographie. Band 1.1., S. 8.
9 Michael Jaeger: Autobiographie und Geschichte. Wilhelm Dilthey, Georg Misch, Karl Löwith, Gottfried Benn, Alfred Döblin. Stuttgart /Weimar 1995, S. 74.
10 Georg Misch: Geschichte der Autobiographie. Vierter Band, zweite Hälfte. Von der Renaissance bis zu den autobiographischen Hauptwerken des 18. und 19. Jahrhunderts. Frankfurt am Main 1969, S. 917.
11 Georg Misch: Geschichte der Autobiographie. Band 1.1., S. 5.
12 Georg Misch: Geschichte der Autobiographie. Band 1.1., S. 18.

wer es unternimmt, die Geschichte seines eigenen Lebens zu schreiben, dieses als Ganzes vor sich, das seine Bedeutung in sich trägt. In diesem einheitlichen Ganzen haben alle Tatsachen und Gefühle, Handlungen und Reaktionen, die er aus dem Gedächtnis hervorzieht, die Vorfälle, die ihn erregten, die Menschen, denen er begegnete, ihren bestimmten Platz, dank ihrer Bedeutung für das Ganze. Er selbst weiß um diese Bedeutung seiner Erlebnisse, gleichviel, ob er es hervorhebt oder nicht. Er versteht sein Leben allein durch die *Bedeutung*, die er ihnen beimißt.[13]

Versucht das Subjekt also, sich einen Gesamtüberblick über das Erlebte zu verschaffen, indem er dieses Erlebte zusammenführt, dann deshalb, weil er ihm Sinn verleihen, bzw. es verstehen möchte. So erscheint die Autobiographie sowohl im Hinblick auf ihre Quellen im Selbstbewusstsein des Menschen, als auch in Anbetracht ihrer Leistung, die im *Verstehen* des Lebens besteht, nicht bloß als eine eigene Literaturgattung, sondern auch als ein Mittel zur menschlichen *Selbsterkenntnis*.[14] Die Gattungsfrage, die Misch hiermit auch aufgreift, möchte ich weiter unten diskutieren. Hier soll erst mal festgehalten werden, dass Misch mit dieser Aussage auch direkt an den hermeneutischen Prozess des Verstehens knüpft, wie ihn Dilthey ausgeführt hat.

Wilhelm Dilthey, auf den die hermeneutische Schule üblicherweise zurückgeführt wird, definiert das Verstehen in Bezug auf die Biographie als jenen Prozess, der darin besteht, das durch zeitliche Entfernung bzw. Verfremdung Zerrissene in einem Zusammenhang zu bringen. Es handelt sich um die Aneignung eines dem Verstehenden fremden Sachverhaltes: „Wenn das Leben vorübergegangen ist, bleibt nichts zurück als die Erinnerung an dasselbe; und wie auch diese an das Fortleben der Individuen gebunden und sonach flüchtig ist... Die Auffassung dieser Überreste der Vergangenheit ist überall dieselbe: das Verstehen".[15] Dieses Verstehen funktioniert, so Dilthey, dialektisch. Es wird versucht, aus den einzelnen Teilen einen Zusammenhang zu gewinnen, ein Ganzes zu bilden, und zugleich „von diesem Sinn aus die Teile fester zu bestimmen".[16] Die Hermeneutik, die Lehre vom Verstehen, umfasst nach Dilthey vier Gesichtspunkten, nämlich Zusammenhang, Bedeutung, Geist und Subjekt. Der Zusammenhang komme durch „die Bewegung des Geistes" zustande, die die einzelnen Teile des zu verstehenden Ganzes zusammenbringt. „Andererseits aber sei die Bewegung des Geistes darauf gerichtet, ein objektives Wissen in ihr zu errei-

13 Georg Misch. Geschichte der Autobiographie. Band 1.1., S. 9 f. Herv. C.S.

14 Georg Misch: Geschichte der Autobiographie. Band 1.1., S. 13. Herv. C.S.

15 W. Dilthey. Das Erlebnis und die Dichtung. Lessing, Goethe, Novalis, Hölderlin. Göttingen 1970, S. 280.

16 W. Dilthey: Das Erlebnis und die Dichtung. S. 281.

chen".[17] Die Ambivalenz dieser Beziehung zwischen Geist und Zusammenhang soll u.a. durch den Hinweis aufgehoben werden, dass der Zusammenhang eigentlich dem Leben selbst entspringt, dem Leben innewohnt und der Geist ihn nur sichtbar machen soll, denn „Der Lebensverlauf besteht aus Teilen, besteht aus Erlebnissen, die in einem inneren Zusammenhang miteinander stehen".[18] Es ist jene Bedeutung, die hinter bzw. in diesem Zusammenhang steckt, die das hermeneutische Subjekt verstehen, bzw. sich zu eigen machen will, ob es sich nun um das eigene Leben oder um das Leben anderer Personen handelt.[19] Einzelne Teile des Ganzen werden aber nur in Hinsicht auf ihre Bedeutung für das Bestehen dieses Ganzen aufgefasst, genauso wie die Bedeutung des Ganzen nur aus dem Zusammenhang seiner einzelnen Teile hervorgeht.[20] Daran anknüpfend betont Misch in Bezug auf die Autobiographie, [ihre Bedeutung][21] sei „nicht so sehr in den Teilen zu suchen [...] als in dem Ganzen, das mehr ist als eine Summe der Teile".[22] Trotz der vielen Einschränkungen, die er selbst mit den Begriffen Zusammenhang und Ganzheit verknüpft, besteht Dilthey doch darauf, dass Autobiographien bzw. Selbstbiographien

> die höchste Form[sind], in welcher uns das Verstehen des Lebens entgegentritt. Hier ist ein Lebenslauf das Äußere, sinnlich Erscheinende, von welchem aus das Verstehen zu dem vorandringt, was diesen Lebenslauf innerhalb eines bestimmten Milieus hervorgebracht hat.[23]

Dabei ist der Prozess des Verstehens eigentlich nur deshalb möglich, weil es eine Distanz zwischen dem verstehenden Subjekts und dem zu erkennenden Objekt gibt. Es ist die hermeneutische Differenz: „Je weiter die innere Distanz zwischen einer gegebenen Lebensäußerung und dem Verstehenden wird, desto

---

17 Wilhelm Dilthey: Das Erlebnis und die Dichtung. S. 235.
18 Wilhelm Dilthey: Das Erlebnis und die Dichtung. S. 240.
19 Vgl. Wilhelm Dilthey: Das Erlebnis und die Dichtung. S. 242.
20 Dilthey denkt nämlich, dass „jedes Leben einen eigenen Sinn [hat]. Er liegt in einem Bedeutungszusammenhang, in welchem jede erinnerbare Gegenwart einen Eigenwert besitzt, doch zugleich im Zusammenhang der Erinnerung eine Beziehung zu einem Sinn des Ganzen hat." (Wilhelm Dilthey: Das Erlebnis und die Dichtung. S. 246) Weiter heißt es, dass in einer Selbstbiographie der eigene Lebenslauf des Autors betrachtet und in einem Zusammenhang konstituiert [wird] (S. 247).
21 Misch spricht eigentlich von der „Wahrheit" der Autobiographie. Da ich aber die Wahrheitsfrage in der Autobiographie später diskutieren möchte, und um jede Verwirrung zu vermeiden, ziehe ich hier den Begriff „Bedeutung" vor, der so angewendet den Sinn von Mischs Gedanken nicht verstellt.
22 Georg Misch: Geschichte der Autobiographie. Band 1.1., S. 13.
23 Wilhelm Dilthey: Das Erlebnis und die Dichtung, S. 246.

öfter entstehen Unsicherheiten".[24] Diese Distanz, die es zu überbrücken gilt, bezeichnet Gadamer als *„de[n] wahre[n] Ort der Hermeneutik".*[25] Neben Dilthey und Misch ist es Georges Gusdorf, dessen Auseinandersetzung mit der Autobiographie auch der hermeneutischen Schule verpflichtet ist.

Für Gusdorf sind auch „geordnetes Darstellen", „Einheit", „Zusammenhang"[26] und „Verstehen" grundlegende Merkmale autobiografischen Schreibens.[27] Es gehe dem Autobiographen darum, so Gusdorf, sowohl mit sich selbst als auch mit der Welt ins Reine zu kommen, und dies erfolge durch eine Art Ergründung der Vergangenheit: „Wenn ein Mensch sein Leben erzählt, dann erforscht er sich selbst aus dem Hintergrund seiner Geschichte; er widmet sich nicht einer objektiven und uneigennützigen Beschäftigung, sondern vielmehr einem Werk persönlicher Rechtfertigung".[28] Es gehe dem Autobiographen darum, Zugang zu einer „verborgenen" Welt zu finden, um dort „das Geheimnis seiner eigenen Persönlichkeit" zu ergründen.[29] Dass somit die Individualität zu einer der Grundvoraussetzungen der Autobiographie wird, ist deutlich. Gusdorfs Studie ist auch wie Mischs *Geschichte der Autobiographie* an den europäischen Raum orientiert, aber in diesem Sinne übertrifft er Misch, indem er seine Gedanken zugespitzt ethno- und geschlechtszentriert formuliert. Gusdorf sieht die Grundlage der Autobiographie ausschließlich in der abendländischen Kultur verankert. Extremer als Misch verbindet er die Entwicklung der Autobiographie mit der Geschichte des abendländischen Menschen, ohne dessen Entwicklung zum Selbstbewusstsein Autobiographie undenkbar sei. Man solle nicht davon ausgehen, so Gusdorf weiter,

---

24 Wilhelm Dilthey: Das Erlebnis und die Dichtung, S. 258f.

25 Hans Georg Gadamer: Wahrheit und Methode. Grundzüge einer philosophischen Hermeneutik, 3. Aufl. Tübingen 1972, S. 279. Herv. i.O.

26 Bei Gusdorf wird der Einheit- und Zusammenhangsgedanke verstärkt. Er formuliert ihn u.a. mit folgenden Wörtern: „Der Verfasser einer Autobiographie stellt sich die Aufgabe, seine eigene Geschichte zu erzählen; es geht ihm darum, die verstreuten Elemente seines persönlichen Lebens zu sammeln und sie in einer Gesamtskizze geordnet darzustellen" (Georges Gusdorf: Voraussetzungen und Grenzen der Autobiographie (1956). In: Niggl (Hg.): Die Autobiographie. Zu Form und Geschichte einer literarischen Gattung. Darmstadt 1989, S. 121-147. Hier S. 130).

27 Vgl. Georges Gusdorf: Voraussetzungen und Grenzen der Autobiographie, S. 130ff.

28 Georges Gusdorf: Voraussetzungen und Grenzen der Autobiographie, S. 135. Mit dieser Aussage könnte man an Paul Ricœurs Gedanken knüpfen, dass „Raconter, c'est dire qui a fait quoi, pourquoi et comment, en étalant dans le temps la connexion entre ces points de vue" (Paul Ricœur : Soi-même comme un autre, S. 174).

29 Georges Gusdorf: Voraussetzungen und Grenzen der Autobiographie, S. 27.

> die Autobiographie [sei] jemals außerhalb unseres [des abendländischen] Kulturkreises aufgetreten; man könnte behaupten, daß sie ein spezielles Anliegen des abendländischen Menschen ausdrückt. [...] Es ist einleuchtend, daß die Autobiographie in einer kulturellen Landschaft, in der *das Bewußtsein seiner selbst im eigentlichen Sinn* nicht existiert, gar nicht möglich ist.[30]

Voraussetzung der Autobiographie ist demnach das individuelle Bewusstsein. Der Autobiograph soll nach Gusdorf ein Bewusstsein von sich als außergewöhnliche Persönlichkeit besitzen, was dazu führe, dass er deutliche Grenzen setzt zwischen sich und den anderen, zwischen Bewusstem und Unbewusstem, um es mit Watson und Kimmisch auszudrücken.[31] „Der Verfasser einer Autobiographie hebt sein Bild reliefartig von seiner Umgebung ab, er gibt ihm eine selbstständige Existenz".[32] Dass Gusdorf damit eine Festlegung der *Voraussetzungen und Grenzen der Autobiographie* beabsichtigt, liegt auf der Hand. Dies wird noch deutlicher, wenn man seine kleine Geschichte der Autobiographie-Entstehung betrachtet. Er schreibt Folgendes:

> Das wachsende Interesse des Menschen an sich selbst, das ehrfürchtige Staunen über sein eigenes geheimnisvolles Geschick ist also mit der Kopernikanischen Revolution beim Eintritt in die Geschichte verknüpft; die *Menschheit*, die bislang ihren Lebensweg den großen kosmischen Zyklen unterordnete, stellt jetzt fest, dass sie ein autonomes Schicksal hat; und bald übernimmt sie sogar die Herrschaft über den Bereich der Wissenschaften, indem sie diese mit Hilfe der Technik je nach ihren eigenen Bedürfnissen ausrichtet. Von jetzt an weiß der *Mensch*, dass er selbst verantwortlich ist: als einer, der Menschen, Länder, Macht vereinigt, als Gründer von König- und Kaiserreichen, als *Vater* eines Gesetzestextes oder einer Philosophie hat er das Bewusstsein, der Natur noch etwas hinzuzufügen und ihr den Stempel seines Vorhandenseins aufzudrücken. Jetzt kommt die historische Person zum Vorschein, und die Biographie stellt, neben Denkmälern, Inschriften und Statuen, eine der Ausdrucksformen seines Wunsches dar, im Gedächtnis der Menschen weiterzuleben. Die beispielhaften Lebensläufe der berühmten *Männer*, der Helden und *Fürsten* verleihen ihnen eine Art literarischer und pädagogischer Unsterblichkeit zur Erbauung kommender Jahrhunderte.[33]

Unverkennbar gleitet Gusdorf von der Menschheit zum Mann, zum Vater der „Zivilisation". Unmissverständlich schließt er bestimmte Gruppen aus der Tätigkeit autobiographischen Schreibens aus. Sein Prototyp des Autobiographen ist, wie das nicht selten in der Forschung kritisiert wurde, der abendländische,

---

30 Georges Gusdorf: Voraussetzungen und Grenzen der Autobiographie, S. 122ff. Herv. C. S.
31 Vgl. Martine Watson Brownley/Allison B. Kimmisch: Women and Autobiography. Wilmington 1999, S. 3.
32 Georges Gusdorf: Voraussetzungen und Grenzen der Autobiographie, S. 122.
33 Georges Gusdorf: Voraussetzungen und Grenzen der Autobiographie, S. 124f. Herv. C. S.

weiße, christliche, heterosexuelle männliche Mensch. Eine Frau wie Fanny Lewald, die in dieser Arbeit in Frage kommt, wäre damit von der Gattung ausgeschlossen, weil sie in einem Zeitalter lebte, in dem Selbstbewusstsein in der kollektiven Vorstellung ausschließlich mit Männlichkeit verbunden war. Es sind Menschen, wie es bei Benstock heißt, denen die Geschichte den Anspruch auf Individualität verweigerte.[34] Gusdorfs Autobiographie-Konzept, so Benstock,

> denies women, ethnic minorities, those who are not Christian and heterosexual, those who do not live within northern American and western European culture, those who do not employ traditional narratives of action, adventure, and tests of manhood as the driving force of their autobiographical plots.[35]

Es stellt sich die Frage, welche Art von Subjektivität die Hermeneutik somit zustande bringt. Indem sie das autobiographische Subjekt als ein einheitliches, sein Lebensziel in sich tragendes darstellt, verpflichtet sich die Hermeneutik dem Subjektkonzept der Aufklärung, das durch Zentriertheit und Einheit gekennzeichnet ist. Das Subjekt der Aufklärung, so eine Beschreibung Stuart Halls, ist ein selbstbewusstes, das mit einer Identität zur Welt kommt, deren Kern im Laufe seines Lebens unverändert bleibt. Zwar würden für dieses Subjekt einige Aspekte der Wirklichkeit nur noch teilweise wiederherstellbar sein, sein Kern bleibe aber unberührt und der Zusammenhang dieser Wirklichkeit bleibe noch deutlich bestehen.[36] Diese Erkenntnis ist auch bereits für Mischs Studie konstitutiv. „Im Zeitalter der Aufklärung", so schreibt er, „als die Bedeutung der Autobiographie erkannt wurde, glaubte man noch, daß die menschliche Natur unveränderlich und überall und zu allen Zeiten gleich und durch psychologische Analyse völlig erschließbar sei".[37] Dass Misch diesem Konzept streng verpflichtet bleibt, zeigt nicht zuletzt die Tatsache, dass er eben seine Studie mit dem 19. Jahrhundert abbricht, was Michael Jaeger folgendermaßen erklärt:

> Misch konnte also nicht mehr in die Verlegenheit geraten, die Kulturgeschichte als ein Paradoxon bis in jene Zeit fortzuschreiben, da das reale Verschwinden der autonomen Indi-

---

34 Vgl. Shari Benstock: The Female Self Engendered: Autobiographical Writing and Theories of Selfhood (1991). In: Watson Brownley / Kimmisch (Hg.): Women and Autobiography, S.3-13. Hier S. 75.

35 Shari Benstock: The Female Self Engendered, S. 4f.

36 Stuart Hall: Rassismus und kulturelle Identität. Ausgewählte Schriften 2. Hamburg 1994, S. 180.

37 Georg Misch: Geschichte der Autobiographie. Band 1.1., S. 7.

viduen in den (totalitären) Kollektiven seiner Gegenwart den zivilisatorischen Prozeß einer Entwicklung des Selbstbewusstseins und das Vertrauen in ihn relativieren musste.[38]

Um Gusdorfs Theorie gerecht zu werden, muss man anmerken, dass er jenen erwähnten Minoritäten die Fähigkeit zur literarischen Selbstdarstellung nicht schlicht und einfach abstreitet, wie es bei Benstock heißt. Er meint aber, dass das, was sie über sich schreiben, je nach Fall, entweder die Voraussetzungen der Autobiographie nicht erfüllt, oder wenn überhaupt, dann nur als kulturelles Import, das das „Wanken" sogenannter traditionellen Kulturen in ihrer Berührung mit der „abendländischen Kultur" verkörpere.[39] Die Frage des kulturellen Imports ist in Hinsicht auf die in der vorliegenden Arbeit diskutierten Fragen genauso relevant wie jene der Individualität, die der Autobiographie zugrunde liegen soll. Beide hängen, genauer gesagt, zusammen. Denn es geht in dem Fall von jüdischen Autobiographen in dieser Arbeit auch darum, zu untersuchen, inwiefern diese Selbstdarstellungen der jüdischen Tradition verpflichtet bleiben, oder sich die Grundlagen moderner Autobiographie aneignen. Diese Frage ist insofern mit der der Individualität unmittelbar verbunden, als letztere im Mittelpunkt der modernen Autobiographie steht und ihr Gegensatz, das Gruppenbewusstsein, als Grundlage der traditionellen jüdischen Autobiographie anzusehen ist. Die Frage des kulturellen Imports in Bezug auf die hier untersuchten Texte zu stellen, heißt also zugleich, das Bewusstsein des schreibenden Subjekts in Diskussion stellen.

Nicht selten wurde das hermeneutische Autobiographie-Konzept scharf kritisiert. „Es ist deutlich geworden", so Wagner-Egelhaaf, „dass der häufig unreflektiert als universell vorausgesetzte hermeneutische Autobiographiebegriff mit seiner Vorstellung von einer sich selbst zum Ausdruck bringenden Individualität nicht den Anspruch eines transhistorischen Kriteriums beanspruchen kann".[40] Wenn man sich an den Gedanken orientiert, wie Egelhaaf ihn ausdrückt, dass „Jeder einzelne autobiographische Akt, sei es das Lesen oder das Schreiben einer Autobiographie, die Gattung ‚Autobiographie' [bestätigt und modifiziert]", dann heißt dies, dass man sich immer weniger dieser strengen Normierung verpflichtet fühlen soll, wie sie Gusdorf ausführt.[41] Es bedeutet

---

38 Michael Jaeger: Autobiographie und Geschichte, S. 92.

39 In diesem Sinne heißt es bei Gusdorf, „Wenn Gandhi seine eigene Lebensgeschichte schildert, dann verwendet er die Mittel des Westens, um den Osten zu verteidigen." (George Gusdorf: Voraussetzungen und Grenzen der Autobiographie, S. 122). Folgt man seinen Ausführungen weiter, dann sind Frauen, zumindest bis zu ihrer Emanzipation, der Autobiographie unfähig, da sie kein Bewusstsein von sich haben, das sie individualisiert.

40 Martina Wagner-Egelhaaf: Autobiographie. Stuttgart 2002, S. 104.

41 Martina Wagner-Egelhaaf: Autobiographie, S. 7.

auch, dass ein theoretischer Entwurf der Autobiographie sich immer mehr an die Praxis orientieren soll. Es ist jene Forderung, die zunehmend von Seiten der Psychoanalyse an die Theorieforschung gestellt wird. Einige Ansätze aus dieser Richtung werden im Folgenden kurz eingeführt. Damit möchte ich darlegen, dass autobiographische Texte von Frauen bloß anders geschrieben sind und aus diesem Grund auch anders gelesen werden sollen, statt aus der Gattung ausgeschlossen zu werden. Dies trifft hauptsächlich auf die hier untersuchte Autobiographie von Fanny Lewald zu. Die Autorin versteht ihre Autobiographie im Sinne einer Entwicklungsgeschichte und bezieht sich auch explizit auf Goethes *Dichtung und Wahrheit*. Das Bewusstsein ihrer Persönlichkeit, das sie zum Leitmotiv ihrer Geschichte macht, schreibt sich deutlich in eine Logik der Individualisierung ein, wie sie hier an dem hermeneutischen Beschreibungsmodell dargelegt wurde. Ihr Werdegang von dem kleinen verhöhnten jüdischen Mädchen, das ihre Ausbildung nicht abschließen durfte, bis zu der öffentlich anerkannten Schriftstellerin, ist die Grundlage dieser Entwicklungsgeschichte.

Gusdorf leitet seine Ausführungen mit der Bemerkung ein, Diogene habe durch sein Gehen die Realität der Bewegung bewiesen.[42] Daran anschließend könnte man sich fragen, inwiefern bzw. warum diese Technik des Beweises durch die Praxis für die von Gusdorf aus der Gattung ausgeschlossenen Minoritäten nicht möglich sein könnte. Die in meiner Arbeit durchgeführte Textanalyse stützt sich in Bezug auf die Lebensrekonstitution teilweise auf hermeneutische Prämissen. Dabei soll aber erkennbar gemacht werden, wie aus diesen Projekten der Selbsterkenntnis keine zentrierten bzw. einheitlichen Subjekte hervorgehen, sondern eben dezentrierte Subjekte, die es schwer haben, den zerrissenen Zusammenhang des Vergangenen zu (re)konstruieren.

2.1.2 Psychologische und psychoanalytische Auffassungen

Die Autobiographie-Forschung hat sich auf unterschiedlicher Weise auf psychologische und psychoanalytische Argumente gestützt, um die Tätigkeit des Über-Sich-Selbst-Scheibens zu deuten. Dabei ist bedeutend, dass die Bedingungen zur Konstituierung von Individualität und Identität nicht gegeben sind, sondern vom Psychologischen bedingt werden.[43] Nicht selten wurde zum Beispiel darauf hingewiesen, dass Karl Philipp Moritz in seinem *Anton Reiser,* vom Autor selbst als „psychologische[r] Roman" bezeichnet, psychologisch-psychoanalytische

---

42 Georges Gusdorf: und Grenzen der Autobiographie, S. 121.
43 Vgl. Martina Wagner-Egelhaaf: Autobiographie, S. 34ff.

Prämisse vorweggenommen habe. In seinem Buch *Identität und Rollenzwang* stützt Bernd Neumann, um sich auf ein besonders deutliches Beispiel zu beschränken, seine Identitätstheorie auf Freuds Dreiteilung des menschlichen psychischen Apparates in Es, Über-Ich und Ich, Instanzen, die bei Freud jeweils die angeborenen Triebe, den elterlichen und kulturellen Einfluss und die Selbstbehauptung bzw. die Vermittlung zwischen Über-Ich und Es verkörpern.[44] „Eine Handlung des Ichs ist dann korrekt", so Freud, „wenn sie gleichzeitig den Anforderungen des Es, des Über-Ichs und der Realität genügt, also deren Ansprüche miteinander zu versöhnen weiß".[45] Dies interpretierend, schreibt Neumann, Identität resultiere aus dem „optimale[n] und konfliktfreie[n] Zusammenspiel dieser drei psychischen Instanzen", sie sei „die Übereinstimmung des Einzelwesens mit sich und seiner Gesellschaft. Die Entwicklung solcher Identität steht im Mittelpunkt der bürgerlichen, ihrem Wesen nach entwicklungsgeschichtlichen Autobiographie".[46] Die Autobiographie könne also erst zustande kommen, wenn dieses Gleichgewicht erreicht ist, sie sei dessen Verkörperung. Neumann beruft sich auch auf Freuds psychoanalytische Theorie, wenn er den Autobiographen als jemanden darstellt, der sich durch die Beschreibung seines Lebens befreit und zum Subjekt wird.[47] Sowohl der Gedanke des Individuums als „Objekt psychischer Zwänge" als auch die Koppelung von Schreiben und Subjekt-Werdung sind den psychoanalytischen Überlegungen Freuds deutlich verpflichtet. Was Freud unter der Triade „Erinnern, Wiederholen und Durcharbeiten" zusammenfasst, ist dem hermeneutischen Gedanken des Zusammenhangs nicht ganz fremd.[48] Das Ganze wird durchs Wiederholen, durch eine Re-Lektüre und ein Durcharbeiten der Vergangenheit erzeugt, und zwar nach dem Lustprinzip, das Neumann ebenfalls aus Freuds Theorie entlehnt:[49]

---

44 Sigmund Freud: Abriß der Psychoanalyse. Einführende Darstellungen. Frankfurt am Main 1994 (1914), S. 42.

45 Sigmund Freud: Abriß der Psychoanalyse, S. 43.

46 B. Neumann: Identität und Rollenzwang, S. 20.

47 Vgl. B. Neumann: Identität und Rollenzwang, S. 61.

48 Vgl. Sigmund Freud: Abriß der Psychoanalyse.

49 Das Lustprinzip verlangt, so Freud, dass menschliche primäre Bedürfnisse, d.h. die Triebansprüche des Es befriedigt werden. Wenn die seelischen Vorgänge so funktionieren würden, dass den Anforderungen des Es, die nach dem Aufbau des psychischen Apparates eine Befriedigung elementarer Triebe tragen, nachgegangen wird, so würde man behaupten, sie laufen nach dem Lustprinzip ab. Demnach funktioniert das seelische Leben nach dem Prinzip der „Vermeidung von Unlust oder Erzeugung von Lust" (Sigmund Freud: Jenseits des Lustprinzips. In: Ders.: Psychologie des Unbewussten. Band III. Studienausgabe. Hg. von Alexander Mitscherlich u.a. Sechste Auflage. Frankfurt am Main 1975(1920). S. 217-272. Hier S. 217. Damit ein

> Im Bestreben, die verlorene Zeit in der Erinnerung wiederzufinden, gehorcht der Autobio-
> graph dem Lustprinzip. Denn die Erinnerung bringt im wesentlichen nur die glücklich
> verbrachten Tage zurück. Die von Unlust bestimmte Zeit verfällt leicht der Verdrängung,
> in der Rückschau erscheint das Leben glücklicher, als es war [...]. Für die meisten Autobi-
> ographen stellt das Abfassen einer eigenen Lebensbeschreibung eine Tröstung über die
> Versagungen dar, die sie im Leben erfuhren. Deshalb auch behandeln Autobiographien
> die Kindheits- und Jugendzeit ausführlich und intensiv. Die Erinnerung an diese lustvolle
> und versagungsfreie Zeit wird zum Versprechen eines besseren, zwangfreieren Lebens.[50]

Selbstverständlich sind nicht alle Kindheitsgeschichten glücklich und die Erzählung der Kindheit geht oft mit der Darstellung schmerzhafter Erfahrungen
einher. Die Re-Vision der Vergangenheit erscheint in vielen Fällen sogar als
therapeutisch oder gar als exorzistische Tätigkeit im Sinne einer Bewältigung
vergangener Traumata. In diesem Sinne werden Bekenntnisse unter dem Blickpunkt der inneren Reinigung aufgefasst.[51] Es kommt aber auch vor, wie dies am
Fall der Fanny Lewald anschaulich gemacht werden soll, dass das Traumatische oft so gestaltet wird, dass es als Notwendigkeit, als Voraussetzung zum
Erreichen des Lebensziels erscheint. Wie aus psychoanalytischer Perspektive
solche Autobiographien von Frauen in den Gattungskanon aufgenommen wer-

---

Gleichgewicht im psychischen Apparat bewahrt bleibt, wird das Lustprinzip vom Realitätsprinzip modifiziert, so Freud weiter: Als regulierende Instanz des psychischen Apparates würde das Ich zwischen Außenwelt und Innenwelt so vermitteln, dass es entscheidet, ob die Es-
Anforderungen „zu Befriedigung zugelassen werden sollen, [oder ob es] diese Befriedigung auf
die in der Außenwelt günstigen Zeiten und Umstände verschiebt oder ihre Erregungen überhaupt unterdrückt" (Sigmund Freud: Abriß des Psychoanalyse, S. 42f.). In diesem Sinne würde
man behaupten, dass die seelischen Vorgänge nach dem Realitätsprinzip ablaufen: „Es kann
also nur so sein", schreibt Freud, „daß eine starke Tendenz zum Lustprinzip in der Seele besteht, der sich aber gewisse andere Kräfte oder Verhältnisse widersetzen, so dass der Endaus-
gang nicht immer der Lusttendenz entsprechen kann.[...] Der erste Fall einer solchen Hem-
mung des Lustprinzips ist uns als ein gesetzmäßiger vertraut. Wir wissen, daß das Lustprinzip
einer primären Arbeitsweise des seelischen Apparates eignet und daß es für die Selbstbehauptung des Organismus unter den Schwierigkeiten der Außenwelt so recht von Anfang an unbrauchbar, ja in hohem Grade gefährlich ist. Unter der Selbsterhaltungstriebe des Ichs wird es
vom Realitätsprinzip abgelöst, welches, ohne die Absicht endlicher Lustgewinnung aufzugeben, doch den Aufschub der Befriedigung, den Verzicht auch mancherlei Möglichkeiten einer
solchen und die zeitweilige Duldung der Unlust auf dem langen Umwege zur Lust fordert und
durchsetzt." (Sigmund Freud: Jenseits des Lustprinzips, S. 219f.) In den Teilen II bis VII seiner
Abhandlung Jenseits des Lustprinzips (1920) hat Freud seine Theorie um weitere Begriffe wie
den Wiederholungszwang und die traumatische Neurose erweitert, die hier nicht diskutiert
werden (vgl. Sigmund Freud: Jenseits des Lustprinzips, S. 223-272).
50 Bernd Neumann: Identität und Rollenzwang, S. 61f.
51 Vgl. Martina Wagner-Egelhaaf: Autobiographie, S. 38.

den, haben die Amerikanerinnen Rowbotham, Chodorow und Standford untersucht.

Sich hauptsächlich auf Freuds Beschreibung des Ödipus-Stadiums[52] und der menschlichen Sexualität berufend, zeigen beide Forscherinnen, dass Gemeinschaft, Identifikation und Interdependenz in der Persönlichkeitsentwicklung von Frauen eine zentrale Rolle spielen. Chodorow stützt ihre Argumente darauf, dass

> because of their mothering by women, girls come to experience themselves as less separate than boys, as having more permeable ego boundaries. Girls come to define themselves more in relation to others. Their internalized object-relational structure becomes more complex, with more ongoing issues. These personality features are reflected in superego development.[53]

Demnach wird die Persönlichkeit bei Frauen meistens in Beziehung zum Anderen konstituiert. Frauen hätten also einen relationalen Begriff des Selbst. Die Dauer der präödipalen Phase, die bei Mädchen viel länger ist als bei Jungen, führe dazu, dass dem Mädchen das Bewusstsein der Individualität fehle und es

---

52 Freud betrachtet den Ödipus Komplex als eine wichtige Grundlage der Persönlichkeitsentwicklung beim Menschen. Noch wichtiger aber in der Entwicklung der weiblichen Persönlichkeit ist die präödipale Mutter-Kind-Beziehung, die Freud zusammen mit Lampl-de Groot als entscheidende Etappe in der Konstituierung der weiblichen Persönlichkeit betrachtet. Die libidinösen Beziehungen des Mädchens zu ihrer Mutter sind demnach nicht nur äußerst „ambivalent, ebenvoll zärtlicher als feindselig-aggressiver Natur" und „mannigfaltig" , sondern sie dauern auch viel länger als die Mutter-Sohn-Beziehung und zieht sich bis auf das fünfte Lebensjahr hin. Die präödipale Beziehung der Tochter zur Mutter wird die darauf folgende ödipale Phase grundlegend beeinflussen sowie die spätere Beziehung der Tochter zu ihrem Vater. Während der Sohn sich frühzeitig von der Beziehung zur Mutter in der präödipalen Phase emanzipiert und sich dem Vater in der ödipalen Phase als Rivale im Kampf um die Mutter wendet, bleibt die Tochter länger mit der Mutter beschäftigt. Freud denkt, „dass man das Weib nicht verstehen kann, wenn man nicht diese Phase der *präödipalen Mutterbindung* würdigt" (Sigmund Freud: Vorlesungen zur Einführung in die Psychoanalyse und Neue Folge. 14. Aufl. Frankfurt am Main 2003, S. 551). Diese Phase hinterlässt, so Freud, „nachhaltige Fixierungen": „Die Mutteridentifizierung des Weibes läßt zwei Schichten erkennen, die präödipale, die auf der zärtlichen Bindung an die Mutter beruft und sie zum Vorbild nimmt, und die spätere aus dem Ödipuskomplex, die die Mutter beseitigen und beim Vater ersetzen will. Von beiden bleibt viel für die Zukunft übrig, man hat wohl ein Recht zu sagen, keine wird im Laufe der Entwicklung in ausreichender Maße überwunden. Aber die Phase der zärtlichen präödipalen Bindung ist die für die Zukunft des Weibes entscheidende; in ihr bereitet sich die Erwerbung jener Eigenschaften vor, mit denen sie später ihrer Rolle in der Sexualfunktion genügen und ihre unschätzbaren sozialen Leistungen bestreiten wird" (Sigmund Freud: Vorlesung, S. 563f.).
53 Nancy Chodorow: The Reproduction of Mothering. Psychoanalysis and the sociology of Gender. Berkeley 1978, S. 93.

die Tendenz besitze, sich der Grenzen zwischen sich und der Welt nicht bewusst zu werden. Chodorow leugnet nicht, dass Frauen ein Bewusstsein vom Selbst und der *ego*-Grenze entwickeln, sie betont aber, dass dieses Bewusstsein meistens von einer relationalen Tendenz geprägt sei.[54] Susan Stanford hat sich sowohl auf Chodorow und Rowbotham als auch auf Jacques Lacans Studie zum Spiegelstadium berufen, um Gusdorfs normative und geschlechtszentrierte Bestimmung der Autobiographie anzugreifen. Hier sei zunächst Lacans Theorie kurz skizziert. In einem 1949 veröffentlichten und auf frühere Arbeiten basierenden Artikel[55] beschäftigt sich Lacan mit der Konstituierung der menschlichen Persönlichkeit bzw. des menschlichen Selbstbewusstseins. Lacans These basiert auf die Behauptung des Psychologen James Mark Baldwin, dass in dem Alter zwischen sechs und achtzehn Monaten das Kind sein eigenes Bild im Spiegel erkenne. Diese Zeitspanne nennt Lacan das Spiegelstadium. Dazu äußert er sich folgendermaßen:

> La fonction du stade du miroir s'avère pour nous dès lors comme un cas particulier de la fonction de l'*imago* qui est d'établir une relation de l'organisme à sa réalité – ou, comme on dit, de l'*Innenwelt* à l'*Umwelt*. [...] Ce développement est vécu comme une dialectique temporelle qui décisivement projette en histoire la formation de l'individu : le *stade du miroir* est un drame dont la poussée interne se précipite de l'insuffisance à l'anticipation – et qui pour le sujet, pris au leurre de l'identification spatiale, machine les fantasmes qui se succèdent d'une image morcelée du corps à une forme que nous appellerons orthopédique de sa totalité, – et à l'armure enfin assumée d'une identité aliénante, qui va marquer de sa structure rigide tout son développement mental. Ainsi la rupture du cercle de l'*Innenwelt* à l'*Umwelt* engendre-t-elle la quadrature inépuisable des récolements du *moi*.[56]

Das Spiegelstadium manifestiert sich also dadurch, dass das physiologisch noch von der Mutter abhängige Kind durch die Betrachtung des eigenen Spiegelbildes die Illusion des eigenen Körpers als Ganzen gewinnt. Im Spiegel begegnet das Kind sich selbst zum ersten Mal als *vollständige* Person, und nicht als zerstückelt wie in der Realität, wo es jeweils immer nur Teile vom eigenen Körper sehen kann und niemals das Ganze. Die somit durch den Spiegel erreichte Einheit des Körpers, die Identifikation mit dem Spiegelbild des Anderen und

---

54 Vgl. Nancy Chodorow: The Reproduction of Mothering, S. 110.

55 „*Le stade du miroir comme formateur de la fonction du je, telle qu'elle nous est révélée, dans l'expérience psychanalytique* ", in : Revue Française de Psychanalyse 1949, volume 13, n° 4, pp 449-455. Hier wird aber zitiert nach : Jacques Lacan: *Le stade du miroir comme formateur de la fonction du je* (1949). In : Ders.: Ecrits I. Paris 1966, S. 93-101.

56 Jacques Lacan : *Le stade du miroir comme formateur de la fonction du je* (1949).In : Ders.: Ecrits I. Paris 1966, S. 93-101. Hier S. 93f.

mit dem eigenen Spiegelbild führen beim Kind zu einem Lustgefühl, das nichts anderes ist als eine Vorwegnahme der Subjekt-Funktion, die das noch abhängige Kind aber erst durch den späteren Spracherwerb erlangt. Das Spiegel-Stadium ist, so Lacan, der Zeitpunkt, an dem eine Beziehung des Körpers zur Außenwelt, eine Beziehung der *Innen-* zur *Umwelt* aufgebaut wird, die in der Form einer „ursprünglichen Zwietracht" erfolgt. In einer „jubilatorischen Geste" begehre das *je* sein *moi,* das mit Anlehnung an Freud als *moi-ideal* bezeichnet wird, weil es rein fiktiv sei. Dieses *image spéculaire* des sich konstituierenden Ich sei ein „Versprechen zukünftiger Ganzheit" und trage zur Entwicklung des Selbstbewusstseins beim Kind bei.[57] Wagner Egelhaaf bringt diese These wie folgt in Verbindung mit der autobiographischen Tätigkeit:

> Übertragen auf die Systematik der autobiographischen Selbstverschriftlichung besagt der lacansche Ansatz, dass den Wörtern, Bildern und Formeln des autobiographischen Textes eine **imaginäre Spiegelfunktion** im Hinblick auf das sich selbst begehrende Subjekt zukommt, das sich nur in der Entäußerung des Schreibens und der Schrift erfährt und in jeder signifikanten Setzung, die es vornimmt, jene Kluft zu überbrücken sucht, die es von sich selbst trennt, und genau in diesem Gestus des Begehrens seiner selbst jene Trennung von sich immer neu setzt: ‚ich denke, wo ich nicht bin, also bin ich, wo ich nicht denke', so lautet das lacansche Credo.[58]

Das sich konstituierende Subjekt ist ein soziales, weil das *imago* des Ich nur in Anwesenheit, in Abgrenzung des Anderen zustande kommen kann. Nur so kann sich das *moi* vom Nicht-*moi* abgrenzen. An dieser Bewegung der Trennung knüpft also Susan Stanford, um zu unterstreichen, dass

> as with Freud, Lacan's concept of ego formation is based on the assumption that the ego results from a process that moves from fusion and toward separation. These theories of ego formation often lead psychoanalytic critics of autobiography to decode the narrative as the ego's movement away from early fusion with the mother and toward the establishment of sharp boundaries between self and others.[59]

Damit wird unterstellt, wenn man sich auf Freuds Darstellung der präödipalen Phase bezieht, dass diese Bewegung, die durch das autobiographische Schreiben erfolgt und weg von der Mutter zu einem autonomen Selbst führt, bei Frau-

---

57 Dylan Evans: Wörterbuch der Lacanschen Psychoanalyse. Wien 2002, 279.
58 Martina Wagner-Egelhaaf: Autobiographie, S. 40. Herv. i. O. An diesem Prozess des Selbsterkenntnisses wird auch erkennbar, wie verwandt psychoanalytische und hermeneutische Konzepte sind.
59 Susan S. Friedman: Women's Autobiographical Selves: Theory and Practice (1988). In: Smith/Watson (Hg.): Women, Autobiography, Theory. A Reader. Madison 1998, S. 72-82. Hier S. 74.

en nur in beschränktem Maße möglich ist. Was lange aber nicht bedeutet, dass Frauen um die eigene Persönlichkeit nicht wissen würden, dass sie kein Bewusstsein ihrer Selbst haben würden, wie Gusdorf es formuliert, sondern, dass dieses Bewusstsein anders als bei Männern konstituiert wird, und zwar als eine „relational sense of self".[60] Die weibliche Identität entstehe auf der Grundlage einer Art „collective alienation" bzw. eines ideologischen Bewusstseins. Aus diesem Blickpunkt argumentierend weist Stanford darauf hin, dass Frauen Autobiographie bloß anders schreiben. „The individualistic concept of the autobiographical self that pervades Gusdorf's work", so Stanford,

> raises serious theoretical problems for critics who recognize that the self, self-creation, and self-consciousness are profoundly different for women, minorities, and many non-Western peoples. The model of separate and unique selfhood that is highlighted in his work and shared by many other critics established a critical bias that leads to the (mis)reading and marginalization of autobiographical texts by women and minorities in the processes of canon formation. [...] First, the emphasis on individualism does not take into account the importance of group identity for women and minorities. Second, the emphasis on separateness ignores the differences in socialization in the construction of male and female gender identity.[61]

Autobiographie sei auch in dem Fall, wo das Subjekt sich nicht als völlig getrennt von anderen, sondern eben in einer Beziehung zu der Gruppe konstituiert, durchaus möglich, weil zum Beispiel das individuelle Selbst weiblicher Autobiographien auf der Grundlage eines Gruppenbewusstseins entstehe.[62] „Frau", so Stanford weiter, bilde eine kulturelle Kategorie, mit der die Autobiographin im Akt des Schreibens umgehen müsse. Der dadurch entstandene Identitätsbegriff ist in diesem Sinne deutlich ambivalent: „In autobiography, specifically, the self created in a woman's text is often not a ‚teleological entity', an ‚isolate being' utterly separate from all others, as Gusdorf and Olney define the autobiographical self".[63] Zu Recht vermeidet Stanford es, die Ambivalenz abzuschaffen, die der weiblichen Autobiographietätigkeit innewohnt. Die Intention, bei der Verfassung von Autobiographie die Konstruktion des Selbst auf das Gruppenbewusstsein zu stützen, kollidiert aber bei einer Mehrheit von Autobiographien, besonders seit Mitte des 19. Jahrhunderts und seit Anfang des 20. Jahrhunderts noch stärker, mit dem Wunsch, doch eine von der Geschlechtsidentität abgekoppelte Individualität zu beanspruchen. Die weibliche Autobiog-

---

60 Vgl. Nancy Chodorow: The Reproduction of Mothering.
61 Susan S. Friedman: Women's Autobiographical Selves, S. 72.
62 Vgl. Susan S. Friedman: Women's Autobiographical Selves, S. 76.
63 Vgl. Susan S. Friedman: Women's Autobiographical Selves, S. 76.

raphie bewegt sich in diesem Sinne also im Spannungsfeld von individuellem und kollektivem Bewusstsein, wie Sidonie Smith es formuliert: „In writing her life, the autobiographer must choose whether to reproduce or to contest dominant views of feminity in her culture, views that, historically, have been misleading, unfair, or insufficient".[64] Es muss hinzugefügt werden, dass dieses Entweder-Oder nicht immer funktioniert, weil der Versuch, den dominanten Diskurs in Frage zu stellen, oft den entgegengesetzten Effekt produziert. Dies soll an der Autobiographie von Fanny Lewald anschaulich gemacht werden. Obwohl Selbstbewusstsein und Individualität zu ihrer Zeit für Frauen durch den patriarchalen Diskurs behindert werden, versucht die Autorin, beide Momente ins Zentrum ihrer Selbstdarstellung zu rücken. Damit erweist sie sich als Paradebeispiel für das, was Smith u.a. hier aus psychoanalytischer Perspektive als *modus* und *impetus* von Frauenautobiographien festzumachen sucht. An Lewalds Autobiographie soll exemplifiziert werden, dass „autobiographical writing – whatever form it takes – questions notions of selfhood rather than taking self for granted".[65] Es geht also darum zu untersuchen, was für eine Form der Individualität bzw. des Selbst aus ihrer Selbstdarstellung hervorgeht. Dabei wird sich zeigen, dass Fanny Lewalds Konstruktion des eigenen Lebens als Entwicklungsgeschichte zwischen Anspruch auf Individualität und „kollektive[m] Bewusstsein" schwankt. Weil Individualität, wie bereits erwähnt, nur in Bezug auf bestimmte Gruppen beansprucht werden kann, spielt das Verhältnis der Autobiographin zu ihrer Umgebung eine wichtige Rolle. Deshalb wird im nächsten Schritt der sozialgeschichtliche Aspekt autobiographischen Schreibens angesprochen und weiter unten die sozialgeschichtlichen Bedingungen von Identitätsbildung.

2.1.3 Sozialgeschichte

Die Erwähnung des sozialgeschichtlichen Zugangs zur Autobiographie ist deshalb für die vorliegende Untersuchung wichtig, da diese Leseweise dem autobiographischen Text ein historisches Potenzial zuschreibt und die Lektüre der Texte in dieser Arbeit auch auf eine Prüfung ihres Status als sozialgeschichtli-

---

64 Sidonie Smith: Constructing Truth in Lying Mouths: Truthtelling in Women's Autobiography. In: Brownley/Kimmisch (Hg.): Women and Autobiography. Wilmington 1999, S. 33-52. Hier S. 33.
65 Shari Benstock: The Female Self Engendered: Autobiographical Writing and Theories of Selfhood (1991). In: Watson Brownley, Martine/ B. Kimmisch, Allison (Hg.): Women and Autobiography. Wilmington 1999, S. 3-13. Hier S. 12.

che Quellen hinaus will. Bei den sozialgeschichtlichen Beschreibungsmodellen, die hauptsächlich von Werner Mahrholz aber auch von Bernd Neumann[66] vertreten werden, kommt den sozialen Verhältnissen eine wichtige Rolle zu. Die Sozialgeschichte will das Individuum nicht als eine transhistorische Kontinuität, sondern „als ein sich historisch und gesellschaftlich wandelndes Phänomen wahrnehmen".[67] Die Autobiographie fungiert hier als „geschichtliche Quelle"[68] und der Autobiograph ist „ein ‚Kind der Zeit' und als solches geprägt von der historischen und sozialen Lage".[69] Kein Wunder, dass Neumann in seiner Auseinandersetzung mit dem autobiographischen Schreiben auf George Meads Theorie der sozialen Identität zurückgreift.[70] Stellt die Autobiographie dar, wie der Autobiograph im Zusammenspiel mit seinen Zeitgenossen seine Zeit prägte oder von ihr geprägt wurde, wird sie als „Widerspiegelung des Lebens, also psychologischer und soziologischer Strukturen" verstanden, dann kommt ihre Untersuchung sogar der Sozialpsychologie zu, so Neumann.[71] Sowohl für Mahrholz als auch für Neumann steht das Individuum im Zentrum autobiographischen Schreibens. Obwohl die Tatsache nicht geleugnet wird, dass der Autobiograph sich in seiner Darstellung irren kann, so bestehe man trotzdem darauf, dass die Autobiographie, „in dem, was sie sagt, wie in dem, was sie verschweigt, die deutlichste Spiegelung der letzten Einstellung des Menschen zu seiner Umgebung, zu seiner Zeit, zu den sie beherrschenden Gedanken und Gefühlen" verkörpert.[72] Dass bei dem sozialgeschichtlichen Ansatz weiter der Zusammenhang, das Leben des Individuums und das Verstehen dieses Individuums im Zentrum stehen, deutet darauf hin, dass dieser Ansatz sich nicht von der Hermeneutik emanzipiert. Dass die Autobiographie hier als historische Quelle betrachtet wird, soll aber nicht dazu führen, dass die Formfrage vernachlässigt wird. Mahrholz, der eben postuliert, die Entwicklung der Autobiographie in Deutschland sei mit der Entwicklung des deutschen Bürgertums zum „eigentlich bildungstragenden Stande[s]" in Verbindung zu bringen, folgert daraus,

---

66 Bei Neumann kommen sowohl psychoanalytische als auch sozialgeschichtliche Argumente in Frage. Bernd Neumann, 1970.

67 Martina Wagner-Egelhaaf: Autobiographie, S. 32.

68 Vgl. W. Mahrholz: Der Wert der Selbstbiographie als geschichtliche Quelle. In: Niggl (Hg.): Die Autobiographie. Zu Form und Geschichte einer literarischen Gattung. Darmstadt 1989, S. 72-74. Hier S. 72ff.

69 Bernd Neumann: Identität und Rollenzwang, S. 1.

70 Bernd Neumann: Identität und Rollenzwang, S. 38f.

71 Vgl. Bernd Neumann: Identität und Rollenzwang.

72 W. Mahrholz: Der Wert der Selbstbiographie als geschichtliche Quelle, S. 72.

dass Lebensform und Darstellungsform nicht voneinander zu trennen seien, weil die Form der Autobiographie eigentlich ihrem Stoff entspringe:

> Das gelebte Leben selber verdichtet sich hier zu einer Gattung der Literatur, und so verdient die Entwicklung der Selbstbiographie im Bürgertum nicht nur als Ausdruck des Lebens, sondern auch als Umsetzung des Lebens in literarische Form die Beachtung und Teilnahme des Geschichtsschreibers.[73]

Mit diesem Hinweis tauchen Probleme zur Form des autobiographischen Textes auf, die ich aber erst später diskutiere.

Mahrholz verbindet die Blüte der Autobiographie mit der Entwicklung des Bürgertums. Der Zug zur Individualität und zum Selbstbewusstsein, der das Bürgertum charakterisiert, stellt für ihn die Grundlage autobiographischen Schreibens. In diesem Sinne schreibe der Autobiograph so, wie er gelebt hat. Autobiographie sei nichts anderes als die literarische Umsetzung des Lebens. In dieser Hinsicht könne Autobiographie schwer da entstehen, wo aufgrund von feudalen Verhältnissen das Individuum den Erfordernissen und Bräuchen der Gesellschaft verpflichtet bleibt, weil der Wille zur Individualisierung für sie grundlegend wäre. Wesentlich für die vorliegende Studie ist die Tatsache, dass der Autobiograph aus sozialgeschichtlicher Perspektive von den gesellschaftlichen Verhältnissen seiner Zeit geprägt ist, die auch immer in seiner Schrift Niederschlag finden. Eine grundlegende Frage im Rahmen der vorliegenden Studie wäre demnach die, ob die Autobiographen bereits durch die gewählte Form ihrer Texte Schlüsse zulassen über die Art und Weise, wie sie als Jude gelebt haben. Konkret würde man zum Beispiel der Frage nachgehen, inwiefern Fanny Lewalds Erzählung bürgerlicher Tugenden wie Bildung, Freiheit und Selbstbestimmung ihrem eigenen Erlebnis entspricht bzw. anspricht.

Der hier untersuchte Textkorpus stellt auf der einen Seite Individuationsprozesse dar, auf der anderen aber auch kollektive Schicksale. In beiden Fällen handelt es sich, sowohl bei Memoiren als auch bei Autobiographien im strengen Sinne des Wortes, um kollektive Lebensverhältnisse, die von den Autobiographen bzw. Memoirenschreibern je nach ihren persönlichen Einstellungen und Projektionen von selbst, je nach den verschiedenen Werdegängen und Verhältnissen zur Außenwelt, ins Literarische umgesetzt werden. Demnach geht es in dieser Arbeit auch darum zu untersuchen, inwiefern die Lebenswege eine kollektive Dimension aufweisen und wieweit diese kollektive Dimension in Form von Verhaltensmustern, Wert- bzw. Weltvorstellungen, Entscheidungen in den Texten zum Ausdruck kommen. Eine Auseinandersetzung mit diesen Texten ist

---

73 Werner Mahrholz: Der Wert der Selbstbiographie als geschichtliche Quelle, S. 74.

ohne Einbeziehung des historischen Kontextes nicht vorstellbar. Die individuelle Biographie von Juden kann m.E. ohne Erforschung der judenspezifischen gesellschaftlichen Verhältnisse nicht zureichend entschlüsselt werden. Dies bedeutet aber nicht, dass das Herausarbeiten von Kollektiverfahrungen zwangsweise zum Entwurf einer kollektiven Identität führen müsste. Denn es geht mir letzten Endes nicht um die Typologisierung von Gesellschaftsbildern anhand von Selbsterlebnissen, sondern um ein Herausarbeiten individueller Interpretationen gesellschaftlicher Verhältnisse, bei dem großen Wert auf die Einzigartigkeit jeder Position gelegt wird. Ein wesentlicher Aspekt jüdischer Autobiographie, der in dieser Arbeit in Erwägung kommt, ist die „Sozialisation" durch Abgrenzung oder Assimilation. Es soll erkennbar werden, inwiefern die Autoren zugleich als Objekte und Subjekte sozialer Verhältnisse auftreten.

In ihrem aus sozialgeschichtlicher Perspektive verfasstes Buch *Das nationale Ich? Autobiographische Sinnkonstruktionen deutscher Bildungsbürger des Kaiserreichs* will Dagmar Günther autobiographische Zeugnisse als „autobiographische Sinnkonstruktionen" verstehen.[74] Damit rückt sie Erzählstrategien ins Zentrum der Analyse. Nicht das „Gemeinte" sei ihr entscheidend, sondern die Art und Weise, wie das Gesagte formuliert wird: „Das Augenmerk liegt vielmehr auf den Konstellationen und erzählerischen Verfahren, in denen sich ein (nationales) Ich überhaupt erst als solches hervorbringt".[75] Dabei will Günther, einem allgemeinen Forschungstrend folgend, Briefe, Tagebücher und Erinnerungen bzw. Autobiographien auf gleicher Höhe untersuchen. Es drängt sich aus meiner Sicht aber die Frage auf, inwiefern das Einbinden von Tagebüchern und Briefen in die Studie sich in Hinsicht auf die Erforschung der Erzählstrategie bezahlbar macht. Denn nicht zufällig betont Günther ja auch ausdrücklich, dass Lebenserinnerungen die Hauptquelle ihrer Untersuchung bilden. Wenn das Erzählverfahren und die Konstruktion des Geschehens von größter Bedeutung sind, dann können Briefe und Tagebücher aufgrund ihres erzählerischen Models keinesfalls auf gleicher Ebene erforscht werden wie Erinnerungen. Im Gegensatz zu Briefen und Tagebüchern, die in dem, was sie sagen, zeitlich „eingeschränkt", sprich meistens auf ein bestimmtes Ereignis orientiert sind, bieten Erinnerungen einen breiteren Zeitzusammenhang, genauso wie sie, indem sie den Autor einen Überblick über eine viel längere Zeitspanne ermöglichen, die künstlerische Gestaltung dieses Zusammenhangs erst ermöglichen. In diesem Sinne betont Dilthey, dass Selbstbiographien

---

74 Dagmar Günther: Das nationale Ich? Autobiographische Sinnkonstruktionen deutscher Bildungsbürger des Kaiserreichs. Tübingen: Niemeyer 2004. S. 9
75 Dagmar Günther: Das nationale Ich? Tübingen 2004. S. 9.

die höchste Form [sind], in welcher uns das Verstehen des Lebens entgegentritt. Hier ist ein Lebenslauf das äußere, sinnlich Erscheinende, von welchem aus das Verstehen zu dem vorandringt, was diesen Lebenslauf innerhalb eines bestimmten Milieus hervorgebracht hat.[76]

Dass im Gegensatz zu Dagmar Günther und allgemein auch gegen den Forschungstrend in der vorliegenden Studie Briefe und Tagebücher nur am Rande erwähnt werden, hat allerdings vielmehr zu tun mit der Tatsache, dass der thematische Schwerpunkt der Arbeit durch die Einbeziehung von Briefen und Tagebüchern verlegt gewesen wäre, weil die vorhandenen Briefe und Tagebücher nicht nur nicht ausreichend zur Darstellung der Problematik geeignet waren, weil diese Problematik nur wenige dieser Texte zum Teil strukturiert, sondern auch deshalb, weil die Einbindung von Briefen und Tagebüchern dem erinnerten Charakter der Biographie beträchtlich schadet und somit den Aspekt der Rekonstruktion und der narrativen Identitätskonstruktion, die für die vorliegende Arbeit zentral ist, schlicht und einfach ausblendet. Die Möglichkeit der nachträglichen Sinnkonstruktion, die dem Autobiographen bzw. dem Memoirenschreiber gegeben ist, steht dem Tagebuch- und Briefschreiber nicht im gleichen Maß zur Verfügung. Dennoch gilt für die vorliegende Studie, dass das Gemeinte genauso entscheidend ist wie seine Formulierung. Denn es geht mir hauptsächlich auch um die Erforschung der Entstehungsbedingungen dieses Gemeinten und seiner Wirkung bzw. Bedeutung innerhalb eines gegebenen diskursiven Feldes. In diesem Sinne sind jene Texte, die überhaupt keine Selbsterörterungen über Religion, Gesellschaft und Politik anbieten, von geringerer Relevanz. Man mag wie Dagmar Günther davon ausgehen, dass „Art und Zweck der [...] herangezogenen autobiographischen Gattungen – Lebenserinnerungen, Briefe, Tagebücher – [grundsätzlich] nicht darin begründet liegen", über einen bestimmten Sachverhalt – hier die Emanzipation – zu reflektieren,[77] man kann aber nicht umhin anzunehmen, dass diese autobiographische Tätigkeit in einem bestimmten Kontext entsteht bzw. stattfindet und jedes produzierte Wort, über sich selbst oder über die Umgebung des autobiographischen Subjektes unweigerlich von einer bestimmten diskursiven Ordnung geprägt ist. Der Autobiograph ist ein „Kind der Zeit" und als solches von den sozialen Strukturen geprägt.[78] In seiner Arbeit zur deutschsprachigen jüdischen Autobiographie im 20. Jahrhundert tut Markus Malo in dieser Hinsicht dar, dass deutschspra-

---

76 Wilhelm Dilthey: Das Erlebnis und die Dichtung, S. 246.

77 Dagmar Günther: Das nationale Ich? S. 9.

78 Vgl. Michel Foucault: L'archéologie du savoir, S. 148 ; Pierre Bourdieu : Les règles de l'art, S. 184.

chige jüdische Autobiographien vielmehr „ihren ‚ontologischen Sonderstatus' als ein historisches Dokument und als Geschichtsquelle" behaupten, als dass sie dazu tendieren würden, „die Autobiographie in den Gattungen des fiktionalen Erzählens aufgehen zu lassen bzw. das autobiographische Element auf eine sich am Erinnerungsprozess orientierende Schreibweise zu reduzieren".[79] Dass die Konfession und das Verhältnis zur nichtjüdischen Welt in den hier untersuchten Texten grundlegend sind, belegt ihren sozialgeschichtlichen Charakter zur Genüge. Ohne also den ästhetischen Status der Texte auszublenden, möchte die vorliegende Studie stets davon ausgehen, dass Inhalt und Form zusammenhängen und dementsprechend die Erforschung des „Gemeinten" mindestens auf gleicher Höhe erfolgen soll wie die der Art und Weise.

Betrachtet man jüdische Autobiographien als Quelle der Sozialgeschichte, dann müsste man also die Bedeutung der einzelnen Texte für die allgemeine Geschichte der Juden in der Emanzipationszeit erforschen. Zudem müsste eine sozialgeschichtlich effiziente Vorgehensweise immer andere Quellen der Sozialgeschichte in die Analyse einbinden. Im Fall der vorliegenden Studie besteht keine Möglichkeit auf einer offiziellen Version der Geschichte, wie das bei Dagmar Günther der Fall ist. Das Augenmerk liegt bei Günther auf der autobiographischen Schrift als Quelle historischer Erfahrung. Dabei geht es grundsätzlich um einen Vergleich zwischen zwei Geschichtsversionen. Die jeweils eigenständige Behandlung der genannten „Schlüsselereignisse" erlaubt es Günther, tradierte Annahmen über deren jeweilige Bedeutung im kollektiven Gedächtnis des Kaiserreiches kritisch zu überprüfen. Tatsächlich setzen die Autobiografen andere Schwerpunkte als die offizielle Erinnerungskultur des Kaiserreiches.[80]

Mir geht es in der vorliegenden Studie nicht darum, ein bestimmtes Modell der Geschichtsauffassung an autobiographischen Texten zu erproben, sondern die Arbeit will umgekehrt vorgehen, um Modelle der Repräsentation von Geschichte aus den Texten herauszuarbeiten. Sie geht davon aus, dass es keine offizielle Version der Emanzipation bzw. Assimilation gibt und versucht deshalb, diese Momente aus den Texten heraus zu definieren. Interessant ist in diesem Sinne die Tatsache, dass alle autobiographischen Texte zwar die gleiche Epoche erzählen, jeder von ihnen aber eine eigene Geschichte erzählt. Nun will die Studie vermeiden, diese einzelnen Geschichten zu einem gemeinsamen Nenner zu führen. Sie will vielmehr jede Version in ihrer Struktur und in ihrem

---

79 Markus Malo: Behauptete Subjektivität, S. 71.
80 Sonja Levsen: Rezension von: Dagmar Günther: Das nationale Ich? Autobiographische Sinnkonstruktionen deutscher Bildungsbürger des Kaiserreichs, Tübingen: Niemeyer 2004, in: sehepunkte 5 (2005), Nr. 9 [09.09.2005] URL: http: //www.sehepunkte.historicum.net/2005/09 /8155.html (07.11.2012)

diskursiven Aufbau untersuchen. Es sei angemerkt, dass Autobiographie in der vorliegenden Arbeit zugleich als literarische Form und als Zweckform behandelt wird. Einer der am meisten verbreiteten Mythen über autobiographisches Schreiben ist nämlich, unabhängig von Ansätzen, der Glaube daran, dass Autobiographie den wahren und authentischen Menschen darstellt oder darstellen will. Wie berechtigt diese Tendenz ist und welche Grenzen man ihr setzen soll, wird im Folgenden diskutiert. Dadurch soll nicht zuletzt begründet werden, warum der Wahrheitsanspruch der hier untersuchten Texte in Frage gestellt werden soll, egal ob es sich nun um die Memoiren von Pauline Wengeroff handelt oder um die Entwicklungsgeschichte der Fanny Lewald.

2.1.4 Über sich selbst schreiben, Wahrheit und die Wissenschaft vom Menschen

Weiß man, dass die Tätigkeit der Selbstbeschreibung keine Erfindung der Neuzeit ist,[81] so steht auch fest, dass ihr je nach der Epoche jeweils eine andere Bedeutung zugeschrieben wurde, obwohl bestimmte Funktionen dieser „Kunst" epochenübergreifend sind. Ein wichtiges Motiv der autobiographischen Selbstbeschreibung ist die Rechtfertigung, bzw. die Erläuterung des eigenen Vorhabens. Odo Marquard schreibt in dieser Hinsicht, der Mensch sei schon immer ein Angeklagter gewesen, es habe sich nur im Laufe der Geschichte der Ankläger geändert.[82] Sokrates' Rede zur eigenen Verteidigung und zur Erläuterung des eigenen Verhaltens habe den Athenern gegolten, die seine Ankläger waren, genauso wie Isokrates' Verteidigungsrede, die Misch als „voll ausgeführtes und zweifellos echtes autobiographisches Werk" jenes Zeitalters bezeichnet.[83] Im Christentum habe sich im Gegensatz zur Antike die Anklage vom Menschen auf Gott deplaziert, so dass der Ankläger zu einem *absoluten* wurde:

> die Anklage wird absolut, weil sie die Anklage durch den Absoluten wird: durch Gott. Darum bedürfen die Menschen einer absoluten Rechtfertigung, die sie nicht mehr selber leisten können, schon gar nicht durch Autobiographie. Die Rechtfertigung geschieht durch Gott selber, durch seine Erlösungsart in Christo.[84]

---

81 Vgl. Georg Misch: Geschichte der Autobiographie, Band 1.1. 1949.
82 O. Marquard : Identität – Autobiographie – Verantwortung (ein Annäherungsversuch) In: Marquard/ Stierle (Hg.): Identität. 2. Aufl. München 1996, S. 690-699. Hier S. 692f.
83 Georg Misch. Geschichte der Autobiographie, S. 158.
84 O. Marquard : Identität – Autobiographie – Verantwortung, S. 692.

Die menschliche Rechtfertigung trete damit nur in den Hintergrund, sie verschwinde nicht. In der säkularisierten modernen Welt ereigne sich erneut eine Wende, so Marquard weiter, die diese menschliche Rechtfertigung noch mal in den Vordergrund schiebt und sie unabdingbar macht. Dies habe sich ereignet, als

> die profanierte Geschichtsphilosophie die Wirklichkeit als Geschichte und diese als Prozess, als Tribunal verstand, vor dem die Menschen sich – ihre Identität – schlechthin rechtfertigen müssen; denn nichts ist jetzt nicht dieser Prozess. *Ankläger wird der absolute und zugleich gnadenlose Mensch.* [...] Die Anklage – jetzt nicht mehr durch die Gnade Gottes ermäßigt – wird unmäßig. Sein: das bedeutet nunmehr unentrinnbares Angeklagtsein, vorbehaltlose Rechtfertigungsbedürftigkeit, unbedingten Legitimationszwang; es bedeutet: die totale Beweislast haben dafür, daß man nicht schuldig ist. So wird für jeden Menschen – der ebendeswegen restlos verantwortlich gemacht werden muß für sich selber – seine Identität das Pensum dieser Entschuldigung: der Entschuldigung dafür, daß es ihn gibt und nicht vielmehr nicht.[85]

Wer die Geschichte des eigenen Lebens erzählt, reagiert in dieser Hinsicht auf die Anklage der Geschichte und der Menschheit. Der Autobiograph rechtfertigt durch sein Schreiben nicht nur die eigene Existenz, sondern auch seine Taten. Er rechtfertigt, warum er so gelebt und gehandelt hat und nicht anders. Diese Rechtfertigung, die Legitimation des eigenen Lebens, spitzt sich in einen Anspruch auf Beispielhaftigkeit zu, denn die Rechtfertigung des Lebensweges durch die Autobiographie ruft eine weitere Rechtfertigung hervor, und zwar die der autobiographischen Schrift selbst. In diesem Sinne rechtfertigt der Autobiograph nicht nur die eigene Existenz und die eigenen Taten, sondern auch den Schreibakt an sich. Mit Paul Ricœur zusammengefasst heißt es, dass „raconter, c'est dire qui a fait quoi, pourquoi et comment",[86] wobei das *warum,* das *pourquoi,* sich selbstverständlich nicht nur auf die Begründung der Taten, sondern auch auf die des Erzählens selbst beziehen soll. Neben diesem Motiv der Rechtfertigung hat Michel Foucault die Kultur der „Sorge um sich" als Grundlage der *écriture de soi* dargelegt. „Die Sorge um sich", die nach Foucaults „Ästhetik der Existenz" zu einer wichtigen Grundlage menschlicher Existenz in der griechisch-römischen Kultur der beiden ersten Jahrhunderte der Kaiserzeit bildet, erfolgt auch durch das Scheiben über das Selbst:

> Dans cette culture du souci de soi, l'écriture est, elle aussi, importante. Parmi les tâches que définit le souci de soi, il y a celle de prendre des notes sur soi-même – que l'on pourra relire –, d'écrire des traités et des lettres aux amis, pour les aider, de conserver ses carnets

---

85 Odo Marquard : Identität – Autobiographie – Verantwortung, S. 693.
86 P. Ricœur : Soi-même comme un autre, S. 174.

afin de réactiver pour soi-même les vérités dont on a eu besoin. Les lettres de Socrate sont un exemple de cet exercice de soi. [...] Le soi est quelque chose sur lequel il y a matière à écrire, un thème ou un objet (un sujet) de l'activité d'écriture.[87]

In dieser Kultur der Sorge um sich also, ist das Schreiben über das Selbst noch keine Tätigkeit, die wie später in der Neuzeit erst mit dem Alter Sinn macht, sondern es handelt sich um eine tägliche Notwendigkeit, eine dauernde Pflicht. Das Aufgezeichnete ist nicht an Erinnerung angelehnt, sondern ans Ereignende, an die Gegenwart. Dabei soll es aber der Erinnerung dienen, denn diese Gedanken finden später in der Lebenspraxis Anwendung. Dass Notizen, die man über sich selbst gemacht hat, später reaktiviert und als Grundlage neuer Taten benutzt werden, weist auf den mahnenden Charakter solcher Texte. Aber sowohl Sokrates' Verteidigungsrede als auch die Autobiographie von Isokrates sind ohne Erinnerung an das Erlebte nicht möglich. Sie basieren, wie auch spätere Autobiographien, auf dem Erlebten und auf das eigene Leben des Schreibenden oder auf einen Teil davon. Diese Anlehnung an die Vergangenheit ist eine wichtige Grundlage autobiographischen Schreibens, die abhängig von der Epoche unterschiedlichen Zwecken dient. Während der Rückgriff auf das Erlebte und auf durchgeführte Taten bei Sokrates zum Zweck der Legitimation und der Rechtfertigung erfolgt, tritt er im 19. Jahrhundert etwa bei Goethe als Form der Bilanzierung auf. Die Darstellung eigener Leistungen und des eigenen Werdegangs wird nicht nur durch die Rechtfertigungsbedürftigkeit und die Darstellung des eigenen Selbst als beispielgebende Instanz motiviert, sondern auch durch die Eigenliebe, durch die „Freude" an der Selbstdarstellung der Persönlichkeit, also durch eine Art narzisstischer Aufstellung.[88] Es handelt sich, anders ausgedrückt, um die Freude am „gelungene[n] Ausgleich der Gegensätze innerhalb der Persönlichkeit, die Vermittlung von Trieb- und Gesellschaftsanspruch", der nun zugleich als Beispiel für die Nachwelt und als repräsentativ für die Epoche stehen soll.[89] Wobei immerhin betont werden muss, dass dieser Anspruch, für die Nachwelt als Beispiel zu stehen in gewisser Hinsicht auch die Angst vor einem ewigen Verschwinden materialisiert. Die Freude ist aber auch die eines Menschen, der es geschafft haben will, aus dem Erlebten etwas Zusammenhängendes, Geordnetes und Sinnvolles zu machen. Weshalb es bei Goethe wie bei vielen anderen Autobiographen, denen letzterer als Muster gilt,

---

87 Michel Foucault: Les techniques de soi. In : Ders.: Dits et écrits IV. Sous la direction de Daniel Defert et François Ewald. Paris 1994, S. 783-813. Hier S. 793.
88 Auch die in der Antike bekannte Autobiographie als politische Apologie kann in diesem Sinne einer Selbstbelobung aufgefasst werden.
89 Bernd Neumann: Identität und Rollenzwang, S. 22.

sowohl um „Wahrheit" als auch um „Dichtung" geht. Neben Rechtfertigung und Beispielhaftigkeit wurde der autobiographische Rückblick auch immer durch das Bedürfnis des Selbstverständnisses motiviert. So ermöglichte sich der Selbstbiograph durch die Beschreibung des eigenen Lebens einen Einblick in die eigene Seele, in die Funktionsweise der eigenen Persönlichkeit und mithin der menschlichen Persönlichkeit seiner Zeit schlechthin. Die pietistische Autobiographie im 17. Jahrhundert macht einen entscheidenden Schritt in diese Richtung. „In Anbetracht der politisch-sozialen Begrenztheit des kleinbürgerlichen Daseins wendet sich der Blick von der äußeren sozialen Wirklichkeit ab und konzentriert sich auf die Schilderung der eigenen Seelenzustände und inneren Befindlichkeiten".[90] Das wissenschaftliche Interesse am Menschen, das sich bereits in Adam Bernds Autobiographie erkennen lässt, wird im 18. Jahrhundert, dem sogenannten anthropologischen Jahrhundert, zum grundlegenden Bestandteil autobiographischen Schreibens. Helmut Pfotenhauer hat vom „Projekt einer Anthropologie als Lehre vom Einzelmenschlichen" gesprochen, das alle Autobiographien seit Augustinus anhaftet:[91] „Autobiographie ist [...] der Ort, an dem Anthropologie evident wird; Anthropologie wird hier zum ersichtlichen, ästhetisch erfahrbaren und zum unmittelbar verständlichen Wissen über uns Menschen".[92] Damit knüpft Pfotenhauer deutlich an Diltheys Beschreibung der Selbstbiographien als die unmittelbarste Form, in der uns das Verstehen menschlichen Lebens entgegentreten kann.[93] Die Verbindung von „eigene[r] Lebens-Beschreibung"[94] und Selbsterfahrung, von literarischer und anthropologischer Erfahrung werde in diesem Sinne sowohl bei Rousseau als auch bei

---

90 Martina Wagner-Egelhaaf: Autobiographie, S. 145.
91 Vgl. H. Pfotenhauer: Literarische Anthropologie. Selbstbiographien und ihre Geschichte – am Leitfaden des Leibes. Stuttgart 1987, S. 15ff.
92 H. Pfotenhauer: Literarische Anthropologie, S. 17.
93 Wilhelm Dilthey: Das Erlebnis und die Dichtung, S. 246. Hierzu auch Mahrholz: Der Wert der Selbstbiographie als geschichtliche Quelle. Im Sinne der Hermeneutik stellt Mahrholz fest, dass wir „in keinem literarischen Dokument [...]so unmittelbar das gelebte Leben wieder[finden] wie in der Selbstbiographie" (Mahrholz, in Niggl 73).
94 Der Ausdruck ist dem Titel von Adam Bernds Autobiographie entnommen. Der vollständige Titel lässt Bernds Absicht einer Selbst-(Er)Findung durch autobiographisches Schreiben deutlich werden: *„M.Adam Bernds, Evangl. Pred. Eigene Lebens-Beschreibung Samt einer Aufrichtigen Entdeckung, und deutlichen Beschreibung einer der grösten, obwohl Theils noch unbekannten Leibes- und Gemüths-Plage, Welche Gott zuweilen über die Welt-Kinder, und auch wohl über seine eigene Kinder verhänget; Den Unwissenden zum Unterricht, Den Gelehrten zu weiterm Nachdencken, Den Sündern zum Schrecken, und Den Betrübten, und Angefochtenen zum Troste."* Heinisius. Leipzig 1738.

Herder am deutlichsten zum Ausdruck gebracht, so Pfotenhauers Ausführungen weiter. Es heiße in Herders *Traktat*:

> Lebensbeschreibungen, am meisten von sich selbst, wenn sie treu und scharfsinnig sind, welche tiefe Besonderheiten würden sie liefern! Sind keine zwei Dinge auf der Welt gleich, hat kein Zergliederer noch je zwo gleiche Adern, Drüsen, Muskeln und Kanäle gefunden; [...] Hätte ein einzelner Mensch nun die Aufrichtigkeit und Treue, *sich selbst* zu zeichnen, ganz wie er sich kennet und fühlet: hätte er Muths genug, in den tiefen Abgrund [der] Erinnerung hinein zu schauen, und sich nichts zu verschweigen: Muth genug, sich durch seinen ganzen belebten Bau, durch sein ganzes Leben zu verfolgen, mit allem, was ihm jeder Zeigefinger auf sein inneres ich zuwinkelt; welche lebendige Physiognomik würde daraus werden, ohne Zweifel tiefer, als aus dem Umriß von Stirn und Nase.[95]

und bei Rousseau:

> Voici le seul portrait d'homme, peint exactement d'après nature et dans toute sa vérité, qui existe et qui probablement existera jamais. Qui que vous soyez que ma destinée ou ma confiance ont fait l'arbitre du sort de ce cahier, je vous conjure par mes malheurs, par vos entrailles, et au nom de toute l'espèce humaine de ne pas anéantir un ouvrage unique et utile, lequel peut servir de prémière pièce de comparaison pour l'étude des hommes, qui certainement est encore à commencer [...] Je forme une entreprise, qui n'eut jamais d'exemple, et dont l'exécution n'aura point d'imitateur. Je veux montrer à mes semblables un homme dans toute la vérité de la nature, et cet homme, ce sera moi. Moi seul. Je sens mon cœur et je connois les hommes.[96] [sic !]

Die „wahre Natur" des Menschen und mithin die der ganzen Menschheit enthülle sich also in der Lebensbeschreibung und werde erfahrbar. Wären die Bedingungen des Muts, der Aufrichtigkeit und der Treue erfüllt, so Herders Standpunkt, so ergäbe sich aus der eigenen Lebensbeschreibung ein getreues und erkenntnisreiches Bild der Menschheit. Und in seinen *Confessions* beansprucht Rousseau, dieses Bild des Menschen zu leisten, dem Lesenden Zugang zu seinem tiefen Inneren zu verschaffen. Und kennt er sich selbst, kann er seine Seele fühlen, so könne er auch die gesamte Menschheit verstehen. Dass damit ein kompliziertes Unterfangen aufgegriffen wird, zeigen die Vorbehalte, die gleich nach dem Erscheinen von Rousseaus Autobiographie auftauchten. Wie Pfotenhauer es kenntlich macht, wird der spätere Herder selbst misstrauisch gegenüber Rousseaus Unternehmen. Die Vorbehalte, die, so Pfotenhauer weiter, sich im Laufe des 18. Jahrhunderts gegen die Möglichkeit menschlicher Selbsterkenntnis äußern, stützen sich hauptsächlich auf Lockes Philosophie und seinem Argument, „dass man als Erkennender nicht zugleich Gegenstand der Er-

---

95 Johann Gottfried Herder, nach Helmut Pfotenhauer: Literarische Anthropologie, S. 14.
96 Jean Jacques Rousseau, nach Helmut Pfotenhauer: Literarische Anthropologie, S. 35.

kenntnis sein könne, so wenig wie das beobachtende Auge sich selbst sieht".[97] Sich ein authentisches Bild von der Innenansicht des Menschen als Ganzes zu verschaffen, sei aus der Perspektive dieses selben Menschen nicht möglich. Selbst wenn Pfotenhauer darauf hinweist, dass Rousseaus Natur keine unverstellte Essenz ist, sondern eine künstliche, die „allein durch die menschlichen Anlagen zur kulturellen Vervollkommnung zu erreichen [wäre]", behauptet er, dass Rousseaus *Confessions* als Paradigma einer Autobiographie als literarische Anthropologie nicht wegzudenken sei:

> Der so umstrittene und schwierige Rousseau setzt, aus der Distanz der historischen Betrachtung gesehen, bei all dem die Maßstäbe. Seine Bekenntnisse sind das Beispiel für eine Autobiographie als literarische Anthropologie – gerade weil sie die Extreme nicht scheuen, weil sie die Stollen der Erfahrung und der Einsicht bis ins Innerste des Ich vorantreiben wollen oder voranzutreiben vorgeben und auch, weil sie, wie kaum irgendwelche anderen, die Gefahr zeigen, sich darin zu verlieren.[98]

Autobiographie sei also nicht nur aufgrund der über den Menschen gelieferten „Wahrheit" eine anthropologische Quelle, sondern eben auch durch den Umgang des Autobiographen mit dieser Wahrheit. Man solle sich nicht in den Wörtern Rousseaus täuschen und von der Autobiographie erwarten, sie liefere ein unverstelltes Bildnis des beschriebenen Menschen. Dass Rousseau in seinem Programm selbst von *portrait* redet, ist ein deutlicher Hinweis darauf, dass die Vermittlung dieser Wahrheit durch Fiktion erfolgt, verkörpert doch das Porträt eine künstliche Übertragung. Die Treue, der Mut und die Aufrichtigkeit, die der frühere Herder als Bedingung für diese anthropologische Bedeutung der Lebensbeschreibung gesetzt hatte, standen bereits über ein Jahrtausend früher in Zentrum von Augustinus' *Confessiones*.

Es handelt sich bei Augustinus um die Beschreibung des Werdegangs eines Sünders, der sich zu seinem Sünderdasein bekennt, und seine Anrufung durch Gott und durch dessen Wahrheit ans Licht bringt. Die Selbsterkenntnis des Sünders ist die Voraussetzung zur Bekehrung, ein Meilenstein auf dem Weg zum Licht, zu Gott. Dass in den *Confessiones* ein Verkünden Gottes erfolgt, dass „der Mensch seinerseits Sprache, nämlich Sprache Gottes" ist, bedeutet, dass das *Da-Sein* des autobiographischen Subjekts sinnbildlich für die Menschheit steht.[99] Auch hier wird die Beschreibung des eigenen Lebens zu einer wichtigen anthropologischen Quelle, weil sie den Rückgriff auf den Ursprung des Menschen selbst ermöglicht. Augustinus versucht durch die Erinnerung an die eige-

---

97 John Locke, nach Helmut Pfotenhauer: Literarische Anthropologie, S. 20.
98 Helmut Pfotenhauer: Literarische Anthropologie, S. 34.
99 Martina Wagner-Egelhaaf: Autobiographie, S. 115.

ne Berufung zu verstehen, wie er beschaffen ist, also sich selbst zu verstehen. Dieser Weg der Selbsterkenntnis soll ohne Vorbehalt die Wahrheit des Menschen liefern und seine Kenntnis ermöglichen, weil die Enthüllung keine Beschränkung kennt. Weil nur über eine treue und aufrichtige Enthüllung der Weg zur Wahrheit über sich selbst und über Gott zu erreichen ist. Der Mut zur Wahrheit wird also zu einer Notwendigkeit. Diesen Imperativ drückt Foucault folgendermaßen aus:

> Le christianisme exige une autre forme d'obligation de vérité, différente de la foi. Il requiert de chacun qu'il sache qui il est, c'est-à-dire qu'il s'applique à découvrir ce qui se passe en lui-même, qu'il reconnaisse ses fautes, admette ses tentations, localise ses désirs ; chacun doit ensuite révéler ces choses soit à Dieu, soit à d'autres membres de la communauté, portant ainsi témoignage, publiquement ou de manière privée, contre lui-même. Un lien existe entre les obligations de vérité qui concernent la foi et celles qui touchent à l'individu. Ce lien permet une purification de l'âme, impossible sans la connaissance de soi. [...] L'accès à la vérité ne peut se concevoir sans la pureté de l'âme. La pureté de l'âme vient en conséquence de la connaissance de soi et elle est la condition nécessaire à la compréhension du texte ; Augustin parle de „*quis facit veritatem*" (faire la vérité en soi, avoir accès à la lumière).[100]

Aus dieser Perspektive betrachtet darf man annehmen, dass Autobiographie stets Träger anthropologischer Signifikanz war. Außerdem hat Foucault geltend gemacht, dass schon in der griechischen Antike die *Technologien des Selbst* vorsehen, dass *die Sorge um sich* durch die Kenntnis der eigenen Seele erfolgen soll. Das erste Beispiel in der Art sei Platos *Alkibiades I*. Die Erfahrung der Beschaffenheit der eigenen Seele erfolge in diesem Kontext nur, wenn die Seele sich in einem Spiegel, einem ihr ähnlichen Wesen betrachtet. Und dieser Spiegel sei das Göttliche:[101]

> Souvent, la discussion gravite autour du principe delphique „connais-toi toi-même" et s'exprime en ses termes. Prendre soin de soi consiste à se connaître soi-même. La connaissance de soi devient l'objet de la quête du souci de soi. [...] Le dialogue s'achève lorsqu'Alcibiade comprend qu'il doit prendre soin de lui-même en examinant son âme.[102]

Die eigene Seele erkunden, sich selbst erkennen und dadurch auf sich selbst zu achten, dies sind in dieser Hinsicht keine neuen Konzepte. Man darf nicht annehmen, dass diese Kunst der *Sorge um sich* mit der autobiographischen Tätigkeit der Selbsterkennung gleichzusetzen wäre, oder dass diese jener zur Grund-

---

100 Michel Foucault: Les techniques de soi, S. 805ff.
101 Vgl. Michel Foucault: *Les techniques de soi*, S. 789ff.
102 Michel Foucault: *Les techniques de soi*, S. 792.

lage wurde,[103] aber es wäre nicht abwegig, Augustins' Auseinandersetzung mit sich selbst und mit der eigenen Seele als eine Form der „Technologien des Selbst" zu verstehen. Wie auch immer, Autobiographie ist, wie wir mit Pfotenhauer gesehen haben, eine Tätigkeit der Selbstfindung bzw. der Selbsterfindung und der Selbsterkenntnis. Dieser Vorgang der Selbsterkenntnis setzt voraus, dass es eine Wahrheit gibt, die zu Tage gefördert werden soll, sowohl für den Autobiographen als auch für den Lesenden. Wohl auch aus diesem Grunde ist in der Erforschung autobiographischer Texte die Frage der Wahrheit so umstritten.

Augustinus' *Confessiones,* die in der Forschung als gattungskonstitutiv für die Autobiographie angesehen wird, erhebt, wie bereits erwähnt, einen unverkennbaren Anspruch auf Wahrheitsvermittlung. Bekenntnisse sind grundsätzlich wahrheitsgetreue Äußerungen. Ob „bekennen" oder „offen aussprechen", wie man das *confiteri* übersetzen kann, Augustinus will seine Äußerungen auf der Wahrheit basiert sehen. Er zeichnet sie auf, um eine Wahrheit über sich und über Gott erkennbar machen. Seine Überlegungen zur Funktionsweise des Gedächtnisses und die damit verbundenen Schwierigkeiten sollen den Wahrheitscharakter seiner Bekenntnisse nicht gefährden.[104] Ob Rousseau oder Goethe, die Autobiographie nach Augustinus wird sich auch an diesem Wahrheitsparadigma orientieren. Das Dilemma der literarischen Autobiographie wird daher sein, Wahrheit zu ästhetisieren.

Der Autobiograph will nämlich eine historische Wahrheit wiedergeben, ohne dabei an der Narrativität bzw. der literarischen Form seines Textes zu mäkeln. Es handelt sich um eine Rekonstruktion der Fakten, deren Ergebnis ein Kunstwerk sein soll. Dass die Wahrheit der Autobiographie nicht mit der historischen Realität deckungsgleich sein kann, sondern vielmehr eine Subjektposition vertritt, ist nicht bloß auf eine absichtliche performative Tätigkeit des Autors zurückzuführen.

Die Gedächtnisforschung, ob in der Medizin, der Psychologie, der Soziologie, oder in der Philosophie, den Literatur- und Kulturwissenschaften, hat in den letzten Jahrzehnten weitgehend die Unzuverlässigkeit des menschlichen Gedächtnisses betont. Es wird nämlich behauptet, dass eine getreue Wiedergabe des Vergangenen aufgrund des Vergessenen, Verdrängten und durch Trau-

---

103 Foucault betont, dass bei Sokrates die „Beschäftigung mit sich selbst eine Aufgabe des jungen Mannes" sei, während sie später im Hellenismus „als lebenslange Anstrengung" gelte (vgl. Michel Foucault: Technologien des Selbst. In : Ders.: Schriften in vier Bänden. Band IV. 1980-1988. Hg. von Daniel Defert und François Ewald. Frankfurt am Main 2005, S. 966-999. Hier S. 977.
104 Martina Wagner-Egelhaaf: Autobiographie, S. 116f.

mata Abgefallenen[105] unmöglich gemacht wird. Immer wieder wird, besonders in den Kulturwissenschaften, Gedächtnis in Verbindung gebracht mit dem *Archiv*-Konzept. Dabei handelt es sich, so Aleida Assmann, nicht mehr um einen konkreten, sondern vielmehr um einen abstrakten und allgemeinen Speicherort:

> Das Archiv ist nicht nur ein Ort, wo Dokumente aus der Vergangenheit aufbewahrt werden, sondern auch ein Ort, wo Vergangenheit konstruiert, produziert wird. Diese Konstruktion ist nicht nur abhängig von gesellschaftlichen, politischen und kulturellen Interessen, sondern auch wesentlich mitbestimmt von den herrschenden Kommunikationsmedien und Aufzeichnungstechniken.[106]

Wenn das Gedächtnis also in gewisser Hinsicht wie ein Archiv funktioniert, dann wundert es nicht, dass in der Autobiographie ständig Referenz und Performanz aneinander grenzen. Weil die Wiederbelebung der Vergangenheit immer nur aus der Perspektive der Gegenwart erfolgt, „kommt es unweigerlich zu einer Verschiebung, Verformung, Entstellung, Umwertung, Erneuerung des Erinnerten zum Zeitpunkt seiner Rückrufung".[107] Es ist also auch durchaus möglich, wie Michael Stanislawski es formuliert, sich an etwas zu erinnern, das niemals geschehen ist.[108]

---

105 Nach Aleida Assmann entsteht ein Trauma, „wenn eine in dem Körper eingelagerte Erinnerung vom Bewußtsein gänzlich abgeschnitten ist.[...] Darunter wird eine körperlich eingekapselte Erfahrung verstanden, die sich in Symptomen ausdrückt und einer rückholenden Erinnerung versperrt." (A. Assmann: Erinnerungsräume. Formen und Wandlungen des kulturellen Gedächtnisses. München 1999, S.21)
106 A. Assmann: Erinnerungsräume. Formen und Wandlungen des kulturellen Gedächtnisses. München 1999, S. 21.
107 A. Assmann: Erinnerungsräume, S. 29. Hier sei auch auf Bernd Neumanns aus psychoanalytischer Hinsicht formulierte These verwiesen werden, dass „Im Bestreben, die verlorene Zeit in der Erinnerung wiederzufinden, der Autobiograph dem Lustprinzip [gehorcht]. Denn die Erinnerung bringt im Wesentlichen nur die glücklich verbrachten Tage zurück. Die von Unlust bestimmte Zeit verfällt leicht der Verdrängung, in der Rückschau erscheint das Leben glücklicher, als es war [...]. Für die meisten Autobiographen stellt das Abfassen einer eigenen Lebensbeschreibung eine Tröstung über die Versagungen dar, die sie im Leben erfuhren. Deshalb auch behandeln Autobiographien die Kindheits- und Jugendzeit ausführlich und intensiv. Die Erinnerung an diese lustvolle und versagungsfreie Zeit wird zum Versprechen eines besseren, zwangfreieren Lebens. (Bernd Neumann: Identität und Rollenzwang, S. 61f.)
108 Ausführlich heißt es bei Stanislawski: „Perhaps the most dazzling and destabilizing conclusion of this new view of memory is that it is very possible to remember something that never happened". (Michael Stanislawski: Autobiographical Jews. Essays in Jewish Self-Fashioning. Seattle/London 2004, S. 17). Siehe hierzu auch die Analyse von David Gross, in der Folgendes behauptet wird: „The processes of memory involve so much selecting, editing,

Es soll vorläufig festgehalten werden, dass anzunehmen ist, dass es dem Selbstbiographen grundsätzlich um Wahrheit geht. Im Schreiben befindet er sich auf der Suche nach der Wahrheit über sich selbst und über seine Zeit, und das Ergebnis seiner Suche soll nicht nur als Sinnbild dieser Wahrheit angesehen werden, sondern auch als Ausdruck seines Umgangs mit Wahrheit. Dieser Umgang mit Wahrheit, der Prozess ihrer Findung, sowie die proklamierte Wahrheit an sich, ob sie historisch nachweisbar oder erst „in der Nichtwirklichkeit verwirklicht" wird, sollen den Leser zum Verständnis des Autobiographen selbst und seines Lebens führen.[109] Darum soll es in der vorliegenden Studie gehen. Es handelt sich um die Untersuchung jener „Vorstellungen, die er [der Autobiograph] von sich und der Welt hat, die Träume eines genialen Menschen".[110] Wenn man autobiographische Texte im Sinne Wolfgang Isers als solche versteht, die „eine Wahrheit formulieren" und demnach die Möglichkeit der Kontextüberprüfung anbieten, so sollte die Arbeit des Interpreten von Selbstbiographien auch darin bestehen, „festzustellen, ob der Text den Gegenstand richtig oder falsch dargestellt hat".[111] In diesem Sinne soll man sich auch von Herders Bedingungssatz bestätigt fühlen, dass Lebensbeschreibungen Tiefes über das menschliche Dasein vermitteln können, „wenn sie treu und scharfsinnig sind". Dabei soll aber auch bedacht werden, dass solche Texte, eben dadurch, dass sie nicht „treu" sind, auch tiefe Einblicke in die Persönlichkeit des Schreibenden ermöglichen können. Die Unterscheidung von „wahr" und „falsch" setzt in

---

revising, interpreting, embellishing, configuring, and reconfiguring of mnemonic traces from the moment they are first registered in the mind until the moment of retrieval that it is almost impossible to think of memory as a trustworthy preserver of the past. What is remembered is usually more distorted than people realize, since it is...from a more or less accidental combination of impressions. In fact, much late nineteenth-century research was intent on showing how often purported memories were actually ‚confabulations', that is, memories of occurrences that never happened at all." (Gross, nach Michael Stanislawski: Autobiography, The Jews, and Episodic Memory. In: Ders.: Autobiographical Jews. Essays in Jewish Self-Fashioning. Seattle/London 2004, S. 14f.) Siehe auch zu diesem Thema, Frederic Bartlett: Remembering: A Study in Experimental and Social Psychology. Cambridge 1964, bes. S. 213).

109 Georges Gusdorf: Voraussetzungen und Grenzen der Autobiographie, S. 141.

110 Georges Gusdorf: Voraussetzungen und Grenzen der Autobiographie, S. 102.

111 W. Iser: Die Appelstruktur der Texte. Konstanz 1971, S. 11.

Die Erwähnung Wolfgang Isers an dieser Stelle soll nicht den Verdacht entstehen lassen, die Analyse der Texte orientiere sich an der Rezeptionsästhetik. Aus dem Grunde, dass dieses Theoriemodell, das u.a. auf Iser zurückgeführt wird, den Leser noch viel zu sehr an die Text- bzw.- Autorintention bindet, erweist sie sich für die Analyse als ungeeignet. Zu den Grundlagen und Grenzen der Rezeptionsästhetik u.a. Sven Strasen: Rezeptionstheorien. Literatur-, sprach- und kulturwissenschaftliche Ansätze und kulturelle Modelle. Trier 2008.

diesem Fall aber voraus, dass der Interpret sich auf eine vorgegebene Vorlage des Wirklichen bezieht. Dies ist nicht unproblematisch, zumal Geschichtsschreibung auch immer eine Perspektive voraussetzt. In der vorliegenden Arbeit geht es keineswegs darum, zwischen „wahr" und „unwahr" zu unterscheiden. Stattdessen möchte ich die Dissonanzen aufzeigen, die in den jeweiligen Texten den Anspruch auf Wahrheit und mithin die Identität der Schreibenden in Frage stellen. Es soll aus der Analyse hervorgehen, wie die Autobiographen durch die Konstruktion von „Wahrheit" versuchen, ein zentriertes Subjekt zu entwerfen. Dabei soll ersichtlich werden, dass ein solches Verfahren nur mithilfe von Auslassungen und Arrangements möglich gemacht wird. Besonders aufgrund ihrer ausgeprägten Literarizität ist die Autobiographie von Fanny Lewald ein typisches Beispiel hierfür. Dass „Wahrheit" für die Autorin eine wichtige Rolle spielt, zeigt sich nicht zuletzt an ihrer Auseinandersetzung mit dem zeitgenössischen Wahrheitsbegriff. Der Text von Joseph Bloch stellt einen besonderen Fall dar, weil der Autor von Anfang darauf verweist, dass seine Wahrheit nicht allen Fakten gerecht sein kann. Bei der Untersuchung des Aspekts der „Wahrheit" ist eine Unterscheidung von Texttyp und Textintention relevant, denn die Autobiographie etwa bietet ihrem Autor einen ästhetischen Spielraum an, der dem Memoirenschreiber nicht gegeben ist. Indem Pauline Wengeroff zum Beispiel ihre Memoiren als *Bilder aus der Kulturgeschichte der Juden Russlands im 19. Jahrhundert* bezeichnet, stellt sie sich quasi auf gleicher Höhe mit dem Geschichtsschreiber und sieht ihre Darstellungen deutlich als historische Quelle. Ihr Anspruch auf Wahrheit ist ein anderer als der von Joseph Bloch, der zu Beginn seiner Erinnerungen deutlich darauf verweist, dass er bloß die „heiteren Stunden" aufzeichnet. Aus diesem Grunde wird im Folgenden das Verhältnis von Autobiographie und Memoiren kurz skizziert. Die Gattungsfrage kann hier nicht ausführlich diskutiert werden, aber ich möchte zumindest anhand von Lejeunes und Neumanns gattungstheoretische Überlegungen den Rahmen stecken, in dem in der vorliegenden Arbeit von Selbstdarstellung gesprochen wird.

2.1.5 Die Gattungsfrage

Wenn, wie Egelhaaf es formuliert, jede neue Autobiographie die Gattung zugleich bestätigt und modifiziert, dann soll es nicht verwundern, dass immer wieder der Gattungsanspruch der Autobiographie immer wieder in Frage gestellt wird, da man nicht von einer normativen Gattungsbestimmung ausgehen kann. Weil manche der in dieser Arbeit untersuchten Texte Memoiren sind bzw. in gewisser Hinsicht auch als Memoiren aufgefasst werden können, gilt es im Anschluss, das Verhältnis von Autobiographie und Memoiren kurz zu erläutern.

Nach Philippe Lejeunes Definition ist Autobiographie ein *„récit rétrospectif en prose qu'une personne réelle fait de sa propre existence, lorsqu'elle met l'accent sur sa vie individuelle, en particulier sur l'histoire de sa personnalité".*[112] Damit versucht Lejeune, sowohl Form als auch Inhalt und Grenze der Autobiographie zu bestimmen. Eine Autobiographie, das ist, so Lejeune, ein Text in Prosaform, ein empirischer Autor, der rückblickend vom eigenen Leben erzählt und sich dabei hauptsächlich auf seine Persönlichkeit konzentriert und der Umwelt nur soweit Aufmerksamkeit schenkt, wie sie mit der historischen Entwicklung dieser Persönlichkeit zu tun hat. Lejeune nennt Beispiele von Autobiographien, in denen in der dritten Person erzählt wird, betont aber ausdrücklich, dass die Autobiographie grundsätzlich in der ersten Person geschrieben wird. Er fasst seine normative Bestimmung der Autobiographie auf Autorenebene in seinem „autobiographischen Pakt" zusammen. Es soll laut Lejeunes Pakt *implizit* oder *auf offenkundige Weise* eine *Namensidentität* zwischen Autor, Erzähler und Figur geben, denn „der eigentliche Gegenstand der Autobiographie ist der Eigenname":[113]

> Man muß also die Probleme der Autobiographie in Beziehung zum *Eigennamen* setzen. In gedruckten Texten wird jede Aussage von einer Person übernommen, die üblicherweise ihren *Namen* auf den Buchdeckel und auf das Deckblatt oberhalb oder unterhalb des Werktitels setzt. In diesem Namen wird die gesamte Existenz dessen, den man *den Autor* nennt, zusammengefaßt: einziges Zeichen im Text von einem unbezweifelbaren Außerhalb-des-Textes, auf eine wirkliche Person verweisend, die auf diese Weise Anspruch erhebt, daß man ihr in letzter Instanz die Verantwortung für die Aussage des ganzen geschriebenen Textes zuschreibt. In vielen Fällen beschränkt sich die Anwesenheit des Autors im Text lediglich auf diesen Namen. Aber der Platz, der diesem Namen eingeräumt wird, ist erstrangig, ist er doch nach allgemeiner Übereinkunft mit dem Engagement einer *wirklichen Person* zur Verantwortlichkeit verknüpft.[114]

Durch die durch den Titel, den Eingangsabschnitt, den Namen der Erzählerfigur und des Autors verkörperte Signatur des Autors entstehe also ein Vertrag zwi-

---

112 P. Lejeune: Le pacte autobiographique. Paris 1996, S. 14. Herv. i. O.

113 P. Lejeune: Der autobiographische Pakt. In: Niggl (Hg.): Die Autobiographie. Zu Form und Geschichte einer literarischen Gattung. Darmstadt 1989, S. 214-257. Hier S. 241.

114 P. Lejeune: Der autobiographische Pakt, S. 226. Für Wulf Segebrecht ist die auf den autobiographischen Text gerichtete Erwartung, Autor/in und Erzähler/in müssen miteinander identisch sein, insofern ungerecht, „als der Autobiograph sein in der Selbstbiographie auftretendes Ich stilisieren, umdeuten oder gar verfälschen kann." Aber Segebrecht gibt selbst zu, dass diese Erwartung als Grundmerkmal der Autobiographie gilt und der Autobiograph/die Autobiographin sich darauf gefasst machen müsse (vgl. Wulf Segebrecht: Über Anfänge von Autobiographien und ihre Leser. In: Niggl (Hg.): Die Autobiographie. S. 158-169. Hier S. 160.

schen Autor und Leser, der Lejeune zufolge gattungskonstitutiv ist. Mit seinem „autobiographischen Pakt" meint Lejeune also, die Grenze zwischen der Gattung Autobiographie und anderen Gattungen zu ziehen. Dabei gerät er aber auch selbst in Schwierigkeiten, indem er auf der einen Seite zum Beispiel die Vorstellung einer Autobiographie ohne Prosaform nicht völlig ausschießt[115] und auf der anderen Seite zugibt – und das belegt die Komplexität seiner Ausführungen zur Genüge –, dass die Trennung zwischen Autobiographie und anderen literarischen Formen unscharf ist. Die nahezu mathematischen Sätze, in denen er seinen „Pakt" formuliert, wären aus rezeptionsästhetischer Sicht kaum nachzuvollziehen. Lejeunes Überlegungen münden in die Feststellung, dass der Leser auch in der Gattungsfrage eine überwiegende Rolle spielt, die der des Autors gleichzustellen wäre, dass es am Ende der Leser es sei, der oft darüber zu entscheiden hat, was er als Autobiographie lesen soll und was nicht.[116] In dieser Hinsicht ist die Gattungstrennung auch und besonders Aufgabe des Lesers. Die Trennung zwischen Autobiographie und anderen literarischen Formen der Selbstdarstellung wird besonders problematisch, wenn es sich bei der anderen Form um Memoiren handelt. Da der Text von Pauline Wengeroff, der in dieser Arbeit untersucht wird, sich als Memoiren versteht, auch darauf geprüft werden soll, inwiefern er sich von einer „typischen" Autobiographie absetzt, erweist sich eine kurze Skizze des Verhältnisses zwischen Autobiographie und Memoiren als lohnenswert.

2.1.6 Autobiographik und Memoiren

Weil Memoiren aufgrund des Personenbezugs und des rückblickenden Charakters der Autobiographie am ähnlichsten sind, ist ihnen in der Gattungsdiskussion besondere Aufmerksamkeit geschenkt worden. Den Unterschied zwischen Memoiren und Autobiographie macht Misch im ersten Band seiner Studie deutlich:

---

115 Unter anderen aus diesem Grund lehnt Paul De Man die Bezeichnung „Gattung" vehement ab. (vgl. Paul De Man: Autobiography as De-facement. Modern Language Notes, Vol. 94, 1979. pp. 919-930).

116 Philippe Lejeune: Le pacte autobiographique, S. 15, 45f. Martina Wagner Egelhaaf bietet eine skizzierte, aber sehr aufschlussreiche Analyse von Lejeunes Versuch, die Gattung Autobiographie von ihren „Nachbargattungen" (autobiographisches Gedicht, Tagebuch, Selbstporträt, Essay, Memoiren, Biographie, Ich-Roman) abzugrenzen. (vgl. Martina Wagner Egelhaaf : Autobiographie, S. 6f.)

Der Bezug des Menschen zur Umwelt kann aktiv oder passiv gefasst werden. Hieraus lässt sich der Unterschied zwischen Selbstbiographien und Memoiren ableiten. In Memoiren ist dies Verhältnis passiv, da die Memoirenschreiber, obwohl sie von sich zumeist – regelmäßiger als der Selbstbiograph – in der ersten Person schreiben, sich meist nur als Zuschauer der Vorgänge und Aktionen einführen, von denen sie erzählen. Wenn sie unter den handelnden Personen auftreten, so nur in Nebenrollen. Was sie von ihrem eigenen Leben erzählen, erklärt, warum sie in die Zeitereignisse verwickelt oder gar zu deren Augenzeugen wurden; dass sie Gelegenheit hatten, zu lernen, hervorragende Personen aus nächster Nähe zu beobachten und Kunde von den geheimen Vorgängen zu erlangen. Der Autobiograph dagegen befasst sich mit der Umwelt nur, soweit es für das Verständnis seiner eigenen Lebensgeschichte notwendig ist. Diese hat ihren Sinn und Zusammenhang in sich selbst und ihr eigenes Zentrum in der Person des Autors, auch wenn er sich nicht als Aktionszentrum, sondern als Subjekt einer Leidensgeschichte darstellt.[117]

Misch legt den Akzent auf die Absicht des Autobiographen, Innen- und Außenwelt in einen Zusammenhang zu bringen, was nicht Aufgabe des Memoirenschreibers sei. Dass die Autobiographie sich mit den Zeitereignissen, also mit der Zeitgeschichte auseinandersetzt, sei nicht ausgeschlossen. Allein, dies könne nur unter der Bedingung erfolgen, dass diese Zeitgeschichte für die Lebensgeschichte des Autobiographen eine Bedeutung hat und sie mitbestimmt. Im Zentrum der Memoiren steht also die Gesellschaft, wie es ihr zum Zeitpunkt der Darstellung ging, während in der Autobiographie das Leben des Einzelnen ins Zentrum gerückt wird. Weil es offensichtlich ist, dass der Memoirenschreiber unmöglich von seiner Zeit ohne zugleich von sich selbst erzählen kann, betont Misch, dass dieser Selbstbezug eigentlich am Rande der Erzählung geschieht und der Memoirenschreiber in der Geschichte nicht als Haupt-, sondern als Nebendarsteller auftritt. Die Grenze, die Misch zwischen der Umwelt und dem Individuum, zwischen der Entwicklung der individuellen Persönlichkeit des Autobiographen und den Zeitereignissen zieht, hat die Forschung nach ihm stark geprägt.

In seinem Pakt hat Lejeune Memoiren von Autobiographien zu unterscheiden versucht, indem er darauf hinwies, dass Memoiren kein individuelles Thema behandeln und daher nicht die Geschichte einer Persönlichkeit sein können.[118] Auch Roy Pascal hat die Schwierigkeit erkannt, streng zwischen Autobiographie und Memoiren zu unterscheiden. Diese Schwierigkeit liege darin, dass Memoiren und Autobiographie sich in Texten ständig überkreuzen:

The line between autobiography and memoir or reminiscence is much harder to draw – or rather, no clean line can be drawn. There is no autobiography that is not in some respect a

---

117 Georg Misch: Geschichte des Autobiographie. Band 1.1., S. 17.
118 Vgl. Philippe Lejeune: Le pacte autobiographique, S. 14.

memoir, and no memoir that is without autobiographical information; both are based on personal experience, chronological, and reflective.[119]

Für ihn liegt trotzdem ein entscheidender Unterschied zwischen beiden Formen darin, dass Memoiren ein biographisches bzw. historisches Interesse verfolgen, während die typische Autobiographie „einen nach innen gerichteten Geist" darstellt.[120] Pascal denkt auch, dass der nach Außen gerichtete Blick des Memoirenschreibers ihn von dem Autobiographen unterscheidet, dem der eigene Anteil an der Geschichte wichtiger sei als die Umgebung und die großen Ereignisse seiner Zeit. Der Unterschied zwischen Autobiographie und Memoiren liege also im Fokus des Schreibenden. Der Autobiograph konzentriere sich vorwiegend auf sich selbst, während es in Memoiren „in erster Linie um andere Personen geht".[121] Dem Autobiographen gehe es nicht um Fakten, sondern um Erfahrungen, „i.e. the inter-action of a man and facts or events".[122] Es ist genau dieser Gedanke, den auch Bernd Neumann in seiner Studie zu Memoiren weiterführt.

Genauso wie seine Vorgänger konzentriert sich Bernd Neumann auf das Dargestellte, wenn er schreibt, der Memoirenschreiber vernachlässige „generell die Geschichte seiner Individualität zugunsten der seiner Zeit".[123] Neumann sieht den Unterschied zwischen Autobiographie und Memoiren aber auch in der Entwicklungsgeschichte des Erzählers und in der Erzeugung von Authentizität. Während die Autobiographie die persönliche Entwicklung eines Individuums zu einer vollendeten Identität schildere, würden Memoiren eben da ansetzen, wo diese Persönlichkeit schon vollendet ist, wo dem Menschen schon eine soziale Rolle zugewiesen wurde:

> Wenn die Memoiren das Ergehen eines Individuums als Träger einer sozialen Rolle schildern, so beschreibt die Autobiographie das Leben des noch nicht sozialisierten Menschen, die Geschichte seines Werdens und seiner Bildung, seines Hineinwachsens in die Gesellschaft. Memoiren setzen eigentlich erst mit dem Erreichen der Identität, mit der Übernahme der sozialen Rolle ein, die Autobiographie endet dort.[124]

Dazu hätten Memoiren andere Techniken als die Autobiographie, so Neumann weiter: „Besonders das Zitieren von Dokumenten ist ein untrügliches Zeichen

---

119 Roy Pascal: Design and Truth in Autobiography. London 1960, S. 5.
120 Roy Pascal: Die Autobiographie. Gehalt und Gestalt. Stuttgart 1965, S. 19.
121 Roy Pascal: Die Autobiographie als Kunstform. In: Niggl (Hg.): Zu Form und Geschichte einer literarischen Gattung. Darmstadt 1989, S. 148-157. Hier S. 148.
122 Roy Pascal: Design and Truth in Autobiography. London 1960, S. 16.
123 Bernd Neumann: Identität und Rollenzwang, S. 12.
124 Bernd Neumann: Identität und Rollenzwang, S. 25.

für den memoirenhaften Charakter einer eigenen Lebensbeschreibung, zumindest aber für deren ‚drohenden' Umschlag in Memoiren".[125] Indem Neumann aber Beispiele für den Übergang von Autobiographie zu Memoiren einführt,[126] macht er auch geltend, dass man es oft mit Mischformen zu tun hat, bei denen man weder streng von Autobiographie noch von Memoiren sprechen kann. Der Begriff des „autobiographischen Schreibens", der in den letzten Jahrzehnten zunehmend für „Autobiographie" eingesetzt wurde, soll die traditionelle Vorstellung der Autobiographie als eine Einheit, Totalität und Zusammenhang vermittelnde Form verdrängen sowie die Vorstellung von festgeschriebenen Gattungsmerkmalen. Dass die Krise des modernen Subjekts eine bedeutende Rolle in dieser Wandlung spielt, und ein zusätzliches Argument für diese Änderung bildet, hat Ingrid Aichinger geltend gemacht.[127]

Aichinger zufolge hat selbst die „klassische Autobiographie" niemals in ihrer ganzen Breite jene Forderungen erfüllen können, die man an sie stellte. Der „Zweifel" und die „Unruhe" seien nicht ausschließlich ein Problem der modernen Autobiographie.[128] Man müsse also anstatt von „Sinnfindung" und „metaphysische[r] Gewissheit" eher von Sinnsuche und Zweifel am Erfolg in der Suche sprechen.[129]

Will man also zusammenfassen, so muss man erkennen, dass auch in der Trennung von Autobiographe und Memoiren keine Einigkeit herrscht. In dieser Hinsicht sind es nicht wenige, die den Blick vom schreibenden Subjekt auf das lesende lenken. So zum Beispiel James Olney und Marcus Moseley.

Bezüglich einer Definition der Autobiographie schreibt Olney, er sehe seine Arbeit an solchen Texten einfach als eine erforschende:

> Although I have in the past written about autobiography as a literary genre, I have never been very comfortable doing it, primarily because I believe that if one is to speak relevantly of a genre one has first of all to define it, and I have never met a definition of autobiography that I could really like.[...] I call the kind of writing I am looking at by various names – confessions, autobiography, memoirs, periautobiography [...], autography [...] and – the most frequently employed term – life-writing.[...] The crucial tactic, in my view, being not to insist on strict definitions and rigid lines of demarcation. I have always felt, and con-

---

125 Bernd Neumann: Identität und Rollenzwang, S. 53.
126 Er nennt Augustinus' *Confessiones* sowie Heinrich Jung-Stillings *Lebensbeschreibung* als Beispiele.
127 Vgl. I. Aichinger: Probleme der Autobiographie als Sprachkunstwerk(1970).In: Niggl (Hg.): Die Autobiographie. S. 170-199.
128 I. Aichinger: Probleme der Autobiographie als Sprachkunstwerk, S. 194
129 Vgl. I. Aichinger: Probleme der Autobiographie als Sprachkunstwerk.

tinue to feel, that it is best to think of what I am doing as exploratory in nature rather than definitive.[130]

Es sei also nicht entscheidend, die Grenze zwischen Autobiographie und anderen Gattungen normativ festzulegen, sondern man solle sich lieber an einer Beschreibung der Texte orientieren, um das Dilemma der Gattungstrennung zu umgehen. Ähnlich argumentiert Moseley, der sich auf Lejeunes Erkenntnisse bezieht und sich mit jüdischen autobiographischen Texten auseinandersetzt. Zu jenen Texten, die Gegenstand seiner Analyse sind, äußert er sich wie folgt: „The one empirically verifiable characteristic that all of the pre-modern texts cited by Schwarz, Shatsky, et alii do, indisputably, share is that they are read – or, at least, have been read since the nineteenth century – as autobiographies".[131] Autobiographie ist demnach ein Text, der als solcher gelesen wird. Die Gattungsgrenze ist also keine feste, sondern muss durch die Leserschaft ständig neu definiert werden.

Für die vorliegende Studie möchte ich soweit festhalten, dass auch mit der Verschiebung der Perspektive diese Schwierigkeit der Trennung beider Formen der Selbstdarstellung weiter besteht, zumal in einem einzigen Text beide Möglichkeiten abwechselnd vorhanden sein können, d.h. einen innen- und einen außengerichteten Blick. Daher wird in der Arbeit der Begriff Autobiographie zwar weiter benutzt, seine Bedeutung wird aber von den jeweilig untersuchten Texten abhängen. Auf diese Texte könnten also je nach Struktur und trotz Gattungshinweis im Titel die verschiedensten Bezeichnungen zutreffen. Es sind teilweise Memoiren, wie sie Neumann definiert, Autobiographien im Sinne von Lejeune, aber auch Familienerinnerungen. Diese Texte haben gemeinsam, dass sie, aus welcher Perspektive auch immer, Erkenntnisse, Positionen, Wünsche und Vorstellungen über die sich wandelnde bzw. gewandelte jüdische Welt vermitteln und ihre neue Beziehung zur nichtjüdischen Welt schätzen und beurteilen. Es sind Bekenntnisse, Erzählungen, Berichte, deren Autoren jüdischer Abstammung sind und ihre Einstellung sowohl zur jüdischen wie zur nichtjüdischen Welt formulieren sowie ihr Selbstverständnis zum Ausdruck bringen. Die Diversität dieser Texte, die eine Definition nach dem von Olney genannten Prin-

---

130 James Olney: Memory and Narrative. The Weave of Life-Writing Chicago/ London 1998, S. xv-xvi.
131 Marcus Moseley: Being for Myself Alone. Origins of Jewish Autobiography. Stanford 2006, S. 76. Es handelt sich hierbei u.a. um von Leo Schwarz 1943 herausgegebene Texte unter dem Titel „Memoirs of my People. Through a Thousand Years" (New York/Toronto) und zitierte Texte von Yankev Shatsky („Yidishe memuarn literatur". In: Di Tsukunft 30, August 1925) und Bal Makhshoves („Undzer memuarn literatur", 1910).

zip der Beschreibung vorschreibt, soll nicht davon abhalten, die Frage nach einem möglichen Kreuzpunkt zu stellen.[132]

2.1.7 „Gibt es jüdische Autobiographien?"[133]: Judentum und Erinnerungskultur

Die Bezeichnung „jüdische Autobiographien" ist keine Selbstverständlichkeit. Die Tätigkeit der Selbstbeschreibung hat im Judentum eine eigene, lange Tradition, die nicht ohne Weiteres mit der modernen Tradition der Autobiographie, wie wir sie heute kennen, gleichgesetzt werden darf. An dieser Stelle soll geklärt werden, welche Implikationen die Verbindung von Judentum und Autobiographie mit sich bringt.

Christoph Miething hat in seinem Aufsatz „Gibt es jüdische Autobiographien?" die Frage nach den Existenzbedingungen jüdischer Selbstzeugnisse diskutiert. Er weist in seiner Analyse auf die in den letzten Jahrzehnten erschienenen Arbeiten über jüdische Autobiographien[134] und auf das wieder angestiegene Interesse am Studium der jüdischen Biographien und Autobiographien in der Wissenschaft. Er betont besonders die Tatsache, dass die Bezeichnung „Jüdische Autobiographie" mittlerweile selbstverständlich geworden sei als Unterteilung der literarischen Gattung „Autobiographie". Eine Frage, die ihn beschäftigt, ist die, wie praktikabel der Begriff einer jüdischen Autobiographie überhaupt ist, „ob es sinnvoll ist, aus dem Korpus jener literarischen Werke, in denen sich der Autor die Erzählung des eigenen Lebens zum Gegenstand macht, eine eigene, ethnisch-kulturell signifikante Gruppe als ‚jüdische' auszugliedern".[135] Was macht die Eigenartigkeit von Autobiographien jüdischer Autoren aus? Miething versucht, das speziell Jüdische an den Texten an bestimmten inhaltlichen Merkmalen festzumachen. Er nennt

> das Leben im Exil, die Erfahrung des Verfolgtseins, [den] Widerspruch von Tradition und Moderne, der Antagonismus von Religiosität und Säkularität, Zionismus und Antizionismus, [den] Wille[n] zur Selbstbehauptung, das Leben in der Zwei- und Mehrsprachigkeit,

---

132 Vgl. James Olney: Memory and Narrative.

133 Diese Frage bezieht sich auf einen Aufsatz von Christoph Miething über die Grundlagen autobiographischer Tätigkeit bei Juden. vgl. Christoph Miething, 2003, 43-73.

134 Miething nennt dazu folgende Erscheinungen: David S. Zubatsky (1989): Jewish autobiographies and biographies: an international bibliography of books and dissertations in English. New York; Alan Mintz: „Banished from Their Father's Table"; Leo W. Schwarz: Memoirs of My People: Jewish Self-Portraits from the Eleventh to the Twentieth Centuries. New York 1943/1963.

135 C. Miething: Gibt es jüdische Autobiographien? S. 127.

das Schwanken zwischen Anpassung und Absonderung, die Differenzen zwischen orthodoxem, konservativem und Reformjudentum, die Verpflichtung auf das Erinnern der kollektiven Geschichte, das Bewußtsein der Diaspora, vor allem aber die Erfahrung eines all
diese Spannungen thematisierenden Identitätskonfliktes,[136]

alles Elemente, an denen die Jüdischkeit einer Autobiographie gemessen werden könnte.[137] Man gerate aber immer wieder in Gefahr, so Miething, sich in
essentialistischen Betrachtungen zu verlieren und die „jüdische Literatur" an
festen inhaltlichen Elementen zu fixieren. Einzeln genommen sind diese Kriterien in der Tat keine ausreichende Bedingung für die Eingliederung als „jüdisch", und zusammengerechnet stellen sie eine unerfüllbare Bedingung für
jeden Text dar. Für Salomon Maimons Autobiographie, die für Miething als
Beispiel in Frage kommt, könnten zum Beispiel der Widerspruch von Tradition
und Moderne, die Differenz zwischen orthodoxem und Reformjudentum gelten,
der Wille zur Selbstbehauptung aber nicht. Man braucht die Übung gar nicht
auf weitere Texte jüdischer Autoren zu erweitern. Diese Schwierigkeit der Bestimmung des Jüdischen in den Texten bringt Miething zur Erkenntnis, dass
„man in der Furcht leben [muß], die jahrhundertealten Habitualisierungen der
Ausgrenzung, wie sie eine christliche-europäische, antijudaistische und antisemitische Gesellschaft eingeschliffen hat, bei sich selbst nur begrenzt unter
Kontrolle zu haben".[138] Er weist dennoch zugleich darauf hin, dass diese Erkenntnis uns zwar „sensibilisieren", „dem Willen zum Erkennen und Verstehen
[aber] nicht im Wege stehen" solle. Die Frage bleibt also unberührt. Es erweist
sich deshalb als ratsam, in der Auseinandersetzung mit „jüdischer Literatur"
und in dem vorliegenden Fall mit der jüdischen Autobiographie keine umfassende, allgemeingültige Definition derselben zu versuchen, sondern lediglich
zu bestimmen, was unter „jüdische Autobiographien" gemeint wird.

Eine weitere Frage, die Miething interessiert, ist die nach der Kompatibilität
des Jüdischen mit dem Konzept der Autobiographie überhaupt. Sich deutlich
auf das hermeneutische Deutungsmodell stützend, liest er die Lebensgeschichte
von Salomon Maimon als eine defizitäre „Autobiographie", die „in einem ganz

---

136 Christoph Miething: Gibt es jüdische Autobiographien? S. 47.
137 Dabei bezieht sich Miething hauptsächlich auf Geoffrey Hartman, der auf „das Fehlen der
(christlichen) Trennung von Buchstaben und Geist, auf die Sündhaftigkeit des Vergessens als
Ursprung einer Poetik des Zitats, auf eine anti-apokalyptische Grundstimmung, auf den spezifischen Humor, der aus der Angst vor der Profanation entspringt, oder schließlich auf die
Vorherrschaft des geschriebenen Wortes in jüdischer Hermeneutik" verweist (Hartman Geoffrey H.: *On the Jewish Imagination*. In: Prooftexts: A Journal of Jewish Literary History. 5:3 1985,
P.210-220.). vgl. hierzu auch weitere Hinweise bei Miething.
138 Christoph Miething: Gibt es jüdische Autobiographien? S. 48.

konkreten Sinne ohne Interesse am Ich geschrieben [ist]".[139] Obwohl er sich der Ansicht anschließt, dass Maimons Text die erste moderne jüdische „Autobiographie" sei,[140] zieht er am Ende den Schluss, dass es doch widersprüchlich sei, von einer „jüdischen Autobiographie" zu sprechen:

> Und abschließend ist auch festzuhalten, daß es in dem hier erläuterten Sinne keine jüdische Praxis semiotisch-lebensgeschichtlich-egologisch instrumentierter Konstruktion des Absoluten gibt. Daß sie gleichwohl von jüdischen Autoren betrieben wird, das steht auf einem anderen Blatt [...].Die Rede von „jüdischer Autobiographie" freilich ist nicht nur, aber sie ist doch auch ein Widerspruch in sich.[141]

Dabei kann man nicht umhin, den hier in den Vordergrund gestellten Begriff des „Absoluten" kurz zu prüfen. Miething findet in Rousseaus *Confessions* das für ihn deutlichste Beispiel eines *individuum absolutum*. Das „Absolute" rühre daher, dass das autobiographische Subjekt den Willen ausspricht, repräsentativ für die gesamte Menschheit aufzutreten, was Miething nach der griechischen und christlichen Tradition als „Wille zur göttlichen Selbstwahrnehmung des Menschen" bezeichnet.[142] Ein solcher Begriff von Selbstkonstruktion kann aber keineswegs verallgemeinert werden, auch nicht in Bezug auf die sogenannte „christliche Tradition" der Autobiographie. Man darf bezweifeln, dass jenes vom sich individualisierenden Subjekt der Autobiographie behauptete Selbstbewusstsein und die Konstruktion des eigenen Lebens als zusammenhängende Ganzheit nach Augustinus und Rousseau diese Art von „Absolutheit", wie sie von Miething dargestellt wird, verkörpert. In dieser Hinsicht eignet sich das Konzept einer „instrumentierten Konstruktion" von Individualität und Selbstbewusstsein offenbar besser, um den Status des modernen autobiographischen Subjektes zu problematisieren. Man kann nur vermuten, dass Miething in Bezug auf die „jüdische Autobiographie" die Tatsache betonen möchte, dass sie keine Konstruktion des autobiographischen Subjekts im Sinne einer homogenen und selbstbewussten Individualität ist. Mit dieser Einstellung würde er sich einer von Marcus Moseley einleuchtend und ergiebig dokumentierten Tendenz der Judenforschung einschließen, die mindestens seit Yakov Shatsky die Juden für Autobiographie-unfähig hält, oder zumindest postuliert, dass es keine jüdische Autobiographie gebe, die Autonomie beanspruchen könne. Die Argumente

---

139 Christoph Miething: Gibt es jüdische Autobiographien? S. 69.
140 Diese Ansicht vertritt in der Folge von anderen Judenforschern auch Marcus Moseley: Being for Myself Alone.
141 Christoph Miething: Gibt es jüdische Autobiographien? S. 73.
142 Christoph Miething: Gibt es jüdische Autobiographien? S. 50.

jener Richtungstendenz fasst Moseley in drei Punkten zusammen: Erstens werde behauptet, dass

> Autobiography, with its implicitly solipsistic preoccupation with the individual isolation from the group, is, first of all [...], an inherently non-jewish form of literature; it is a genre which, by implication, even runs counter to certain key aspects of the jewish social moral code.[143]

Das autobiographische Konzept sei also dem jüdischen kulturellen Geist genau entgegengesetzt, weil er grundsätzlich die Individualität des Einzelnen und seine Isolierung aus einer Gruppe postuliert, während ethisch-gesellschaftlich der jüdischen Kultur eben diese Individualität und die Verabsolutierung des Individuums fremd seien. Die Vermittlung der Vergangenheit, wie sie von der jüdischen Tradition empfohlen bzw. gefordert wird, erfolgt in der Tat mit dem Zweck der Teilnahme am kollektiven Gedächtnis. Sie ist keine Trägerin der Individualisierung im Sinne der modernen Autobiographie, sondern ganz im Gegenteil ein Bekenntnis der Zugehörigkeit des Einzelnen zu einer Gemeinschaft. James Olneys Gedanke, dass „autobiography – the story of a distinctive culture written in individual characters and from within – offers a privileged access to an experience [...] that no other variety of writing can offer", findet bereits in der traditionellen jüdischen Memoirenkultur eine Vorwegnahme und ihren deutlichsten Ausdruck.[144] Das bekannteste Beispiel zur Illustration der These, dass Autobiographie Einblick in die Erfahrung einer spezifischen Gruppe ermöglicht, sind wohl die Memoiren der Glückel von Hameln. Conrad Wiedemann fasst die Perspektive der Erzählerin folgenderweise zusammen:

> Mag der Ton der Erzählerin frühsubjektivistische Züge haben, das Rollenbild, das sie von sich entwirft, ist höchst konventionell. Es ist das einer frommen jüdischen Tochter, Ehefrau, Mutter und Witwe. Probleme mit der Rollenfindung gibt es offensichtlich nicht. Ja, man wird noch weiter gehen und sagen müssen: der eigentliche Erzählmodus ist nicht der der ich-, sondern der der wir-Perspektive, wobei ‚wir' fast immer die engste Familie meint, Eltern und Kinder, nur selten die Großverwandtschaft und noch seltener die Judenheit.[145]

In dieser Hinsicht spricht die Autobiographin nicht für sich selbst, sondern für ihre Familie im Duktus ihrer kulturellen Gruppe. An diesem Punkt und allein

---

143 Marcus Moseley: Being for Myself Alone, S. 72.

144 J. Olney: Autobiography and the cultural moment. A Thematic, Historical, and Bibliographical Introduction. In: Ders. (Hg.): Autobiography. Essays Theoretical and Critical. Princeton 1980, S. 3-27. Hier S. 13.

145 C. Wiedemann: Grenzgänge: Studien zur europäischen Literatur und Kultur. Heidelberg 2005, S. 158.

hier ist eine Annäherung an die traditionelle jüdische Memoirenliteratur als Zugang zur jüdischen Kultur anhand von modernen Paradigmen der Autobiographie-Forschung möglich.

Zweitens würden jene Kritiker der jüdischen Autobiographie die Ansicht vertreten, dass es keine jüdische Autobiographie an sich und für sich geben könne. Es fehle jeder möglichen jüdischen Autobiographie jene Autonomie, die nicht-jüdische Autobiographien charakterisiert. So das zweite, von Moseley dokumentierte Argument:

> Jewish autobiographies [...] do, however, exist, and have done so from the Middle Ages, at the latest. Such works, though, do not arise from within the tradition but are invariably prompted by external circumstance, namely, a catastrophic occurrence of personal or national dimensions. Jewish autobiographical texts are thus liable to appear, in a somewhat mechanistic fashion, at each breaking-point – the incursion of modernity into Western and Eastern Europe, the Pogroms, the revolutions.[146]

Die jüdische Autobiographie sei also immer eine Reaktion auf einen katastrophalen Zustand, auf die Erfahrung vom kollektiv Schmerzvollen, wie die Vertreibung, Pogrome, das Verfolgtsein u.ä. In diesem Sinne kann sie nie um des Einzelnen Bewusstseins Willen entstehen. Anders gesagt, „THE JEW DOES NOT invent himself. History invents the Jew".[147] Man wolle aber die Existenz jüdischer Texte mit autobiographischem Anspruch nicht völlig negieren, sondern deutlich festhalten, dass solche Texte nicht in dieselbe Kategorie eingegliedert werden können wie etwa bekennende Texte eines Rousseau oder eines Augustinus. Es gehe dem jüdischen Autobiographen immer darum, die Erinnerung an einen Bruch, an ein markantes Ereignis festzuhalten. Die Katastrophe, die Auslöser von Autobiographie bei Juden sein soll, kann, wenn man das erste Argument betrachtet, nur national, aber nicht personal sein, zumal das Persönliche, das Individuelle bei dem Juden eigentlich in dem Allgemeinen, in dem Gemeinschaftlichen aufgeht.

Drittens, so Marcus Moseley weiter, betont dieses Modell der Interpretation von jüdischen Selbstbiographien, dass „when Jews do write autobiographies, these works are, *mirabile dictu*, non-autobiographical. That is, the focus of jewish autobiographical narrator being in effect, a trope for the first-person plural of the collective".[148] Das „Ich" der jüdischen Autobiographie weise sozusagen unvermeidlich auf ein „Wir" hin, das in den Äußerungen unaustilgbar zum

---

146 M. Moseley: Being for Myself Alone, S. 72f.
147 Alvin Rosenfeld: Inventing the Jew. Notes on Jewish Autobiography. In: Midstream. A Monthly Jewish Review. Volume XXI, N° 4 (April 1975), S. 54-80. Hier S. 54.
148 M. Moseley: Being for Myself, S. 73. Herv. i. O.

Ausdruck komme. Wenn man aber die Entwicklung der jüdischen Autobiographie-Literatur in der Moderne betrachtet, greifen diese Argumente offenbar zu kurz, wie ich das nun darlegen möchte.

Problematisch erscheint mir in Miethings Versuch der Bestimmung *einer* jüdischen Autobiographie hauptsächlich die Tatsache, dass er die Bedeutung des Begriffs „jüdisch" voraussetzt, ohne ihn deutlich einzugrenzen. An seinen Beispielen ist aber erkennbar, dass er mit „jüdisch" eindeutig die „ethnische Abstammung" meint. In diesem Sinne funktioniert seine Ausgrenzung jüdischer Autobiographien aus dem Kanon moderner Autobiographie nur, solange man sich auf die vorassimilatorische Periode beschränkt. Das Argument, dass der Jude wegen der Unmöglichkeit einer Individualisierung der autobiographischen Konstruktion unfähig sei, kann für den assimilierten, modernen Juden nicht mehr geltend gemacht werden, weil die Moderne, wie Alvin Rosenfeld es dargelegt hat, dem Juden die Möglichkeit einer Wahl eröffnet: „The case against modernity is that it has generated alternatives for Jews".[149] Die Moderne eröffnet dem Juden die Möglichkeit einer *selfinvention*, so dass der Einzelne der Gemein-

---

149 A. Rosenfeld: Inventing the Jew, S. 80. Rosenfeld hält aber diese Möglichkeit der Wahl für eine Gefährdung für den Juden. Nicht, dass er für ein blindes Festhalten an Traditionen plädiert und die Modernität verdammt, sondern er denkt, dass die Moderne dem Juden nur unter der Bedingung des Verzichts auf seine Vergangenheit bzw. auf die Tradition die Fähigkeit zur Autobiographie zuschreibt. Rosenfeld stützt sich nämlich auf Autobiographien amerikanischer Juden der zweiten Generation, um seine These zu untermauern, dass in der amerikanischen Gesellschaft die Erfindung eines jüdischen Selbst als „brash" und „tasteless" erfolgt. So schreibt er zu Mary Antins *The Promise Land* Folgendes: „For the emergence of the new American Type in *The Promise Land* meant the submergence of all traditional Jewish life. In Mary Antin's view, America, a liberating land, cancelled all the historical claims of the past [...] The Jew's reinvention of himself as an American, therefore, has tended to create a complex new creature, both more enriched and more deprived than his former self" (Alvin Rosenfeld: Inventing the Jew, S. 56, 61). Damit ist Rosenfelds Analyse zugleich eine Kritik der modernen Autobiographie bezogen auf das „jüdische Subjekt" und eine Kritik des Konzepts des Juden in den USA an sich. Rosenfeld denkt in der Tat, dass es in dem amerikanischen Kontext keine jüdische Selbsterfindung geben könne ohne Einbeziehung der „fathers", also der Vergangenheit, denn die Rückkehr zur Geschichte sei in diesem Sinne die Rückkehr zu sich selbst. Was Rosenfeld in Bezug auf die moderne Autobiographie „Selfinvention" nennt, schließt *den Juden* aus, weil es sich ausschließlich auf die Gegenwart und auf die Zukunft richtet: „The Jews [...] are not permitted to invent themselves. This is not to say that we do not try hard, or that we are unsuccessful at self-creation. We *do* try hard and are as skillful as anyone else, but we are not allowed to indulge ourselves ultimately in fabrication. Whenever we lose sight of that interdiction and overextend ourselves in imaginative play, history calls us back to our senses: thunderously" (Alvin H. Rosenfeld: Inventing the Jew, S. 54)

schaft nur noch begrenzt,[150] oder gar nicht mehr verpflichtet ist. Obwohl viele Juden trotz ihrer Assimilation dem Judentum verbunden blieben,[151] ist es erwähnenswert, dass die Assimilation, indem sie eine Annäherung der jüdischen und der nichtjüdischen Welt verursachte, eine Lockerung der traditionellen Bindung des Juden an seine Gemeinschaft mit sich brachte. Die Aneignung nichtjüdischer Kulturelemente, die Abweichung von religiösen Gesetzen u.ä., sind Zeichen dieser Lockerung. Wie Jacob Katz weiter beschreibt,

> [kannte]das traditionelle Judentum in seiner vorassimilatorischen Ausprägung kein besonderes Ideal vom Menschen, das nicht schon im Ideal vom Juden enthalten gewesen wäre. Man war sich [...] dessen bewußt, daß die Verwirklichung dieses Ideals nur in der gesellschaftlichen Absonderung von der Umwelt vor sich gehen kann. Das hinderte aber nicht daran zu glauben, daß gerade in dieser Absonderung die Möglichkeit zur Verwirklichung des höchsten Menschentums, dessen ein Jude fähig ist, gegeben ist,[152]

während die Forderungen der Aufklärer „Im Namen eines allgemein geltenden menschlichen Ideals erhoben worden" waren.[153] Der allgemeine Trieb nach dem Allgemeinmenschlichen musste unabhängig vom Jüdischen und vom Christlichen existieren. Dies führte ein Umdenken und Umwerten der jüdischen geistigen Welt ein, das die individuelle Beziehung des Juden zu seiner Gemeinschaft verhältnismäßig umstellte. Salomon Maimon ist zweifelsohne das erste und bekannteste Beispiel dieser neuen Beziehung des Juden zu seiner Gemeinschaft. Ein Vergleich seiner Lebensgeschichte mit den Memoiren der Glückel von Hameln bestätigt, wie Wiedemann es ausführt, diesen Gedanken:

> Während sie[Glückel] sich im eigenen Idiom (Jiddisch) bewegt, wählt er [Maimon] das fremde (Hochdeutsch); während sie sich an den exklusiven Kreis der Familie wendet, schreibt er für eine nicht speziell eingeschränkte und jedenfalls nicht primär jüdische Öffentlichkeit; während sie die rabbinische Tradition stützt, versucht er sie zu denunzieren; während sie die demütige und fraglose Hinnahme des Schicksals predigt, demonstriert er geradezu die Verpflichtung zum Widerspruch und zur Selbstorganisation; während sie das Hohelied der Familie anstimmt, läßt er Frau und Kinder um seiner geistigen Freiheit willen im Stich; während sie ihre eigene Form findet und dabei vom nichtjüdischen Zeitgeist bestenfalls Impulse empfängt, bedient er sich bewußt fremder Denk- und Formtradi-

---

150 Diesbezüglich schreibt Jacob Katz nämlich, dass die tatsächlich erfolgte Assimilation an eine nichtjüdische Gesellschaft [...]die Zugehörigkeit zur jüdischen Gemeinschaft nicht aufheben konnte (Jacob Katz: Zur Assimilation und Emanzipation, S. 163).
151 J. Katz: Zur Assimilation und Emanzipation, S. 163.
152 J. Katz: Zur Assimilation und Emanzipation, S. 56f.
153 J. Katz: Zur Assimilation und Emanzipation, S. 62.

tionen; während sie ohne Nachfolge bleibt, begründet er die moderne Autobiographie der Juden.[154]

Während man also die Memoiren der Glückel im Sinne von James Olney als Zugang zur jüdischen Kultur verstehen kann, würde man Salomon Maimons Text genau an der Schwelle der Moderne situieren. Maimons Text wird in der Forschung auch deshalb als die erste jüdische Autobiographie dargestellt.[155] Maimon proklamiert also bereits die Fähigkeit des Juden, an der Kultur moderner Autobiographie teilzunehmen und nicht ständig „Wir" sagen zu müssen. Wenn man nun die Entstehung der jüdischen Autobiographie notwendigerweise mit der Katastrophe, dem Bruch und dem Schock in Verbindung bringt, dann spricht man Maimon und den anderen „modernen" jüdischen Selbstbiographen nach ihm jene Subjektivität ab, die unabhängig von dem durch Hass und Verfolgung geprägten sozialen Status existiert. Diese Einstellung, die eine ethnozentrische Leseweise von Texten einer humanistischen, an der Einheit des Menschenbildes festhaltenden Betrachtungsweise vorzieht, ist dadurch gekennzeichnet, dass sie große Erzählungen, einschließlich die der Nation und der Religion als Grundlage des Ethnozentrismus privilegiert, was aus Sicht der vorliegenden Arbeit teilweise in Frage gestellt werden soll. Denn gerade eine aus der Perspektive postmodernen Denkens gedachte Studie sollte das Festhalten an großen Erzählungen nicht zu ihrer Grundlage werden lassen. In der vorliegenden Arbeit wird besonders an dem Beispiel von Fanny Lewald gezeigt, dass es durchaus jüdische Autobiographien gibt, die anhand von Kategorien der modernen Autobiographie gelesen werden können bzw. müssen. Bei der Analyse von Fanny Lewalds *Meine Lebensgeschichte* finden sowohl hermeneutische als auch sozialgeschichtliche Kategorien der Konstruktion von Individualität,

---

154 Conrad Wiedemann: Grenzgänge: Studien zur europäischen Literatur und Kultur, S. 164f.
155 Vgl. hierzu Marcus Moseley: Being for Myself Alone; Christoph Miething: Gibt es jüdische Autobiographien? In: Ders. (Hg.): Zeitgenössische Jüdische Autobiographien. Tübingen 2003, S.43-73; Alan Mintz: Banished from their Father's table. Maimons Adressat ist definitiv kein rein jüdisches Publikum. Dies wird nicht zuletzt durch die Wahl des Deutschen als Schreibsprache belegt. Die Erklärungen in der Form einer Anthropologie des Judentums, die er unternimmt (Vgl. Alan Mintz: „Banished from Their Father's Table", S. 12f.), sind bestimmt nicht an die orthodoxen Juden gerichtet, sondern an den Juden, der bereits durch den Kontakt zur nichtjüdischen Welt verändert wurde. Es ist ein modernes Publikum, und Maimons Autobiographie keine innerjüdische, sondern eine moderne Angelegenheit. Stellt Rousseau einen Meilenstein in der abendländischen Autobiographiegeschichte dar, und steht er für die Begründung eines neuen Konzepts der Selbstbeschreibung, so darf man Salomon Maimon als Beginn der Teilnahme jüdischer Autoren an dieser Tradition ansehen. Er ist nämlich der erste Jude, der das Rousseausche Konzept übernimmt und umsetzt. Weitere wie Guenzberg oder Lilienblum werden folgen.

wie sie im ersten Teil dieses Kapitels dargelegt wurden, Anwendung. Ferner wird durch unterschiedliche Verweise anschaulich gemacht, wie sich auch jene Texte von Nichtschriftstellern bewusst oder unbewusst sich der modernen Autobiographie-Tradition verpflichten.

Eine weitere Implikation dieser ethnozentrischen Leseweise von Texten jüdischer Autobiographen wäre, dass das Bewusstsein der Existenz beim „Juden" erst vom Antisemitismus begründet wird, was nicht unproblematisch ist. Diese Position grenzt stark an Jean Paul Sartres Definition des Juden, die er in seiner Schrift *Réflexions sur la question juive* ausführt.[156] Sartres Text erschien in dem besonderen Kontext der Nachkriegszeit und galt dem französischen Kontext. Seine Definition des Juden lässt sich aber durchaus auf den Kontext der Emanzipation anwenden. Dafür muss man zunächst voraussetzen, dass der für Sartre zentrale Begriff der *situation,* d.h. des gesellschaftlichen Status des „Juden" auf dessen Ausgrenzung aus der Gesellschaft verweist. Eine solche Ausgrenzung war auch in der Emanzipationszeit üblich, auch wenn sie andere Voraussetzungen hatte. Ferner muss in Betracht gezogen werden, dass die für die Emanzipationszeit sehr wichtige Frage der Assimilation in Sartres Überlegungen auch eine gewichtige Rolle spielt. Die Erwähnung von Sartre an dieser Stelle dient allerdings auch der Einführung von Kategorien, die in der Diskussion von Sichtbarkeit und Unsichtbarkeit besonders bei Meno Burg relevant sein werden.

Sartres *Réflexions* wirken aus der Perspektive des Judentums deshalb so problematisch, weil sie offenbar einen negativen Begriff des Judentums befürworten. Er behauptet nämlich, dass „lorsqu'ils [die Juden] se retrouvent entre eux dans l'intimité de leurs appartements, en éliminant le témoin non-juif, ils éliminent du même coup la réalité juive".[157] Das Judentum wird demnach erst von außen bestimmt, durch den Blick des anderen konstruiert, so dass es keinen inneren Wert zu haben scheint, was aus der Sicht des Judentums als ethnisch-religiöse Gemeinschaft höchst problematisch sein kann. An dieser Stelle möchte ich zwar kritisch auf diese Vorstellung des Juden eingehen, mir liegt aber besonders daran zu zeigen, dass selbst Sartre, der den Juden vorwiegend von außen determiniert sieht, in vieler Hinsicht den Juden nicht völlig um seine Subjektivität bringt.

Sartre ist an einer Beschreibung des Antisemitismus als Phänomen und an einer Aufdeckung ihrer Grundlagen interessiert, aber auch an Möglichkeiten

---

156 Hier wird aber nicht unterstellt, Moseley oder Miething würden sich allgemein allein auf einen negativen Begriff des Judentums beziehen.
157 J. P. Sartre: Réflexions sur la question juive. Paris 1954, S. 108. (Im Folgenden mit „Réflexions" abgekürzt)

einer Aufhebung der Trennlinie zwischen Jude und Nichtjude, denn Jude ist in seinem Verständnis keine historisch überlieferte Kategorie, sondern eine gesellschaftliche Konstruktion, genauso wie der Mensch im Allgemeinen nicht durch irgendeine ursprüngliche Natur bestimmt werden kann, sondern durch seine „situation sociale". Sartres Grundsatz lautet demnach, dass erst die gesellschaftliche Zuschreibung den Juden begründet:

> Qu'est-ce donc qui conserve à la communauté juive un semblant d'unité ? Pour répondre à cette question, il faut revenir à l'idée de *situation*. Ce n'est ni leur passé, ni leur religion, ni leur sol qui unissent les fils d'Israël. Mais s'ils ont un lien commun, s'ils méritent tous le nom de Juif, c'est qu'ils ont une situation commune de Juif, c'est-à-dire qu'ils vivent au sein d'une communauté qui les tient pour Juifs.[158]

Nach Sartre würde also weder seine Herkunft noch die ethnisch-religiöse Zugehörigkeit den Juden bestimmen, sondern seine *situation,* denn „c'est *l'homme social* par excellence, parce que son tourment est social. C'est la société, non le décret de Dieu, qui a fait de lui un Juif, c'est elle qui a fait naître le problème juif ".[159] Provokant formuliert hieße das, dass der Jude mit dem Verschwinden des Antisemiten aufhört zu existieren, denn Sartre macht somit keinen Unterschied zwischen dem Juden an sich und der Judenfrage. Was Markus Wiefarn zu der These führt, dass es Sartre eben um das „Endziel einer klassenlosen Gesellschaft [geht], die ihre Konfliktlinie zwischen Kapital und Arbeit nicht mehr länger durch eine hiervon ablenkende Unterscheidung in Juden und Nicht-Juden verbergen muss".[160] Wiefarn legt in seiner Dissertation dar, wie Sartres *Réflexions* u.a. Heideggers „Vorstellung von der existenziellen Geworfenheit des Daseins" verpflichtet sind.[161] Demnach übernehme Sartre die Grundidee, dass das Dasein des Menschen von Anfang an durch gesellschaftliche Zuschreibungen vorbestimmt sei, so dass das Verständnis des Individuums unweigerlich durch ein Verständnis seines sozialen Wesens erfolgt.[162] Dieser vorbestimmte Mensch sei aber nach Sartres Ausführungen nicht völlig der Determiniertheit der *situation* ausgeliefert, sondern verfüge weiter über eine Wahlfreiheit. Aus dem Hintergrund dieser ambivalenten Situation des Menschen als vorbestimmt und dennoch wahlberechtigt kommt Sartre zur Unterscheidung von authenti-

---

158 Jean Paul Sartre: Réflexions, S. 81.
159 Jean Paul Sartre: Réflexions, S. 143f.
160 Markus Wiefarn: Authentifizierungen. Studien zu Formen der Text- und Selbstidentifikation. Würzburg 2010, 93.
161 Markus Wiefarn: Authentifizierungen, S. 88. Wiefarn liest in Sartres Text auch ein Nachhall bzw. eine Reformulierung von Kants Gedanken im Theodizee-Text.
162 Vgl. Markus Wiefarn: Authentifizierungen, S. 88.

schem und unauthentischem Menschen. Dabei geht es darum, um zu Sartres Definition des Juden zurückzukehren, entweder als authentischer Jude die gesellschaftliche Situation des Juden zu erkennen und mit allen damit verbundenen Konsequenzen zu akzeptieren, d.h. „se proclamer juif", oder als unauthentisch das Gegensätzliche zu wählen, d.h. den Juden in sich negieren, sich nicht als Jude zu wählen. Zu Recht folgert Wiefarn aus Sartres Überlegungen, dass „menschliche Freiheit keinesfalls jenseits der Situation und folglich auch nicht jenseits des Sozialen situiert wird, sondern gerade in dem Verhältnis besteht, das der Mensch zu dieser Situation einnimmt".[163] In dieser Hinsicht ist aber der Hinweis Wiefarns wichtig, dass Sartre die Frage nicht klärt, „wie und wodurch es dem authentischen Menschen möglich sein kann, sich seiner eigenen Situation bewusst zu werden und im Akt der Selbstwahl aus seiner ‚Inauthentizität' auszubrechen".[164] Allerdings schweigt Sartres Text zu dieser Frage nicht ganz. Die Hervorhebung der Stelle „c'est nous qui le contraignons à *se choisir juif"* in diesem Text ist dafür entscheidend, denn sie deutet darauf hin, dass die von Sartre betonte „Wahl" eigentlich „nicht der beliebigen Disposition des Einzelnen anheim gegeben ist, sondern [immer] als Reaktion auf sozialen Druck erfolgt".[165] In diesem Sinne ist das „aktive Moment", das Sartre in der Realisierung des menschlichen Daseins sehen möchte, wiederum nur ein Moment fatalistischen Unterworfenseins. Denn selbst der sogenannte authentische Jude *wählt* sich nicht als Jude, sondern er *akzeptiert* sich als Jude. Oder, um genauer zu sein, er muss sich als Jude akzeptieren, weil ihm die Hände gebunden sind. Dem Menschen ist somit gar keine Wahl gegönnt, er ist *de facto* Mitglied einer Gruppe, wie das aus folgendem Zitat hervorgeht:

> Il [le Juif] peut choisir d'être courageux ou lâche, triste ou gai, il peut choisir de tuer les chrétiens ou de les aimer. *Mais il ne peut pas choisir de ne pas être Juif.* Ou plutôt s'il le choisit, s'il déclare que le Juif n'existe pas, s'il nie violemment, désespérément en lui le caractère juif, c'est précisément en cela qu'il est Juif. Car, moi, qui ne suis pas Juif, je n'ai rien à nier, ni à prouver au lieu que, si le juif a décidé que sa race n'existe point, c'est à lui d'en *faire la preuve.*[166]

Ob der Jude sich als Jude akzeptiert oder nicht, nichts lässt ihn in die Anonymität untertauchen, denn selbst in der ablehnenden Geste, indem er sich als Jude ablehnt, also „en [ne] se proclamant [pas] Juif", bleibt er doch Jude, weil dies unabhängig von seiner eigenen Einstellung erfolgt. Es entsteht damit der Ver-

---

163 Markus Wiefarn: Authentifizierungen, S. 89.
164 Markus Wiefarn: Authentifizierungen, S. 91.
165 Jean Paul Sartre: Réflexions, S. 145 ; Markus Wiefarn : Authentifizierungen, S. 92.
166 Jean Paul Sartre : Réflexions, S. 95f. Herv. C. S.

dacht, dass trotz Sartres Versuch der Relativierung der sozialen Determiniertheit der Jude doch in einer existenziellen Falle sitzt. Dass aber die gesellschaftliche Gruppe, der die Juden zugeschrieben werden, eigentlich, zumindest aus Sicht des Judentums selbst, nicht immer eine gesellschaftliche Konstruktion ist, ist auch bei Sartre nicht wegzudenken. In einem wichtigen Schritt seiner Argumentation behauptet er nämlich:

> Il va de soi que l'antisémitisme, qui est la *réaction* presque immédiate des milieux pénétrés [par l'Israélite], ne lui laisse pas ignorer longtemps ce qu'il voudrait tant méconnaître. Mais les violences de l'antisémite ont pour résultats paradoxal de pousser *l'Israélite* à la conquête d'autres milieux et d'autres groupes.[167]

Indem er von einer Reaktion des Antisemiten auf den sich anonym schleichenden Israeliten spricht, bestätigt Sartre zum einen zwar die Tatsache, dass selbst für den „unauthentischen" Juden keine „fuite vers l'homme" möglich ist, zumal es letztendlich den Menschen schlechthin nicht gebe, denn „il y a des juifs, des protestants, des catholiques; il y a des Français, des Anglais, des Allemands; il y a des blancs, des noirs, des jaunes".[168] Zum anderen betont er aber auch durch diese *Reaktion* die Idee, dass es doch etwas gibt, ein Substrat, das erst die Reaktion des Antisemiten hervorruft. Dass es eine dem Antisemiten vorgegebene Vorlage für seine Konstruktion des Juden gibt, kann Sartre damit auch nicht leugnen wollen.[169] Trotz des Arguments von Konstruktion des Juden von außen behauptet er sogar, dass Juden bestimmte ethnische Merkmale haben, und meint darunter „les données biologiques héréditaires que nous avons acceptées comme incontestables".[170] Wenn man also die Thesen näher betrachtet, wird erkennbar, dass Sartre einen „positiv-historischen" Begriff des Judentums nicht völlig auslässt, betont er doch, weiter nach einer Definition des Juden suchend, man solle eigentlich nicht danach fragen, was ein Jude sei, sondern danach, was die christliche Gesellschaft aus den Juden gemacht habe. Die Frage „Qu'as-tu fait des Juifs" setzt voraus, dass Juden unabhängig von der gesellschaftlichen Konstruktion existieren und erst zu dem gemacht werden, wofür man sie hält.[171]

---

167 Jean Paul Sartre : Réflexions, S. 106. Herv. C. S.

168 Jean Paul Sartre : Réflexions, S. 154.

169 Hierzu auch Sartres „Peu importe en effet, qui manifeste la race juive : dès lors qu'elle est manifestée tous les efforts du Juif pour la nier deviennent vains" (Sartre 127). Die jüdische „Rasse" kann demnach sowohl von außen als auch von Innen manifestiert d.h. erkennbar gemacht werden. Damit ist Jude nicht bloß eine Zuschreibung des Antisemiten, sondern auch ein beim Individuum bereits existierendes Merkmal.

170 Jean Paul Sartre: Réflexions, S. 109.

171 Jean Paul Sartre: Réflexions, S. 74.

Dazu beschreibt Sartre den Juden als ein „ensemble indécomposable, où le psychique et le physique, le social, le religieux et l'individuel s'interpénètrent".[172] Er behauptet nicht, dass es diese tausendjährige Geschichte nicht geben würde. Sartres Argument ist eher, dass diese Geschichte den Antisemitismus nicht erklärt bzw. begründet, werden doch auch Menschen für Juden gehalten und diskriminiert, die mit jener Geschichte nichts zu tun haben. Es stellt sich aber weiter die Frage, welche Attribute der sogenannte „authentische Jude" in seiner Geste der „Proklamation" bzw. der Akzeptanz seiner Judenheit somit annimmt, und welche Gründe ihn dazu bewegen. Dass es sich in dem Fall nicht allein um konstruierte, ihm zugeschriebene Attribute, sondern besonders um selbstbewusst beanspruchte Attribute handelt, ist offensichtlich. Aus der Perspektive des Judentums zumindest beruht diese Authentizität nicht bloß auf von außen zugetragene Merkmale, sondern und besonders auf einer gewissen Subjektivität. Denn das, was der Jude negiert, ist nicht die eigene Existenz an sich, sondern eben das gesellschaftliche „Judenbild", das antisemitisch geprägt ist und ihn als „Monster" zeichnet. Sartre selbst versucht gar nicht die Ansicht zu verwerfen, der Jude sei besonders geldgierig, sondern bemüht sich, diese angebliche Gier zu begründen.[173]

---

172 Jean Paul Sartre: Réflexions, S. 69.

173 Jean Paul Sartre: Réflexions, S. 135ff. Susan Rubin Suleiman hat gezeigt, inwiefern die Rhetorik und die Sprache der Réflexions beim Leser einen antisemitischen Nachhall hervorrufen könnten. Sie betont nämlich zu Recht, dass Sartre selbst oft Unsicherheit zeigt in seiner Auseinandersetzung mit dem Juden, zum Beispiel durch seinen abwechselnden Gebrauch der Bezeichnungen „Jude" und „Israelit". (Vgl. Susan Rubin Suleiman: The Jew in Sartre's Réflexions sur la question juive. An Exercise in Historical Reading. In: Nochlin/Garb (Hg.): The Jew in the Text. Modernity and the Construction of Identity. London 1995, S. 201-218. Die Bezeichnung „Jude" trägt historisch gesehen eine qualitative Bedeutung, zugleich als Symbol der Abgrenzung der jüdischen Gesellschaft von der nichtjüdischen. In diesem Sinne wird sie auch von Seiten der nichtjüdischen Gesellschaft als Schimpfwort „Jude!" gebraucht, genauso wie sie insbesondere von den Zionisten als Symbol für Stolz steht. Dagegen weist die Bezeichnung „Israelit" ab 1800 im napoleonischen Frankreich wie später auch im deutschsprachigen Raum auf eine Konfessionalisierung des Judentums, sie steht aber auch für die weitgehende Integration der Juden in die nichtjüdische Umgebung. In Frankreich zum Beispiel hatte der antisemitisch motivierte „Commisariat Général aux Questions Juives" 1942 verboten, die Bezeichnung „Israelit" ohne Einbeziehung der Konfession zu gebrauchen, mit der Begründung, „Jude" sei eine Rasse und die Bezeichnung „Israelit" würde dem „Juden" dieses Merkmal der Rasse wegnehmen. Sartre aber benutzt oft „Israelit" in Verbindung mit der Rasse. Suleiman erklärt diese Unsicherheiten teilweise dadurch, dass Sartres Réflexions auf Hörensagen von Antisemiten beruhe, der Philosoph habe sich zum Schreiben seines Buches gar kein Wissen über Judentum und Juden angeeignet, sondern bloß antisemitische Äußerungen kommentiert. Sie zitiert dafür aus einem Interview von Sartre, geführt von Benny Lévy, in dem Sartre sogar zugibt, Jahre

Nun, wenn Sartres „authentische Jude" sich als Jude „proklamiert", dann tut er dies m.e. wohl nicht als historisch positiv definierbarer Jude, sondern er orientiert sich bewusst oder unbewusst an der Vorstellungen der Gesellschaft.

Festhalten möchte ich also, dass Sartre zwar viel Gewicht auf die Determiniertheit des jüdischen Daseins von außen legt, bei ihm aber das historische Bewusstsein trotzdem nicht völlig ausgeblendet werden kann. Es ist dieses historische Bewusstsein, das, obwohl es eben auf Gruppenebene zu verzeichnen ist, dafür spricht, dass die Entstehung autobiographischen Erzählens im Judentum nicht zwangsläufig mit der Katastrophe, dem Schock oder dem Bruch in Verbindung gebracht wird, denn es ist ein historisches Zugehörigkeitsgefühl, das vom fremden Tun, also etwa von Verfolgung, Antisemitismus und Ermordung unabhängig ist. Trotzdem hat autobiographisches Erzählen im Judentum eine deutlich andere Grundlage als in der christlich-abendländischen Kultur. Diese Grundlage möchte ich nun im Folgenden besprechen.

Die Geschichte des Judentums ist mit einer langen Memoirentradition verbunden. Das Vergessen ist im Judentum mit Katastrophe gleichgesetzt. Und gegen diese Katastrophe wappnet sich der traditionelle Jude mit Erinnerung. Daneben gibt es die jüdische Tradition der „tsava'ah" (ethischer Wille), die den Familienvater dazu verpflichtet, seinem Nachkommen sein geistiges Vermächtnis weiterzugeben. Es wäre zum Beispiel nicht abwegig, in dieser Tradition die Prämisse einer jüdischen Kultur der Selbstbiographie zu sehen. Marcus Moseley schreibt diesbezüglich und zur Aufgabe des Autobiographie-Forschers, dass

> the method to be adopted, would be fundamentally ahistorical, the task of the scholar of the genre being to trace formal, thematic and psychological lines of continuity between contemporary and pre-modern Jewish autobiographical texts with little regard for actual evidence of textual transmission. One such line of continuity could, for example, be traced from the Tsava'ah (ethical will) to the Haskalah 'confession à la Guenzberg', for the benefit of his offspring.[174]

---

nach Erscheinung seines Buches noch weniger über die Juden zu wissen als zum Zeitpunkt der Erscheinung (vgl. Susan Suleiman: The Jew in Sartre's *Réflexions sur la question juive*, S. 216 und weitere Hinweise dort).

174 Marcus Moseley: Being for Myself Alone, S. 75. Haskalah ist die Bezeichnung für die jüdische Aufklärung und verweist auf die im 18. und 19. Jahrhundert stattfindende Wende im jüdischen Leben, die gekennzeichnet ist durch die Sprengung der geschlossenen jüdischen Lebensformen zugunsten einer Öffnung gegenüber der nichtjüdischen Umgebung, jedoch mit der Bewahrung der eigenen Religion. Der Haskalah-Bewegung geht es um die Begründung einer neuen Form des Juden, der zugleich im Judentum als auch in der allgemeinen Kultur verwurzelt ist. „Der Weg der Haskalah ging von Deutschland über Österreich nach Polen und Rußland" (Georg Herlitz, /Bruno Kirschner (Hg.): Jüdisches Lexikon. Ein enzyklopädisches

Moseley vertritt damit die These, dass in der Forschung weitgehend Einstimmigkeit darüber herrscht, dass die jüdische Memoiren- und Autobiographietexte, in jüdischer oder nichtjüdischer Sprache und ungeachtet vom Erscheinungsort, sich in eine verfolgbare Kontinuität eintragen lassen.[175] Er macht zwar einen klaren Unterschied zwischen Memoiren, autobiographischen Romanen und Autobiographien im engeren Sinne, aber er argumentiert deutlich dahingehend, dass „There is an indigenously jewish autobiographical tradition".[176] Dieser Ansicht schließe ich meine Überlegungen in dieser Arbeit an. Wenn es eine Geschichte der jüdischen Literatur gibt, dann muss es zwangsweise eine jüdische Literatur geben, von der dies die Geschichte ist. Genauso kann man von einer Anthologie oder Geschichte jüdischer Autobiographien, Memoiren und Biographien nur insofern sprechen, als es eine Reihe von Texten gibt, die demzufolge als „jüdische Autobiographien", Memoiren oder „jüdische Biographien" entstanden sind oder gelesen werden. Nach wie vor geht es in der Unterscheidung zwischen jüdischer und nichtjüdischer Autobiographie aber auch um die Leseweise. In der Emanzipationszeit gab es zunehmend Juden, die ihre Individualität nicht mehr der jüdischen Gemeinschaft, sondern der Gesamtgesellschaft gegenüber proklamierten und sich demnach nicht als besondere Juden, sondern als besondere Menschen individualisierten. Das deutlichste Beispiel davon ist in der vorliegenden Arbeit die Autobiographie der Fanny Lewald. Indem sie in dieser Forschung aufgenommen und deshalb als jüdische Autobiographie gelesen wird, soll die Frage beantwortet werden, inwiefern ihre „fuite vers l'homme", um Sartre zu zitieren, erfolgreich war oder nicht. In Bezug auf

---

Handbuch des jüdischen Wissens in vier Bänden. Band II. D-H. 2. Aufl. Frankfurt am Main 1987, S. 1443) Wohl aus diesem Grund wird sie auch „Berlinismus" bzw. „Berlinische" oder „Mendelssohnsche Schule" genannt. Denn in Moses Mendelssohn als Synthese aus Judentum und nichtjüdischer Umwelt findet sich die ganze Philosophie dieser Bewegung am besten verkörpert, die die westliche Aufklärung zur Grundlage hatte. Die Anhänger der Haskalah wurden „Maskilim" (Aufgeklärte) genannt.

175 Vgl. Marcus Moseley: Being for Myself Alone, S. 69.

176 Marcus Moseley: Being for Myself Alone, S. 67. Moseley denkt aber wie Rosenfeld, dass Juden sich besser in den eigenen Sprachen konstruieren als in Sprachen, an deren Gestaltung sie nicht teilgenommen haben. Daher zeigen ihm zufolge Autobiographien in Hebräisch oder Jiddisch eine Autonomie, die man bei Autobiographien in nichtjüdischen Sprachen nicht antreffen würde (vgl. Marcus Moseley: Being for Myself Alone, S. 14). Diese Position kann man nachvollziehen, wenn man bedenkt, dass sowohl Rosenfeld als auch Moseley sich auf Autobiographien von Juden beziehen, die entweder noch völlig im Judentum integriert waren oder zumindest noch durch Erziehung eine erkennbare Bindung ans Judentum hatten. Diese Position darf man dagegen relativieren, wenn man sich mit Autobiographen auseinandersetzt, die von der Geburt an keine Verankerung mehr im Judentum haben.

andere Texte stellt sich die Frage, wie die beanspruchte „Authentizität" im Sinne von Traditionstreue, zum Ausdruck kommt und wie sie zur Bildung einer Identität beiträgt. Dabei ist entscheidend, ob es einen Unterschied zwischen dem männlichen und dem weiblichen Akt der Selbstdarstellung gibt. Aus diesem Grunde erweisen sich an dieser Stelle auch einige Worte zum Status der Frau in der jüdischen Erinnerungskultur als angebracht. Diese Hinweise sind insofern entscheidend, als die vorliegende Studie Texte von zwei Frauen erfasst, die jede auf ihre Weise zur Neubestimmung der Gattung bzw. der autobiographischen Tätigkeit beiträgt.

Im traditionellen Judentum ist die Mädchen- von der Jungenerziehung völlig verschieden, sie führt das Mädchen zur Ehe und zur Mutterschaft. In der Tradition der Talmud- und Thora-Zeit tritt die Frau deutlich als Eigentum des Mannes auf. Ihre Aufgabe besteht hauptsächlich, wenn nicht überhaupt nur darin, Kinder zu gebären, für deren Erziehung und für eine den religiösen Vorschriften entsprechende Führung des Haushaltes zu sorgen, und ihrem Mann beizustehen. Die Frau soll von ihrem Manne gehütet, geachtet und umsorgt werden. Sie steht unter der Autorität des Mannes und bekommt demgemäß eine spezifische Erziehung, die den Fortbestand dieses Modells des Patriarchats sichern soll. Die Frau ist also auf den Haushalt reduziert. Der Topos der „schönen Jüdin" ist selbst im 19. Jahrhundert, besonders aber bei Ostjuden, noch sehr lebhaft. Der Körper der jüdischen Frau wird zu einem Ort, wo sich eine bestimmte Gewalttätigkeit manifestiert und an dem gewisse soziale Spannungen zum Ausdruck kommen.[177] Die Trennung zwischen der männlichen und der weiblichen Sphäre beschränkt sich aber nicht auf der Familie. Selbst in der Religionsausübung gibt es im traditionellen Judentum Unterschiede. Die Frauen dürfen z.B. keinen Gebetsmantel (*Tallit*) und keine Gebetsriemen (*Teffilim*) tragen. Und dieses Verbot ist in unserem Fall der Auseinandersetzung mit Erinnerungsliteratur von erheblicher Bedeutung. Wie bereits erwähnt ist das Vergessen im Judentum mit dem Tode vergleichbar. Die Gebetsriemen sollen also den Juden gegen das Vergessen wappnen. Die Thora Moses' erläutert die Bedeutung der *Tefillim* mit Bezug auf den Auszug aus Ägypten folgendermaßen: „Und es sei dir zum Wahrzeichen an deiner Hand und zum Denkmal zwischen deinen Augen, damit die Lehre des Ewigen sei in deinem Munde, daß mit starker Hand dich der Ewige geführt hat aus Mizrajim".[178] Und im fünften Buch Moses heißt es:

---

177 Vgl. Monika Rüthers: Tewjes Töchter. Lebensentwürfe ostjüdischer Frauen im 19. Jahrhundert. Köln/Weimar/Wien 1996.
178 2. Buch Moses 13, 9

Du sollst den Ewigen, deinen Gott, lieben mit deinem ganzen Herzen, deiner ganzen Seele und deiner ganzen Kraft. Diese Worte, die ich dir heute befehle, seien in deinem Herzen, schärfe sie deinen Kindern ein und sprich davon, wenn du in deinem Haus sitzest und wenn du aufstehst. Binde sie zum Zeichen an deine Hand, sie seien zum Stirnschmuck zwischen deinen Augen und deiner Tore.[179]

Dass die Frau also vom Tragen dieser Riemen ausgeschlossen ist, deutet darauf hin, dass die Bahnung des Vergessens sie nicht betrifft. Es ist also das Familienoberhaupt, der Mann, der die Tradition der *Tsava'ah* durchführen soll. Glückel von Hameln beachtete diese Regel nicht, als sie die Vermittlung ihres geistigen Vermächtnisses bzw. des geistigen Vermächtnisses ihrer Familie selbst übernahm. Dies passierte allerdings erst, als ihr Mann schon verstorben war. In diesem Sinne stand sie dem Verstorbenen in seinen Aufgaben bei. Jene Texte, die in der vorliegenden Studie diskutiert werden, ob von Frauen oder von Männern, verhalten sich wie bereits erwähnt, unterschiedlich sowohl zur jüdischen Tradition der Selbstbeschreibung wie auch zur modernen Tradition der Autobiographie. Um aus dem Verhältnis der Texte zu den jeweiligen Traditionen bestimmte Vorstellungen von Identität herauszuarbeiten, muss im Folgenden zunächst das Konzept von „Identität" diskutiert werden.

2.2 Identität

Identität ist heute ein sehr umstrittener Begriff. Da dieser Begriff im Mittelpunkt der vorliegenden Untersuchung steht, wird auf den folgenden Seiten die Diskussion der letzten Jahrzehnte in der nötigen Knappheit beleuchtet, um klar zu stellen, wie dieser Begriff in der vorliegenden Arbeit verwendet wird.

Würde man die „mémoire collective des sciences humaines"[180] über den Begriff Identität befragen, so käme eine unbeschreiblich unüberschaubare Literatur heraus, die keine einzelne Studie unter einem Hut zu bringen imstande wäre. Führt man wie Dieter Henrich den Begriff ursprünglich auf die „Entwicklung der Psychoanalyse nach Freud" zurück, dann wird aus der heutigen Diskussion erkennbar, dass dieser sich stark entwickelt und umgewandelt hat.[181] Jürgen Straubs Hinweis, es gebe „eigentlich nicht ‚den' theoretischen Identitätsbegriff, sondern mannigfaltige Gebrauchsweisen" von „Identität", deutet auch auf den

---

179 5. Buch Moses 6, 5-9
180 Jean Claude Kaufmann: L'invention de soi. Une théorie de l'identité. Paris 2004, S. 52.
181 Vgl. D. Henrich: *,Identität' – Begriffe, Probleme, Grenzen.* In: Marquard/ Stierle (Hg.): Identität. 2, S. 133-186. Hier S. 135.

umstrittenen Charakter dieses Begriffs hin.[182] Von diesen Gebrauchsweisen, von denen Straub sagt, dass sie „Familienähnlichkeiten" aufweisen, die „Konturen eines mehrere theoretische Strömungen umfassenden, sozial- und kulturwissenschaftlichen Grundbegriffs erkennen lassen",[183] listet Rogers Brubaker und Frederic Cooper einige auf, die die Kontroverse um den Begriff bestätigen:

> The term „identity" is made to do a great deal of work. It is used to highlight noninstrumental modes of action; to focus on self-understanding rather than self-interest; to designate sameness across persons or sameness over time; to capture allegedly core, foundational aspects of selfhood; to deny that such core, foundational aspects exist; to highlight the processual, interactive development to solidarity and collective selfunderstanding; and to stress the fragmented quality of the contemporary experience of „self", a self unstably patched together through shards of discourse and contingently „activated" in differing contexts.[184]

Demzufolge ist man zu einem Punkt gelangt, wo mit „Identität" zugleich alles und nichts bezeichnet wird. Brubaker und Cooper teilen Identitätskonzepte in essentialistische, d.h. „starke" und konstruktivistische bzw. „schwache" auf. Starke Konzepte würden Identität mit der Idee der Beständigkeit eines gegebenen Substrats bei Sachen und Individuen verbinden. Dabei würden sie Kategorien der alltäglichen Identitätspolitik auf die Analytik übertragen:[185] „[...] they adopt for analytical purposes a category of everyday experience and political practice".[186] Was sich daraus ergibt, so Brubaker und Cooper weiter, sei eine Annahme problematischer Grundsätze wie zum Beispiel, dass jeder Mensch oder jede Menschengruppe (Rasse, Nation... etc) eine Identität besitze oder besitzen solle, man könne Identität unbewusst besitzen, oder auch, dass Identität es ermögliche, Menschen in streng voneinander unterschiedlichen Gruppen aufzuteilen, so dass jede Gruppe, ob auf der Grundlage des Geschlechts, der ethnischen oder der nationalen Herkunft einen hohen Grad an Homogenität aufweisen würde.[187] Es handelt sich also bei den „starken" Konzepten von Iden-

---

182 Jürgen Straub: Identität. In: Jaeger/Liebsch (Hg.): Handbuch der Kulturwissenschaft. Grundlagen und Schlüsselbegriffe. Stuttgart, Weimar 2004, S. 277-303. Hier S. 278.
183 Jürgen Straub: Identität, S. 278.
184 Rogers Brubaker / Frederic Cooper: Beyond „identity". In: Theory and Society 29. Springer, Februar 2000, S.1-47. Hier S. 8
185 Über den Unterschied, den Brubaker zwischen Kategorie der Analyse und Kategorie sozialer und politischer Praxis macht, Patrice Djoufack: Entortung, hybride Sprache und Identitätsbildung. Zur Erfindung von Sprache und Identität bei Franz Kafka, Elias Canetti und Paul Celan. Göttingen 2010, 30f.
186 Rogers Brubaker / Frederic Cooper: Beyond „identity", S. 10.
187 Vgl. Rogers Brubaker / Frederic Cooper: Beyond „identity", S. 74.

tität um jene, von denen Jürgen Straub sagt, dass sie „das Subjekt festschreiben und festlegen auf unbewegliche, der Zeit und Kontingenz entzogene Attribute".[188] Der Subjektbegriff der Aufklärung, der von Stuart Hall dahin definiert wird, dass er die Individualität, die Zentriertheit und die Vereinheitlichung des Subjekts voraussetzt, wäre in diese Logik einzutragen.[189] Was Brubaker und Cooper dagegen als „schwache" Konzeptionen der Identität verstehen, lässt die Grenzen zwischen Individuen untereinander und zwischen Individuen und Umwelt locker werden. Es sind jene Konzepte, die ihnen zufolge den Begriff „Identität" von seiner ursprünglichen Bedeutung [Gleichartigkeit der Person in der Zeit und Ähnlichkeit mit anderen Personen] lösen, um aus ihm eine Art Rumpelkammer zu machen. Identität sei, so die Gebrauchsweise in den letzten Jahrzehnten, „multiple, unstable, in flux, contingent, fragmented, constructed, negotiated, and so on".[190] Was Brubaker und Cooper das „konstruktivistische Klischee" nennen, ist der Versuch, die Identität dem „Diktat praktisch verbindlicher ‚Fest-Stellungen'" zu entziehen und sie der Kontingenz zu unterwerfen.[191] Sie konstatieren sogar eine Radikalisierung der konstruktivistischen Tendenz in den letzten Jahren, besonders in der Literaturwissenschaft.[192] Es ist aber eine Radikalisierung, die bereits in den Auffassungen der Identität, wie sie in der amerikanischen Psychologie und Sozialpsychologie von Georg Herbert Mead und Erik Erikson entwickelt wurden, ansetzt. Diese Konzeptionen der Identität werden im nächsten Schritt diskutiert.

2.2.1 Mead und Erikson: Identität als Entwicklungsgeschichte

In seinem Hauptwerk *Mind, Self, and Society. From the point of view of a social behaviorist* entwickelt Georg Herbert Mead eine Theorie der menschlichen Persönlichkeit, in der er das Individuum ausdrücklich als soziales Wesen beschreibt. Was in der deutschen Fassung von Meads Buch mit „Identität" über-

---

188 Jürgen Straub: Identität, S. 277.

189 S. Hall: Rassismus und kulturelle Identität, S. 181. Stuart Hall definiert das Subjekt der Aufklärung als eines, das „auf einer Auffassung der menschlichen Person als vollkommen zentrierten und vereinheitlichtem Individuum [basierte]" (Stuart Hall: Rassismus und kulturelle Identität, S. 181).

190 Rogers Brubaker / Frederic Cooper: Beyond „identity", S. 11.

191 Jürgen Straub: Identität, S. 277. Auch Brubaker und Cooper sehen hier eine Verwechselung bzw. eine Vermischung sozialpolitischer und analytischer Kategorien (vgl. Brubaker/Cooper: Beyond „Identity", S. 11).

192 Vgl. Rogers Brubaker/Frederic Cooper: Beyond „identity", S. 11.

setzt wird, ist in der Originalversion noch unter dem Begriff *self* (dt. Selbst) verzeichnet. Der Identitätsbegriff wurde Meads Theorie also nachträglich übertragen. Dieter Henrich kritisiert diese „unrechtmäßige" Übertragung dahin argumentierend, dass „die spezifische Bedeutung der gegenwärtigen Rede von Identität in James und Mead noch keinen Anhalt findet".[193] Trotzdem ist die Erwähnung von Meads Theorie in der heutigen Diskussion um Identität alles andere als abwegig, zumal die konstruktivistischen Prämissen seiner Theorie der Persönlichkeit auch an postmodernen Identitätstheorien zu erkennen sind. Denn man könnte sich auch durchaus fragen, um welche „spezifische Bedeutung" es sich denn handelt. Dass in keinem Bereich der Sozialwissenschaften Übereinstimmung darüber herrscht, in welchem spezifischen Sinne Identität definiert werden soll, wurde bereits erwähnt. Dass aber immer wieder neuere Erkenntnisse sich auf ältere stützen, zeigt zum Beispiel Stuart Halls langjährige Auseinandersetzung mit Identität.[194]

Indem er der Sprache eine zentrale Rolle zuschreibt in der Konstitution des Selbst, zeigt Mead von Anfang an, wie sehr das Wesen des Selbst von der gesellschaftlichen Interaktion abhängig ist.[195] Und weil Sprache nicht angeboren ist, muss sich das Selbst erst im Fortlauf der Zeit entwickeln.[196] Das Selbst ist nach

---

193 D. Henrich: ‚*Identität'* – *Begriffe, Probleme, Grenzen*, S. 134.

194 Hall stützt sich nicht zuletzt auf Erkenntnisse von Ernesto Laclau, George H. Mead und G C. Cooley, um sie entweder in Frage zu stellen, oder sie zu erweitern. Vgl. Stuart Hall: Rassismus und kulturelle Identität. Hamburg 1994; Stuart Hall: Ideologie, Identität, Repräsentation. Ausgewählte Schriften 4. Hamburg 2004; Stuart Hall: Ausgewählte Schrifte 3. Cultural Studies. Ein politisches Theorieprojekt. Hamburg 2000.

195 George H. Mead: Mind, Self and Society. From the standpoint of a social Behaviorist. Edited and with and Introduction by Charles W. Morris. Chicago and London 1967, S. 135.

196 George H. Mead: Mind, Self and Society, S. 135. Neben der Sprache ist für Mead das Spiel ein anderes entscheidende Moment, bei dem die Persönlichkeit des Individuums strukturiert wird. Dabei unterscheidet er zwischen „Play" (Rollenspiel oder nachahmendes Spiel), und „Game" (organisiertes Mannschaftsspiel). Beim „Play" gehe es dem heranwachsenden Kind darum, bestimmte soziale Rollen zu übernehmen und sich in sie einzuarbeiten, um somit die Herausforderungen zu entdecken, die mit diesen Rollen zusammenhängen. Dies träge zur Bildung seiner Persönlichkeit bei. Beim „Game" habe das Kind als Teil einer Mannschaft die Forderung, sich in alle möglichen Positionen innerhalb der Mannschaft hineinzuversetzen, also sich wie alle Mannschaftsmitglieder zu benehmen, da es um ein Mannschaftsziel geht. Die Mannschaft spiele in diesem Falle die Rolle des „generalized other", also der Gesellschaft. Nur in seinem Einsatz für die Mannschaft, nur in seiner Verpflichtung gegenüber der Mannschaft und der Mitspieler erweise sich das Kind als gesellschaftliches Wesen, als sich erfüllendes, angleichendes Individuum. Die Mannschaft schreibt ihm also sein Verhalten vor. Dieses Verhalten solle es aber nicht auf die Mannschaft beschränken, sondern es auf alle anderen ge-

Mead keine Essenz, keine Substanz, die mit der Geburt des Individuums entsteht, sondern ein Prozess, der seine Grundlage in der zwischenmenschlichen Interaktion findet:

> The self is something which has a development; it is not initially there, at birth, but arises in the process of social experience and activity, that is, develops in the given individual as a result of his relations to that process as a whole and to other individuals within that process.[197]

Die Sprache ist aber für Mead nicht deshalb so wichtig, weil sie hauptsächlich die Kommunikation mit anderen ermöglicht, sondern deswegen, weil sie es möglich macht, dass das sprechende Subjekt sich selbst zuhört, dass es die Reaktion des Anderen auf die eigene Rede wahrnimmt. So wird es sich selbst zum Objekt. Das Subjekt konstituiert sich als Objekt zu sich selbst. Es handelt sich für Mead um ein Objekt, das von dem physiologischen Körper zu trennen ist, obwohl es zur eigenen Entfaltung diesen Körper brauchen könnte. Das Subjekt entsteht also auf der Grundlage der eigenen Geschichte innerhalb der Gesellschaft:

> It is where one does respond to that which he addresses to another and where that response of his own becomes a part of his conduct, where he not only hears himself but responds to himself, talks and replies to himself as truly as the other person replies to him, that we have behaviour in which the individuals become objects to themselves. Such a self is not, I would say, primarily the physiological organism. The physiological organism is essential to it, but we are at least able to think of a self without it.[198]

Dass so ein Selbst nur innerhalb und nie außerhalb der gesellschaftlichen Gruppe entstehen kann, ist auch Meads Erläuterungen zu entnehmen.[199] Damit der Prozess der Objektwerdung des Selbst erfolgt, bedarf es der Beteiligung von zwei Entitäten, die nach Meads Theorie das Selbst ausmachen, und zwar das „I" und das „Me", in der deutschsprachigen Forschung jeweils mit „impulsives" und „reflektiertes" Ich wiedergegeben.[200] Das Selbst weist demnach eine doppelte Struktur auf.[201] Je nach der Situation sind sowohl „I" als auch „Me" jeweils

---

meinsamen Projekte der Gesellschaft übertragen, um somit als völliges Mitglied dieser Gesellschaft zu fungieren (Vgl. Mind, Self, and Society, S. 152ff.).

197 Georg H. Mead: Mind, Self, Society, S. 135.

198 Georg H. Mead: Mind, Self and Society, S. 139f.

199 Georg H. Mead: Mind, Self and Society, S. 140.

200 Ich vermeide hier die deutsche Übersetzung des „I" und „Me" durch „Ich" und „Mich", die meiner Meinung nach das Verständnis von Meads Theorie nur erschweren würden.

201 Georg H. Mead: Mind, Self and Society, S. 140.

allein das Selbst, aber nur zusammen bilden sie eine Persönlichkeit. Um die Beziehung von beiden Seiten zueinander verständlicher zu machen, beruft sich Mead auf den Prozess der Erinnerung. Das Individuum wird zum „Me", sobald es sich erinnert. Das „I" handelt und ist sich der eigenen Handlung nicht bewusst. Bewusst werden die Handlungen des „I" durch das „Me", das wie eine Art Spiegel funktioniert, in dem die vorangehenden Handlungen des „I" reflektiert werden, denn „the ‚I' of this moment is present in the ‚me' of the next moment.[202] There again I cannot turn around quick enough to catch myself. I become a ‚me' in so far as I remember what I said".[203] Das „Me" ist also die soziale Seite der Persönlichkeit, die aus Erinnerungen und den organisierten Handlungen anderer Gesellschaftsmitglieder besteht. Es ruft die Reaktion des „I" hervor und regiert sie, weil es allein sich der vorangehenden Aktionen erinnern und in Verbindung mit den Handlungen anderer Mitglieder der Gesellschaft bewusst organisieren kann: „The ‚I' is the response of the organism to the attitudes of the others; the ‚me' is the organized set of attitudes of others which one himself assumes. The attitudes of the others constitute the organized ‚me' and then one reacts toward that as an ‚I'".[204] So konstituiert sich die Persönlichkeit des Individuums in einem kreisenden Prozess zwischen „I" und „Me", zwischen Individuum und Gesellschaft, wobei der Gesellschaft eine zensierende Rolle zugeschrieben wird. Demzufolge ist „Identität" nichts anderes als ein entweder bewusster oder unbewusster Prozess der ständigen Angleichung des Individuums an die Gesellschaft:

> There is, then, a process by means of which the individual in interaction with others inevitably becomes like others in doing the same thing, without that process appearing in what we term consciousness. We become conscious of the process when we do definitely take the attitude of the others, and this situation must be distinguished from the previous one. [...] Rational society, of course, is not limited to any specific set of individuals. Any person who is rational can become a part of it. The attitude of the community toward our own response is imported into ourselves in terms of the meaning of what we are doing. This occurs in its widest extent in universal discourse, in the reply which the rational world makes to our remark.[205]

Wir erreichen also Identität, indem wir uns an andere angleichen. In dieser Hinsicht ist Identität immer die Identität einer Gruppe. Das Individuum richtet sein Verhalten nach den Erwartungen der Gesellschaft, die es durch sein Ver-

---

202 Vgl. Georg H. Mead: Mind, Self and Society, S. 174.
203 Georg H. Mead: Mind, Self and Society, S. 174.
204 Georg H. Mead: Mind, Self and Society, S. 175.
205 Georg H. Mead: Mind, Self and Society, S. 193, 195.

halten aber zugleich verändert. Identität wird nicht angeboren, sondern erworben. Dies impliziert auch, dass Identität aufgegeben werden bzw. verloren gehen kann.[206] Wie aus den vorangehenden Erläuterungen hervorgeht, löst sich Mead zwar von einer nativistischen Auffassung der Identität, aber seine Auffassung des Selbst ist ausdrücklich teleologisch und basiert auf der Idee einer endgültigen Identität. Damit liegt er zwischen „starken" und „schwachen" Konzeptionen von Identität, wenn man die Terminologie von Brubaker und Cooper benutzen will. Die Idee einer prozessualen Konstitution des Selbst, die im Mittelpunkt seiner Theorie steht, wird einige Jahre nach Mead die Arbeiten des Psychoanalytikers Erik Erikson stark prägen.

Als einer der ersten, die die Bezeichnung „Identität" benutzten, setzte ihn Erik Erikson gleich unter Druck, indem er von einer „Krise der Identität" sprach. Was Erikson unter „Krise der Identität" versteht, soll weiter unter erläutert werden. Wie Mead ist er zwar der Meinung, dass Identität im Laufe eines Prozesses erworben wird, für ihn geht es aber um einen lebenslangen Prozess, der schon in der frühen Kindheit, gleich „im ersten antwortenden Lächeln des Säuglings"[207] ansetzt und mit der Adoleszenz eine entscheidende Übergangsperiode erreicht:

> Die Adoleszenz ist die letzte und abschließende Phase der Kindheit. Der Prozeß der Adoleszenz ist jedoch nur dann wirklich abgeschlossen, wenn das Individuum seine Kindheitsidentifikation einer neuen Form von Identifikation untergeordnet hat, die es in der intensiven Gemeinschaft und im Wetteifern mit Gleichaltrigen errungen hat. Diese neuen Identifikationen sind nicht mehr durch das Spielerische der Kindheit und die Probierfreude der Vorpubertät charakterisiert. Unerbittlich zwingen sie den jungen Menschen, Entscheidungen zu treffen, die mit wachsender Beschleunigung zu immer endgültigeren Selbstdefinitionen, zu irreversiblen Rollen und so zu Festlegungen ‚fürs Leben' führen.[208]

Der Prozess des Identitätserwerbs geht bei Erikson also durch unterschiedliche Identifikationen, die je nach Entwicklungsstadium ein anderes Vorbild haben. Diese Vorbilder werden dem wachsendem Individuum von der Gesellschaft bereitgestellt. Bei Erikson geht es also auch wie bei Mead um Angleichung, um Aufnahme von Verhaltensmustern. Das Spiel, das bei Mead schon eine entscheidende Rolle spielte, steht bei Erikson auch im Zentrum des Prozesses.

---

206 Hier möchte ich aber auf Jürgen Straubs aufschlussreichen Vorbehalt hinweisen, dass die Zugehörigkeit emotionale Bindungen impliziert, die stärker sind als der „eigene Wunsch und Wille" (Vgl. Jürgen Straub: Identität, S. 299).
207 E. H. Erikson: Identität und Lebenszyklus. Drei Aufsätze. Aus dem Amerikanischen von Käte Hügel. Frankfurt am Main 1973, S. 141. (Im Folgenden „Identität und Lebenszyklus")
208 E. H. Erikson: Identität und Lebenszyklus, S. 136f.

Während in der Voradoleszenz das Individuum auf der Suche ist und unterschiedliche Identifikationen ausprobiert, hat die Adoleszenz eine doppelte Rolle, die für Eriksons Theorie entscheidend ist. Mit der Adoleszenz erreicht das Individuum, so Erikson, jene Phase, wo es eine Art Synthese aus den vorausgegangenen Identifikationen trifft. Es beweist auch seine Reife dadurch, dass es alle unnötigen Identifikationen aufgibt und eine endgültige, den Erwartungen der Gesellschaft gemäße übernimmt:

> Jene endgültige Identität also, die am Ende der Adoleszenz entsteht, ist jeder einzelnen Identifikation mit den Beziehungspersonen der Vergangenheit durchaus übergeordnet; sie schließt alle wichtigen Identifikationen ein, aber verändert sie auch, um aus ihnen ein einzigartiges und einigermaßen zusammenhängendes Ganzes zu machen. [...] Die *Identitätsbildung* [...] beginnt dort, wo die Brauchbarkeit der Identifikationen endet. Sie entsteht dadurch, daß die Kindheitsidentifikationen teils aufgegeben, teils einander angeglichen und in einer neuen Konfiguration absorbiert werden, was wiederum von dem Prozeß abhängt, durch den eine Gesellschaft (oft mittels Untergesellschaften) den jungen Menschen identifiziert, indem sie ihn als jemanden annimmt und anerkennt, der so werden mußte, wie er ist.[209]

In diesem Sinne ist Identität gleichbedeutend mit Autonomie. Die mit dieser Phase des Autonomieerwerbs einhergehende Auseinandersetzung mit unterschiedlichen Identifikationen in Hinsicht auf eine endgültige Festlegung ruft das hervor, was Erikson als „Krise der Identität" bezeichnet. Das Individuum wird mit der Herausforderung konfrontiert, inmitten von unzähligen Wegen *den* bzw. *seinen* Weg zu wählen, den er zukünftig gehen wird. Obwohl er beteuert, dass die Identitätsbildung mit der Adoleszenz weder beginnt noch endet,[210] wird bei Erikson deutlich, dass die Identifikation, die in dieser Phase erfolgt, die Persönlichkeit des Individuums lebenslänglich prägen wird und seine gesellschaftliche Integration weitgehend davon abhängt. Die somit übernommene Identität wird in der Zukunft keine beträchtliche Änderung erfahren. Wie stark diese Identifikation mit einem bestimmten Model die Verfassung des Individuums prägen wird und somit seine Einstellung zur Umgebung beeinflussen wird, wird besonders in David Riesmans Auseinandersetzung mit dem Menschen als soziales Wesen erkennbar.

Ob Selbst oder Identität, die mit den Namen von Mead und Erikson verbundenen Theorien vertreten die These, dass die Persönlichkeit des Individuums sich in einer Wechselwirkung von Mensch und Gesellschaft entwickelt. Obwohl diese Theorien „Identität" im entwicklungsgeschichtlichen Sinne auffassen,

---

209 Erik H. Erikson: Identität und Lebenszyklus, S. 139f.
210 Erik H. Erikson: Identität und Lebenszyklus, S. 140.

bleiben sie einer *Teleologik* deutlich verpflichtet, die voraussetzt, dass Identität einmal als Endziel erreicht wird. Stabilität und Gesichertsein sind gerade das, was Stuart Hall hauptsächlich sowohl bei dem Subjektkonzept der Aufklärung als auch bei sozialpsychologischen Konzepten persönlicher Identitätsbildung kritisiert, trotz des Konstruktivismus sozialpsychologischer Tendenzen. Das soziologische Subjekt weise auch noch einen Kern, ein Wesen auf, „das ‚das wirkliche Ich ist'".[211]

2.2.2 Stuart Halls Konzept neuer Identitäten und die „Krise" des Identität-Begriffs

Halls Theorie „Neuer Identitäten"[212] trifft haargenau auf das zu, was Brubaker und Cooper als „schwache" Konzepte von Identität bezeichnen. Hall erarbeitet sein Identitätskonzept u.a. aus einer Kritik von Louis Althussers und Michel Foucaults Subjektkonzeptionen[213] und in Anlehnung u.a. an unterschiedliche Theorien, von der Linguistik von De Saussure über die Psychoanalyse bis zum Feminismus. Mit „Krise der Identität" meint Hall deutlich etwas anderes als Erikson, und zwar die Tatsache, dass in der Moderne „die kulturelle Landschaft von Klasse, Geschlecht, Sexualität, Ethnizität, ‚Rasse' und Nationalität, in der wir als gesellschaftliche Individuen fest verortet sind, [sich] fragmentiere" und das Individuum auch.[214] Damit erfahre dieses Individuum den „Verlust einer

---

211 S. Hall: Rassismus und kulturelle Identität, S. 182.
212 Vgl. S. Hall: Rassismus und kulturelle Identität.
213 Für eine nahezu ausführliche Auseinandersetzung mit Louis Althussers und Michel Foucaults Subjekttheorien aus der Perspektive von Stuart Hall siehe Patrice Djoufack: Entortung, hybride Sprache und Identitätsbildung, Göttingen 2010. Zur Kritik von Foucaults Subjektkonzept Lois McNay: Gender, Habitus and the Field. Pierre Bourdieu and the Limits of Reflexivity. In: Theory, Culture and Society. Vol 16(1). London and New Dehli 1999, S. 95-117. McNays Kritik betrifft Foucaults Behauptung, Individuen seien auf der einen Seite durch Machttechniken konstituiert, und auf der anderen Seite könnten sie ihre Identität selbst anhand von „Technologien des Selbst" bestimmen. Damit schwanke Foucaults Modell zwischen Determinismus und Voluntarismus, so MacNay (vgl. MacNay: Gender, Habitus and the Field, S. 96). Foucaults späterer Versuch, sich von der Idee „fügsamer Körper" zu emanzipieren habe in eine Verstärkung des Bewusstseinsdenkens gemündet und ihm keine tatsächliche Historisierung des Subjekts ermöglicht: „In so far as it underestimates the embodied aspects of existence Foucault's final work bears traces of an abstract voluntarism which reformulates rather than breaks from a philosophy of consciousness" (L. McNay: Gender, Habitus and the Field, S. 97).
214 S. Hall: Rassismus und kulturelle Identität, S. 180.

stabilen Selbstwahrnehmung", die zu seiner „Zerstreuung" führe.[215] Bei der Zerstreuung des Subjekts geht es darum, so Stuart Hall in Anlehnung an Ernesto Laclau, dass die Struktur des Subjekts dahin geändert wird, dass es nicht mehr einen einzigen Kern, ein Zentrum hat, sondern mehrere:

> Ernesto Laclau [...] benutzt den Begriff der ‚Zerstreuung' (*dislocation*). Eine zerstreute Struktur ist eine, deren Zentrum verdrängt und nicht durch ein anderes, sondern durch ‚eine Vielfalt von Machtzentren' ersetzt werde. Laclau argumentiert, dass moderne Gesellschaften kein Zentrum hätten, nicht durch ein einziges Prinzip artikuliert oder organisiert würden und sich nicht als Entfaltung eines einzigen ‚Grunds' oder ‚Gesetztes' entwickelten. Anders als Soziologen meist denken, sei die Gesellschaft kein einheitliches und klar begrenztes Ganzes, keine Totalität, die sich – wie die Osterglocke aus einer Zwiebel – über evolutionäre Veränderungen aus sich selbst heraus entfalte. Sie werde beständig durch Kräfte außerhalb ihrer selbst ‚de-zentriert' oder zerstreut. Spätmoderne Gesellschaften seien durch ‚Differenzen' charakterisiert; sie seien durch verschiedene gesellschaftliche Spaltungen und Antagonismen durchschnitten, die für Individuen eine Vielzahl von verschiedenen ‚Subjektpositionen', Identitäten produzierten.[216]

Nach diesem neuen Konzept sei das Subjekt nicht wie in alten Identitätsmodellen mit einem ursprünglichen Kern versehen, der lebenslänglich mehr oder weniger stabil und unverändert bleibt. Es sei ferner kein Subjekt, das sich auf eine endgültige Identität hin entwickelt, die es überhaupt als (autonomes) Subjekt konstituieren soll. Es handle sich beim modernen Subjektkonzept nicht um eine Identität, sondern um Identitäten, die mit Subjektpositionen einhergehen würden.[217] Hall gibt zwar zu, dass die „alten Identitäten" nicht verschwunden seien,[218] betont aber ausdrücklich, dass die Idee des cartesianischen Subjekts und einer teleologischen Entwicklung menschlicher Individualität, wie sie von der Sozialpsychologie angeboten wird, in Krise geraten und nicht mehr haltbar sei:

> Diese Identitäten sind nicht verschwunden. [...] Unsere kritische Aufmerksamkeit gilt jetzt ebensosehr ihren inneren Differenzen und Widersprüchen, ihren Segmentierungen und Fragmentierungen, wie ihrer angeblich schon immer vollendeten Homogenität, Einheit usw. [...] Die Vorstellung, Identität habe etwas mit Menschen zu tun, die alle gleich aussehen, auf dieselbe Weise fühlen und sich selbst als Gleiche wahrnehmen, ist Unsinn. Iden-

---

215 Stuart Hall: Rassismus und kulturelle Identität, S. 181.
216 Stuart Hall: Rassismus und kulturelle Identität, S. 184f.
217 Vgl. Stuart Hall: Rassismus und kulturelle Identität, S. 185.
218 Stuart Hall: Rassismus und kulturelle Identität, S. 70

tität als Prozeß, als Erzählung, als Diskurs wird immer von der Position des Anderen erzählt.[219]

Mit der Heranziehung eines anderen ins Existenzfeld des Subjekts markiert Hall eben den Boden, auf dem er das traditionelle Subjektkonzept dekonstruieren möchte. Er stützt sich dabei auf eine geschichtliche Entwicklung wissenschaftlicher Positionen, die schrittweise zu einer „Dezentrierung" des Subjekts geführt habe, und die das cartesianische Prinzip des „Sich-Selbst-Sein" verwerfe. Ohne hier Halls Theorie in allen Einzelheiten auszuführen, möchte ich auf einige grundlegende Elemente eingehen, auf die er seine Überlegungen fußt.

Sich hauptsächlich auf Arbeiten von Freud und in seiner Folge Lacan berufend, unterstreicht Hall, die Psychoanalyse habe geltend gemacht, dass die Vorstellung des Ich als eines ‚Ganzen' und Einheitlichen vom Kleinkind nur graduell, partiell und unter großen Schwierigkeiten *gelernt* werde. Sie wachse nicht natürlicherweise aus dem Inneren, dem Kern des Seins des Kleinkinds, sondern bilde sich in der Beziehung zu anderen, besonders in den komplexen unbewussten psychischen Handlungsprozessen in der frühen Kindheit zwischen dem Kind und den machtvollen Phantasien, die es von seinen elterlichen Bezugspersonen hat.[220] Aus dieser Perspektive sei es unmöglich, in der Konstituierung des Subjekts den „Anderen" nicht miteinzubeziehen. Derselben Logik folgend wäre es obsolet, eine scharfe Grenze zwischen Selbst und Anderem, also zwischen Innen und Außen zu ziehen, zumal der Andere schon immer Teil des Selbst sei. Stuart Hall stützt sich auch auf die Sprachtheorie des Genfer Sprachwissenschaftlers Ferdinand de Saussure und auf dessen These, „Sprache [sei] von Differenz abhängig, von der Struktur klar unterscheidbarer Aussagen, die ihre Ökonomie ausmacht",[221] also, dass Bedeutung innerhalb des Sprachsystems erst durch die Unterscheidbarkeit von Sprachzeichen produziert werde: „Ich weiß, wer ‚Ich' bin in Relation zu ‚dem Anderen', z.B. der Mutter, die ich nicht sein kann".[222] Nur durch diesen Binarismus sei Bedeutung möglich. Hinzu komme, dass das sprechende Subjekt nie als Ursprung von Bedeutung angesehen sein könne, weil die Sprache ihm vorangehe. Das Subjekt könne nur dadurch Bedeutung hervorbringen, dass es sich in einem ihm vorangehenden Diskurs positioniere:

---

219 Stuart Hall: Rassismus und kulturelle Identität, S. 70, 74.
220 Stuart Hall: Rassismus und kulturelle Identität, S. 194f.
221 Stuart Hall: Rassismus und kulturelle Identität, S. 75.
222 Stuart Hall: Rassismus und kulturelle Identität, S. 196.

Um Bedeutungen zu produzieren, können wir die Sprache nur benutzen, indem wir uns nach den Regeln der Sprache und den Bedeutungen unserer Kultur positionieren. [...] Daher können wir nicht auf einfache Weise ihre Autoren sein. Eine Sprache zu sprechen, bedeutet nicht nur, unsere innersten, ureigensten Gedanken auszudrücken, sondern ebenso, den weiten Spielraum an Bedeutungen zu aktivieren, die bereits in unseren sprachlichen und kulturellen Systemen eingebettet sind.[223]

Stuart Hall geht aber weiter, indem er Bezug nimmt auf Differenzkonzepte des russischen Literatur- und Kulturtheoretiker Michail M. Bachtin und des französischen Philosophen Jacques Derrida. Halls Tribut an Bachtin liegt in dem Konzept der Dialogizität,[224] mit dem Bachtin auf die Vielstimmigkeit der Rede/Äußerung hinweist. Bachtin ist daran zu tun, die Äußerung als dynamisch darzustellen. Diese Dynamik der Äußerung beruht darauf, dass der Sprecher sich immer an einen Gesprächspartner richtet und den Horizont dieses Adressaten in der Form einer Gegenrede in die eigene Rede mit einbezieht. Zwischen der Rede und ihrem Gegenstand steht immer das „fremde Wort", das das Feld dieses Gegenstandes vorprägt. Der Andere ist demnach nicht nur zwischen dem Sprecher und dem eigenen Wort, sondern auch zwischen Rede und Gegenstand der Rede präsent. Darüber hinaus sei der Sprecher immer ein kollektives Subjekt, das als Repräsentant einer sozialen bzw. kulturellen oder historischen Gruppe zu verstehen ist, und dessen Rede ihm nicht als Einzelner gehört, sondern eine Weltanschauung verkörpert. Erst diese Überlagerung von Rede und Gegenrede, erst die in der Rede sich überkreuzenden Stimmen produzieren nach Bachtins Theorie „Sinn". Äußerungen werden also nicht als Element begriffen, die abgeschlossen, einheitlich und von einem einzigartigen Subjekt gesteuert werden, sondern als offene, dynamische Entitäten, die von einer inneren Dialogizität geprägt sind. Sinnproduktion erfolgt in dieser Hinsicht immer kontingent, Sinn ergibt sich aus der Wechselwirkung, aus der Vielzahl von Stimmen, die einander überschneiden, gegeneinander stoßen, voneinander abweichen oder sich aneinander bereichern.[225] Dass somit Bedeutung niemals einem einzigen Sprecher gehören kann und immer nur in der dialogischen Interaktion entsteht, habe zur Folge, so Stuart Hall, dass die eigene Identität immer im Dialog mit dem Anderen konstituiert wird: „Was es bedeutet, ‚britisch' oder ‚russisch' oder ‚jamaikanisch' zu sein, kann nicht ausschließlich von den

---

223 S. Hall: Rassismus und kulturelle Identität, S. 196.

224 Bachtin wandte seine Theorie erst mal auf den Karneval an, und dann auf den Roman. Immer wieder berief er sich auf François Rabelais, Leo Tolstoi oder auch auf Laurence Sterne, Jean Paul und Charles Dickens.

225 Vgl. M. M. Bachtin: Die Ästhetik des Wortes. Hg. von Rainer Grübel. Frankfurt am Main1979, S. 192-251.

Briten, den Russen oder Jamaikanern kontrolliert werden".[226] Daher „die Notwendigkeit des Anderen für das eigene Ich".[227]

Derrida prägt das Wort *différance*,[228] (dt. Differenz) eine Umformung des Französischen *différence*, um auf das unendliche „Verschieben" in der Bewegung der Bedeutung hinzuweisen. Er wolle mit diesem Neologismus keinesfalls das Wort „différent" (anders, unterschiedlich) abschaffen, sondern er wolle ein Wort erfinden, das zugleich auf diese Unähnlichkeit hinweist und das Phänomen der „temporisation", des „Aufschubs" zum Ausdruck bringt.[229] Dank des Spiels der Differenz ist die Bedeutung nicht an einem Ort festzumachen, sondern sie ist entlang der Signifikantenkette verstreut, „*disséminée*".[230] *Differenz* verweist bei Derrida also nicht nur auf einen statischen Unterschied, sondern auch auf das ständige Gleiten, den ständigen Aufschub von Bedeutung, die entlang der Bedeutungskette zerstreut und nie verortbar sein kann. „Nun ist diese Vorstellung von *différance*", so Stuart Hall,

> mehr als ein Ensemble binärer, umkehrbarer Oppositionen. Sexuelle Differenz läßt sich nicht einfach als starre Opposition von männlich und weiblich denken, sondern als die Summe all jener anomalen, gleitenden, immer im Prozeß befindlichen Positionen, innerhalb derer sich der Kontinent der Sexualität mit seinen Aspekten zunehmender Beunruhigung öffnet.[231]

Daraus leitet Hall eine Auffassung der Identität als etwas Gleitendes und ständig Aufgeschobenes, nie Festgelegtes ab. In diesem Sinne schaffe das ständige Gleiten keine feste Identität, sondern immer nur Positionierungen, die mit Subjektpositionen einhergehen. Das Individuum weise keine einheitliche Identität auf, sondern kontingente Identitäten, die aus disparaten, zerstreuten Elemen-

---

226 S. Hall: Ideologie, Identität, Repräsentation. Ausgewählte Schriften 4. Hamburg 2004, S. 118.

227 S. Hall: Rassismus und kulturelle Identität, S. 73.

228 Derrida selbst lehnt die Bezeichnung „Wort" oder „Konzept" ab, bezeichnet die différance als ein Bündel (frz. faisceau) und begründet das dahingehend, er wolle nicht einen Geschichtsprozeß darstellen, und das Wort „faisceau" finde er geeigneter, die unterschiedlichen Verschränkungen, Überkreuzungen und Überlappungen zu beschreiben, die mit diesem Prozeß einhergehen. (Jacques Derrida: Marges de la philosophie. Paris 1993, 3f.)

229 Jacques Derrida: Marges de la philosophie, S. 8f. Die *différance* beschreibt Derrida als eine ökonomische Bewegung, sowohl weil durch sie Zeit, aber auch Raum gewonnen wird. Sie bedeutet, mit Derridas Wörtern, zugleich „temporisation" und „espacement". Gewonnener Raum manifestiert sich nicht zuletzt dadurch, dass man mit dem in „a" geänderten „e" gleich zwei Bedeutungen in einem einzigen Wort einträgt.

230 Vgl. auch Jacques Derrida: La dissémination. Paris 1972, Besonders I, 319-407.

231 S. Hall: Rassismus und kulturelle Identität, S. 75.

ten bestehen.[232] Dabei dränge sich jedoch die Frage auf, so Halls eigener Einwand, „an welcher Stelle eigentlich Identität in diesem unendlichen Aufschieben der Bedeutung [...] ins Spiel kommt?", d.h. wie man dennoch zu Positionen kommt, wenn das Ganze nie anhält.[233] Wie soll etwas beschrieben werden, das ständig im Verrutschen ist? Für dieses Problem findet Stuart Hall die Lösung in dem Begriff der Spur, den Derrida von Freud entlehnt, und in der Kategorie der Artikulation, die er mit Anlehnung an Ernesto Laclau gebraucht. Mit dem Begriff der Spur weise Derrida auf die Tatsache hin, dass in der Bewegung der Signifikanten „das Wort zu neuen Bewegungen [gesetzt wird], ohne die Spuren seiner anderen, früheren Bedeutungen zu verwischen".[234] Damit werde gemeint, dass eine Subjektposition die ihr vorangegangene nicht verwischt, sondern sie in sich aufnimmt und bereits auf die ihr folgende hinweist. Die Kategorie der Artikulation führt Hall dann wie folgt aus:

> Mit dem Begriff ‚Artikulation' meine ich eine Verbindung oder eine Verknüpfung, die nicht in allen Fällen notwendig als ein Gesetz oder Faktum des Lebens gegeben ist, aber die bestimmte Existenzbedingungen verlangt, um überhaupt aufzutreten; eine Verknüpfung, die durch bestimmte Prozesse aktiv aufrecht erhalten werden muss, die *nicht ‚ewig' ist*, sondern ständig erneuert werden muss, die unter bestimmten Umständen verschwinden oder verändert werden kann, was dazu führt, dass die alten Verknüpfungen aufgelöst und neue Verbindungen – Re-Artikulationen – *geschmiedet* werden. Wichtig ist zudem, dass eine Artikulation zwischen verschiedenen Praxen nicht bedeutet, dass diese identisch werden oder dass sich die eine in die andere auflöst. Jede behält ihre spezifischen Determinierungen und Existenzbedingungen. Doch wenn eine Artikulation gemacht worden ist, können die beiden Praxen zusammen funktionieren, nicht als „unmittelbare Identität" [...], sondern als „Unterschiede innerhalb einer Einheit".[235]

Eine Begründung und ein Prinzip des Vorkommens dieses Anhaltpunktes legt Stuart Hall auch vor:

> Wenn Sinnproduktion von der ständigen Neupositionierung ihrer differenziellen Ausdrücke abhängt, hängt auch die Bedeutung in jedem spezifischen Fall von einem kontingenten und arbiträren Punkt, einer notwendigen Unterbrechung ab. Das ist eine sehr einfache Sache. Die Sprache ist Teil einer endlosen Semiosis der Bedeutung. Um etwas zu sagen, muß ich auch wieder aufhören zu sprechen. [...][236]

---

232 S. Hall: Rassismus und kulturelle Identität, S. 74ff.
233 S. Hall: Rassismus und kulturelle Identität, S. 75.
234 S. Hall: Rassismus und kulturelle Identität, S. 75.
235 S. Hall: Ideologie, Identität, Repräsentation, S. 65. Herv. C. S.
236 S. Hall: Ideologie, Identität, Repräsentation, S. 65.

Subjektpositionen werden also durch das Prinzip der kontingenten Verkoppelung, der Artikulation jener disparaten Elemente „geschmiedet", die Identität ausmachen. Identität, Subjektpositionen entstehen in der „Artikulation" und „Re-Artikulation", so dass die Struktur der Identität immer offen bleibt.[237] Dieses Prinzip der Artikulation betreffe nicht nur das Individuum als Entität, sondern die ganze Welt um das Subjekt herum. Die Vorläufigkeit der Identität besitzt einen Vorteil, so Stuart Hall weiter mit Bezug auf Laclau, „sie eröffne die Möglichkeit neuer Artikulationen, die Erfindung neuer Identitäten, den Entwurf neuer Subjekte und [...] ‚die Neugruppierung der Struktur um einzelne Knotenpunkte der Artikulation herum'".[238] Leitbegriffe sind bei Hall also Diskontinuität, Fragmentierung, Bruch und Zerstreuung. Das Subjekt befindet sich demzufolge in einer ständigen Verhandlung seiner Identität, die je nach Umständen aus der Artikulierung unterschiedlicher Elemente besteht. Die Folge ist das Zuweisen von immer neuen Subjektpositionen. Unbestritten ist diese Auffassung der Identität bei weitem nicht. Jene Leitbegriffe, die bei Stuart Hall die Grundlage einer Definition von „Identität" bilden sollen, sind es, die Brubaker und Cooper dazu führen, eine Abschaffung des Begriffes und seine Ersetzung durch andere, ihrer Ansicht nach weniger irreführende und weniger ambivalente vorzuschlagen.

Brubaker und Cooper schlagen die Kategorien „identification", „self-understanding" und „social location" vor, die ihrerseits in Unterkategorien unterteilt sind. Damit wollen sie erreichen, dass eine Trennung gemacht wird von unterschiedlichen Situationen und Elementen, die heute unter dem Begriff Identität subsumiert werden. Damit könne man vermeiden, dass „Identität" zu einer Art „Rumpelkammer" werde. Anstelle eines einzigen aber vieldeutigen Konzepts setzen sie auf unterschiedliche Konzepte, die je auf eine bestimmte „Realität" hinweisen sollen. Der Begriff „Identität", so Brubaker und Cooper, habe aufgehört, das zu bezeichnen, wozu er geschaffen worden ist, er sei für die analytische Tätigkeit unbrauchbar geworden: „And", argumentieren sie weiter, „if one wants to convey the late modern sense of a self being constructed and continuously reconstructed out of a variety of competing discourses – and remaining fragile, fluctuating, and fragmented – it is not obvious why the word identity captures the meaning being conveyed", denn

> The everyday sense of „identity" strongly suggests at least some self-sameness over time, some persistence, something that remains identical, the same, while other things are

---

237 Vgl. S. Hall: Rassismus und kulturelle Identität, S. 185.
238 S. Hall: Rassismus und kulturelle Identität, S. 185.

changing. What is the point in using the term „identity" if this core meaning is expressly repudiated?[239]

Unterminiere man die Idee einer Permanenz, so solle es nicht mehr von „Identität" die Rede sein. In diesem Sinne verbirgt die Bezeichnung „Identität" zwangsläufig einen Essentialismus. Ohne die Schwierigkeiten zu leugnen, die heute mit dem Gebrauch des Konzepts „Identität" einhergehen, möchte ich in der vorliegenden Arbeit trotzdem den Begriff beibehalten, und zwar nicht zuletzt aus den Gründen, die Jean Claude Kaufmann in der Folge von Claude Dubar nennt:

(À quoi sert d'inventer un beau concept si l'on est le seul à s'en servir ?). C'est cette [...] raison qui m'incite aujourd'hui à maintenir le terme identité, quels que puissent être ses risques et défauts. Je suis convaincu en effet qu'il faut inlassablement sauvegarder la mémoire collective des sciences humaines, mener le combat de l'intérieur, éviter comme la peste la fuite de l'enfermement confortable dans son petit univers. Ne pas aggraver encore la féodalisation mortifère.[240]

Der Aufwand, der mit der Einführung neuer Begriffe einher geht, solle den Forscher dazu ermutigen, den gängigen Begriff nicht gleich abzuschaffen, sondern anhand seiner erkennbaren Mängel die Arbeit an ihm fortzuführen. Diese Vorgehensweise weise den Vorteil auf, dass man das gesamte theoretische Instrumentarium nicht neu entwerfen müsse. In diesem Sinne besteht die Lösung m.E. weniger in der Einführung neuer Begriffe als in der Beschreibungsarbeit, die die Benutzung des alten Begriffes begleiten und erleichtern soll. Brubakers und Coopers Ersatzkonzepte mögen weniger ambivalent sein, sie versichern uns aber noch keinen Überblick über das umstrittene Feld. Genauso wie man zugeben muss, dass „Identität" kein selbstverständlicher Begriff ist, so muss man auch bedenken, ob Begriffe wie „identification", „self-understanding" oder „social location" nicht auch neue Schwierigkeiten mit sich bringen, angesichts ihrer üblichen Gebrauchsweisen. Das zu diskutieren gehört aber nicht zum Anliegen dieser Arbeit. Hier ging es mir vielmehr darum, jene Auffassung von Identität darzustellen, die in der Analyse vorgezogen wird, nämlich jene von Stuart Hall. Weil die hier zur Diskussion gestellten Texte aus einem Kontext kultureller Grenzüberschreitung entstanden sind, bieten sie den idealen Anwendungsort für das postmoderne Identitätskonzept. Es geht in dieser Arbeit um die Beschreibung von kultureller Angleichung und ihren Begleiterscheinungen, vom Selbst- und Fremdverhältnis im Kontext kultureller Verwirrung,

---

239 Rogers Brubaker / Frederic Cooper: Beyond „identity", S. 9.
240 J. C. Kaufmann: L'invention de soi, S. 52.

wofür sich m.E. der postmoderne Gedanke von Zerstreuung des Subjekts am besten eignet. Nun möchte ich erläutern, wie Identität durch die Tätigkeit der Selbstbeschreibung entworfen wird. Dies soll zur Klärung der Frage beitragen, wie die hier untersuchten Autoren in ihren Selbstentwürfen Erlebnisse zusammensetzen, um die Entstehung eines Wunschbildes zu bewirken.

2.3 Autobiographie und Identität: Identität als Prinzip autobiographischen Schreibens

In vieler Hinsicht sind Autobiographie und Identität in Verbindung gebracht worden. Dergestalt, dass man kaum noch von der einen ohne zugleich von der anderen sprechen kann. Philippe Lejeunes „autobiographischer Pakt" beruht hauptsächlich auf der *„Namensidentität* zwischen Autor, Erzähler und Figur" des autobiographischen Textes.[241] Diese Identität soll sich aber nicht bloß auf eine Formalität beschränken, sie ist das „Engagement" der schreibenden Person, für das Geschriebene zu stehen, sie ist aber auch in gewisser Hinsicht die Versicherung, dass die schreibende Person mit der beschriebenen identisch ist. So sieht Jean Starobinski die Autobiographie aus der Perspektive der „christlichen Tradition" als eine „littérature de l'identité".[242] Weil aus dieser Perspektive Autobiographie als *justification,* also als Rechtfertigung des eigenen Tuns bzw. Lebens aufgefasst werde, so solle sie die Bedingung erfüllen, dass die ihr Leben erzählende bzw. ihr Tun rechtfertigende Person mit dem Individuum identisch ist, das dieses Leben geführt hat:

> Dans la civilisation chrétienne, la question de l'identité est tout entière posée dans la perspective du jugement qui attend l'individu au terme de son existence. La foi en la rétribution présuppose obligatoirement une *personne* à laquelle peuvent être imputés péchés et vertus. [...] La responsabilité (que le stoïcisme définissait comme un devoir à l'égard du rôle imparti par le destin) est liée ici à l'obligation pour un sujet singulier de *répondre* de la série complète des actes et des pensées d'une existence unique : il faut qu'il ait été *le même* à accomplir tout ce qui tombe sous le regard du juge omniscient. Il n'y aurait plus lieu de le juger, s'il n'était pas *continûment* comptable de ses actions.[243]

Das Prinzip des Jüngsten Gerichts funktioniere also nur unter der Bedingung, dass der vor Gericht stehende Mensch, der seine Taten rechtfertigende, vom

---

241 P. Lejeune: Der autobiographische Pakt, S. 232. Herv. i. O.
242 Jean Starobinski: Sur quelques formes de critiques de la notion d'identité, S. 645.
243 Jean Starobinski: Sur quelques formes de critiques de la notion d'identité, S. 645. Herv. i. O.

Anfang bis zum Ende seiner Laufbahn derselbe geblieben ist. In diesem Sinne ist Identität eine Grundlage autobiographischen Schreibens.[244] Auch Bernd Neumann bringt Autobiographie und Identität in ein unmittelbares Verhältnis, indem er behauptet, eine Definition der Autobiographie könne ihm erst gelingen, wenn er den Begriff Identität erläutert hat, weil Identität in der Autobiographie eine entscheidende Rolle spiele.[245] Diese Rolle betont er auch, wenn er die Struktur der Autobiographie in Anlehnung an psychosozialen und psychoanalytischen Theorien der Identität erläutert, wie das bereits in diesem Kapitel dargestellt wurde. Sich hauptsächlich auf die bürgerliche, entwicklungsgeschichtliche Autobiographie berufend, zeigt Neumann, dass Autobiographie ein Individuum darstellt, das zu einem bestimmten Zeitpunkt seiner Laufbahn eine Art Gleichgewicht erreicht, ein Gleichgewicht zwischen „Es", „Über-Ich" und „Ich", das je nach Fall einen Übergang vom Lust- zum Realitäts-Ich oder einen Autonomie- bzw. Subjektstatus bezeichnet. Dieser Zustand wird mit Identität gleichgesetzt und gilt als Verankerungspunkt autobiographischen Schreibens.[246] Zu diesem Ergebnis führt die Anwendung von „starken" Identitätskonzepten auf die Theorie der Autobiographie, denn es wird davon ausgegangen, dass Autobiographie die Beschreibung des Weges eines Einzelnen zur Identität bzw. zu sich selbst ist. Geht die Autobiographie über diesen Punkt hinaus, so Neumann, dann verwandelt sie sich in Memoiren.[247]

„Schwache" Konzepte der Identität basieren auf der Annahme, dass ein ähnlicher Punkt in der Laufbahn des Individuums niemals erreicht wird und die Identität als ständige Verhandlung und niemals als Synthese aufgefasst werden soll. Die Folge einer fließenden und vielfältigen Identität ist, dass das Gleichgewicht, die Einheit, die in der bürgerlichen entwicklungsgeschichtlichen Autobiographie erreicht werden soll, nichts anderes als eine Illusion ist. Wie diese Illusion zustande kommt, wie Identität konstruiert wird, zeigt Paul Ricœur in seiner Theorie „narrativer Identität".[248]

In der Verlängerung von Studien, die er in *Temps et récit* (1983-1985) über die Beziehung zwischen einer „théorie narrative" und dem menschlichen Umgang mit Zeit führte, untersucht Ricœur in *Soi-même comme un autre* die

---

244 Dieses Prinzip der „Rechtfertigung durch Identität" hatte auch schon im Altertum Geltung gefunden, wie Manfred Fuhrmann das darstellt (vgl. Fuhrmann, bei Marquard/ Stierle (Hg.): Identität. 2. Aufl. München 1996, S. 133-186.)
1996: 691).
245 Bernd Neumann: Identität und Rollenzwang, S. 16
246 Vgl. Bernd Neumann: Identität und Rollenzwang, S. 20ff.
247 Bernd Neumann: Identität und Rollenzwang, S. 85.
248 Vgl. Paul Ricœur: Soi-même comme un autre.

„théorie narrative" in Bezug auf die „constitution du soi".[249] Bevor ich auf Ricœur s Bestimmung der „identité narrative" eingehe, möchte ich kurz skizzieren, was er unter „identité personnelle" vesteht. Ricœur denkt die Identität des Individuums zugleich als *ipse* und als *idem*. Identität bestehe zum einen aus *ipséité* (*ipse*, Selbstheit) und zum anderen aus *mêmeté* (*idem*, Gleichheit). Es gebe in der personalen Identität zwei Pole, und zwar auf der einen Seite den Pol des Charakters (pôle du caractère), wo *ipse und idem* sich zu überlappen scheinen, und auf der anderen Seite den Pol der „Selbst-Ständigkeit" (Frz. pôle du maintien de soi). Der Charakter, den Ricœur in *Temps et récit* mit der Bezeichnung „involontaire absolu", d.h. mit dem Unveränderbaren verbunden hatte, wird in *Soi-même comme un autre* neu definiert. Unter Charakter versteht er nun „l'ensemble des dispositions durables *à quoi* on reconnaît une personne. C'est à ce titre que le caractère peut constituer le point limite où la problématique de l'*ipse* se rend indiscernable de celle de l'*idem* et incline à ne pas les distinguer l'une de l'autre".[250] Warum demnach *ipse* und *idem* zusammenzufallen scheinen, erklärt Ricœur durch den hier neu eingeführten Ausdruck „dispositions durables", der nach seinen Ausführungen eine doppelte Bedeutung besitzt. Mit dem Begriff „Dispositions" wolle er zwar sedimentierte Charaktermerkmale, aber auch solche bezeichnen, die im Werden sind. „Dispositions" weise sowohl auf die Gesamtheit erfolgter Identifikationen (*identifications acquises*), wodurch das Selbst einiges vom Anderen in sich aufnehme, als auch auf eine Gewohnheit, und zwar im doppelten Sinne von „habitude en train d'être, [...] contractée, et d'habitude déjà acquise".[251] Die Gewohnheit habe also eine dynamische Seite, eine zeitliche Dimension, die die Geschichte des Charakters überhaupt ermöglicht, daneben sei aber jede „habitude en train d'être" schon wieder im Begriff der Sedimentierung, d.h. eine „habitude déjà acquise" zu werden.[252] Daher die Verschränkung von *ipse* und *idem*, die den Pol des Charakters kennzeichnet. Der Pol der „Selbst-Ständigkeit" sei dadurch gekennzeichnet, dass er das *ipse* von dem *idem* emanzipiert. Sein Versprechen halten, zum Beispiel, so Ricœur weiter, bedeutet auf keinen Fall, dass man vom Zeitpunkt des Versprechens bis zur Durchführung einen unveränderten Charakter behalten habe. Dass man die Welt anders sieht als zum Zeitpunkt des Versprechens beeinflusse das Einhalten dieses Versprechens ebenfalls nicht, denn „une chose est la persévération du

---

249 Paul Ricœur: Soi-même comme un autre, S. 138. Ricœur selbst besteht darauf, dass in *Soi-même comme un autre* seine Gebrauchsweise der „narrativen Identität" stark abweicht von der in *Temps et récit III*, wo er den Begriff einführt.
250 Paul Ricœur: Soi-même comme un autre, S. 146.
251 Paul Ricœur: Soi-même comme un autre, S. 143.
252 Paul Ricœur: Soi-même comme un autre, S. 146.

caractère; une autre la persévérance de la fidélité à la parole donnée. Une chose est la continuation du caractère; une autre, la constance dans l'amitié".[253] Sein Versprechen halten, bedeutet in dieser Hinsicht sich verändern und trotzdem doch derselbe zu bleiben. Es ist ein „défi au temps, un déni du changement".[254] Ricœurs Überlegungen gehen dahin, die Idee der Permanenz, der Beständigkeit in der Zeit mit der Idee der Veränderbarkeit und der Vielfältigkeit in einen Zusammenhang zu bringen. Die Antwort auf die Frage, wie etwas sich verändern und entwickeln und trotzdem dasselbe bleiben kann, findet er in dem Konzept der „identité narrative", dessen Substanz er in einer *„dialectique de la mêmeté et de l'ipséité"* verzeichnet sieht.[255] Das Prinzip narrativer Identität besteht in dem, was Ricœur „mise en intrigue" nennt, und zwar in Anlehnung an Aristoteles' Handlungstheorie. Die „mise en intrigue" ist nichts anderes als eine Suche nach dem Zusammenhang, bei der das Disparate, das Heterogene ausgeglichen und homogenisiert wird:

> Par là, je tente de rendre compte des diverses médiations que l'intrigue opère – entre le divers des évènements et l'unité temporelle de l'histoire racontée ; entre les composantes disparates de l'action, intentions, causes et hasard, et l'enchaînement de l'histoire ; enfin, entre la pure succession et l'unité de la forme temporelle -, médiations qui, à la limite, peuvent bouleverser la chronologie au point de l'abolir.[256]

Es handelt sich also nach Ricœurs Ausführungen um eine „synthèse de l'hétérogène", bei der Veränderbarkeit und Diskontinuität mit Permanenz und zeitlicher Beständigkeit zusammengeführt werden, so dass das Kontingente zum Notwendigen umkonfiguriert wird.[257] Anders gesagt führen Ricœurs Überlegungen zurück zu Diltheys Prinzip des Zusammenhangs,[258] mit dem Unterschied, dass Ricœur, anders als Dilthey, viel mehr Wert auf die Tätigkeit des Geistes, auf die ästhetische Zusammensetzung legt. Damit ist Ricœurs „configuration narrative" auch ein der „Zusammensetzung der Handlungen" von Aristoteles naher Begriff, der auf die Zusammensetzung disparater und diskontinuierlicher Elemente hinweisen soll.[259] Die Identität der dargestellten Figur wird erst durch dieses „agencement des faits" (dt. „Zusammensetzung der Handlungen") hergestellt, weil erst dadurch auch der ganzen Geschichte Form und Identität

---

253 Paul Ricœur: Soi-même comme un autre, S. 148.
254 Paul Ricœur: Soi-même comme un autre, S. 149.
255 Vgl. Paul Ricœur: Soi-même comme un autre, S. 167.
256 Paul Ricœur: Soi-même comme un autre, S. 169.
257 Vgl. Paul Ricœur: Soi-même comme un autre, S. 170.
258 Vgl. Wilhelm Dilthey: Das Erlebnis und die Dichtung.
259 Vgl. Aristoteles: Poetik. Hg. von Manfred Fuhrmann. Stuttgart 1982, S. 19,23,53;

verliehen wird. Von der Identität der Geschichte hängt die der Figur ab. Es ist also eine erzählte Identität, d.h. eine, die erst durch Erzählung zustande kommt. Die Identität entspringt sozusagen dem Zusammenhang : „Le récit construit l'identité du personnage, qu'on peut appeler son identité narrative, en construisant celle de l'histoire racontée. C'est l'identité de l'histoire qui fait l'identité du personnage".[260] So dargestellt, eignet sich Ricœurs Theorie sowohl für die Beschreibung von Memoiren als auch von Autobiographien im strengen Sinn. Denn sowohl der nach innen gerichtete Blick des Autobiographen als auch der nach außen gerichtete des Memoirenschreibers ruht, wie ich das in dieser Arbeit annehme, auf einer „configuration narrative". Ohne den Wert jener Texte als historische Quelle völlig zu negieren, sehe ich sie vor allen Dingen als Konstruktionen, und Ricœur bietet mit seinem Konzept der „configuration narrative" das passende Werkzeug für ihre Erfassung.

Exkurs: Jüdische Studien und postkoloniale Theorie

In der Analyse der autobiographischen Texte werde ich mich auf postkoloniale Kategorien der Kulturanalyse beziehen. Diese Geste erfordert aufgrund damit gebundener methodisch-theoretischer Schwierigkeiten eine Begründung. Denn die Diskussion, die sich in den letzten Jahrzehnten um die Anwendung postkolonialer Theorie in den Jüdischen Studien entwickelt hat, zeigt deutlich, dass postkoloniale Kategorien nicht ohne weiteres in diesem Bereich angewendet werden sollen.

Als Literatur- und Kulturtheorie entstand die postkoloniale Theorie im Sinne einer neuen Leseweise bzw. einer neuen Schreibweise von Literatur und Geschichte. Dabei blieb eine der umstrittensten Fragen immer, um welche Geschichte bzw. um welche Literatur es sich handeln soll. Um postkoloniale Literatur, postkoloniale Geschichte, so heißt die Antwort. Nun wurde schon immer versucht, das „post" im „postkolonial" von seiner chronologischen Bedeutung zu befreien. Stuart Hall etwa versucht, das Problem zu lösen, indem er das „post" sowohl als „nach", als auch und besonders als „darüber hinaus" deutet:

> Es [das Postkoloniale] kommt nicht nur ‚nach' dem Kolonialismus, sondern es geht ‚über ihn hinaus', so wie die Postmoderne sich sowohl „nach" der Moderne entwickelt als auch

---

260 Paul Ricœur: Soi-même comme un autre, S. 175.

„über sie hinausgeht" und der Poststrukturalismus sowohl chronologisch auf den Strukturalismus folgt als auch seine theoretischen Erfolge „auf dessen Schultern" feiert.[261]

Demnach wird auch unter Theoretikern des Postkolonialismus mehrheitlich „postkolonial" nicht ausschließlich mit jener Literatur verbunden, die nach der Kolonisation entstanden ist, d.h. der Literatur der kolonisierten Völker nach dem Abgang des Kolonisators, sondern mit „all the culture affected by the imperial process from the moment of colonization to the present day".[262] Damit wird aber das Problem der Bestimmung dessen, was „postkolonial" ist, nicht endgültig gelöst. Denn Aschroft et. al. nennen, als zur postkolonialen Literatur angehörend, „literatures of African countries, Australia, Bangladesh, Canada, Carribean countries, India, Malaysia, Malta, New Zealand, Pakistan, Singapore, South Pacific Island countries, and Sri Lanka", sowie die Literatur der USA.[263] Die Begründung für diese Eingrenzung lege in den historischen Voraussetzungen dieser Literaturen:

> What each of these literatures has in common beyond their special and distinctive regional characteristics is that they emerged in their present form out of the experience of colonization and asserted themselves by foregrounding the tension with the imperial power, and by emphasizing their differences from the assumptions of the imperial centre.[264]

In diesem Sinne verkörpere das Postkoloniale einen Kanon von Texten, die die Gemeinsamkeit des ideologischen Entstehungskontextes teilen. Entscheidend für die Definition des Postkolonialen wird die Erfahrung der Kolonisation, sowohl die des Kolonisierten als auch die des Kolonisators, sowohl während als auch nach dem Kolonialprozess. Damit entsteht aber das Problem der Eingrenzung von kolonialer Erfahrung. Es ist die Frage danach, „where that experience and its effects begin or end".[265] Dass zu dieser Frage der Eingrenzung keine Einigung herrscht, zeigen die verschiedenen Richtungen, die sich in den letzten Jahren entwickelt haben.[266] Versuche der Einschränkung des Anwendungsbereichs der postkolonialen Theorie führten zum Beispiel zur Diskussion darüber, ob und inwiefern die Germanistik sich an einem postkolonialen Diskurs beteili-

---

261 Stuart Hall: Die Zentralität von Kultur. Anmerkungen über die kulturelle Revolution unserer Zeit. In: Hepp/ Löffelholz (Hg.): Grundlagentexte zur transkulturellen Kommunikation. Konstanz 2002, S. 95-117. Hier S. 236f.

262 Vgl. Bill Ashcroft /Gareth Griffiths /Helen Tiffin: The Empire Writes Back. Theory and practice in post-colonial literatures. 2nd edition. London/New York 2002, S. 2.

263 Bill Ashcroft /Gareth Griffiths /Helen Tiffin: The Empire Writes Back, S. 2.

264 Bill Ashcroft /Gareth Griffiths /Helen Tiffin: The Empire Writes Back, S. 2.

265 Bill Ashcroft /Gareth Griffiths /Helen Tiffin: The Empire Writes Back, S. 200.

266 Vgl. Bill Ashcroft /Gareth Griffiths /Helen Tiffin: The Empire Writes Back, S. 193ff.

gen sollte, angesichts der relativ kurzen und im Verhältnis zu anderen europäischen Mächten unbedeutenden Kolonialgeschichte Deutschlands.[267] Dass eine Diskussion um den Kolonialismus und die Entwicklung eines postkolonialen Diskurses auch in der Germanistik legitim ist, wurde in den letzten Jahren auf verschiedener Weise geltend gemacht.[268] Es sind ferner Einschränkungen ähnlicher Natur, die dazu führten, wie David N. Myers es bedauernd betont, dass die postkoloniale Theorie es bisher schwer hatte, sich im Bereich der Jüdischen Studien zum Beispiel in der amerikanischen Forschungslandschaft durchzusetzen: „because scholars of Jewish studies and other interested parties have been reticent to venture beyond their own intellectual province".[269] Myers findet diese Einstellung noch mehr dadurch begründet, dass die orthodoxe Forschung die Juden selbst historisch dem imperialistischen Zentrum zuordnen würden, was eine postkoloniale Perspektive aus ihrem Standort verhindern würde:

> Perhaps more determinative is the widespread impression of scholars outside of Jewish studies that the Jewish historical and cultural experience is part and parcel of a white Eurocentric majority culture. To many, the Jews neither look different nor, in most cases, speak a different language from the majority culture. Further, both Central and Western Europe prior to World War II and in the contemporary United States, Jews achieved a level of affluence that qualified them to be counted among the most economically privileged members of society. Consequently, they are viewed as not sufficiently different from, or oppressed by, the mainstream to warrant inclusion as a diaspora or transnational group, which becomes in the postcolonial lexicon an unmistakably political designation.[270]

Jüdische Literatur und Geschichte würde aus dieser Perspektive aus dem Kanon der postkolonialen Texte ausscheiden. In der Tat ist diese Kritik der Gegner postkolonialer Theorie nicht unbegründet, wenn man als einziges Beispiel folgenden, anscheinend harmlosen Tagebucheintrag eines Juden aus dem Jahr 1904 betrachtet. Herman Rabinow schreibt:

> 1904. 6. Februar. In der Politik sieht es nicht schön aus, Unsicherheit, ob es zwischen Russland und Japan zum Kriege kommt, und recht viel unnützes Blutvergiessen stattfindet, und in *unseren afrikanischen Kolonien* der Aufstand der Hereros, eines Negerstammes, den man bisher für ganz friedlich und unterwürfig gehalten. Viele *Weisse* sind *ermordet*

---

267 Man denke an Edward Saids Hinweis darauf, dass Deutschland aufgrund seiner zu kurzen Kolonialgeschichte sich auch wenig an einem Orient-Diskurs beteiligt habe (vgl. Edward Said: Orientalism. Western Concepts of the Orient. London 1995, S. 28).
268 Zur Diskussion über die Beteiligung der Germanistik an dem postkolonialen Diskurs Patrice Djoufack: Entortung, hybride Sprache und Identitätsbildung, 2010. Bes. S.148-155.
269 David N. Myers/William V. Rowe (Hg.): From Ghetto to Emancipation. Historical and Contemporary Reconsiderations of the Jewish Community. Scranton 1997, S. 26.
270 David N. Myers/William V. Rowe (Hg.): From Ghetto to Emancipation, S. 26.

und in Kämpfen gefallen und Truppen müssen hinausgehen, um *der Sache ein Ende zu machen.*[271]

Dies ist die Beschreibung einer asymmetrischen Kolonisierten-Kolonisierender-Beziehung, die die „Weißen" deutlich als den Hereros überlegen und anders konstruiert. Die Anschuldigung des *Mordes* gegen den „Negerstamm" beruht deutlich auf einer eurozentrischen Vorstellung der Beziehung. Rabinows Bericht vermittelt mindestens zwei Erkenntnisse. Zum einen wird erkennbar, dass deutsche Geschichte trotz der kurzen Kolonialgeschichte Deutschlands aus vieler Hinsicht durchaus durch postkoloniale Kategorien erfasst werden kann. Zum anderen bietet er das Beispiel eines Juden, der sich ganz klar als Europäer versteht und sich somit im „Zentrum" verortet. Aus dieser Positionierung des Juden im „Zentrum", die auch schon vor dem 20. Jahrhundert dokumentierbar ist, erwächst also die Skepsis mancher Forscher gegenüber der postkolonialen Theorie. Die berechtigte Frage ist allerdings vielleicht nicht, ob und wie die Juden ein Verhältnis zum Kolonialismus haben, ob ihre eigene Geschichte in Europa einer kolonialen Situation gleicht oder nicht, sondern, und darauf kommt es mir hier an, inwiefern die postkoloniale Theorie als Leseweise in der Auseinandersetzung mit jüdischer Geschichte und Literatur effizient angewendet werden kann.

Seit ihren Anfängen in den 1980er Jahren hat die postkoloniale Theorie in den unterschiedlichsten Feldern der Wissenschaft Anwendung gefunden. So dass, laut Ashcroft et. al., „we are in danger of altogether losing sight of its actual provenance and intellectual history".[272] Obwohl sie nicht in gleichem Umfang und zu ähnlichen Zwecken aufgenommen werden, und mittlerweile viele ihrer Paradigmen umformuliert und kritisch beleuchtet wurden, gewinnen die Arbeiten von Theoretikern wie Edward Said, Homi K. Bhabha, Gayatri C. Spivak und Anthony Appiah u.a. einen immer größeren Einfluss auf die geisteswissenschaftliche Forschung. Frantz Fanon (*Peau noire, masques blancs*), ein Vorreiter der postkolonialen Theorie, wie auch Homi K. Bhabha (*Unpacking my Library Again, The Location of Culture*[273]) und Paul Gilroy (*Black Atlantic*), zwei Mitbegründer der postkolonialen Theoriebildung, bieten in ihren Ausführungen An-

---

271 Herman Rabinow. Aus dem Leben eines Hamburger Kaufmanns. Nach seinen Tagebüchern geordnet von Adele Jaffé. LBI. ME 490, S. 51. Herv. C. S. Was Rabinow hier aus der europäischen Perspektive unter der Bezeichnung der Ermordung von Weißen verschleiert, ist der von deutschen Kolonialtruppen zwischen 1904 und 1908 im damaligen Deutsch Sudwestafrika (heute Namibia) begangene Völkermord an dem Volk der Herero, das durch einen Aufstand sich gegen die Kolonialherrschaft zu wehren versuchte.
272 Bill Ashcroft /Gareth Griffiths /Helen Tiffin: The Empire Writes Back, S. 194.
273 Das Buch wird in dieser Arbeit nach der deutschen Ausgabe von 2000 zitiert.

haltspunkte zu einem Vergleich „historischer jüdischer Erfahrung" aus früherem und zeitgenössischem Kontext mit der Geschichte kolonisierter Völker an. Obwohl sie das ganze Potential dieses Vergleichs nicht ausschöpfen, weisen ihre Ansätze deutlich darauf hin, dass Analogien bestehen, die über die Terminologie hinausgehen. Bhabha, um mich hier auf dieses Beispiel zu beschränken, bringt den Zusammenhang zwischen Antisemitismus in Großbritannien und dem Kolonialrassismus folgendermaßen zur Sprache:

> The link between British anti-semitism and the colonialist racism of this period has been largely left unexplored by the canonical historians of the period. It goes further than two related imperial dreams, one in the West, the other in the East. The victimage shared by both, Jews and colonial subjects respectively, was the denial of their fundamental rights to be recognized as „peoples", however contradictory and complex that designation might be.[274]

Zwei Elemente sind für meine Ausführungen hier von großer Relevanz. Auf der einen Seite ist es die Betonung des Kanons, und auf der anderen die des Opfer-Status. Denn Kanon wird im Sinne der postkolonialen Theorie nicht verstanden als „a body of texts *per se*", sondern als „a set of reading practices".[275] Es geht demnach darum, die Geschichte neu zu (be)schreiben, neu zu lesen. Relevant ist des Weiteren die Analogie, die Bhabha zwischen dem Opfer-Status der Kolonisierten und dem von diskriminierten und unterdrückten Juden in England sieht. Auf dieser Analogie stützt sich hauptsächlich die Annahme, dass die postkoloniale Theorie in den Jüdischen Studien einen fruchtbaren Boden finden kann. Grundlage eines solchen Unternehmens könnten zum Beispiel Exil, Diaspora, Emanzipation/Assimilation, Diskriminierung/Dominierung und „Rasse" sein. Es handelt sich um Zustände, die die jüdische Geschichte durchaus ausprägen. Obwohl es hier um keine exakte Entsprechung geht, bietet die postkoloniale Theorie Modelle an, mit denen die Situation der Juden in der Emanzipationszeit im Besonderen dargestellt werden kann.

Man muss sich erst mal „die Juden" in Europa jener Epoche als ein Volk im Exil vorstellen. Allein durch diesen Status von Grenzübertretern lassen sich die Juden Europas zu jener Gruppe von Grenzexistenzen anschließen, von der Bhabha behauptet, ihre Geschichte könne die Grundlage für eine Weltliteratur bilden. Es handelt sich nach Bhabha um „transnationale Geschichten von Mig-

---

274 Homi K. Bhabha: Unpacking My Library Again. The Journal of the Midwest Modern Language Association, Vol. 28, No 1, Identities (Spring, 1995), pp. 5-18, Hier S. 15.
275 Bill Ashcroft /Gareth Griffiths /Helen Tiffin: The Empire Writes Back, S. 186.

ranten, Kolonisierten und politischen Flüchtlingen".[276] Die europäischen Juden der Emanzipationszeit bilden ferner eine Gruppe, die ihre Gesetze, die Gesetze Gottes, als „portatives Vaterland"[277] mit sich schleppt. So sehen sich die Juden zu jener Zeit als Nation[278], als kulturelle Nation, die innerhalb politischer Nationen angesiedelt ist. Durch diesen Sonderstatus und dadurch, dass sie zwar abgeschirmt, aber doch neben der „europäisch-christlichen Gesellschaft" leben, werden sie zu Bewohnern eines „Zwischenraumes". Eine der zentralen Fragestellungen der postkolonialen Theorie wird von Bhabha auf ähnliche Grenzsituationen bezogen folgendermaßen formuliert:

> Beim Entstehen solcher Zwischenräume – durch das Überlappen und De-plazieren (*displacement)* von Differenzbereichen – werden intersubjektive und kollektive Erfahrungen von *nationalem Sein (nationness),* gemeinschaftlichem Interesse und kulturellem Wert verhandelt. Wie werden Subjekte „zwischen" all diesen „Bestandteilen" der Differenz – oder über diese hinausgehend – geformt (welche gewöhnlich als Rasse/Klasse/Geschlecht usw. angegeben werden)? Wie werden Strategien der Repräsentation und Machtaneignung *(empowerment)* bei den miteinander konkurrierenden Forderungen von Gemeinschaften formuliert, in denen der Austausch von Werten, Bedeutungen und Präferenzen eventuell trotz einer gemeinsamen Geschichte der Deprivation und Diskriminierung nicht immer auf Zusammenarbeit und Dialog beruht, sondern vielleicht grundlegend antagonistisch, konfliktgeladen oder sogar unvereinbar ist?[279]

Es handelt sich also um nicht weniger als um die Verhandlung von persönlicher und kollektiver „Identität" und den Umgang mit gemeinsamer kultureller Vergangenheit. Diese Verhandlung ist aber niemals frei von Strategien der Unterdrückung und ihrer Umgehung, der Selbstbehauptung oder Angleichung, kurz von Machtstrategien aller Art. Dieses Anliegen des postkolonialen Theoretikers trifft genau ins Herz der vorliegenden Arbeit, weil sie die Frage einer Re-Artikulierung der Identität aufwirft, wie sie bei den hier untersuchten Autoren gestellt wird. Denn die Emanzipationszeit fördert erst recht diese „Verwirrung", die für die postkoloniale Leseweise so entscheidend ist. Durch die Ansprüche der Juden auf Teilnahme am gesellschaftspolitischen Geschehen der gesamten Gesellschaft wurden die Voraussetzungen für diesen Kontext geschaffen. Von da an wurde das Leben von Juden zu einem Kampf dafür, die Peripherie der

---

276 Homi K. Bhabha: Die Verortung der Kultur. Hg. von Elisabeth Bronfen u.a. Tübingen 2000, S. 17f.

277 Heinrich Heine ist derjenige, der die Tora als „portatives Vaterland" bezeichnete. Zum ausführlichen Zitat Heine, Geständnisse 1854. DHA XV:43.

278 Zu den Merkmalen einer jüdischen Nation im 18. Jahrhundert Jacob Katz: Zur Assimilation und Emanzipation, S. 14ff.

279 Homi K. Bhabha: Die Verortung der Kultur, S. 2.

Gesellschaft zu verlassen, um sich als Bestandteil der europäischen Gesellschaft zu positionieren. Die Emanzipation verlief aber wie bereits angedeutet, einerseits in Form einer Dialektik von *Unterdrückung* und *Resistenz* zur Unterdrückung, weil die Juden von der nichtjüdischen Gesellschaft weiter als „fremd", „unterlegen" und als Außenseiter angesehen wurden, und andererseits in Form von *Assimilation* und *Widerstand zur Assimilation,* weil die Emanzipation meist mit der Forderung der Assimilation gekoppelt wurde, aber auch weil manche Juden ihr Heil in einem totalen Aufgehen in der christlichen Umgebung sahen. Es handelt sich also um einen Kontext, wo die Grundlagen der „jüdischen Nation" (Sprache, traditionelle Tracht, religiöses Gesetz usw.) weitgehend destabilisiert wurden. Die eben erwähnte Dialektik, die dem Emanzipationsprozess zugrunde liegt, schafft Bedingungen zur Entwicklung einer Literatur, die durch Hybridität und Differenz geprägt ist. Durch die Kategorie der Differenz versucht Bhabha, die totalitäre Vorstellung zu dekonstruieren, dass Identitäten bzw. Nationen jemals stabil und einheitlich sein könnten. Indem er das Ziel der kulturellen Differenz darin sieht, „die Summe der Kenntnisse aus der Perspektive der signifikatorischen Position der Minderheit neu zu artikulieren, die sich der Totalisierung widersetzt", spricht er ähnliche Situationen an wie die der sich emanzipierenden Juden.[280] Denn es handelt sich bei letzteren um eine kulturelle Minorität, und ganz besonders um „Außenseiter – und zwar nicht am Rand, sondern im Zentrum der Gesellschaft".[281] Die kulturelle Differenz, so Bhabha weiter,

> repräsentiert nicht nur den Widerstreit zwischen gegensätzlichen Inhalten oder antagonistischen Traditionen über das, was als kulturell wertvoll angesehen wird. [...] Die Möglichkeit kulturellen Widerstreits, die Fähigkeit, die Erkenntnisgrundlage zu verschieben oder am „Krieg um Positionen" teilzunehmen, ist kennzeichnend für die Etablierung neuer Bedeutungsformen und Identifikationsstrategien. Die von kultureller Differenz geprägten Signifikationen hinterfragen Formen von Identität, die wegen ihrer andauernden Verwobenheit mit anderen symbolischen Systemen immer „unvollständig" oder für kulturelle Übersetzung offen sind.[282]

Es ist jene Offenheit des Prozesses von Identitätskonstruktion, jenes Spiel der Differenz, das der hier behandelten Literatur aus der Zeit der Emanzipation zugrunde liegt. Identität, wie sie dort in Frage kommt, ist das Resultat der Differenz, d.h. der Verhandlung zwischen sich überlappenden Bereichen, zwischen

---

280 Homi K. Bhabha: Die Verortung der Kultur, S. 241.
281 Julius Schoeps: Juden in Deutschland. Von der Aufklärung bis zur Gegenwart. ein Lesebuch. München 1994, S. 15.
282 Homi K. Bhabha: Die Verortung der Kultur, S. 242.

Sprachen, Religionen usw. Sie entsteht sowohl durch „das Bedürfnis der Identifikation", durch das Begehren,[283] als auch durch De-Plazierung bzw. Übersetzung im Sinne einer Neuartikulierung.[284] Durch dieses Spiel der Differenz wird Identität hybrid produziert. Hybridität ist hier, ähnlich wie im Fall des von Bhabha beschriebenen kolonialen Kontextes, ein Ort, wo die Identität des Subjektes *„weder das eine noch das andere"* ist, sondern sich in eine Logik des *dazwischen* einschreibt.[285] Sie ist also weder jüdisch noch nichtjüdisch. Wie es sich zeigen wird, ist dieser Zwischenraum aber niemals ein Ort der Ruhe, dort herrscht ständig Spannung und Spaltung. Dieser Hinweis auf die Unstabilität des Ortes *dazwischen* ist eine Vorwegnahme der Einwände gegen die Tauglichkeit des Begriffs „Hybridität" für die Analyse jüdischer Literatur. Denn an kritische Stimmen bezüglich der Anwendung postkolonialer Theorie im Bereich der Jüdischen Studien fehlt es nicht. Im Folgenden sollen einige davon eingeführt und zugleich in Frage gestellt werden.

In seinem Aufsatz „Hybrids and *Mischlinge*: Translating Anglo-American Cultural Theory into German" (1997) geht Herzog Todd kritisch auf den Begriff „Hybridität" ein. Todd findet, dass „Hybridität" durch die Idee der *liminality* und durch die Ablehnung binärer Oppositionen zu einem positiven Konzept erhoben wird, wodurch der Eindruck erweckt wird, als würde somit jeder Konflikt, jede Feindseligkeit und jeder Trauma aufgelöst werden. Gerade diese Auflösung der Konfliktsituation sei in der jüdischen Literatur im deutschen Kontext unmöglich. Man könne an Werken von Schriftstellern der neueren „Jüdisch Deutschen" Literatur[286] wie Esther Dischereit oder Barbara Honigmann belegen, dass Bhabhas Modell, dem zufolge „Jewishness stands for a form of historical and racial *in-betweenness"*, scheitert: „The ‚in-between' position", so Todd zu Dischereits Buch *Joëmis Tisch*, „turns out to be inhabitable – the hybrid can only choose between being invisible (in disguise, in hiding) or visibly Other".[287] Es laufe in diesen Werken von Jüdisch-Deutschen Schriftstellern immer darauf hinaus, dass Jude-Sein unmöglich gemacht werde und auch eine Zwischenposition sich ständig als unbewohnbar erweise. In diesen Texten reproduziere das Hybriditätskonzept nichts anderes als den herkömmlichen negativen Begriff des

---

283 Homi K. Bhabha: Die Verortung der Kultur, S. 61ff.
284 Vgl. Homi K. Bhabha: Die Verortung der Kultur, S. 41ff.
285 Homi K. Bhabha: Die Verortung der Kultur, S. 38, 58f.
286 Todd schreibt *German Jewish* ohne Bindestrich und symbolisiert dadurch die unüberbrückbare Distanz zwischen beiden Räumen.
287 Herzog Todd: Hybrids and *Mischlinge*: Translating Anglo-American Cultural Theory into German. In: The German Quaterly, Vol. 70, No. 1 (Winter, 1997), S. 1-17. Hier S. 7.

Mischlings als Monstrosität bzw. als labiles Geschöpf mit Störpotential.[288] Der heutige Begriff von Hybridität sei somit ständig vom historischen Muster des Mischlings korrumpiert. In Hinsicht auf Todds Kritik verweist Stephan Braese allerdings zu Recht darauf, dass Todds Vorwurf der Analogie zwischen „Hybrid" und „Mischling" weniger als Ablehnung des Begriffes Hybridität denn vielmehr als Warnung an den Forscher im deutschsprachigen Raum verstanden werden soll, nicht ohne weiteres im anglo-amerikanischen Raum entwickelte Forschungsparadigmen zu importieren. Es gehe vor allem um die „Problematik einer Übersetzbarkeit von Theorie und ihrer Übertragung in andere als ihre Herkunftsräume".[289] Es gehe aber auch um die Vorsicht, die jeder Forscher aus dem deutschsprachigen Raum bei der Auseinandersetzung mit Deutsch-Jüdischer Geschichte walten lassen soll.[290] Todds Historisierung von Bhabhas Modell ist jedenfalls dadurch angreifbar, dass er sich mit Bhabhas Überlegungen nur partiell auseinandersetzt, und eine stringente Beschäftigung mit seinem theoretischen Apparat ausbleibt.

Im Vorfeld möchte ich betonen, dass „Hybridität", wie Todd sie anwendet, ausschließlich als deskriptiver Begriff aufgefasst wird, der sich auf eine Beschreibung von Figuren bei Honigmann und Dischereit und auf das Verhältnis der Figuren zu den Autorinnen beschränkt, d.h. als Synonym für Synkretismus. In diesem Sinne wird angenommen, dass Identität dadurch hybrid sei, dass sie aus heterogenen Elementen aus verschiedener Herkunft besteht, die dann zu einem neuen Bedeutungssystem zusammengesetzt werden. David Simo macht in einem 2002 verfassten und erst 2010 veröffentlichten Aufsatz geltend, dass man bei dem Begriff Hybridität, wie Bhabha ihn versteht, nicht mehr von einem Begriff, sondern von einem begrifflichen Feld sprechen sollte.[291] Man könne neben dem deskriptiven Potential, das am meisten erwähnt wird, dieses begriffliche Feld unter drei weiteren Gesichtspunkten auffassen: im epistemologischen, ästhetischen und im kritischen Sinne. Während Hybridität im deskriptiven Sinne die Entstehung von neuen, gemeinsamen Räumen durch das Nebeneinander von unterschiedlichen Gruppen betone, weise Hybridität im epistemologischer Sinne auf einen Denkprozess hin, auf eine Methode, die aus

---

288 Vgl. Herzog Todd: Hybrids and *Mischlinge*, S. 15.
289 Stephan Braese: Schreiben ans Stiefvaterland. Zum Anregungsgehalt postkolonialer Begriffsarbeit für die Lektüre deutsch-jüdischer Literatur. In: Lezzi/Salzer (Hg.): Dialog der Disziplinen. Jüdische Studien und Literaturwissenschaft. Berlin 2009, S. 415-435. Hier S. 420f.
290 Vgl. Stephan Braese: Schreiben ans Stiefvaterland, S. 421.
291 D. Simo: Subjektposition und Kultur im Zeitalter der Globalisierung. Postkoloniale Ansätze. In: Comparativ. Zeitschrift für Globalgeschichte und vergleichende Gesellschaftsforschung. Heft 6, 20. Jahrgang. (2010), S. 51-79. Hier S. 61f.

einem Hin und Her zwischen antagonistischen Inhalten besteht. Der hybride Denkprozess sei mit dem Prozess der „Verhandlung" gleichzusetzen. Im ästhetischen Sinne bezeichne Hybridität die Kunst, die aus einer kulturellen Grenzarbeit entsteht. Diese Kunst sei dadurch charakterisiert, dass sie in ihrer Konstruktion und in ihrer Methode der hybriden Wirklichkeit homolog sei. Sie sei aber keinesfalls mimetisch, sondern verfüge über die synkretistische Welt, um neues aus ihr entstehen zu lassen. Schließlich sei Hybridität im kritischen Sinne aufzufassen als Begriff, mit dem eine neue Sichtweise möglich gemacht wird, die die alte als fragwürdig erscheinen lässt, indem sie sie dekonstruiert.[292] Es ist also möglich, wenn man Hybridität zum Beispiel im ästhetischen Sinne versteht, selbst jene Literatur als hybrid zu bezeichnen, an der Todd die Grenzen des Begriffes zeigen möchte. Bereits Barbara Honigmanns Inszenierung von Vergessen und Erinnern in *Eine Liebe aus nichts* als dialektische Verhandlung wäre ein deutliches Beispiel ästhetischer Hybridität. Eine berechtigte Frage wäre, wie das Jüdische sich zum Deutschen verhält und umgekehrt, oder wie die Autorinnen dieses Verhältnis darstellen. Dass Bhabha die Hybridität „zelebriert", um den Ausdruck von Ella Shohat zu gebrauchen, hindert uns nämlich keinesfalls daran, die Frage der Machtverhältnisse und der Hegemonie ernst zu nehmen.[293] Todd erweckt nämlich den Eindruck, als würde das *„da-zwischen"* bei Bhabha unbedingt einen ruhigen und friedlichen Ort darstellen, in dem kein Kampf mehr stattfindet. Indem er darauf verweist, dass dieser Zwischenraum unbewohnbar wird, bestätigt er m.E. den Gedanken, dass Identität ständig einer Re-Artikulation bedarf, dass es Identität schlechthin nicht gibt. Selbst Todds Idee, das hybride Subjekt könne nur entweder „invisible (in disguise, in hiding)" oder als „visibly Other" leben, ist an sich symptomatisch für die Entstehung von Hybridität. Denn das Moment der Unsichtbarkeit an sich wird bereits durch Diskontinuitäten geprägt, genauso wie das Sich-Verstecken mit zum Spiel der Differenz gehört, das Hybridität produziert. Es gibt den Unsichtbaren genauso wenig wie es den Anderen gibt. Darauf will die Idee der Hybridität hinaus. Das Scheitern der Hybridität, wie Todd es in den zitierten Texten sichtbar machen will, ist nach seiner Ansicht dadurch gekennzeichnet, dass der Bindestrich zwischen Deutsch und Jude verschwindet und der Jude dazu verdammt ist, immer nur ein Jude zu bleiben: „The body", so Todd zu den Figuren von Esther Dischereits *Joëmis Tisch,* „(whether ‚Jewish' or ‚German') remains inde-

---

292 Vgl. David Simo: Subjektposition, Hybridität und Kultur im Zeitalter der Globalisierung, S. 61ff.
293 Vgl. Shohat, nach Bill Ashcroft /Gareth Griffiths /Helen Tiffin: The Empire Writes Back, S. 206.

libly marked, clothes can cover it up for some time, but the mark will ultimately be revealed".[294] Das Problem an Todds Argument liegt offenbar in dieser Geste der Aufhebung, durch die das Subjekt glaubt, die Spuren älterer Momente völlig aus der Welt zu schaffen. Ein besonderes Merkmal in Barbara Honigmanns *Eine Liebe aus nichts* ist das ständige Streben der namenlosen Hauptfigur, ein völlig „neues Leben" zu beginnen, alles Vergangene abzulegen. So zu ihrem Exil von Ost-Deutschland nach Frankreich: „Das Weggehen könnte auch so etwas wie ein Verwandeln sein, bei dem man die alte Haut einfach abstreifen würde".[295] Ihr Exil in Paris ist ein Weglaufen von den Eltern, welche die deutsch-jüdische Geschichte verkörpern. Es ist ein Versuch, sich neu zu erfinden, die Last der Geschichte loszuwerden: „Ich wollte ja auch nicht immer in den Spuren meiner Eltern bleiben, wenngleich ich wußte, daß ich auch nicht aus ihnen herauskomme und mein Auswandern vielleicht nur der Traum von einer wirklichen Trennung, der Wunsch nach einem wurzellosen Leben war." [296] Gerade diese Unmöglichkeit, kulturelle Spuren auszulöschen, bedauert Todd in seiner Interpretation des Romans. Das Scheitern dieses Unternehmens, das erst Hybridität möglich macht, wird zum Beispiel durch die metaphorische Überschreibung des Kalenders vom verstorbenen Vater anschaulich gemacht, den die Heldin weiter benutzt.[297] Diese Geste der Überlappung und nicht der Löschung interpretiert sie dahin, dass „mehr als von allem anderen bin ich vielleicht von meinen Eltern weggelaufen und lief ihnen doch hinterher".[298] Diese dialektische Bewegung zwischen Anziehung und Abstoßung, zwischen Erinnern und Vergessen ist für den ganzen Roman charakteristisch und beide Momente der Bewegung sind wie Vorder- und Rückseite eines Blattes unzertrennlich. Nur wer die Geschichte aus dieser Warte interpretiert, schafft es m.E. auch, hier Bhabhas Begriff von Hybridität gerecht zu werden.[299] Denn Bhabha formuliert und reflektiert durch sein Konzept von Hybridität die Unmöglichkeit, „noch einmal ganz von vorne" anzufangen, ohne Wurzel und ohne die schmerzhafte Geschichte.[300] Denn diese Ge-

---

294 Herzog Todd: Hybrids and *Mischlinge*, S. 8

295 Barbara Honigmann: Eine Liebe aus Nichts. Roman. München 2008, S. 48.

296 Barbara Honigmann: Eine Liebe aus Nichts, S. 31.

297 Vgl. Barbara Honigmann: Eine Liebe aus Nichts, S. 97ff.

298 Barbara Honigmann: Eine Liebe aus Nichts, S. 97.

299 Petra S. Fiero (Zwischen Enthüllen und Verstecken. Eine Analyse von Barbara Honigmanns Prosawerk. Tübingen 2008) und besonders Anna Kuschel (Transitorische Identitäten. Zur Identitätsproblematik in Barbara Honigmanns Prosa. München 2009) haben an dem Prosawerk von Barbara Honigmann vorgeführt, wie die Konzepte der Liminalität und der Hybridität produktiv angewendet werden können.

300 Barbara Honigmann: Eine Liebe aus Nichts, S. 49.

schichte gibt es nun mal, und sich neu erfinden bedeutet auch, mit ihr umzuge-hen.

Eine weitere Kritik der postkolonialen Lektüre jüdischer Literatur kommt von Eva Lezzi und betrifft den nachlässigen Umgang postkolonialer Theoretiker mit jüdischer Literatur. Lezzi kritisiert in ihrem Aufsatz „Kolonialphantasien in der Deutsch-Jüdischen Literatur um 1900" die Tatsache, dass bei Theoretikern der *postcolonial studies* wie etwa Fanon, Said, oder Bhabha „jüdische Konfigu-rationen" nur „Verweischarakter" hätten.[301] Lezzi verweist besonders auf Fanons „Natürlich werden die Juden gehänselt, was sage ich, sie werden ver-folgt, ausgerottet, vergast, doch das sind kleine Familiengeschichten. Der Jude wird von dem Augenblick an nicht geliebt, da man ihn aufgespürt hat[...]". Des Weiteren verweist sie auf Bhabhas „Jewishness stands for a form of historical and racial *in-betwennness*".[302] Eine ausführlichere Auseinandersetzung mit literarischen Publikationen zu jüdischen Themen erfolge erst bei Said, wo sie gerade als „zionistisch ins Kreuzfeuer postkolonialer Kritik geraten", so Lezzi weiter.[303] Dass in dieser Kritik aber sowohl Fanons Aussage als auch Bhabhas aus ihrem Zusammenhang gerissen werden, ist unverkennbar. Stützt sich zum Beispiel Fanon zur Erläuterung seiner Argumente auf die jüdische Geschichte und bezeichnet er die Judenverfolgung in einer ihm übrigens sehr üblichen Ausdrucksweise als „kleine Familiengeschichten", so darf das m.E. genauso wenig als Versuch des Herunterspielens dieser Schrecken interpretiert werden, wie Fanons Nichtbeschäftigung mit jüdischen Thematiken als Manko angese-hen werden soll. Wie bereits angeführt, fand die Anwendung postkolonialer Theorie in unterschiedlichen Bereichen fruchtbaren Boden. Allerdings darf es m.E. den Theoretikern des Postkolonialismus nicht verübelt werden, dass ihre Theorien vor den Jüdischen Studien halt zu machen scheinen. Es sollte nämlich nicht übersehen werden, zu welchem Zweck die postkoloniale Theorie zunächst entworfen wurde. Dass aber Lezzi selbst das Beispiel von Gilroys Kapitel „Child-ren of Israel or Children of the Pharaohs" in seinem Buch *The Black Atlantic* nennt, zeugt davon, dass diese „jüdischen Konfigurationen" doch nicht unbe-handelt geblieben sind. Dagegen aber entsteht der Eindruck, dass Lezzi mit Behandlung jüdischer Konstellationen allein die kritikfreie Auseinandersetzung mit jüdischen Themen meint. Zu Saids Verteidigung könnte man nebenbei auch erwähnen, dass er sich mehr als jeder andere der hier angesprochenen Theore-

---

301 Vgl. Eva Lezzi: Kolonialphantasien in der Deutsch-Jüdischen Literatur um 1900. In: Lez-zi/Salzer (Hg.): Dialog der Disziplinen. Jüdische Studien und Literaturwissenschaft. Berlin 2009, S. 439.
302 Vgl. Eva Lezzi: Kolonialphantasien, S. 439.
303 Eva Lezzi: Kolonialphantasien, S. 439.

tiker mit dem „Orient" beschäftigt hat. Eine Legitimierung der postkolonialen Perspektive wäre aber unvollständig, wenn man nicht auch jene Positionen innerhalb des Judentums einbeziehen würde, die durchaus als Einladung zu einer Anwendung postkolonialer Theorie in den Jüdischen Studien angesehen werden können, wie das hier kurz angedeutet werden soll.

Bereits 1966 hatte Gerson Cohen in einer Rede mit dem Titel *The blessings of Assimilation in Jewish History* die Tatsache angesprochen, dass die Assimilation der Juden nicht als Einbahnstraße aufgefasst werden sollte, sondern als Prozess gegenseitiger Beeinflussung, den man, ohne die schmerzvollen Momente der Vergangenheit auszublenden, vielmehr als Prozess kultureller Bereicherung denn als Verlust betrachten sollte.[304] Mit dem Hinweis auf den Einfluss der jüdischen Gesellschaft auf ihre nichtjüdische Umgebung nahm Cohen ein Anliegen vorweg, das die postkoloniale Theorie später u.a. unter dem Paradigma der „Resistenz" aufwerfen würde. Auf diesem Glauben vom historischen Ineinandergreifen basiert Bhabhas Gedanke, dass „wir" in die Gegenwart zurückkehren müssen, „um unsere *Zukunft auf der uns zugewandten Seite zu berühren*".[305] Auf diesem Gedanken basiert auch David Myers Überzeugung, dass

> postkoloniale Theoretiker wie Kwame A. Appiah, Homi Bhabha, Paul Gilroy, Stuart Hall oder Edward Said uns mit einem verfeinerten begrifflichen Vokabular ausgestattet [haben], um die Dynamik der jüdischen Diasporageschichte konzeptionell zu beschreiben. Sie argumentieren, dass die Kultur des Kolonisators von den Kolonisierten nicht unverändert aufgenommen wird. Sie wird von den Kolonisierten – der vermeintlich schwachen und machtlosen Seite – adaptiert, modifiziert, ja unwiderruflich transformiert. Diese Sichtweise ist mehr als eine Übung in ‚richtigem Bewusstsein'. Sie ermöglicht es, den Prozess des kulturellen Austauschs mit seiner nicht stillstellbaren Dynamik und seinen vielfältigen Richtungen eher als Angelegenheit des Aushandelns denn der Einflussnahme zu verstehen. Im Bereich der Jüdischen Studien hat dieses Modell viel zu bieten [...]. Die klassische zionistische Darstellung der Diaspora als Inbegriff der Machtlosigkeit, Verzagtheit und Selbstverleugnung kann nicht länger überzeugen. Forscher sehen in ihr immer mehr

---

304 Vgl. Gerson D. Cohen: The Blessing of Assimilation in Jewish History (1966). In: Neusner, Jacob (Hg.): Understanding Jewish Theology. Classical Issues and Modern Perspectives. New York 1973. Dazu auch Barry Rubin: Assimilation and its discontents. New York 1995. Es sei hier auch angemerkt, dass selbst im heutigen Judentum keine Einstimmigkeit darüber herrscht, was und wie erinnert werden soll. In seinem Buch *The Jewish search for a usable past* (bes. Kap. 1) geht David G. Roskies auf diese Problematik ein und spitzt seinen Schluss dahingehend zu, dass „Jews do not want to share the same past anymore.[...] No longer is Judaism an ideological bulwark against the vagaries of history." (David G. Roskies: The Jewish search for a usable past. Bloomington 1999, S. 15f.) Diese Frage des Umgangs mit der traumatischen Vergangenheit steht im Mittelpunkt des Interesses postkolonialer Theoretiker.
305 Homi K. Bhabha: Die Verortung der Kultur, S. 10.

einen Ort nicht der kulturellen Kapitulation, sondern der kulturellen Auseinandersetzung.[306]

Die Emanzipationszeit als Schwellenepoche in der Geschichte jüdischer Assimilation bietet dafür das passende Modell, und in diesem Sinne werden in der vorliegenden Studie Texte auf ihre Darstellung dieses Aushandelns geprüft. Es werden nämlich Modelle der Vorstellung und besonders der literarischen Darstellung kultureller Assimilation untersucht. Abschließend sei nur noch angemerkt, dass die Figur der Mimikry, wie sie Bhabha verwendet, für eine Untersuchung mancher Entwürfe jüdischen Selbstverständnisses im Kontext der Assimilation produktiv gemacht werden kann. Bhabha versteht unter Mimikry eine Art Wiederholung *à la „trompe-l'oeil"*, eine ambivalente Nachahmung.[307] Zwischen Identität als „Stasis" und Differenz als Veränderung, trete die Mimikry als „ironische[r] Kompromiß". Im Kolonialkontext repräsentiere die Mimikry „das Begehren nach einem reformierten, erkennbaren Anderen *als dem Subjekt einer Differenz, das fast, aber nicht ganz dasselbe ist"*.[308] Mimikry sei zwar eine Nachahmung, eine Aneignung bestimmter Merkmale, sie sei aber zugleich eine Bedrohung, weil das Angeeignete ein „Un(an)geeignetes" sei und dadurch ein Scheitern der Nachahmung garantiert ist.[309]

---

306 David N. Myers: zu ‚Diaspora' und den ‚Segnungen der Assimilation'. In: Kalonymos. Beiträge zur deutsch-jüdischen Geschichte 4 (2001), Heft 4, S.23-27. Hier S. 23f.

307 Vgl. Homi K. Bhabha: Die Verortung der Kultur, S. 126.

308 Homi K. Bhabha: Die Verortung der Kultur, S. 126. Herv. i. O.

309 Vgl. Homi K. Bhabha: Die Verortung der Kultur, S. 127.

3 Fanny Lewalds „Meine Lebensgeschichte"

In diesem Kapitel soll an Fanny Lewalds Autobiographie *Meine Lebensgeschichte*[1] die Positionierung der Autorin gegenüber dem Judentum bzw. Preußen/Deutschland hauptsächlich, aber auch gegenüber der Frauenerfahrung ihrer Zeit herausgearbeitet werden. Dabei soll eine Analyse der Textkonstruktion und der damit verbundenen Entwicklungsgeschichte zeigen, wie Fanny Lewald u.a. durch den Anschluss an Goethe und an die moderne Tradition der Autobiographie sich als Schriftstellerin und Intellektuelle profiliert und die eigene Entwicklung vom Objekt- zum Subjektstatus literarisiert. Es geht auch darum zu zeigen, wie in der Darstellung dieser Entwicklung bzw. in der Beschreibung dieses Aufstiegs zum Sprechakt-fähigen „Ich" eine binäre Denkweise entsteht, die weitgehend das Judentum vom Nichtjudentum abgrenzt und die Autorin selbst als Nichtjüdin konstruiert, wobei immer wieder durch unterschiedliche Sinn- und Bedeutungsverschiebungen diese binäre Denkweise unterminiert wird. Dies hat zur Folge, dass durch den Versuch, sich von den jeweiligen Gruppen abzugrenzen, die Zugehörigkeit zu diesen Gruppen erst recht erkennbar wird.

3.1 Frau, Jüdin und Schriftstellerin

Fanny Lewald war Jüdin. Sie lebte zwischen 1811 und 1889. Sie schrieb auf Deutsch und war eine der meist gelesenen Schriftstellerinnen ihrer Zeit. Um die Bedeutung dieser Sätze zu begreifen, muss man den Kontext betrachten, in dem sich diese Frau bewegte. In der Tat ist die Bedeutung bestimmter Positionen der Schriftstellerin bezüglich geschichtsphilosophischer Fragen nur aus dem Hintergrund dieses sozialgeschichtlichen Kontextes zu erfassen. Der erste, sehr aufschlussreiche Hinweis dafür ist eine Passage aus dem ersten Band ihrer *Lebensgeschichte*. Die Autobiographin Fanny Lewald berichtet über die gerade noch fünfzehnjährige Fanny folgendes:

---

[1] Fanny Lewalds Autobiographie wird hier nach der ungekürzten Helmer Ausgabe zitiert: Meine Lebensgeschichte. Frankfurt am Main: Helmer, Band I 1988, Band II und III 1989. Die drei Bände werden jeweils mit ML I, ML II und ML III markiert, darauf folgt die Seitenangabe. Weil dieser Ausgabe aber sowohl das an Adolf Stahr gerichtete Vorwort als auch die Einleitung fehlen, werden Vorwort und Einleitung aus der Berliner Ausgabe von 1871 zitiert und an gegebenen Stellen entsprechend erwähnt: F. Lewald. Meine Lebensgeschichte. Gesammelte Werke. Berlin: Janke, 1871. Band I, II, II.

Während ich diese Zeilen niederschreibe, sehe ich ihn wieder vor mir, den einfachen Garten, in welchem das zweistöckige, ansehnliche Haus gelegen war. Ich sehe aus den geöffneten Thüren unseres Wohnzimmers hinaus durch die gegitterte Pforte, auf den Grasplatz am Teiche, hinter dem sich die Kirche erhob. Ich sehe die Aeste der beiden Pflaumenbäume vor unserm Fenster sich auf- und niederwiegen, auf denen sich Schaaren von Vögeln schaukelten; die Bienen und Wespen fliegen summend durch unsere Stube, die Sonnenstrahlen des Mittags dringen bis in ihre entlegenste Ecke – und nun Alles so still! – Die Mutter schlief am Nachmittage immer ein paar Stunden, die kleinen Schwestern spielten irgendwo im Schatten unter der Aufsicht der Kinderfrau. Ich hatte kein bestimmtes Geschäft, Niemand brauchte mich um diese Zeit, und ich konnte still da sitzen und an den Entfernten denken, der in jenem Sommer mit seinen Zöglingen am Ostseestrande war; oder *ich konnte* umhergehen im Dorf, in den Schloßgarten, in die Felder, in die verschiedenen Höfe hinein, *ich konnte* allein umhergehen, *ohne die Eltern, ohne die Geschwister.* Es war mir, als atme ich anders, freier, wenn ich mich einmal so als eignes, *selbständiges Wesen* empfand, wenn ich für mich selbst, und nicht als Glied der Familie, als Kind vom Hause existierte. Und wie das Kind, wenn es einmal die Bezeichnung des *Ich,* mit dem Worte *Ich,* gefunden hat, von dieser Bezeichnung niemals wieder abläßt, so hörte in mir das Verlangen nach einer gesonderten Selbständigkeit nie wieder auf, nachdem ich es in meinen stillen Nachmittagsspaziergängen hatte empfinden lernen, wie unfrei bis auf die geringste Bewegung das Leben der Mädchen in den Familien gemacht wird, oder wie völlig unfrei ich selbst bis dahin gewesen war.[2]

In dieser Darstellung kommen zwei Momente zum Ausdruck. Zum einen ein Bild der Mädchenerziehung und zum anderen Fanny Lewalds Entwurf der eigenen Persönlichkeit als Gegensatz zu diesem Bild. Das „Können" markiert hier die Trennung von einem Gruppenbewusstsein, das durch die Bindung an die Familie, Eltern und Geschwistern, verkörpert ist. Es ist das Ende des Lebens als Tochter und als Kind ihrer Eltern und der Beginn eines anderen, „selbstständigen Lebens". Diese Verselbständigung, die durch die Betonung des „Ich" verdeutlichet wird, wirkt schon deshalb subversiv, weil die Autorin erahnen lässt, dass sie vor jenem Zeitpunkt nur über ihr Gruppenbewusstsein definierbar war, dass sie „ohne die Eltern" und „ohne die Geschwister" nicht existieren konnte. Wenn man bedenkt, dass für das fünfzehnjährige Mädchen zu jenem Zeitpunkt bereits Eheverhandlungen in Frage kommen, so lässt sich die Ambivalenz dieser Mädchenerziehung besser erfassen. Mädchen werden früh verheiratet, Jüdinnen noch früher, aber sie bleiben Kinder. Die Bezeichnung „Kind" in Lewalds Darstellung nimmt deswegen eine besondere Bedeutung ein. Die Autobiographin beschreibt sich selbst und paradigmatisch alle Mädchen ihrer Zeit als „Kinder", was zum Bild der Zeit passt, wie noch erörtert werden soll. Demnach ist das Mädchen ein Kind, unfrei und unselbständig. Die Selbstdarstellung der Fanny

---

2 F. Lewald: ML I, S.199. Herv. C. S.

als freies, selbstständiges Wesen, als „Ich", trägt alle Merkmale einer psychologischen Entwicklung, wie sie uns aus der Sozialpsychologie bekannt ist. Denn hier setzt bereits jene Trennung an, die das weibliche Kind nicht bloß von der Mutter, sondern von der gesamten Gesellschaft trennt und es zu einem „Ich" macht. Es ist eine Geste, die die Grenze zwischen „Ich" und den „Anderen" markieren soll. Es handelt sich aber auch um die Beschreibung einer „Krise der Identität", wie Erikson sie versteht. Denn die Autorin berichtet hier von dem Zeitpunkt in ihrem Leben, an dem „die Brauchbarkeit der Identifikationen" ihr Ende nahm und sie, wie sie es formuliert, für immer ihren Weg wählte, den Weg der „Autonomie".[3] Weil das Paradigma „Autonomie" im zeitphilosophischen Sinne geschlechtsmarkiert ist, bedarf diese Behauptung näherer Erläuterung. An dieser Stelle muss darauf hingewiesen werden, dass Fanny Lewald durch diese Einstellung die „collective alienation", wie Chodorow das Bewusstsein der Gruppe bei Frauen bezeichnet, in Frage stellt. Es wird erkennbar, dass sie nicht die „relational sense of self", sondern ausgesprochene Individualität zur Grundlage ihrer Autobiographie machen will. Und wenn man wie Mahrholz die Blüte der Autobiographie mit der Entwicklung des deutschen Bürgertums zum führenden Bildungsstand verbindet, dann erweist sich Lewalds Geste der Ich-Werdung eines Mädchens als besonders subversiv, denn das von Mahrholz gemeinte Bürgertum schließt die Frau eben nicht ein. Um darzustellen, inwiefern sich diese Geste der Schriftstellerin als äußerst subversiv erweist, möchte ich kurz auf Pierre Bourdieus Beschreibung des Verhältnisses zwischen Individuum und Gesellschaft zurückgreifen.

Bourdieu basiert seine Ausführungen auf einer *„dialectique de l'intériorité* et *de l'extériorité,* c'est-à-dire *de l'intériorisation de l'extériorité* et *de l'extériorisation de l'intériorité".*[4] Das „Habitus"-Konzept, das Bourdieu von Max Weber entlehnt, um diesen Prozess der Verinnerlichung des Äußeren und der Veräußerung des Inneren darzustellen, weist auf der einen Seite auf die vom Individuum weitgehend unbewusst ‚inkorporierten' sozialen Strukturen als Praxen, tradierte Wahrnehmungs- und Handlungsmodi, die sowohl in den objektiven Lebensbedingungen als auch in den Institutionen zum Ausdruck kommen. In diesem Sinne ist *Habitus* „histoire faite corps", („Leib gewordene Geschichte").[5] Ferner strukturiert *Habitus* die menschliche Praxis und daraufhin die laufende Geschichte, die objektive Wirklichkeit. Das Individuum ist dem-

---

3 Vgl. Erik Erikson: Identität und Lebenszyklus.
4 P. Bourdieu: Esquisse d'une théorie de la pratique. Précédé de trois études d'ethnologie kabyle. Paris 2000, S. 256. Herv. i. O.
5 Pierre Bourdieu : Leçon sur la leçon. Paris 1982, S. 38.

nach eine *personne sociale* und die von ihm übernommenen *Dispositionen* und Handlungsprinzipien markieren seine *position sociale*.[6] In diesem Sinne schließen die verinnerlichten *Dispositionen* und Prinzipien alle vergangenen Erfahrungen ein, und zwar nicht nur die Erfahrungen des Einzelnen, sondern auch die seiner sozialen Gruppe (Klasse, Geschlecht, usw.). Durch dieses Konzept überwindet Bourdieu den Binarismus Objektivität/Subjektivität, indem er darlegt, wie das Individuum von der sozialen Wirklichkeit geprägt wird, die es selbst im Gegenzug prägt. Zum einen erfolgt eine Subjektivierung des Objektiven und zum anderen eine Objektivierung des Subjektiven. Bourdieu vertritt mit diesem Ansatz auch die These, dass individuelle Handlungen stets von einer dem Individuum höher gestellten und ihm vorangehenden Entität bestimmt werden, dass also das Individuum nur Träger eines Diskurses ist, den es unabhängig von der eigenen Veranlagung und der eigenen Wünsche bewusst oder unbewusst perpetuiert:

> Chaque agent, qu'il le sache ou non, qu'il le veuille ou non, est producteur et reproducteur de sens objectif : parce que ses actions et ses œuvres sont le produit d'un *modus operandi* dont il n'est pas le producteur et dont il n'a pas la maîtrise consciente, elles enferment une „intention objective", comme dit la scolastique, qui dépasse toujours ses intentions conscientes.[7]

Diese Form der Einverleibung „fremder" Praxen bezeichnet Bourdieu als eine Form der *violence symbolique (symbolische Macht)*, d.h. eine Form der Herrschaft, die mit der Einwilligung bzw. der Hilfe des Dominierten erfolgt. Es handelt sich hierbei um eine inkorporierte Form psychologischer und sozialer Macht, die das Verhältnis der Domination reproduziert.[8] Mit *Habitus* wird auch die Idee einer teleologischen Entwicklung individueller Persönlichkeit unterminiert, genauso wie die der Bindung des Individuums an eine ursprüngliche Bestimmung.[9]

Aus Fanny Lewalds Darstellung der eigenen Position als Mädchen gehen zwei Momente der Erwachsenwerdung hervor. Als die Erzählerin sich ihrer eigenen Unterdrückung bewusst wird, trifft sie die Entscheidung, das eigene Schicksal in die Hand zu nehmen und selbständig zu werden. Die kleine Fanny

---

6 Pierre Bourdieu: Esquisse d'une théorie de la pratique, S. 276.

7 Pierre Bourdieu: Esquisse d'une théorie de la pratique, S. 272f.

8 Vgl. Pierre Bourdieu: Choses dites. Paris 1987, S. 147-166; Alain Accardo: Introduction à une sociologie critique. Lire Pierre Bourdieu. Troisième édition revue et actualisée. Marseille 2006, S. 94ff.

9 Vgl. Pierre Bourdieu: Le sens pratique. Paris 1980, S. 92f. ; Pierre Bourdieu: Esquisse d'une théorie de la pratique, S. 276f.

durchschaut demnach die symbolische Macht und überwindet sie zugleich durch die Proklamation der Eigenständigkeit. Dieser Schritt soll die Reproduzentin objektiven Sinnes zu einer Produzentin gemacht haben, die, im Sinne Bourdieus, trotz *Habitus*, eine Fähigkeit der Erneuerung besaß. Die von der Autorin Lewald dargestellte Trennung von der elterlichen bzw. männlichen Autorität verkörpert insofern jene Möglichkeit des sozialisierten Individuums, sich auf kontingente Situationen einzustellen, die Bourdieu „indépendance relative par rapport aux déterminations extérieures du présent immédiat" bezeichnet.[10] Diese Geste der Trennung und der Verselbstständigung, die, wie das aus der Darstellung der Autobiographin hervorgeht, in aller Stille, also erst in Überwindung der Vergangenheit, erfolgt, trägt zur ästhetischen Konstruktion ihrer Identität bei. Sie begründet in diesem Sinne auch die Form der Autobiographie selbst, denn nur als sich ihrer Stelle in der Gesellschaft bewussten Individualität vermag sie es, diese Entwicklungsgeschichte zu schreiben. Nun konstituiert die Autobiographie an sich insofern eine Subversion des literarischen Kanons, als die Autorin von Anfang an Selbstbewusstsein und Selbstständigkeit beansprucht und damit einen Bereich betritt, aus dem Frauen diskursiv ausgeschlossen werden. Wenn man sich auf dieses Moment der Selbstbehauptung beruft, dann verhält sich Lewalds Geschichte nicht im Sinne von Olney als Zugang zur spezifischen Frauenerfahrung.[11] Ein kurzer Rückblick in die Sozialgeschichte der Frauenrechte macht diese These zunächst plausibel.

Das 19. Jahrhundert in Preußen brachte neue Argumente für die „Befreiung" der Frau im Allgemeinen und der jüdischen Frau im Besonderen. Die europäischen Freiheitskriege und Revolutionen, das junge Deutschland der 1830er Jahre und seine Forderungen nach literarischer, religiöser und geistiger Freiheit, sowie die Rezeption von Rousseaus *Nouvelle Héloise* sind, so Ruth Segebarth,[12] neue Elemente, die die bürgerliche Emanzipation der Frau positiv beeinflussten. In Bezug auf die von den Jungdeutschen impulsierten Hoffnungen schreibt Richard.M. Meyer:

> Es ist eine Zeit, wo alle Ketten brechen und alle Unterdrückten frei aufatmen *sollen* und auch an die Frauen, die unserer gerühmten Bildung zum Trotz, dank der Rohheit der

---

10 Pierre Bourdieu: Le sens pratique, S. 94.

11 James Olney: Autobiography and the cultural moment. A Thematic, Historical, and Bibliographical Introduction. In: Ders. (Hg.): Autobiography. Essays Theoretical and Critical. Princeton 1980. S. 3-27. Hier S. 13.

12 Vgl. Ruth Segebarth: Fanny Lewald und ihre Auffassung von der Liebe und Ehe. Diss. München 1922.

Männer, sich grösstenteils noch in sehr gedrückter Stellung befanden, ist der Ruf nach Befreiung ergangen.[13]

Wir wissen aber, dass dieses Aufatmen nur noch ein „Sollen" blieb, denn das Leben der Frau blieb stark auf dem Haushalt beschränkt. Folgende Definition von „Frauen" aus der Enzyklopädie von 1825 ist in dieser Hinsicht sehr aufschlussreich:

Formen, die etwas Ueppiges mit sich führen, ohne der Zierlichkeit Abbruch zu thun; Augen, aus denen Liebe unter Führung der Sittlichkeit hervorbricht; Mienen, die Heiterkeit der Seele, Selbstwürde und Sympathie verkündigen. Stellungen, die keine Ueberlegung, aber doch angewöhnte Aufmerksamkeit auf sich selbst und Andere regiert; [...] das sind die Gestalten, die den zarten Körper der Frauen karakterisieren, die ihnen den Titel schönes Geschlecht erworben, und sie zu den Repräsentanten der Liebe gemacht haben.[...] Nach *unsern* Begriffen gehört immer der stärkere Geist dem Manne, der zärtere dem Weibe an. Alle Wissenschaften, Künste und Geschäfte, die eine Phantasie und ein Herz erfordern, die unter strenger Leitung des Verstandes und der Vernunft stehen, gehören beinahe ausschließend dem Manne. [...] Die Frauen sind zugleich Hausfrauen, Führerinnen geselliger Zusammenkünfte und Verhältnisse, Mütter, endlich Künstlerinnen in allen Werken des schönen Talentes und des Genies, die mehr zur Befriedigung des Geschmacks an leichter aber edlerer Unterhaltung [...] sind.[14]

Das Possessiv „unsern" weist hier deutlich auf die Männer, die die Enzyklopädie verfassen und somit den intellektuellen Diskurs bestimmen und über das Bestimmungsrecht verfügen. Diese dichotomische Konstruktion der Gesellschaft, die auf der einen Seite Mann und Staat und auf der anderen Frau und Familie verband und somit männlicher und weiblicher Sphäre streng voneinander absetzte, war in allen Bereichen spürbar.[15] Vanessa van Ornam argumentiert, u.a. auf das *Allgemeine Landrecht für die Preußischen Staaten* (1794) zurückgreifend, dass Frauen Rechte zugesprochen wurden, die gesellschaftlich in der Tat nicht gesichert werden konnten, weil soziale Strukturen wie Schule und

---

13 R. M. Meyer: Die Deutsche Literatur des neunzehnten Jahrhunderts. Berlin 1912, S. 138. Herv. C.S.
14 Rheinisches Conversations-Lexicon oder encyclopaedisches Handwörterbuch für gebildete Stände. Hg. von einer Gesellschaft rheinländischer Gelehrten. In 12 Bänden. Fünfter Band. F-Gri. Köln/Bonn 1825, S. 245, 296.
15 Vgl. zur Trennung der Geschlechter und zur Funktionsweise des Geschlechterdiskurses im 19. Jahrhundert u.a. die Studien von Ute Frevert (Mann und Weib, und Weib und Mann. Geschlechter-Differenzen in der Moderne. München 1995); Barbara Greven-Aschoff (Die bürgerliche Frauenbewegung in Deutschland 1894-1933 Göttingen 1981; Ute Gerhard (Verhältnisse und Verhinderungen. Frauenarbeit, Familie und Rechte der Frauen im 19. Jahrhundert; mit Dokumenten. Frankfurt am Main 1978.)

Familie für den *status quo* sorgten.[16] Es zeigte sich also eine Diskrepanz zwischen Familien- und Schulpolitik und den Gesetzbüchern, die alle von Männern verfasst wurden. Die Maxime der von Gymnasialdirektor Rickless 1808 gemeinsam mit Kollegen eröffnete erste „Töchterschule" – nicht Mädchenschule – dokumentiert diese „männliche Herrschaft" zur Genüge:

> Das Weib soll ausgebildet werden seiner Bestimmung gemäß. Der Mann ist für das öffentliche, das Weib für das häusliche Leben bestimmt... Das Weib, auf eine engere Sphäre beschränkt, soll dem Mann eine liebevolle, theilnehmende Freundin, eine verständige Hausfrau, ihren Kindern eine zärtliche, sorgsame Mutter und eine weise Erzieherin seyn. Denn der Mann muß von seiner Gattin die Befriedigung aller kleinen Bedürfnisse, die Vorsorge für seine Bequemlichkeit, seine Pflege, seine Aufheiterung und Erholung durch Bereitung häuslicher Freuden bey weiser Sparsamkeit ... erwarten.[17]

Die sexuelle Arbeitsteilung, die Rollenteilung innerhalb der Familie und der Gesellschaft oder die körperliche Fixierung des Menschen sind Techniken der Perpetuierung einer „männlichen Herrschaft", die sich auf einem sexistischen, eine angeblich unüberwindbare physische und geistige Differenz der Geschlechteridentitäten postulierenden Diskurs stützte.Historisch-gesellschaftlich konstituierte bzw. konstruierte Differenzen erhielten damit einen biologischen Charakter und sollten den alltäglichen Umgang des Individuums mit sich selbst und mit den anderen regieren.[18] Dieser Essentialismus zielte darauf ab, eine Objektposition der Frau zu begründen und aufrechtzuerhalten, und zugleich die Subjektposition des Mannes zu perpetuieren. Der Mann stand für die Menschheit, während die Frau nicht einmal für sich selbst sprechen durfte. Wenn sie überhaupt zu Wort kam, wurde ihre Stimme nicht wahrgenommen, weil sie sich in der Sprache des Mannes ausdrückte, d.h. in einer Sprache, die sie nicht mitgestaltet hatte und die nichts anderes hervorbrachte als die Bestätigung der männlichen Herrschaft. Sie war mit dem gleichzusetzen, was Gayatri. C. Spivak in ihrer Darstellung kolonialer Verhältnisse als „Subalterne" bezeichnet.19 Der Subalterne, wie Spivak ihn darstellt, ist mehr als ‚Raum', als Funktion zu verstehen denn als Individuum. Diese Funktion kann insofern sowohl von der

---

16 Vanessa van Ornam: Fanny Lewald and Nineteenth-Century Constructions of Feminity. New York 2002, S. 54f.

17 J. R. Rickless: Nachricht von der Gegenwärtigen Einrichtung der Töchterschule in Oldenburg: Zur Einladung einer am 9. Nov. Mit derselben anzustehenden Prüfung. Oldenburg 1808, S. 14f.

18 Vgl. Pierre Bourdieu: La Domination masculine. Actes de la recherche en sciences sociales. Vol. 84. N° 1, Sept. Paris 1990, S. 2-31. Hier S. 10.

19 Vgl. G. C. Spivak: Can the subaltern speak? Postkolonialität und subalterne Artikulation. Wien 2008.

verwitweten Inderin im kolonialen Kontext, vom „Schwarzen" im rassistischen Kontext, von der Frau im patriarchalischen Kontext als auch vom Kolonisierten im Allgemeinen erfüllt werden. Der „Subalterne" kann ferner auch der Gefängnisinsasse sein. Grundlegend dabei ist, dass der „Subalterne" ein unterdrücktes Subjekt ist,[20] das kein Bewusstsein von sich selbst hat und dem das Re-Präsentationsrecht abgesprochen wird. Re-präsentation wird gemeint zugleich als Darstellung und als Vertretung von sich selbst.[21] In Bezug auf den kolonialen Kontext zum Beispiel definiert Gayatri C. Spivak den subalternen Raum als

> Raum, der in einem kolonisierten Land von den Mobilitätslinien abgeschnitten ist. Es gibt eine fremde Elite und eine indigene Elite. Unterhalb dieser finden wir die Vektoren einer Aufwärts-, Abwärts-, Seitwärts- und Rückwärtsmobilität vor. Aber dann gibt es auch einen Raum, der praktisch in jeder Hinsicht außerhalb dieser Linien liegt.[22]

Zur Subalternität reduzieren heißt also durch die „imperialistische Subjektproduktion" zum Verstummen bringen.[23] Die Frau als „Subalterne" ist demnach die durch das patriarchalische System ausgebeutete Frau. Ihre Ausbeutung betrifft hauptsächlich das Recht auf Selbstäußerung und Selbstrepräsentation. Die zentrale Frage ihrer Abhandlung, „Können Subalterne sprechen?",[24] beantwortet Spivak mit einem entscheidenden „Nein". Man müsse laut Spivak unterscheiden zwischen „sprechen" [to speak], und „reden" [to talk]. Ein Sprechakt setze eine „Transaktion zwischen SprecherIn und HörerIn"[25] voraus:

> Die Subalterne kann nicht sprechen, das meint also, dass sogar dann, wenn die Subalterne eine Anstrengung bis zum Tode unternimmt, um zu sprechen, dass sie sogar dann nicht fähig ist, sich Gehör zu verschaffen – und Sprechen und Hören machen den Sprechakt erst vollständig.[26]

Im bürgerlichen Kontext des 19. Jahrhunderts besetzt die Frau genau diese Funktion des Subalternen, sie ist jenes „Subjekt", dessen Handlungsfähigkeit deutlich zunichte gemacht wird. Sie ist *des Mannes* Schwester, dessen Frau oder Tochter. Zu einer deutlicheren Beschreibung dieses Status' eignet sich neben Spivaks Begriff des „Subalternen" auch das Konzept der „männlichen Herrschaft", das Pierre Bourdieu folgendermaßen formuliert:

---

20 G. C. Spivak: Can the subaltern speak? S. 32.
21 G. C. Spivak: Can the subaltern speak? S. 36.
22 G. C. Spivak: Can the subaltern speak? S. 121.
23 G. C. Spivak: Can the subaltern speak? S. 75.
24 G. C. Spivak: Can the subaltern speak? S. 47.
25 G. C. Spivak: Can the subaltern speak? S. 122.
26 G. C. Spivak: Can the subaltern speak? S. 127.

Exclure la femme de l'agora et de tous les lieux publics où se jouent les jeux ordinaire-
ment considérés comme les plus sérieux de l'existence humaine, tels ceux de la politique
ou de la guerre, c'est lui interdire en fait de s'approprier les dispositions qui s'acquièrent
dans la fréquentation de ces lieux et de ces jeux, comme le point d'honneur, qui porte à
rivaliser avec les autres hommes.[...] Etant renvoyées du côté du privé, donc exclues de
tout ce qui est de l'ordre du public, de l'officiel, elles ne peuvent intervenir en tant que su-
jets, en première personne, dans les jeux où la masculinité s'affirme et s'accomplit, à travers les actes de reconnaissance mutuelle qu'impliquent tous les échanges isotimiques.[27]

Eine Beschränkung der weiblichen Tätigkeit auf den Haushalt, auf dem Privaten
also, ist nach Bourdieu die vorwiegende Strategie der männlichen Herrschaft.
Dadurch wird der Frau jede Möglichkeit zur „Emanzipation" und zur Gleichberechtigung vereitelt, weil ihr der Zugang zu jenem „Raum" verwehrt wird, in
dem Machtkämpfe stattfinden. Die Nichtteilnahme an diesen Kämpfen, die in
einem Prozess sich reproduzierender Strukturen eingetragen ist, verdammt die
Frau zum Status des ewig dominierten „Subjekts". Gesellschaftlich erscheine
die Trennung von Mann und Weib, die Arbeitsteilung wie die Rollenteilung
deshalb so selbstverständlich, um Bourdieus These weiterzuführen, weil sie
durch eine langwierige Sozialisation weitgehend in die „Natur der Dinge" eingetragen wurde:

Comme on dit parfois pour parler de ce qui est normal, naturel, au point d'en être inévi-
table, c'est qu'elle est présente, à l'état objectivé, dans le monde social et aussi, à l'état in-
corporé, dans les habitus, où elle fonctionne comme un principe universel de vision,
comme un système de catégories de perception, de pensée et d'action.[28]

Die Frauen tragen also selbst zur Perpetuierung der männlichen Herrschaft bei,
weil die gesellschaftlichen Existenzbedingungen dieser Herrschaft, die im Laufe
der Zeit zur Selbstverständlichkeit erhoben wurde, von den Menschen, Männern
wie Frauen, in Form von *Habitus* verinnerlicht wurden und von da an die Realität, das Denken und das Tun dieser Menschen bestimmt und die Menschen
somit zu „sozialisierten Körpern" (frz. „corps socialisés") wurden.

In Bezug auf das 19. Jahrhundert argumentiert Van Ornam dahingehend,
dass das bürgerliche Gesetz, obwohl es anscheinend eine rechtliche Gleichberechtigung der Frau und des Mannes proklamierte, vor allem die Angst des
männlichen Subjekts verkörperte, die dominierende Position zu verlieren.[29]
Diese Angst habe sich nicht nur in der Formulierung, d.h. in der Sprache spüren

---

27 Pierre Bourdieu: La Domination masculine, S. 21,27.
28 Pierre Bourdieu: La Domination masculine, S. 6.
29 Vanessa van Ornam: Fanny Lewald and Nineteenth-Century Constructions of Feminity, S.
86.

lassen, sondern auch in der alltäglichen Praxis der Männer, die stark geprägt war von Strategien der Konservierung von Macht. In diesem Kontext des 19. Jahrhunderts hatte es die potentielle jüdische Schriftstellerin doppelt getroffen. Sie gehörte dem marginalisierten Teil innerhalb einer bereits marginalisierten Gemeinschaft an und ihr Weg in die männlich bestimmte Gesellschaft ging von der Überwindung der innerjüdischen Marginalisierung über eine Auseinandersetzung mit Judenhass bis hin zum Kampf für eine Befähigung der Frau im Allgemeinen. Es soll ferner betont werden, dass jeder Versuch der Individualisierung stets in Grenzen gehalten wurde, weil er nicht selten durch seine Mittel die gängigen Positionen bestätigte. In diesem Sinne ist im Fall von Fanny Lewald jeder Versuch, aus der „Subalternität" auszubrechen, immer eine doppelte Geste, wie das noch in der Analyse dargelegt wird. Ellen Spickernagel hat zu Recht darauf hingewiesen, dass die sogenannte „weibliche Kunst" nur deshalb geduldet wurde, weil sie sich auf den Familienkreis beschränke und keine höheren Ansprüche hatte.[30] Sie war somit eine der vielen „weiblichen Tätigkeiten", die die Subalternität der Frau bestätigte. Wenn sich die Frau überhaupt außerhalb des eigenen Familien- und Freundeskreises wagte, wurde die subjektive Existenz der Künstlerin durch ihre Anonymität negiert. „Ernsthaftes Künstlertum isolierte die Künstlerinnen von den übrigen Frauen. Es isolierte sie als erstes von ihrer eigenen Familie, in die sie im 19. Jahrhundert noch stark eingebunden waren".[31] Selbst Möhrmanns Hinweis darauf, dass die Frauen im 19. Jahrhundert behutsam über die im 18. Jahrhundert zur Blüte gelangte Briefkultur den Weg in die literarische Öffentlichkeit fanden, muss dahingehend relativiert werden, dass dieser Eintritt der Frau ins literarische Feld[32] noch streng von

---

30 E. Spickernagel: Die Macht des Innenraums. Zum Verhältnis von Frauenrolle und Wohnkultur in der Biedermeierzeit. In: Kritische Berichte, Jg. 13, Heft 3. Gießen 1985, S. 5-15. Hier S. 12.
31 Krimhild Stöver: Leben und Wirken der Fanny Lewald. Grenzen und Möglichkeiten einer Schriftstellerin im gesellschaftlichen Kontext des 19. Jahrhunderts. Oldenburg 2004, S. 28.
32 In seiner Theorie geht Pierre Bourdieu von der Annahme aus, dass die Gesellschaft kein einheitliches Ganze ist, dass es eher als sozialer Raum vorhanden ist, der in unterschiedlichen Feldern unterteilt ist, die relativ autonom sind und deren jeweilige innere Funktionsweise bzw. Gesetzgebung voneinander abweichen. Ein Feld wäre dann ein strukturierter Raum, in dem das menschliche Subjekt Stellung bezieht und über den es im Allgemeinen kein Urteil fällen kann, das seine Stellung nicht ermöglicht. Das Feld wäre dann dieser soziale Raum, wo Subjekte engagiert sind im Kampf um bestimmte Güter, die mit dem Dasein des Feldes eng verbunden sind. So könnte man zum Beispiel vom literarischen, politischen, religiösen Feld, sprechen. Felder sind nach Bourdieu aber keine friedlichen Orte, wo Positionen nebeneinander existieren, es sind eher Kraftfelder. Es gibt auf der einen Seite die Position der Dominierenden, die Bourdieu in Anlehnung an Max Weber mit der Orthodoxie gleichsetzt. Es sind diejenigen, die das spezifische „Kapital" monopolisieren, das für ein spezifisches Feld charakteristisch ist und

Männern kontrolliert war. Es dauerte noch eine Weile, bis man vom Brief zu Vorträgen, Pamphleten, Verteidigungsschriften und Zeitungsartikeln übergehen konnte. Selbst privat war die Frau noch auf die Genehmigung ihres Mannes bzw. ihres Vaters angewiesen. Fanny Lewald zum Beispiel durfte ihren ersten Roman nur unter der Bedingung der Anonymität veröffentlichen. Nach langem Zögern hatte der Vater wider Willen der Entscheidung der Tochter zugestimmt, Schriftstellerin zu werden. Dieser Männerberuf erschien ihm als Ventil für die „alte" Tochter, die alle Hoffnungen auf eine Ehe verspielt hatte. Dennoch rissen sich Frauen schrittweise vom Joch der Männer und ihrer Gesetze, rebellierten und traten öffentlich auf. Die schreibende Frau kämpfte zugleich für einen Autorin- und Sozialstatus, und oft gingen beide Kämpfe ineinander auf. Nicht zuletzt trugen die literarischen Salons zu diesem Ausbruch aus der Marginalität bei.

Die Salons boten eine Tribüne für alle, Männer wie Frauen, Juden wie Nichtjuden. Sie waren eine Art Insel, auf der ein Ausnahmezustand herrschte. Dort konnte man soziale, religiöse wie geschlechtsspezifische Grenzen überschreiten. Allerdings zeigte sich ein Übertragen dieser Inselatmosphäre auf den gesamtgesellschaftlichen Bereich noch als illusorisch.[33] Hannah Arendt hat am Beispiel des bewegten Lebens der Rahel Varnhagen deutlich gemacht, dass der Einfluss der Salons auf die Emanzipation der Frauen und der Juden nicht überschätzt werden sollte, zumal innerhalb der Salons selbst, Spaltungen noch spürbar blieben.[34] Die Immanenz der Marginalisierung und die Resistenz der „Männerklasse" führten dazu, dass Literatur von Frauen meistens nicht über eine Thematisierung der Frauenkämpfe und der gesellschaftlichen Situation der Frau hinausging. Die Behauptung einer Frauenindividualität oder der Versuch,

---

die darum bemüht sind, ihre dominante Position ewig zu reproduzieren. Auf der anderen Seite gibt es die Position der Dominierten. Es sind jene Subjekte, die im Gegensatz zur Orthodoxie die etablierte Ordnung umkehren würden, weil sie über den geringsten Teil des „Kapitals" verfügen. So der Kampf zwischen unterschiedlichen Richtungen der Literaturwissenschaft. Die Sprache, die in einem literarischen Werk gebraucht wird, wie das literarische Werk selbst sind nach dieser Vorstellung von den Kämpfen innerhalb des literarischen Feldes geprägt (vgl. Pierre Bourdieu: Les règles de l'art. Genèse et structure du champ littéraire. Paris 1992. Bes. Kap. 3; Pierre Bourdieu : Choses dites. Paris 1987, S. 65).

33 Zur Theorie und Geschichte der Berliner Salons siehe u.a. Petra Wilhelmy: Der Berliner Salon im 19. Jahrhundert. (1780-1914). Berlin/New York 1989.; Hartwig Schultz: Salons der Romantik. Beiträge eines Wiepersdorfer Kolloquiums zur Theorie und Geschichte des Salons. Berlin, New York 1997. Wilhelmy bietet in den Anmerkungen eine umfangreiche Liste von Literatur zur Salon-Kultur an.

34 Vgl. H. Arendt: Rahel Varnhagen. Lebensgeschichte einer deutschen Jüdin aus der Romantik. München/Zürich 1981(1959).

als Frau die eigene Persönlichkeit in den Vordergrund zu schieben, fiel unter dem Vorwurf der Subversion.[35] Dass sich Frauen zunehmend mit Privatangelegenheiten an die Öffentlichkeit wandten, lässt sich nicht zuletzt dadurch erklären, dass „die Kritik die weiblichen Dichter in der Mehrzahl mit einer vornehmen Herablassung oder mit einer Art von Galanterie [behandelte]".[36]

Die Frauenautobiographie, ähnlich wie die jüdische Autobiographie, entstand in diesem Kontext des 19. Jahrhunderts also nicht im Sinne einer „semiotisch-lebensgeschichtlich-egologisch instrumentierter Konstruktion" von Individualität, sondern trug zum Kampf um Gleichberechtigung bei.[37] Es handelte sich um eine Autobiographie, die, wie Magdalene Heuser schreibt, im Gegensatz zur Männerautobiographie Geschlechterverhältnisse reflektieren und thematisieren wollte.[38] Es entstand zwar eine Frauenautobiographie, die aber eben aufgrund ihrer Entstehungsbedingungen und wegen der Tatsache, dass die Frau nur im Plural und nicht *for herself alone* sprechen konnte, „am Rande der Gattung" blieb.[39] Fanny Lewalds eben zitierte Darstellung des eigenen Daseins läuft in gewisser Hinsicht aber entgegen dieser Richtung. Indem die Autorin die fünfzehnjährige Protagonistin nicht mehr als Tochter ihres Vaters, als Schwester und später auch nicht als Frau darstellt, verweist sie schon auf ihren besonderen Werdegang. Hier zeichnet sich eine Protagonistin ab, die die Determiniertheit der Geschlechterverhältnisse in Frage stellen will, indem sie Dispositionen beansprucht, die sie vom Privaten ablösen und später ins Öffentliche führen sollen. Sie setzt mit der Proklamierung der Eigenständigkeit ein

---

35 Vgl. Renate Möhrmann: Frauenemanzipation im deutschen Vormärz. Texte und Dokumente. Stuttgart 1978.

36 ML II, S. 167.

37 Vgl. Christoph Miething: Gibt es jüdische Autobiographien? In: Ders. (Hg.): Zeitgenössische Jüdische Autobiographien. Tübingen 2003, S.43-73.

38 Vgl. Magdalene Heuser: Einleitung. In: Dies (Hg.): Autobiographien von Frauen. Beiträge zu ihrer Geschichte. Tübingen 1996, 1-12. Hier S. 3f.

39 Vgl. Heide Volkening: Am Rande der Autobiographie. Ghostwriting – Signatur –Geschlecht. München 2003. Volkening fasst diese Randposition der Frauenautobiographie wie folgt zusammen: „Die Autobiographie einer Frau scheint notwendig immer schon die Autobiographie dessen zu sein, was es bedeutet, eine Frau zu sein. Sie ist dadurch auch die Autobiographie von Frauen im Allgemeinen, von ‚der Frau'. Sie befindet sich immer am Rand der Autobiographie. Sie kann nicht einfach ihre Geschichte erzählen. Was sie schreibt, ist gerade noch oder gerade noch nicht Autobiographie – es ist fast schon eine Autobiographie oder fast schon keine mehr." Damit wird auch James Olneys These bestätigt, Autobiographie sei immer „the story of a distinctive culture written in individual characters and from within [...] [which] offers a privileged access to an experience (the American experience, the black experience, the female experience, the African experience) that no other variety of writing can offer" (James Olney: Autobiography and the cultural moment, S. 13.)

klares Zeichen, eine Distanzierungsgeste gegenüber dem Frauenstatus, wie er von der bürgerlichen Gesellschaft definiert wird, indem sie behauptet, nicht zu dieser Gruppe zu gehören bzw. gezählt werden zu wollen. Diese Einstellung ist kein isoliertes Moment, sondern Teil eines Programms, das die Autorin im Laufe ihrer Karriere für die Frauenemanzipation entfaltet, und das sie zu einer wichtigen Vorkämpferin der Frauenrechte machte. Zu den Schriften, die dieses Programm unterstützen, sind besonders die vierzehn Briefe ihres Buches *Für und wider die Frauen* sowie zahlreiche Romane wie *Der dritte Stand* (1846) und *Eine Lebensfrage* (1845) zu zählen. Es soll aber betont werden, dass auch in Einzelfällen wie bei Fanny Lewald der Versuch der Infragestellung des „Mainstream-Diskurses„ erst recht die eigene Not als Außenseiterin bestätigte, weil es weiter darum ging, sich auch *wie* ein Mann auszuzeichnen. Um dieses Verhältnis der Autorin zum autobiographischen Kanon ihrer Zeit geht es im Folgenden.

3.2 Zur Zusammensetzung der Lebensgeschichte

3.2.1 Entwicklungsgeschichte und Zusammenhang

Die Dreiteilung von Fanny Lewalds Lebensbeschreibung und die Titel der jeweiligen Teile sind der erste Hinweis auf ihren entwicklungsgeschichtlichen Charakter. „Im Vaterhause", „Leidensjahre" und „Befreiung und Wanderleben" sind drei Stationen, die die Autobiographin aus ihrem Leben feinsinnig herausarbeitet, um dieses Leben als Entwicklung eines selbstbewussten „Ich" zu einer Subjektposition darzustellen. Der erste Band, „Im Vaterhause" ist die Geschichte der Erziehung, oder genauer, der Formierung des kleinen Mädchens Fanny nach streng bürgerlichen Prinzipien zu einer ehetauglichen Frau. Nach einer Zusammenfassung von Ulrike Helmer schildert dieser Band „exemplarisch die unerbittliche Weiblichkeit, die schrittweise, von psychosomatischen Leiden begleitete Übernahme dieser weiblichen Identität".[40] Demgemäß lautet der Titel auch „Im Vaterhause" und nicht „Im Elternhaus". Fanny Lewald erzählt hier von ihrer Kindheit, von ihren Eltern und Geschwistern, und von den Lebensbedingungen und Verhältnissen im ‚Vaterhause', die die Autorin selbst als „beschränkt" bezeichnet.[41] Immerhin darf man angesichts des rebellischen Charakters der Autorin an die tatsächliche „Übernahme dieser weiblichen Identität" zweifeln, wie das sich in weiteren Ausführungen erweisen wird. Ihre Erzählung

---

40 Fanny Lewald: ML II, S. 310
41 Fanny Lewald: ML I, S. 258.

reicht bis zum 21. Lebensjahr, wo sie mit ihren Hoffnungen und Wünschen kurz davor steht, ihren Vater bei einer Geschäftsreise zu begleiten. Dass dieser erste Band mit dem Antritt dieser Reise endet, deutet auf vielerlei hin. Diese Reise, deren Beschreibung den zweiten Band eröffnet, fungiert hier als Überleitung und als Ansatzpunkt einer Übergangsperiode, die zwischen Vaterhaus und der bereits erwähnten Eigenständigkeit vermittelt. Womit der erste Band also logischerweise zum Teil mit der Kindheit zusammenfällt. Die Bezeichnung „Kindheit" wird im Titel aber bewusst oder unbewusst von einer Autorin vermieden, die von Anfang an viel Eigensinn und Selbstbewusstsein, eine Art „angeborene Selbständigkeit" beansprucht für das „Kind", das sie damals war bzw. das sie vorgibt nie gewesen zu sein.[42] Obwohl sie im Text reichlich von sich als Kind ihres Vaterhauses berichtet, besteht die Autobiographin besonders darauf, dass sie kein Kind war im zeitgenössischen Sinne des Wortes. Die Entscheidung, die in diesem Band dargestellte Zeit als Kindheit zu betiteln, würde mit der Absicht kollidieren, die damalige Fanny als unabhängige und selbständige Persönlichkeit darzustellen, wie das aus der oben zitierten Darstellung der Fünfzehnjährigen zum Ausdruck kommt. Es wird nämlich kein Kind dargestellt, das jene Attribute vorweist, die Erikson etwa in seiner Beschreibung der menschlichen Entwicklung nennt. Ihre Auffassung der Erziehung als lenkende und nicht bestimmende Tätigkeit, die sie im Anschluss betont, führt zum selben Pfad: „Erzieher müssen Leiter, nicht Herren des Menschen sein, der ihrer Pflege zuteil geworden ist, wenn sie nicht schaden, sondern fördern wollen".[43] Dadurch, dass die Autobiographin sich zu diesem Zeitpunkt als unabhängiges und von der Gruppe (Familie, Geschlecht, Alter, usw.) abgelöstes Wesen darstellt, unterminiert sie die Idee der Kindheit, wie sie für sie hätte geltend gemacht werden können, und trägt sich in eine Logik der Selbststeuerung ein, die ihre Entwicklungsgeschichte begründet bzw. untermauert. Nur durch dieses „Arrangement" schafft sie den Anschluss an Goethes entwicklungsgeschichtliches Modell der Selbstdarstellung, das ihr zum Vorbild steht. Ihr fehlen ansonsten objektiv jene Bedingungen, die ein Gleichgewicht zwischen den unterschiedlichen psychischen Instanzen der Persönlichkeit ermöglichen und die dem „Ich" eine Stabilität verleihen, was Bernd Neumann als Grundlage von Goethes Autobiographie bezeichnet hat.[44] Es handelt sich für Neumann um jene Bedingungen, die für die Erzeugung eines unabhängigen Menschen günstig sind und die, ihm zufolge, an Goethe durchaus exemplifiziert werden können:

---

42 Vgl. u.a. Fanny Lewald: ML I, S. 165.
43 Fanny Lewald: ML I, S. 196.
44 Vgl. Bernd Neumann: Identität und Rollenzwang, S. 20.

Der Rat Goethe [Johann Wolfgang Goethes Vater] ließ seinem Sohn die für eine normale Ich-Entwicklung unabdingbare Freiheit. Einzig dieses Verhalten ermöglicht dem Kinde die zwanglose Übernahme der väterlichen und damit gesellschaftlichen Gebote durch liebende Identifizierung mit der Autorität. Dies war eine Vorbedingung für die Entwicklung von Goethes harmonischer Persönlichkeit, die frei war von dem quälenden Antagonismus zwischen zu schwachem Ich und zu herrischem Über-Ich, wie er bei Jung und Moritz zu finden war. Damit soll nicht gesagt werden, daß Goethes Jugendentwicklung krisenlos verlaufen sei. Doch wie schwer immer diese Krisen gewesen sein mögen, sie verliefen normal in dem Sinne, daß Goethe sie zu bewältigen vermochte. Es ist freilich bezeichnend, daß sie in ‚Dichtung und Wahrheit' verschwiegen oder – etwa bei der Rückkehr aus Leipzig – harmonisiert werden.[45]

Weder die „liebende Identifizierung", noch die „Freiheit", die bei Goethe in Frage kommen, treffen auf Fanny Lewald zu. Dagegen zeugt ihre Erzählung von einem „herrischen Über-Ich", das die junge Fanny bereits in den ersten Kinderjahren auszeichnet. Im ersten Band der Autobiographie zeichnen sich bereits Konflikte ab, die einer solchen Entwicklung wie bei Goethe im Wege stehen, und zwar einmal innere Konflikte und dann auch Konflikte mit dem sozialen Umfeld und mit den Eltern. Zwar versucht die Erzählerin, durch ihren wiederholten Verweis auf die besondere Beziehung zu ihrem Vater und auf die ihr eingeräumten Freiheiten, die Möglichkeit einer solchen Entwicklung glaubwürdig zu machen, ersichtlich wird dennoch u.a. an ihrer Darstellung der ungleichmäßigen Behandlung von Jungen und Töchtern im Vaterhause, dass für sie in diesem Bereich starke Einschränkungen galten. Die Bedingungen für ihre Entwicklungsgeschichte muss die Autorin in dieser Hinsicht erst literarisch schaffen.

Im ersten Band der Autobiographie betont sie bevorzugt ihre ruhige und glückliche Kindheit, wie anschließend ihre angeborene Selbständigkeit und Tendenz zur Freiheit. Damit begründet sie die Zäsur zwischen erstem und zweitem Band. Die Geschichte entwickelt sich von einer ruhigen Kindheit zu einer weniger ruhigen Zeit, die eben dadurch ausgelöst wird, dass ihre Ansprüche auf Selbstständigkeit und Freiheit Konflikte innerlich und mit ihrer Umgebung auslösen. Der zweite Band der Autobiographie ist demnach die Darstellung jener Konflikte und ihrer Verhandlung bzw. ihrer Bewältigung durch das sich entwickelnde Ich. So dass nach gelungener Bewältigung der Konflikte, wieder Ruhe geschaffen wird, und zwar dadurch, dass im dritten Band das „Ich" seine soziale Rolle übernimmt, sich stabilisiert bzw. zu sich findet und daraufhin Identität, ihr endgültiges, von Anfang an feststehendes Ziel erlangt. Diese Dreiteilung des Werkes ist aber nur dann plausibel, wenn die Konflikte der Zeit bis

---

45 Bernd Neumann: Identität und Rollenzwang, S. 146.

zum 21. Lebensjahr, also bis zum Ende des ersten Bandes, aus den Leidensjahren ausgeschlossen werden, was die Autorin mit einigen Anstrengungen auch erreicht. Die Tatsache, dass jene Konflikte wichtig für die Persönlichkeitsentwicklung des autobiographischen Ich sind,[46] zeigt sich in dem Arrangement des Erlebten, das die Autorin später vorgenommen hat. Hier wird Kausalität geschaffen, indem ein entwicklungsgeschichtlicher Zusammenhang suggeriert wird. So wird der Zufall zur Notwendigkeit. Die Darstellung erfolgt nach dem Prinzip, dass jedem Tiefpunkt ein schwungvoller Wiederaufstieg folgt und jeder Rückschlag erst recht die Geschichte in Bewegung bringt. Die Diskriminierung wegen ihrer jüdischen Abstammung, die gescheiterte Verlobung mit Leopold Bock und dessen Tod, die Schließung der Töchterschule, die Aufforderung zur Ehe u.a. sind schwierige Momente, die die Erzählerin aber – aus ihrer Perspektive betrachtet – vorwärts bringen. Aber auch fröhlichere Momente, wie die zufällige Zusammenarbeit mit dem Vetter August Lewald, die zum Schriftstellerin-Beruf führte, werden zur Notwendigkeit erhoben auf dem Weg zu einer Art „Bestimmung". Das Vorhandensein dieses endgültigen Zieles formuliert sie dann deutlich in folgenden Worten: „Solange ich mich zu erinnern vermag, habe ich immer ziemlich bestimmt gewußt, was ich wollte, und das Ziel nicht leicht aus dem Auge verloren, dem ich zustrebte".[47] Damit es beständig vorwärts geht, bedarf es eines Motors, den die Erzählerin auch bereits bereit hält, und zwar im Bilde des Selbsterhaltungstriebs, von dem sie sagt, er habe sie immer vom Untergehen bewahrt.[48] Ob Weglassen oder Artikulieren der unterschiedlichen Lebensabschnitte, diese Techniken tragen deutlich zum Aufbau des Geschichtszusammenhangs bei. Dass Fanny Lewald ihre Konflikte aber nicht in ihre Leidensjahre versetzt, hat seine Gründe. Mindestens bis zur Schließung der Ulrichschen Töchterschule, die sie als „Ende der glücklichen Kindheit" bezeichnet, hängt ihre Erzählung an dem im 19. Jahrhundert in der Folge der

---

[46] An wichtigen Ereignissen fehlt es in der ersten Lebensphase der Fanny Lewald nämlich nicht. „Daß wir Juden wären, und daß es schlimm sei, ein Jude zu sein, darüber war ich aber mit fünf, sechs Jahren, noch ehe ich in die Schule gebracht wurde, vollkommen im Klaren", schreibt die Autorin über ihre erste Erfahrung mit dem eigenen Judentum. Sie soll erst von einer Nachbarin erfahren haben, dass sie Jüdin war (Fanny Lewald: ML I, S. 48). Genauso peinlich scheint ihr der Übertritt ihrer beiden Brüder zum Christentum gewesen sein, weil der Vater sie von der Taufe zuvorderst ausschloss. Hinzu kommen ihre Verlobung mit dem Theologiestudenten Leopold Bock, die Einmischung des Vaters in ihrer Liebesbeziehung und der Tod des Verlobten aus ihr unbekannten Ursachen. Nicht zuletzt wäre hier auch die Schließung der Ulrichschen Töchterschule wie der eigene, später vom Vater genehmigte Übertritt der Fanny Lewald zum Christentum und der dadurch entstandene innere Konflikt zu nennen.

[47] Fanny Lewald: ML II, S. 257.

[48] Vgl. Fanny Lewald: ML II, S. 184.

Rousseau-Rezeption verbreiteten Topos der glücklichen und sorglosen Kindheit. Hinzu kommt, dass sie das Leiden dieser Jahre rückblickend im Sinne einer Bildung auffasst und es positiv bewertet als „normaler" Weg zur Ausbildung und zur Erwerbstätigkeit, also zur Selbständigkeit. Daher dreht sich der zweite Band der *Lebensgeschichte* hauptsächlich um die Suche nach Freiheit, um den Kampf gegen das Patriarchat. Kein Wunder, dass die Autorin ihr Debüt als Schriftstellerin gerade ans Ende dieses Bandes setzt.

Der dritte Band, der mit dem Eintritt der gerade geweihten Schriftstellerin und unabhängigen Frau in die Öffentlichkeit ansetzt, schildert in ihrer ganzen Breite die Freuden der Freiheit und der Selbstbestimmung. Als Abschlussband dokumentiert er das Ziel des Entwicklungsprozesses der Autobiographin. Dass hier auch nicht nur der Zusammenhang, sondern auch der teleologische Aspekt besonders wichtig ist, belegt die Tatsache, dass die Autobiographin ihre Geschichte mit dem Antritt ihrer Italienreise *abbricht*. Auf dieser aus der Autobiographie ausgeschlossenen Reise lernt die Schriftstellerin Fanny Lewald ihren künftigen Ehemann Adolf Stahr kennen. Die Autobiographie wirkt somit unabgeschlossen, zumal diese Beziehung zu Stahr Fanny Lewalds eigener Vorstellung einer freien und einzig von Liebe bedingten entspricht. Der Ausschluss dieser so entscheidenden Phase ihres Leben aus der Autobiographie trägt also zur Konstruktion des Zusammenhangs und mithin des Textsinnes bei. Wird dieses Moment in die Geschichte eingebaut, dann bringt es seinen Zusammenhang ins Kippen. Geht man, wie Bernd Neumann es ausführt, davon aus, dass die Autobiographie mit der Übernahme einer sozialen Rolle endet, dann wäre aus der Perspektive von Fanny Lewald mit ihrem Eintritt in die Öffentlichkeit als Schriftstellerin und als Intellektuelle dieses Ziel erreicht.[49] Sie behauptet deshalb am Ende des dritten Bandes überlegen und selbstsicher: „Ich war meiner Freiheit, meiner Verhältnisse, meiner selbst Herr geworden, und damit erst recht fähig, sie zu benutzen und zu genießen".[50] Eine Ehe, mag sie nach ihrem eigenen Prinzip erfolgen, würde hier trotzdem den inneren Zusammenhang der Geschichte durcheinander bringen, weil die Erzählung über das gesetzte Ziel hinausgehen würde. Für Fanny Lewald ist deshalb nicht die Ehe die soziale Rolle, sondern ihr Beruf als Intellektuelle. *Meine Lebensgeschichte* ist für sie deshalb die Geschichte einer Befreiung und sie soll eben mit dem Erlangen dieses Zieles enden. Damit ist diese Autobiographie also auch eine Ablehnung eines sozialen Rollenspiels. Die Autorin siedelt ihr Eheleben bewusst außerhalb ihrer Autobiographie an und lehnt damit die soziale Rolle der Frau ab, wie sie

---

49 Vgl. Bernd Neumann: Identität und Rollenzwang, S. 25.
50 Fanny Lewald: ML III, S. 295f.

von der Gesellschaft vorgesehen ist. Durch diese Amputation entsteht ein Riss in dem Geschichtszusammenhang und mithin in der Identität der Autobiographin, weil letztere erst der Geschichtsidentität entspringt, wie Ricœur es ausführt. Diese Ablehnung der sozialen Rolle geht einher mit einer Suche nach Identifikationsfiguren über gesellschaftlichen Zuschreibungen hinaus. Eine solche Identifikationsfigur ist in Fanny Lewalds Autobiographie Goethe.

3.2.2 Goethe-Kult und Positionierung im literarischen Feld

3.2.2.1 Die Einleitung als Programm

Die Einleitung zu Fanny Lewalds Autobiographie ist ein echter Treueid an Goethe. Wie es dort heißt, schickt sie ihrer Autobiographie Goethes Gedanken voran. Gemeint sind Goethes Überlegungen zur eigenen Autobiographie und über die Notwendigkeit, das eigene Leben darzustellen und über die Form dieser Darstellung. „An diese Aussprüche habe ich oftmals gedacht", so die Autorin,

> dann ist mir häufig die Lust gekommen, mir einmal mein eigenes Leben und meine eigene Entwicklung in solcher Weise übersichtlich und zusammenhängend darzulegen, und seit Jahren habe ich die Neigung gehabt, meine Erinnerungen aufzuzeichnen.[...] Denn wie man in der Jugend ahnungs- und hoffnungsvoll in die ungewisse Zukunft hineinblickt, so schaue ich in diesem Augenblick ruhig und befriedigt auf den Pfad zurück, der jetzt hinter mir liegt. Es ist etwas Besonderes um das Festhalten und Aufschreiben seiner eigenen Schicksale, um das Wiedererwecken seiner eigenen Vergangenheit. Man ist Darsteller und Zuschauer, Schöpfer und Kritiker, jung und alt zugleich. Man empfindet alle seine vergangenen Leiden mit dem Gefühle eines Ueberwinders zurück. Man durchlebt das Leben noch einmal, aber ruhig und mit unverwirrtem Bewußtsein. Und was uns im Affekte des Erlebens einst räthselhaft, was uns getrennt und zusammenhanglos, was uns zufällig, unwesentlich oder auch gewaltsam und ungerecht erschien, das gestaltet sich vor dem *überschauenden Blicke* zu einem übersichtlichen Ganzen, in welchem eigenes und fremdes Handeln, in welchem Irrthümer und Schmerzen, in welchem unser Denken und Streben, unser Mißlingen und unsere Erfolge uns nur noch als eben so viele Ursachen und Wirkungen entgegentreten. Jedes Menschenleben *trägt eben seinen vernünftigen Zusammenhang in sich*, und mehr oder weniger habe ich in dem Schicksal aller mir bekannt gewordenen Menschen das alte Sprichwort bestätigt gefunden, das mein theurer Vater uns von Jugend auf als Lehre und Warnung auszusprechen pflegte: es ist jeder seines Glückes Schmied![51]

Aus der Rhetorik dieser Aussage geht das gesamte Programm von Fanny Lewalds autobiographischem Unternehmen hervor. Die Autobiographin verbindet

---

51 F. Lewald: Meine Lebensgeschichte, Berlin: Janke, 1971, S. 6. Herv. C.S.

nämlich unterschiedliche Paradigmen der entwicklungsgeschichtlichen Autobiographie, mit denen sie auf ihrer Art Anschluss an Goethe sucht. Die Koppelung von Darsteller und Zuschauer, von Schöpfer und Kritiker, von jung und alt,
obwohl sie eine Evolution bzw. Veränderbarkeit darstellt, spielt zugleich darauf
an, dass Instanzen der Vergangenheit und der Gegenwart identisch sind.
Dadurch entsteht ein „Pakt", wie Lejeune ihn dargestellt hat, bei dem die Autorin versichert, dass sie mit der dargestellten Figur identisch ist. Dementsprechend schreibt sich diese Vergangenheit-Gegenwart-Rhetorik in eine Dialektik
von Veränderbarkeit und Beständigkeit, die im Sinne von Ricœurs „identité
personnelle" zum Ausdruck bringt, dass die dargestellte Figur sich verändert
hat und dennoch dieselbe geblieben sei. Es heißt, um Ricœur zu paraphrasieren, dass die Entwicklung vom Darsteller zum Zuschauer nicht zwangsweise
impliziert, dass man ein anderer geworden sei. Die Nebeneinanderstellung von
Vergangenheit und Gegenwart in den Paradigmen-Paaren Darsteller-Zuschauer,
Schöpfer-Kritiker und jung-alt führt des Weiteren zu einer Schmälerung der
Distanz zwischen beiden Zeitebenen, was den Eindruck der Unmittelbarkeit des
Erlebten für den „Darsteller" entstehen lässt. Dieses Nebeneinander von Gegenwart und Vergangenheit sowie der Versuch, die Zeitbarriere fallen zu lassen,
kommen in folgender Passage deutlicher zum Ausdruck:

> Während ich diese Zeilen niederschreibe, sehe ich ihn wieder vor mir, den einfachen Gar-
> ten, in welchem das zweistöckige, ansehnliche Haus gelegen war. Ich sehe aus den geöff-
> neten Thüren unseres Wohnzimmers hinaus durch die gegitterte Pforte, auf den Grasplatz
> am Teiche, hinter dem sich die Kirche erhob. Ich sehe die Äste der beiden Pflaumenbäume
> vor unserm Fenster sich auf- und niederwiegen, auf denen sich Schaaren von Vögeln
> schaukelten.[52]

Präsens und Präteritum werden ineinander verschränkt und quasi auf gleicher
Ebene benutzt. Vergangenheit wird vergegenwärtigt. So kann die Autobiographin sich und ihren Leser von der Wahrhaftigkeit ihrer Darstellung überzeugen,
denn es geht ihr um nicht weniger als das einfache „Wiedererwecken ihrer eigenen Vergangenheit". Dass aber dieses Wechselspiel zwischen gestern und
heute und der Entwicklungsprozess nicht so folgenlos bzw. reibungslos laufen,
wie es bis jetzt der Fall zu sein scheint, soll noch im Folgenden erläutert werden.

Die Entwicklung der jungen Fanny zur Autorin Lewald, der Prozess, bei
dem die Darstellerin zur Zuschauerin wächst, die Schöpferin Kritikerin wird und
das junge Mädchen alt wird, ist zugleich die Entwicklung von einer Objekt- zu

---

52 F. Lewald: ML I, S. 198.

einer Subjektposition, wie sie aus Neumanns Beschreibung der autobiographischen Tätigkeit hervorgeht. „Der Autobiograph, der in seinem Leben häufig genug das hilflose Objekt sozialer und psychischer Zwänge war, erhebt sich im Abfassen der Lebensgeschichte zum Subjekt. Die Erinnerung stellt ihm das Leben in jedem Falle als gemeistert dar", so Neumanns Interpretation der Autobiographie als Entwicklung.[53] Es ist diese Entwicklung, die Lewald dadurch beschreibt, dass sie die Jugend als Moment der Ahnungs- und Hoffnungslosigkeit und der Ungewissheit darstellt, während sie das Alter als Moment der Ruhe und der Beherrschung betrachtet. Anders gesagt fungiert für sie die Jugend als Moment des Ausgeliefertseins und des Schmerzes und das Alter als Befreiungs- und Beherrschungsmoment. Die Befriedigung, die Gelassenheit und der Stolz, die die Autorin der obigen Aussagen strahlt, rühren von der Überwindung des Objekt-Status' her. Diese Aussagen verkörpern die Überwindung der Kindheit, die für Lewald als „Kind der Zeit" mit Mädchensein bzw. Frauensein, Jüdinsein, also mit Unterdrückung und Marginalisierung, zusammenfällt. Anders ausgedrückt proklamiert Lewalds Autobiographie eine vom Frauen- und Jude-Sein befreite Fanny. Das Schreiben der Autobiographie wie das Schreiben im Allgemeinen überhaupt verkörpert demnach den Abgang von der „Subalternität" zu einem Status von Sprech- bzw. Handlungsfähigkeit. Es ist die Konsekration einer Identität, die sich ohne jene gesellschaftlichen Zuschreibungen, ohne Ausbeutung und äußere Subjektproduktion formuliert. Die Autobiographie entspringt diesem Transformationsprozess, sie ist davon das Ergebnis, genauso wie der Prozess umgekehrt den Text legitimiert bzw. begründet. Es sind die Schmerzen, die mit der Subalternität zusammenhängen und die Befreiung davon, die Lewald zur Autobiographin machen.

Wenn die Autorin ihre Jugend als schmerzhaft und nun in ihrer Zuschauerrolle Befriedigung empfindet, dann entpuppt sich das eigene Leben also auch als Lustobjekt, das die Autorin in einer narzisstischen Geste mit Vergnügen betrachtet und in Besitz nimmt. Diese Inbesitznahme, die durch die Überwindung des Schmerzes erfolgt, findet ihr Mittel in der autobiographischen Tätigkeit. Letztere fungiert in dieser Hinsicht als Therapie, weil sie dazu beiträgt, die Schmerzen der Vergangenheit auszumerzen, sie zu tilgen, so dass erst im Prozess des Schreibens dieses Gefühl der Beherrschung und der Ruhe entsteht. Die Ruhe, die die Autorin also betont, ist nicht bloß die eines Menschen, der sein Leben in Griff hat und unverstellt von oben darauf blicken kann, sie ist auch die Ruhe eines geheilten Menschen, der es geschafft hat, seine Schmerzen loszu-

---

53 Bernd Neumann: Identität und Rollenzwang, S. 61.

werden. Diese Ruhe entspringt unmittelbar der Befreiung von Schmerzen, sie ist Erleichterung.

Ein weiteres Element, das Lewald in der obigen Aussage aufgreift, ist der Zusammenhang. Er ist bei ihr übersichtlich und zugleich vernünftig, und er entspringt der Lebensentwicklung selbst. Diltheys These, jedes Leben trage ihren Sinn in sich und dieser Sinn lege in dem Bedeutungszusammenhang, beschreibt zutreffend Lewalds Einstellung zu ihrer eigenen Lebensbeschreibung.[54] Bei Lewald ist dieser Zusammenhang auch nicht gegeben, er kommt erst durch die Bewegung des Geistes zustande, durch den ordnenden Rückblick. Erst der von Lewald erwähnte überschauende Blick macht es ihr möglich, einzelne, zusammenhanglose, d.h. „sinnlose" Momente der Vergangenheit in einen Zusammenhang zu bringen und zu *verstehen*. Das Verstehen, das nach Dilthey dem Umgang mit dem Leben überhaupt zugrunde liegt, erfolgt hier in Form einer Hin- und Her-Bewegung zwischen Vergangenheit und Gegenwart, zwischen den einzelnen Lebensmomenten und dem gesamten Lebensbild. „Rätselhaft" wurden manche Momente, schmerzhaft oder freudig, nur solange, als sie einzeln betrachtet waren. Im Rückblick finden sie ihren Platz bzw. ihren Sinn im Textzusammenhang. Dilthey sagt zu diesem Vorgang, dass „Indem wir zurückblicken in der Erinnerung, erfassen wir den Zusammenhang der abgelaufenen Glieder des Lebensverlaufs unter der Kategorie ihrer Bedeutung".[55] In dieser Hinsicht funktioniert das Leben wie ein Puzzlespiel, so dass jedes Einzelteil erst im Gesamtbild des Spiels eine Bedeutung erhält und das Ganze auch erst aus der Zusammensetzung der einzelnen Teile Sinn macht. Wie das aus der hier kommentierten Darstellung hervorgeht, entsteht der Sinn des Lebens ebenso wie im Puzzlespiel im Fortlauf der Rekonstitution. An Lewalds eigene Lebensgeschichte angewendet heißt dies, dass selbst der Zufall im Nachhinein als Notwendigkeit interpretiert wird. Wie etwa bei Augustinus verfolgt die Geschichte ein festes Ziel, d.h. hier die Ich-Werdung, die Individualisierung der Protagonistin und alle anderen, früheren Ereignisse und Vorgänge sind bloß Stationen auf dem Weg zu diesem endgültigen Ziel.

> So vollzieht sich das Verständnis [ihres] Lebens in der Beziehung der Teile desselben zur Realisierung eines absoluten Wertes, eines unbedingt höchsten Gutes, und in dieser Beziehung [der Rückwärtsblickenden] entsteht das Bewusstsein von der Bedeutung jedes früheren Lebensmomentes.[56]

---

54 Vgl. Wilhelm Dilthey: Das Erlebnis und die Dichtung, S. 246.
55 Wilhelm Dilthey: Das Erlebnis und die Dichtung, S. 248.
56 Wilhelm Dilthey: Das Erlebnis und die Dichtung, S. 248.

Die Diskriminierung und Marginalisierung der Frau und der Jüdin sowie die vielen Liebesprobleme der jungen Fanny fungieren als Vorbereitung auf das höchste Ziel. Es sind aber auch jene Momente, die der Ich-Werdung der Protagonistin Sinn geben. Ohne sie existiert die Vorkämpferin der Frauenrechte nicht, genauso wenig die Autobiographin. Dass der Zusammenhang ein vernünftiger ist, liegt nicht zuletzt daran, dass er aus vernünftiger Distanz, sprich im Alter, mit Überblick, hergestellt wird. An ihrer Beschreibung des Zustandekommens dieses Zusammenhangs werden Verschiebungen wahrnehmbar, die die Rolle der Autorin als verwaltende Instanz in dem dargestellten Entwicklungsprozess besonders hervorheben.

Für Fanny Lewald ist man im Alter nicht nur Betrachter eines früheren Ichs, sondern auch Kritiker dessen, was man im jungen Alter zustande gebracht hat. Kritik bedeutet aber, dass die autobiographische Tätigkeit als Wiederbelebung der Vergangenheit eigentlich stets eine schöpferische Tätigkeit ist, d.h. eine, bei der Neues entsteht und nicht bloß Vergangenes wiederbelebt wird. Wenn man also davon ausgeht, dass die Betrachtung des eigenen Lebens Befriedigung, Stolz und Ruhe hervorrufen soll, dann bietet sich der Schluss an, dass diese Betrachtung nur nach dem Lustprinzip erfolgen kann. Die kritische Tätigkeit der Autobiographin besteht in diesem Sinne nicht darin, etwa eigene Entscheidungen in Frage zu stellen, sondern eben sie zu vertuschen bzw. sie im Sinne einer Entwicklungsgeschichte zu rechtfertigen. Die Autobiographin ist demnach eine Kritikerin des eigenen Lebens, aber nur insofern, als sie in ihrer Harmonisierung von Vergangenheit und Gegenwart über die Teile entscheidet, die weggelassen werden, weil sie sonst die Harmonie des Ganzen stören würden, etwa im Sinne von Pascal, dass „The Distortion of truth imposed by the act of contemplation is so over-riding a qualification of autobiography that it is indeed a necessary condition of it".[57] In dieser Hinsicht wäre es nicht abwegig, Lewalds Motto „Jeder ist seines Glückes Schmied" ironisch dahingehend zu interpretieren, dass die Autobiographin erst durch eine „mise en intrigue" das eigene Glück literarisch gestaltet. Es wird im Folgenden weiter dargelegt, wie diese „Distortion" der Wahrheit bei Fanny Lewald operiert.

Die dargestellte Wahrheit in *Meine Lebensgeschichte* ist eine Wahrheit zum Zwecke der eigenen Befriedigung. Gerade dieser Umgang mit der eigenen Geschichte zielt darauf ab, sich selbst zu finden, Selbstbewusstsein zu erlangen. Lewalds Autobiographie soll aus der Perspektive der Autorin deshalb das „unverwirrte Bewusstsein" eines Subjekts zugrunde liegen, das sich endlich erkannt und Identität erlangt hat. Identität wird aus dieser Perspektive zwar als

---

57 Roy Pascal: Design and Truth in Autobiography, S. 72.

Resultat einer Interaktion zwischen Eigenem und Fremden, bzw. Individuum und Gesellschaft, also zwischen „Freiheit und Notwendigkeit" im Sinne Goethes, aber sie wird besonders als etwas Endgültiges aufgefasst.[58] Sie ist ein Ziel, das man von Anfang an in sich trägt und nur verwirklichen soll. Fanny Lewald versteht ihre Autobiographie nicht hauptsächlich als Versuch, Klarheit über die Vergangenheit zu gewinnen. Sie beschreibt den Schreibprozess als ruhige und gelassene Rekonstruktion ihres Weges zu einem Ziel, das sie von Anfang an in sich trug, und das selbstbewusst verfolgt und erreicht wurde. Sie sei von Anfang an nicht für den Haushalt bestimmt gewesen.[59] Hier kommt also deutlich das nach Stuart Hall angeführte Subjektkonzept der Aufklärung in Frage, d.h. ein Subjekt, das trotz Hindernissen und gesellschaftlicher Zwängen eine grundsätzlich stabile und lineare Identität beibehält. Es ist das Subjekt, das sich ändert, trotzdem aber dasselbe bleibt. Lewalds selbstgelobte Begabung, die beständig betonte Frühreife und ihr Sinn für das Geistige sind Elemente, die in Bezug auf die herrschende gesellschaftliche Ordnung der erzählten Zeit ihre Individualität untermauern sollen, aber auch das Vorhandensein einer Substanz, die ihre Persönlichkeit von Anfang an und durch alle Stationen des Lebens unverändert geprägt hätte. Nun erscheint das Leben in Form der Erzählung als Prozess der Konkretisierung dieser Substanz und das Niederschreiben der Autobiographie selbst als Feierstunde, als Krönung dieses Prozesses. Dieser literarische Entwurf des eigenen Glückes ist ferner eine Strategie im Projekt der Selbstkonstruktion, die Identifikation mit einem bestimmtem Vorbild ermöglichen soll.

3.2.2.2 Identifikation und Individualisierung

Die Suche nach dem Zusammenhang und die entwicklungsgeschichtliche Gestaltung ihrer Autobiographie sind für Fanny Lewald wie bereits erwähnt zwei Momente des Goethekults. Nicht zuletzt die Tatsache, dass sie ihre Darstellung mit dem Antritt einer Italienreise abschließt, weist auf die Goethe-Rezeption hin. Wobei allerdings darauf hingewiesen werden soll, dass Fanny Lewald in Rom gemäß dem bürgerlichen Brauch zu ihrer sozialen Rolle als Frau findet – dort trifft sie eben ihren späteren Ehemann Stahr –, während Italien für Goethe gerade die Entledigung von dieser Bindung bedeutet.[60] Katherine R. Goodman

---

58 Vgl. Johann Wolfgang Goethe: Gedenkausgabe der Werke, Briefe und Gespräche. Hg. von Ernst Beutler. Band 14. Schriften zur Literatur. Zürich 1949, S. 524.
59 Vgl. F. Lewald: ML I, S. 87, 116ff.
60 vgl. hierzu Bernd Neumann: Identität und Rollenzwang: „Die Freiheit, die Goethe in Rom, im Land seiner Kinderträume, genießt, ist die Freiheit des aus gesellschaftlichen Zwängen

u.a. hat zu Recht auf die „strukturellen und inhaltlichen Ähnlichkeiten" zwischen Lewalds *Lebensgeschichte* und Goethes *Dichtung und Wahrheit* hingewiesen. Sie schreibt: „Indeed, *Dichtung und Wahrheit* serves Lewald as a model in at least two significant ways: in the historical depth she gave to her autobiography and in its general concept".[61] Sie betont Fanny Lewalds positivistische Annäherung an die Geschichte, ihre Konzeption des Menschen als Produkt seiner Zeit und der Autobiographie als didaktisches Material.[62] Sie findet aber die Parallelziehungen zwischen dem Leben der Schriftstellerin und Goethes Leben in gewisser Hinsicht übertrieben, als wolle Lewald unbedingt die Schicksalsähnlichkeit mit Goethe perfekt machen:

> It is not particularly surprising that Lewald's childhood should exhibit so many of the traits which Goethe had noted as characteristic of his own early years. It is more surprising, however, that Lewald should choose so many of the same qualities to describe and expand upon that Goethe chose. While it would be impossible to prove his influence in Lewald's inclusion of these details, the coincidence is great.[63]

In der Tat betont Fanny Lewald vornehmlich Aspekte ihres Lebens, die einen solchen Vergleich begünstigen. Sie beschränkt sich aber nicht auf das Ziehen von Parallelen, sie belegt außerdem gern ihre Aussagen mit Goethes Sprüchen. Es geht der Autobiographin aber nicht darum, ihren Leser zu beruhigen, wie sie es noch in der Einleitung programmatisch ankündigt, sondern sie will sich selbst beruhigen, und zwar dadurch, dass sie sich selbst durch den geschaffe-

---

erlösten, nur noch sich selbst angehörenden Individuums.[...] In Rom findet Goethe erneut zu seiner unter dem Rollenspiel des Weimarer Ministers fast verschütteten Identität." (S. 29)

61 Katherine Ramsey Goodman: German Women and Autobiography in the nineteenth century: Louise Aston, Fanny Lewald, Malwida von Meysenburg und Marie von Ebner-Eschenbach. Ph.D. Michigan 1977, S. 82.

62 Vgl. Katherine Ramsey Goodman: German Women and Autobiography in the nineteenth century, S. 96.

63 Katherine Ramsey Goodman: German Women and Autobiography in the nineteenth century, S. 101. Siehe zu den strukturellen und inhaltlichen Ähnlichkeiten mit Goethe auch Gudrun Marci-Boehncke. Sie schreibt, dass der Leser manchmal den Eindruck bekommt, „als sammle Fanny anhand von Goethes Text Begebenheiten aus ihrem eigenen Leben, die sie parallel zum Entwurf Goethes präsentieren kann." Ihren Hinweis darauf, Fanny Lewald hätte wie Goethe auch einen vierten Band ihrer Autobiographie entworfen, finde ich aber problematisch, zumal bei Lewald der erwähnte Text schon von Anfang an als Tagebuch geplant war und nicht als Fortsetzung der Autobiographie, was bei Goethe nicht der Fall ist. Aus der Einleitung von Ludwig Geiger, dem Herausgeber von *Gefühltes und Gedachtes*, dem Tagebuch von Lewald, geht sogar hervor, dass die Autorin lange an dem Titel des Buches gezögert hat. *Erlebtes und gedachtes Vertrautestes* und *Eigenstes Bekennen* seien die beiden ersten Titel, die die sie sich für ihr Tagebuch gedacht hatte.

nen Zusammenhang davon überzeugt, dass sie ein sinnvolles, ein vorbildhaftes Leben führte. Dafür sollen die Parallelen zu Goethes Leben Patent stehen. In dieser Hinsicht dient auch die ständige Anlehnung an Goethe der Selbstprofilierung, die über ihren subversiven Wert hinaus besonders eine Positionierung zum Zwecke der Sichtbarkeit im literarischen Feld bedeutet. Der ständige Versuch, das eigene Schaffen an Goethe messen zu wollen, ist keine willkürliche Geste der Bewunderung, sondern er zielt auch darauf ab, das eigene Schaffen hervorzuheben. In dieser Hinsicht birgt der markierte und bewusste intertextuelle Bezug auf Goethes Autobiographie ein Machtverhältnis. Er ist die Ablehnung der von Chodorow erwähnten „collective alienation". Und in dem bereits erwähnten Kontext der marginalisierten und unterdrückten Frau im 19. Jahrhundert führt diese Geste über Subversion hinaus zu einer Art Selbstermächtigung durch Betreten der männlichen Sphäre. Die autobiographische Tätigkeit an sich entpuppt sich in diesem Sinne als Strategie der Machtaneignung. Diese Formulierung des eigenen Bewusstseins weist zugleich eine zeitkritische Dimension auf. Der Gedanke, Wert und Schicksal des Individuums seien nicht von der Geburt, sondern von den persönlichen Fähigkeiten abhängig, versteht sich in diesem Sinne als Kritik der Männerherrschaft. Der Anschluss an Goethe ist aber nur insofern möglich, als die „Lebensgeschichte" für diesen Zweck entworfen, sprich arrangiert wurde. Durch diese Image-Pflege, die in einer kalkulierten „mise en intrigue" erfolgt, beteiligt sich die autobiographische Tätigkeit in gewisser Hinsicht an jener Kultur der „Sorge um sich", von der Foucault spricht. In dieser Kultur, so Foucault, gehe es bei den „techniques de soi" darum, „de savoir comment gouverner sa propre vie pour lui donner la forme qui soit la plus belle possible (aux yeux des autres, de soi-même et des générations futures pour lesquelles on pourra servir d'exemple)". Es handle sich um eine „pratique de soi qui a pour objectif de se constituer soi-même comme l'ouvrier de la beauté de sa propre vie".[64] Es geht dabei also um die Kunst, sich der Öffentlichkeit möglichst im positiven Licht darzubieten. Das vermittelte Bild soll demnach auf die kleinsten Unregelmäßigkeiten poliert werden. Selbst wenn die Kultur der Autobiographie, die ja viel später ansetzt, mit der Differierung der Aufzeichnungen über sich selbst die Gleichzeitigkeit von Erleben und Schreiben (*remarquons et écrivons*) auflöst, so bleibt doch dieses Ziel der Image-Pflege beim Schreiben über sich selbst beibehalten. Diese These wird in Bezug auf Fanny Lewald vom folgenden Eintrag im Tagebuch vom 30. Dezember 1844 ausdrücklich bestätigt: „Wahrheit, Freiheit, Schönheit, das ist die Dreieinigkeit, die hei-

---

64 Michel Foucault: Les techniques de soi. In: Dits et écrits IV. Hg. Von Daniel Defert und François Ewald. Paris 1994, S. 783-813. Hier S. 671.

lige Ausströmung des Weltgeistes, an die ich glaube, und wirken in ihrem Sinne, so weit ich es vermag, für Mit- und Nachwelt, *die Unsterblichkeit, nach der ich strebe, und auf die ich hoffe*".[65] In dieser Hinsicht beansprucht die Autorin eine didaktische Funktion für ihre autobiographischen Aufzeichnungen. Sie solle dem Leser „aufklärend und beruhigend" zu statten kommen. An diesem Anspruch auf Belehrung und Beispielhaftigkeit wird Goethes Einfluss weiter erkennbar und das Projekt des Sichtbar-Werdens sowohl im literarischen als auch im gesellschaftspolitischen Feld bestätigt. Im Folgenden soll allerdings gezeigt werden, dass der Kampf um Individualisierung durch Selbstinszenierung und durch literarisches Schaffen zwar eine gewisse „Unsterblichkeit" sichert, zugleich aber Einblick in die gesellschaftliche Situation der Frau als marginalisierte vermittelt.

3.3 Individuelles Bewusstsein und Frauenerfahrung

Von Anfang an weist Fanny Lewald ausdrücklich darauf hin, dass es ihr in ihrer Autobiographie nicht um irgendeine Geschichte geht. Es geht ihr um die Darstellung eines besonderen Schicksals. Für diesen Standpunkt, der aus ihrem Vorwort und aus der Einleitung hervorgeht, bedarf es aber einer Legitimation. Letztere basiert auf unterschiedlichen Elementen, die die beschriebene Figur zu einem beispielhaften Fall machen: Als Vorläuferin der Frauenemanzipation,[66] als gebildete und begabte Frau, die sich der Konvenienzehe wehrte und der es gelang, als Schriftstellerin im Kontext bürgerlichen Patriarchalismus' öffentlich zu Wort zu kommen. Sich dieser Besonderheit sicher, proklamiert die Autorin die Originalität und die Beispielhaftigkeit ihres Lebens. Für eine solche Fokussierung auf die eigene Persönlichkeit erweist sich die Autobiographie besser geeignet als Memoiren. Wer Individualität und den eigenen Verdienst hervorheben möchte, dem ist mit der Autobiographie besser gedient, wie das aus der Einleitung zu *Meine Lebensgeschichte* hervorgeht:

> Biographien, und vor allen Dingen ehrlich gemeinte Selbstbiographien, [haben] mich immer lebhaft angezogen. Sie sind mir bedeutsam gewesen als Bilder einer bestimmten Zeit und ihrer Kulturverhältnisse, sie sind mir lehrreich, tröstlich und erhebend gewesen.[67]

---

65 F. Lewald: Gefühltes und Gedachtes (1838-1888). Hg. von Ludwig Geiger. Dresden/Leipzig 1900, S. 3. Herv. C. S.
66 Vgl. F. Lewald: ML III, Kap. 12.
67 Fanny Lewald: Meine Lebensgeschichte. Berlin: Janke, 1971, S. 6

Dadurch, dass sie ihre Besonderheit hervorhebt, versucht die Autobiographin einerseits, sich von der sozialen Gruppe der bürgerlichen Frauen abzusondern. Andererseits sucht sie Anschluss an eine andere Gruppe, und zwar die der Schriftsteller und Intellektuellen. Ihre ständige Berufung auf Goethe und die Forderung nach Chancengleichheit zwischen männlichen und weiblichen Schriftstellern sollen auch in diesem Sinne verstanden werden. Sie konzentriert sich auch nicht ausschließlich auf „common aspects", wie Okely das bei Autobiographien von Marginalisierten geltend machen will, sondern sie berichtet vom Spezifischen und Persönlichen.[68] Der subversive Charakter ihrer Schrift liegt offenbar nicht allein in einem „record of questions and of subversion", sondern auch in dieser Fokussierung auf das Individuelle.[69] Dabei sind die „common aspects", die Lewald anspricht, für die Auslegung ihrer Autobiographie von größter Bedeutung.

Die *Lebensgeschichte* ist in einem beträchtlichen Teil die Geschichte ihrer Beziehungen zum „Mann". Das ist die enge aber konfliktreiche Beziehung zum Vater, der ihr Leben mindestens bis zur Adoleszenz „lenkt". Dann die unglückliche Liebesbeziehung zum jungen Theologen Leopold Bock, wie auch die unerwiderte Liebe zum Vetter Heinrich Simon und, besonders wichtig in der Persönlichkeitsentwicklung, der Minderwertigkeitskomplex gegenüber den Brüdern, die anders als sie eine geeignete Schulausbildung erhalten durften. Die Erzählung dieser Beziehungen bildet das Gerippe, auf dem die ganze Lebensgeschichte steht. Es handelt sich also doch um die Geschichte einer relationalen Entwicklung des Individuums. Diesem Individuum gegenüber steht, in den hier genannten Personen, eine männliche Gesellschaft. In diesem Sinne ist die Identität der Protagonistin stark von Fremden beeinflusst. Indem sie sich ständig auf männliche Figuren bezieht, entweder um sich nach ihnen zu richten, oder um sich von ihnen abzugrenzen, stellt sie sich selbst als ein von außen stark determiniertes Subjekt dar. Nur im Vergleich und in Abgrenzung zu anderen schafft sie es, das eigene Bild zu rekonstruieren. In dieser Hinsicht steht Lewald nicht gerade für ein individuelles, sondern für ein Gruppenschicksal. Das Plädoyer für die Frau, das ständige Reflektieren über Geschlechterverhältnisse sowie die Angriffe auf die Männerposition, die Lewalds Autobiographie zugrunde liegen, können nur aus einer bestimmten Position erfolgen, und zwar aus dem „Rande" der Gesellschaft. Durch ihren dezidierten Militantismus und

---

[68] Judith Okely: Anthropology and autobiography: participatory experience and embodied knowledge. In: Okely/ Callaway (Hg.): Anthropology and Autobiography. New York 1992, S. 1-28. Hier S. 7.
[69] Judith Okely: Anthropology and autobiography, S. 7.

durch ihre Selbststilisierung verkörpert Lewald zwar eine subversive Position, genauso wie sie aus der Masse heraussticht, aber sie verkörpert zugleich eine gewisse Frauenerfahrung und führt den Beweis, dass ihre Position unter der Elite erst erkämpft und legitimiert werden muss. Ihr Versuch, die Randposition zu verlassen und sich zur gesellschaftlichen Elite zu gesellen, bringt sie in eine Zwischenposition. Hier scheint Spivaks Erkenntnis zum eigenen Status als „postkoloniale Theoretikerin" zu gelten, dass „Obgleich ich versuchen werde, den prekären Charakter meiner Position durchgehend in den Vordergrund zu rücken, weiß ich [...], dass solche Gesten nie ausreichen".[70] Indem Lewald also versucht, als Ausnahme herauszuragen, wird ihr „relational sense of Self" (Chodorow) erst recht wahrnehmbar. Um ihren Standort und die damit verbundenen Spannungen deutlicher zu machen, wäre ein erneutes Mal ein Blick auf die sozialgeschichtlichen Bedingungen ihrer Zeit hilfreich. Dadurch soll noch einmal die Ambivalenz unterstrichen werden, die diese „Frauenposition" innewohnt, sowie die Schwierigkeit, sie aufzulösen.

Die voremanzipatorische Zeit – und hiermit wird die Frauenemanzipation gemeint – und teilweise auch die Emanzipationszeit zeichnet sich dadurch aus, dass die Zugehörigkeit des Individuums zu den unterschiedlichen sozialen Feldern und die Positionen innerhalb dieser Felder einer sexistischen Ordnung gehorchten, die der gesamtgesellschaftlichen Geschlechterordnung entsprach bzw. entsprang. Somit wurden Frauen weitgehend aus dem Machtfeld der Literatur ausgeschlossen. Dieser Ausschluss der Frauen erfolgte je nach dem Moment nicht auf gleicher Weise und auch nicht auf gleicher Stufe. Zwischen 1848 und 1850 zum Beispiel wurden in Preußen noch Gesetze verabschiedet, die die Frau sowohl von der literarischen als auch von der politischen Öffentlichkeit ausdrücklich fernhielten. Nur einen beschränkten Zugang hatten die Frauen in Lese- und Musikgesellschaften und wenn überhaupt, dann oft nur in Begleitung ihrer Männer.[71] Es gab zunächst den Versuch bzw. den Willen, die Frauen gar vom Schreiben abzuhalten. Ihnen wurde, wie Möhrmann es unterstreicht, „produktive und kreative Potentialität" abgesagt und die Übung intellektueller Berufe als schädlich und als ihrer Natur unpassend dargestellt.[72] Als die Ketten dieser „Subalternität" endlich gelockert wurden, durften die Frauen Lebensgeschichten schreiben, „solange sie den allgemeinen Vorstellungen von Sittsam-

---

70 Gayatri Chakravorty Spivak: Can the Subaltern Speak? S. 19.
71 Vgl. Krimhild Stöver: Leben und Wirken der Fanny Lewald. Grenzen und Möglichkeiten einer Schriftstellerin im gesellschaftlichen Kontext des 19. Jahrhunderts. Oldenburg 2004.
72 Vgl. Renate Möhrmann: Frauenemanzipation im deutschen Vormärz. Texte und Dokumente. Stuttgart 1978, S. 9.

keit entsprachen oder gar romantische waren".[73] Die Gesetze von 1848 und 1850 waren eine Reaktion auf das zunehmende Interesse von Frauen an bedeutenden Themen. Sie hielten Vorträge zur gesellschaftlichen Situation und schrieben Pamphlete, boten Beiträge in Zeitungen und Zeitschriften an. Versuche von Frauen, sich in geistigen Berufen wie in der Literatur durchzuschlagen, blieben streng kontrolliert und durch unterschiedliche Machtmechanismen der männlichen Elite geregelt:

> Da Männer als Trendsetter wirkten und die poetologischen Gesetze machten, wurde die männliche Wirklichkeitserfahrung als die einzig authentische gesetzt. Insofern ist es keineswegs verwunderlich, daß Frauen auf dem Gebiet des Romans – in der am wenigsten unter poetologischem Zwang stehenden Gattung – am stärksten wirksam waren. Hier konnten sie ihre eigenen Erfahrungen am ehesten zur Geltung bringen.[74]

Und zu dieser Beschränkung auf die Romangattung kam, dass diese als „weiblich" und somit abgestufte Kunst keineswegs Anspruch auf Öffentlichkeit erheben konnte. Sie blieb oft nur im eigenen Familienkreis bekannt und konnte nicht zum Broterwerb dienen. Sie war am Rande der Literatur lokalisiert, weil die Orthodoxie des literarischen Feldes sie als solche eingestuft hatte.[75] Der Eintritt von Schriftstellerinnen in das literarische Feld erfolgte also über die Hintertür. Sie nahmen ihre gesellschaftliche Dominiertenposition in das literarische Feld mit.

> In Vorträgen, Zeitungsaufsätzen und Romanen polemisierten sie gegen den weiblichen Rollenzwang, der jeglichen Humanitätsverständnis hohn sprach. Dabei ist es aufschlußreich, daß die Frauen es anfangs noch nicht riskierten, unter ihrem eigenen Namen ins Licht der Öffentlichkeit zu treten.[76]

Dass also „auch in der Literatur des Vormärz die ‚Vormärzlerinnen' fast nirgendwo zu Wort kommen", wie Möhrmann weiter dokumentiert, ist der ausdrücklichste Beleg dieser Monopolisierung des literarischen Feldes durch Männer. Nicht zuletzt war ihre Arbeit als Autoren von den von Männern regierten Produktions- und Vermittlungsinstanzen der Literatur abhängig. Diese Kontroll- und Unterdrückungsmaßnahmen waren umso kalkulierter, als es sich für die männliche Herrschaft um eine Existenzfrage handelte. Die Anonymität der Schriften war das letzte, aussichtslose Mittel für die männliche Elite, die Litera-

---

73 Krimhild Stöver: Krimhild Stöver: Leben und Wirken der Fanny Lewald, S. 9.
74 Vgl. Renate Möhrmann: Frauenemanzipation im deutschen Vormärz, S. 9.
75 Vgl. Heide Volkening: Am Rande der Autobiographie.
76 Renate Möhrmann: Frauenemanzipation im deutschen Vormärz, S. 10f.

tur von Frauen in einem „Ghetto" zu behalten. Ein Fall, der diesen Status der Frau verdeutlicht, ist zum Beispiel der von Clara Geissmar.

Geissmar, geborene Regensburger, stammte, im Gegensatz zu Fanny Lewald, aus einer streng religiös-konservativen und vermögenden jüdischen Familie. Sie lernte in der Eppinger Volksschule Deutsch, erhielt auch parallel Unterricht im Hebräischen, im Talmud und Religion. Sie beschreibt sich in ihren *Erinnerungen* als begeisterte Goethe- und Shakespeareleserin, ihre Verankerung in der jüdischen Tradition und ihre gute Kenntnis der religiösen Gesetze gehen deutlich aus ihrer Autobiographie hervor, die auf große Belesenheit hindeutet. Clara Geissmar war keine Schriftstellerin, sie hätte aber eine sein können. Die vielen Gedichte, die sie verfasste, und von denen einige ihrer autobiographischen Erzählung angehängt sind, sind Teil der bereits erwähnten „weiblichen Literatur". Sie waren für den Familienkreis bestimmt, meistens wurden sie für Familienmitglieder verfasst. Die eigene Mutter beschreibt Geissmar als „eifrige Zeitungsleserin".[77] Bei Geissmar wird auch für Lessing, Schiller und Goethe geschwärmt, nur nicht zur Nachahmung, nicht als Modelle, sondern im Rahmen der sogenannten „Mädchenlektüren". Diese Autobiographin erhebt auch keinen Anspruch darauf, *for herself alone* zu sprechen, wie etwa Fanny Lewald, sondern sie unterwirft sich einem Paradigma, das der Frau das Recht auf Selbstständigkeit abspricht. Ihre Vorstellung von „Kindheit" lässt daran keinen Zweifel:

> Ich hatte meine erste Kindheit in einem gläubigen Elternhause verbracht und Freuden und Leiden, die Entbehrungen und die innere Befriedigung welche das Judenthum seinen Bekennern zutheil, durchgekostet. Meine zweite Kindheit vom 15ten bis zu 16 1/² Jahren verlebte ich in einer näheren Umgebung die gewiß ordentlich anständig und strebsam war.[78]

Wenn man bedenkt, dass sie mit siebzehn verlobt und mit achtzehn verheiratet wurde, wird auch deutlicher, wie tief sie in dem dominierenden Geschlechterdiskurs verankert war. Sie erzählt zwar, sie sei für die Ehe nicht vorbereitet gewesen und sie habe ihren Mann, wie zu dieser Zeit bei Verlobungen üblich, nicht gekannt, sie habe sich aber aus Respekt für ihre Mutter gefügt.[79] Sie ist keine subversive Gestalt wie Fanny Lewald, sie wurde eine gute „bürgerliche Hausfrau", eine Mischung aus „bürgerlicher Tugend" und jüdischem Traditionalismus. Sie war die vorbildhafte Tochter, Ehefrau und Mutter. Miriam Geb-

---

77 C. Geissmar: Erinnerungen. LBI, ME 181, S. 24.
78 C. Geissmar: EG, S. 204f.
79 Vgl. Clara Geissmar: EG, S. 112ff.

hardts Urteil über Geissmars Geschichte, „Das sentimentale, harmonisierende
Bild der Vorfahren, der Familiengeschichte und der eigenen Kindheit [weiche]
der Reflexion eines Ehe- und Familienlebens in tiefer Depression", scheint mir
insofern unzutreffend, als die Autobiographie nicht bloß, wie Gebhard es unterstellt, die damalige Rhetorik der glücklichen Ehe übernimmt.[80] Zwar erzählt die
Autorin, ihr Mann Joseph habe sie oft in der Öffentlichkeit „bloßgestellt statt
[sie] zu schützen", er habe sie dadurch dazu gezwungen, sich aus dem öffentlichen Leben zurückzuziehen,[81] der Text erzählt aber auch von Momenten, die
selbst aus der heutigen Perspektive durchaus als glücklich betrachtet werden
können. Ein Beispiel davon sind die vielen romantischen Reisen und Spazier-
gängen, von denen berichtet wird. Genauso die gemeinsamen freundschaftlichen Gespräche, die die Autobiographin mit ihrem Ehemann geführt haben soll.
Dass sie wie viele andere Frauen unter ihrer Ehe gelitten haben soll,[82] kann man
zwar nicht bestreiten, aber es wäre auf der Grundlage ihrer eigenen Darstellung
grob vereinfachend, ihre Ehe, besonders aus ihrer eigenen Perspektive,
schlechthin als unglücklich zu beurteilen. Die Orientierung an der eigenen Person wie bei Fanny Lewald fehlt bei Geissmar völlig. Vielmehr eröffnet die Autobiographin ihre Erzählung mit der Beschreibung äußerer Verhältnisse und rückt
das Interesse am „Ich" gleich in den Hintergrund. In diesem Sinne kann die
Ästhetik des Textes als Bestätigung des bürgerlichen weiblichen *Habitus'* angesehen werden, er kann aber auch dahin gedeutet werden, dass er die Orientierung des Juden an die Gemeinschaft, als Familie oder Gemeinde, kennzeichnet.
Der Text ist auch nicht aktivistisch gesinnt, und dementsprechend ist dort kaum
die Rede von irgendwelchen Konflikten in Bezug auf Frauenbildung und Frauenstatus in der Gesellschaft. Wenn man nun den zeitlichen Abstand zwischen
beiden Autorinnen Lewald und Geissmar betrachtet, dann wird die ganze Bedeutung von Fanny Lewalds Status erkennbar, genauso wie die Schwierigkeiten, die bereits zu ihrer Zeit mit diesem Status hatten zusammenhängen können. Denn obgleich Fanny Lewald ihre Autobiographie aus einem allgemeinen
Blickpunkt schreibt, hat man in ihrem Fall trotzdem mit einem Beispiel „kleiner
Literatur" zu tun, um hier den von Kafka geprägten Begriff zu übernehmen.
Eine „kleine Literatur", wie Guattari und Deleuze diesen Begriff nach Kafka
verstehen, „ist nicht die Literatur einer kleinen Sprache, sondern die einer Min-

---

80 Miriam Gebhardt: Der Fall Clara Geißmar, oder von der Verführungskunst weiblicher Autobiographik. In: Heinsohn/ Schüler-Springorum (Hg.): Deutsch-jüdische Geschichte als Geschlechtergeschichte. Studien zum 19. und 20. Jahrhundert. Göttingen 2006, S.233-249. Hier S.
242, 244.
81 Clara Geissmar: EG, S. 143.
82 Vgl. Miriam Gebhardt: Der Fall Clara Geißmar, S. 244.

derheit, die sich einer großen Sprache bedient".[83] Es gibt keine Eins-zu Eins-Zuordnung zwischen dem, was ich hier unter marginalisierter Frauenliteratur bezeichne, und dem Kafka-Begriff, aber diese Frauenliteratur weist als Produktion einer Minderheit deutliche Merkmale einer „kleinen Literatur" auf. Die drei charakteristischen Merkmale einer „kleinen Literatur" sind, so Deleuze und Guattari weiter, „Deterritorialisierung der Sprache, Koppelung des Individuellen ans unmittelbar Politische, kollektive Aussageverkettung". Mit dem Adjektiv „klein" qualifiziere man aber „nicht mehr bloß bestimmte Sonderliteraturen, sondern die revolutionären Bedingungen *jeder* Literatur, die sich innerhalb einer sogenannten ,großen' (oder etablierten) Literatur befindet".[84] Aus dieser Hinsicht treffen sowohl das Merkmal der *kollektiven Aussage* wie das der *Verknüpfung mit Politik* deutlich auf die Frauenliteratur am Beispiel von Lewald zu. Die Unmöglichkeit der Schriftstellerin, für sich allein zu sprechen, dokumentiert die erwähnte Kollektivität der Aussage, auch wenn sie aus einem Defizit hervorgeht, genauso wie der Status ihrer Schriften als privilegierter Zugang zu einer besonderen Erfahrung bzw. zu einer bestimmten Gruppe ihre unvermeidliche Politisierung mit sich bringt. Diese Politisierung wird nicht zuletzt durch den Angriff auf die gesellschaftlichen Institutionen verkörpert. In ihrem Versuch also, sich von einer Gruppe abzugrenzen, wird ihre Zugehörigkeit zu dieser Gruppe erst recht sichtbar. Aus dieser ambivalenten Situation geht die Schwierigkeit hervor, mit dem dominierenden Diskurs umzugehen. Diese Schwierigkeit wird bei Lewald ferner an ihrem Umgang mit dem literarischen Entwurf der Wahrheit und ihrer Implikationen erkennbar.

3.4 Wahrheit

Für Fanny Lewald gründet die Identität der Autobiographin auf dem Lebenszusammenhang, der seinerseits daraus entsteht, dass die Autobiographin die ganze Wahrheit über sich erzählt. Ich möchte hier die These aufstellen, dass das so angelegte Identitätskonzept der Autobiographin bereits deshalb problematisch erscheint, weil der Wahrheitsbegriff kein eindeutiger ist und ihre eigene Ausführungen ihr Argument in Aporien führt.

In ihrem an Ehemann Adolf Stahr gerichteten Vorwort zur *Lebensgeschichte* betont Fanny Lewald ausdrücklich, wie wichtig es ist, sich beim Schreiben der

---

83 Gilles Deleuze / Félix Guattari: Kafka. Für eine kleine Literatur. Frankfurt am Main 1976, S. 24.
84 Gilles Deleuze / Félix Guattari: Kafka. Für eine kleine Literatur, S. 27.

eigenen Geschichte an die Wahrheit zu halten.[85] Diesen Anspruch wiederholt sie auch im Laufe der Erzählung, zumindest was ihre eigenen Erlebnisse angeht: „Meine eigenen und sehr deutlichen Erinnerungen beginnen in der Zeit zwischen meinem vierten und fünften Jahre, und sind alle rein sachlich", schreibt sie.[86] Und diese Sachlichkeit der Darstellungen soll dadurch gesichert werden, so die Autobiographin, dass sie über einen didaktischen Willen wie auch über den Willen zur Wahrheit verfüge und dazu ein äußerst getreues Gedächtnis habe.[87] Ihre wiederholte Betonung der Frühreife und der besonderen Begabung sollen zur Objektivierung des Dargestellten beitragen. Auch der wiederholte Bezug auf das getreue Gedächtnis und auf den Willen, das Leben genauso zu wiedergeben, wie es wirklich gewesen ist, deutet darauf hin, dass es der Autobiographie tatsächlich darum geht, „die objektiven Etappen einer Laufbahn vor Augen zu führen", wie man das nicht vom Autobiographen, sondern vom Historiker erwarten dürfte.[88] Dieses Argument bestätigt sich, wenn man Lewalds Kommentar zur eigenen Autobiographie aus dem Tagebuch liest. In einem Eintrag von 31. Dezember 1870 schließt sie sich noch mal Goethe an und meint: „‚Meine Lebensgeschichte' ist ebenso gut ‚Dichtung und Wahrheit' wie die von Goethe. Die ‚Dichtung' aber und ihre verklärende Darstellung habe ich den anderen zu gute kommen lassen, die Wahrheit ganz und voll dagegen von mir selbst gesagt".[89] Die Autobiographie solle also vor allem als Wahrheit gelesen werden, nicht hauptsächlich als Dichtung. Dass eine sachliche Rekonstruktion der Vergangenheit schwer möglich ist und Erinnerung auch immer mit Konstruktion, Weglassen und Umdeutung einhergeht, wurde bereits erwähnt. Dazu möchte ich aber noch unterstreichen, dass das „von mir selbst" zwar in der Intention auf die Aufrichtigkeit hindeuten soll, dadurch aber zugleich deutlich wird, dass diese Wahrheit nicht immer die „Wahrheit der Fakten" sein kann, sondern vor allen Dingen die des Menschen.[90] Die Koppelung von Wahrheit und Wirklichkeit, die Fanny Lewald somit vornimmt, scheint sie eher von Goethes Paradigma zu entfernen. Ihre Wahrheit entspringt nach ihren Ausführungen nicht der Dichtung, sondern der „Authentizität" des Dargestellten, wobei man

---

85 Vgl. F. Lewald: Meine Lebensgeschichte. Berlin 1871, II. Die hier angeführten Auszüge aus einem Brief an ihrem Ehemann Adolf Stahr, der als Vorwort zur Ausgabe von 1871 beigelegt wurde, sind in der Helmer-Ausgabe nicht vorhanden, genauso wie sie der Ausgabe von 1861 fehlen, weil der Brief erst 1870 entstanden ist.
86 F. Lewald: ML I, S. 30.
87 Vgl. F. Lewald: ML II, S. 201.
88 Georges Gusdorf: Voraussetzungen und Grenzen der Autobiographie, S. 147.
89 F. Lewald: Gefühltes und Gedachtes, S. 148.
90 Georges Gusdorf: Voraussetzungen und Grenzen der Autobiographie, S. 140.

immer auf die Relativität des „Authentischen" hinweisen muss. Sie bemüht sich also, die Geschehnisse so getreu wie möglich in ihren Einzelheiten zu wiedergeben. Diese Vorgehensweise kontrastiert aber mit Goethes Projekt, nicht faktentreu zu erzählen, sondern die „Resultate" seines Lebens aufzuzeichnen. Die Dichtung ist bei Goethe ein Mittel, diese Ergebnisse des Lebens zum Ausdruck zu bringen. In einem Brief an Ludwig I. von Bayern 1829 begründet und erklärt der Dichter den Titel und die Form seiner Autobiographie folgendermaßen:

> Was den freilich einigermaßen paradoxen Titel der *Vertraulichkeiten* aus meinem Leben Wahrheit und Dichtung betrifft, so ward derselbe durch die Erfahrung veranlasst, dass das Publikum immer an der Wahrhaftigkeit solcher biographischen Versuche einigen Zweifel hege. Diesem zu begegnen, bekannte ich mich zu einer Art von *Fiktion*, gewissermaßen ohne Not, durch einen gewissen Widerspruchs-Geist getrieben, denn es war mein ernstestes Bestreben *das eigentliche Grundwahre*, das, *insofern ich es einsah*, in meinem Leben obgewaltet hatte, möglichst darzustellen und auszudrücken. Wenn aber ein solches *in späteren Jahren nicht möglich* ist, ohne die Rückerinnerung und also die Einbildungskraft wirken zu lassen, und man also immer in den Fall kommt gewissermaßen das dichterische Vermögen auszuüben, so ist es klar, dass man *mehr die Resultate und, wie wir uns das Vergangene jetzt denken, als die Einzelheiten*, wie sie sich damals ereigneten, aufstellen und hervorheben werde.[91]

Die Wahrheit, von der Goethe redet, ist offensichtlich nicht mit Wirklichkeit gleichzusetzen, obwohl sie Teile der Wirklichkeit enthält. Sie verkörpert nicht grundsätzlich allein das wirklich Erlebte, sondern sie ist ein anthropologisches Instrument des Verständnisses einer Epoche, „bringt ja selbst die gemeinste Chronik notwendig etwas von dem Geiste der Zeit mit, in der sie geschrieben wurde".[92] Dies soll aber nicht heißen, wie Egelhaaf es m.E. zu vereinfachend behauptet, es gehe Goethe „nicht um das Faktische seines Lebens".[93] Goethe bestreitet zwar nicht, dass es ihm um Fiktion geht. Auf diesen Modus der Berichterstattung greift er aber nur deshalb zurück, weil er einer getreuen Wiedergabe des Grundwahren im Alter nicht mehr fähig sei, um dieses Grundwahre gehe es ihm aber trotzdem, also auch um das Faktische. Die Bekennung zur Fiktion soll jede Kritik bezüglich der Wahrhaftigkeit vorweg nehmen, sie soll aber nicht die Intention der Vertraulichkeiten, also des tatsächlich Erlebten unterminieren. Die Fiktion ist die Hülle, in der die Wirklichkeit verwickelt ist, sie soll bloß den Eindruck vertreiben, der Autor wolle alles in Details genauso

---

91 Johann Wolfgang Goethe: Sämtliche Werke. Briefe, Tagebücher und Gespräche. Vierzig Bände. II. Abteilung. Hg. von Karl Eibl [u.a]. Band 11(38). Frankfurt am Main 1993, S. 209. Herv. C. S.
92 Johann Wolfgang Goethe: Sämtliche Werke. Briefe, Tagebücher und Gespräche, S. 209.
93 Martina Wagner-Egelhaaf: Autobiographie, S. 3.

erzählen, wie es gewesen ist. Dementsprechend wird Wirklichkeit durch diese Operation der Ver-Dichtung zur Wahrheit. Das Grundwahre rekonstruierte der Dichter, „insofern [er] es einsah", d.h. deutlich immer nur aus der persönlichen Perspektive. Weshalb er auch andere Möglichkeiten nicht ausschließt: „Ob ich ihn [den Zweck des Wahren] erreicht habe, überlass' ich dem günstigen Leser zu entscheiden, da denn die Frage sich hervortut: ob das Vorgetragene kongruent sei?".[94] Diese Einladung zum Mitschreiben, die Goethe an den Leser verschickt, stellt mitnichten seinen Glauben in Frage, es gehe ihm um das Erlebte, um „Vertraulichkeiten aus seinem Leben", da es dem Autobiographen am Ende nicht um die Details, sondern um das Ergebnis geht, um das allgemeine Bild des Menschen und der Zeit. Goethes Geschichte ist auch nicht zufällig nicht „Mein Leben" bzw. „Meine Lebensgeschichte", sondern „Aus meinem Leben" benannt, das heißt, dass es also nur um Auszüge aus dem Leben geht, die verarbeitet werden.

Indem sie eine Ineinssetzung von Wirklichkeit und Wahrheit bewerkstelligt und damit meint, an Goethe anzuschließen, macht Fanny Lewald ihre Vorstellung von Wahrheit und Zusammenhang problematisch. Denn sie ist sich sogar bewusst, dass die eingesetzten Techniken zur Rekonstruktion der Vergangenheit unzulänglich sind. Daher appelliert sie auch von Anfang an an die Funktion des Lesers und nimmt auch damit jede Kritik der Erzählhaltung vorweg. Sich an Stahr wendend wünscht sie nämlich, „daß die Leser das Gute, das Wahre, das Schöne auch da herausfühlen mögen, wo es mir nicht gelungen ist, es klar zur Erscheinung zu bringen, wo mein Können hinter meinem Wollen, meine Leistung hinter meinem Ideale zurückgeblieben ist".[95] An den Leser schickt sie keine Einladung zum Mitschreiben im Goethe'schen Sinne, sondern sie beharrt auf der eigenen Perspektive als die einzig mögliche. Der Leser soll selbst da, wo sie das Wahre nicht vermitteln konnte, dieses Wahre erkennen. Das Wahre ist für sie zugleich das Faktische, und sie erhebt Anspruch darauf, Lebensfakten genauso zu rekonstruieren, wie sie sich abgespielt haben. Gerade die Tatsache, dass sie manche Momente nur mangelhaft rekonstruieren kann, soll die Richtigkeit der Fakten und die zu Beginn betonte Sachlichkeit nicht gefährden. Demnach bekennt sie sich nicht, wie Goethe, „zu einer Art von Fiktion", sondern sie versteht ihre Erzählung als Restitution der Wirklichkeit. Es bleibt bei ihr auch nicht wie bei Goethe die Frage offen, ob der Zusammenhang Kongruenz aufweist, sondern dies wird vorausgesetzt. Das Goethe'sche Bestreben, das „eigentliche Grundwahre" darzustellen, wird bei Lewald zur ausreichenden

---

94 Johann Wolfgang Goethe: Sämtliche Werke. Briefe, Tagebücher und Gespräche, S. 210.
95 Fanny Lewald: Meine Lebensgeschichte I, Berlin 1871, S. 3f.

Bedingung zur Faktentreue, und die Empfehlung an den Leser lautet, die Lebensgeschichte als genaue Rekonstitution der Fakten anzunehmen. Woran nun der Unterschied zwischen Wahrheit und Wirklichkeit auszumachen ist, bleibt unklar. Besonders problematisch wird dieser Umgang mit Wahrheit, wenn man Fanny Lewalds Äußerung zu ihrem Roman *Jenny* betrachtet. Der Roman sei auf keinen Fall die Inszenierung ihrer Liebesgeschichte zu Leopold Bock gewesen, weil die Figuren und die Fakten im Roman dann mit der Wirklichkeit nicht übereinstimmen würden:

> Ich war nicht reich wie Jenny, ich hätte dem Geliebten gar keine Opfer zu bringen gehabt, und nicht nur würden meine Eltern zufrieden gewesen sein, mich einem jungen Theologen zu verheiraten, sondern ich selber würde es, ganz abgesehen von meiner Neigung für Leopold, damals als ein großes Glück betrachtet haben, die Frau eines Landpredigers zu werden; und von des Kandidaten Reinhold eigensüchtigen Wunderlichkeiten war in dem schönen und einfachen Charakter Leopolds nicht eine Spur zu finden. *Ich habe überhaupt niemals in meiner ganzen dichterischen Tätigkeit ein reines Porträt von irgend jemand dargestellt, und niemals ein wirklich erlebtes Faktum in seiner Nacktheit wiedergegeben,* wenngleich hie und da eine einzelne Szene, einen Moment, einen episodischen Vorgang nach meinen Erlebnissen oder nach Erfahrungen an Fremden hingestellt habe.[96]

Sie verstehe ihren (Zeit)Roman *Jenny* also nicht als Literarisierung des eigenen Lebens, weil das Dargestellte den Fakten nicht entspreche. Damit wird unterstellt, dass ein autobiographischer Roman die Eins-zu-Eins Übereinstimmung des Erzählten mit der erlebten Realität garantieren müsse, was nicht unproblematisch ist. Damit wird nämlich dem Roman, mag er autobiographisch sein, eine wichtige Grundlage, die Fiktionalität, abgestritten. Dagegen wird Wahrheit als das auf Faktischem basierte definiert. Hätte die Autorin nun aber den Roman *Jenny* wirklichkeitsgetreu gestaltet, so wäre er bestimmt kein Roman mehr gewesen, sondern genau das, was sie als Autobiographie versteht, d.h. die faktische Wahrheit. Bei Lewald bleibt also die Frage nach dem Unterschied zwischen autobiographischer Erzählung und Roman offen. Die Unsicherheit um den Sinn des Wahrheitsbegriffs wird eben dadurch verstärkt, dass die Autorin behauptet, sie habe niemals in ihrer schriftstellerischen Tätigkeit die „nackte Wirklichkeit" aufgezeichnet. Verfolgt man ihre Argumentation weiter, so wird es immer verwirrender. So soll der Dichter, und damit wird nun der Romanautor gemeint, das Leben nicht „ohne Läuterung und Idealisierung" darstellen, denn das Beschriebene würde sonst „kleinlich und entstellt [...], wie das Bild des Daguerreotyps" wirken.[97] Die Daguerreotypie war im 19. Jahrhundert ein Fotographie-

---

96 Fanny Lewald: ML I, S. 228. Herv. i. O.
97 F. Lewald: ML I, S. 229.

Verfahren, das besonders für die Naturtreue ihrer Abzüge und für die für die damaligen Verhältnisse sehr hohe Detailgenauigkeit gerühmt wurde.[98] Und gerade dieser Begriff einer ungekünstelten Wirklichkeit kritisiert Fanny Lewald. Mit ihrer Vorstellung der ästhetischen Darstellung der Außenwelt schließt sie weitgehend an den zeitgenössischen Realismus-Diskurs an, der „Literatur bei allen Bekenntnissen zu einem als verpflichtend aufgefassten Wirklichen immer auch in einer ästhetischen Opposition gegenüber diesem sieht".[99] Diese Einstellung erweist sich als besonders aufschlussreich, weil diese Übernahme des zeitgenössischen Realismus-Konzepts die Autobiographie deutlich ausschließt. Autobiographie wäre demnach Nachbildung ohne den ‚verklärenden' und harmonisierenden Effekt der Dichtung,[100] während der Roman trotz aller Verpflichtung gegenüber der äußeren Wirklichkeit vor allen Dingen Kunst bleiben solle. Während die Photographie also die Wirklichkeit entstelle, verschönere und steigere sie der Roman. Schließt man daran an, und geht man davon aus, dass ihr Roman *Jenny* nach diesem Prinzip der „Läuterung und Idealisierung" geschrieben wurde, dann kommt man zur weiter unbeantworteten Anfangsfrage zurück, aus welcher Hinsicht dann dieser Roman nicht als literarische Verarbeitung ihres eigenen Lebens angesehen werden darf. Denn der Roman *Jenny* ist, wenn man das Prinzip der „Läuterung und Idealisierung" des Lebens im Roman beachten soll, eine Verarbeitung der eigenen Geschichte der Fanny Lewald, wie das so oft in der Forschung gezeigt wurde.[101] In einem Tagebucheintrag vom 31. Juli 1871 behauptet die Autorin sogar, sie und ihre Umgebung hätten für ihre Romane *Clementine* und *Jenny* Modell gestanden:

> In den ersten [Romanen] – *Clementine* und *Jenny* – war das Arbeiten insofern ganz subjektiv, als ich, was Spielhagen von ersten Arbeiten auch richtig bezeichnet, mich selbst in gewissen Seiten meiner Natur zum Modell hatte – und auch für die anderen Figuren hatte ich Modelle, die ich zum Teil jedoch nur insofern benutzte, als ich das Typische an ihnen festhielt.[102]

---

98 Besonders wertvoll an den Daguerreotypien war die Tatsache, dass sie nicht vervielfältigt werden konnten.

99 Christian Begemann (Hg.): Realismus. Das große Lesebuch. Frankfurt am Main 2011, S. 18.

100 Ausführlicher zum Verhältnis von Wahrheit, Wirklichkeit und Kunst im Realismus weiter Christian Begemann (Hg.): Realismus. Das große Lesebuch. Frankfurt am Main 2011; auch Christian Begemann et al.(Hg): Realismus. Epochen-Autoren-Werke, Frankfurt am Main 2007.

101 vgl. u.a. Gudrun Marci-Boehncke: Fanny Lewald: Jüdin, Preußin, Schriftstellerin; Regula Venske: Ach Fanny! Vom jüdischen Mädchen zur preußischen Schriftstellerin: Fanny Lewald. Berlin 1988.

102 Fanny Lewald: Gefühltes und Gedachtes, S. 153.

Es stellt sich weiter die Frage, inwiefern ihre Autobiographie als „Dichtung" angesehen werden soll oder nicht, zumal sie Roman mit Fiktion und Autobiographie mit Faktizität verbindet. Diese Frage ist nicht zuletzt deshalb schwer zu klären, weil Lewald doch die Schwierigkeit erkennt, ihre Kindheitserfahrungen getreu zu wiedergeben, „weil die Eindrücke in der ersten Zeit des Lebens das Kind in solcher Massenhaftigkeit bestürmen, daß man es, wenn man es unternimmt, dieselben nachzudenken, kaum begreifen kann, wie das Kind so vieles auf einmal in sich aufzunehmen vermag".[103] Damit spielt sie nicht nur auf die Grenzen der Erinnerung an, sondern sie erkennt auch die Schwierigkeit, das Vergangene in einen Zusammenhang zu bringen. Wie sie die Rekonstruktion der Fakten durchführt, aus der ein Kunstwerk entsteht, bleibt soweit ungeklärt. Die Verschränkung von Wahrheit und Wirklichkeit, von Fiktion und Faktum, wirft erst recht das Problem der Gattungstrennung in ihrem eigenen Werk auf. Sie ist aber auch die Verkörperung der zeitgenössischen Problematisierung des Wirklichkeitsbegriffs und die Behauptung eines bestimmten literarischen Bewusstseins. Es ist aber nicht zu übersehen, dass sie in ihrem Versuch, sich von dem Frauenbild abzusetzen und trotz des Willens, sich zu individualisieren, durch unbedingte Angleichung an die männlichen Vorbilder den dominierenden Diskurs in gewisser Hinsicht bestätigt. Ihr Versuch, die „Identität" der Männer- und mithin der Schriftstellergruppe dadurch zu erwerben, dass sie sich den Mitgliedern dieser Gruppe angleicht, macht ihren Status als „Subalterne" erst recht erkennbar. Die postulierte Individualität wird gerade durch den Prozess der Annäherung an männliche Vorbilder in Frage gestellt und die „Gruppenidentität" dadurch enthüllt. Diese Bestätigung eines herrschenden Diskurses erfolgt bei Lewald sowohl durch Angleichung an eine Gruppe, wie eben dargelegt, als auch durch Abgrenzung von einer bestimmten Gruppe, wie das im Folgenden an Fanny Lewalds Beschreibung ihres Verhältnisses zum Judentum hervorgehoben werden soll.

3.5 Die dichotomische Darstellung des Jüdischen und des Nichtjüdischen

Weil Fanny Lewald sowohl in ihrer Autobiographie als auch in anderen Werken ihre Abgrenzung von anderen Frauen bzw. von einer bestimmten „Frauenidentität" ausdrücklich betont, wurde in der Forschung meistens an dem besonderen Werdegang einer bürgerlichen Frau und Frauenrechtlerin in die Freiheit als

---

103 Fanny Lewald: ML I, S. 66.

Schwerpunkt angeknüpft. Schließt man sich dieser Forschungsrichtung an, so wird aber kaum erkennbar, wie gut ihre Autobiographie geeignet ist, eine Abgrenzung vom Judentum wie eine Trennung von Deutschem und Jüdischem zu problematisieren.

Indem sie das „Bedürfnis nach Selbstdarstellung der [eigenen] Persönlichkeit" (Misch) und das „Selbstbewusstsein" zur Grundlage ihrer *Lebensgeschichte* macht, schließt Fanny Lewald weitgehend an die moderne Autobiographie und an die Kultur des „cogito ergo sum" an, die der „abendländischen Herzensschrift" zugrunde liegt.[104] Aus dieser Geste geht hervor, dass Fanny Lewalds Autobiographie sich jeder Annäherung an die jüdische Tradition der Lebensbeschreibung entzieht. Die Frage, inwieweit es sich lohnt, der aus einer bereits als assimiliert geltenden Familie stammende Fanny Lewald zu unterstellen, sie versuche, sich durch den Anschluss an die „christlich-abendländische" Tradition der Autobiographie vom Judentum abzugrenzen, ist berechtigt. Diesem Einwand könnte man aber wie Jacob Katz entgegenhalten, „Jude sein, [selbst zu jenem Zeitpunkt der Assimilation] hieß nun einmal als Jude geboren zu sein, und die jüdische Abstammung genügte, um zur jüdischen Schicksalsgemeinschaft gezählt zu werden".[105] Das Selbstbewusstsein, ob deutsches oder jüdisches, erwuchs nicht aus dem Nichts, sondern es war das Ergebnis einer bewussten oder unbewussten Artikulation von unterschiedlichen Elementen, die dem Individuum oft von außen zugeschrieben wurden. Es darf also angenommen werden, dass Fanny Lewald ihre Autobiographie mit dem vollen Bewusstsein all jener gesellschaftlichen Zuschreibungen verfasst. Ihr Glaube daran, jedes Individuum, und keine äußeren Kräfte, sei für den Entwurf und Verwirklichung des eigenen Glückes verantwortlich, versteht sich als Ablehnung einer Schicksalsgemeinschaft. Diese Stellungnahme ermöglicht es ihr, „Bilder einer bestimmten Zeit und ihrer Kulturverhältnisse",[106] d.h. Memoiren, als Form der Selbstdarstellung zu verwerfen, um sich für die Autobiographie zu entscheiden. Während sie in Memoiren nur aus dem Blickpunkt der Schicksalsgemeinschaft als Frau oder als Jüdin erscheinen würde, erhebt sie die Autobiographie zu einem selbstbewussten „Individuum", dessen Schicksal nicht von der „Gruppenidentität" abhängt. Aber nicht nur diese Entscheidung für die Gattung Autobiographie spricht für eine strategische Abgrenzung von Gruppenzuschreibungen, sondern auch die Darstellung von jüdisch und nichtjüdisch.

---

104 Vgl. Manfred Schneider: Die erkaltete Herzensschrift. Der autobiographische Text im 20. Jahrhundert. München/Wien 1986, S. 19.
105 Jacob Katz: Zur Assimilation und Emanzipation, S. 162.
106 Fanny Lewald: Meine Lebensgeschichte. Berlin 1871, S. 6.

Aus Fanny Lewalds Beschreibung ihrer Familie geht hervor, dass sie sich deutlich vom Judentum im Sinne einer ethnisch-religiösen Gemeinschaft abgrenzt und dabei eine gewisse Abneigung nicht vermeiden kann. Sie vergleicht gleich zu Beginn ihrer Autobiographie ihre Großeltern väterlicher- und mütterlicherseits. Ihre Überlegungen gehen dahin, die Großfamilie mütterlicherseits als zurückgeblieben abzustufen, wobei sie deren geistige Beschränkung eindeutig mit deren Festhalten an jüdischen Gebräuchen verbindet. Es sei hier aus dieser aufschlussreichen Passage ausführlich zitiert:

> Meine Mutter gehörte einer reichen Familie an. Sie war das jüngste von elf Kindern. Ihr Vater war aus dem Posen'schen, ihre Mutter aus Kurland nach Preußen gekommen. Sie hielten fest an dem Glauben und an den Sitten des Judentums, waren ununterrichtete Leute, scheinen aber, nach allen Erzählungen meiner Mutter, viel auf eine wohlanständige äußere Form des Lebens gehalten und bei strenger häuslicher Ökonomie die Benutzung und Schaustellung ihres Reichtums für besondere Fälle geliebt zu haben. [...] Die geistige Bildung im Hause dieser Großeltern[mütterlicherseits] muß im ganzen gering gewesen sein, obschon man den Söhnen, es waren ihrer fünf, eine gute Erziehung geben ließ. Zwei von ihnen haben Medizin studiert. [...] Weder mein Großvater noch seine Frau hatten, nachdem sie sich einst in Königsberg ansässig gemacht, den Ort jemals verlassen, und die ganze Existenz in ihrem Hause scheint eine sorgenfreie und zufriedene, aber in jedem Betrachte wenig bewegliche und *geistig sehr beengte* gewesen sein. [...] Ganz anders waren die Verhältnisse in meinem großelterlichen Hause väterlicherseits. Die Familie hatte seit vier Generationen von Vater auf Sohn in Königsberg gelebt, und mein Großvater hatte als ein vermögender junger Mann zu seiner Ausbildung *einen Teil von Deutschland bereist*, und später auch *eine Berlinerin geheiratet*. [...] Er und seine Frau besaßen jenen Grad der allgemeinen Bildung, den die Berliner Juden schon früher erlangt hatten, und beide fühlten sich im ganzen *in Königsberg nicht glücklich*.[...] Das jüdische Ritualgesetz wurde daher von ihnen auch nur soweit beobachtet, als es eben notwendig war, um in den damals noch eng zusammenhängenden Gemeinden keinen Anstoß zu geben. Die Söhne wurden also auch im Hebräischen unterrichtet, und mein Großvater besuchte die Synagoge, weil das geschehen mußte, aber im ganzen häuslichen Leben ward keine religiöse Zeremonie irgendeiner Art geübt, und es herrschte in allen religiösen Dingen dort die größte Freiheit.[107]

Diese Darstellung der Verhältnisse, die die Welt der Autorin in dichotomische Kategorien einteilt, ist offensichtlich das Ergebnis einer späteren Montage zu autobiographischen Zwecken. Bezieht man sich auf diese Beschreibung, dann kann man Fanny Lewalds Wirklichkeit in zwei voneinander abweichenden Welten aufteilen. Diese Trennung ist bereits in dem Modus der Erzählung erkennbar. Obwohl letztere zum größten Teil auf Vermutungen und Hörensagen basiert, herrscht in der Beschreibung der Großfamilie väterlicherseits eine Ge-

---

107 F. Lewald: ML I, S. 5ff. Herv. C. S.

wissheit, die durch unbezweifelte Behauptungen gekennzeichnet ist, während in der Erzählung des Lebens in der Großfamilie mütterlicherseits tatsächlich nur Vermutungen geäußert werden. Hier zeichnet sich also bereits die Tendenz ab, die Lewalds Darstellung beider Welten prägt. Das Interesse der Erzählerin gilt deutlich der als assimiliert geltenden Großfamilie. Auf der einen Seite steht also die Großfamilie mütterlicherseits, die mit der Zurückgebliebenheit der jüdischen Orthodoxie und des religiösen Konservatismus ausgezeichnet ist, und in der trotz des Reichtums der Eltern die Menschen geistig beengt gewesen seien. Hier hätten die Kinder zwar eine angemessene Schulausbildung genossen, sie seien aber geistig ungebildet gewesen. Dazu hätten sie ihre Heimat niemals verlassen, das Reisen hätte für sie keine Bedeutung gehabt, obwohl sie doch sehr reich gewesen seien. Die Menschen in diesem Hause scheinen sich, so Fanny, mit der Enge der Provinz sehr zufrieden und glücklich gefühlt zu haben. Dagegen gebe es auf der anderen Seite die Großeltern väterlicherseits, die die Ablösung vom Judentume symbolisierten und viel Wert gelegt haben sollen auf geistige Bildung, obwohl die Kinder keine gute schulische Bildung bekommen hätten. Es soll sich um Leute gehandelt haben, die dem geistigen Stand der Provinz weit voran waren und sich nach der weiten Welt, nach Berlin gesehnt haben sollen. Wenn man bedenkt, dass Berlin, von wo die Reform des Judentums durch den Mendelssohnschen Kreis ausging, in diesem Kontext für „Aufklärung" und Modernisierung des Judentums steht, dann wird die Anspielung noch deutlicher. Die Großeltern väterlicherseits sollen sich auch in der kleinen Heimat eingeengt gefühlt haben und hätten Teile Deutschlands bereist, daher ihr offener Geist. Die Autorin erzählt weiter, ihre Großmutter mütterlicherseits habe es nicht für nötig gefunden, den Mädchen mehr als äußerliche Sachen wie das Komplimentieren, Musik und Sprache beizubringen. Anders formuliert stellt sie auf der einen Seite das „Jüdische" und auf der anderen das „Nichtjüdische". In ihrer Aufteilung fällt das „Jüdische" zusammen mit Mutter, Beengtheit der Provinz, Traditionsgebundenheit sprich Zurückgebliebenheit, schwache geistige Bildung, und ähnliches, während das „Nichtjüdische" in Verbindung gebracht wird mit Weltoffenheit, Modernismus, geistige Bildung, weltliches Wissen, Fortschritt und ähnliches. Es liegt nahe, dass die Festbindung an den Traditionen des Judentums für sie eine anständige Bildung verhindert und Judentum und Aufgeklärtheit nicht kompatibel seien. Diese Darstellung hat für Fanny Lewalds Selbstentwurf insofern Implikationen, als dieser Entwurf in den somit konstituierten Kategorien des „Nichtjüdischen" artikuliert wird, wie das weiter in der Analyse gezeigt werden soll.

Die Mutter, die nach Fanny Lewald die eigentliche Trägerin des jüdischen Gedächtnisses und Bewusstseins darstellt, wird beschrieben als Verkörperung des Fremden. Die Fremdheit der Mutter aus der Perspektive der Tochter beruht auf unterschiedlichen Elementen, hauptsächlich aber auf dem jüdischen Moment. „Meine Mutter erzählte uns", so die Autorin,

> als wir erwachsen waren, gern von dem großen Saale in ihrem Vaterhause mit seinen gelben Damastmöbeln und zahlreichen Spiegeln, der an den Feiertagen geöffnet wurde, von der gastfreien Aufnahme aller Fremden, welche sich zum jüdischen Karneval, dem Purimfeste, maskiert und unmaskiert in ihrem Hause einfanden, von der ernsten Begehung der großen Feiertage, des Passah, des Laubhütten- und des Versöhnungsfestes; und es machte immer einen *fremdartig feierlichen Eindruck* auf uns, wenn wir hörten, wie die Großeltern am Vorabende des Versöhnungsfestes alle ihre Kinder zusammengerufen und sie gesegnet hätten.[108]

Die Unbildung der Mutter, ihre Unfähigkeit, „ihr eigener Herr", d.h. „großjährig" zu sein und ihre körperliche Anfälligkeit, sind entscheidende Elemente, die die Mutter der starken und selbstbewussten Tochter fremd machen.[109] Dieses Bild kontrastiert nämlich mit dem Bild der Intellektuellen und der selbstbewussten Schriftstellerin mit eingeborenem Eigensinn. Die kontrastive Darstellung beider Elternseiten lässt die Vermutung zu, dass Fanny Lewald die „miserable" Situation der Mutter mit ihrer jüdischen-konservativen Erziehung verbindet und die freizügige Erziehung des Vaters als Grundlage seines Erfolges und offenen Geistes wertet. Dies ermöglicht es ihr, den eigenen Erfolg als Ergebnis der Ablösung von der Mutter, also als Ergebnis der Lösung vom Jüdischen, darzustellen. Durch diese Polarisierung soll auch der Status der anderen Töchter der Lewald Familie begründet werden, die von der Mutter nach eigenem Bilde erzogen wurden und es demnach zu nichts Besserem bringen konnten als Ehefrauen und Mütter zu werden, während sie, Fanny, dem Vorbild des Vaters folgte.[110] Die Schwestern werden in der Erzählung oft nur zum Zwecke der Selbstbelobung erwähnt. Fanny Lewald geht soweit, ihre Tante Simon als eine Art Ersatzmutter zu wählen. Die Tante beschreibt sie als den genauen Gegensatz zur eigenen Mutter, als Prototyp der freidenkenden und klugen Frau, die trotz der gesellschaftlichen Einschränkungen einen hohen Sinn für Freiheit, Wissen und Selbstbewusstsein behielt.[111] Jedoch wäre diese Orientierung an eine gleichgesinnte, aber dennoch jüdische Frau nicht logisch, wenn nicht bekannt wäre, dass die Familie Simon noch assimilierter war als die Familie Lewald, und

---

108 F. Lewald: ML I, S. 5. Herv. C. S.
109 F. Lewald: ML I, S. 13.
110 Vgl. F. Lewald: ML I.
111 F. Lewald: ML II, S. 84ff.

die Tante keine ähnliche Erziehung erhalten hatte wie die Zipora Lewald.[112] Es geht der Autobiographin demnach also weiter darum, die Bindung ans konservative Judentum als abwertend darzustellen. Dieses Urteil über das Judentum begründet auch ihre eigene Position jenseits des Judentums.

Dass Fanny Lewald das Jüdische als hemmenden Faktor darstellt, bringt sie nämlich dahin, die eigene Taufe zu begründen und zu legitimieren, die nach ihren eigenen Angaben ohne Überzeugung erfolgte.[113] Das Jüdische wird in dieser Hinsicht als eine Wirklichkeit dargestellt, von der man sich sogar auf Kosten persönlicher Überzeugungen entfernen soll. Das formulierte Ziel der Taufe ist in diesem Sinne auch bezeichnend. Es geht ihr darum, sich „im Christentume festzusetzen, und von diesem Mittelpunkte aus die Welt und das Wesen der Menschen, unsere Pflichten und unsere Hoffnungen verstehen zu lernen".[114] Es handelt sich beim Judentum also um einen Raum am Rande der Welt, während das Christentum als „Zentrum" angesehen wird, und mit ihm die außerjüdische Wirklichkeit. Selbst wenn sie am Ende ihrer Darstellungen schreibt, sie könne überhaupt nicht an Gott glauben, so besteht Lewald doch darauf, dass die christliche Kultur ein besseres Verständnis der Welt ermögliche als die jüdische.[115] Die Begründung dieser Stellungnahme ist m.E. aber alles andere als überzeugend. Sie schreibt nämlich, dass sie die Grundsätze des Judentums zwar einleuchtend gefunden habe, trotzdem davon überzeugt gewesen sei, dass dem Judentum etwas fehle, das nur im Christentum zu finden gewesen sei.[116] Dass diese Bewertung aber auf deutlichen Mängeln beruht, ist offensichtlich. Aus Mangel an jüdischen religiösen Kenntnissen bezog sich Fanny Lewald ständig auf das Christentum, das sie viel besser erkundet haben muss. Ihre wenigen *Informationen* über das Judentum muss sie bei einer Nachbarfamilie, der Familie Japha, gesammelt haben. Dort soll ihr auch, nach eigenen Angaben, ihre jüdische Herkunft erst eröffnet worden sein. Ihr Lob der im Christentum vorhandenen, den Überlegungen ihres Vaters fehlenden Lehre der Liebe, und ihr Misstrauen gegenüber der jüdischen Religion kann nur durch ihre beschränkte Kenntnis der Grundsätze des Judentums erklärt werden. Wie Jacob Katz es in Bezug auf das Verhältnis von Judentum und Menschheit geltend gemacht hat,

---

112 Hierbei handelt es sich um die Familie Simon aus Breslau. Die hier als Tante Simon angegebene Mutter des preußischen Liberalen August Heinrich Simon und ihre Geschwister konvertierten bereits kurz nach dem Tode der Eltern zum Christentum, bevor sie einen angesehenen Kaufmann heiratete.
113 Vgl. F. Lewald: ML I, 150, 214f.
114 F. Lewald: ML I, S. 214.
115 Vgl. F. Lewald: ML I, S. 149.
116 Vgl. F. Lewald: ML I, S. 149.

„kannte das traditionelle Judentum in seiner vorassimilatorischen Ausprägung kein besonderes Ideal vom Menschen, das nicht schon im Ideal vom Juden enthalten gewesen wäre".[117] Bei Moses Mendelssohn bereits heißt es deshalb, das Wesentliche im jüdischen Gesetz laute: *„liebe deinen Nächsten wie dich selbst"*.[118] Im Spiegel dieser Grundsätze, die Fanny Lewald anscheinend wenig bekannt waren, wirkt ihr Vergleich von christlicher und jüdischer Religion ungenau.

Hemmend wirkt für Lewald das Jüdische aber nicht nur deshalb, weil es den Zugang zur Bildung verhindert, sondern auch, weil es allgemein gesellschaftlich benachteiligt. So die vielen Hinweise auf persönliche Erfahrungen mit Judenhass in ihrer Autobiographie.[119] Diese Hinweise dienen grundsätzlich nicht der Kritik des Judenhasses, sondern der Begründung der eigenen Distanzierung vom Judentum. Kein Wunder also, wenn Fanny Lewald schreibt, sie habe die auch in Königsberg lebende große Familie Oppenheim immer beneidet, als sie noch zur Schule ging, weil sie als reiche Juden Kontakte zu der christlichen Gesellschaft hatten. Obwohl sie gewusst habe, dass diese eher beschränkten Kontakte erkauft wurden, habe sie es immer als ein Privileg gefunden.[120] Daraus kann man auch die Bedeutung der Beziehung zur nichtjüdischen Welt für sie schließen. Sie verbindet beständig die nichtjüdische Welt mit Wissen, Öffnung und Fortschritt, während sie die jüdische Welt als eine zurückgebliebene darstellt. Dadurch, dass sie somit das Jüdische als hinderndes Element zur „Erfüllung" des Individuums auffasst, übernimmt Fanny Lewald Diskurse, die zu ihrer Zeit und auch schon früher von Gegnern der jüdischen Emanzipation getragen wurden. Diesen Hintergrund miteinbezogen, erstrebt sie mit ihrem autobiographischen Projekt bzw. ihrem Selbstentwurf also keine Verteidigung des Judentums, sondern sie markiert damit gerade eine ablösende Bewegung.

---

117 Jacob Katz: Zur Assimilation und Emanzipation, S. 56f.
118 Moses Mendelssohn: Jerusalem oder über religiöse Macht und Judentum. Hg. von Michael Albrecht. Hamburg 2005, S. 103, Herv. i.O.
119 Vgl. F. Lewald: ML I, S. 48, 95f, 97f. Hier sei einzig folgende Passage aus dem ersten Band zitiert: „Daß wir Juden wären, und daß es schlimm sei, ein Jude zu sein, darüber war ich mit fünf, sechs Jahren, noch ehe ich in die Schule gebracht wurde, vollkommen im Klaren. So hübsch wir in unsern seidenen Pelzchen auch angezogen waren, und so gut unsere stattliche Kinderfrau uns auch spazieren führte, so erlebten wir es doch manchmal, daß ganz zerlumpte, schmutzige Kinder uns im Tone des Schimpfes: ‚Jud' nachriefen, und die Kinderfrau sagte dann immer, daran sei nur ich mit meinem schwarzen Haare schuld. Ich weiß nicht, weshalb ich zu Hause von solchen Ereignissen auf der Straße nie etwas erzählte" (Fanny Lewald: ML I, S. 48).
120 Vgl. F. Lewald: ML I, 168f.

Im 19. Jahrhundert lief die Reaktion auf die Emanzipation parallel zur Emanzipation selbst. In seiner Schrift *Über die bürgerliche Verbesserung der Juden* macht Christian Wilhelm Dohm deutlich, wie die Aufforderung zur Emanzipation der Juden von Seiten der nichtjüdischen Welt immer wieder mit der Bedingung einer vorherigen Assimilation begegnet wurde.[121] Die liberale protestantische Theologie zum Beispiel fand das Judentum widerlich, weil es sich im Laufe der Zeit unverändert erhalten hätte, sie stand mit dieser Meinung aber nicht allein da. In der ersten Hälfte des 19. Jahrhunderts tauchten judenfeindliche Slogans, Vorurteile und Praktiken wieder auf, wie sie vor Beginn der Emanzipation gängig waren.[122] Wie bei den vielen Aufklärern ihrer Zeit bleibt Fanny Lewalds Position auch deutlich ambivalent und, wie Hans J. Schütz bezüglich der intellektuellen Positionen dieser Zeit schreibt, „läuft die Argumentation [immer wieder] mehr oder weniger direkt auf die Forderung nach jüdischer Assimilation hinaus".[123] Lewalds Rückgriff auf jüdische kollektive Charaktereigenschaften in der Beschreibung ihrer Großeltern wie ihre kaum verhehlte Enttäuschung darüber, dass ihre Mutter die Entscheidung zum Übertritt nicht fassen konnte, belegen diese Einstellung bei ihr zur Genüge.[124] Die Konstruktion der konservativen Großeltern durch Verallgemeinerungen ermöglicht die Produktion eines negativen Bildes, das der Abwertung des konservativen Juden dient und zugleich den eigenen Werdegang begründet. Denn Fanny Lewald beschreibt sich auch hauptsächlich als Preußin und Deutsche. Dies führt dazu, dass ihre Erzählung über eine Trennung vom Jüdischen und Nichtjüdischen hinaus zu einer Trennung von Jüdischem und Deutschem führt. Dass diese Trennung aber nicht reibungslos erfolgt, soll in den nächsten Schritten erörtert werden. Ich möchte hier nämlich die These einführen, dass diese Selbststilisierung erst recht die beanspruchte „deutsche Identität" verdächtig macht.

---

121 Vgl. Christian Wilhelm Dohm: Über die bürgerliche Verbesserung der Juden. Neue verbesserte Auflage. Berlin und Stettin 1783, bes. Teil I.
122 Zur Reaktion gegen die Emanzipation der Juden Reinhard Rürup: Emanzipation und Antisemitismus. Studien zur „Judenfrage" der bürgerlichen Gesellschaft. Frankfurt am Main 1987.
123 Hans J. Schütz: Juden in der deutschen Literatur. Eine deutsch-jüdische Literaturgeschichte im Überblick. München. Zürich 1992, S. 61.
124 Erwähnenswert ist hier, dass die Einbeziehung von kollektiven Eigenschaften im Kampf gegen die Emanzipation der Juden Ende des 18. Jahrhunderts üblich war. Der moderne Antisemitismus beruht, so Jacob Katz, darauf, dass „die Eigenschaften der Völker an ihrer Geschichte, an ihrem Schicksal und an ihrer Kultur" abgelesen wird. Sich auf diese Elemente stützend versuchte man, die Unterdrückung der Juden zu begründen (vgl. Jacob Katz: Zur Assimilation und Emanzipation, S. 97).

3.6 Preußin und Deutsche: die Selbstpositionierung

Fanny Lewald erzählt, dass ihrer Mutter allein der Mut fehlte zum Übertritt, denn sie hätte schon immer den Zug dafür gehabt und ihrem späteren Mann wären Religion und Dogmen sowieso gleichgültig gewesen.[125] So sei ihr und ihrem Mann keine andere Alternative offen geblieben, als „mit Eingaben bei der Regierung, mit Geldopfern, wo diese tunlich waren, und mit persönlichen Bittgesuchen sich die Erlaubnis zur Niederlassung in Preußen zu verschaffen, deren Bewilligung immer schwerer gemacht wurde, je wohlhabender und heiratslustiger die jüdischen Gemeinden geworden waren".[126] Sie berichtet von einer glücklichen Jugend in Königsberg in der Zeit nach dem Judenedikt von 1812. Dabei handelt es sich um eine Umgebung, die den Juden noch relativ feindlich war,[127] obgleich sie die Judenfeindlichkeit dadurch zu relativieren versucht, dass in ihrer Heimat, Königsberg, „die Epidemie der Judenverfolgung ziemlich gelind [vorüber ging]".[128] Trotz der vielen Einschränkungen, die mit dem damaligen Status der Juden verbunden waren, beschreibt Fanny Lewald ihre Jugend in Königsberg als eine sehr „ruhige" Zeit, und Preußen, als eine Art *Beste aller möglichen Welten*: „*Man* hielt sich überzeugt, auf das Beste regiert zu werden, die besten unbestechlichen Beamten, das beste Volksschulwesen, das beste Militär und in der Landwehr den wahren Hort aller Unabhängigkeit nach außen zu besitzen".[129] Dass das *indefinitum,* hier und immer wieder für das preußische

---

125 Vgl. F. Lewald: ML, S.13.

126 F. Lewald: ML, S.13.

127 Das preußische Judenedikt von 1812 befürwortete zwar eine rechtliche Gleichstellung der Juden, die gesellschaftlich aber nicht umgesetzt werden konnte, zumal sie mit vielen Einschränkungen versehen war, zum Beispiel bezüglich der Reichweite des Ediktes und der Zulassung von Juden zu Staatsämtern und zur Militärpflicht. Von einer Gleichstellung der Religionen, d.h. von jüdischen Gemeinden und Kirchen, wie das tatsächlich erst mit der Weimarer Verfassung von 1919 zum ersten Mal erfolgte, war hier noch nicht die Rede. Dass gesellschaftlich den Juden immer noch ein Sonderstatus zugewiesen wurde und das Edikt nicht auf demokratisch fruchtbarem Boden entstand, zeigen die Unruhen von 1819, die unter der Bezeichnung „Hep-Hep Krawalle" in die Geschichte eingegangen sind. Vgl. hierzu: Ismar Freund: Die Emanzipation der Juden in Preußen. Unter besonderer Berücksichtigung des Gesetzes vom 11. März 1812. Berlin 1912, bes. Teil 2 und 3; Michael Brenner et.al. (Hg.): Deutsch-jüdische Geschichte in der Neuzeit. Band II Emanzipation und Akkulturation (1780-1871). München 2000. Zu den Auswirkungen der Hepp-Hepp- Krawalle in Deutschland auch Rainer Erb/Werner Bergmann: Die Nachtseite der Judenemanzipation. Der Widerstand gegen die Integration der Juden in Deutschland 1780-1860. Berlin 1989. Bes. S. 217-240.

128 F. Lewald: ML I, S. 98

129 F. Lewald: ML II, S. 169. Herv. C.S.

Volk,[130] „ihr Volk", gesetzt, sich keineswegs auch auf die Juden bezieht, liegt auf der Hand. Es widerspiegelt ihre Bindung an Preußen, die sie nachdrücklich und mit viel Zuneigung als ihre „besondere Heimat" und als ihr „*spezielles* Vaterland" beschreibt.[131] Nicht zuletzt wird diese Bindung durch das wiederholte „bei uns in Preußen"[132] wie die viel erwähnte Liebe des preußischen Volkes für seinen König verstärkt.[133] So auch die idyllische und mit viel Nostalgie beladene Darstellung ihres Wohnortes, die keinen Zweifel am starken Heimatgefühl zulassen soll:

> Der Duft der grünen Äpfel von den Wagen, das Schnattern der Gänse, von denen man ebenfalls ganze Leiterwagen voll zum Verkaufe brachte, der starke Geruch der Küchenkräuter, die man zum Einkellern in die verschiedenen Häuser fuhr, das alles mahnte mich an die Traulichkeit des Winters, an des Vaters Geburtstag, der im November war, an das kommende Weihnachtsfest, und heute noch ruft mir der Geruch frischer Gemüse regelmäßig jene Herbstmorgen zurück, in denen ich die Vorstadt entlang zur Schule wanderte; denn der Geruch ist der stärkste Vermittler der Erinnerung.[134]

Fanny Lewald beschreibt sich also zuvorderst als Preußin, als Deutsche und als Intellektuelle. Sie hebt bewusst ihr deutsches Selbstbewusstsein hervor und identifiziert sich durch unterschiedliche Symbole mit Preußen/Deutschland. Albert Breuer hat darauf hingewiesen, dass diese Untertanentreue gegenüber der herrschenden Obrigkeit und die Loyalität gegenüber dem Vaterland für preußische Juden symptomatisch war: „In keinem anderen Land Europas waren die Juden in der Summe so national eingestellt – prodeutsch und propreußisch. Und trotz noch wahrnehmbarer Eigenheiten erschienen Preußens Juden als nahezu vollständig integriert in das Bürgertum", schreibt er.[135] Auch Jahrzehnte

---

130 F. Lewald benutzt abwechselnd Deutschland und Preußen, betont aber immer wieder ihre besondere Bindung an Preußen als Heimat. Ihre Beziehung zu Deutschland erwähnt sie meistens in Bezug auf ihre persönliche Entwicklung zur Schriftstellerin und zum Intellektuellen. Das Spannungsverhältnis zwischen Preußen und Deutschland hebt sie aber nicht besonders hervor. Zu Fanny Lewalds Verhältnis zu Preußen und Deutschland Gudrun Marci-Boehncke 1998. Zur gemeinsamen Geschichte Preußens und Deutschlands Hans-Joachim Schoeps: Preußen und Deutschland. Wandlungen seit 1763. Berlin1970.

131 F. Lewald: ML II, S.167. Herv. C.S.

132 Vgl. u.a. F. Lewald: ML I, S. 122ff.

133 F. Lewald: ML II, S. 167.

134 F. Lewald: ML I, S. 115.

135 Albert Breuer: Juden in Preußen 1750-1918. Emanzipation, Assimilation und Antisemitismus. In: Schoeps, Julius H. u.a. (Hg.): MENORA. Jahrbuch für Deutsche-Jüdische Geschichte. Band 16. Tradition, Emanzipation und Verantwortung. Moses Mendelssohn, die Aufklärung und die Anfänge des deutsch-jüdischen Bürgertums. Hamburg 2006, S. 15-52. Hier S. 35. Hierzu auch Milka Salmons Hinweis auf das Gebet „Hanoten t'schu'a lam'lachim", das bei Juden der

danach schildert Clara Geissmar dieses Verhältnis nicht anders. Dass diese Negierung des Leidens die jüdische Lebenspraxis noch mitstrukturiert, belegt ihre widersprüchliche Beschreibung der Hep-Hep-Krawalle, die sie allerdings nur vom Erzählen kannte:

> In jener Zeit gab es unter dem Rufe: „Hepp hepp" bösartige Judenverfolgungen. In meiner Vaterstadt war davon nichts zu verspüren, dort lebten die verschiedenen Confessionen friedlich nebeneinander. [...] Eines Abends als meine Eltern beim Essen saßen, flog ein Stein durch die Scheiben, jedoch ohne jemand zu verletzen. Meine Mutter kam in die größte Aufregung. Daß es jemand wagte, dem Hause ihres Mannes so etwas zuzufügen, – von sich selbst dachte sie immer viel zu gering – erfüllte sie mit Entrüstung und Bitterkeit. Sie weigerte sich die zerbrochene Fensterscheibe ersetzen zu lassen. Jedermann müsse sehen, was gegen unser Haus verübt wurde und Alle müssten sich schämen. Dabei wurde sie ganz melancholisch.[136]

Diese Affinität, von der hier die Rede ist, wird bei Fanny Lewald in besonders pointierter Form hervorgehoben. Marci-Boehncke schreibt zu Fanny Lewalds Verhältnis zu ihrem Vaterland, „Ihr eigenes Bedürfnis, nicht zuletzt sichtbar über ihr literarisches Vorbild Goethe, einen Platz innerhalb deutscher Geistesgeschichte bzw. Literatur einzunehmen, machen es [...] begründbar, ihr zunächst wenigstens in Teilbereichen auch eine bewusste deutsche Identität zuzuschreiben".[137] Damit meint Boehncke, dass Identität sich an bestimmten Elementen festmachen lässt, die es gilt, sich anzueignen. Wie Boehncke schreibt, handelt es sich bei Lewald vor allem um ein Bedürfnis. Dieses Bedürfnis ist allerdings ein Anspruch auf etwas, das nicht gesichert zu sein scheint, nämlich den Anteil an deutscher Geistesgeschichte oder genauer, die Zugehörigkeit zum Deutschtum.

> Da der Deutsche im Allgemeinen ohnehin wenig Sinn für die schöne Form in Sprache und Erscheinung besitzt, ja sogar geneigt ist, sich aus seinen Mängeln Tugenden zu machen,

---

Diaspora sehr verbreitet gewesen sein soll und für die herrschende Obrigkeit geführt wurde: „Es wird darin die Hoffnung ausgedrückt, G-tt möge für die Stabilität des Regimes sorgen, damit es imstande wäre, die Juden zu beschützen und ihnen die ungehinderte Ausübung ihrer religiösen Pflichten zu ermöglichen. Die Quelle für diese Gebet ist Psalm 144, 10. Die genaue Wortlaut des Gebetes war von Land zu Land, und von Herrscher zu Herrscher verschieden und dem jeweiligen Kontext angepaßt." (sic!) Auf Misrachi Österreich: http://www.misrachi.at/index.php/geschichte-der-juden-in-wien/64-herrschaft-der-gnade (25.08.2011)

136 Clara Geissmar: EG, S. 24.
137 Gudrun Marci-Boehncke: Fanny Lewald: Jüdin, Preußin, Schriftstellerin. Studien zu autobiographischem Werk und Kontext. Stuttgart 1998, S. 161.

> so hatte ich mich bis zu einem bestimmten Grade in dem billigen Glauben gewiegt, daß
> wir „bieder und natürlich" seien und daß damit genug getan wäre,[138]

schreibt sie im zweiten Band ihrer Autobiographie und erinnert sich damit an
ihren Aufenthalt in Berlin im Winter 1839, wo sie sich von Frau Sophie Bloch
über die Annehmlichkeiten der hohen Gesellschaft unterrichten ließ.[139] Mit
demselben Anspruch der Vertrautheit mit dem Deutschen spottet sie auf das
Lied „Des Deutschen Vaterland" von Ernst Moritz Arndt, das sie negativ, ko-
misch, niederschlagend und nicht patriotisch genug fand.[140] Nicht zuletzt spottet sie auf die Kunst der Gräfin Hahn[141], die mit „geschmacklose[m] Leichtsinn"
die deutsche Sprache, *„unsere edle Muttersprache"* handhabt.[142] Der Sinn der
Kritik an Arndt verschiebt sich aber, wenn man bedenkt, dass Arndt stark nati-
onalistische und antisemitische Positionen vertrat, die Kollegen und anderen
Intellektuellen bekannt gewesen sein müssen. Offenbar verbirgt sich hier ein
Element jüdischen Bewusstseins hinter dem Motiv des deutschen Nationalbe-
wusstseins. Die Kritik, die möglicherweise einem Antisemiten gilt, nimmt auch
die Form einer Kritik an einen angeblich Unpatriotischen, was zu einer Über-
schneidung von Interesse und Intention führt. Ob aber dies tatsächlich bewusst
erfolgt, kann nur vermutet werden. Tatsache ist aber, dass durch diese Unsicherheit schwierig wird, diese Kritik allein ihrem „deutschen (Selbst-)Bewusst-
sein" zuzuschreiben. Die Autorin entfällt als absolute sinngebende Instanz und
dadurch entsteht die Ambivalenz ihrer eigenen Wörter, die das eine, aber auch
das andere bedeuten können. Ähnlich geht es mit der Identifizierung mit dem
deutschen Vaterland.

Freilich fehlt es bei Fanny Lewald nicht an Identifikationselementen mit
Deutschland.[143] In Sachen deutsche Sprache, Literatur und Geschichte wie in
der Kritik öffentlicher Verhältnisse z.B. gibt sie sich als Expertin an. Die regel-
mäßige Identifikation mit dem Deutschen, die ihre Geschichte durchzieht, erfolgt aber nicht naiv. Sie symbolisiert eine ständige Selbstbehauptung als zum

---

138 F. Lewald: ML II, S. 245.

139 F. Lewald: ML II, S. 245.

140 Vgl. F. Lewald: ML I, S. 106.

141 Was das Urteil über Gräfin Hahn (eigentlich Ida Marie Louise Sophie Friederike Gustava
Gräfin von Hahn) angeht, soll vermerkt werden, dass es möglicherweise von der Rivalität
zwischen beiden Frauen um Fanny Lewalds Vetter Heinrich Simon beeinflusst wurde. Simon
entschied sich für eine Beziehung zu Gräfin von Hahn, auf die Liebeserklärungen von Fanny
Lewald hatte er zuvor ablehnend reagiert.

142 F. Lewald: ML III, S. 222f. Herv. C. S.

143 Für eine ausführliche Aufzählung deutscher Identifikationselemente bei Fanny Lewald
siehe Gudrun Marci-Boehncke: Fanny Lewald. Jüdin, Preußin, Schriftstellerin, S. 161-167.

„deutschen Haus" angehörend. Eben die Fülle an solchen Elementen, der wiederholte Bezug auf sie, erweckt den Eindruck einer Art Beweisführung und macht die Beziehung zu Preußen/Deutschland erst recht problematisch. Die Zugehörigkeit zu Preußen bzw. zu Deutschland enthüllt sich als etwas, das zunächst bewiesen, belegt und begründet werden muss. Und dieser Hang zur Beweisführung, ganz im Gegensatz zu dem, was vom erzählenden Ich intendiert wird, macht das Verhältnis zu Deutschland problematisch. Die Ansprüche der Autorin in Hinsicht auf die Zugehörigkeit zum deutschen Vaterlande wirken noch verdächtiger, wenn man bedenkt, dass sie im gleichen Zug die sonst auch identitätskonstitutive Bindung ans Judentum zu negieren sucht und sie doch gerade dadurch bestätigt. Der Anspruch auf das deutsche Vaterland erfolgt nämlich auf Kosten der Entfernung vom Judentum. „Von da ab", so Lewald über die judenfeindlichen Unruhen von 1819 in Preußen,

> hatte ich den vollständigen Begriff von der Unterdrükung (sic!) *der Juden*, von der Ungerechtigkeit, welche man gegen *sie* begehe. Auch das Bewußtsein *der gebildeten Juden*, aufgeklärter und besser zu sein als ihre Verfolger, hatte bereits angefangen, sich auf mich zu übertragen, und *die Juden* hatten damals *ihr* stolzes Selbstgefühl, das man *ihnen* sooft als Anmaßung und Arroganz vorgeworfen hat, sehr nötig, wenn *sie* selbst sich aufrecht erhalten und ihre Kinder tüchtig machen wollten, an der allmählichen Emanzipation des Volkes mitzuarbeiten.[144]

Die Juden bilden hier wie bereits erwähnt nicht eine Wir-, sondern eine Sie-Gruppe, die der Autorin vielleicht verwandt ist, mit der sie sich aber auf keinen Fall identifiziert. Von Mendelssohns „*Ich* bin ein Mitglied eines unterdrückten Volkes", das sein jüdisches Selbstverständnis unterstreicht, ist diese Darstellung der Situation noch weit entfernt.[145] Als Intellektuelle spielt Lewald auch Objektivität vor, indem sie sich als angeblich neutrale Beobachterin darstellt. Selbst ihre Beschreibung von Provinzjuden und von polnischen Juden lässt eine gewisse Distanzierung vom Jüdischen erkennen:

> Masuren, Litthauer (sic!) und Kuhren welschen ihre Dialekte auf den Märkten durcheinander, und die polnischen Juden, in ihren schwarzen kaftanartigen Pelzen mit den spitzen pelzverbrämten, noch ganz assyrischen Sammetmützen und den assyrisch gedrehten Locken an den Schläfen, tragen dazu bei, das winterliche Bild zu vollenden.[146]

---

144 Fanny Lewald: ML I, S. 97f. Herv. C. S.

145 Vgl. Moses Mendelssohn, nach Jacob Katz: Zur Assimilation und Emanzipation, S. 71. Herv. C. S.

146 Fanny Lewald: ML I, S. 112.

Damit macht sich Lewald einen diskriminierenden Diskurs zu eigen, der selbst innerhalb der jüdischen Gemeinschaft herrschte und welcher die „Ostjuden", die im Gegensatz zu assimilationsfreudigen „Westjuden" in der Tradition verankert geblieben waren, als zurückgeblieben und als streng von den „Westjuden" getrennt konstruierte.[147] Die „Ostjuden" als zurückgeblieben zu bezeichnen war aber nicht bloß eine Geste der Abgrenzung, durch die Westjuden mit Bildung und Ostjuden mit Unbildung gleichgesetzt wurden. Diese Einstellung war zugleich eine Behauptung der eigenen Assimilation.[148] Lewalds Aufforderung, die Juden sollen sich in Hinsicht auf ihre Emanzipation von bestimmten

---

147 Steven E. Aschheim formuliert die These, dass die wachsende Kluft zwischen West- und Ostjudentum und die Entstehung des abgrenzenden Diskurs über den Ostjuden unmittelbare Folgen der Modernisierung des Judentums im Westen sind: „In this sense, the very notion ‚Ostjude' was the product of the modernization of Jewish life and consciousness, for before the penetration of Enlightenment thinking, Jews did not divide themselves into radically antithetical ‚Eastern' and ‚Western' components." (Steven E. Aschheim: Brothers and Strangers. The East European Jew in German and German Jewish Consciousness, 1800-1923. Madison 1982, S. 3). Nicht später als bereits zu diesem Zeitpunkt spürt auch der Ostjude eine bestimmte Abneigung gegen den Westjuden, der ihm als Verkörperung der Assimilation, des Abfalls der Tradition erscheint. Obwohl in der ersten Hälfte des zwanzigsten Jahrhunderts der Ostjude, wie bei Alfred Döblin, noch als etwas dargestellt wird, das dem Westjuden diametral entgegensteht (Vgl. Hans-Peter Bayerdörfer: Das Bild des Ostjuden in der deutschen Literatur. In: Strauss/Hoffmann (Hg.): Juden und Judentum in der Literatur, München 1985, 228f.), ist der Ostjude, der Ende des 19. und Anfang des 20. Jahrhunderts in der Literatur stark repräsentiert ist, allgemein aber nicht länger der Verachtete, sondern der „echte Jude", der die Orientierung nicht verloren hat. Anhänger einer Rückkehr zum Judentum und einer Wiederbelebung der Tradition erblickten im Ostjudentum die letzte Bastion und die Rettung des Judentums. Es ist deshalb auch nicht verwunderlich, dass der Zionismus in Osteuropa einen so fruchtbaren Boden fand. Obwohl selbst das Klischee des intellektuell Zurückgebliebenen, wie etwa bei Buber, nicht völlig verschwindet. Ostjudentum bietet nämlich „Zusammenhalt, Selbstbewußtsein, geschichtliche und kulturelle Selbstdefinition" (Hans-Peter Bayerdörfer: Das Bild des Ostjuden in der deutschen Literatur, 234). Dabei muss man aber immer relativieren, weil selbst das Ostjudentum zu dem Zeitpunkt nur noch im Vergleich zum Westen eine angebliche „Authentizität" beanspruchen kann. Für sich genommen hat es mit dem traditionellen Judentum des vorigen Jahrhunderts nicht mehr viel zu tun. Zum Verhältnis von West- und Ostjudentum auch Moritz Goldstein: „Wir und Europa". In: Vom Judentum. Ein Sammelbuch. Hg. vom Verein jüdischer Hochschüler Bar Kochba in Prag, Leipzig 1913, bes. S. 136; Hans-Peter Bayerdörfer: Das Bild des Ostjuden in der deutschen Literatur; Hans-Joachim Hahn: Europäizität und innerjüdisches *Othering* ›Ostjuden‹ im literarischen Diskurs von Heine bis Zweig. In: Battegay/Breysach (Hg.): Jüdische Literatur als europäische Literatur. Europäizität und jüdische Identität 1860-1930. München 2008; S. Adler Rudel: Ostjuden in Deutschland 1880-1940. Tübingen 1959; Jack L. Wertheimer: Germany Policy and Jewish Politics: The Absorption of East European Jews in Germany (1868-1914) Columbia University 1978.
148 Vgl. Steven E. Aschheim: Brothers and Strangers, S. 7f.

Bräuchen und Gewohnheiten trennen, fußt nämlich auf dieser Auffassung jüdischer Traditionen als reformbedürftig bzw. als hinderndes Element für eine Emanzipation. „Jüdische Eigenarten", so schreibt Van Rheinberg dazu, „wie der ‚unerträgliche Dialekt' oder die ‚unmanierlichen Mienen und Gebärden' waren für sie Zeichen von Ungeist und Unbildung".[149] Selbst ihre Verteidigung der Juden formuliert Fanny Lewald sehr ambivalent. Es handelt sich dabei immer um „unsere [deutschen] Juden"[150] und die Autorin impliziert damit die Einnahme einer spezifisch deutschen Perspektive – wobei sie doch hier auch eine jüdische einnehmen könnte. Ihre Besuche bei der Familie Japha, einer benachbarten jüdischen Familie, wie die dort beobachteten Rituale beschreibt die Autorin dann mit deutlich weniger Anteilnahme. Statt nostalgischem Rückblick wie in der Beschreibung der preußischen Heimat, gibt es hier die bloße Erinnerung an fremde Angelegenheiten:

> Dann tauchte mit einem Male drüben in der Stube auf dem Fensterbrett an einem Abende ein Wachslicht auf – und nun begann die Herrlichkeit, begann die Girondola meiner Kindheit. Am nächsten Abende drei, und so ging das nun, immer prächtiger und heller werdend fort, bis etwa sieben oder neun Licht brannten, und dann die Herrlichkeit mit einem Male vorbei war. Das sei das jüdische Weihnachtsfest[151], sagte man uns, und wir zerbrachen uns über den Widersinn dieser Erklärung die Köpfe nicht. Denn wenn Herr Japha mit seinem Weihnachtsfeste fertig war, stand unsere vor der Türe, und wir vergaßen die jüdische Weihnachtszeit, um an unsere eigenen Weihnachtslichtchen zu denken.[152]

Mehr über diese „seltsamen" Bräuche verrät Fanny Lewald nicht. Die Weigerung, die Gedanken der kleinen Fanny in die Wörter der erwachsenen Autorin zu übertragen und zu erläutern, dokumentiert weiterhin die Absicht, die persönliche Identität ohne Einbeziehung jüdischer Elemente zu entwerfen. Während Erinnerungen an die preußische/deutsche Heimat solche sind, die für die Konstruktion der „alt" gewordenen Autobiographin von Bedeutung sind, werden Erinnerungen ans Jüdische meist in den Hintergrund geschoben und dessen Erwähnung dient hauptsächlich einer Betonung ihrer Fremdheit. Nun könnte man den Einwand vorbringen, dass der erste Satz von Fanny Lewalds Autobiographie, der ihre jüdische Herkunft bekannt gibt, doch als eine Art Be-

---

149 Brigitta van Rheinberg: Fanny Lewald. Geschichte einer Emanzipation. Frankfurt a. Main 1990, S. 172.
150 Fanny Lewald: ML III, S. 109.
151 Fanny Lewald meint mit Weihnachtsfest offensichtlich das Chanukka-Fest, ein acht Tage dauerndes, jährlich gefeiertes jüdisches Fest, zum Gedenken an die Wiedereinweihung des 2. Tempels in Jerusalem im Jahr 164 v. Christi. Das Fest beginnt jeweils am 25. Tag des Monats Kislew, d.h. November oder Dezember.
152 F. Lewald: ML III, S. 47.

kenntnis zum Judentum verstanden werden kann: „Ich bin am 24. März des Jahres 1811 zu Königsberg in Preußen geboren, und stamme von väterlicher und mütterlicher Seite aus jüdischen Familien ab", so setzt sie Autorin ihre Autobiographie an. Die anfangs unterstrichene jüdische Herkunft hört sich aus der Perspektive der konvertierten Jüdin bzw. aus der Erwachsenenperspektive zwar als Hinweis auf ein jüdisches Selbstbewusstsein, letzteres erwächst m.E. aber nicht aus dem Bedürfnis, sich zum Judentum zu bekennen, sondern aus der Anerkennung bzw. Bestätigung des dominanten Diskurses, der den Juden von außen konstruiert. Dieser Anfangssatz stellt also das Bewusstsein der von außen konstruierten Jüdin dar. Es ist jene Jüdin, die sich gegen ihr Judentum nicht wehren kann, um das mit Sartre zu formulieren. „[Elle] ne peut pas choisir de ne pas être [Juive]".[153] Es handelt sich in dieser Hinsicht vielmehr um eine Geste der Resignation, die die Autorin aber bewusst und kalkuliert zu Beginn ihrer Autobiographie setzt, um zugleich die Bedeutsamkeit des von ihr hinterlegten Weges hervorzuheben. Denn ein Blick auf Lewalds Gebrauch von Pronomina stellt deutlicher denn je das ambivalente Verhältnis zum Judentum unter Beweis.

Sowohl das „*unsere* Juden" als auch das „*unsere* edle Muttersprache" stellt sie nicht auf die Seite der Juden, sondern trägt zu ihrer Konstruktion als Nichtjüdin bei. Beide drücken ein Verhältnis der Zugehörigkeit zu Deutschland, aber zugleich eine Abgrenzung vom Jüdischen aus. Hier ist dieselbe Logik am Werk, die die Juden beständig mit „sie" und „ihnen" anspricht und die eigene Zugehörigkeit zu Deutschland nie in Zweifel zieht, wie das aus folgendem Eintrag vom 21. Oktober 1869 aus dem Tagebuch hervorgeht:

> *Wir Deutsche sind recht eigentlich dadurch heraufgekommen, daß wir selbst uns gegen die anderen Nationalitäten so lange herabgesetzt haben*; denn indem wir uns die wirklichen oder vermeinten Vorzüge der andern stets lebhaft als Etwas, was uns fehle, zum Bewußtsein brachten, wurden wir unwillkürlich darauf hingewiesen, solche Vorzüge als erstrebenswert anzusehen und uns um ihren Besitz so lange zu bemühen, bis wir weit mehr erreicht hatten, als jene besaßen.[154]

Diese Wir-Rhetorik, die sich in dieser eindeutigen Form immer auf Deutschland bezieht und nie auf das Judentum, die nicht nur das Tagebuch, sondern auch die Autobiographie strukturiert, lässt keinen Zweifel an dem Selbstverständnis der Autobiographin und an ihrer Position zu Deutschland zu. Es ist keine ambivalente Identifikation, sondern ein entschlossenes „Wir", das sich auf Deutschland bezieht. Es wäre trotzdem zu vereinfachend zu behaupten, dass Fanny

---

153 Jean Paul Sartre: Réflexions, S. 109.
154 Fanny Lewald: Gefühltes und Gedachtes, S. 132. Herv. i.O.

Lewald stets eindeutig ein ausschließendes „sie" für Juden und ein einschlie-
ßendes „wir" für Deutsche gebraucht. Während nämlich auf der einen Seite das
deutsche Nationalgefühl durch das wiederholte „Wir Deutschen" bzw. possessiv durch „mein" oder „unser" betont wird, pendelt das Verhältnis zum Jüdischen ständig zwischen „sie" und „wir", wobei nie eindeutig wird, in welchem
Verhältnis die Erzählerin zum Jüdischen steht. Wie das im Folgenden noch
diskutiert werden soll, deutet Lewalds Gebrauch von Pronomina in Bezug auf
die Juden auf ein ambivalentes Verhältnis hin, wobei die Tendenz zur Abgrenzung aber oft deutlich zu erkennen ist.

3.7 „Ich" und „sie": die Abgrenzung vom Judentum

Genauso wie Fanny Lewald ihre Einstellung zu Deutschland in ihrer Darstellung
als eindeutig erscheint, steht dort die jüdische Welt im Zeichen des Rätselhaf-
ten. Die Autorin stellt die jüdische Welt als einen Raum dar, in dem sie ewig und
umsonst nach Orientierung, nach Festpunkten sucht, während jede Begegnung
mit nichtjüdischer Kultur von Vertrautheit und Begehren gekennzeichnet ist. So
zum Beispiel ihr Vergleich von Inhalten jüdischer und christlicher Religion:

> Neben dieser rationellen und praktischen Auffassung von dem Wesen des Menschen und
> von der Unsterblichkeit, die mir sehr einleuchtete, hatte sich aber in mir eine eigene reli-
> giöse Welt ausgebildet; denn wenn mir auch die Anschauungsweise meines Vaters ver-
> ständlich und angemessen war, so ließ sie eine Seite in meinem Gemüte leer, die in dem
> Christentum ihre Nahrung fand. Die großen Lehren von der Liebe und von der Selbstver-
> leugnung, welche das Christentum in sich trägt, begeisterten mich, und der Ebel'sche Re-
> ligionsunterricht sowohl als der mehrjährige Unterricht des Herrn von Tippelskirch hatten
> in mir das Verlangen nach einem Ideal erzeugt, für das ich eine Gestalt zu haben begehrte.
> Weder die historischen Figuren des Altertums, noch die der neuen Geschichte, boten mir,
> was ich bedurfte. Ich konnte die Taten, die Seelenstärke, die Großmut, die Hingebung ein-
> zelner Helden bewundern, indes sie alle verkörperten mir die ideale Liebe, das Streben
> nach Selbstvollendung nicht, nach denen ich trachtete, und hätten meine Lehrer mich
> nicht schon früher auf Christus hingewiesen, so würde mein jetziger Umgang mit der Fa-
> milie von Derschau hingereicht haben, mir Christus den Allliebenden, der sich für die
> Menschen geopfert hat, zum Ideale zu erheben.[155]

Wieder kommt hier der Topos vom Christentum als „Zentrum" zum Ausdruck.
Das Christentum stellt einen Ort mit hoher Anziehungskraft dar. Es ist aber
auch, in Bezug auf die von mir vertretene These, der Ort, an dem der dominante
Diskurs verankert ist. Es verkörpert Macht, Schutz, und nicht zuletzt eine gewis-

---

155 Fanny Lewald: ML I, S. 149.

se Sicherheit. Mit dem Christentum meint die Autorin etwas Bereicherndes und Anziehendes, das besser zu Ihrem Gemüt passe. Ihre Beziehung zum Christentum basiert demnach auf Begehren und Vertrautheit, weshalb sie behauptet, sie habe am Anfang den Kummer davon getragen, dass sie mit ihrer Freundin Mathilde zur Kirche, aber noch nicht zum Religionsunterricht gehen konnte,[156] weshalb sie auch die Taufe als „ein langgehegtes bestimmtes Verlangen" beschreibt.[157] Wieder wird die Beziehung zum Christentum mit Begriffen beschrieben, die die Position der Autobiographin eindeutig als Anhängerin definieren:

> Sehr *gerührt* und in mich *versunken* saß ich da, während zu den Tönen der Orgel das Hosiannah der Gemeinde durch die Kirche klang, und als ich den Blick einmal zu dem mir gegenüberliegenden Fenster erhob, flimmerte plötzlich ein leuchtender Stern vor meinen Augen. Daß dies nur ein Wiederschein des Lichtes vom Altare war, daß durch die trüben Scheiben der alten Kirchenfenster kein Sternschein dringen, daß an dem verwölkten Himmel kaum ein Stern hervorleuchten konnte, das fiel mir gar nicht ein. Ich faltete unwillkürlich die Hände, ich *fühlte eine große freudige Bewegung in meinem Herzen*, und ohne einen Menschen ein Wort davon zu sagen [...] hatte ich die *Überzeugung*, daß erst mit diesem Tage Jesus auch für mich lebendig geworden sei. Von da ab begannen die christlichen Feiertage für mich eine eigene Bedeutung zu gewinnen, und meine Verehrung des Heilandes bekam etwas *Ethusiastisches*(sic!), das seinem Heroismus und seiner Selbstverleugnung galt.[158]

Dagegen erfolgt jede Erwähnung der „unbekannten" und „mystischen" Welt des Judentums mit weniger feierlichen Wörtern, die vielmehr Abstoß als Zuneigung signalisieren. Fanny Lewald erwähnt das Jüdische stets als „unheimlich", „fremdartig"[159] und zeigt damit immer die Grenze auf, die zwischen ihr und dem Judentum liegen soll. Dass ihre Darstellung des Judentums aber auf ungenauen Kenntnissen basiert, ist nicht von der Hand zu weisen. Auch die These, dass diese so starke Orientierung am Christentum den schleichenden romantischen Geist und das Bildungsstreben einer goetheverrückten Generation verkörperte, wie Ludwig Geiger es dargelegt hat, ist plausibel.[160] Geiger hebt am Beispiel vom jüdischen Offizier Meno Burg[161] den besonderen historischen Kontext, in dem

---

156 Vgl. Fanny Lewald: ML I, S. 146f.

157 Fanny Lewald: ML I, S. 196.

158 Fanny Lewald: ML I, S. 151.

159 Vgl. u.a. F. Lewald: ML I, S. 99.

160 Ludwig Geiger: Geleitwort zu: Meno Burg. Geschichte meines Dienstlebens (1916). In: Burg: Geschichte meines Dienstlebens. Hg. Von Hermann Simon. Teetz 1998, S. XVI-XXVIII. Hier S. XXIf.

161 In dieser Arbeit Kapitel 5.

sich die Juden jener Zeit befanden. Er weist nämlich auf den romantischen Geist mit dem der ganzen Jugend umschlingenden Zug zum Phantastischen, zur Erregung des Herzens und zur Befriedigung des Gefühls, allen Elementen, die die Jugend in dem „nüchternen" jüdischen Gottesdienst ohne Orgel, ohne Gesang und ohne schöne Formen vermissten. Dem Taufrausch, so Geiger, habe oft tatsächliche Neigung zugrunde gelegen. Außerdem dürfe man das Argument der Bildung nicht vergessen, die für viele Juden offenbar nur durch das Christentum erreichbar war:

> Gerade durch das romantische Denken, das wie ein schleichendes Gift sich in die Jugend eingenistet hatte, wurde ein bedauerlicher Irrtum in die Gemüter der Jugend gepflanzt. Sie meinten, daß Bildung allein ihnen die Tore zum Deutschtum öffnete. Deutsch zu sein, aufzugehen in die deutscher (sic!) Bildung, schien der strebenden Jugend nur möglich durch Annahme des Christentums. [...] Man muß nicht glauben, daß Unsittlichkeit und Stellenjägerei die einzigen oder auch nur die Hauptmotive zu dieser Fahnenflucht abgaben: Es war im wesentlichen der romantische Sinn, das Bildungsstreben, die Deutschtümelei.[162]

An den Beispielen von Jakob Fromer und Meno Burg wird im fünften Kapitel dieser Arbeit noch auf diese These eingegangen. Fanny Lewalds Darstellung des eigenen Verhältnisses zum Judentum ist aber niemals frei von Ambivalenzen. So geht es ihr einmal um die Vertretung „des Volksstammes[...], dem [sie] angehöre",[163] und ein anderes Mal um „das Volk, in dem [sie] geboren worden".[164] Diese Variationen deuten auf den Status des jüdischen Selbstbewusstseins zwischen Bekenntnis und Zugehörigkeit zu einer Schicksalsgemeinschaft. Selbst wenn die Autorin oft darauf bedacht ist, die Grenze zwischen sich und dem Judentum deutlich zu ziehen, so kann sie das Verrutschen bzw. das Gleiten dieser Grenze nicht immer vermeiden, wie das am Beispiel ihrer Beschreibung des einst von Juden bewohnten Viertels in Prag zum Ausdruck kommt:

> Daneben reichte der wunderbare alte *Judenkirchhof* in eine graue Vorzeit zurück; ganze Reihen geheimnisvoller Mythen und Legenden schienen aus den bemoosten Steinen der eingesunkenen Gräber hervorzusteigen, und *wie ein Quell aus tiefer Bergesnacht* brach aus den dunkeln Hallen der uralten unterirdischen Synagoge *für mich die erhabene Poesie* hervor, welche sich an die Geschichte des Volkes knüpft, in dem ich geboren worden. [...]Wenn das Judentum den Kultus der Heiligen und Märtyrer hätte, den der Katholizis-

---

162 Ludwig Geiger: Geleitwort, S. XXIf.
163 F. Lewald: ML III, S. 77.
164 F. Lewald: ML III, S. 181.

mus in sich aufgerichtet, welche unabsehbare Reihe von Martyrien würde er [sic!] aufzu-
zählen haben bis auf unsere Tage hinab?[165]

Die Distanz zum Judentum erscheint hier weniger spürbar. Auf einmal scheinen
Synagoge, jüdische Mythen und Legenden ihre Fremdheit eingebüßt zu haben.
Vertrautheit und Einfühlung lösen Distanz ab und die Erzählerin entpuppt sich
nicht als neutrale, sondern als teilhabende Beobachterin. Die Bezeichnung
Judenkirchhof bringt aber Verwirrung und ist an sich bezeichnend für das
Schweben zwischen zwei Welten und für die Schwierigkeit der Einheitlichkeit
von Identität. In diesem Sinne schwebt Fanny Lewalds Verhältnis zum Jüdischen zwischen Anziehung und Abstoßung, zwischen Vertrautheit und Verfremdung. Jüdische Gebräuche wirken auf sie, mit ihren eigenen Wörtern ausgedrückt, „unheimlich und mystisch, anziehend und widerwärtig zugleich".[166]
An ihrer obigen Darstellung des Jüdischen und des Nichtjüdischen ist die Unmöglichkeit dokumentiert, beide voneinander zu trennen. Das Spiel der Überlappung beider kulturellen Räume, die Verflechtung von Sinnesebenen wie die
daraus entstehenden Widersprüche bilden das produktive Moment, das Identität hervorbringt. Jene Identität, die sich durch die Verschränkung von Selbst
und Anderem, von „Ich" und „sie" bzw. von „wir" und „sie" und durch „Störung des Richtungssinns" kennzeichnet, ist kein gesicherter Ort.[167] Diese Beschreibung des Judenviertels bietet eine Realität an, die, mit den Wörtern
Bhabhas, „*weder das Eine*" (das Jüdische), „*noch das andere*"(das Nichtjüdische) verkörpert, „sondern etwas weiteres neben ihnen, das die Begriffe und
Territorien von beiden in Frage stellt".[168] Es findet eine „Verhandlung" zwischen
Jüdischem und Nichtjüdischem statt, die die Möglichkeit eines „dritten Raumes" eröffnet.[169] Fanny Lewalds Beschreibung der eigenen Realität vermittelt in
dieser Hinsicht den Eindruck einer „kulturellen Verwirrung".[170] Es ist aber gera-

---

165 F. Lewald: ML II, S. 180f. Herv. C. S.
166 F. Lewald: ML I, S. 48.
167 Homi K. Bhabha: Die Verortung der Kultur, S. 2.
168 Homi K. Bhabha: Die Verortung der Kultur, S. 42.
169 Homi K. Bhabha: Die Verortung der Kultur, S. 55ff.
170 Vgl. Homi K. Bhabha: Die Verortung der Kultur, S.17. Mit „kultureller Verwirrung" meint
Bhabha in Anlehnung an Goethe jene kulturelle Situation, die durch Begegnungen zwischen
Völkern entsteht. Es handelt sich um Situationen, in denen das Individuum meist unbewusst
geistige und interkulturelle Bedürfnisse entstehen sieht, die ihm vorher unbekannt waren, und
die „durch die Überlagerung mit ‚fremden' Ideen, kulturellen Repräsentationen und Macht-
strukturen entstehen." Zwar wird dieses Konzept bei Bhabha in Bezug auf Konfliktsituationen
verwendet, es lässt sich aber durchaus für andere Zwecke umfunktionieren.

de diese Möglichkeit, die die Autorin an anderem Ort zu negieren versucht und nicht in Anspruch nehmen möchte.

Es kommt nicht selten dazu, dass Lewald sich gegen diese Möglichkeit der *Differenz* zu wehren sucht. Der anschaulichste Beleg dafür ist aber außerhalb ihrer Autobiographie zu finden. In ihrem Tagebuch macht sie am 14. Juli 1865 folgenden Eintrag:

> Geheimrat Ritschl sagte mir gestern, er halte es in Religion und Politik mit dem vermittelnden, dem Übergangsstandpunkte; ich sah auch, daß er Deist und Konventioneller ist. Für mich ist das, als ob ich, um mich behaglich zu fühlen, lebenslang auf der Treppe zwischen einer Etage und der anderen stehen bleiben sollte. Es ist eben kein *Standpunkt*.[171]

Das Konzept des Treppenhauses, das sie hier der postkolonialen Theorie vorwegnimmt,[172] dass bei ihr aber einem anderen Zweck dient, deutet auf dieses Bedürfnis, nicht zwischen kulturellen Räumen hängen zu bleiben, also nicht das Treppenhaus zu bewohnen, sondern sich eine stabile Position zu erkämpfen. Dass dieser Standpunkt für sie durch Christentum, Zentrum und Deutschtum verkörpert ist, wurde bereits erwähnt. In diesem Sinne ist das gewählte Bild des Standpunktes umso bezeichnender, weil es ein festes Versprechen der gebürtigen Jüdin an das „Vaterland" ist. Es ist das Versprechen, eine vorbildliche Preußin zu sein, die nicht zwischen „deutsch" und „jüdisch" zögert bzw. die politisch und religiös ihre Assimilation an keine Bedingungen knüpft. Ihre abschließenden Bemerkungen über die Emanzipation der Juden lassen deshalb auch keinen Zweifel daran, mit wem sie sich identifizieren möchte:

> Es gibt keine Wirkung ohne Ursache, und es ist ein kindisches Gebahren von seiten *der Juden*, immer nur zu schreien: das ist empörend! Das ist nichtswürdig! – statt sich ernsthaft die Frage vorzulegen: wie und wodurch hat es geschehen können, daß dieser Wider-

---

171 Fanny Lewald: Gefühltes und Gedachtes, S. 88. Herv. i. O.
172 Homi K. Bhabha gebraucht das Konzept des Treppenhauses, den er einem Gespräch der afroamerikanischen Künstlerin Renée Green entnimmt und für seine Zwecke adaptiert, um eine Auflösung der Polaritäten in der Wahrnehmung kultureller Identität zum Ausdruck zu bringen. Das Treppenhaus weist auf einen Übergangsraum, auf einen dritten Raum zwischen instabilen und beständig verrutschenden kulturellen Räumen: „Das Treppenhaus", so Homi Bhabha, „als Schwellenraum zwischen den Identitätsbestimmungen wird zum Prozess symbolischer Interaktion, zum Verbindungsgefüge, das den Unterschied zwischen Oben und Unten, Schwarz und Weiß konstruiert. Das Hin und Her des Treppenhauses, die Bewegung und der Übergang in der Zeit, die es gestattet, verhindern, dass sich Identitäten an seinem oberen oder unteren Ende zu ursprünglichen Polaritäten festsetzen. Dieser zwischenräumliche Übergang zwischen festen Identifikationen eröffnet die Möglichkeit einer kulturellen Hybridität, in der es einen Platz für Differenz ohne eine übernommene oder verordnete Hierarchie gibt." (Homi K. Bhabha: Die Verortung der Kultur, S. 5)

wille gegen die Juden plötzlich von Berlin aus so heftig angefacht und so leidenschaftlich werden konnte, nachdem man sich durch Jahrzehnte eines friedlichen Zusammenlebens erfreut hatte. Der Reichtum der Juden und ihr Emporkommen im Staatsdienst, also der bloße Neid der Germanen, sind nach meiner festen Überzeugung nicht die Ursache davon, wenn schon er mitwirkt, nachdem das Feuer brannte. Und ehe *die Juden* das echt jüdische Zeter- und Weheschreien nicht einstellen und *in sich nach den Anlässen zu diesem erneuten Hasse suchen* – wird es schwer zu einer Klärung und Beruhigung kommen können. – Aber das Schreien ist eben einer ihrer Fehler – und Fassung nicht ihre Sache – in der großen Mehrzahl.[173]

Der unpersönliche Ton, das abgrenzende „sie", das die klare Grenze zwischen einem „Ich" und „[den] Juden" zieht, dokumentieren die Tendenz, sich aus einem bestimmten, geschlossenen Raum auszuhalten, um den eben erwähnten „Standpunkt" zu festigen. Die vorgetäuschte Objektivität soll nicht darüber hinwegtäuschen, dass die Autobiographin, indem sie den Judenhass auf die Juden selbst zurückführt, auf ihrer Behauptung besteht, es könne keine Emanzipation der Juden geben ohne vorherige, umfassende Assimilation. Zwar will die Autorin ihre Aufforderungen an die Juden zuvorderst als Einladung zur Bildung verstehen, aber indem sie sich daraufhin als Beispiel erfolgreicher Emanzipation (zugleich als Frau und als Jüdin) darstellt, lässt sie auch durchscheinen, was für einen Begriff der Emanzipation sie hatte. Zu diesem Begriff passt wohl Hannah Arendts Aussage, dass „in einer in großen Ganzen judenfeindlichen Gesellschaft [...] man sich nur assimilieren [kann], wenn man sich an den Antisemitismus assimiliert".[174] Um darzulegen, dass Fanny Lewalds Verwirrung auch Jahrzehnte später kein Einzelfall war, möchte ich hier kurz auf Ausführungen aus Clara Geissmars *Erinnerungen* eingehen.

An Clara Geissmars Ästhetisierung des eigenen Lebens wird erkennbar, dass auch eine bzw. zwei Generationen nach Fanny Lewald die sprachliche Artikulation der eigenen Wirklichkeit immer noch viele Unsicherheiten aufweist. Die kulturelle Verwirrung wird durch die kulturelle Konjunktur – wachsende Assimilation, Emanzipation – erst recht verstärkt. Am deutlichsten wird diese Verwirrung in der Beschreibung einer Freundin der Familie, die anscheinend dazu bestimmt war, die rassistische Trennung vom Jüdischen und Nichtjüdischen zu unterminieren:

> Frau Binswanger hatte etwas ausgesprochen jüdisches *nach Aussehen und Benehmen* und das blieb ihr bis an das Ende ihrer Tage. Ihre Schwester in München die ich einmal mit Leopold besuchte und die so altgläubig war, daß sie trotz herzlicher Liebe für ihre

---

173 Fanny Lewald: Gefühltes und Gedachtes, S. 324. Herv. von C.S.
174 Hannah Arendt: Rahel Varnhagen. Lebensgeschichte einer deutschen Jüdin, S. 208.

> Schwester nie kam weil sie die Speisegesetze [des Judentums] hätte übertreten müssen,
> hatte etwas christlich germanisches in *Aussehen und Gebahren.*[175]

Aufschlussreich an dieser Aussage ist gerade die Tatsache, dass sie die Schwierigkeit bzw. die Unmöglichkeit dokumentiert, die Realität zu beschreiben. In ihrem Versuch, die binäre Trennung von Jüdischem und Christlichem zu hinterfragen, indem sie angeblich jüdische Charaktermerkmale bei Christen identifiziert und umgekehrt, behauptet sie jedoch, dass es einen erkennbaren und strengen Unterschied gibt zwischen dem christlichen und dem jüdischen Aussehen bzw. Benehmen. Der Versuch, eine Binarität zu dekonstruieren, ermöglicht erst recht die Konstruktion dieser Binarität, oder genauer, bestätigt sie. Geissmars persönliche Geschichte macht diese Verwirrung noch stärker. Sie begründet etwa ihre Abkehr von den religiösen und traditionellen Gesetzen dadurch, dass sie nach ihrer Hochzeit und ihrem Umzug nach Konstanz von der jüdischen Gemeinschaft völlig abgekoppelt gewesen seien, was zum Beispiel die Einhaltung der Speisegesetze unmöglich gemacht habe:

> Nun waren wir in jener Zeit die einzigen Juden in Constanz. Die Gemeinden Worblingen
> und Gailingen bei welchen rituell geschlachtetes Fleisch zu bekommen war, lagen 3-4
> Stunden entfernt. Es wäre zur Sommerzeit unmöglich gewesen den Bedarf von dort zu be-
> ziehen.[176]

Damit behauptet sie, dass sie das Judentum nur total oder überhaupt nicht leben konnte. Es gibt demnach keinen Mittelweg wie etwa bei vielen Juden, die die Abkehr vom Judentum erst mit der Taufe sahen bzw. die Abweichung vom religiösen Gesetz nicht zwangsläufig mit Angleichung gleichsetzten. So wird auch die liberale Erziehung der Kinder und ihre Wahl des Protestantismus als „Bildungsanstalt" als Folge der Unmöglichkeit, das Judentum an die Forderungen der Modernisierung anzupassen, begründet:

> Die äußeren Formen des Judenthums, dieses Gemäuer mit welchem es seinen Gott umgab,
> kann nur stehen wenn all die vielen asiatischen Steine und Steinchen aus welchen es zu-
> sammengesetzt ist beisammen bleiben. Nimm man einen einzelnen Stein heraus so wankt
> die ganze Mauer und stürzt schließlich zusammen. Nur das orthodoxe Judenthum hat
> halt. Alle Reformen bedeuten Zusammensturz. Es war nichts zu machen.[177]

Geissmar beschreibt hier eine Kapitulation vor der Modernisierung. Sie stellt das Judentum als modernisierungsunfähiges Ensemble dar. Die Behauptung

---

175 Clara Geissmar: EG 145. Herv. C.S.
176 Clara Geissmar: EG, S. 140.
177 Clara Geissmar: EG, S. 296f.

also, sie habe aufgrund der Isolierung von der jüdischen Gemeinschaft ihr Judentum aufgegeben, greift zu kurz. Sie scheint für das traditionelle Judentum keine Zukunft in der Moderne zu sehen und begründet damit auch ihren Austritt. Kein Wunder also, dass sie dann erzählt, sie habe ihrem Mann vorgeschlagen, die Kinder protestantisch, also objektiv im Sinne einer Zukunftsreligion zu erziehen.[178] In diesem Sinne wird die Übernahme des Protestantismus, genau wie bei Fanny Lewald, als Mittel zum Zweck dargestellt. Allein bei Lewald überwiegt die Ansicht des Protestantismus als Flucht aus einer marginalen Position. Durch ihre Tendenz zur Polarisierung von „Jüdischem" und „Deutschem" könnte man sogar den Vorwurf des Opportunismus, den Marta Weber ihr gegenüber äußert, zulassen.[179] Sie übernimmt den nationalistischen Diskurs zum Judentum, den Moses Mendelssohn seiner Zeit bereits angeprangert hatte. Mendelssohn kritisierte zum Beispiel an dem Orientalisten Johanna David Michaelis die Tatsache, dass er „sich ‚anstatt Christen und Juden...beständig des Ausdrucks Deutsche und Juden' bedient[e]".[180] Jacob Katz betont in diesem Sinne weiter, dass „diese Bestrebung, durch eine kulturelle Angleichung sich das Recht der Zugehörigkeit zum Deutschtum zu erwerben, für das assimilatorische Judentum des 19. Jahrhunderts charakteristisch geworden [war]".[181] Dass Fanny Lewald gerade diese Einstellung und keine andere vertritt, ist also kein Zufall, sondern es dient der Legitimierung der eigenen Praxis. Die Aufteilung der eigenen Familie in Konservativen als „Verlierern" und Assimilierten als „Gewinnern" schreibt sich weiter in diese Logik der Legitimierung ein. Die Autobiographin mag den dominanten „nationalistischen Diskurs" an sich nicht unterstützen, ihre Einstellung zum Christentum und zum Judentum begründet ihn jedoch. Dadurch löst die Autobiographin zwar das identitätsstiftende Verhältnis zum Judentum auf, im gleichen Schritt erfolgt aber eine Angleichung an andere Gruppen, die genauso identitätskonstitutiv ist. Es handelt sich auf der einen Seite um den Anschluss an die Gruppe der sogenannten „Überläufer", der getauften Juden, und auf der anderen Seite um den Anschluss an den reaktionären Diskurs des Antisemitismus. Aus diesem Hintergrund birgt ihre Einstel-

---

[178] Clara Geissmar: EG, S. 207

[179] Vgl. Marta Weber: Fanny Lewald. Erlenbach-Zürich 1921, S. 79. Marta Webers offensichtlich antisemitisch geprägter, herber Kritik von Fanny Lewalds Ästhetik soll damit aber keinesfalls zugestimmt werden. Webers Argumentation beruht nicht nur auf einer deutlich erkennbaren antisemitischen Grundlage (vgl. S. 117), sie ist zugleich sexistisch orientiert. Weber sieht Lewald selbst hauptsächlich als hochmütige Usurpatorin und Angeberin, der ein „Wesenszug weiblicher Natur" fehle (S. 78).

[180] Zitiert nach Jacob Katz: Zur Assimilation und Emanzipation, S. 69.

[181] Jacob Katz: Zur Assimilation und Emanzipation, S. 69.

lung ein Moment der Selbstdestruktion der Intellektuellen sowie ein Moment des Opportunismus.

3.8 Auswege: Moses Mendelssohn und seine Schüler

Der Name Moses Mendelssohns steht für gelungene jüdische Assimilation. Er erinnert an die Möglichkeit der Assimilation ohne Loslösung vom jüdischen religiösen Gesetz, also ohne Aufgabe des Judentums. Es ist daher nicht verwunderlich, dass auch bzw. gerade in der Emanzipationszeit keine Diskussion über jüdisches Selbstverständnis an diesem Namen vorbeigehen kann. In ihren Forderungen gegenüber der jüdischen Gemeinschaft in Hinsicht auf ihre Emanzipation bezieht sich Fanny Lewald auf die erste Generation assimilierter Juden. Ihre Interpretation von Mendelssohn und seiner Zeit bestätigt aber die Widersprüche, die ihre Vorstellung von Judentum und Deutschtum innewohnen. Zur jüdischen Emanzipation schreibt sie im dritten Band ihrer *Lebensgeschichte*:

> In einer unterdrückten und auch jetzt noch im Geiste des deutschen Volkes keineswegs emanzipierten Nationalität erringt jeder die Stellung, welche er durch seine Bildung für sich selbst erwirbt, zugleich für die Gesamtheit. Was Moses Mendelssohn, seine Kinder und Enkel, was die Hofrätin Herz, was Rahel und ihre Freunde, Frau Levy und ihre Schwestern, was David Veit, David Friedländer und Männer und Frauen dieses Schlages zu ihrer Zeit an Bildung, an Charakter besaßen und für sich geltend machten, das ist der Grundstock des Kapitals, von welchem heute noch die geselligen Verhältnisse der Juden die Zinsen beziehen, und es ist an der Zeit und dringend nötig, daß sie dies Kapital an geistigem Gehalt in sich vermehren.[182]

Die von ihr genannten Beispiele jüdischer Emanzipation lassen bereits durchblicken, was Lewald unter geistigem Gehalt und Bildung versteht. Denn das „Vermehren des geistigen Kapitals" bedeutet zwar, den Grad an Bildung erstreben bzw. übertreffen, den Mendelssohn und seine Schüler erreicht hatten, es heißt aber auch auf das Jüdische zu verzichten. Zu Recht verweist sie auf den hohen Bildungsgrad, den Mendelssohn und sein Kreis erreicht hatten, mit Recht betont sie auch ihre Rolle in der Emanzipation der Juden. Dass sie aber neben Mendelssohn auch seine Kinder, sowie Henriette Herz und Rahel Levin u.a. nennt, macht ihre Argumentation angreifbar. Damit liegt nämlich die Annahme nahe, dass sie mit Bildung unbedingt ein außerjüdisches Element meint. Dass sie Henriette Herz und Rahel Varnhagen als Beispiel nennt, zeugt von ihrer Absicht, nicht den Juden zu emanzipieren, sondern ihn in der nichtjüdischen

---

182 Fanny Lewald: ML III, S. 109.

Umwelt aufgehen zu lassen. Henriette Herz etwa ließ sich zwar relativ spät taufen, weil sie den Tod ihres Mannes und ihrer Mutter abwarten musste, aber schon lange stand ihre Assimilation außer Frage und ihre Bindung zur jüdischen Tradition in Frage. „Das Christentum, das Schleiermacher ihr vermittelt, wird ihr zum selbstverständlichen Bildungsgut", so urteilt Hannah Arendt über den Fall Herz.[183] Arendt hat auch exemplarisch dargestellt, wie Rahel Varnhagens gesamtes Leben sich in ihrem Streben nach dem Nichtjüdischen zusammenfassen lässt. Dieses Streben nach einer anderen Existenz fasst Arendt folgendermaßen zusammen:

> Um zu der neuen Gemeinschaft zu gehören, braucht Rahel nur sich und ihre Herkunft, ihre „sinnliche" Existenz zu vernichten; was sie aus vielen Gründen und seit langer Zeit zu tun bestrebt ist. „Der Jude", so schreibt sie an den Bruder, „muß aus uns ausgerottet werden; das ist heilig wahr, und sollte das Leben mitgehen".[184]

Rahel habe in Fichtes Reden an die deutsche Nation eine Chance gesehen, so Arendt weiter, sich von ihrer Herkunft zu lösen und sich eine neue Existenz zu schaffen, wieder von vorne anzufangen, nachdem die Salonwelt 1806 zusammengestürzt war[185] und sie jede Orientierung verloren hatte. Hatte doch Fichte das Angebot der Bildung einer gemeinsamen Zukunft ohne Einbeziehung der Vergangenheit gemacht. Nicht zuletzt Rahels Ehe mit Varnhagen kann man in dieser Hinsicht als Teil des Projektes betrachten, sich vom Judentum zu entfernen und sich der nichtjüdischen Welt anzugleichen. Fanny Lewalds Orientierung an dem Beispiel Rahel Varnhagens erweist sich aus dieser Perspektive als äußerst aufschlussreich in Hinsicht auf ihr eigenes jüdisches Selbstbewusstsein und auf den Stellenwert des Jüdischen in ihrem Projekt der Menschenbildung.

Fanny Lewald argumentiert dahingehend, dass ihre Generation den Assimilationstrend weiterführen soll, wie er von Mendelssohn ausging. Assimilation sei der Schlüssel zur Emanzipation der Juden. Die Assimilation würde daran scheitern, dass die Juden sich in ihre eigene Welt zurückziehen und die Aneignung weltlichen Wissens verweigern würden. Es ist also nicht verwunderlich, dass die Autorin 1881 in ihrem Tagebuch den Schluss zieht, die Gründe zum

---

183 Hannah Arendt: Rahel Varnhagen, S. 39.
184 Hannah Arendt: Rahel Varnhagen, S. 126.
185 Die gemischten jüdischen Salons verschwanden zugunsten neuer Kreise, neuer Salons, die sich um Personen von Rang bildeten und höchst selektiv waren. Frauen und Juden wurden ausgeschlossen, was Rahel den Boden unter den Füßen raubte, der es ihr ermöglicht hatte, zu der „anderen" Welt zu gehören oder zumindest in Kontakt mit ihr zu bleiben. Sie wurde fassungs- und orientierungslos. Dass Fichte in seinen Reden doch auch Beschränkungen angelegt hatte, hatte sie übersehen. Sie brauchte eine neue Hoffnung.

wachsenden Judenhass seien bei den Juden selbst zu suchen, wie oben bereits zitiert.[186] Damit schließt sie sich den Assimilatoren an, die den Juden vorwerfen, sie würden sich bewusst absondern. Besonders zu Beginn der Emanzipationszeit wurde den Juden wiederholt vorgeworfen, sie würden durch Religion, Sprache und Kultur, die sie zu einer einheitlichen Gruppe konstituierten, sich einer Angleichung an die Umwelt verweigern und somit auch ihre eigene Emanzipation verhindern.[187] Mendelssohn wird aber nicht nur wegen seines Bildungsgrades als Beispiel gelungener jüdischer Assimilation genannt, sondern auch deswegen, weil er für die Möglichkeit der Angleichung an die Umwelt ohne Verletzung des jüdischen religiösen Gesetzes steht. Mendelssohns Aufruf zur Aufklärung und zur Emanzipation ging nicht dahin, ein Verzicht auf das Jüdische zu fördern. Ganz im Gegenteil empfand er die Bindung an das jüdische Gesetz stärker als das Streben nach Gesittung, wie er es in seiner Schrift *Jerusalem* betonte:

> Wenn die bürgerliche Vereinigung unter keiner andern Bedingung zu erhalten, als wenn wir von dem Gesetze abweichen, das wir für uns noch für verbindlich halten; so tut es uns herzlich leid, was wir zu erklären für nötig erachten: so müssen wir lieber auf bürgerliche Vereinigung Verzicht tun; so mag der Menschenfreund *Dohm* vergebens geschrieben haben, und alles in dem leidlichen Zustande bleiben, in welchem es itzt[sic!] ist, oder in welchen es eure Menschenliebe zu versetzen, für gut findet.[188]

Es ging ihm also nicht um den Verzicht auf das Judentum an sich, sondern um den Verzicht auf die jüdische Absonderung. Die Öffentlichkeit sollte den Bereich des Menschen und das Zuhause den des Juden sein. In ihrem Versuch aber, eine Emanzipation der Juden zu fördern, legt Fanny Lewald wenig Wert auf dieses jüdische Moment, das für Mendelssohn genauso wichtig war wie die Öffnung zur Welt. Die Realisierung von Bildung und Moral, die Fanny Lewald unbedingt außerhalb des Judentums ansiedeln will, war für Mendelssohn zwar in der Auseinandersetzung mit der außerjüdischen Welt zu erreichen, aber ohne Verzicht auf das Eigentümliche. Was Mendelssohn erreichen wollte, war eine Überwindung jenes Gegensatzes zwischen der jüdischen und der nichtjüdischen Welt, die die vorassimilatorische Zeit charakterisierte. Ein „jüdisches Zuhause" im Sinne einer Verankerung in der Tradition hatte Fanny Lewald nicht, und demgemäß hatte sie keine genaue Vorstellung von dem, was Mendelssohn durch seinen harmonischen Ausgleich zwischen Vernunft und Religion gemeint hatte. Genauso konnte sie jene inneren Vorgänge nur erahnen, die

---

186 Vgl. Gefühltes und Gedachtes, S. 324.
187 Vgl. Jacob Katz: Zur Assimilation und Emanzipation, S. 25ff.
188 Moses Mendelssohn: Jerusalem, S. 137.

sich bei Varnhagen, Veit oder Herz abspielten, die alle vor ihrem Übertritt zum Christentum, im Unterschied zu ihr, eine gewisse Bindung ans Judentum vorweisen konnten. Lewalds Argumentation läuft darauf hinaus, den Juden zum Menschen schlechthin zu machen und dabei das Jüdische zu neutralisieren.

3.9 Zusammenfassung

Fanny Lewalds Auseinandersetzung mit dem Judentum beruht weitgehend auf schlechten Kenntnissen des jüdischen Gesetzes und der jüdischen Tradition im Allgemeinen. Ihr fehlte offenbar die Anlage zu einer ernsthaften Beschäftigung mit dem Judentum. Ihre Ablehnung der jüdischen Schicksalsgemeinschaft und ihre Kritik der Juden und der jüdischen Traditionen ist an sich zwar eine Geste der Emanzipierung, es ist aber zugleich ein Merkmal ihres jüdischen Selbstbewusstseins. Ihre Individualität behauptet Fanny Lewald nicht nur gegenüber der bürgerlichen Gesellschaft als emanzipierte Frau und als Intellektuelle, sie bemüht sich auch darum, sich gegenüber der nichtjüdischen Gesellschaft als Ausnahme unter den Juden zu positionieren. Sowohl durch ihre Selbstbeschreibung als auch durch die Beschreibung der Zeitverhältnisse wirkt ihre Geschichte nicht nur dadurch individualisierend, dass sie den außergewöhnlichen Werdegang einer Frau vom Vaterhause in die Öffentlichkeit darstellt, sondern auch darin, dass sie von dem außergewöhnlichen Leben einer gebürtigen Jüdin erzählt. Die autobiographische Form fungiert hier als Mittel zur Sichtbarmachung. Durch sie wird nicht nur die Frau, sondern auch die Jüdin sichtbar. Dennoch handelt es sich um eine Jüdin, die im wahrsten Sinne des Wortes keine mehr sein will. Sie stellt sich in ihren Darstellungen zuvorderst als emanzipierte Frau und deutsche Intellektuelle dar. In den Ausführungen über Form und Inhalt ihrer Autobiographie schließt sie jede Annäherung an die jüdische Tradition der Vergangenheitsvermittlung aus und schließt sich der „christlich abendländischen Tradition" der Autobiographie an. Ihr Text weist ein deutliches Interesse am Individuum und fast kein Interesse an der Gemeinschaft. Ferner handelt es sich in Fanny Lewalds „Lebensgeschichte" nicht um ein Bekenntnis zum Judentum, sondern um die Geschichte einer Negierung des eigenen Judentums. Man darf sich berechtigterweise fragen, was van Rheinberg in Bezug auf Fanny Lewald unter „Palette von jüdischen Verhaltensweisen und Erscheinungsformen" versteht.[189] Denn Fanny Lewalds jüdisches Selbstbewusstsein ist vielleicht noch mehr in der psychologischen Beziehung zu suchen, die sie zum Judentum hatte,

---

189 Vgl. Brigitta van Rheinberg: Fanny Lewald. Geschichte einer Emanzipation, S. 166.

sowie in ihrem Umgang mit den gesellschaftlichen Diskursen über Judentum, als in objektiven Merkmalen, die nur aus einer biologisch-rassistischen Perspektive konstruiert werden können. Dass sie Jüdin war, dokumentiert m.E. vielmehr ihr ständiger Versuch, sich diskursiv vom Jüdischen zu distanzieren, weil erst dadurch dieses jüdische Moment deutlich wird. Hier sieht sich offenbar Sartres Gedanke bestätigt, dass

> Il [le Juif, dt. der Jude] peut choisir d'être courageux ou lâche, triste ou gai, il peut choisir de tuer les chrétiens ou de les aimer. Mais *il ne peut pas choisir de ne pas être Juif*. Ou plutôt s'il le choisit, s'il déclare que le Juif n'existe pas, s'il nie violemment, désespérément en lui le caractère juif, c'est précisément en cela qu'il est Juif. Car, moi, qui ne suis pas Juif, je n'ai rien à nier, ni à prouver au lieu que, si le juif a décidé que sa race n'existe point, c'est à lui d'en *faire la preuve*.[190]

Gemeint ist nicht nur, dass Jude-Sein sowohl vom Selbstgefühl als auch von gesellschaftlichen Zuschreibungen abhängig ist, sondern auch, dass der Status des „Juden" mit einem ständigen Prozess des Reflektierens über sich selbst als „Jude" einhergeht. Dieses Reflektieren kann sich sogar in einem „lauten Schweigen" wahrnehmbar machen. Fanny Lewalds *Lebensgeschichte* ist aus der Perspektive der Autorin zwar kein Buch über das Judentum, sie hat auch mit der jüdischen Gedächtniskultur nicht viel zu tun, sie ist aber in mehrfacher Hinsicht eine Reflexion über das Judentum und über die Beziehungen einer „Jüdin" zu ihrer nichtjüdischen Umgebung. Fanny Lewalds Auseinandersetzung mit sich selbst und mit ihrer Umgebung, sowie die Beunruhigung, die diesen Vorgang begleitete, führten dazu, um es mit Sartre auszudrücken, dass sie ständig den eigenen Status befragte und am Ende Partei ergriff über diesen „personnage fantôme, inconnu et familier, insaisissable et tout proche, qui [la] hante et qui n'est autre que [elle même telle qu'elle est] pour autrui".[191] Damit leistete sie, wie Heine, wie Rahel Varnhagen und Henriette Herz, ihren Anteil an der bewegten Geschichte jüdischer Assimilation in Deutschland.

---

190 Jean Paul Sartre: Réflexions, S. 109.
191 Jean Paul Sartre: Réflexions, S. 96.

4 Glaubensverlust: Pauline Wengeroffs Erzählung der jüdischen Tradition in Russland

In diesem Kapitel soll Pauline Wengeroffs Darstellung des religiös-kulturellen Wandels im jüdischen Leben des russischen 19. Jahrhunderts daraufhin untersucht werden, wie sich die Autorin durch den starken Anschluss an die jüdische Erinnerungskultur als Gedächtnis ihrer Epoche positioniert, und zwar nicht zuletzt durch die Wahl der Textform. Ich möchte ferner argumentieren, dass Wengeroffs Beurteilung des Wandels stark von ihrer privilegierten gesellschaftlichen Position beeinflusst ist. Darüber hinaus soll dargelegt werden, wie ihre nostalgische und nahezu pathetische Darstellung und Beurteilung des eigenen Werdegangs und der ihn tragenden gesellschaftlichen Verhältnisse zu einer Auffassung der Geschichte führt, die Änderung stets mit Katastrophe verbindet und daher die Idee der organischen Entwicklung einer einheitlichen und stabilen jüdischen Kultur postuliert. Eine Lektüre der *Memoiren* soll diese Idee einer transhistorischen Entwicklung des Judentums als homogenes Ganzes in Frage stellen und an Wengeroffs eigene Ausführungen zeigen, dass ihr Argument der kulturellen Reinheit allgemein nicht vertretbar ist und der Wandel in der Kultur und im Alltag der jüdischen Gesellschaft zwar ein Rückgang der Orthodoxie bedeutete, aber kein Ende des Judentums, sondern die Forderung eines Umdenkens von Jude-Sein.

Pauline Wengeroff, geborene Pessele Epstein, kam 1833 in der litauischen Stadt Bobrujsk zur Welt und wuchs in Brest-Litovsk (damals: Brisk) auf. 1849 heiratete sie Chonon Wengeroff, den Sohn von vermögenden chassidischen Juden[1] aus Litauen. Nach der Heirat wechselte das Ehepaar Pauline und Chonon

---

1 Chassid (pl. Chassidim) bedeutet „Fromme". Der Chassidismus als Bewegung hatte im Laufe der jüdischen Geschichte unterschiedliche Tendenzen und bezeichnete auch verschiedene Geistesrichtungen. Bereits zur Zeit des zweiten Tempels gibt es die Chassidim. Sie sind orthodoxe Juden und zeichnen sich allgemein dadurch aus, dass sie einen hohen Anspruch an Moral und Religiosität stellen, der eine besondere Nähe zu Gott geltend macht. Diese Gottesnähe wird in der mystisch-religiösen Praxis der religiösen Rituale und des Gottesdienstes gefeiert. Die Chassidim lehnen die im Judentum geläufigen Praxis der Askese und der Kasteiung als Hemmnis des Seelenaufschwungs ab und zeigen einen leidenschaftlichen Umgang mit religiösen Ritualen, gekennzeichnet durch Gesänge und Trancen bis zur Ekstase. Spontaneität, Begeisterung und Gottesfreude sollen zur Ergriffenheit, Entpersönlichung und Absonderung der individuellen Existenz führen. Im Mittelpunkt der chassidischen Bewegung steht der charismatische Führer, der Zaddik („Gerechter", „Bewährter"), der eine besondere Nähe zu Gott unterhält. Zum weitläufigen Begriff des Chassidismus vgl. Jüdisches Lexikon, Band I, A-C, S. 1339-1345.

Wengeroff mehrmals den Wohnort, meistens aus ökonomisch strategischen Gründen. Chonon war wie sein Vater Kaufmann und später Bankier. Die ersten vier Jahre der Ehe verbrachte das Ehepaar bei Chonons Eltern. Dann erst zogen sie nach Kowno, Wilna, Helsingfors, und schließlich Petersburg. Im Mittelpunkt von Wengeroffs Erzählung steht die eigene Ehe. Diese war am Anfang von tiefer Frömmigkeit und Achtung der Tradition gekennzeichnet, beide fielen jedoch der wachsenden Assimilation zum Opfer. Ihr Ehemann, Chonon Wengeroff, fing bereits im Elternhaus an, die religiösen Rituale zu vernachlässigen, und geriet damit in Konflikt sowohl mit seinen Eltern als auch mit Pauline. Wie viele seiner Zeitgenossen entfernte er sich weitgehend von der Tradition des Judentums und ließ sogar die gemeinsamen Kinder taufen. Hieran knüpft Wengeroff an, um ihre Geschichte des Judentums im Russland des 19. Jahrhunderts zu erzählen.

4.1 Die „Memoiren einer Grossmutter", zwischen Geschichtsschreibung und Autobiographie

Den *Memoiren einer Grossmutter* schickt Pauline Wengeroff folgende Vorbemerkung voraus, die als eine Art Rezeptionsanleitung zu verstehen ist:

> Ich bitte die Leser um Nachsicht. Ich bin keine Schriftstellerin und mag auch nichts als solche erscheinen. Ich bitte nur, diese Aufzeichnungen als das Werk einer alten Frau anzusehen, die einsam in der Dämmerung ihres stillen Lebensabends schlicht erzählt, was sie in einer ereignisvollen Zeit erlebt und erfahren.[2]

Dieser Wunsch, nicht als Schriftstellerin angesehen zu werden, schlägt offenbar ins Leere, angesichts der literarischen Gestaltung der Memoiren. In einem seiner drei Artikel zu Pauline Wengeroffs *Memoiren einer Grossmutter* betont Magnus Shulamit, Wengeroff habe sich viel Mühe gegeben, trotz der vielen Einschränkungen, die ihr als Frau im Wege standen, öffentlich sichtbar zu werden.[3] Gewiss war sie keine öffentliche Figur, wie Shulamit auch beteuert. Aber sie bemühte sich doch, in einem Kontext, wo Frauen marginalisiert wurden, nämlich in der Produktion und im Konsum geistiger Werke, ihre Stimme wahr-

---

2 P. Wengeroff: Memoiren einer Grossmutter. Bilder aus der Kulturgeschichte der Juden Russlands im 19. Jahrhundert. Band I und II. Berlin 1913, S. 4. (Im Folgenden jeweils als MI und MII abgekürzt).
3 M. S. Shulamit: Sins of Youth, Guilt of a Grandmother: M.L. Lilienblum, Pauline Wengeroff, and the Telling of Jewish Modernity in Eastern Europe. In: POLIN. Studies in Polish Jewry. Vol 18. Oxford. Portland. Oregon 2005, S. 87-120. Hier S. 95.

nehmbar zu machen. Wengeroff publizierte zunächst 1902 einen Teil von dem, was später ihre Memoiren sein sollten, in einer jüdischen Zeitschrift in russischer Sprache namens *voskhod*. Später setzte sie sich intensiv für die Veröffentlichung ihrer Memoiren in Deutschland ein und auch für Übersetzungen in die französische und englische Sprache, wobei letzterer Versuch scheiterte. Wengeroff mag keine Schriftstellerin gewesen sein, die Gestaltung ihrer Memoiren lässt aber ein gewisses schriftstellerisches Bewusstsein erkennen bzw. die Form ihres Textes lässt erahnen, dass die Erzählung nicht so naiv erfolgt, wie sie das anfangs vermitteln möchte.

Dass sie Gustav Karpeles, den bekannten jüdischen Historiker, Philologen und Herausgeber der *Allgemeinen Zeitung des Judentums* darum bat, für ihre Memoiren ein Geleitwort zu verfassen, zeugt nicht zuletzt von dem Willen, sich im öffentlich-intellektuellen Feld zu profilieren. Sie umgibt auch ihre Erzählung mit weiteren Vorkehrungen, die dem Leser gelten. Bereits in der Vorbemerkung zum ersten Band führt sie zum Beispiel den Geltungsanspruch ihrer Erzählung an:

> Ich war ein stilles Kind, auf das jedes freudige und traurige Ereignis in meiner *Umgebung* tief einwirkte. Viele *Vorgänge* prägten sich meinem Gedächtnis gleich einem *Abdruck in Wachs* ein, so daß ich mich ihrer noch jetzt ganz deutlich erinnere. Die *Begebenheiten* stehen frisch und lebendig vor mir, als wären sie von gestern.[4]

Damit deutet die Autorin unmissverständlich darauf hin, dass es in der Erzählung nicht nur um sie als Person geht, sondern um Ereignisse bzw. um eine Zeit, für die sie auch stellvertretend steht. Manche Ereignisse sollen eine Spur, lesbar wie ein Abdruck im Wachs, in ihr zurückgelassen haben, sie selbst figuriere also als Abdruck der erzählten Zeit. Die Erzählung ihrer Geschichte komme nur deshalb in Frage, weil sie von den Ereignissen, den gewaltigen Veränderungen in den 40-50er Jahre des vorigen Jahrhunderts exemplarisch *„betroffen wurde".*[5] Umgebung, Gegebenheiten und Vorgänge sollen hier also auf Kosten des Persönlichen in den Vordergrund treten. Nicht zuletzt wird hier die Privilegierung der Umgebung und der äußeren Geschehnissen durch die Verwendung der Passivform bekräftigt.[6] Dabei soll diese Orientierung an der Außenwelt und die

---

4 Pauline Wengeroff: MI, S. 1. Herv. C. S.
5 Pauline Wengeroff: MI, S. 2. Herv. C. S.
6 „Die Memoirenschreiber", so Georg Misch in dieser Hinsicht argumentierend, „obwohl sie von sich zumeist – regelmäßiger als der Selbstbiograph – in der ersten Person schreiben, [führen] sich meist nur als Zuschauer der Vorgänge und Aktionen [ein], von denen sie erzählen." (Georg Misch: Geschichte der Autobiographie. Band 1.1. S. 17). „Der Bezug des Menschen zur

sich darin abzeichnende Faktengläubigkeit, d.h. die behauptete Treue in der Wiedergabe der Geschehnisse, auch die Wahl der Gattung legitimieren. Daher die Metapher des Abdrucks im Wachs, die die Autorin hier in diesem Sinne wohl bewusst kalkuliert einsetzt. Sie erhebt damit Anspruch auf die Authentizität des Erzählten. Es gehe ihr bloß darum, „treu und ungekünstelt die Vergangenheit zu schildern".[7] Dies ist eine Formulierung, die die oben zitierte Vorbemerkung noch einmal anders lesbar macht. Denn in dieser stellt die Autorin ja klar, sie schreibe deshalb so schlicht, weil sie keine Schriftstellerin sei. Damit hat sie indirekt den Umgang des Schriftstellers mit Ereignissen als kompliziert bestimmt. Diese geben also nicht einfach den Abdruck des Tatsächlichen wieder, sondern sie benutzen die „Fakten" für andere Zwecke, etwa zur Herstellung des Schönen. Insofern sie nicht schriftstellert, reklamiert Wengeroff also für sich, die „Fakten" unverschönert wiederherstellen zu können. Dieser Anspruch auf Authentizität wird dadurch verstärkt, dass sie ihren Status als Grossmutter, einer erfahrenen und zuverlässigen Persönlichkeit, in den Vordergrund rückt. Was Wengeroff auf diese Weise betreibt, ist eine tendenzielle Entpersonalisierung der Geltung ihrer Memoiren. Es geht hier nicht um „Meine", also nicht um Wengeroffs Memoiren, sondern um die „Memoiren einer Grossmutter". Obwohl der Name der Autorin auf der Titelseite steht, deutet sie mit dem Titel deutlich darauf hin, dass sie hier stellvertretend steht und eine Botschaft übermittelt, die irgendeine andere zeitgenössische Grossmutter auch hätte überbringen können. Der Titel könnte demnach auch lauten „Memoiren eines Volkes", durch die Augen einer Großmutter wiedergegeben. So gesehen handelt es sich also um eine Art Familienchronik auf national-jüdischer Ebene. Es ist die Chronik des jüdischen Lebens in Russland des 19. Jahrhunderts.

Pauline Wengeroff mag von Anfang an betonen, dass es ihr um das äußere Geschehen geht, dennoch weisen die *Memoiren* einen deutlichen selbstbiographischen Zug auf. Im ersten Bande erzählt die Autorin von ihrem Familienleben im Elternhause, vom Kindes- und Familienglück, von der Veranstaltung jüdischer Feiertage in einer Zeit, die sie als ruhig und voller Glück bezeichnet. Es handelt sich um die Jahre bis zur Adoleszenz, grob ungefähr zwischen 1835 und 1846. Die Übermittlung der Begebenheiten und Geschehnisse, die Beschreibung der jüdischen Tradition und Sitten, sowie der Beziehungen der jüdischen zur nichtjüdischen Welt, erfolgen aus dem Blickpunkt der eigenen Familie, genauso wie der Bericht über die Aufnahme der europäischen bzw. russischen Kultur in

---

Umwelt" sei in Memoiren, so Misch weiter, im Gegensatz zur Autobiographie, eher passiv als aktiv.

7 P. Wengeroff: MII, S. 1.

der jüdischen Gesellschaft und die Reform der Bildung, die Öffnung der jungen Juden zur modernen Welt und zum nichtjüdischen Wissen. Im zweiten Band, wo die Autorin sich mit der zunehmenden Assimilation und ihren Folgen beschäftigt, ist wieder das eigene Leben die Folie, durch die diese Veränderungen dargestellt werden. Die Erlebnisse um die vielen Reformen der jüdischen Gesellschaft werden von Berichten über die Verlobung, das Brautjahr und über die Hochzeit der Autorin mit Chonon Wengeroff in den Schatten gestellt. Die Abkehr und die Entfremdung des Ehemannes Chonon von der jüdischen Tradition und das dadurch endende Eheglück, die im Zentrum von Wengeroffs Erzählung stehen, fasst die Autorin als das Schicksal der gesamten jüdischen Gemeinschaft auf. Kurz, Pauline Wengeroffs Memoiren sind, mit ihren eigenen Wörtern, immer auch eine Familienchronik.[8] Es ist „Volksgeschichte", eingebettet in die Familiengeschichte. Die Grossmutter wird zur Grossmutter eines Volkes, ihr Leben exemplarisch. Es ist eine dialektische Bewegung zwischen der persönlichen Geschichte und der Geschichte des eigenen Volkes, wie Shulamit das formuliert:

> Wengeroff presumes to tell her life through the biography of an era, and the story of an era through the biography of her life. This assertion of microcosm-macrocosm is conveyed in the full title of the memoirs, whose subtitle is *Bilder aus der Kulturgeschichte der Juden Russlands im 19. Jahrhundert.*[9]

Kein Wunder also, dass Wengeroff nicht bloß ihre eigenen Enkel als Leser erwartet, sondern eine viel breitere Öffentlichkeit. Im Gegensatz zu Glückel von Hameln,[10] die in Vertretung ihres gestorbenen Mannes tatsächlich für den Familienkreis, also für ihre Enkel, ihre Memoiren schrieb, wendet sich Wengeroff an „die Jugend von heute"[11] und an manchen Leser, „der sich gern in vergangenen Zeiten versenkt, um zu prüfen und zu vergleichen".[12] Es ist somit auch ganz deutlich ein Geschichtsbuch, der Untertitel täuscht auch daher nicht. Wengeroff

---

8 Pauline Wengeroff: MI, S. 4.
9 Magnus S. Shulamit: Sins of Youth, S. 92.
10 Glückel von Hameln lebte zwischen 1646 und 1724. *Die Memoiren der Glückel von Hameln*, 1910 von Bertha von Pappenheim aus dem Jiddischen ins Deutsche übersetzt, ist wohl die erste erhaltene und bekannte Autobiographie einer Frau in Deutschland. Die Memoiren, die nach der jüdischen Tradition des „ethischen Willens" verfasst wurden, waren für den engen Familienkreis bestimmt. Glückel von Hameln, deren Mann bereits verstorben war, übernahm offenbar die traditionell männliche Aufgabe, ihrer Nachkommenschaft Auskunft über ihr Tun zu geben.
11 Pauline Wengeroff: MI, S. 2.
12 Pauline Wengeroff: MI, S. 4.

schreibt eine andere Geschichte, eine Art Alternativgeschichte. Vor diesem Hintergrund ist zu untersuchen, in welchem Verhältnis ihre Auseinandersetzung mit Geschichte zu den jüdischen Traditionen der Vergangenheitsvermittlung steht.

4.2 Die „Memoiren einer Grossmutter" und die Haskalah[13]-Tradition

Obwohl Pauline Wengeroffs Darstellung keine Geste der Selbstreflexion über innere Vorgänge und über „das persönliche und psychische Ergehen des Individuums" im Sinne der traditionellen „abendländischen Autobiographie" beinhaltet,[14] wurde sie oft als Kontrastfolie zur Autobiographie der *Haskalah* benutzt. Über diese Rezeption der *Memoiren* schreibt Magnus Shulamit folgendes:

> She wrote largely in German, with some phrases in Yiddish and Hebrew, and a few in Polish. A strict construction of ‚Haskalah' would omit Wengeroff from a discussion of its memoir literature, as indeed, has been the case. While scholars of this period know of her memoirs and cite them as a source for a variety of things, the memoirs themselves have never been admitted into the canon of nineteenth-century Russian Jewish writing about self and era, tradition and enlightenment.[15]

Nicht nur durch die Tatsache, dass Wengeroff ihre Memoiren auf Deutsch verfasste[16], sondern auch durch ihre Hinwendung an die Öffentlichkeit sowie durch die gezielte Positionierung der Frau ins Zentrum des Geschehens der jüdischen Geschichte differieren ihre Memoiren von der Tradition der *haskalah*-Autobiographie. Diese Generation jüdischer Schriftsteller, die in den 80er und 90er Jahre des 19. Jahrhunderts in hebräischer Sprache dichteten, produzierten

---

13 Zum Begriff *Haskalah* Fußnote 174, Kap. 2. in dieser Arbeit.

14 Bernd Neumann: Identität und Rollenzwang, S. 10.

15 Magnus S. Shulamit: Sins of Youth, S. 96.

16 Alan Mintz verweist darauf, dass die Benutzung des Hebräischen für die Autobiographen der *Haskalah* sowohl literarisch als auch ideologisch gesehen von grundlegender Bedeutung war: „The choice to write in Hebrew remains natural or inevitable [...] Two aspects of the question are relevant at this juncture. In contrast to European languages, writing in Hebrew makes available to the writer – and creates a connexion with – the great classical literary tradition and its repertoire of sources and allusions. To write in Hebrew was also a contemporary ideological choice; it was an act of identification with and participation in a movement for cultural and social reform called the Haskalah and, later in the century, in a more actively nationalist movement for Jewish revival [sprich: die zionistische Bewegung, C.S.]." (A. Mintz: „Banished from Their Father's Table", S. 13f.)

Autobiographien, die vor allen Dingen für den Familienkreis bestimmt waren, und die, wie Alan Mintz betont, erst Jahrzehnte später von jüdischen Gelehrten als historische Zeugnisse der Öffentlichkeit zugänglich gemacht wurden.[17] Ihnen ging es also um die Weitergabe ihrer Erfahrungen an die familiäre Nachwelt und um die Bestimmung ihrer eigenen Stelle im geschichtlichen Werden ihrer jeweiligen Familien. Der Verfall der jüdischen Tradition und die durch die Aufklärung erfolgte Entfernung vieler Juden von den Traditionen des Judentums hatten die gesamte jüdische Gemeinschaft in eine neue, nicht ohne weiteres verständliche Situation versetzt. In ihren Autobiographien versuchten die *haskalah*-Autoren, über diese Situation des Übergangs von Tradition zur Moderne zu reflektieren:

> The need for a new knowledge of the self prompted the profusion of autobiographies that constituted one of the main literary genres of the Haskalah. Virtually every maskil felt compelled to record his personal *Bildungsroman,* a reconstruction of his own life, typically recounting the hero's progress from a traditional childhood to the awakening of enlightenment.[18]

Es ging also um die Beschreibung persönlicher Wege und um die Beschreibung der Art und Weise, wie jene *Haskalah*-Autoren im Einzelnen an den Veränderungen im jüdischen Leben teilhatten. Es waren Akteure der gesellschaftlichen Szene, die Geschichte im Lichte ihres Lebens widerspiegeln wollten und keine Debatte über Schuldanteile führten, wie etwa Pauline Wengeroff. Hinzu kommt, dass die Reflexion über die eigene Vergangenheit nicht zwangsweise nostalgisch geprägt war. Dennoch kann man nicht leugnen, dass Wengeroff in ihren Memoiren sich mit denselben Fragen beschäftigt wie diese Autoren in ihren Autobiographien. Ging es letzteren darum, ihren persönlichen Werdegang im Prozess der Modernisierung und ihre Teilnahme am Prozess der Aufklärung aufzuzeichnen, so lag es ihnen letztendlich doch auch daran, diesen Prozess für eine ganze Generation darzustellen, weshalb ihre Selbstzeugnisse später als historische Dokumente fungierten. Die Fragen, die sie mit ihren Autobiographien zu beantworten suchten, sind dieselben, die Pauline Wengeroff im Zentrum ihrer Memoiren stellt, nämlich, nach einer Formulierung von Mintz, „How was the loss of faith experienced by the individual and how did it affect the perception of reality? How were relations within the family changed: Between

---

17 Vgl. A. Mintz: „Banished from Their Father's Table", S. 8
18 David Biale: Eros and the Jews. From Biblical Israel to contemporary America. New York 1992, S. 152. Herv. i. O.

parents and children, and between spouses?...“[19] Hier sei allein Wengeroffs Antwort auf die Frage zitiert, wie der Verfall der Tradition auf die Beziehungen zwischen Eltern und Kindern einwirkte:

> Während uns der Gehorsam, den wir nach den Geboten unseren Eltern schuldig sind, heilig und unverletzbar war, mußten wir jetzt unseren Kindern gehorchen, und vollständig ihrem Willen unterordnen. Wie einst unseren Eltern gegenüber, hieß jetzt die Parole unsern Kindern gegenüber: schweigen, still sein, fein den Mund halten [...] Diese Unterwürfigkeit, die Bewunderung, die wir für unsere Kinder haben, macht sie zu Egoisten, zu unseren Tyrannen – das ist die Kehrseite der Medaille der europäischen Kultur bei uns Juden in Rußland.[20]

In diesem Zitat zeichnet sich bereits die Argumentationsweise von Wengeroffs Erzählung ab. Wengeroff spricht einen Wandel, einen Generationenkonflikt an, der dadurch entsteht, dass einstige Befehlsgeber zu Befehlsempfängern werden, dass Tradition der Moderne ausweicht. Für die Bedeutung dieses Wandels für die Autorin stehen die Prädikate „Unterwürfigkeit", „Mund halten", „Bewunderung", „Tyrannei", die zugleich auf ihren Schmerz hindeuten. Dass sie sich selbst und ihre Zeitgenossen tyrannisiert sieht, deutet auch schon darauf hin, dass ihr eigener Anteil an dem Wandel kein gewollter war. Für sie steht auch die Ursache des schmerzhaften Wandels fest. Es ist die Aufklärung, der sogenannte „Berlinismus". Der Vorwurf an die *Haskalah* und an ihre Inhalte darf aber nicht darüber hinwegtäuschen, dass Wengeroffs Memoiren in formaler Hinsicht doch an der Ästhetik der *Haskalah* orientiert sind. Denn über diese Beschreibung des Wandels, die für die *Haskalah*-Autoren zentral ist, hinaus, gehen didaktische und konfessionelle Intentionen, die für Mintz zwei Grundlagen der *Haskalah*-Autobiographie sind, deutlich aus Wengeroffs Memoiren hervor. Während die didaktischen Äußerungen des Autobiographen dazu streben, so Mintz, durch die Ausstellung individueller Erfahrung als allgemeingültig den Leser zum besseren Verhalten zu bewegen, ziele die konfessionell bedingte Äußerung darauf ab, den Autobiographen von der Bürde persönlicher Bedrängnis zu befreien, um Sympathie für seine persönliche Geschichte zu erzwingen.[21] Auch Wengeroff ist es darum zu tun, ihren Lesern etwas beizubringen. Sie hofft, durch ihre sorgfältige Sammlung von Fakten und Begebenheiten aus dem kulturellen Leben der jüdischen Gesellschaft im Litauen der vierziger und fünfziger Jahre des 19. Jahrhunderts das historische Bewusstsein ihrer Leser zu schärfen: „In solchen Stunden", so drückt sie es aus,

---

19 Alan Mintz: „Banished from Their Father's Table", S. 23
20 Pauline Wengeroff: MI, S. 3.
21 Alan Mintz: „Banished from Their Father's Table", S. 26.

schleicht sich auch die Hoffnung in das alte Herz, dass es vielleicht auch für andere keine vergebene Arbeit ist, wenn ich vergilbte Blätter über wichtigeren Ereignisse, die gewaltigen Veränderungen im kulturellen Leben der jüdischen Gesellschaft in Litauen der 40- 50er Jahre des vorigen Jahrhunderts [...] sorgfältig gesammelt habe. [...] Vielleicht interessiert es die Jugend von heute, zu erfahren, wie es einmal war.[22]

Motiviert wurde sie in ihrem Unternehmen also nicht bloß durch das Bedürfnis, sich in ihren einsamen Stunden mit der Erinnerung Gesellschaft zu verschaffen, „um über einsame, schwere Stunden, über die Bitterkeit der Enttäuschungen des Lebens hinweg" zu kommen;[23] motiviert hat sie auch der Wille, in Form einer Erzählung von den eigenen Erfahrungen der Nachwelt ein lehrreiches Dokument zu hinterlassen. Daneben gibt es die *confessional intention,* die nach Mintz darin besteht, sich das Herz zu entlasten, sich einer Bürde zu entledigen: „The function of discourse in this mode is to effect release from a burden of private distress and to gain sympathy for the history of a particular individual".[24] Es ist auch diese Kraft des „alten Herzens", die Wengeroff dazu bewegt, ihre Memoiren niederzuschreiben. Es gibt zwar die Sorge um das kollektive Gedächtnis, die Sorge um die späteren Generationen und ihre Kenntnis vergangener Traditionen, die Memoiren befriedigen aber zugleich das Bedürfnis, die Geschichte als „Schiedsrichter" aufzurufen, um möglicherweise eigene Schuldgefühle loszuwerden. Ihr Hinweis darauf, sie habe ihr ganzes Leben lang, im Gegensatz zu ihrem Mann, ihr „gläubiges Gemüt erhalten",[25] und ihr Mann sei verantwortlich für die Taufe der Kinder gewesen,[26] sind sprechende Hinweise dafür, dass die Autorin mit ihrem Ehemann und den männlichen Zeitgenossen abrechnen möchte, denen sie somit die Schuld am Wandel zuschreibt. Sie betrachtet sich im Spiegel der Geschichte als die deutlich bessere Jüdin, obwohl sie sich auch immer wieder mit ihrer Generation identifiziert. In dieser Hinsicht führt Magnus Shulamit folgende Überlegung aus:

> Wengeroff also desperately needed to unburden herself of her sense of failure and guilt. She does so in some of the narrative strategies I have termed extraordinary: her adamant insistence that her personal tragedy had a wider, societal, grounding; that her story is not just the tale of one marriage but that of modern Jewish women and men as a whole. What-

---

22 Pauline Wengeroff: MI, S. 2.
23 Pauline Wengeroff: MI, S. 1.
24 Alan Mintz: „Banished from Their Father's Table", S. 26.
25 Pauline Wengeroff: MII, S. 214.
26 Pauline Wengeroff: MII, S. 194.

ever the truth of these assertions, they serve another vital purpose: to alleviate some of the personal burden of guilt for her failure to maintain a Jewish home.[27]

Wengeroff schildert ihre Kindheit im Elternhaus als eine äußerst glückliche Zeit und die Jahre nach ihrer Hochzeit als weniger glücklich. Die Darstellung der Kindheit als ein „goldenes Zeitalter" entspricht dem Modell der *Haskalah*-Autobiographie wohl nur teilweise, es wäre trotzdem nicht abwegig, darin einen Versuch der Annäherung an diese Tradition der Autobiographie zu erkennen. David Biale beschreibt nämlich entsprechende Wertungen der Wirklichkeit bei den Maskilim, die auf der einen Seite Glück mit Kindheit und Elternhaus, Unglück mit Ehe und Schwiegerfamilie verbinden, auf der anderen Seite die eigenen Eltern als Maskilim, im Sinne von aufgeklärten Traditionalisten darstellen:

> In their autobiographies, the maskilim typically present childhood as a period of innocence and of unproblematic relationship to one's biological parents. Some speak of it metaphorically as being like the Garden of Eden or as the „springtime of life".[...] They describe their fathers as maskilim, although this is really a play on the traditional meaning of the word, namely, „learned in Torah," since most of the fathers were not maskilim in the sons' sense of the word. This rosy picture of the family was contrasted with the family of the in-laws, since there is a persistent „splitting" in these works between the „good parents" and the cruel outsiders.[28]

Pauline Wengeroffs Beschreibung der eigenen Schwiegerfamilie ist keine negative, die Autorin lässt aber deutlich erkennen, dass sie bei den Schwiegereltern, die das Ehepaar Wengeroff in den ersten vier Ehejahren unter ihrem Dach hatten, ein deutlich anderes Judentum als bei den eigenen Eltern erlebte. Es waren litauische Chassidim, und sie war die Tochter eines Misnagdim, also eines Gegners des Chassidismus.[29] Wengeroff selbst schreibt hierzu unmissverständlich: „Das Verhältnis der übrigen Judenheit – der Misnagdim – zu den Chassidim ist

---

27 Magnus S. Shulamit: Sins of Youth, S. 116.
28 David Biale: Eros and the Jews, S. 152.
29 Der Chassidimus fand ab dem 18. Jahrhundert besonders im östlichen Judentum fruchtbaren Boden. Mindestens bis 1760 blieb Litauen vom Wirkungskreis der Chassidim ausgeschlossen. Ende des 18. Jahrhunderts avancierte Litauen zwar weitgehend zu einem Zentrum der traditionellen Gegnerschaft zum Chassidismus, eine kleine Minorität von litauischen Juden blieben aber der Bewegung des Chassidismus treu. Der Protest gegen den Chassidismus hatte in Litauen seinen Ursprung, getragen durch die sogenannten Misnagdim oder Mitnagdim. Mitnaggědim bedeutet „Gegner" oder „Protestierende" und bezeichnet jene Anhänger des „regulären" Judentums, die sich gegen den wachsenden Einfluß des Chassidismus auflehnten. Es sei noch angemerkt, dass die Maskilim, d.h. die Aufgeklärten um Moses Mendelssohn, den Chassidismus als rückständig betrachteten, ihn missachteten und sogar verspotteten.

sehr feindlich".[30] Was jedoch ihre Ehe begünstigt hätte, erzählt sie weiter, sei die Tatsache gewesen, dass „zwischen den litauischen Chassidim und Misnagdim weniger Unterschiede [bestanden], [...] weil sie auch viel Gemeinsames haben, hauptsächlich die Talmudverehrung".[31] Die Autorin betont den Unterschied zwischen dem vornehmen Judentum im Elternhause und demjenigen der Schwiegerfamilie, wenn sie klarstellt, dass „es in Konotop keine vornehmen jüdischen Familien gab".[32] Sowohl die Mischung aus „jüdischer Religiosität und nichtjüdischen Gebräuchen",[33] die durch die Nähe zur christlichen Welt entstanden war, als auch die Zugehörigkeit des Ehemannes zur Bewegung der Chassidim, von der viel die Rede ist, scheint für Wengeroff dafür verantwortlich gewesen zu sein, dass in ihrer eigenen Ehe die Traditionen und die Religion des Judentums allmählich aufgegeben wurden. Es sei hier noch hervorgehoben, dass die Autorin die als traurig und tragisch dargestellte Wandlung im religiösen Verhalten ihres Mannes Chonon gleich nach dessen Besuch bei dem Rebbe, dem religiösen Leiter der Chassidim, deutlich zu erkennen glaubt: „Ich weiß nicht, was bei dem Rebben vorgefallen war, denn nie sprach mein Mann von diesem traurigen Erlebnis", berichtet sie. „Ich weiß nur, dass ein Jüngling voll Hoffnung und Begeisterung die Seinigen verließ und zu dem Rebben wallfahrtete, wie zu einem Heiligen, der einzig und allein die Macht besitzt, den Schleier von den großen Geheimnissen zu heben ... und daß er ernüchtert zurückkehrte".[34] Des Weiteren beschreibt sie ihre Eltern als „religiös", „klug" und „geistig vornehm",[35] im Gegensatz zu den Schwiegereltern. Der Vater soll ein äußerst frommer Jude, zugleich aber ein offener und aufgeklärter Mensch gewesen sein. Ihm sei zum Beispiel die Lilientalsche Bewegung[36] nicht ganz gleichgültig ge-

---

30 Pauline Wengeroff: MII, S. 84.
31 Pauline Wengeroff: MII, S. 84.
32 Pauline Wengeroff: MII, S. 85.
33 Pauline Wengeroff: MII, S. 85.
34 Pauline Wengeroff: MII, S. 99.
35 Pauline Wengeroff: MI, S. 2.
36 Dr. Max M. Lilienthal (1815-1882) war gebürtiger Jude, absolvierte sein Studium an der Universität in München und leitete ab 1839 die jüdische Schule in Riga. Er wurde 1941 auf Empfehlung des russischen Erziehungsministeriums Sergej Uwarov damit beauftragt, westeuropäische Bildung unter den Juden in Russland zu verbreiten. Er war zwar Jude, verfügte aber über eine europäische Bildung, hatte Talmudkenntnisse und konnte Hebräisch sprechen. Obwohl Lilienthal am Anfang seiner Versuche auf harte Kritik und Widerstand stoß und am Ende sogar aus Russland flüchten musste, konnte er allmählich das Interesse vieler Juden und besonders der Jugend für weltliches Wissen anregen. Lilientahl, dessen Ruf bei den Juden auf sein Versprechen beruhte, es gehe auf keinen Fall um ihre Bekehrung, musste später erkennen, dass die verdeckte Absicht der russischen Regierung durch dieses Projekt der Einrichtung

wesen sein.[37] Vor diesem Hintergrund ist es unleugbar, dass die Autorin der *Memoiren einer Grossmutter* die *Haskalah*-Autobiographie-Tradition kannte. Ihre Schreibweise sowie ihre Motive zeugen eindeutig davon. Dass die Memoiren, wie Shulamit es behauptet, von ihren Zeitgenossen wohl als historische Quelle zitiert und anerkannt, aber niemals zum Kanon der *Haskalah*-Literatur im strengen Sinne des Wortes gezählt wurden,[38] hatte nicht nur mit der Sprache zu tun, die nicht Hebräisch ist, sondern auch und besonders mit der grundlegenden Orientierung an der Rolle der Frau in der Geschichte des russischen Judentums. „In refracting an entire age in Jewish history through female perceptions and experience", so Shulamit, „Wengeroff's memoirs are unprecedented in the annals of Jewish literature".[39] Indem sie die Geschichte des russischen Judentums entschieden aus der Frauenperspektive erzählt und dazu die Frau nicht etwa wie eine Glückel von Hameln in ihrer „traditionellen" Rolle belässt, sondern vom Objekt zum Subjekt der Geschichte erhebt, betrete Wengeroff, so Shulamit weiter, die Gegenrichtung zur *Haskalah*-Autobiographie.[40] Die Literatur der *Haskalah* habe die männliche Erfahrung zum Paradigma einer ganzen

---

jüdischer Schulen nach dem westeuropäischen Modell doch die Bekehrung von Juden war. In ihrer Autobiographie betont Wengeroff deutlich, dass Lilienthals Unternehmen ein deutlicher Erfolg war. Diese „Verwestlichung" der Juden sei deshalb so erfolgreich gewesen, weil die Jugend vor dieser Bewegung keinerlei Kontakt mit der Außenwelt gehabt hätte und durch das Neue aus dem Westen wie geblendet wurde. Die Jugend habe dem Reiz des Neuen und des Unbekannten nicht widerstehen können.

37 Vgl. Pauline Wengeroff: MII, S. 126.
38 Magnus S. Shulamit: Sins of Youth, S. 96.
39 Magnus S. Shulamit: Sins of Youth, S. 92.
40 Magnus S. Shulamit: Sins of Youth, S. 93. Siehe zur Gender-Frage in Pauline Wengeroffs *Memoiren einer Grossmutter* folgende Arbeiten von Magnus S. Shulamit: Sins of Youth, Guilt of a Grandmother: M.L. Lilienblum, Pauline Wengeroff, and the Telling of Jewish Modernity in Eastern Europe. In: POLIN. Studies in Polish Jewry. Vol 18. (2005), S.87-120; Kol Ishah: Women and Pauline Wengeroff's writing of an Age. In: NASHIM: A Journal of Jewish Women's Studies and Gender Issues. N° 7(2004), S. 28-64; Pauline Wengeroff and the Voice of Jewish Modernity. In: Rudavsky (Hg.): Gender and Judaism. The Transformation of Tradition. New York 1995, S. 181-190. Shulamit betont allerdings ausdrücklich, dass Wengeroffs gender-orientierte und dichotomische Darstellung der jeweiligen Rollen von Männern und Frauen in der damaligen russischen Gesellschaft nicht stimmt (1989: 114). Ihm zufolge leistet Wengeroffs Text dreierlei in Bezug auf die Geschichte der Juden in Russland: „It gives precious information about women; it accords their experience unprecedented historical importance; and it provides a gendered account of Jewish modernity, making the story of relations between men and women, and of modern, radically altered rules of gendered behaviour, central to understanding Jewish modernity." (Shulamit 1995: 94)

Epoche und zum Synonym der jüdischen Geschichte schlechthin gemacht.[41] Wengeroffs Text sei daher eine einmalige Erscheinung in der Geschichte der jüdischen Literatur. Die *Memoiren einer Grossmutter* haben zur Literatur der Haskalah also ein ambivalentes intertextuelles Verhältnis. Sie sind zugleich ein „Weiter-, Wieder-, und Um-Schreiben"[42] ihrer Vorläufer. Wengeroffs Darstellung zeugt jedenfalls von einem bestimmten Bewusstsein der jüdischen Geschichte in Russland und von dem Bewusstsein der eigenen Rolle der Autorin in dieser Geschichte.

4.3 Kulturelles Kapital und Elfenbeinturm

4.3.1 Wengeroffs gesellschaftliche Position

Pauline Wengeroffs Jugend in Russland fällt in die als „Zeitalter der ersten Re-aktion und der zweiten Emanzipation (1815-1881)" bezeichnete Periode.[43] Ihren Vater, einen erfolgreichen Bauunternehmer im Auftrag der russischen Regie-rung, beschreibt sie als gelehrten Talmudist, als frommen und aufgeklärten Menschen. Ihre Eltern sollen sehr wohlhabende, zugleich aber fromme und in religiös-kultureller Hinsicht visionäre Menschen gewesen sein, wobei Wenger-off vor allem die Mutter als visionär beschreibt.[44] Ihre Schwiegereltern waren in Konotop Teil einer angesehenen Geschäftsfamilie, die über ein Branntweinmo-nopol verfügte. Die Periode, die Wengeroff bis zum Jahre ihrer Ehe beschreibt, ist eine besonders harte für die jüdische Gemeinschaft Russlands. Die bolsche-wistische Revolution, die die Emanzipation der Juden weitgehend beschleunig-te, setzte erst 1917 an. Während in Westeuropa selbst die stark traditionell orien-tierten jüdischen Frauen bereits öffentlich ihre Stimme hören ließen, kam es in Russland noch immer zu Massenvertreibungen und Ermordungen von Juden.

---

41 Vgl. Magnus S. Shulamit: Pauline Wengeroff and the Voice of Jewish Modernity, S. 181-190; David Biale: Eros and the Jews. Beispiele solcher Autobiographien sind von Mordechai Aron Guenzberg, Avraham Ber Gottlober, und Moshe Leib Lilienblum.

42 Vgl. Renate Lachmann: Gedächtnis und Literatur. Intertextualität in der russischen Moder-ne. Frankfurt am Main 1990, S. 65ff. Das intertextuelle Verhältnis eines Textes zu einem ande-ren kann nach Lachmann darin bestehen, dass die Tradition des Vorläufertextes vom nachfol-genden Text weitergeführt (Kontiguität), durch Neu- und Überschreiben wiederholt (Similarität), oder überwunden, verworfen wird (Tropik).

43 Vgl. Simon Dubnow: Weltgeschichte des jüdischen Volkes. Von seinen Uranfängen bis zur Gegenwart. In zehn Bänden. Band IX : Das Zeitalter der ersten Reaktion und der zweiten Eman-zipation (1815-1881). Berlin1929.

44 Vgl. Pauline Wengeroff: MI, S. 126.

Die Juden hatten den Zugang zur Gesellschaft noch nicht gefunden. Sie waren nicht marginalisiert, sie waren unterdrückt und existierten abseits der Gesellschaft. Während des Wiener Kongresses hatte Russland noch auf eine strenge Beschränkung der Judenrechte bestanden, mit der Begründung, die Voraussetzungen seien in Russland anders als im Westen.[45]

In der Periode der zweiten Emanzipation lebten die Juden Russlands unter drei unterschiedlichen Regierungssystemen. In den letzten Regierungsjahren des Zaren Alexander I. (1815-1825) gilt in der Judenpolitik das Mischsystem der Bevormundung und der Unterdrückung, das 1826 mit dem Machtantritt Nikolaus I. vom militärischen System abgelöst wurde. Ab dann galt die sogenannte 25 jährige Konskription, die Militärpflicht für junge männliche Juden, welche in der Praxis zwanghaft rekrutiert und in Kasernen zum Zweck der religiösen Assimilation gefoltert wurden. Besonders in Polen, das als letzte Hochburg der jüdischen Orthodoxie angesehen wurde, wurde entsprechend vorgegangen. Viele Familien kauften ihre Söhne vom Militär frei, um ihnen den Militärdienst zu ersparen. Viele fügten sich Verstümmelungen zu, um dem Dienst zu entgehen. Auf diese Weise starben tausende Jugendliche, viele noch unterwegs nach Sibirien.[46] Das dritte System, das von 1840 bis 1848 galt, befürwortete „die Umformung der Judenheit durch Einführung staatlicher Lehranstalten und [eine] Schmälerung der Gemeindeautonomie".[47] Die Regierung mischte sich immer mehr in die innere Organisation der jüdischen Gemeinde ein, zum Beispiel in die Rabbi-Ausbildung. Umso erstaunlicher ist es, wenn Wengeroff ihre Kindheit mit viel Nostalgie als ruhige, sorgenlose und glückliche Zeit beschreibt.[48] Der erste Band der *Memoiren* ist in einem beträchtlichen Teil ein Lob dieser „goldenen Kinderzeit".[49] „Der Verkehr zwischen Juden und Christen war damals noch nicht durch den Antisemitismus vergiftet ...", schreibt die Autorin im ersten Band, nachdem sie von einem sehr freundlichen und gesellschaftigen Gespräch zwischen ihrem Vater und dem Gouverneur der Provinz Grodno im Elternhause berichtet hat.[50] Monica Rüthers Hinweis auf den Einfluss Rousseaus und des Topos' der sorglosen Kindheit auf das Denken des 19. Jahrhunderts mag berechtigt sein, es bedarf aber viel mehr, um Wengeroffs Einstellung zu erklären.[51] Zu

---

45 Vgl. Pauline Wengeroff: MII, S. 131.

46 Vgl. Simon Dubnow: Weltgeschichte des jüdischen Volkes. Band X, S. 188ff.

47 Vgl. Simon Dubnow: Weltgeschichte des jüdischen Volkes. Band X, S. 175.

48 Pauline Wengeroff: MI, S. 12f.

49 Pauline Wengeroff: MI, S. 61.

50 Pauline Wengeroff: MI, S. 25.

51 Vgl. M. Rüthers: Tewjes Töchter. Lebensentwürfe ostjüdischer Frauen im 19. Jahrhundert, S. 53.

Recht unterstreicht Magnus Shulamit die Tatsache, dass die gesellschaftliche Position der Familie Epstein und ihre Beziehungen zur russischen Regierung Wengeroff davon abgehalten haben könnten, das Leiden anderer Juden wahrzunehmen.[52] Die Autorin erwähne nicht nur die äußerst judenfeindliche Politik der russischen Regierung unter Zar Nikolaus I. nicht, sondern lobe sogar den Zar für seine Reformen, die vielen ungebildeten Juden die Möglichkeit gegeben hätten, gesellschaftliches Ansehen zu erreichen.[53] In der Tat stellte Wengeroffs sozialer *Habitus*, der mit ihrem „kulturellen Kapital" im innigsten verwoben war, ein Hindernis in der Wahrnehmung der sozialen Wirklichkeit dar. Mit dem kulturellen Kapital, so Bourdieu, versucht man die Ursache ungleicher schulischer Performanzen zu erklären. Diese Ungleichheiten wären auf das kulturelle Kapital zurückzuführen, das in drei unterschiedlichen Formen existiere. Das kulturelle Kapital sei in seiner inkorporierten Form ein Habitus, ein „avoir de-

---

52 Magnus S. Shulamit: Sins of Youth, S. 60.

53 Magnus S. Shulamit: Sins of Youth, S. 60. Pauline Wengeroff formuliert diesen Lob der Reformen des Zaren folgendermaßen: „Ich sehe es als ein Glück an, jene Periode miterlebt zu haben, in der die großzügigen Reformen unter der Regierung Kaiser Nikolaus I. die geistige, ja sogar die physische Regeneration der Juden in Litauen herbeiführte. Wer, wie ich, die Zeit von 1838 bis heute durchlebt, all die religiösen Kämpfe im Familienleben der litauischen Juden mitgemacht hat, und schließlich den großen Fortschritt beobachtet hat, der darf und muß seiner Bewunderung für die Idee jener Reformgesetze Ausdruck verleihen und sie segnen. Ja, man darf sogar mit Begeisterung von ihr sprechen, wenn man die zumeist unkultivierten, armseligen Juden der siebziger Jahre vergleicht, unter denen es heute so viele vollkommen europäisch gebildete Männer gibt, die auf den verschiedensten Gebieten der Literatur, Wissenschaft und der Kunst Hervorragendes leisten, und denen an äußeren Ehren und Titeln nicht fehlt." (Pauline Wengeroff: MI, S. 123) Insofern Wengeroff im selben Buch behauptet, die bedingungslose Öffnung der jüdischen Gesellschaft zur westlichen Aufklärung hätte den Verfall der jüdischen Tradition mit sich gebracht, und sich zur Verfechterin der jüdischen Tradition aufschwingt, entsteht hier der Eindruck einer gewissen Widersprüchlichkeit. Auch wenn Shulamit behauptet, dass Pauline Wengeroff keine unbeugsame Gegnerin der Moderne war, was sich auch an dieser Aussage bewahrheiten könnte, bleibt dennoch die Frage offen, warum die Autorin ausgerechnet die von ihr sonst so kritisierte Aufnahme weltlichen Wissens von Juden auf einmal als positiv bewertet. Dazu kommt, dass die Autorin den Eingriff der sogenannten Lilienthalsche Bewegung in die jüdische Tradition allgemein als negativ betrachtet. Zu jenen Juden, die sie hier als Produkt der Reformen des Kaisers Nikolaus I. erwähnt, gehören offenbar die eigenen zwei Söhne der Autorin, die als getaufte Juden beruflich sehr erfolgreich wurden. Dass die Autorin nicht spezifisch auf den Werdegang beider Söhne eingeht und sich damit begnügt, deren Taufe als „schwersten Schlag" in ihrem Leben darzustellen, zeugt von der Absicht, die Aufnahme der westlichen Kultur unbedingt als negativ für die Juden darzustellen (Pauline Wengeroff: MI, S. 194). Es ist offensichtlich, dass die hier erwähnten gebildeten Juden zum großen Teil getauft waren. Wengeroffs Überlegungen zum Fortschritt zeigen also einen aporetischen Charakter.

venu être", eine „propriété faite corps, devenue partie intégrante de la personne".[54] Diese Form des kulturellen Kapitals entstehe also im Laufe der Zeit
und sei unzertrennlich mit dem Wesen des Individuums verbunden. Kulturelle
Güter wie Bilder, Bücher, Maschinen, seien die objektivierte Form des kulturellen Kapitals, und als institutionalisierte Form existiere das kulturelle Kapital als
schulische Titel o.ä. Alle drei Formen des kulturellen Kapitals sind nach Bourdieu aber eng miteinander verbunden und bilden die Grundlage, auf der die
Beziehungen zwischen Bildungs- und Wirtschaftssystem erklärt werden können. Was mich in diesem System interessiert ist besonders der Effekt des kulturellen Kapitals in inkorporierter und objektivierter Form, die im Fall von Pauline
Wengeroff den sozialen Status des Reichen bzw. des Aristokraten begründet.
Dieses Kapital, das sie in Form eines Habitus und von materiellen Gütern ver-
erbte, setzte sie von anderen sozialen Schichten ab und schränkte ihre Wahrnehmung der Wirklichkeit insofern ein, als sie die eigene Erfahrung ständig als
Paradigma für die gesamte jüdische Gesellschaft in Russland betrachtete. Ihr
„kulturelles Kapital" funktionierte in dieser Hinsicht wie ein Elfenbeinturm, aus
dem ein Weitblick unmöglich bzw. erschwert wurde. Wengeroffs Eltern gehör-
ten der Oberschicht der jüdischen Gemeinschaft an.[55] Es waren reiche Juden, die
privilegierte Beziehungen zur Regierung hatten. Wengeroff schreibt, der Vater
habe oft im Auftrag der Regierung oder von Regierungsfreunden „hohe Gäste"
im Hause untergebracht. So ein Beispiel aus dem ersten Kapitel des Haupttex-
tes: „Nach der Chanuka-Woche kam das Leben in unserem Hause wieder ins
alte Geleise. Es sei denn, dass Einquartierung die Ruhe wieder störte; Besuch
eines hochgestellten Militär- oder Zivilbeamten".[56] Sie berichtet auch davon, wie
die Behörde den Vater mit Rücksicht und ohne Strenge behandelt habe, als das
jüdische Viertel in Brest samt Friedhof wegen eines Festungsprojektes des Zaren
zerstört werden musste.[57] Dass der Vater mit dem Gouverneur und anderen hohen Beamten der Regierung freundschaftlich diskutieren und essen durfte,
muss für die junge Pauline ein ausreichender Grund gewesen sein, diese Epoche als antisemitismusfrei zu bezeichnen. Die Autorin muss das Leben anderer

---

54 Pierre Bourdieu : „Les trois états du capital culturel". In: Actes de la recherche en sciences
sociales. N° 30 (1979), S. 4.
55 In der Aufteilung der jüdischen Bevölkerung hatte man damals an der Spitze der sozialen
Pyramide eine kleine Gruppe von Großkaufleuten und sonstigen Reichen. ‚Negidim' genannt.
Dann hatte man die Mittelschicht der ‚Baalebatim' (Hausherren): Landesbesitzer, Inhaber
kleiner Werkstätte. Und die Grundlage der Pyramide bildeten die Kleinhändler und Handwer-
ker und die berufslosen und bettelarmen Proletarier (Kabzanim).
56 Pauline Wengeroff: MI, S. 23.
57 Pauline Wengeroff: MI, S. 163f.

Juden durch das Paradigma des eigenen Lebens gesehen haben. Die eigene sorglose Kindheit scheint als Synonym zu stehen für eine sorglose Periode für die Juden und das Judentum überhaupt.

4.3.2 „Es war ein schönes Bild“: Antisemitismus, sozialer Status und Assimilation

Wer den Titel zum ersten Teil des 6. Kapitels vom ersten Band der *Memoiren* – *Es war ein schönes Bild* – liest, erwartet eher nicht, in diesem Kapitel mit der furchtbaren Zerstörung des jüdischen Viertels in Brest, samt Verlegung des jüdischen Friedhofs konfrontiert zu werden, ein Einschnitt nicht nur für die jüdische Kultur. Weniger erwartet man noch, dass Pauline Wengeroff dieses Kapitel mit einer idyllischen und bewunderungsvollen Darstellung des Kaisers Nikolaus I. und von dessen Sohn eröffnet, die zur Inspektion des Baugeländes gekommen waren:

> Es war ein *schönes Bild*, als Kaiser Nikolaus I. inmitten einer *glänzenden Suite* stand. Seine von Gesundheit strotzende, hohe Figur ragte über seine Umgebung hoch hervor. Seine militärische Paradeuniform, der fest anliegende Frack mit hochrotem Tuchbesatz und Manschetten, die Brust mit vielen Ordenssternen dekoriert, die massiven Epaulettes, die blaue, breite Schärpe quer über der Brust, das Portepee mit dem Degen an der linken Seite, der quer auf dem Kopf sitzende Dreispitzhut mit dem wuchtigen, weißen Federbusch verliehen der martialischen Gestalt ein ganz außergewöhnliches Aussehen. Sein Gesicht mit den regelmäßigen Zügen, dem glattrasierten Doppelkinn, mit dem vollen, blonden Backenbart drückte eine wohlwollende, ja eine freudige Erregung aus, auch die energisch blitzenden, grauen Augen leuchteten, während die stramme militärische Haltung das hohe *Selbstbewusstsein* ausdrückte. Zu seiner Rechten stand der Kronprinz Alexander II., der damals, im Jahre 1835, noch ein junger Mann war. [...] Sein ganzes Wesen umleuchteten *Milde* und *Freundlichkeit*; [...] Der Kronprinz hatte schon damals, wie ich mich noch jetzt gut erinnern kann, alle Herzen der umstehenden Menschenmenge für sich gewonnen. Und diese *Sympathie* rechtfertigte er 1861 als Befreier der Leibeigenen.[58]

Die erstarrte Bewunderung für die Obrigkeit und die große Ehrfurcht vor der kaiserlichen Familie kommen in den unzähligen Superlativen zum Ausdruck, mit denen Kaiser und Kronprinz umschrieben werden. Die Darstellung der militärischen Ordnung und Strenge und die zustimmende Haltung der Erzählerin deuten auch auf einen ausgeprägten „Untertanengeist“ hin. Die Mischung aus militärischen Bezeichnungen und Beschreibungen der Schönheit von Kaiser und Sohn gibt der Darstellung ein gewisses Gleichgewicht, das dadurch ver-

---

58 Pauline Wengeroff: MI, S. 155. Herv. C. S.

stärkt wird, dass dem Kronprinzen, in Abgrenzung zur „Härte" des Kaiser-Vaters, „Milde" zuerkannt wird, und er als Sympathie- und Hoffnungsträger dargestellt wird. Das ganze lässt ein idyllisches Bild entstehen, das die positive Einstellung der Autorin zum Regime nicht anzweifeln lässt. Dabei handelt es sich um eine Zeit, die Dubnow als den Höhepunkt der Unterdrückungspolitik des Nikolaus I. bezeichnet, nämlich „die Verweisung aller im Gouvernement *Grodno* ansässigen Dorfjuden in die städtische Siedlungen", und „die restlose Ausweisung der Juden aus *Kiew*".[59] Denselben Kaiser, den Wengeroff so schwärmerisch darstellt, sowie seine Regierungszeit, beschreibt Simon Dubnow in seiner „Neue[n] Geschichte des jüdischen Volkes" mit einem deutlich anderen Ton:

> Die Regierung Nikolaus I., die mit der *blutigen Unterdrückung* des Dekabristenaufstandes begann, stand bis ans Ende im Zeichen des Triumphes der *rohen Gewalt* über alle Regungen des liberalen Geistes. [...] Von der Wahnvorstellung beherrscht, daß die jüdischen Kaufleute, Handwerker und Pächter nichts als „Blutegel seien, wurde Nikolaus ein Jahrzehnt später zum Lenker der Geschichte von zwei Millionen Juden." Auch auf dem Throne nur Soldat, beschloß er die ihm als ‚*innerer Feind*' geltende Judenheit mit militärischen Maßnahmen zu bekämpfen, genauer, sie durch harte *militärische Zucht* zur ‚Besserung' zu zwingen.[60]

Blutige Unterdrückung, rohe Gewalt, militärische Zucht u.a. sind mit der Sympathie, der Milde und der Freundlichkeit, die Wengeroff in ihren Memoiren festhält, nicht vereinbar. Hier konkurrieren also zwei Geschichtsversionen. Dass der Kaiser zu jenem Zeitpunkt Selbstbewusstsein und Macht ausstrahlte, scheint naheliegend. Dass dagegen jene Kaiserfamilie, die davor stand, die jüdische Gemeinschaft in eine äußerst prekäre und lebensbedrohliche Situation zu stürzen, mit Prädikaten wie schön, glänzend, mild und freundlich umschrieben wird, kann man mit Shulamit durchaus als „girlish flutters" bezeichnen.[61] Dabei soll darauf hingewiesen werden, dass es sich um Memoiren handelt, die mit gut 75 Jahren Abstand die Szene darstellen. Dass Wengeroff mit jenen, die Sympathie für den Kronprinz empfanden, auch sich selbst meint, ist nicht von der Hand zu weisen. Es ist an ihrer Darstellung offensichtlich, wie stark die Autorin sich mit den russischen Institutionen identifiziert haben muss.[62] Was

---

59 S. Dubnow: Weltgeschichte des jüdischen Volkes. Band X, S. 198
60 S. Dubnow: Weltgeschichte des jüdischen Volkes. Band X, S. 188f.
61 Magnus Shulamit: Sins of Youth, S. 111.
62 Nicolas Slonimsky, der Enkel von Pauline Wengeroff, scheint diese Identifikation mit dem Herrscher auch aufgefallen zu sein, wie folgende Stelle aus seiner Autobiographie es belegt: „Why was I given the name Nicholai (Nicholas is the French spelling which I eventually adop-

auch die Vermutung zulässt, dass die ausgedrückte Sympathie für den Kaiser und für seine Familie nicht in Hinsicht auf eine Verbesserung der Rechtslage der Juden formuliert wurde, sondern den Stolz einer begeisterten Russin verkörpert. In diesem Sinne wird hier die Erwartung von Lesern, die Betrachtung der Kulturgeschichte der Juden im Russland des 19. Jahrhundert, zumindest von einer religiös-konservativen Jüdin, würde deutlich politisch-kritisch auffallen, enttäuscht. Die Autorin reflektiert nämlich keinesfalls über die harten Edikte des Kaisers Nikolaus I. zur gesellschaftlichen Rechtslage der Juden. Fakten werden zwar dargestellt, aber nicht in die Interpretation eingeschlossen. Sie beschreibt zum Beispiel die Zerstörung jüdischer Häuser und die Vertreibung ohne jegliche Entschädigung der jüdischen Bewohner, genau wie die Überführung des jüdischen Friedhofes in die Neustadt zwar als traurige Ereignisse, nie aber als Ungerechtigkeit gegenüber den Juden, sondern als ein mehr oder weniger normales Erlebnis, das man mit Resignation und Mut hinnehmen sollte. Die Darstellung der Zerstörung jüdischer Anwesen und Häuser gilt nicht der Kritik der Unterdrückung und des Antisemitismus, wie sie von der Regierung Nikolaus I. verübt wurden, sondern es geht der Autorin darum, die Zerstörung jüdischer Kulturgüter zu bedauern. Reformen des Kaisers werden in Hinblick auf ihren Einfluss auf die jüdische Tradition und auf die Religion, aber niemals auf die bürgerliche Situation der Juden reflektiert. Wo die Autorin Überlegungen über die Bedeutung von Entscheidungen des Kaisers über die gesamte Stellung des Juden als Bürger anstellen könnte, stehen trauernde Wörter über die Schätze des Judentums. Eine der vertriebenen Familien räumt ihre Wohnung auf und die Autorin berichtet darüber mit folgenden Worten:

> Die Frau füllte unter Seufzern, Klagen, Schreien und Fluchen ihren Kasten zur Hälfte mit ihren Armseligkeiten und nahm dann die Kleine vom Arm ihres Mannes. Der Alte aber begann nun, seine Schätze einzupacken – die großen und kleinen Folianten des Talmuds, die Gebetsbücher, die damals jeder Jude, mochte er noch so arm sein, besaß – und dieser Mann war ein Hausbesitzer! Bald kam die Chanukalampe an die Reihe, die vier messing-

---

ted) in the first place? Could it be that my mother, eager to proclaim her Russian loyalty, named me after Nicholas II, who was the Czarevich at the time I was born? (There was always a sentimental regard for the person of Czarevich in old Russian society, even among Russian liberals.) And why was my older brother named Alexander? He was born in May 1881, shortly after the assassination of Alexander II, known as the Czar Liberator, for he emancipated the serfs. Was my mother moved by sympathy for the Imperial Family after that regicide, and was there any sentimental connexion with her naming her first-born after the ‚martyred Czar', or after his reigning son Alexander III, who was to prove himself the most reactionary of all the Czars? Perish the thought! It never occurred to me to ask my mother to clarify my suspicions." (Nicolas Slonimsky: Perfect Pitch. A Life Story. Oxford – New York 1988, 17f.)

nen Sabbatleuchter der Frau, der Hängeleuchter, die Schabbeskleider, der lange Kaftan, der seidene Gürtel und der Streimel (Pelzmütze). Das übrige Hausgerät, das Wasserfaß, der wurmstichige Esstisch, hölzerne Bänke, mehrere Holzstangen usw., wurden auf die Diele geworfen, und die Armen stolperten einmal über das andere darüber.[63]

Der Ernst der Lage und die damit einhergehende Trauer werden hier eindringlich geschildert. Das Gefühl der Verzweiflung, zunächst ein „Seufzern", dann ein Fluchen, entwickelt sich im Erzählen auch bei der Erzählerin, die sowohl den symbolischen als auch den materiellen Wert der verlorenen „Schätze" betont. Den Wert des Verlorenen und die Tragik der Situation werden dazu noch durch die genaue Aufzählung der religiösen Symbole hervorgehoben. An der aus dieser Darstellung hervorgehende Anteilnahme wird erkennbar, worauf es der Erzählerin grundsätzlich ankommt, nämlich auf die Konservierung jüdischer Tradition. Wie es sich erweisen wird, misslingt dieses Programm der Verteidigung der Tradition bei Wengeroff, weil die Bedingungen seiner Ausführung von der Erzählung nicht erfüllt sind.

Von insgesamt 210 Seiten im ersten Band widmet die Autorin knapp ein fünfseitiges Kapitel der jüdischen Emanzipation in Russland. Es ist ausgerechnet das Kapitel mit dem Titel „Alexander II.". Die Thronübernahme von Alexander II. beschreibt sie mit folgenden Sprüchen aus der Thora:

> Und Gott sprach: Es werde Licht, und es ward Licht! Die Sonne ging golden auf und weckte mit ihren erwärmenden Strahlen alle verborgenen Keime zur Blüte und zum Leben: Alexander II. bestieg 1855 den Thron. Dieser edle, feinsinnige Fürst gemahnte an die Sprüche des königlichen Psalmensängers (Ps. CXIII, 7,8 und Ps. CXVIII, 22): Er richtet empor aus dem Staube den Armen, aus dem Kehricht erhöht er den Dürftigen, dass er ihn setze neben die Edlen, neben die Edlen seines Volkes. Der Stein, den die Bauleute verwarfen, ist zum Eckestein geworden.[64]

Wieder wird die Symbolik der Hoffnung zur Stilisierung des Herrschers angewendet. Die Hoffnung auf eine bessere Welt, die durch den einst unschuldig aussehenden und milden Kaisersohn getragen wurde, wird in diesen Sätzen durch die Symbolik des werdenden Lichts unterstrichen und durch die der Sonne noch gesteigert. Der Kronprinz wird durch das Vokabular des göttlichen Schöpfungsaktes verherrlicht und zum Weltverbesserer gekürt. Es ist aber fraglich, ob die angekündigte Blüte und das begrüßte neue Leben auch die Blüte jüdischer Tradition bedeutet. Denn das hier erwähnte Volk schließt offensichtlich die Juden nicht ein, genauso wie die Juden unter Alexander II. zwar an die

---

63 Pauline Wengeroff: MI, S. 160.
64 Pauline Wengeroff: MII, S. 129.

wirtschaftliche Entwicklung beteiligt waren, das Judentum aber nicht als Bestandteil der russischen „Nation" betrachtet wurde. Hier spricht alles dafür, dass die Erzählerin zwar um die Zukunft jüdischer Tradition besorgt ist, zugleich aber jene Herrschaft unterstützt, die ein Verschwinden des religiösen Judentums förderte.

Gewiss war die Regierungszeit Alexander II. für die Juden bürgerrechtlich gesehen eine viel ruhigere und gerechtere als die des Kaisers Nikolaus I., aber man darf nicht außer Acht lassen, dass die von Alexander II. eingeführten Reformen, die den Juden mehr Freiheiten im Bereich der Wirtschaft und der Bildung[65] gewährten, eigentlich auf Kosten eines Verzichts auf Religion und Tradition erfolgen sollten. 1855, im Jahre der Machtübernahme von Alexander II., wurde der Entzug der Gemeindeautonomie den Juden verkündet: „Nach Ablauf von zwanzig Jahren darf niemand als Rabbiner oder Lehrer für jüdische Fächer angestellt werden, der nicht eine (von der Regierung gegründete) Rabbinerschule bzw. eine allgemeine Mittel- oder Hochschule absolviert hat", so hieß es im Ukas von 1855.[66] Es dauerte auch nicht lange, bis klar wurde, was mit dem Ende der Gemeindeautonomie intendiert wurde. Die Regierung bereitete die Auflösung der jüdischen Besonderheit vor:[67]

> Daraufhin befahl der Kaiser (am 31. März 1856), „alle für die Juden bestehenden Bestimmungen einer Revision zu unterziehen, um sie mit dem Endziel *der Verschmelzung dieses Volkes mit der einheimischen Bevölkerung*, soweit der sittliche Zustand der Juden dies zuläßt, in Einklang zu bringen".[68]

Als die russische Regierung durch den vom Westen kommenden Aufklärungstrend und die innere Notwendigkeit von Reformen dazu genötigt wurde, seine Judenpolitik zu ändern, ging es erst mal darum, die Juden zu russifizieren. Die

---

65 Juden erhielten unter bestimmten Vorbehalten die Möglichkeit, Land zu erwerben, ihnen wurde auch die Möglichkeit eröffnet, an Universitäten zu studieren.
66 Simon Dubnow: Weltgeschichte des jüdischen Volkes. Band X, S. 411.
67 Hier soll noch darauf hingewiesen werden, dass bereits kurz danach viele dieser Rechte, wie das Recht zum Landerwerb, zurückgenommen wurden, wie Dubnow es betont: „Der liberale Geist der Zeit tat seine Wirkung, und im Zusammenhang mit den ‚großen Reformen' dieser Epoche wurde auch den Juden manche neue Erleichterung zuteil. Nach der Emanzipation der Bauern erhielten die Juden das Recht, von den Gutsbesitzern, deren Beziehungen zu den freigelassenen Bauern endgültig geregelt waren, Land zu erwerben (1862). Zwei Jahre später jedoch, als die Regierung nach der Unterdrückung des polnischen Aufstandes die Russifizierung der Westmark in Angriff nahm, wurde den Juden ebenso wie den Polen das ihnen eben eingeräumte Recht im ganzen Aufstandsgebiet entzogen (1864)" (Simon Dubnow: Weltgeschichte des jüdischen Volkes. Band X, S. 410)
68 Simon Dubnow: Weltgeschichte des jüdischen Volkes. Band X, S. 404.

Änderungsabsichten betrafen hauptsächlich jene kulturellen Elemente, die als Grundlage der jüdischen „Nation" galten: Die Religion, die Erziehung und die traditionelle Tracht. In Russland versuchte man, sich auf das österreichische bzw. preußische Muster zu berufen. Man ging also von Vernichtungsversuchen zur Umgestaltung des jüdischen Lebens über, denn man sei zur Einsicht gelangt, „Völker lassen sich nicht vernichten".[69] Ungeachtet der Tatsache, dass die Reformen unter Alexander II. erst mal ausschließlich bei den oberen Schichten der jüdischen Gesellschaft, d.h. den sogenannten Mitgliedern der „Intelligenz" und nicht in der Volksmasse traditionsbedrohend bzw. traditionsbeschädigend wirkten, muss betont werden, dass die Intention vor allen Dingen darin bestand, die jüdische Gesellschaft in ihre Umgebung aufgehen zu lassen. Der innerjüdische Umschwung, der dadurch charakterisiert war, dass sich immer mehr Juden, hauptsächlich aus der Oberschicht, dem weltlichen Wissen widmeten, wurde beschleunigt.[70] Dass Wengeroff am Ende doch die Tatsache mit viel Lob hervorhebt, dass den Juden die Möglichkeit zum Studium an Universitäten geboten wurde, widerspricht bestimmt nicht ihrem Wunsch, die Juden hätten die Intelligenz gehabt, weltliches und traditionelles Wissen zu vereinen. Es ist aber problematisch, wenn man bedenkt, dass bei dieser Elite, die die Schulen und Universitäten besuchten, die Assimilation am raschesten ihr Ziel erreichte. Dass die Autorin die Frage der Emanzipation der Juden in Russland in diesem ersten Band fast ausklammert, lässt die Annahme zu, dass ihr die Unterdrückung der Juden nur solange von Bedeutung war, als mit ihr einen deutlicher Eingriff in die jüdische Tradition und Kultur, sprich eine Änderung der Tradition erfolgte. Demnach treten die Juden als religiöse Gemeinschaft vor den Juden als Menschen schlechthin. Dies scheint ein Grund, weshalb sie die Judenpolitik des Kaisers Nikolaus I. nicht als antisemitisch identifiziert. Weil sie eben in ihren Memoiren die Ansicht vertritt, dass nicht jene Politik an dem Verfall der jüdischen Tradition bzw. an der Assimilation zahlreicher Juden an ihre Umgebung schuld ist, scheint eine echte Überlegung zur Emanzipation in dieser Hinsicht zu fehlen. Und wenn sie überhaupt die Politik erwähnt, dann in der Form eines Lobs der russischen Herrschaft. Wenn Wengeroff im sechs Jahre später erschienenen zweiten Band ausführlicher über den Antisemitismus berichtet, dann handelt es sich wiederum nicht um eine Kritik antisemitischer Vorfälle an sich, sondern erneut um eine Klage darüber, was diese Einstellung der nichtjüdischen Welt in der jüdischen Gesellschaft, und präziser, in der jüdischen Tradi-

---

69 Uwarov, zitiert nach Simon Dubnow: Weltgeschichte des jüdischen Volkes. Band X, S. 207.
70 Vgl. Simon Dubnow: Weltgeschichte des jüdischen Volkes. Band X, S. 416ff.

tion anrichtete.[71] Man könnte selbstverständlich argumentieren, es gehe Wengeroff in ihren Memoiren nicht um die Emanzipation der Juden, sondern um den Prozess ihrer raschen Assimilierung an die Umwelt. Die Frage drängt sich aber auf, inwiefern man in diesem Kontext Assimilation und Emanzipation hätte voneinander trennen können. Es fragt sich, wie eine Verteidigung jüdischer Werte in jenem Kontext ohne Emanzipation möglich gewesen wäre, oder zumindest ohne die Möglichkeit einer Gleichberechtigung der Juden. Wengeroff selbst nennt das Beispiel ihrer Söhne, die wegen der Quota-Politik an der Universität sich taufen lassen mussten, um bessere Chancen für eine Karriere zu erlangen, was für die Mutter eine äußerst schmerzhafte Erfahrung gewesen sein soll.[72] In einem Kontext, wo Juden einzig durch eine Taufe die Chance auf Bildung und Karriere erlangen konnten, lässt sich also fragen, ob nicht doch vernünftiger gewesen wäre, in erster Linie eine Emanzipation zu befürworten, die dann den Juden die Möglichkeit geboten hätte, zugleich als Juden und Bürger zu existieren. Eine Verteidigung jüdischer Traditionswerte und der jüdischen Religion ohne Betrachtung der Emanzipation scheint m.E. eher aussichtslos. Der Zionismus, dem Wengeroff sich in ihren späteren Jahren anschließt, und den sie als Erneuerung des jüdischen Geistes betrachtet, sah in der Tat keine bessere Möglichkeit, das Judentum zu schützen, als die Gründung einer jüdischen Nation auf eigenem Boden, die allen Juden gleiche Bürgerrechte anerkennen würde. Nur unter dieser Voraussetzung schien die Frage nach der Erhaltung jüdischer Tradition und Religion endgültig lösbar. Die Idee hinter dem Zionismus war nicht nur, dass alle Juden ein Land haben, das Ihnen Bürgerrechte zuerkennt, sondern auch, dass jene Juden, die im Exil leben, ihr Bürgerrecht institutionell vertreten sehen. In dieser Hinsicht erläutert Nathan Birnbaum 1893 sein Konzept einer jüdischen Nationalidee wie folgt:

> Staatsrechtliche Gleichstellung, das heißt eine solche mit örtlich und zeitlich begrenzter Wirkung, haben die Juden in manchen Ländern erlebt, aber nur eine völkerrechtliche Gleichstellung böte ihnen dauernde und allseitige Hilfe. Mag auch der einzelne Jude ein Vaterland haben, das jüdische Volk hat keines, und das ist sein Unglück. [...] Das Bewußtsein, einem lebenden Volke anzugehören, welches ein eigenes Heim, eine Stätte freudigen Schaffens für die Söhne zu Hause, eine Stätte der Zuflucht für die Söhne der Ferne, besitzt, wird auch die Juden der Diaspora veredeln und versittlichen, stärken und stählen.[73]

---

71 Pauline Wengeroff: MII, S. 186ff.
72 Vgl. Pauline Wengeroff: MII, S. 186ff.
73 Nathan Birnbaum: Die Nationale Wiedergeburt des jüdischen Volkes in seinem Lande, als Mittel zur Lösung der Judenfrage. Ein Appell an die Guten und Edlen aller Nationen. Wien,

Zionisten konnten die Erneuerung des Judentums nur deshalb so beanspruchen, weil zu ihrem Projekt die Gründung einer jüdischen Nation mit eigenem Territorium gehörte. Es ist nicht zu bestreiten, dass nichts den Fortbestand der jüdischen Tradition mehr begünstigte als die Emanzipation der Juden, d.h. die Möglichkeit, Jude und vollberechtigter Bürger zu sein. Der Staat Israel an sich ist dafür das deutlichste Beispiel. Pauline Wengeroff plädiert somit für eine Erhaltung jüdischer Traditionen und vernachlässigt dabei eine wichtige Voraussetzung dafür, nämlich die Vertretung der Juden als Bürger. Aber geht man tatsächlich davon aus, dass Pauline Wengeroff, so wie es aus ihrer Darstellung folgt, eine Verfechterin der jüdischen Besonderheit ist und den Rückgang der Tradition als eine Katastrophe betrachtet, dann drängt sich doch die Frage auf, warum ihr die Bildungs- und Wirtschaftsreformen des Kaisers Alexander II. so wichtig waren, hatten sie doch dazu geführt, dass immer mehr Juden sich vom Studium des Talmuds abwendeten, wie sie im zweiten Band der *Memoiren* ausführt:

> Die völlig neue Beschäftigung erheischte freilich eine Lebensweise, die von der altgewohnten bedeutend abwich. Die jüdische Religion und die Tradition kamen ins Gedränge. Mit dieser Tätigkeit ließ es sich eben kaum noch vereinen, dass die jüdischen Angestellten wie einst das Studium des Talmuds pflegen und alle religiösen Vorschriften getreulich beobachten konnten.[...] Und die altjüdische Gesellschaft mußte die Nichtbeachtung der überlieferten Gebräuche bei diesen jungen Leuten ebenso dulden wie bei den jüdischen Bankbeamten, die den Sabbath und die Feiertage zu ignorieren gezwungen waren und auch nicht eine Stunde mehr am Tage dem Talmud widmen konnten *und – wollten.*[74]

Dieser Bericht scheint an sich die Auffassung einer Assimilation der Juden als historische Erscheinung zu erfassen.[75] Demnach stellt die Assimilation keine plötzliche Wende, sondern einen evolutionären Prozess dar. Diese Sichtweise entspräche auch der von Wengeroff zitierten Prophezeiung ihrer Mutter, sie könne nicht voraussagen, ob die Generation ihrer Enkel, d.h. von Wengeroffs Kindern, noch als Juden leben und sterben würde.[76] In der zitierten Passage scheint es für die Position Wengeroffs bezeichnend, dass sie den Rückgang der Tradition zunächst im Passiv beschreibt und somit die Frage, wer diesen Prozess zu verantworten hätte, umgeht. Dann heißt es aber, die Juden wären zur Aufgabe der Tradition „gezwungen" worden, und letztendlich steht neben dem

---

1893. In: Ders.: Die jüdische Moderne. Frühe zionistische Schriften. Augsburg 1989, S. 17-38. Hier S. 24f.

74 Pauline Wengeroff: MII, S. 132f. Herv. C.S.

75 Vgl. Selma Stern: Der preußische Staat und die Juden. Berlin1925.

76 Pauline Wengeroff: MII, S. 134

(Nicht)Können auch das Wollen, d.h., dass den Druck zwar von außen kam, die Schuld aber genauso den Juden selbst als den Nichtjuden zuzuschreiben sei. Geht man dem Gedanken der Mutter von Wengeroff nach, so könnte man den Schluss ziehen, dass viele Juden bereits eingesehen haben müssen, dass die Tradition in dem neuen Kontext des liberalen Geistes, der Öffnung und der Annäherung nicht länger unberührt bleiben kann. Das Fremde hatte sich ins Haus Israels eingeschlichen. Nun wurde entscheidend, wie man darauf reagieren würde. Es ist Pauline Wengeroffs Darstellung dieser Reaktion und der eigenen Einstellung, die ich im Folgenden untersuchen möchte.

4.4 Pauline Wengeroffs Erzählung vom Verfall der Tradition

4.4.1 Tradition vs. Moderne – Judentum der Mütter und Judentum der Väter

Pauline Wengeroff verabscheut die zerstörerische Kraft der Moderne und besonders den Rückgang der jüdischen Tradition und Religion so sehr, dass sie in ihrer Erzählung unvermeidlich dichotomisch verfährt, indem sie alles vor dem Rückgang der Tradition Dagewesene als positiv und glücksbringend beurteilt. Diese Einstellung wird verständlich, wenn man die Umgebung betrachtet, in der die Autorin aufgewachsen ist. Zu Beginn des ersten Bandes schildert sie diese Umgebung am Beispiel ihres Vaters, und zwar in Begriffen, die uns aus Darstellungen anderer Autoren aus orthodoxen Familien bekannt sind:[77]

> Mein Vater pflegte Sommer und Winter um 4 Uhr morgens aufzustehen. Er achtete streng darauf, dass er sich nicht vier Ellen von seinem Bette entfernte, ohne sich die Hände zu waschen. Ehe er den ersten Bissen zum Munde führte, verrichtete er in behaglicher Stimmung die Früh-Morgengebete und begab sich dann in sein Arbeitszimmer. Er hatte an den Wänden viele Fächer, in denen zahlreiche Talmudfolianten aller Arten und Zeiten aneinander gereiht standen, in guter Gemeinschaft mit sonstigen talmudischen und hebräischen Werken der jüdischen Literatur. [...] In meinem Elternhause wurde die Tageszeit nach den drei täglichen Gottesdiensten eingeteilt und benannt.[78]

---

77 Jakob Fromer zum Beispiel schildert die Frömmigkeit und Gottesfürchtigkeit seines Vaters mit ähnlichen Wörtern: „Mein Vater genoss im Lodzer Ghetto den Ruf einer aussergewöhnlichen Frömmigkeit und Gelehrsamkeit. Er stand jeden Morgen um vier Uhr auf, nahm ein Quellenbad und suchte das Stübel, eine Art Klublokal der Chassidim (der streng Orthodoxen), auf, wo er bis in den späten Abend die Zeit mit dem Studium des Talmuds, der Kabbala und mit Beten verbrachte" (Jakob Fromer: GM, S. 5).
78 Pauline Wengeroff: MI, S. 5.

Es bedarf nicht mehr als dieser Sätze, um deutlich zu machen, dass im Haus der Epstein die Religion und die Tradition in Zentrum des Lebens gestanden haben sollen. Die nostalgische Beschreibung des Vaters als Träger des Familiengedächtnisses und als frommer Jude deutet darauf hin. So wie es ihrer Familie damals ging, so erging es auch allen anderen Juden, meint die Autorin:

> Meine Eltern waren biedere, gottesfürchtige, tief religiöse, menschenfreundliche Leute von vornehmem Charakter. So war überhaupt der vorherrschende Typus unter den damaligen Juden, deren Lebensaufgabe vor allem die Gottes- und die Nächstenliebe war. Der größere Teil des Tages verging mit dem Talmudstudium.[79]

Diese Erinnerung an tiefer Frömmigkeit steht nicht zufällig am Anfang der Geschichte, sie markiert den Ausgangspunkt und soll auch am Ende der Erzählung zur Bewertung des hinterlegten Weges beitragen. Tatsächlich gewinnt man den Eindruck bei den ersten Kapiteln der *Memoiren,* dass die Familie Epstein im Rhythmus der Tradition und der mit ihr gebundenen Feste gelebt hätte. Das Kapitel „Ein Jahr im Elternhause" ist in anderen Worten „Ein Jahr in der Tradition". Es ist eine Beschreibung der einzelnen Details von jüdischen Gebräuchen und eine Schilderung der vielen feierlichen Veranstaltungen, die im Elternhause stattgefunden hätten. „Von solcher Wichtigkeit und Bedeutung war damals jeder jüdische Brauch", so Wengeroff über diese Stimmung im Elternhause und in anderen jüdischen Familien.[80] Aufschlussreich ist hier die Tatsache, dass sie von einem Jahr im *Elternhause,* und nicht, wie etwa bei der doch deutlich emanzipierteren Fanny Lewald, vom *Vaterhause* spricht. Damit wird auch schon klar, dass in Wengeroffs Erzählung der jüdischen Geschichte in Russland die Frau nicht im Hintergrund steht, sondern als Subjekt, sprich als Akteurin die Geschichte mitgestaltet.[81] Die Frau aus Wengeroffs Erzählung der jüdischen Tradition ist jene Traditionsfrau, die aus anderen Erzählungen aus dieser Zeit bekannt ist. Es ist auf der einen Seite die gottesfürchtige Frau, die darauf Acht gibt, dass ihr Haushalt religiös geführt wird, dass das Essen „koscher" ist und die Kinder religiös erzogen werden. Immer wenn es um Religion im Haus geht, spricht Wengeroff deshalb von „Mein Haus".[82] Es ist auf der anderen Seite die arbeitsame Hausfrau, das „Esches Chajil", „die Heldenfrau, aus den Sprüchen des Königs Salomo, [die] Frau, die aufsteht, wenn es noch Nacht ist, und die

---

79 Pauline Wengeroff: MI, S. 9.
80 Pauline Wengeroff: MI, S. 36.
81 Ich habe bereits auf Magnus Shulamits umfangreiche Auseinandersetzung mit Wengeroffs Darstellung der jüdischen traditionellen und modernen Frau und ihrer Rolle in dem Prozess der Modernisierung hingewiesen. (vgl. bes. Magnus S. Shulamit: Sins of Youth)
82 Vgl. u.a. Pauline Wengeroff: MI, S. 74f.

Speise für ihren Mann und Kinder und Gesinde bereitet. [...] Sie ist eine Krone für ihren Mann".[83] Wengeroff betont selbst, sie habe sich beim Singen des Liedes zu Ehren dieser Frau sehr stolz gefühlt und sich zum Ziel gemacht, „des Lobes würdig zu werden".[84] Diese traditionelle Frau ist also eine, die sich gar nicht nach Emanzipation sehnt, zumindest solange sie noch über Autorität verfügt über ihren Bereich, den Haushalt. Im Fortlauf ihrer Erzählung der jüdischen Tradition lässt Wengeroff eine Frau hervortreten, die an der Seite ihres Mannes die Eheverhandlungen für ihre Kinder durchführt, ihren Bereich, die Küche, mit viel Autorität und Frömmigkeit regiert und zugleich selbst die Gebetstradition des Judentums streng einhält.[85] Diese Frau ist die Hüterin der Sitten, und die Haushälterin, aber kein Objekt menschlicher Wünsche und Befehle. Wengeroff erzählt zum Beispiel, dass ihre Mutter und eine ihrer Schwertern vor dem Einzug in die neue Wohnung in der Neustadt die Wohnung besucht hätten. „Sie mußte ihr gefallen. Und bald ging es ans Packen und Zusammenräumen",[86] so der Kommentar zu diesem Wohnungsbesuch. Die Frau, die sowohl durch Wengeroffs Mutter als auch durch die Großstiefmutter verkörpert wird, ist dazu eine weitblickende und visionäre Frau, die noch mehr als ihr Mann die Sorge um die Erhaltung der Tradition kennzeichnet. Die Autorin erwähnt zum Beispiel die Sorgen ihrer Mutter um die Lilienthalsche Bewegung und die anscheinend affirmative Einstellung ihres Vaters, der die Gefahr entweder nicht richtig eingeschätzt hätte, oder selbst ein Fürsprecher der Aufklärungsbewegung aus dem Westen gewesen sein soll:

> Einige Tage waren seither verstrichen, als mein Vater die Kunde brachte, Dr. Lilienthal sei bereits in Brest, unserem damaligen Wohnort, eingetroffen, und er wolle zusammen mit den jungen Leuten, meinen Schwägern, dem Doktor einen Besuch abstatten. Meine Mutter äußerte ihr nicht geringes Erstaunen über diese Absicht; der Vater erklärte ihr kurz und bündig: Wenn er selbst die jungen Leute nicht zu Dr. Lilienthal führen werde, so fänden sie schon selbst den Weg. Ich glaube aber, das war bloß eine Ausrede: mein Vater war selbst sehr gespannt, die Bekanntschaft des Dr. Lilienthal zu machen, um so rasch wie möglich Genaueres über die bevorstehende Umwälzung im Schulwesen zu erfahren. Meiner Mutter geistiges Auge sah aber in dieser ganzen Angelegenheit tiefer und schärfer als das meines Vaters, was sich in der Folge auch bestätigt hat.[87]

---

83 Pauline Wengeroff: MI, S. 175.
84 Pauline Wengeroff: MI, S. 175.
85 Vgl. Pauline Wengeroff: MI, S. 1-122.
86 Pauline Wengeroff: MI, S. 164.
87 Pauline Wengeroff: MI, S. 126.

Hier wird die Neutralität in der Darstellung der Schuldanteile für den Rückgang der Tradition immer weniger spürbar. Des Vaters Interesse an den Umwandlungen im kulturellen Leben werden nun offen verurteilt, und mit dem Urteil wird zugleich ein Vorwurf ausgesprochen. Der Vater als Modell von Frömmigkeit wird abgesetzt und als jemand entlarvt, der Ausreden für sein assimilatorisches Verhalten sucht. Auch werden Mutter und Vater von nun an immer polarisierter dargestellt, das Geistige wird nicht länger hauptsächlich vom Vater, sondern von der Mutter verkörpert. Daraufhin soll die Mutter begriffen haben, dass sich etwas geändert, dass ein neues, fremdes Element in ihr Haus, ebenso wie bei den anderen Juden in Russland, eingezogen sei, wobei das Wort Gottes wirklich hintenangesetzt werden sollte. Dieser Zustand hätte sie dann in tiefe Trauer gestürzt.[88] Auch die Trauer wird von nun einer bestimmten Seite zugeschrieben. Es ist die Frau, die um die Tradition trauert, während die Männer Ausreden suchen. Es nimmt nun keinen Wunder, wenn Wengeroff diese Frau, die wie die Großmutter von Chonon auch über medizinische Kenntnisse verfügte, als eine Vorgängerin der modernen Frau überhaupt ansieht: „Wenn ich jetzt die russisch-jüdischen Mädchen betrachte", so ihre Theorie,

> die zahlreich und wissensdurstig die Universitätsauditorien und Kliniken füllen und der Gleichstellung der Frau in der Gesellschaft und Wissenschaft den Weg ebnen, so taucht in meiner Erinnerung das Bild jener Matrone auf, die sich in ihrem kleinen beschränkten Kreise ein Betätigungsfeld schuf und das soziale Empfinden in diesen edlen Formen bestätigte. So sehe ich den Entwicklungsgang der jüdischen Frauen als eine lange ununterbrochene Kette, bei der sich Glied an Glied reiht, und nicht als etwas Zufälliges, Plötzliches und Neues im jüdischen Leben an. Es könnte dem Leser etwas vag vorkommen, daß ich an ein einziges Beispiel anknüpfend zu solch allgemeinen Schlüssen gelange. Aber die Frau, deren Wesen und Leben ich hier so ausführlich geschildert habe, war keine Ausnahme, keine Einzelerscheinung. Es lebten unter den Juden viele solcher Frauen, und man kann von ihr wie von einem Typus erzählen. – Es war eine wunderbare Frau.[89]

Auf dieser Ansicht, dass die Frau die Verkörperung und zugleich die Hüterin der jüdischen Tradition war, fußt Wengeroffs Urteil, die Tradition wäre deshalb zurückgegangen, weil der Frau ihre „Macht", ihren Betätigungsraum genommen worden sei.[90] Auch hier lässt die Autorin keinen Zweifel daran, dass die Rolle der Frau in der Umwandlung der jüdischen Kultur und Gesellschaft besonders eine positive war. Diesem Rühmen der Frauenrolle steht eine herbe

---

88 Vgl. MI, S. 133.
89 Pauline Wengeroff: MI, S. 91.
90 Vgl. Magnus Shulamit: Kol Ishah: Women and Pauline Wengeroff's writing of an Age. In: NASHIM: A Journal of Jewish Women's Studies and Gender Issues. N° 7 (2004), Bloomington; Magnus Shulamit: Sins of Youth.

Kritik der Männereinstellung entgegen, die für Wengeroff persönlich mit der Zerstörung des jüdischen Viertels in Brest, wo alle Familienmitglieder noch unter der Leitung des Vaters gestanden hätten, beginnt. Wengeroff schreibt nämlich, es habe vor diesen Ereignissen ein Patriarchalismus geherrscht, der alle glücklich gemacht hätte:

> Von diesem Tage an hörte das patriarchalische Leben im Hause meiner geliebten Eltern auf! Es löste sich ein Glied des Hauses nach dem andern ab ... Es kamen weit andere Zeiten, als wir sie bis jetzt erlebt hatten, und niemals wieder kamen wir Kinder so alle unter des Vaters unumschränkter Leitung zusammen![91]

So läuft die Auflösung der Familie parallel zur Auflösung der Tradition, oder genauer, beide hängen zusammen. Das Ende des Patriarchalismus wird auch als Ende der Religiosität bedauert. Die Nostalgik dieser Erwähnung bezieht sich deshalb nicht nur auf das verlorene Familienglück, sondern zugleich auf das Zerfallen der Tradition. Auf der Überzeugung, der Ausfall dieses religiöskonservativen Patriarchalismus' sei von den Vätern selbst zu verschulden, basiert auch Wengeroffs dichotomische Darstellung von Tradition und Moderne, sowohl in Hinsicht auf ihre jeweilige Bedeutung, als auch auf die geschlechtsspezifischen Schuldanteile. Zur Taufe ihrer Kinder hat Wengeroff sehr aufschlussreiche Worte: „Die Taufe meiner Kinder war der schwerste Schlag, den ich in meinem Leben erlitten habe. Aber das liebende Herz einer Mutter kann so viel ertragen – – ich verzieh und schob die Schuld auf uns Eltern".[92] Wengeroff setzt sich zwar auch auf die Anklagebank, ihre eigene Schuld versteht sie aber nur im Sinne einer Mitwisserschaft. Denn das „Erleiden" und „Ertragen", die sich auf die Taufe der Kinder bezieht, markieren ihre Opfer-Position, genauso wie das Verzeihen. Dieses Verzeihen kann auch dahingehend verstanden werden, dass die Täter nicht gewusst hätten, was auf sie zukam, sie hätten die Folgen ihrer Tat nicht geahnt. Was in gewisser Hinsicht nahelegt, dass es eine andere Möglichkeit gegeben hätte. Es ist aber eine Möglichkeit, die die Autorin nicht deutlich erwägt, erkennt sie doch ausdrücklich an, dass nur unter der Bedingung einer Taufe ein sozialer Aufstieg für die jungen Juden denkbar gewesen wäre. Ihr eigenes Beispiel ist in diesem Sinne noch weniger schmeichelhaft, lebte sie am Ende doch, wie sie es am Beispiel ihrer alltäglichen Gewohnheiten dartut, völlig von einer Gesellschaft abgekoppelt, der sie sich im Laufe ihres Lebens schrittweise entfremdet hatte.

---

91 Pauline Wengeroff: MI, S. 165.
92 Pauline Wengeroff: MII, S. 194.

Die traditionelle Lebensweise beschreibt die Erzählerin als „ein geruhiges Leben„.[93] „Das jüdische Familienleben in der ersten Hälfte des vorigen Jahrhunderts", so erinnert sie sich an diese Zeit zurück,

> war in meinem Elternhaus, wie bei anderen, sehr *friedlich, angenehm, ernst* und *klug*. Es prägte sich mir und meinen Zeitgenossen tief und unvergesslich ein. Es war *kein Chaos* von Sitten, Gebräuchen und Systemen, wie jetzt in den jüdischen Häusern. Das jüdische Leben von damals hatte einen *ausgeglichenen Stil*, trug einen ernsten, den *einzig würdigen jüdischen Stempel*. Darum sind uns die Traditionen des elterlichen Hauses so *heilig* und teuer bis auf den heutigen Tag geblieben![94]

Diese auf Gegensätzen basierte Beschreibung der eigenen Zeit und der späteren Generationen ermöglicht der Erzählerin eine binäre Trennung zwischen Vergangenheit und Gegenwart bzw. der Zukunft, zwischen sich selbst als Verkörperung einer gewissen „Authentizität" des Judentums, sowie einer Normierung kultureller Werte, und der Kinder- und Enkelgeneration. „Authentizität" bedeutet in diesem Sinne Einheitlichkeit, Reinheit und Kontinuität. Dagegen steht die Gegenwart durch ihre Veränderungen für die Verstellung des „Authentischen", für den Untergang des „Judentums". Diese „Authentizität" ruht auf eine unverfälschliche Einprägung der Tradition ins Bewusstsein des Menschen. Tradition und Vergangenheit verbindet die Erzählerin deshalb mit deutlich positiven Begriffen: sorglose Kindheit, Echtheit, Stabilität, Ordnung, Glück. Dagegen bedeutet die moderne Gegenwart Aufklärung, Chaos, Aufsprengen von Räumen, Verlust, Unglück. „O goldene Kinderzeit im Elternhause, wie schön bist du! -- -- --",[95] so sehnt sich die Autorin nach dem vergangenen Glück zurück. Dieses Sehnen, sowie das Bestehen auf angeblich „authentischen" kulturellen Zeichen und Werten, wird zu einer Klage bzw. zur Empörung gegen das Chaos der Erneuerung und der Veränderungen. Die Vorbemerkung zu den *Memoiren* deutet bereits diese Bewegung an, die im Haupttext durch und durch erkennbar ist. Es ist die Bewegung von der Tradition in die Moderne und nach Wengeroffs Ansicht, vom Glück ins Unglück. Es ist jene Bewegung, die die Autorin als tragisch darstellt. Es ist die Beschreibung einer Verfallsgeschichte, ein nostalgischer Rückblick auf das einst dagewesene Glück des jüdischen Menschen. Dass diese Zeit eine „goldene Zeit" war, hat nicht nur mit dem Familienglück zu tun, sondern und besonders auch mit dem Glück des traditionellen Lebens im Allgemeinen, dem Glück, „jüdisch" zu sein. Um diese Einstellung verstehen zu können, erweist sich ein Blick ins kulturelle Leben der Juden in Russland dieser

---

93 Pauline Wengeroff: MI, S. 12.
94 Pauline Wengeroff: MI, S. 10. Herv. C. S.
95 Pauline Wengeroff: MI, S. 61.

Epoche als nötig. Dabei interessant ist besonders der Prozess der raschen Veränderung der Verhältnisse.

Das Leben der jüdischen Gemeinschaft war in Russland des 19. Jahrhunderts allgemein, ob im Kreis der Misnagdim oder in dem der Chassidim, von der Tradition tief geprägt. Bis etwa 1822 wurde die Aneignung weltlichen Wissens besonders bei den Chassidim noch als Ketzerei betrachtet. Es war die Blütezeit des Chassidismus. Trotz der grausamen Unterdrückung der jüdischen Gemeinschaft verblasste die jüdische Tradition nicht, die Orthodoxie blieb erhalten. Fälle von Täuflingen wie Abraham Peretz und Lejb Newachowitsch waren damals selten. Simon Dubnow schreibt zu diesem Zustand, es sei nicht leicht gewesen „für den Lichtstrahl der westlichen Aufklärung, in dieses Reich der Dunkelheit zu dringen, erhob doch der Chassidismus seinerseits den Anspruch, Träger des Lichts zu sein".[96] Und weiter heißt es: „nur Schritt für Schritt vermochte sich das ‚Berlinertum' einen Weg zu den kompakten Schichten der russisch-polnischen Judenheit zu bahnen".[97] Als aber diese Zeit kam, wo die westliche Aufklärung es vermochte, die dicken Mauern der Orthodoxie zu durchdringen, schienen die Folgen für die jüdische Religion und Tradition verheerend. An dieser Stelle sei aus Dubnows Beschreibung dieses Prozesses ausführlich zitiert:

> Der Drang zur Erneuerung deckte sich für die jüdische Jugend mit dem Ideal der Assimilation, der Russifizierung. Den mächtigsten Faktor der kulturellen Erneuerung stellte aber die allgemeine Bildung vermittelnde russische Staatsschule dar. Durch die weit geöffneten Pforten der Mittel- und Hochschulen ergoß sich ein breiter Strom jüdischer Jünglinge und Mädchen, die von lichten Hoffnungen auf ein freies Leben in der Mitte des befreiten russischen Volkes erfüllt waren. Die russische Literatur wies ihnen den Weg zu den allmenschlichen Idealen. Die über die neue russische Generation souverän gebietenden Geister: Tschernischewskij, Dobroljubow, Pissarew, Buckle, Darwin, Mill, Spencer, wurden zu Abgöttern auch der jüdischen Jugend. Die jungen Leute, die noch vor kurzem in Cheder und Jeschiba ihre Köpfe über den Talmud gebeugt hatten, waren nun ganz von neuzeitlichen Ideen erfüllt, vom Positivismus, Evolutionismus, Sozialismus. Sprunghaft war der Übergang von der Sonne der Wissenschaft durchleuchteten Ideenwelt, zu den neuen Offenbarungen, die grenzenlose Gedankenfreiheit, Sprengung aller Fesseln der Tradition, Zerstörung aller religiösen und nationalen Scheidewände, kurz allmenschliche Verbrüderung verkündeten. So erhob sich ein Sturm, der den alten Glauben zerstörte, die rechtgläubigen Massen erbebten [...].[98]

---

96 Simon Dubnow: Weltgeschichte des jüdischen Volkes, S. 402.
97 Simon Dubnow: Weltgeschichte des jüdischen Volkes, S. 405.
98 Simon Dubnow: Weltgeschichte des jüdischen Volkes, S. 429.

Die jüdische Jugend identifizierte sich besonders mit der nichtjüdischen Jugend. Während das Judentum Jahrzehnte lang um Gleichberechtigung gekämpft hatte, hatte die jüdische Jugend in diesem Kampf im Besonderen ihre Gleichstellung mit der russischen, nichtjüdischen Jugend erhofft. Sie wollte nicht zurückbleiben, wenn sich die nichtjüdische Jugend vom Trend der Aufklärung und ihrer Verfechter mitreißen ließ. Und ihre Teilnahme an dieser Bewegung konnte nur zu Schaden der jüdischen Tradition erfolgen. Wie sich das Fremde in das ‚Haus Israels' einschlich, beschreibt Wengeroff selbst an dem Beispiel der jüdischen Jugend ihrer Epoche:

> Die Kenntnis der Werke fremder Nationen ließ die Jugend an der eigenen Religion rütteln und schütteln; und allmählich schwand aus dem jüdischen Leben die Pietät für die althergebrachte Tradition für die Gesetze und Bräuche. Die Prophezeiung: Das Wort Gottes wird hintangesetzt und die heilige hebräische Sprache vernachlässigt werden, hatte sich bewahrheitet.[99]

Daraus folgte, so die Autorin, dass die Eltern ihre Autorität über Kinder verloren und die Kinder sich von ihren Eltern und somit auch von der Tradition entfernten, um sie am Ende völlig aufzugeben.[100] Wengeroff tritt hier also als Vertreterin dieser Väter- bzw. Müttergeneration auf, die den Abfall der Tradition zugunsten überkommener weltlicher Werte und Wissensbestände als zerstörerisch erlebte und machtlos zusehen musste, wie ihnen ihre Kinder und Enkel vom ‚Berlinertum' weggerissen wurden, obwohl sie in ihrer Erzählung dieses Prozesses deutlich den Männern ihrer Generation die Schuld an dieser Entwicklung zuschreibt. Das Thema der Fremdheit bezieht sich hier aber keinesfalls allein auf westeuropäische Literatur, sondern auch auf die russische, die der jüdischen Gesellschaft bis dahin weitgehend unbekannt geblieben war. Durch die Verknüpfung von Nation, Tradition und Religion erfolgt auch der Anschluss an die im 18. Jahrhundert gängige Vorstellung des Judentums als einer Nation. Indem sie den Zerfall der Nation als Folge des Rückgangs der Religion sieht, stellt Wengeroff aber das Religiöse über das Nationale und definiert das Judentum zuvorderst als religiöse Gemeinschaft. Geht man davon aus, wie Amir Eshel es geltend gemacht hat, dass das hebräische Zeitverständnis, im Gegensatz zum griechisch mythologischen, nicht auf *Überwindung*, sondern auf *Sukzessivität* im Sinne von Weitergabe des kulturellen Vermächtnisses der Väter an die Söhne basiert, dann ist Wengeroffs Angriff auf diesen Abbruch der Kontinuität

---

99 Pauline Wengeroff: MII, S. 15f.
100 Vgl. Pauline Wengeroff: MI, S. 2f.

nachvollziehbar.[101] Bruch und Kontinuität werden allgemein als grundlegende Paradigmen jüdischer Geschichte und Kultur angesehen.[102] In der Einleitung zu ihrem Buch, die den bezeichnenden Titel „Mit dem Gesicht nach vorne gewandt" trägt, betont Dorothee Gelhard, dass das Judentum das Dilemma zwischen Bruch mit der Tradition und ihrer Bewahrung im Laufe der Zeit nur dadurch überwinden konnte, „dass es sich weder rigoros Neuerungen und Veränderungen verschloss, noch sie unkritisch übernahm. Das Judentum lebte und lebt von der Öffnung und Durchlässigkeit des Kanons, ohne den Kern jemals preiszugeben".[103] Beispiele von Zäsuren in der jüdischen Geschichte seien demnach vor der Shoah „der Einbruch der griechischen und arabischen Philosophie in das Judentum im spanischen Mittelalter und in der Neuzeit die Haskalah, die jüdische Aufklärung".[104] Im Fall der jüdischen Aufklärung, der hier an Wengeroffs Erzählung exemplifiziert wird, ist erwähnenswert, dass der Schimmer der Veränderung bis ins Herz konservativer chassidischer Familien schlug. Besonders in Litauen, wo von Anfang an die Lebensbedingungen der Juden verhältnismäßig besser waren und der Chassidismus auch den Maskilim unterlegen war, drang das ‚Berlinertum' leichter ein. Diese Öffnung des Judentums zu neuen Lebensweisen führte zu einem neuen Konzept von „Identität", die Prädikate ‚Reinheit' und ‚Homogenität' wurden obsolet.

Indem Wengeroff stark normativ argumentiert und eine nativistisch-essentialistische Vorstellung von Kultur vertritt, unterminiert sie die Möglichkeit der Öffnung und damit auch jede Möglichkeit, „Juden" in der Moderne weiter existieren zu sehen. Denn ihre Unfähigkeit, sich einen anderen „würdigen" Stempel des Judentums vorzustellen, als den, der sie in sich selbst eingeprägt sehen möchte, erweist sich insofern als Verwerfung eines Identitätsverständnisses, das auf Re-Artikulation basiert, einem Prinzip, das allein ein Weiterexistieren des Jüdischen im Kontext kulturellen Umbruchs garantieren könnte. Diese Ablehnung jeglicher Veränderung liegt auch ihrer Beurteilung der neuen Generation assimilierter Juden zugrunde.

---

101 Vgl. Amir Eshel: Zeit der Zäsur. Jüdische Dichter im Angesicht der Shoah. Heidelberg 1999.
102 vgl. Dorothee Gelhard: „Mit dem Gesicht nach vorne gewandt". Erzählte Tradition in der deutsch-jüdischen Literatur. Wiesbaden 2008 und weiterführende Literatur dort.
103 D. Gelhard: „Mit dem Gesicht nach vorne gewandt", S.1.
104 D. Gelhard: „Mit dem Gesicht nach vorne gewandt", S. 4.

4.4.2 Die neue Generation: Neue Identitäten

Wengeroffs eigene Geschichte zeugt davon, dass sie sich und ihre eigene Familie besonders hart von dem Einbruch der „Aufklärung" getroffen fühlte. Dass die westliche Aufklärung auf die jüdische Tradition in Russland überaus verändernd einwirkte, kann man nicht bestreiten. Genauso wenig kann man bestreiten, dass die gezwungenen oder freiwilligen Übertritte von Juden zum Christentum ein großer Verlust für das Judentum darstellte. Es ist auch äußerst verständlich, dass man die Rapidität beklagt, mit der sich die russische jüdische Gesellschaft verwandelte. Dennoch verkörpern Wengeroffs Verharren auf der Tradition als paradiesisches Moment und ihr nostalgischer Zug eine Position, die eine konsequente und zweckmäßige Wahrnehmung gegenwärtiger Zustände verstellt. Wengeroffs Darstellung dieser Zustände macht die Vergangenheit zum einzig möglichen Lebenswerten und die Gegenwart zu einem Nicht-Zustand bzw. zu einem missglücktem Zustand. Ohne die Tragik des Verlustes des Glaubens und der Loslösung von der Tradition für das Judentum zu minimieren, ein Zustand, der an sich das Ende des Judentums bedeuten würde, möchte ich auf Elemente hinweisen, auf deren Grundlage Wengeroffs Einstellung kritisch beleuchtet werden kann.

Die Autorin berichtet zwar von der Taufe ihrer Kinder – eigentlich von der Taufe von zwei Söhnen[105] –, erwähnt aber nicht, dass viele ihrer Kinder in sozialer Hinsicht ein durchaus erfolgreiches Leben führten und beruflich internationales Ansehen erlangten. Ein Sohn von ihr, den Wengeroffs Enkel Nicolas Slonimsky in seiner Autobiographie *The Perfect Pitch* als den wohl Berühmtesten von Wengeroffs Kindern bezeichnet, wurde ein bekannter russischer Literaturwissenschaftler und Herausgeber der Werke von Pushkin, Shakespeare, Schiller u.a. Es war der Universitätsprofessor Semyon Afanasievich Wengeroff. Isabella Wengeroff, eine der Töchter, war zu ihrer Zeit eine der meist gefeierten Pianospielerinnnen. Aus den Enkeln sind u.a. Musikwissenschaftler, Dirigenten und Schriftsteller geworden.[106] Dass Wengeroff das Schicksal dieser und anderer Kinder ausblendet, zeugt davon, dass sie sich die Existenz jener neuen Generation von gebürtigen Juden nicht anders vorzustellen vermag als unter dem Gesichtspunkt der Katastrophe, weil ein Leben ohne Judentum sinnlos sei. Ebenfalls fehlt hier eine Diskussion über die Bedeutung der Taufe für diese junge

---

105 Von Wengeroffs insgesamt sieben Kinder konvertierten 3, eine Tochter und zwei Söhne.
106 Wichtige Informationen zum Stammbaum der Familie Wengeroff sind der 1988 erschienenen Autobiographie von Nicolas Slonimsky, dem Enkel der Pauline Wengeroff, mit dem Titel *Perfect Pitch* zu entnehmen (Nicolas Slonimsky: The Perfect Pitch. A Life Story. Oxford 1988).

Generation. Es ist bekannt, dass viele Juden im Kontext verstärkten Judenhasses sich taufen ließen, in der Tat aber dem Judentum treu blieben. Bekannt ist aber auch, dass viele gebürtige Juden keine besondere Bindung ans Judentum empfanden und aus reiner Überzeugung die Taufe annahmen. Eine von Wengeroffs Töchtern, Fania Wengeroff, die bereits 1881 mit ihrem Mann zur orthodoxen Kirche übertrat und kurz danach ihre Kinder taufen ließ, soll später sogar ihre jüdische Herkunft verleugnet haben, wie aus der Autobiographie ihres Sohnes Nicolas Slonimsky hervorgeht: „determined to deny our Jewish origin, clinging to her crosses and icons for protection, my mother *concocted a fantastic story* to account for the name Slonimsky. [...]" schreibt er.[107] Noch interessanter bei Slonimsky ist der Bericht davon, wie er mit fünfzehn rein zufällig erfahren haben soll, dass er Jude war, was seine Mutter schon immer bestritten hätte:

> Family legend has it that I asked the poet Nikolai Minsky (who was first married to my cousin, and later to my Aunt Zinaïda) whether there were any Jews still living. ‚I wish I could see a real Jew,‘ I was supposed to have said, to which he replied amiably, ‚Just look in the mirror.‘ I took it as a joke. The real *traumatic discovery* came only when I was 15 years old. My Aunt Isabelle was about to leave for her summer trip to Vienna, to join her second cousin, Leo van Jung, a pianist who was also her first lover. She showed me her passport, and I was surprised to see that her first name in it was given as Irene, with ‘Isabelle’ in parentheses. I had never heard anyone calling her Irene. ‘Irene is my Christian name’, she explained matter-of-factly, ‘and Isabelle is my Jewish name.’ This puzzled me, and I asked her again what she meant by ‘Jewish’. ‘But I am Jewish,’ she said, puzzled in turn my question. ‘You mean to say that you were never told that you were Jewish?’ I felt the *artificial world constructed* by my mother begin collapse. Was I then at one with my classmate Berkowitz who made a conspicuous exit before class in religion? Was I an alien to Russia, to Russian literature, to Russian music? I remembered that boys in the street used to call me *zhid*, insulting word for a Jew, and would pull out a handkerchief and make a corner of it stand out in the form of a pig's ear to mock Jews who were forbidden to eat pork. But I always liked pork chops, so how could this animal pantomime apply to me? I knew that my father's family came from Poland, and my mother's from the Ukraine, so that when my classmates asked me whether I was Jewish I could truthfully say that I was half-Polish and half-Ukrainian. The final blow came when I looked up my father's biography in the Russian encyclopaedia and found a cross reference, ‘son of the preceding’. The preceding was Haim Selig Slonimsly, who was described as an eminent Hebrew scholar and scientist. So it was true; I was Jewish. I worked up enough courage to ask my mother point-blank whether she too was Jewish. She became furious. ‘It is not true!’ she cried. ‘I am a Ukrainian, and your father is a Russian Pole’. She dispatched an indignant letter to Aunt Isabelle, accusing her of interfering with the education of her children. ‘There are families who have hereditary syphilis’, she wrote, ‘but no outsider has the mor-

---

107 Nicolas Slonimsky: Perfect Pitch, S. 16. Herv. C. S.

al right to tell innocent children that their blood is tainted by syphilitic infection. It is the same with Jewish blood'.[108]

Slonimsky behauptet, seine Eltern seien Agnostiker gewesen, die für keine Religion Zuneigung empfunden hätten. Seine Bezeichnung dieser Entdeckung als „traumatic" und der Hinweis auf die Unechtheit seiner Welt beziehen sich m.E. weniger auf einen Versuch der Nachholung oder eine späte Reue, sich seiner Herkunft nicht bewusst gewesen zu sein, als auf die Tatsache, dass der geborene und getaufte Jude seine neue „Identität" als störendes, unheimliches[109] Element aus der Vergangenheit auffasst, das ihn in der Gegenwart heimsucht. Seine Mutter soll ihn in dem Bewusstsein erzogen haben, dass das Judentum etwas Schändliches und Schädliches sei. Der Satz „she concocted a fantastic story to account for the name Slonimsky" weist deutlich auf die Mühe hin, die die Mutter sich gegeben haben soll, eine neue „Identität" zu basteln, um die frühere zu leugnen, sie zu verdrängen. Nach der Erzählung von Slonimsky soll dies die Spuren der älteren Identität nicht völlig verwicht haben, so konnte er ja später die genannte Entdeckung machen. Sie wurden einfach maskiert, bis durch einen kontingenten Vorfall sie wieder ans Tageslicht befördert wurden. Dadurch erwies sich, dass die neu umkämpfte Identität keine endgültige, nichts Festgelegtes, sondern Provisorisches, Kontingentes war. Diese Situation kommentiert Slonimsky dahingehend, er habe versucht, „to reconcile myself to my condition between Russian consciousness and Jewish origin".[110] Dieser Versuch entspricht m.E. dem, was Stuart Hall Re-Artikulation nennt, d.h. eine Neuverhandlung der eigenen Identität.[111] Die unbeantwortete Frage „Could I still believe in God, any kind of God? "[112] deutet zwar bereits auf die Instabilität dieses neuen Zustandes, auf die Schwierigkeit einer Re-Artikulation hin, stellt aber gerade, um mit Hall zu reden, die Grundlage der Identität dar, und zwar die Offenheit, die Möglichkeit einer Neugruppierung. Dennoch sind der abwertende Vergleich von jüdischem Blut und Syphilis, sowie Nicolas' eigene Behauptung, er sei erschrocken gewesen zu erfahren, er sei ein Jude, deutliche Hinweise

---

108 Nicolas Slonimsky: The Perfect Pitch, S. 15. Herv. C. S.

109 „unheimlich" wird hier im Sinne von Freud verstanden als etwas, „was ein Geheimnis, im Verborgenen bleiben sollte und hervorgetreten ist" (Sigmund Freud: Das Unheimliche. In : Ders.: Gesammelte Werke XII, Frankfurt am Main 1919, S. 236).

110 Nicholas Slonimsky: The Perfect Pitch, S.16.

111 Vgl. Stuart Hall: Rassismus und kulturelle Identität, S. 65f.

112 Nicholas Slonimsky: The Perfect Pitch, S. 16.

darauf, wie weit sich diese Generation dem Judentum, im Versuch, sich eine neue Existenz zu begründen, entfremdet hatte.[113]

Dem grundlegenden Prinzip ihrer Memoiren entsprechend verallgemeinert Pauline Wengeroff diese Situation ihrer eigenen Kinder und sieht in ihrem Schicksal ein Paradigma für das gesamte „tragische" Schicksal einer Generation, der Generation der Gottlosen, wie sie schreibt:

> Und es kam die dritte Generation, die weder Gott noch den Teufel fürchtete. Die allerhöchste Huldigung brachte sie dem eigenen Willen entgegen und erhob ihn zu einer Gottheit. Dieser Gottheit wurde Weihrauch gestreut. Ihr wurden Altäre errichtet; und ohne Scheu, ohne Rücksicht wurden ihr die heiligsten Opfer dargebracht. *Es war die Tragik und das Verhängnis dieser Jugend, dass sie ohne Tradition aufgewachsen war. Unsere Kinder erhielten keine Eindrücke von den Erinnerungen des historischen, selbständigen Judentums.* Fremd blieben ihnen die Klagelieder am Tischo b'Ab, fremd die in den dreimal täglich verrichteten Gebeten lebende Sehnsucht nach Zion, dem Lande der großen Vergangenheit, fremd der Rhythmus der jüdischen Feiertage, nach welchem stets einem traurigen ein freudiger folgt. Sie fand nirgends Anregungen – diese Generation. Sie wurden Atheisten.[114]

Der Prozess der Erhebung des eigenen Willens zur Gottheit entspricht etwa die Absetzung Gottes und seiner Ersetzung durch den Menschen schlechthin. Er weist auf eine Säkularisierung des menschlichen Lebens hin. Weil Wengeroff das Religiöse über das Nationale stellt, erweist sich diese Vergöttlichung des Menschen zugleich als Auflösung des Judentums. Ausdrücklich wird das Religiöse als Substanz jüdischer „Identität" hervorgehoben. Das Fehlen der Tradition führt deshalb unweigerlich ins Unglück. Die Erwähnung Zions trägt die Idee einer Rückkehr ins Land der Verheißung, ins eigene Land, was Wengeroffs Huldigung der russischen Herrschaft und ihre Treue gegenüber der kaiserlichen Obrigkeit als „trügerisch" und so in einem neuen Licht erscheinen lässt. Der Wunsch, einmal nach Zion zurückzukehren, schlägt für die betroffene Generation aber ins Leere, weil diese Generation, am Beispiel Mary Antins, ihr Zion, d.h.

---

113 Mary Antins Autobiographie *The Promised Land* ist eines der bedeutendsten Beispiele dieser Neuerfindung des Selbst von einer Jüdin, die sich von der Tradition und den „fathers" ablösen will. Zu Antins Autobiographie schreibt Alvin Rosenfeld folgendes: „For the emergence of the new American Type in *The Promised Land* meant the submergence of all traditional Jewish life. In Mary Antin's view, America, a liberating land, cancelled all the historical claims of the past [...] The Jew's reinvention of himself as an American, therefore, has tendet to create a complex new creature, both more enriched and more deprived than his former self"(Alvin Rosenfeld: Inventing the Jew, S. 56, 61) Autobiographien wie die von Antin oder Slonimsky wären für einen Juden aber reine Utopie, die Möglichkeit einer „selfinvention" bestehe für den Juden nicht, der sich nicht vom Erbe der Gemeinschaft und der Vergangenheit einfach loslösen könne (vgl. Alvin Rosenfeld: Inventing the Jew, S. 54).
114 Pauline Wengeroff: MII, S. 179. Herv. C. S.

ihr *Promised Land*, in Amerika gefunden hatte und das „nächstes Jahr in Palestina" im besten Fall zu einem rein rhetorischen Moment der Liturgie geworden war.

Die Autorin beschreibt den Abfall der Tradition als „Nationalunglück".[115] Dass dies aber nicht mit den einzelnen Schicksalen von Juden gleichzusetzen ist, möchte ich hier betonen. Denn indem Wengeroff das Schicksal dieser Generation von „Gottlosen" unweigerlich als tragisch und gescheitert darstellt, schließt sie jede Möglichkeit eines anderen Lebens für einen gebürtigen Juden aus. Mit dieser Einstellung übernimmt Wengeroff einen nativistischen Diskurs, der in der Emanzipationszeit sowohl aus dem Lager von Antisemiten als auch aus dem der Verfechter der jüdischen Sache gängig war, und zwar die Vorstellung einer angeborenen und ewigen jüdischen „Identität", die kontinuierlich unverändert bleiben würde. Während auf der einen Seite dieser Diskurs rassistisch angewendet wurde, um die Juden aus einer Gesellschaft auszuschließen, der sie allzu fremd waren, wurde er auf der anderen Seite benutzt, um Übertrittstendenzen zu mindern, indem man auf die Nichtigkeit der Taufe hinwies. Wengeroffs Darstellung zeugt von der Tendenz, die Gegenwart als planmäßiges Resultat einer durch eine einzige bewegende Kraft durchgeführten Aktion aufzufassen, die die gesamte Tradition des Judentums in Russland zunichtemachte, und nicht als Resultat einer geschichtlichen Interaktion von verschiedenen Protagonisten der gesellschaftlichen Szene. Genauer gesagt lehnt sie es ab, die neu entstandene Situation der Akkulturation, so einschneidend sie für die traditionelle Gesellschaft sein mag, dahin zu interpretieren, dass die Stabilität ursprünglicher Identitäten erschüttert wurde und neue Identitäten entstanden, mit denen es galt, wie Homi K. Bhabha es formuliert, „die Zukunft auf der uns zugewandten Seite zu berühren".[116] Der neue Zustand führte keineswegs zum Verschwinden des bereits Dagewesenen, sondern schuf neue Verhältnisse, aus denen heraus Identität sich immer wieder neu verhandeln ließ, wie im Falle des Enkels Nicolas Slonimsky. Letztere berichtet selbst sonst kaum vom Judentum als Religion. Seine Erinnerungen an manche antisemitische Ausschreitungen und Szenen aus seiner Jugendzeit in Russland und in der Ukraine gibt er ohne jegliche Stellungnahme und Kommentar wieder, als wolle er die Vergangenheit vergangen sein lassen. Auf der Kritik seiner Grossmutter, er und seine Generation seien gottlos gewesen und hätten weder Gott noch den Teufel gefürchtet, sie hätten ein tragisches Schicksal[117], reagiert er fast ironisch mit dem vielspre-

---

115 Pauline Wengeroff: MI, S. 194.
116 H. K. Bhabha: Die Verortung der Kultur, S. 10.
117 Slonimsky zitiert ausführlich aus den *Memoiren einer Grossmutter*.

chenden Kommentar, sie [die Großmutter] sei eine privilegierte Jüdin aus einer reichen Familie gewesen und ihr Vater sei zweifellos dem russischen Herrscher treu und loyal gewesen.[118]

Wie schwer es der Erzählerin fällt, die Gegenwart mit ihrer Re-Artikulation identitärer Räume wahrzunehmen, geht auch aus ihren abschließenden Worten in den *Memoiren* hervor. Sie überträgt die Rede des Maggids, des Stadtpredigers am Grabe ihres Ehemannes wie folgt: „Wenn er auch manche jüdische Sitte in seinem Leben vernachlässigt hat, so muß man doch an seinem Grabe laut gestehen: ‚Daß er ein Auhew Amau Jisroel war, dass er sein Volk Israel liebte‘".[119] Diese Worte, deren „Authentizität" allein der Aufrichtigkeit der Autorin unterliegen, sollen eine bestimmte Kontinuität als „persévération du caractère", bzw. eine Art „défi au temps" und „déni du changement" beweisen.[120] Denn die Autorin weist auch in einer früheren Passage deutlich darauf hin, dass ihr Ehemann im Gegensatz zu ihr sich tief verändert hatte. Er soll sie deswegen sogar beneidet haben:

> In den letzten Jahren seines Lebens wurde er still, milde und verfiel in die mystische Stimmung der Jugendzeit, da er sich in die Lehren der Kabbala vertiefte. Ich fühlte, wie er mich beneidete, dass ich mir durch alle Stürme unseres Lebens mein gläubiges Gemüt erhalten hatte.[121]

Demnach hätte sich ihr Mann geändert, er habe seine Ansprüche zwar geändert, sei trotzdem derselbe geblieben. Mehr als eine Verzweiflung verrät dieser Gedanke eine Illusion, einen Versuch, sich mit dem Gedanken am Leben zu halten, es sei doch nicht so schlimm gewesen, der Verstorbene habe zwar Schwierigkeiten mit der Religion gehabt, seinen Glauben aber nicht aufgegeben. Dabei ist es nicht auszuschließen, dass die Milde, die Stille, die die Autorin hier beschreibt, mit der Müdigkeit des Alters und der letzten Stunden des Lebens, nicht aber unbedingt mit einem Gefühl der Reue bzw. der Schuld zu verbinden wären. Darüber hinaus soll jene Zerrissenheit nicht außer Acht gelassen werden, die einen jeden innewohnt, der sich in einem Kontext sich zerstreuender Identitäten bewegt. Es handelt sich um jene Zerrissenheit, von der auch Nicolas Slonimsky in seiner Autobiographie berichtet, die aber schon die Generation seiner Eltern und sogar seiner Großeltern begleitet hatte. Die assimilatorische Zeit hatte die jüdische Besonderheit und die strenge Trennung von jüdischer und

---

118 Nicholas Slonimsky: The Perfect Pitch, S. 28.
119 Pauline Wengeroff: MII, S. 220.
120 Vgl. Paul Ricœur: Soi-même comme un autre.
121 Pauline Wengeroff: MII, S. 214.

nichtjüdischer Welt in Frage gestellt und die Möglichkeit neuer Typen von Subjekten eröffnet, die nicht homogen und kohärent waren, sondern einem Gefühl
„von Desorientierung, eine[r] Störung des Richtungssinns" ausgesetzt waren.[122]
Es gab in dieser Zeit nunmehr ein *‚au-delà'* der jüdischen Identität.[123] Diese
Überschreitung der Grenzen beschreibt die Autorin selbst dahin, dass die Ju-
gendlichen sich „von ihrem eigenen Volke abgewandt, ihre Pflichten vergessen
und ihre Kräfte rücksichtslos in die Dienste der *‚anderen'* gestellt" hätten.[124] Die
„Pflichten" beziehen sich hier offenbar auf die Religion. Dass die Bezeichnung
„andere" hier aber ohne jegliche Präzisierung verwendet wird, zeigt, wie selbstverständlich diese Grenze zwischen Selbst und Anderen für Wengeroff gewesen
sein muss. Die Einstellung der erzählenden „Grossmutter" ist des Weiteren
symptomatisch für das, was Claude Lévi-Strauss in seinem Buch *La pensée sauvage* in Bezug auf den Umgang der Völker mit Geschichte beschreibt:[125]

> Il est aussi fastidieux qu'inutile d'entasser les arguments pour prouver que toute société
> est dans l'histoire et qu'elle change : c'est l'évidence même. Mais, en s'acharnant sur une
> démonstration superflue, on risque de méconnaître que les sociétés humaines réagissent
> de façons très différentes à cette commune condition : certaines l'acceptent de bon ou de
> mauvais gré et, par la conscience qu'elles en prennent, amplifient ses conséquences (pour
> elles-mêmes et pour les autres sociétés) dans d'énormes proportions ; d'autres (que pour
> cette raison nous appelons primitives) veulent l'ignorer et tentent, avec une adresse que
> nous mésestimons, de rendre aussi permanents que possible des états, qu'elles considè-
> rent „premiers", de leur développement.[126]

Lévi-Strauss konstatiert also, dass sich jede Gesellschaft im Fortlauf der Geschichte verwandelt und auf keinen Fall sich gleich bleibt, die Menschen aber
mit jenen Änderungen unterschiedlich umgehen. Diese Vorstellung der Geschichte und des Umgangs mit ihr gilt zwar nicht einzelnen Personen, sondern
Gruppen, aber wir können durchaus davon ausgehen, dass Wengeroffs Position
kein individualhistorisches Bewusstsein verkörpert, sondern, wie sie es durch

---

122 Vgl. Homi K. Bhabha: Die Verortung der Kultur, S. 2.

123 Homi K. Bhabha: Die Verortung der Kultur, S. 2.

124 Pauline Wengeroff: MII, S. 181. Herv. C. S.

125 Lévi-Strauss unterscheidet zwischen sogenannte „sociétés ‚froides'" auf der einen Seite
und „sociétés ‚chaudes'" auf der anderen. Mit ersteren meint er jene Gruppen, die durch
selbstetablierte Institutionen versuchen, die Einwirkung historischer Geschehnisse auf ihren
Werdegang zu negieren, um die eigene Geschichte als ununterbrochen, als Kontinuität schreiben zu können. Mit „sociétés chaudes" versteht Lévi-Strauss jene Gesellschaftstypen, die
historische Geschehnisse zur bewegenden Kraft ihrer Geschichte machen und sich danach
richten. (Vgl. Claude Lévi-Strauss: La Pensée sauvage. Paris 1962, S. 309f.)

126 C. Lévi-Strauss: La pensée sauvage, S. 310.

ihre ständige Verallgemeinerung belegt, auf ein kollektives Bewusstsein hinweist. Ihre Stimme ist nicht die einer einzigen Person, sondern die einer ganzen Generation, der der Traditionalisten. Ihre Beurteilung der neuen Generation als eine Art „verlorene Generation" entspricht der Tendenz, die von Lévi-Strauss dahin beschrieben wird, dass die Vergangenheit die Form eines Mythos einnimmt, auf dessen Kosten der Gegenwart keine Legitimität mehr gebührt: „On connaît ce procédé", so Lévi-Strauss, „qui consiste, non pas à nier le devenir historique, mais à l'admettre comme une forme sans contenu : il y a bien un avant et un après, mais leur seule signification est de se refléter l'un l'autre".[127] Dabei beruhe die Legitimität der Vergangenheit als einzig echte Existenzform bloß auf der Tatsache, dass sie althergebracht ist, denn „les ancêtres nous l'ont appris." Also, betont Lévi-Strauss weiter, „Comme pour nous dans d'autres domaines jusqu'à une époque récente, l'ancienneté et la continuité sont les fondements de la légitimité".[128] Die Unmöglichkeit, im Hier und Jetzt zu leben, rührt daher, dass in einer Haltung, die Lévi-Strauss als „fidélité têtue à un passé conçu comme modèle intemporel" bezeichnet, die Gegenwart zugunsten einer glorifizierten Vergangenheit aufgegeben wird.[129] Diese Haltung ist aber, so Lévi-Strauss, eine bewusst genommene, die als Etappe im Werdegang des Menschen angesehen werden muss: „Pourtant, la fidélité têtue à un passé conçu comme modèle intemporel, plutôt que comme une étape du devenir, ne trahit nulle carence morale ou intellectuelle : elle exprime un parti adopté consciemment".[130] Insofern kann diese Haltung sogar als Strategie in einem Prozess der historischen Sinngebung aufgefasst werden. Eine Ablehnung der „Gegenwart" kann auch als strategische Suche nach einer „anderen" Zukunft angesehen werden, insofern als Geschichtsbewusstsein auch immer die Dimension der Zukunft miteinschließt, wie Karl-Ernst Jeismann es betont, der Geschichtsbewusstsein definiert als „innerer Zusammenhang von Vergangenheitsdeutung, Gegenwartsverständnis und Zukunftsperspektive".[131] Wengeroffs Erzählung entpuppt sich aus diesem Gesichtspunkt als eine Art *„Wechselspiel zwischen Erinnerung und Erwartung"*,[132] ein „Balanceakt [...] auf dem Drahtseil der Zeit, das zwischen dem ‚Nicht mehr' und dem ‚Noch nicht' ausgespannt ist und auf

---

127 Claude Lévi-Strauss: La pensée sauvage, S. 311.
128 Claude Lévi-Strauss: La pensée sauvage, S. 313.
129 Claude Lévi-Strauss: La pensée sauvage, S. 312.
130 Claude Lévi-Strauss: La pensée sauvage, S. 312f.
131 Karl-Ernst Jeismann: Geschichtsbewusstsein. In: Bergmann u.a. (Hg.): Handbuch der Geschichtsdidaktik. 3. Aufl. Düsseldorf 1985, S. 40-43. Hier S. 40.
132 Jörn Rüsen: Kultur macht Sinn. Orientierung zwischen Gestern und Morgen. Köln/Weimar/ Wien 2006, S. 196. Herv. i.O.

dem sich konkretes und reales menschliches Leben vollzieht".[133] Das erwartete „Noch nicht" erscheint hier als Duplikat des schon gewesenen „Nicht mehr", und zwar in dem Sinne einer Wiederbelebung der jüdischen Tradition, wie sie die Autorin im Zeichen des Zionismus bewillkommnet:

> Aber es haben sich in jener finsteren Periode nicht alle aufgeklärten Juden zu den Fremden verirrt – – es waren unter ihnen viele, die den Weg zum Judentum zurückfanden und die unter dem Einfluß der letzten Ereignisse sich zusammenschlossen. Ja, es entstand als Reaktion auf den Antisemitismus die Gesellschaft der „Chowere Zion" (Palästinafreunde), gegründet von Dr. Pinsker, Dr. Lilienblum und anderen.[134]

Hier wird die Konstellation erkennbar, die jüdische Geschichte zu einem zyklischen Prozess macht, der auf folgendem Grundsatz basiert: „wir[Juden] stehen mit unserem Gesicht zur Vergangenheit gewandt, hinter uns befindet sich die Zukunft".[135] Meint Wengeroff somit aber, dass der Antisemitismus viele Juden zur Taufe gedrängt hätte, so widerspricht sie ihrer vorhin vertretenen Position, Grund zum Rückgang der jüdischen Religion sei einzig und allein die assimilationsfreudige Haltung der Väter, die es nicht vermocht hätten, einen Mittelweg zu finden zwischen westlicher Aufklärung und jüdischer Tradition und die ihre Söhne unvermittelt in die neue Welt mitgerissen hätten.[136] Wie nun die „Grossmutter" selbst zu dieser Problematik des Mittelweges steht, soll im nächsten Schritt diskutiert werden. Dabei soll gezeigt werden, wie ihr Versuch, das Neue an sich abprallen zu lassen, um das Alte unberührt zu bewahren, in eine kulturelle Sackgasse führt.

4.4.3 Lob der Tradition und Aporien

Die rückblickende Erzählerin der *Memoiren* ist selbst so tief davon überzeugt, dass sie im Laufe der Zeit und trotz aller Umwälzungen die gleiche traditionsverankerte Jüdin geblieben war und die Zeit in sich angehalten hatte, dass sie sich überhaupt keine Gedanken darüber macht, wieso sie ihre Memoiren auf

---

133 Jörn Rüsen / Klaus Frölich / Hubert Horstkötter / Hans Günter Schmidt: Untersuchungen zum Geschichtsbewußtsein von Abiturienten im Ruhrgebiet. In: Borries et. al. (Hg.): Geschichtsbewußtsein empirisch. Pfaffenweiler 1991, S. 221-344. Hier S. 227.

134 Pauline Wengeroff: MII, S. 194f. Wengeroff selbst schloß sich auch gegen Ende ihres Lebens der hier gelobten zionistischen Bewegung an.

135 Amir Eshel: Zeit der Zäsur, S. 10f.

136 Vgl. Pauline Wengeroff: MI, S. 3, 15; MII, S. 141, 180.

Deutsch, nicht auf Jiddisch oder auf Hebräisch verfasste.[137] Die vielen jiddischen und hebräischen Wörter und Ausdrücke, mit denen der Text versehen ist, verleihen der Erzählung zwar einen Anschein von Verankerung in der historischen Wirklichkeit, sie sind m.e. aber ein verzweifelter Versuch, Vergangenes wieder zu beleben bzw. zu vergegenwärtigen. Aus diesem Versuch entsteht eine hybride Schreibweise, die an sich bereits auf eine Transformation der Tradition hinweist. Dieser Versuch, Vergangenheit zu vergegenwärtigen, findet sich etwa in der Aussage der „Grossmutter", sie habe in der Zeit des großen Umschwungs und der Modernisierung darauf bestanden, ihre Küche „eine Woche, die der Peßachfeiertage", koscher zu halten.[138] Zudem habe sie sich weiter traditionell bekleidet, als alle längst die traditionelle jüdische Tracht aufgegeben hatten:

> Ich trug noch immer meinen „Scheitel". Alle übrigen Frauen, auch die älteren in unserem Kreise, hatten sich längst davon befreit. Ich fühlte mich unbehaglich. Aber der Gedanke lag mir fern, dem Beispiel anderer Frauen zu folgen, obwohl ich wusste, dass mein eigenes Haar mich nur schmücken konnte. Es dauerte aber nicht lange, so forderte mein Mann die Entfernung des Scheitels. Ich müsse mich den Sitten der Gesellschaft anpassen, um mich nicht dem Spotte auszusetzen. Ich erfüllte seinen Wunsch jedoch nicht und trug die Perücke noch lange Jahre.[139]

Wie lange sie die Perücke noch trug, wird übrigens nicht erwähnt. Es handelt sich hier um die Beschreibung einer Resistenz gegen Veränderung, deren symbolische Bedeutung jedoch kaum über die Grenzen der eigenen Person hinausreicht. Die Küche oder der eigene Körper als Orte kulturellen Gedächtnisses verkörpern nichts mehr als ein „Überbleibsel" der Tradition, eine Art Restexistenz. Diese steht zwar als Denkmal für eine glorreiche Zeit, zugleich aber als Symbol ihres Zerfalls. Sie ist eine Geste der Verherrlichung der Tradition bzw. der Vergangenheit, die die Wahrnehmung der Gegenwart und der Zukunft beeinflusst. Diese Art des Umgangs mit Vergangenem könnte man mit den Anthropologen R. Lauriston Sharp und Lévi-Strauss als *„rite historique"* bezeichnen,[140] bei dem es darum geht, das sogenannte „goldene Zeitalter" wiederzubeleben: „Les *rites historiques* ou commémoratifs", so Lévi-Strauss in

---

137 Einer Version des ersten Bandes der *Memoiren,* die Wengeroff 1902 in der jüdischen Zeitschrift *Voskhod* war auf Russisch.

138 Pauline Wengeroff: MII, S. 177.

139 Pauline Wengeroff: MII, S. 145.

140 Lévi-Strauss, auf den ich mich hiermit stütze, übernimmt eine von Sharp durchgeführte Studie über australische Eingeborene vom Kap York für eigene Zwecke. Demnach werden Rituale bei den Eingeborenen in drei unterschiedlichen Kategorien geteilt, und zwar die *rites de contrôle,* die *rites historiques* und die *rites de deuil.* Für eine ausführliche Darstellung der *rites de contrôles* und der *rites de deuil* Lévi-Strauss' La pensée sauvage, S. 313f.

Anlehnung an Sharp, „recréent l'atmosphère sacrée et bénéfique des temps mythiques – époque du ‚rêve' [...] dont ils reflètent, comme dans un miroir, les protagonistes et leurs hauts faits".[141] Der Versuch, ein reines und „authentisches" Bild des „würdigen Stempels" des Judentums zu bewahren, schlägt in ein Aufsammeln von Bruchstücken um. In dieser Hinsicht entpuppt sich der gesamte Text der *Memoiren* als eine Art Ritual, bei dem es der Autorin darum geht, den Mythos wach zu halten. Die Vorbemerkung des Textes ist in dieser Hinsicht ein unleugbares Bekenntnis:

> Es sind *Feierstunden* für mich, wenn ich die Aufzeichnungen zur Hand nehme und oft mit einer stillen *Träne* oder einem verhaltenen *Lächeln* darin blättere. Dann bin ich nicht mehr allein, sondern in guter und lieber Gesellschaft. Vor meinem geistigen Auge ziehen sieben Dezenien voll Sturm und Drang vorbei, wie in einem *Kaleidoskop*, und die *Vergangenheit wird lebendige Gegenwart*: [...] Diese Erinnerungen helfen mir über einsame, schwere Stunden, über die Bitterkeit der Enttäuschungen des Lebens hinweg, die wohl keinem Menschen erspart bleiben.[142]

Die *Memoiren einer Großmutter* werden also nicht nur für die Enkel verfasst, sondern sie dienen der Großmutter selbst, die dadurch wieder lächeln kann oder auch weinen, aber nicht aus Trauer, sondern aus Nostalgie. Sie schafft sich „Gesellschaft" durch die Wiederbelebung einer für sie schönen und feierlichen Vergangenheit, also einer mythischen Vergangenheit. Pauline Wengeroffs Verharren in der Tradition wird aber immer wieder von den eigenen Aussagen in Frage gestellt. Shulamit betont zwar, Wengeroff sei keine bedingungslose Kritikerin der Aufklärung und sei etwas wie eine „discriminating sympathiser" der *Haskalah* gewesen,[143] ihr ständiger Hinweis auf die Besonderheit des Judentums und auf seine Autonomie lassen diesbezüglich jedoch Zweifel aufkommen. Über die Situation des Judentums vor der Assimilationswelle schreibt sie:

> Das jüdische Volk lebte damals wie auf einer Insel, fern von der übrigen Welt, aber nicht wild wie die Insulaner. Es war hier auf der Insel glücklich, wo es für sich allein die Welt des Geistigen besaß: seinen Glauben, seine Tradition, die ihm allen Genuß im zeitlichen Leben gewährte.[144]

Wieder wird hier der Topos der Absonderung als Glück und der Öffnung als Unheil aufgerufen, um den eigenen Standpunkt zu begründen. Die Verallgemeinerung durch die Bezeichnung „jüdisches Volk" und die Betonung der Reli-

---

141 Claude Lévi-Strauss: La pensée sauvage, S. 313.
142 Pauline Wengeroff: MI, S. 1. Herv. C. S.
143 Magnus Shulamit: Sins of Youth, S. 110.
144 Pauline Wengeroff: MI, S. 142.

giosität weisen auf eine vereinfachende bzw. vereinheitlichende Vorstellung des Judentums als eines Ganzen hin. Selbst wenn man erkennen müsste, das die „jüdische Gesellschaft" deutlich abseits der nichtjüdischen Welt lebte, wäre noch von Relevanz, dass bei aller Überzeugung und religiösem Konservatismus dieses „Insel-Leben" für Wengeroff persönlich einigermaßen fremd gewesen sein musste, angesichts der gesellschaftspolitischen Position des Vaters. Insofern trägt die Glorifizierung der Absonderung in vieler Hinsicht auch nur zur Konstruktion eines Vergangenheitsmythos bei. So gesehen ist die Liebe fürs Detail in der Beschreibung der elterlichen Religiosität alles andere als unmotiviert. Die detaillierte Darstellung des Familienlebens mag ihre sozialgeschichtliche Funktion behalten, sie nimmt aber auch die Form einer Beweisführung an und zwar soll sie die Überzeugung plausibel machen, dass das „Insel-Leben" trotz der Annäherung an die nichtjüdische Umgebung weiter möglich war. Die Insel tritt hier dann nicht nur als plastische Realität, sondern als geistige Einstellung auf. Sie verkörpert den Glauben an eine essentielle „Identität" und „an klare und eindeutige kulturelle Orientiertheit bzw. daran, man könnte mit Sicherheit den Ort festmachen, von dem man stammt, an dem man ist und auf den man seine Zukunft hin ausrichtet".[145]

Die Verwendung der Insel-Metapher steht quer zu Moses Mendelssohns Absicht, „das Leben aus dem Bereich der Thora zu lösen und es hinüberzuführen in den Bereich der weltlichen Kultur".[146] Sie erinnert an die vorassimilatorische Sonderstellung der Juden, die dadurch gekennzeichnet war, dass die Juden geistig wie gesellschaftlich völlig von der restlichen Welt isoliert lebten und „‚an den geistigen Strömungen des Jahrhunderts' keinen Anteil [hatten]".[147] Die Glorifizierung dieses Insellebens, das auch mit Sondergesetzen für Juden einherging, d.h. einer gesellschaftlichen und rechtlichen Markierung ihrer Andersheit, erweist sich m.E. keinesfalls als aufklärungsfreundliche Einstellung. Man möchte wie Shulamit erkennen, dass Wengeroff bei bestimmten Bräuchen eine Lockerung für positiv hielt, zum Beispiel was die Verlobung angeht.[148] Sie will selbst davon profitiert haben, dass sie mit Erlaubnis ihrer aufgeklärten Eltern mit ihrem künftigen Verlobten Liebesbriefe wechseln und den Verlobten vor der Hochzeit kennenlernen durfte.[149] Viele von den Briefen ließ sie stolz in den *Memoiren* abdrucken. Nur, man kann dem Eindruck kaum entgehen, dass es sich

---

145 Elisabeth Bronfen: Vorwort. In: Bhabha: Die Verortung der Kultur, S. XII.
146 Ariel Schochat: Der Ursprung der jüdischen Aufklärung in Deutschland. Frankfurt a. Main/New York 2000, S. 425.
147 Jacob Katz: Zur Assimilation und Emanzipation, S. 16.
148 Magnus Shulamit: Kol Ishah: Women and Pauline Wengeroff's writing of an Age, S. 46.
149 Pauline Wengeroff: MII, S. 28ff.

hier um eine rein persönliche Angelegenheit handelte, da die Autorin tatsächlich nicht von einer gewünschten Reform der Ehe berichtet und auch keine Kritik an die Zwangsehe übt, sondern bereut, dass nach ihrer Schwester Eva kein Mädchen mehr in der traditionellen, althergebrachten Art und Weise verlobt und verheiratet wurde,[150] ihre eigene Hochzeit zwei Jahre später habe bereits anders ausgesehen.[151] Wobei sie doch keine Einwände gegen die eigene, im Geist der Epoche eher freizügige Planung der eigenen Verlobung und Hochzeit erhebt. Zu diesem Zeitpunkt interessiert sie das Schicksal anderer Mädchen offenbar nicht. Diese Einstellung verrät m.E. aber besonders das unbewusste Bedürfnis nach Öffnung und nach „Fremde[m]", verstanden im Sinne der Erzählerin als „Nichtjüdisches". Mit diesem latenten Bedürfnis nach dem sogenannten „anderen", das mit dem Anspruch auf Reinheit und Einheitlichkeit inkompatibel ist, dekonstruiert die Erzählerin selbst den Mythos vom „Insel-Juden" als glücklichen Menschen.

David Biale untersucht in seinem Buch *Eros and the Jews* die Hintergründe und die Bedeutung von arrangierten Ehen in der jüdischen Gesellschaft und kommt zu der Erkenntnis, dass viele dieser Ehen nicht lange hielten bzw. früher oder später in die Brüche gingen, und zwar nicht nur wegen der Inkompatibilität von Braut und Bräutigam bzw. Ehemann und Ehefrau. Viele der Mädchen, so Biale, verbrachten ihre Adoleszenz in der Stieffamilie und ihre Zeit mehr mit dem Stiefvater als mit dem Ehemann, der mit dem Studium des Talmuds beschäftigt war. So soll es sogar zu ehebrecherischen Beziehungen zwischen den Stieftöchtern und ihren Stiefvätern gekommen sein. Biale zitiert nach Hayyim Halberstham ein Fallbeispiel aus der Mitte des neunzehnten Jahrhunderts, wo ein Mädchen aus der Stadt ihre Familie verlassen musste, um sich auf dem Lande vermählen zu lassen, wie etwa in dem Fall von Pauline Wengeroff. Die Beziehung, die zwischen Stieftochter und Stiefvater entstand, so Biale, gibt Auskunft über die Komplexität der Familienkonstellationen im Umfeld dieser Ehen:

> Her mother-in-law spoke to her husband [that is, the girl's father-in-law] and urged him to befriend her so that she would forget her concerns. He began to befriend her and walked with her a number of times in the forest there. The young wife related this to her husband and said that his father had fondled her and kissed her. Her husband told her not to go walking with him, but she did not listen to him and continued to walk with her father-in-law as before. [152]

---

150 Pauline Wengeroff: MI, S. 179f.
151 Pauline Wengeroff: MI, S. 193.
152 Halbershtam, zitiert nach D. Biale: Eros and the Jews, S. 157.

Wengeroff zieht nicht in Erwägung, dass ihre eigene Ehe womöglich aus den-selben Gründen Schwierigkeiten mit sich brachte, wie sie bei vielen anderen Frühehen anzutreffen waren. Ich möchte zwar nicht unterstellen, dass zwischen ihr und ihrem Stiefvater eine Liebesbeziehung entstanden wäre, sondern es geht mir bloß darum, auf die Schwierigkeiten hinzuweisen, die mit dem System der arrangierten Ehen einhergingen. Von dem hochbegabten Talmudisten und Philosophen Salomon Maimon (1729-1788), über den ‚vorbildlichen' modernen Juden Moses Mendelssohn (1751-1754) bis zum Zionisten Moshe Leib Lilienblum (1843-1910) gibt es unzählige Beispiele von unglücklichen und missglückten Frühehen, ob sie nun arrangiert waren oder nicht. Maimon zum Beispiel wurde bereits mit 11 Jahren verheiratet. Wegen seinen ausgezeichneten Talmudkennt-nissen wurde er von vielen reichen Familien umworben und als ständiger Wan-derer führte er ein katastrophales Eheleben, das wie bei vielen mit einer Schei-dung endete. Jakob Fromer, ein Jude aus dem Lodzer Ghetto, dessen Autobiographie den programmatischen Titel *Vom Ghetto zur modernen Kultur* trägt, wurde mit einer fünfzehn Jahre älteren Frau verheiratet, und seine Ein-stellung zu dieser Situation ist eindeutig:

> Ohne meinen Willen werde ich verlobt, verlobt mit einer Braut, die doppelt so alt ist wie ich, einer Braut, die ich gar nicht kenne, die ich auch garnicht kennen lernen will. Und da kommen die Leute und preisen mein Glück, dass ich doch noch einen Mechutten [Schwie-gervater] gefunden hätte.[153]

Lilienblum bezeichnet in seiner Autobiographie *Hatot ne' urim* („Jugendsünde") sein eigenes Leben als eine Tragödie, nicht nur wegen des Verlustes des Glau-bens, sondern und besonders wegen seiner Frühehe, die der Auslöser dieser Tragödie gewesen sein soll.[154] Lilienblum wurde mit 15 verheiratet, seine Frau war damals 13. In seiner Autobiographie lässt er Briefe einer Frau mit dem Initi-al „N" abdrucken, die er 1869 kennenlernte und für die er eine auf Gegenseitig-keit beruhende Liebe empfand. Frau und Kind musste er in seinem Wanderle-ben oft Jahre lang zurücklassen, so Shulamit. Mitleid habe er deswegen zwar empfunden, aber keine Liebe. Sorgen habe er sich auch kaum gemacht.[155] Der Dichter und Grammatiker Adam Hacohen Lebensohn (1794-1878), der 1807 mit dreizehn heiratete, schreibt zu seiner Ehe: „I had not yet had a chance to be-come a young man when they already made me a husband and father while I

---

153 Jakob Fromer: Vom Ghetto zur modernen Kultur. Eine Lebensgeschichte. Charlottenburg 1906, S. 81.
154 Vgl. Magnus Shulamit: Sins of Youth, S. 102-108; David Biale: Eros and the Jews, S. 154f.
155 Magnus Shulamit: Sins of Youth, S. 106.

was still a child".[156] Viele jungen Männer und offenbar auch Frauen sahen diese Ehen als einen Raub ihrer Kindheit und fühlten sich dazu gezwungen, die Bindung aufzulösen.

Pauline Wengeroffs *Memoiren* sind zwar das einzige Selbstzeugnis einer Frau aus ihrer Zeit, man darf aber wie Biale davon ausgehen, dass Frauen, besonders aus dem Lager der Maskilim, dasselbe Schicksal erlebten.[157] Bei allen Schwierigkeiten, die sie in ihrer Ehe kannte, zieht Wengeroff nirgendwo in Erwägung, dass einer der Gründe dazu dieses wackelige Fundament der Ehe gewesen sein könnte. Sie bezieht sich lieber darauf, dass sie und ihr Mann sich bereits vor der Ehe kennenlernten, Liebesbriefe wechselten, also sich ineinander verliebten, um ihren Anspruch zu untermauern, dass ihr Mann ein Freund für sie hätte sein sollen.[158] Dabei ist ihre Erfahrung kein Einzelfall mehr, denn zu dieser Zeit, wo die Maskilim immer stärker die Nicht-Existenz vorehelicher Kontakte zwischen Bräuten und Bräutigamen bemängelten, wurden die „Signs of infiltration of modern ideas of romantic love into Jewish popular culture" immer spürbarer.[159] Nicht selten kam es nunmehr zu solchen Kontakten. Bereits einige Jahrzehnte davor richtete Isaac Ber Levinsohn (1788-1860), ein russischer Maskilim der ersten Stunde, einen Liebesbrief an seine Braut. Dieser Brief konnte aber drei Jahre nach der Hochzeit die Scheidung nicht verhindern. Wengeroff schreibt ihre Eheprobleme einzig und allein dem Glaubensverlust ihres Mannes zu und unternimmt keine Problematisierung des Ehesystems an sich. Dieses Ausbleiben einer Selbstkritik bzw. einer Kritik des Judentums als System bildet die Grundlage ihres nostalgischen Zugs und ihrer idyllischen Vorstellung der Tradition. Es ermöglicht es ihr auch, die Dichotomie Tradition/Moderne aufrechtzuerhalten. So sieht sie auch noch mit dem Abstand der Jahre die damalige Ehe als eine sehr glückliche, aus dem einfachen Grund, dass sie von Gott so gewollt war:

> Die Mädchen von Anno damals wussten, dass der Mann, den ihnen die Eltern bestimmten, von Gott *bestimmt* war. Gott wollte, daß er ihr Lebensgefährte wurde, und so *fügte* man sich vom ersten Augenblick in alle *Schicksale* des Ehelebens mit Geduld und *Ergebung*, richtete danach Sinn und Tun ein. So wurde die damalige Ehe von Frau und Mann als ein heiliges Band betrachtet, das nur der Tod trennen kann, und nicht wie jetzt, wo die Ehe lediglich auf dem guten Willen der Ehegatten basiert ist. Bei einer auf die alte Weise

---

156 David Biale: Eros and the Jews, S. 154.
157 Vgl. David Biale: Eros and the Jews, S. 156.
158 Vgl. Pauline Wengeroff: MII, 175.
159 David Biale: Eros and the Jews, S. 166.

> geschlossenen Ehe kamen selten Zwist oder Uneinigkeit unter den Gatten vor; meisten-
> teils haben sie ein glückliches, zufriedenes Leben bis zum hohen Alter geführt[...][160]

Die Verallgemeinerung lässt keinen Zweifel an der Allgemeingültigkeit dieser Regel. Der Rekurs auf den Willen Gottes bestätigt zudem die Religion als Grundlage des Judentums. Vor allem aber die Gegenüberstellung von Menschen- und Gotteswillen konkretisiert die Nichtigkeit eines jüdischen Begriffs des „autonomen Subjekts" im Sinne vom frei wählenden Individuum, denn der Mensch ist die Verkörperung von Gottes Willen. Ob Wengeroff damit auch das Weiterbestehen der eigenen Ehe trotz der zahlreichen Rückschläge und trotz des Verlustes des Glaubens bei Chonon begründen will, bleibt dahin gestellt. Die Abwesenheit von Streit wird mit Glück gleichgesetzt. Die Zwangsjacke unter dem Namen Tradition, in die man die Menschen unter Berufung auf Gott steckte, und deren Zwangcharakter hier durch das „sich fügen" gekennzeichnet ist, betrachtet die Erzählerin keinesfalls als problematisch. Dass man sich einem Schicksal fügte und deshalb nicht sein eigenes Leben, sondern das von anderen lebte, geht aus dieser Aussage deutlich hervor. Ergebung, Fügung, Bestimmung waren die Grundlagen einer solchen Ehe. Dass diese Beziehungen nicht immer glücklich waren, wurde bereits an einigen Beispielen geltend gemacht. Es muss aber noch betont werden, dass die vorehelichen Kontakte, die Wengeroff in ihren *Memoiren* als modernes Element deutet, wie David Biale in seiner Studie ausführt, eigentlich bereits Ende des Mittelalters üblich waren. Es soll zu jenem Zeitpunkt sogar oft zu sexuellen Beziehungen gekommen sein zwischen Verlobten, die diese Gelegenheit zur Annäherung nutzten.[161] Die Verhinderung von Kontakten zwischen Verlobten erschien demnach den Maskilim als nicht berechtigt. Auch Wengeroffs Darstellung der Beziehung zu ihrem Mann ist nicht widerspruchslos. Sie habe von ihrem Mann erwartet, so die Autorin, ein Freund für sie zu sein, der ihre mitgebrachten Prinzipien beachten würde, zum Beispiel was die Reform der Küche angeht:

> Was mich so unglücklich in meinem jetzigen Zustand macht, ist das Verhältnis meines Mannes zu mir. Er hat es nie *verstanden*, oder sich nie die Mühe gegeben, mich anders zu betrachten, wie *ein für sich notwendiges Ding*. Er ist nie auf den Gedanken gekommen, dass ich meine eigenen *Grundsätze*, *Gewohnheiten* habe, dass ich bereits von Haus aus zu ihm mit Erinnerungen, ja sogar mit gewissen *Erfahrungen* kam; und dass die mannigfachen Lebensumstände meine Standhaftigkeit ausgebildet und gefestigt haben. Er gab sich nicht die Mühe, sich meinem inneren Wesen zu nähern und es zu erkennen. Er fordert von

---

160 Pauline Wengeroff: MI, S. 180f. Herv. C. S.
161 Vgl. David Biale: Eros and the Jews, S. 154.

mir vor allem Unterwürfigkeit und Verleugnung meiner Grundsätze. Nein, mein Freund, diesen deinen letzten Wunsch ohne Murren zu erfüllen, bin ich nicht imstande[...].[162]

Der Mensch als ein Wesen mit persönlicher Erfahrung und Gewohnheit, mit eigenen Grundsätzen, auf deren Basis man ihn verstehen kann, wenn man sich mit ihm verständigen möchte, so stellt sich nun die Erzählerin auch die jüdische Frau vor, die sie verkörpert. Und das ist eine aufklärungsfreundliche Einstellung bzw. Forderung, die für sie aber offensichtlich nur insofern von Bedeutung war, als ihr Mann die jüdische Tradition nicht ausreichend beachtet hatte. Solange die Tyrannei jüdischer Männer sich außerhalb dieses Raumes bewegte, stellte sie für die Großmutter keine Gefahr dar. Das mit viel Entschlossenheit ausgedrückte „bin ich nicht im Stande", das die Autorin ihrem Manne wegen der Einführung der treifenen – nicht koscheren – Küche in ihrem Haus entgegenhält, fehlt als kritische Haltung in Wengeroffs Ausführungen über die Vertreibung der Juden aus ihren Häusern in Brest. Wengeroff spielt zwar mit ihrem eigenen Leben als Mikrokosmos auf das gesamte russische Judentum als Makrokosmus an, diese Verallgemeinerung beschränkt sich aber immer wieder auf die innerjüdischen Verhältnisse, und betrifft wenig die Spannungsverhältnisse zwischen Judentum als bürgerlichem Ensemble und russischer Regierung. Dass Chonon sich veränderte und plötzlich bei jeder Kritik seine „Herrenrechte" beanspruchte, fand sie nur deshalb problematisch, weil diese Herrenrechte die Erfüllung der religiösen Pflichten verhinderte. Hier ist auch nicht mehr die Rede von „Fügung" oder von „Bestimmung", sondern sie wirft ihrem Mann und seinen männlichen Zeitgenossen vor, in der Öffentlichkeit für moderne Ideen wie „Freiheit, Gleichheit, Brüderlichkeit" gekämpft zu haben, während sie in ihren eigenen Häusern Despoten waren.[163] Die gleichberechtigte Partnerschaft, die die Erzählerin nun als ihre ursprüngliche Erwartung beschreibt, widerspricht der traditionellen Einstellung, die Frau solle sich ihrer Bestimmung, ihres Schicksals fügen, weil die Wahl Gottes heilig und immer gerecht sei. Der Anspruch auf mehr Freiheit für jüdische Frauen ist daher nicht unproblematisch, denn er bedeutet eine Anteilnahme an aufklärerische Ideen von Freiheit, Gleichheit und Brüderlichkeit. Wie aber diese Ideen mit den Ideen von Bestimmung, Fügung und Schicksal zu vereinbaren wären, lässt sich kaum aus der Erzählung von Wengeroff herauslesen. Weshalb Shulamits Bezeichnung einer „discriminating sympathiser" in dieser Hinsicht doch völlig zutrifft. Die Hin- und Her Bewegung, die aus diesen Gedanken hervorgeht, bringt ein Interessenkonflikt zwischen Mensch und Gott bzw. zwischen dem Individuum und sich selbst zum

---

162 Pauline Wengeroff: MII, S. 175. Herv. C. S.
163 Pauline Wengeroff: MII, S. 136.

Vorschein. Die vorhin als Bestimmung dargestellte Ehe wird nun als Betrug entlarvt und der Wille Gottes, durch „alle Schicksale der Ehe" verkörpert, wird indirekt in Frage gestellt. Wenn man davon ausgeht, dass es im Sinne der Fügung und der göttlichen Bestimmung den Menschen an sich und für sich nicht gibt, dass der „jüdische Mensch" also erst durch Gottes „Wort" konkretisiert wird, dann erweisen sich jedoch wiederum das „innere Wesen" sowie die „eigenen Grundsätze" der Erzählerin als Gottes Grundsätze und Gottes Willen, genauso wie die Ehe zu Chanon als „heiliger Bund", d.h. als Gottes Tat. Dieses hier deutlich werdende Hin- und Her stellt ein Pendeln zwischen Tradition und Moderne dar. Die Bewegung zwischen Öffnung und Abschottung bedeutet die Unmöglichkeit, „den Ort festmachen, [...] auf den man seine Zukunft hin ausrichtet." Diese Unmöglichkeit macht „Identität" zu einem unsicheren, hybriden Ort. Schreibt Shulamit zu den kulturellen Umwandlungen bei den Juden in Russland des 19. Jahrhunderts, dass

> for all the claims of Haskalah and its adherents that a new day was dawning for Russian Jewish society (*voskhod* literally means sunrise), Jews at the end of the century of enlightenment were consumed by a sense of terrible regret for what had been lost in their lifetime, and of failure and guilt for their part in that loss,[164]

so kann man dem nur hinzufügen, dass die sich modernisierenden Juden vielleicht noch mehr „confused" als „consumed" waren. Diese Verwirrung hatte aber unterschiedliche Hintergründe, und die soziale Situation war oft eine davon. An Pauline Wengeroffs Erzählung ist zum Beispiel deutlich erkennbar, dass es ein Judentum der Armen und ein Judentum der Reichen gab. Wengeroffs Text ist zwar ein umfangreiches historisches Dokument und eine interessante Informationsquelle zum Alltag der russischen Juden im 19. Jahrhundert, er ist trotzdem auch eine persönliche Geschichte, die ihres eigenen Werdegangs.

4.5 Zusammenfassung

Aus Wengeroffs Erzählen der Modernisierung des Judentums in Russland geht hervor, dass sowohl das System der Unterdrückung von Juden wie das der sogenannten „Russifizierung" zu einer Art von „kulturellem Dissens und kultureller Alterität" führten, die darauf beruhten, dass „nicht auf Konsens beruhende Formen von Zugehörigkeit [sich] auf der Basis von historischen Traumata ent-

---

164 Magnus S. Shulamit: Sins of Youth, S.120.

wickeln [konnten]".[165] Die *Memoiren einer Grossmutter* wirft das Problem des Umgangs mit dieser neuen Situation auf. Bei Wengeroff wie bei vielen ihrer Generation bleibt die Frage offen, wie viel Modernisierung das Judentum nötig hatte bzw. ertragen konnte. Diese Frage ließ sich nicht einstimmig beantworten, selbst nicht im Lager der sogenannten Traditionalisten. Wengeroffs melancholisch-nostalgischer Ton und der dadurch durchscheinende Glaube an die Tradition als einzig echte und legitime Lebensform lässt sie jedenfalls zu jenen zählen, die sich so wenig Modernisierung wünschten wie möglich und nur so viel wie für die eigene Person nötig. Bei aller Kritik der Moderne, und bei aller Verfechtung der Tradition lassen Wengeroffs ambivalente und zögerliche Positionen allerdings weniger Gewissheit als vielmehr Desorientierung erkennen. An ihrer Darstellung des gesellschaftspolitischen Kontextes erkennt man auch, dass ein solches Verharren in der Tradition nur unter der Bedingung einer freien und gerechten Gesellschaft, auch für die Juden, möglich sein konnte. Die Existenz einer solchen Gesellschaft aber ging auch mit kulturellen Verhandlungen einher. Wengeroffs Kritik der „Aufklärung" wird nicht zuletzt durch die inkorporierten gesellschaftlichen Strukturen beeinflusst. Sie ist aber vor allem von einer nativistisch-essentialistischen Auffassung von Kultur und „Identität" geprägt, weshalb Wengeroff nicht nur an die Existenz einer naturgegebenen und unveränderbaren Substanz des Judentums glaubt. Daher auch ihr Glauben daran, die Generationen ihrer Kinder und Enkelkinder würden keine „echten" Juden sein.

---

165 Homi K. Bhabha: Die Verortung der Kultur, S. 17f.

5 Was ist Jude? Diskurse über Rasse, Religion und Nation

In diesem Kapitel werden Selbstdarstellungen von fünf Autoren untersucht. In Bezug auf ihre jeweiligen Definitionen von Judentum und auf das Verhältnis von Judentum zum Nichtjudentum, sowie auf die literarische Konstruktion des eigenen Lebens. Es werden in der Reihenfolge Texte von Jakob Fromer, Sigmund Mayer, Joseph S. Bloch, Meno Burg und Aron Hirsch Heymann diskutiert. Ich möchte nach einer kurzen Präsentation der einzelnen Autoren und ihrer Texte an ihrer Argumentation und an ihrer ästhetischen Darstellung der jüdischen und der nichtjüdischen Realität darlegen, wie sowohl eine binäre Trennung von Jüdischem und Nichtjüdischem als auch ein Aufgehen des einen ins andere zu erheblichen methodologischen Problemen führt. Es soll gezeigt werden, wie durch die Metaphorisierung von Sichtbarkeit und Unsichtbarkeit die jeweiligen Texte Strategien und Modalitäten von Jude-Sein entwickeln und wie die Autoren diese Strategien an den eigenen Werdegang anwenden. Dabei betone ich die Möglichkeit der Hybridität und der Erarbeitung von Identität als Differenz. An diesem Konzept hybrider Identität soll die Schwierigkeit hervorgehoben werden, das jüdische Selbstbewusstsein eindeutig zu umreißen.

5.1 Jakob Fromers Weg in die Moderne: Rasse, Geburt und Erziehung[1]

Jakob Fromer wurde 1865 in Baluty (Lodz) geboren und wuchs im Lodzer Ghetto auf. Fromer stammt von sehr armen und äußerst frommen Eltern. Sein Vater war Talmudlehrer und seine Mutter Kleinhändlerin. Seine Laufbahn ist eine äußerst bewegte, sie führt ihn vom Ghetto durch verschiedene Stationen in die moderne Welt. Er besuchte wie die meisten Jungen aus streng orthodoxen Familien bereits mit fünf eine *Cheder* (jüdische Kinderschule)[2] und wurde anschließend vom Vater unterrichtet, bezog mit dreizehn die *Bethmidrasch* (Haus des

---

1 Fromers Text wird hier unter der Abkürzung „GM" für die frühe Fassung von 1905 und „Ghettodämmerung" für die Fassung von 1911 zitiert.
2 Es handelt sich bei der „Cheder" um eine hebräische Elementarschule, in der junge Knaben im Alter meistens zwischen vier und fünf unterrichtet werden. (Vgl. Jüdisches Lexikon Band I, A-C, S. 1350)

Studiums).[3] Seine Ausbildung dort brach er aber relativ früh ab, um sich den langgehegten Wunsch, die Welt kennenzulernen, zu erfüllen. Berlin war sein Ziel. Nicht mal eine Zwangsehe, die er im Alter von 16 mit einer 15 Jahre älteren Frau schließen musste, und aus der ein Sohn hervorging, hielt ihn vom Weggehen ab. Diese Ehe wurde 1887, nach sechs Jahren, aufgelöst. Zu diesem Zeitpunkt war Fromer bereits unterwegs. Seine mühselige und durch erhebliche Schwierigkeiten geprägte Reise führte ihn durch unterschiedliche Städte. 1884 kam er nach Berlin, wurde aber aufgrund der fehlenden Aufenthaltserlaubnis ausgewiesen, was ihn allerdings nicht zum Aufgeben bewegte. Er hielt sich vorübergehend in unterschiedlichen galizischen Städten auf, u.a. in Oswiecim, wo er als Hauslehrer tätig wurde. 1893 nahm er trotz fehlendem Abitur ein Studium der Semitistik an der Universität Breslau auf, wo er 1897 promovierte. Danach unternahm er den mutigen Versuch, in einem Gesuch an den Preußischen König die preußische Staatsbürgerschaft zu beantragen, die er tatsächlich auch erhielt. 1899 wurde er als Bibliothekar in der jüdischen Bibliothek zu Berlin angestellt, wurde aber kurz darauf wegen seiner herben Kritik an die Berliner jüdische Gemeinschaft und am Judentum im Allgemeinen entlassen und als Frevler verbannt. Dadurch verlor er auch jegliche Unterstützung für seine wissenschaftliche Tätigkeit, sowohl von jüdischer als auch von nichtjüdischer Seite. Der Autor des Klassikers „Der Babylonische Talmud in Auswahl" – zuletzt nachgedruckt 2000 – beschreibt sich selbst als einen unverstandenen Vertreter des Judentums. In seiner Autobiographie schreibt er, er habe den „neuen" Moses Mendelssohn verkörpern wollen, habe aber von Seiten des jüdischen Volkes keine Unterstützung gefunden.[4] Fromer starb 1938, kurz vor dem Ausbruch des Zweiten Weltkriegs. 1911 hatte er eine zweite Fassung seiner 1906 veröffentlichten Autobiographie mit einigen Änderungen drucken lassen. Im Vergleich zur ersten Version von 1906 mit dem Titel *Vom Ghetto zur modernen Kultur. Eine Lebensgeschichte,* die Maria Kłańska als „nervöse Fassung" bezeichnet, weist die zweite Version Kürzungen auf.[5] Bereits im Titel *Ghettodämmerung. Eine Lebensgeschichte* weist Fromer auf das Ende des Ghettos hin. Ein Ende des Ghettos, das sich später für ihn nicht nur durch die Befreiung der Juden von strukturellen Einschränkungen, sondern auch durch die Aufgabe der jüdischen Tradition erwiesen hat. In der Textversion von 1911 kürzt Fromer den umstritte-

---

3 Bezeichnung für ein neben der Synagoge bestehendes Bethaus, in dem erwachsene Personen vor und nach den Gebetszeiten in der Synagoge sich mit Religion (Talmud, Tora, usw.) beschäftigen. (vgl. Jüdisches Lexikon, Band I, A-C. S. 940f.)
4 Vgl. J. Fromer: GM, S. 120f.
5 Maria Kłańska: Aus dem Schtetl in die Welt. 1772 bis 1938. Ostjüdische Autobiographien in deutscher Sprache. Wien 1994, S. 283.

nen und innerhalb der jüdischen Gemeinschaft und teilweise auch außerhalb stark kritisierten Aufsatz mit dem Titel „Das Wesen des Judentums" erheblich und lässt einige Briefe weg. Es sind aber auch Tagebuchnotizen aufgenommen, die in der ersten Version fehlen. Aufschlussreich ist vor allem das Ende der jeweiligen Versionen des Textes. Betont Fromer in dem Vorwort zur zweiten Fassung, er habe mit zunehmender Distanz manches anders beurteilt, so meint er zweifelsohne sein Urteil über die öffentliche Reaktion auf seinen Hohn und Verachtung hervorrufenden Aufsatz. Nach dessen Publikation hatte sich Fromer mit der gesamten jüdischen Gemeinschaft zerstritten und war nicht nur von seinem Amt als Bibliothekar der jüdischen Bibliothek in Berlin entlassen worden, sondern verlor auch alle möglichen Gönner für die Unterstützung seiner wissenschaftlichen Tätigkeit. Im Anschluss hatte er zudem den Prozess um sein nichtbezahltes monatliches Gehalt verloren. Das Ende der Version von 1905 verzeichnet einen an der Menschheit und an seiner Umgebung verzweifelten Fromer: „Die Geschichte ist zu Ende", schreibt er dort und führt fort:

> Ich weiss nicht, welchen Weg mich jene geheimnisvolle Macht weiter zu führen beabsichtigt. Aber ich verzichte auf den Rest. Mir ekelt es vor den Menschen mit ihrer Gerechtigkeit und Ungerechtigkeit, ihrem Hass und ihrer Liebe, ihrer Bewunderung und Verachtung. Mir ekelt vor der Welt, vor dem Leben... Du guter, lieber Vater! Du warst doch besser daran wie ich. Du konntest wenigstens mit jenem gutmütigen, mitleidigen Ausruf von dannen gehen: ‚Das närrische Weltel' (sic!).[6]

Liest man aber das Ende der zweiten Version, so gewinnt man den Eindruck, dass der 1906 so verzweifelte Fromer in den Jahren zwischen 1906 und 1911 doch noch Erfreuliches am Leben und am Menschen erlebte, so dass er sich entschloss, seine Lebensgeschichte nicht auf eine traurige Note zu beenden. In der Tat öffneten sich für ihn mit der Veröffentlichung seiner Lebensgeschichte 1906 trotz erneuter Rückschläge in der Beziehung zur jüdischen und nichtjüdischen Öffentlichkeit noch zahlreiche Türen, so dass er sich wissenschaftlich weiter betätigen konnte. So endet die modifizierte Version des Textes mit hoffnungsvollen Worten eines Fromers, der wieder Lust am Leben gefunden hatte:

> Wieder stehe ich da, wo ich vor fünf Jahren gestanden habe. Aber die Dinge haben sich doch inzwischen gründlich geändert. Die Zeiten, in denen ich mich nach trägem Frieden, nach Glück und Ruhe gesehnt, wo ich mit meinem Schicksal gehadert habe, sind nun vorüber. Ich liebe den Kampf, ich liebe die Leiden. Ich liebe Euch, Ihr treuen Gefährten meines Lebens, als meine Wohltäter, meine Genien! Euch habe ich zu danken, daß ich nicht in der dumpfen Niederung geblieben bin; daß ich trotz aller Enttäuschungen, aller Hin-

---

6 Jakob Fromer: GM, S. 271f.

dernisse noch immer den Mut und die Kraft habe, meinem Ziele zuzustreben. Ich gehöre zum Stamme derer, die durch keine andere Macht als durch den Tod besiegt werden können.[7]

Fromer wird nach dieser Episode noch viele wissenschaftliche Arbeiten veröffentlichen, darunter sein großes Projekt einer „Real-Konkordanz der talmudisch-rabbinischen Literatur". Seine Autobiographie lässt also für Fromer selbst und für seine wissenschaftliche Karriere als Talmudübersetzer und Spezialisten wichtige Jahre aus. Die späteren Änderungen an dem Text begründet er dann folgendermaßen:

> Meine Vergangenheit, die ich im ersten Abschnitte schilderte, war zwar nicht minder unerfreulich als die Gegenwart. Aber die Entfernung hatte sie in einen milden, geklärten Schein gehüllt. Ich stand ihr frei gegenüber. Die Erlebnisse des zweiten Abschnittes dagegen erdrückten mich durch ihre Nähe. Menschen und Dinge, die dem Fernstehenden kaum noch beachtenswert sind, Ereignisse, über die er mit einem befreienden Lachen hinweggegangen wäre, erschienen mir damals äusserst wichtig und tragisch. [...] Ich habe nun den ersten Abschnitt – bis auf wenige stilistische Verbesserungen und einige eingestreute Notizen und Episoden – unverändert gelassen, den zweiten hingegen durch einen neuen ersetzt.[8]

Dass Fromer nun nur 5 Jahre nach der Erscheinung der ersten Version seiner Erinnerungen meint, er habe mit der Distanz die Erlebnisse anders beurteilt, mag die These bestätigen, dass die Unmittelbarkeit des Erlebnisses den autobiographischen Rückblick beeinträchtigen kann. Diese Behauptung lässt aber nur andeutungsweise erahnen, was sich an der Situation des Autobiographen innerhalb der fünf Jahre änderte. Die Erlebnisse, die Fromer als wichtig und tragisch bezeichnet, waren es wohl tatsächlich auch, angesichts seiner sozialen Isolierung als ein Frevler. Dass er sie nach einigen Jahren positiver beurteilte, lag nicht bloß an der zeitlichen Distanz an sich, sondern an der Spezifik der dazwischenliegenden Ereignisse. Man könnte sogar erwägen, dass sein späteres Urteil nicht den Ereignissen von 1906 galt, sondern denen danach.

Fromers Text ist eine Zusammensetzung aus einem Lebensbericht, Aufsätzen, Briefen und Auszügen aus seinem Tagebuch. Aus dieser Perspektive ist die Bezeichnung Autobiographie für diesen Text vereinfachend. Die Zusammensetzung aus „reiner" Autobiographie, Tagebuch, Brief und Essay scheint geeignet, Sachlichkeit und Authentizität zu suggerieren. Während Briefe und Auszüge

---

7 Jakob Fromer: Ghettodämmerung. Eine Lebensgeschichte. Zweite und dritte Auflage. Berlin und Leipzig 1911, S. 212.
8 Jakob Fromer: Ghettodämmerung, Vorwort.

aus dem Tagebuch in das Erzählte fließen und es ergänzen, steht der im Text gedruckte Aufsatz mit dem Titel *Das Wesen des Judentums* als Zeugnis einer ungekünstelten Darstellung des persönlichen Bewusstseins. In dieser Hinsicht kann sich ein Vergleich der im Aufsatz vertretenen Positionen mit den Äußerungen im erzählten Leben als äußerst aufschlussreich erweisen.

5.1.1 Schiller lesen und Deutscher werden?

Jakob Fromer legt seine Geschichte so an, dass sie ihn quasi-logischerweise aus der jüdischen in die nichtjüdische Welt führt. Sein Leben im Ghetto stellt er mit unmissverständlich negativen Begriffen dar:

> Mit fünf Jahren kam ich ins Cheder (Judenschule). Als mich die Mutter das erstemal dahin brachte hatte ich das Gefühl eines zur *Schlachtbank* geführten Rindes. Schon in der Ferne hörte ich das Geheul und das Gewinsel der im Cheder misshandelten Kinder. [...] Um den Tisch herum ging der Melammed (Lehrer) und bearbeitete fortwährend die entblössten Hinterteile der Kinder mit einem dicken Riemen. Diese *Exekution* begleitete er mit einem so lauten Schwall von Schimpfworten, dass durch sie das Jammergeschrei der Kinder fast übertönt wurde. [...] Meine Mutter hatte mir oft von der *Hölle* erzählt, wo man von abscheulichen *Teufelsratzen* empfangen und bei lebendigem Leibe geschmort wird. Ich hatte das Gefühl, als wäre ich hier in eine solche *Hölle* geraten. Mit allen Kräften klammerte ich mich an die Mutter und bat weinend, mich nicht hierzulassen.[9]

Bereits in diesem dunklen Vokabular, das ins Extreme getrieben wird, kommt Fromers Abneigung gegenüber dem Judentum zum Ausdruck. Durch das Bild der *Cheder* als Hölle und des Lehrers als Henker wird das Judentum als unbewohnbarer „Raum" vorgeführt. Diese Vorstellung des jüdischen Milieus ist zugleich die Grundlage eines Lebensprogramms. Weil das Judentum sich der Entfaltung des Individuums widersetzt, ist dieses Hindernis zu überwinden. Die Hölle-Metapher dient also dazu, die eigene Einstellung zum Judentum zu legitimieren. Fromer stellt sich von nun an als jemand dar, der nicht für dieses Leben geschaffen war, und legitimiert durch diese Schreckens-Metapher die Notwendigkeit für den gebürtigen Juden, den er am eigenen Beispiel darstellt, ständig dem Außen zugewandt zu sein. Durch die Vermittlung eines Freundes mit Auslandserfahrung soll er deutsche Literatur ins Elternhaus geschmuggelt haben; Schiller, den er zunächst für einen Juden hielt, weil er hervorragend dichtet, und dann doch als Jude disqualifizierte, weil er manches bei seinen

---

9 Jakob Fromer: GM, S. 10f. Herv. C. S.

Figuren, etwa bei seinem Don Carlos, obszön gefunden habe. Als entscheidend erweist sich zudem das Problem Frühehe:

> Ohne meinen Willen werde ich verlobt, verlobt mit einer Braut, die doppelt so alt ist wie ich, einer Braut, die ich garnicht kenne, die ich auch garnicht kennen lernen will. Und da kommen die Leute und preisen mein Glück, dass ich doch noch einen Mechutten gefunden hätte.[10]

So wird das Judentum weiter als ein die Entfaltung des Menschen behinderndes Element dargestellt. Judentum habe aber vor allem mit einer bestimmten Erziehung zu tun, mit einem bestimmten Umgang mit sich selbst bzw. mit den Menschen. Die starke Betonung des eigenen Willens weist bereits deutlich auf eine Abgrenzung von einer jüdischen Gruppenidentität hin. Es ist die Behauptung eines individuellen Bewusstseins, das Fromers Projekt der Moderne zugrunde liegt. Das Judentum ist für Fromer aber auch am Äußeren zu erkennen, an der Kleidung zum Beispiel. Der seinen Weg in die Moderne suchende Fromer berichtet Folgendes von seinem ersten Versuch, sich in Berlin niederzulassen: „Gewiss, ich hatte einen grossen Fehler begangen. Ich hätte mir meinen Paletot kürzen sollen. Es war doch schrecklich, mitten unter lauter kurzröckigen Menschen als der einzige Langröckige herumzulaufen [...]".[11] Demnach umfasst das Judentum mehr als die rückständigen Bräuche und die höllische Erziehung, es zeigt sich ebenfalls im physischen Aussehen. Die Abnabelung vom Judentum verlangt in diesem Sinne nicht bloß die Entfernung vom Ghetto als einem konkreten Ort, sondern vom Ghetto im Kopf und am eigenen Körper. Die Emanzipation aus dem Ghetto, die bereits am Titel von Fromers Autobiographie abzulesen ist, ist auch eine Transformation am eigenen Körper, eine Trennung vom jüdischen Körper. In einem Brief, den Fromer einem Ghetto-Freund einige Jahre nach seinem Aufbruch schreibt, beschreibt er diesen Prozess bzw. diese Arbeit am eigenen Körper wie folgt:

> Es sind jetzt drei Jahre verstrichen, seitdem ich meine Heimat verlassen habe. Jetzt bin ich Hofmeister einer der angesehensten jüdisch-deutschen Familien in Oswiecim. Ich erteile ausserdem Nebenstunden für 15 Fl. En Monat, lehre Deutsch, Französisch, Latein, Mathematik und schöne Künste. Ich kann auch schon gerade gehen, spreche hochdeutsch, trage Handschuhe, drücke nicht mehr die Augen vor Scham zu, wenn ich einer Dame „Küss die Hand" sage oder es auch tue. Auch in Gesellschaft weiss ich Bescheid, wie man sich verbeugt, wie man das Messer, wie man die Gabel hält. Am Ende empfinde ich gar

---

10 Jakob Fromer: GM, S. 81.
11 Jakob Fromer: GM, S. 108.

das Bedürfnis, tanzen zu lernen. Jawohl, tanzen. Man kann doch nicht bei einem Kränzchen wie ein Narr dastehen.[12]

Es wird also davon ausgegangen, dass es mit dem Jude-Sein vorbei ist, wenn man bestimmte Gewohnheiten, Manieren ablegt und sein Aussehen verfeinert. „Heimat" wird hier eindeutig als Geburtsstätte verstanden. Hier sind offenbar Argumente des zeitgenössischen rassistischen Antisemitismus-Diskurses übernommen, die zu jener Zeit eine Art ‚jüdischen Selbsthass' begründeten.[13] Das Judentum habe demnach mit bestimmten objektiven Merkmalen zu tun – diese sind nach Frommer aber keinesfalls unabänderlich. Jüdische Identität wird auch in dieser Hinsicht durch Attribute definiert, die durch ein Spiel von Verstellung bzw. Erziehung und Übung unsichtbar und mithin unwirksam gemacht werden können. Umso unerklärlicher fällt Fromer die aggressive Haltung eines jungen Christen ihm gegenüber, und zwar zu dem Zeitpunkt, wo er denkt, sich vom Ghetto befreit zu haben. Der Bericht über diese Szene lässt eine Verbindung von Jude-Sein und geistig-kulturellem Rückstand deutlich werden:

> Ich fuhr erschrocken auf. Wenige Schritte vor mir stand ein kleiner Bauernjunge, die Hände in den Taschen und die Zunge gegen mich herausstreckend. Derartige Verhöhnungen waren dem Ghettokinde sonst etwas Alltägliches, Selbstverständliches. Man ist ja „in Golus" (Exil), und schliesslich wird Gott diese Beleidiger schon strafen. Aber ich war eben kein Ghettokind mehr und fühlte deshalb in diesem Augenblicke mein Herz auf das schmerzhafteste verwundet. Wer gab diesem Bengel das Recht, mich zu verhöhnen, mich, den Bildungsbeflissenen, der doch seine Hand zur Versöhnung ausstrecken wollte? Was hatte denn dieser unwissende Junge überhaupt von meinen Brüdern voraus, dass er sie mit einer solchen Verachtung behandeln zu dürfen glaubte?[14]

Hier wird erkennbar, dass Fromer auch Bildung deutlich als außerjüdisches Element versteht. Bildung ist demnach modern, deutsch und nichtjüdisch. Schiller soll von der Ungebildetheit des Judentums befreien und den Juden den

---

12 Jakob Fromer: GM, S. 137.
13 Der rassistische Antisemitismus postuliert eine Unüberbrückbarkeit von angeblich biologischen Unterschieden zwischen Juden und anderen Völkern. Besonders ab der zweiten Hälfte des 19. Jahrhunderts gibt es immer mehr Juden, die den Gedanken übernehmen, dass ihr Jüdisch-Sein mit bestimmten Körpermerkmalen zusammenhängt. Sie gingen aber davon aus, dass man sich von diesen Merkmalen verabschieden konnte. Durch die Trennung von diesen physischen Merkmalen sei der Jude modernisierbar bzw. assimilierbar. Zum rassistischen Antisemitismus u.a. Michael A. Mayer (Hg.): Deutsch-Jüdische Geschichte in der Neuzeit. In drei Bänden. Band III. Umstrittene Integration 1871-1918. München 1997, S. 193- 248. Zum jüdischen Selbsthass auch Michael A. Mayer: Deutsch-Jüdische Geschichte in der Neuzeit, S. 284-287.
14 Jakob Fromer: GM, S. 103.

Anspruch auf Gleichstellung mit den Christen ermöglichen. Denn, schreibt er weiter, „der Hass der Gojim [Christen] meinen Brüdern gegenüber war einzig aus dem hartnäckigen Widerstande der Judden gegen „gojschke" Bildung und Sitten entstanden. Meine Brüder würden also mit offenen Armen von ihren Nachbarn empfangen werden, wenn – ‚Dsid parchatti' (auusätziger Jude)" (sic!).[15] Fromers Titel *Ghettodämmerung* bzw. *Vom Ghetto in die moderne Kultur* steht also allegorisch für die Abkehr vom Judentum als einem unbewohnbaren Ort zu einer fortgeschrittenen Sittenkultur. Das Ghetto, das Fromer sowohl im Sinne des jüdischen Wohnraumes als auch im Sinne der persönlichen Einstellung definiert hatte, erhält hier aber eine dritte Dimension, die diese Binarität zugleich dekonstruiert. Es wird auch von außen, von der nichtjüdischen Welt konstruiert. Ein Jude wird trotz erkennbarer Veränderung noch in Kategorien des „Anderen" wahrgenommen, und so ins Ghetto eingeschlossen. Die Konstruktion von jüdischer „Identität" funktioniert dann nicht im Sinne einer Einbahnstraße, sondern Identität entsteht hier als Produkt der Spannung zwischen dem „[b]ildungsbeflissenen" Juden, der Anspruch auf Anerkennung erhebt, und dem „kleinen Bauernjungen", der diesen Anspruch zurückweist. Das Handreichen durch die eigene Verwandlung bzw. Verstellung als Geste der Transgression herkömmlicher Abgrenzung gelingt nicht. Ein Jude bleibt aus Sicht der Anderen immer Jude. Jakob Katz hat in seiner Definition der Assimilation die sehr aufschlussreiche These vertreten, dass die Assimilation ein gesellschaftlicher Akt ist und daher erst als gelungen betrachtet werden kann, wenn die äußere Gruppe es gestattet, das der sich Assimilierende den Zugang zur Gruppe erhält.[16] Die „Körpersprache", im Sinne der äußeren Veränderungen, sowie die erworbene Bildung, die der sich in der obigen Passage beschreibende Fromer vorzeigt, verkörpern eine Subjektäußerung, die bereits den Horizont ihres Adressaten, der Christen, miteinbezieht;[17] daher die Empörung über die Nichtanerkennung, die nichts weniger als die Enttäuschung über das Nichtgelingen des

---

15 Jakob Fromer: GM, S. 103.
16 Katz nennt drei Bedingungen einer gelungenen Assimilation: Als erste Bedingung gilt, dass die assimilierende Gruppe den Zugang eines von außen kommenden Mitglieds akzeptiert. Die zweite Bedingung lautet, dass die übernommenen Denk- und Lebensformen für den sich assimilierenden eine gesellschaftliche Funktion haben müssen. Als dritte Bedingung nennt Katz die Absicht. Der sich assimilierende muss durch seinen Akt der Übernahme „fremder" Denk- und Lebensformen die Zugehörigkeit zur anderen Gruppe beabsichtigen (vgl. Jacob Katz: Zur Assimilation und Emanzipation, S. 7).
17 Vgl. Michail M. Bachtin: Die Ästhetik des Wortes.

„Äußerungsaktes"[18] zum Ausdruck bringt. In diesem Sinne wird die Bildung von Identität zu einem dynamischen Prozess, der für den bildungsbeflissenen „Juden" darauf gründet, dass er von sich aus nicht mehr den Ort festmachen kann, „auf den [er] seine Zukunft hin ausrichtet" will.[19] Die hier beschriebene Szene der Empörung stellt auch die Unmöglichkeit dar, eine Subjektposition aus der Signifikantenkette zu löschen. Dass das jüdische Moment trotz Veränderungen für die Anderen noch erkennbar bleibt und zur Konstruktion der Identität beiträgt, macht hier das Prinzip der Artikulation aus. Die dadurch erkennbar werdende Schwierigkeit, eine eigene Definition von Selbst durchzusetzen, wird sich im Laufe der Lektüre weiter bestätigen.

An anderer Stelle macht Fromer diesen Prozeß der Identitätsbildung – Ergebnis der Spannung zwischen Selbstwahrnehmung und „hetero-image" – noch deutlicher, indem er aus seinen Erfahrungen den Schluss zieht, die Ausblendung äußerer Merkmale und die Aneignung von Bildung würden den Juden nicht von äußeren Zuweisungen befreien:

> Wenn euch [Juden] die Natur nicht zufällig mit einer arischen Nase ausgestattet hat, werdet Ihr bald die schmerzliche Erfahrung machen, dass eure arischen Kameraden von euch abrücken. Aber ich will annehmen, ein unauffälliges Gesicht und anständige Manieren haben euch geholfen, mit euren Mitschülern in ein leidliches Verhältnis zu kommen. Dieses leidliche Verhältnis wird, sobald Ihr auf die Universität gelangt, ein jähes Ende nehmen. Selten wird ein Corps oder eine Burschenschaft sich bewegen lassen, euch aufzunehmen. Und wie bei den Kommilitonen, so geht es euch beim Militär, bei jeder Bewerbung um irgend ein Staatsamt, in allen Berufsklassen und Gesellschaftsschichten, im öffentlichen und Familienverkehr. Ueberall werdet Ihr hinausgedrängt, höfflich oder schroff, je nach dem herrschenden Ton.[20]

---

18 Dieser Hinweis bezieht sich auf eine vom Sprachwissenschaftler John Searle operierte Vierteilung des Sprechaktes. Searle macht geltend, dass ein Sprechakt in lokutiven, propositionalen, illokutiven und perlokutiven Akt geteilt werden kann. Indem ein Sprecher, so Searle, Laute produziert, realisiere er abstrakte Muster eines Sprachsystems und dadurch einen lokutiven Akt. Sagt er etwas über einen konkreten oder einen abstrakten Gegenstand, dann realisiere er einen propositionalen Akt. Letzteren werde aber mit einer bestimmten Intention formuliert, so Searle weiter (z.B. Information, Warnung, Hoffnung, Drohung, etc...). Dieses in dem propositionalen Akt Intendierte bilde den illokutionären Akt. Wird diese Intention beim Hörer realisiert, d.h. wird die beabsichtigte Wirkung erzielt, so sei damit auch den perlokutiven Akt vollbracht, und der Sprechakt werde als gelungen kennzeichnet (vgl. John R. Searle: Sprechakte. Ein sprachphilosophischer Essay. Frankfurt am Main 1976; John R. Searle: Ausdruck und Bedeutung. Untersuchungen zur Sprechakttheorie. Frankfurt am Main 1982.)

19 Vgl. Elisabeth Bronfen: Vorwort. In: Bhabha: Die Verortung der Kultur, S. XII.

20 Jakob Fromer: GM, S. 229f.

Im Gegensatz zur vorhin vertretenen Position wird hier die Binarität zwischen Jüdischem und Nichtjüdischem aufrechterhalten. Diese binäre Trennung von beiden ruht nun auf dem Glauben an ein soziologisches Subjekt, dessen Identität zwar in einem konstruktivistischen Prozess konstituiert wird, aus der Sicht der Mehrheitsgesellschaft aber an einem beständigen und unveränderbaren Kern verankert bleibt. Die Darstellung des Judentums als abscheulich und verwerflich beabsichtigt zwar die Auflösung der Binarität zwischen Judentum und Nicht-Judentum, aber diese Auflösung erfolgt nur unter der Bedingung der Entstehung eines neuen Subjekts, das rein und zentriert ist. Es handelt sich hiermit um Prämisse eines totalitären Diskurses, der jede Form von Andersheit und Diskontinuität ausschließt. Damit prangert Fromer zwar den gängigen institutionalisierten Antisemitismus an, aber sein ständiges Umschalten zwischen einem sozialen Unsichtbarwerden des Judentums und dem Gedanken einer Identität als unveränderbarer Substanz macht diesen Angriff zum opportunistischen Spiel. Dass ausgerechnet eine auf ethnisch-rassistischen Argumenten basierende Weltvorstellung ein spurloses Aufgehen des Judentums in der Umgebung befürwortet, lässt viele Fragen offen. Problematisch ist nämlich die Tatsache, dass gerade die Feststellung einer Nichtassimilierbarkeit des Jüdischen der Aufforderung zum sozialen Unsichtbarmachen zugrunde liegt. Diese aporetische Argumentation lässt den Schluss zu, dass Fromers eigene Identitätspolitik keine eigensinnige ausgedachte ist, sondern eine Zusammensetzung aus fremden Positionen bzw. Zuschreibungen darstellt, in der sich der eigene Standpunkt auflöst. Die Unfähigkeit, die gängigen Diskurse über Assimilation und Antisemitismus auseinanderzuhalten, sowie die Variationen in dem diskursiven Selbstentwurf, weisen nicht nur auf Orientierungslosigkeit hin, sondern zugleich auf die starke Determiniertheit der persönlichen „Identität" von außen. Aus der Verbindung von sich gegenseitig ausschließenden Identitätsvorstellungen geht das diskursive Potential von Fromers Ausführungen hervor. Der auf seiner Karriere in der nichtjüdischen Gesellschaft bedachte Fromer positioniert sich somit als Gegner einer jüdischen Absonderung und mithin als Ausnahme unter den Juden. Davon zeugt auch der eigene Werdegang, der somit rückblickend als legitim (re)konstruiert wird. Es wäre also nicht abwegig, bei Fromer auch die Weiterwirkung des vom Bildungsstreben getragenen romantischen Geistes zu sehen.[21] Dabei führt Fromers Strategie der Aneignung „fremder" Werte aber ins Extreme. Sein Gedanke, man könne durch eine „andere" Körperhaltung, durch das Aussehen und die weltliche Bildung – denn darum geht es dem Autobiographen – ein anderer Mensch werden, verdeutlicht sich in seinem

---

21 Vgl. in dieser Arbeit Kapitel 3, 3.5 und dort den Hinweis auf Ludwig Geiger.

Projekt einer Modernisierung bzw. einer sozialen Unsichtbarmachung des Judentums, das er in dem Aufsatz *Das Wesen des Judentums* ausführlich darlegt.

5.1.2 Zum Verhältnis vom Juden zum „Goj" oder der Weg des Ghettojuden in die Moderne

Als einer, der sich des hinterlegten Weges bewusst ist, schätz Fromer den Prozess ab, den er und viele seiner Zeit- bzw. Glaubensgenossen durchgemacht haben. Er beschreibt den Weg des Ghettojuden in die Moderne wie folgt:

> Im allgemeinen (sic!) durchläuft der Ghettojude auf dem Wege zur modernen Kultur drei Phasen. Zuerst spricht er mit Verachtung von dem „Datsch Narr". Ein Datsch ist für ihn jeder, der nicht im Ghetto gelebt und Talmud studiert hat. Wenn er aber erst in die moderne Kultur eingedrungen ist, steht er verblüfft vor den grossartigen (sic!) Leistungen dieser Menschen und muss sich gestehen, dass nicht der Datsch, sondern er der Narr ist. Aber auch diese zweite Phase ist bald überwunden. Wenn er sich in dieser neuen Welt heimisch fühlt, kehrt der alte Hochmut zurück. Jetzt drückt er sich korrekter aus und spricht mit Geringschätzung von dem beschränkten „Goj" [...] Soweit meine Erfahrung reicht, befinden sich gegenwärtig die meisten modernen Juden in der letzteren Phase.[22]

Die gewisse Überlegenheit, die Fromer in seiner Beschreibung kennzeichnet, kann nur von der Annahme begründet sein, er hätte den ganzen Weg bereits bewältigt. Mit der Ausnahme der letzten Phase ist mit diesem Prozess buchstäblich Fromers eigenes Leben aufgezeichnet, von dem Ghettojungen, der erstmals sich Schiller nur als Jude vorstellen konnte,[23] zu dem Berliner, der keine nennenswerten Leistungen zeitgenössischer Juden in Kunst, Wissenschaft, Technik, Politik oder Gesetzgebung zu erkennen glaubt.[24] Die Perspektive ist also zweifellos die eines Außenstehenden. Fromer beschreibt zwar den eigenen Weg und erinnert sich an die früheren Etappen seines Verhältnisses zur nichtjüdischen Welt, er beschreibt aber vor allem das Verhältnis anderer modernen Juden zu den Nichtjuden. Dass er die letzte Etappe des so beschriebenen Prozesses kritisiert, deutet darauf hin, dass er persönlich eine Weiterentwicklung des Verhältnisses zu den Nichtjuden wünscht. Diese Weiterentwicklung soll in das münden, was er am eigenen Beispiel folgendermaßen darstellt:

---

22 Jakob Fromer: GM, S. 152f.
23 Vgl. Jakob Fromer: GM, S. 31.
24 Vgl. Jakob Fromer: GM, S. 153.

„Jankel", sage ich zu mir, „wer hätte das an deiner Wiege, die am Strande des übelrie-
chenden Stuf' gestanden hat, gesungen, dass du einst Deutsch, Französisch, Latein, Griechisch, Mathematik, Geschichte, Geographie, Physik und andere Wissenschaften beherr-
schen wirst?" Ich kann zueilen nicht begreifen, wie dieses ungeheure Wissen in meinen
Kopf hineinkommen konnte, *und habe einen kolossalen Respekt vor mir.*[25]

Das „mir" ist hier aber zugleich ein „ihm". Denn der Respekt, der dem gebildeten Fromer hier zukommt, ist eigentlich auch der Respekt vor dem *Goj*, vor den
Nichtjuden und vor seiner Bildung. Durch eigene Bildung erfolgt die Überwindung der letzten Phase des Prozesses, d.h. die Überwindung der Geringschät-
zung des *Goj*. Diese Umwandlung ist mithin die Überwindung des Judentums,
die für Fromer umso wichtiger ist, als Judentum für ihn nichts anderes bedeutet
als Defizit und Not. Denn die Bewunderung des Erreichten basiert auf einer
doppelten Annahme. Auf der einen Seite wird davon ausgegangen, dass „der
Jude" grundsätzlich der Erlangung des erwähnten Wissens unfähig sei, auf der
anderen Seite aber wird angenommen, dass diese Unfähigkeit überwindbar ist.
Die Überwindung dieses „Defizites" und mithin des „Juden" wird sogar zur
Bedingung des Überlebens. „Deutschland", so Fromer weiter,

dieses Land, hat einen Kant, Goethe, Schiller, Helmholz, Virchow, Bismarck und Moltke
hervorgebracht, hat auf den Gebieten der Kunst und Wissenschaft, der Industrie, Technik,
Politik und Gesetzgebung Hervorragendes geleistet. [...] Es hat keinen Zweck, den Wert
der jüdischen Leistungen in der Vergangenheit zu prüfen. Hier kommen einzig die deutschen Juden der Gegenwart in Betracht. Ich frage, welche hervorragenden Leistungen und
Männern des deutschen Volkes gegenüber zu stellen[...][26]

In seinem Rausch bzw. in seiner Liebeserklärung für die begehrte „große deutsche Nation" lässt er es aus, neben Kant, Goethe, Schiller oder Helmholz,
Virchow, Bismarck und Moltke als bedeutende zeitgenössische Persönlichkeiten
etwa auch Husserl, Freud, Marx, Mahler, Heine, oder etwa die Mendelssohns zu
erwähnen. Die absichtliche Trennung von deutschen Juden der Gegenwart von
jenen der Vergangenheit, bei denen bestimmt noch mehr nennenswerte Leistungen zu finden wären, ist alles andere als unkalkuliert. Dieses Auslassen
markiert die Hartnäckigkeit im Kampf gegen das Judentum. Mit allen Mitteln
wird das Judentum als Hindernis zur Selbstentfaltung dargestellt. Schreibt Fromer also, er habe die preußische Staatsbürgerschaft aus praktischen Gründen
beantragt und angenommen, so erweist sich jedoch diese Erlangung der Staatsbürgerschaft im Nachhinein bzw. nach der obigen Darstellung nicht nur als

---

25 Jakob Fromer: GM, S. 145. Herv. C. S.
26 Jakob Fromer: GM, S. 153.

Mittel zum Zweck, sondern auch als Teil eines größeren Projektes. Es geht um das Projekt, den Juden in sich zu unterdrücken, oder genauer, als Jude dadurch unsichtbar zu werden, dass er „Deutscher" wird. Die binäre Opposition von „Deutscher" und „Jude", die Fromers Erzählung durch und durch prägt, wird auf diese Weise bestätigt und weiter geführt. Die Möglichkeit einer Re-Artikulation wird in diesem Fall dadurch zunichte gemacht, dass die „Spuren" sich wandelnder Subjekte völlig gelöscht werden sollen und vergangene Subjektpositionen nicht in die neueren aufgenommen werden. Es gibt keine „Unterschiede innerhalb einer Einheit", sondern nur eine „unmittelbare Identität".[27] Daher das Erstaunen des Erzählers darüber, dass moderne Juden in Deutschland leben und doch Juden bleiben wollen.[28] Deutsch werden sei nämlich unvereinbar mit dem *Wesen des Judentums*.

5.1.3 Vom Wesen des Judentums

Der Höhepunkt von Fromers Auseinandersetzung mit dem Judentum ist wohl der in der Autobiographie gedruckte Aufsatz *Das Wesen des Judentums* und die darin vertretene Position, das Judentum müsse untergehen, die Juden müssten untertauchen und in die sogenannten Mehrheitsgesellschaften spurlos aufgehen:

> Ihr fragt: Was sollen wir denn tun? Tauchet unter, verschwindet! Verschwindet mit euren orientalischen Physiognomien, dem von eurer Umgebung abstechenden Wesen, eurer „Mission" und vor allem mit eurer ausschliesslich (sic!) ethischen Weltanschauung. Nehmet die Sitten, Gebräuche und die Religion eurer Wirtsvölker an, suchet euch mit ihnen zu vermischen und sehet zu, dass ihr spurlos in sie aufgehet.[29]

Von Bedeutung ist die Tatsache, dass Fromer seine Überlegungen im gleichen Jahr publizierte wie Leo Baeck seinen gleichnamigen Aufsatz, in dem er leidenschaftlich das Judentum gegen Vorwürfe des Überholtseins verteidigte und Wege in die Zukunft wies. Vor diesem Hintergrund liest sich Fromers Text als Provokation und Subversion. Die Provokation zeigt sich nicht zuletzt in der anadiplosischen Wiederholung der Aufforderung zum Verschwinden und durch den dezidiert stigmatisierenden Ton. Die Abgrenzung von der „jüdischen" Wir-Gruppe ist auch deutlich an der Benutzung des ausschließenden „euer" zu er-

---

27 Stuart Hall: Ideologie, Identität, Repräsentation. Ausgewählte Schriften 4. Hamburg 2004, S. 65.
28 Vgl. Jakob Fromer: GM, 229.
29 Jakob Fromer: GM, S. 234.

kennen. Diese Abgrenzung wird noch deutlicher dadurch gemacht, dass die Wörter äußerst zurechtweisend und herablassend sind. Diese Provokation besteht zudem in der Einbeziehung des ethnisch-rassistischen Diskurses, der diesen Aussagen zugrunde liegt und sie, vom Standpunkt eines „jüdischen" Intellektuellen, zum Zündstoff macht. Die Position widerspricht allerdings deutlich seiner früheren Aussage, er habe der Moses Mendelssohn seiner Epoche sein wollen, seitens des Judentums aber wenig Unterstützung dafür erhalten. Denn Moses Mendelssohn wurde eben durch sein Festhalten am Judentum trotz seiner Aufnahme nichtjüdischer Denk- und Lebensformen zu einem Vorbild für viele Juden der assimilatorischen Epoche. Schreibt Fromer auch in einer in der ersten Auflage nicht vorhandenen Notiz des Tagebuches, er habe in der Zeit um 1890 viel über die Justizsiege des Herrn Dr. Bloch für die jüdische Gemeinschaft Österreichs[30] gejubelt, dann drängt sich die Frage auf, inwiefern dieser Jubel mit seiner Position zum Judentum vereinbar ist. Denn der Widerspruch zwischen dem Fromer, der die Juden und ihr Verharren im Judentum für den Antisemitismus verantwortlich macht, und dem, der sich über Joseph Blochs Aufklärungsarbeit bei den Christen freut, ist offenbar. Bloch sah die Rettung des Judentums in einer Verstärkung des jüdischen Bewusstseins und in einer Verbindung aller österreichischen Juden zur Bekämpfung des Antisemitismus. Dabei stand die Auflösung des Judentums niemals zur Debatte.[31] Hinzu kommt, dass Fromer 1903 in seinem Tagebuch vermerkt, der Judenhass sei ein Naturgesetz und als solches unabänderlich, mit dem solle man sich einfach abfinden.[32] Selbst wenn es im *Jüdischen Lexikon* heißt, Fromer habe in seinen späteren Jahren seine Einstellung zu dieser Frage geändert, so liefert die Autobiographie, die Fromer durchaus noch hätte überarbeiten können[33], keinen Hinweis darauf,

---

30 Joseph Bloch war in Österreich bekannt geworden für seine Vertretung der jüdischen Sache und für die vielen Prozesse, die er gegen Antisemiten durchführte oder auch für seine Reden vor dem Parlament. Sorgfältige Berichte über seinen Werdegang, sein Engagement für jüdische Interessen in Österreich sowie Protokolle von den Prozessen befinden sich in seinen dreibändigen „Erinnerungen aus meinem Leben.", die teilweise von seinem Bruder Morris Bloch posthum herausgegeben wurden. vgl. Erinnerungen aus meinem Leben. Von Dr. Joseph Bloch. Wien und Leipzig: R. Löwit Verlag, 1922, Band I und II; Wien: Appel & Co.-Verlag, 1933. Band III, Aus dem handschriftlichen Nachlass des Verfassers herausgegeben von seinem Bruder Morris Bloch.
31 Für eine ausführliche Auseinandersetzung mit J. Blochs Vorstellung des Judentums in dieser Arbeit 4.3.
32 Jakob Fromer: GM, S. 183.
33 Fromer starb 1938, fast drei Jahrzehnte nach der Erscheinung der zweiten Version seiner Autobiographie.

dass er seine früheren Stellungnahmen bereut hätte.[34] Die Zusammenfassung des umstrittenen Aufsatzes über eine „Lösung der Judenfrage" in der zweiten Version der Autobiographie von 1911 erfolgt m.E. nicht bloß als Dokumentierung des Vergangenen,[35] sondern durchaus als Bekräftigung des eigenen Standpunktes. „Mögen unsere Führer und Lehrer uns noch so sehr mit der heilbringenden Kraft der Zivilisation vertrösten. Ich bleibe dabei: das jüdische Märtyrium wird so lange dauern als das Judentum selbst", heißt es auch noch in dieser zweiten Version der Autobiographie.[36] Wenn man diese Überlegung in die totalitäre „Logik" von Fromers Ausführungen einschreibt, dann entpuppt sie sich nicht unbedingt als Prophezeiung eines ewigen Fortbestands des Antisemitismus, sondern als Warnung und als Aufruf zum Handeln. Aus dieser Perspektive ist Judenhass deutlich weder auf die Unaufgeklärtheit des Antisemiten zurückzuführen, noch auf die Taten bzw. auf das Verhalten des Juden, sondern er ist an der „Natur" des „Juden an sich" gebunden. Aber was ist „der Jude" überhaupt? Fromers Stellung zu dieser Frage macht sein eigenes Selbstverständnis als Jude nicht deutlicher. Dabei geht es ihm um den sogenannten modernen Juden:

> Ihr modernen Juden, die Ihr mit der Kultur fortschreitet und nach den Gesetzen des Landes, dem Ihr angehöret, lebt und dennoch Juden bleiben wollt, Ihr gleicht dem des Rechnens Unkundigen, der zwei mal zwei fünf sein lässt. Ihr kennt eben das Judentum nicht und glaubt deshalb, es sei mit dem, was Ihr wollt, zu vereinigen.[37]

An dieser allegorischen Beschreibung des Verhältnisses vom Judentum zur Moderne wird die These bestätigt, dass Fromer zwar eine Unvereinbarkeit von jüdischen und nichtjüdischen Denk- und Lebensformen postuliert, die angebliche „Natur" des Judentums, die bislang sein Aufgehen in die Umgebung verhindert hätte, für ihn aber keinen unumkehrbaren Zustand darstellt. Dennoch wird deutlich: für ihn gibt es kein Mittelmaß und keine Formel *à la* Moses Mendelssohn, die Orthodoxie wird als einzig mögliches Judentum betrachtet. Bei allen Versuchen, diesen Binarismus aufrechtzuerhalten, liefert die Erzählung dennoch Anhaltspunkte für eine andere Lektüre von Identität.

Der Betteljude Fromer, der auf seinem Weg vom Ghetto in die moderne Welt auf fremde Hilfe angewiesen war, schreibt, er habe mit der wachsenden Not und Armut, in der er sich immer wieder befand, oft vor dem Dilemma gestanden, ob

---

34 Jüdisches Lexikon, 1987, S. 835.
35 Vgl. Maria Kłańska: Aus dem Schtetl in die Welt, S. 289.
36 Maria Kłańska: Aus dem Schtetl in die Welt, S. 184.
37 Jakob Fromer: GM, S. 229.

er nicht zum Überleben sich taufen lassen sollte. Sein Bericht über diese schwierige Periode lässt einen Juden hervortreten, der alles, nur nicht seines eigenen Judentums sicher ist:

> Am nächsten Abende stellte ich mich dem Leiter eines Missionsseminars vor, das sich in einem Dorfe bei Stuttgart befand. Er war ein alter Herr und fragte gern. Ob es bloss die Not war oder auch die Ueberzeugung, die mich hierher trieb? Ich gestand aufrichtig, dass es die Not war. – – – [...] In meinem Innern ging es stürmisch her. Ich hatte mir schon so oft gesagt, dass der Schritt, den ich da zu tun im Begriffe war, gar nicht so ungeheuer war. Ich wollte eine Religion verleugnen, zu der ich doch tatsächlich nicht mehr gehörte. Oder hatte mich die Mutter nicht schon längst als einen Abtrünnigen beweint, um mich wie um einen Toten getrauert? Und die arme Frau hatte auch von ihrem Standpunkte recht. Es gab nur ein orthodoxes talmudisches Judentum. Jene modernen Juden aber, die ihren Talmud nicht kannten und die Zeremonialgesetze entweder garnicht oder nach Massgabe der Verhältnisse ausübten, durften kaum noch den Anspruch auf den Namen ‚Jude' erheben. Das jüdische Religionsgebäude war eben so zusammengefügt, dass mit dem Herausziehen eines einzigen Ziegels das ganze Gebäude zusammenstürzte. Dieser Zusammensturz war bei meiner Religion schon längst erfolgt. Es blieb nur noch das Gewissen, das sich in diesem schmutzigen Religionsschacher nicht zurecht finden konnte. Das war ein gemeiner Betrug. Aber wer betrog denn nicht? War denn das Leben überhaupt ohne Betrug möglich? Oder wer würde in meiner Lage anders handeln? Das waren alles recht schöne Gedanken. – Wenn nur nicht das Herz dagegen gewesen wäre, dieses launenhafte Ding, das sich so ganz und gar nicht um Vernunftschlüsse und Notwendigkeit kümmerte und mit seinem trotzigen Veto das felsenfeste Vernunftgebäude zusammenwarf. Dieses Herz rief mir gebieterisch zu: Du sollst nicht! Und ich konnte diesem Rufe nicht widerstehen. Mit dem Abfall von dem orthodoxen Judentum hatte ich zwar einen frevelhaften Schritt getan, aber meine Familie war noch nicht entehrt. Man durfte sich noch nach dem Gesetze mit ihr verschwägern, der Schandfleck war noch austilgbar: die Brücke war hinter mir noch nicht ganz abgebrochen. Mit der Taufe waren aber alle menschlichen Bande zwischen mir und den Meinigen zerrissen. Und in dieser Welt entehrt, trauerte dann meine Mutter, von Gram und Jammer gebeugt, bis ins Grab(sic!).[38]

Die vielen Fragen drücken die Ungewissheit über den Sinn des eigenen Weges und über den religiösen Standpunkt des Erzählers aus, während die zögerlichen Antworten statt Überzeugung vielmehr eine Suche nach Selbstberuhigung darzustellen scheinen. Dass die grundlegende Frage nach dem Wesen des Judentums auch hier keine überzeugende und entschlossene Antwort findet, verstärkt dieses Gefühl der Ungewissheit, das für Fromers Generation symptomatisch scheint. Demnach steht am Ende der Überlegung anstelle einer normativen Definition des Judentums eine persönliche Entscheidung, eine Wahl des persönlichen Weges. Für den Erzähler ist die Taufe der entscheidende Schritt, der den

---

38 Jakob Fromer: GM, S. 129f.

Juden vom Judentum endgültig abtrennt. Dabei drängt sich allerdings die Frage, warum er trotz seines Assimilationswunsches selbst auf die Taufe verzichtete. Indem er deutlich relativiert und andere Entscheidungsmöglichkeiten offen lässt –z.B. die der Mutter–, spielt er darauf an, dass in dieser Hinsicht keine Verallgemeinerung möglich ist. Aber selbst der Weg vom orthodoxen Judentum zu der Entscheidung, das persönliche Jude-Sein von dem mehr oder weniger symbolischen Akt der Taufe abhängig zu machen, ist kein leichter. Ihn kennzeichnet eine Dialektik einander ausschließender Gedanken. Besonders aufschlussreich ist die rhetorische Frage, mit der der Erzähler die eigenen Entscheidungen moralisch zu begründen versucht: „Aber wer betrog denn nicht? War denn das Leben überhaupt ohne Betrug möglich?" Der Prozess des Selbstentwurfs, d.h. „Identitätsbildung", wird hier zum Betrug. Die stillschweigende Annahme, kein Leben bzw. keine „Identität" sei ohne Betrug möglich, macht das gesamte Projekt des Selbstentwurfs zum Verstellungsspiel. Der Betrug steht m.E. allegorisch für das Spiel der Differenz und der Artikulation heterogener Momente, die hier ein dezentriertes Subjekt hervortreten lässt. Es handelt sich in dieser Hinsicht um ein Subjekt, wie Fromer es treffend metaphorisch formuliert, in dem es „stürmisch" hergeht. Es handelt sich also keinesfalls um ein stabiles, selbstbewusstes Subjekt, sondern um ein Subjekt, das durch gesellschaftliche Antagonismen durchschnitten ist. Diese Überlegung kennzeichnet demnach nicht nur den eigenen Zweifel, sondern auch die Suche nach einem persönlichen Gleichgewicht, den Versuch der (Re-)Artikulation unterschiedlicher Konstituenten der eigenen Identität. Sie stellt die Konstruktion einer persönlichen jüdischen Identität dar, die immer den Forderungen des Moments entsprechen. Fromers Konzeption von „Identität", die er besonders in seinem umstrittenen Aufsatz darlegt, liegt ein Binarismus zugrunde. Danach müsse „Identität" einheitlich und nicht heterogen sein. Umso erstaunlicher, wenn Fromer dann einen Begriff flexibler Identität formuliert. Flexibilität in seiner Auffassung hat aber nicht zu tun mit einer Re-Artikulation im Sinne von Stuart Hall, und zwar deshalb nicht, weil sie ein spurloses Verschwinden von Subjektpositionen intendiert. Fromer verbindet Einheitlichkeit nicht gleich mit Permanenz und Unveränderlichkeit. Es handelt sich also um eine Flexibilität, die zwar nicht essentialistisch gedacht ist, die trotzdem das Spiel der Differenz verhindern kann, weil sie das Subjekt vor ein strenges Entweder-Oder stellt. Ziel dieser Flexibilität ist also letztlich eine Zentrierung des Subjekts. Sie dient der Ausblendung von Differenz und dem Abschaffen von Heterogenität. Nach dieser Vorstellung hängt Identitätsbildung vom Bewusstsein des Subjekts ab, weil das Subjekt ein freies ist, das über die Ausrichtung der eigenen Identität entscheiden kann. Auch an dieser Stelle wird Fromers Konzeption von (jüdischer) Identität problematisch, denn das von ihm tatsächlich dargestellte Subjekt ist nicht nur kein selbstbewusstes, sondern auch eines, das von außen determiniert ist. Der Selbstentwurf, wie Fromer ihn am eigenen Beispiel darstellt, ist niemals frei von Dissonanzen und Diskontinuitäten. Die Entfaltung der jeweiligen Momente dieser Identität(en) ist nicht vom „Juden" allein abhängig, sondern immer auch von der gesellschaftlichen „Situation". Das Unsichtbarwerden, das Fromer einerseits empfiehlt, wird von ihm selbst zugleich dahingehend kritisiert, dass es immer nur da funktionieren könne, wo die Umstände es zulassen, d.h. wo der Jude, im Sinne von Sartre, nicht als solcher „erkannt", d.h. vom Anderen konstruiert wird. Dass die Vereinheitlichung heterogener Subjektpositionen im Kontext der Emanzipation unhaltbar war, zeigt Fromers „halblaute[s]" Bekenntnis, es gäbe keine eigene Identität ohne Betrug. Damit wird auch deutlich gemacht, dass Identitätsbildung, um nun den anderen Schluss aus Fromers Erzählung zu ziehen, dem Spiel der Differenz letztlich nicht entgehen kann. Besonders in der darstellerischen Praxis von Fromers Erzählung wird der Kampf erkennbar, der dem individuellen Selbstentwurf zugrunde liegt. Es ist ein Kampf, der die Überzeugung in Hinblick auf das Ziel, aber auch Zweifel in Hinblick auf die Mittel vor Augen führt. Der „Jude", der aus Fromers Darstellung des eigenen Werdegangs hervorgeht, wäre mit dem psychoanalytischen „Kind" vergleichbar, das mit beträchtlichen Schwierigkeiten lernt, sein „Ich" nicht aus einem inneren Kern herauszuarbeiten, sondern in einem oft unbewussten Prozess dieses „Ich" aus seinem phantasie- bzw. begehrensvollen Verhältnis zur Außenwelt zu entwickeln. Hier wird die klare Grenze zwischen Selbst und Andere in Frage gestellt, weil der Andere schon immer im Selbst präsent ist, denn „Ich" ist hier deutlich ein anderer.

5.2 Sigmund Mayers „Lebenserinnerungen"

Sigmund Mayers posthum veröffentlichte Autobiographie *Lebenserinnerungen. Ein jüdischer Kaufmann 1831-1911* erzählt vom Werdegang des 1831 im Preßburger Ghetto geborenen österreichischen Kaufmanns und späteren Kommunalpolitikers. In seiner Geschichte führt Mayer seine Leser vom Preßburger Ghetto bis nach Wien. Es heißt von Seiten des Autors, er wolle „die Erinnerung an all das, was ich gesehen und gehört, erlebt und erfahren, auch gedacht und getan... wieder wach werden lassen, um selbst dadurch Ruhe mit der eigenen Vergangenheit zu finden".[39] Es geht dem Autor demzufolge also hauptsächlich um eine

---

39 Sigmund Mayer: Lebenserinnerungen. Ein jüdischer Kaufmann 1831-1911. zweite Auflage. Hg. von Sidonie Rosenberg. Berlin/Wien 1926, S. VIII.

Ich-bezogene Erzählung, die der Bewusstseinsbildung dient. Das gleich am Anfang ins Zentrum gerückte „Ich" weist darauf hin, dass das Verstehen, das Erforschen der Vergangenheit grundsätzlich der eigenen Person, dem „Geheimnis der eigenen Persönlichkeit" gilt. Die Geschichte, die Mayer selbst als Autobiographie bezeichnet, weist aber deutliche Merkmale der Memoirenliteratur auf, die der Autor selbst nicht leugnet. In den abschließenden Zeilen seiner Erzählung schreibt er nämlich folgende Worte, die in Hinsicht auf den literarischen Status seiner Schrift aufschlussreich sind:

> Ich setzte also diese meine Autobiographie nicht weiter fort, schließe sie ab. Hat sie ja doch den ursprünglichen Zweck – und ich kehre hier zum Anfange derselben, zur einleitenden Vorrede zurück – nämlich durch diese Rückschau auf meine Wanderung durch das Leben *mir eine gewisse Ruhe zu gewähren*, nicht nur erreicht, sondern sie ist, wenn ich dem *Urteile von Kulturhistorikern* wie Karl Lamprecht und anderen trauen darf, über dieses erreichte Ziel weit hinausgewachsen, hat nach den verschiedenen Richtungen *ein volles Lebensbild des 19. und zum Teil des 20. Jahrhunderts geliefert.*[40]

Es handelt sich also nicht nur um die Darstellung eines persönlichen Werdegangs, also um den „Ausdruck der Identitätsbildung", sondern auch um die „Darstellung des sozialen Rollenspiels des Erwachsenen",[41] und zwar in dem Sinne, dass dieser Erwachsene eine bestimmte Rolle in den dargestellten Geschehnissen spielte. Daher betont Mayer auf der einen Seite das Suchen nach der Ruhe durch die Prüfung bzw. Begründung der persönlichen Leistungen, und auf der anderen Seite die kulturhistorische Leistung, wodurch Legitimität und Authentizität beansprucht werden. Das Lebensbild des 19. Jahrhunderts und zum Teil des 20. Jahrhunderts wird aber aus dem Blickpunkt der persönlichen Erfahrung geliefert, das eigene Leben und die eigenen Träume und Vorstellungen dienen der historischen Darstellung als Folie. Was der Autor als Autobiographie bezeichnet, entpuppt sich am Ende als eine Mischung aus autobiographischen Äußerungen im strengsten Sinne und aus Memoiren. Sowohl die Geschichte der eigenen Individualität als auch die Zeitgeschichte, sowohl Werden und Erleben des erzählenden Ich als auch sein „Handeln als sozialer Rollenträger"[42] sind Gegenstand dieser Erinnerungen. Sigmund Mayer erzählt tatsächlich nicht nur, wie die Gesellschaft ihn formte zu dem, was er geworden ist, sondern er vermittelt auch seine Einstellung zu dieser Gesellschaft und seinen Anteil an den historischen Erlebnissen. Das scheint der Erzähler zu meinen, wenn er resümiert, die Autobiographie sei über ihr Ziel hinausgewachsen.

---

40 Sigmund Mayer: JK, S. 454. Herv. C. S.
41 Bernd Neumann: Identität und Rollenzwang, S. 8.
42 Bernd Neumann: Identität und Rollenzwang, S. 12.

Geht man wie Bernd Neumann davon aus, dass Memoiren genau dort ansetzen, wo die Autobiographie endet, d.h. mit der Übernahme einer Identität bzw. einer gesellschaftlichen Rolle, so ist Sigmund Mayers Geschichte eine perfekte Mischung aus beiden.[43] Dass diese Erzählung aber ihr ursprüngliches Ziel weit überschritt, mag nicht an einem Zufall liegen. „Ich bin der Mann, der das Elend gesehen. Speziell dieses Ghetto und sein Elend habe ich zu zeichnen versucht, ohne Tendenz und in keiner anderen Absicht, als dem Kulturhistoriker ein von ihm wenig gekanntes Material zu liefern", so Mayers Programm.[44] Er wolle also mit seinen Erinnerungen auch einen Beitrag zur Kulturgeschichte leisten. Damit überschreitet er deutlich die Grenzen der „Ich"-Geschichte. Der nach „innen gerichtete[...] Geist"[45] wird ergänzt um einen die Außenwelt darstellenden Erzähler. Die Authentizität und die Objektivität des Erzählten sollen dabei dadurch bekräftigt werden, dass zwischen dargestelltem Objekt und darstellender Erzählinstanz Distanz geschaffen wird. Mayer schreibt in den einleitenden Zeilen seiner Erinnerungen dazu:

> Ungehindert durch den *Zufall der Geburt*, stehe ich dem Judentum und allen damit zusammenhängenden Momenten vollständig objektiv gegenüber. Wie ungezählte andere Tausende war ich ihm innerlich vollständig *fremd* geworden. Als dann die antisemitische Bewegung die Juden wieder ein neues, wenn auch nur von unsichtbaren Mauern eingeschlossenes Ghetto gedrängt hatte, war ich den größten Teil meines Lebens sozusagen in der Fremde gewesen, hatte fremde Welt genug gesehen, um die alte Heimat mit nüchternem Blicke beurteilen zu können.[46]

Dieser Hinweis, der die Auseinandersetzung mit dem eigenen Leben einleitet, steht in deutlichem Widerspruch zu der Behauptung im Vorwort der Erinnerungen, der Autor dieser Schrift wolle auf keinen Fall „auf die Diskussion oder Lösung einer Spezialfrage einwirken".[47] Obwohl man die Erinnerungen Sigmund Mayers nicht auf die Behandlung dieser Problematik beschränken kann, so kann man jedoch nicht verkennen, dass die „Spezialfrage" nach der eigenen Herkunft, der der Autor hier auszuweichen versucht, in seinem Buch eine entscheidende Rolle spielt.[48] Bereits die Betonung vom „Zufall der Geburt" und das Argument der Verfremdung deuten darauf hin, wie wichtig diese Frage in dem Text wird.

---

43 Bernd Neumann: Identität und Rollenzwang, S. 25.
44 Sigmund Mayer: JK, S. 147.
45 Roy Pascal: Die Autobiographie. Gehalt und Gestalt. Stuttgart 1965, S. 19.
46 S. Mayer: JK, S. 1. Herv. C. S.
47 S. Mayer: JK, S. VII.
48 S. Mayer: JK, S. VII.

Indem Mayer Saladins „Spruch" aus Lessings *Nathan der Weise* für sich geltend macht, man solle nur aus „Einsicht, Gründen und Wahl des Besseren" die Religion seiner Geburt behalten, spielt er auch bereits implizit auf seine Vorstellung von Jude-Sein an.[49] Dass die Geburt keinesfalls ewige Bindung bedeutet, sondern ein Zufallsereignis sei, und er gegenüber dem Judentum volle Objektivität erreicht habe, will sagen, dass er keinen Rassendiskurs über das Judentum für sinnvoll erachtet. Es will aber noch mehr andeuten, nämlich dass Mayer seine Zukunft nicht auf das Judentum ausrichtet, sondern an einem Ort außerhalb. Als Einstellung eines beachteten nichtjüdischen Intellektuellen (Lessing) aus der Zeit der Emanzipationsdebatte stellt dieser Spruch für den Autobiographen nichts weniger als eine Art Legitimierung bzw. Begründung der eigenen Position dar. Diese Frage wird unten noch weiter diskutiert. Hier sei erst mal noch kurz erwähnt, dass schon der Titel von Mayers Autobiographie darauf hindeutet, dass das erwähnte Argument der Verfremdung nicht ohne weiteres hinzunehmen ist. In der Tat weist die Bezeichnung „jüdischer Kaufmann" auf eine Mischung aus persönlichem und Gruppenbewusstsein hin. Es sind zwar persönliche Lebenserinnerungen, in denen der Autor seine individuelle Entwicklungsgeschichte darstellt, diese Darstellung erfolgt aber zugleich aus der Gruppenperspektive, aus dem Blickpunkt eines jüdischen Kaufmanns. Unvermeidlich wird also das „Ich" ständig vom „Wir" heimgesucht und ständig wird der Versuch, die eigene Individualität herauszustellen, durch die Gruppenidentität unterminiert. Sigmund Mayer schreibt nicht nur über sein Judentum, sondern auch und besonders über das österreichische Judentum im 19. Jahrhundert.

5.2.1 Juden-Dasein und Erziehung

Sigmund Mayer erzählt in seiner Autobiographie die Geschichte eines grausamen Umgangs von Christen mit einem jüdischen Kaufmann und kommt zu dem Schluss, diese rücksichtslose Behandlung eines Juden durch die christlichen Nächsten habe weitgehend zur Modifizierung des jüdischen Daseins beigetragen:

> Welche Folgen für das Seelen- und Geistesleben der Juden mußten aus dieser Rechtsunsicherheit, aus diesem Bewußtsein entspringen? Vor allem hierin suche ich die Quelle jener Neigung zum Wahnsinn, von der ich gesprochen. Sie ist eine durch die Vorgänge seit dem Mittelalter entstandene erbliche Belastung. Diese Rechtsunsicherheit, die ich noch miter-

---

49 Gotthold Ephraim Lessing: Nathan. Stuttgart 1975, 5f.

lebt, war nur eine Fortsetzung jener noch ungleich ärgeren, in welcher die Juden jahrhundertelang gelebt hatten.[50]

Jude-Sein wird also vor allen Dingen mit einer bestimmten historischen Erfahrung in Zusammenhang gebracht. Die Recht- und Schutzlosigkeit der Juden habe dazu geführt, dass die Juden feige wurden: „War da in diesem Milieu die Feigheit der Juden nicht sehr erklärlich? Übrigens will ich hier gleich hinzufügen, daß sie hauptsächlich eine Ghettoblüte war", so Mayer weiter. Der Jude wird als sozial labiles Subjekt dargestellt, und der Bezug auf die lange Geschichte des Judenhasses und der Absonderung ist zugleich eine Anamnese, eine Leidensgeschichte des „Patienten". Der „Jude" wird hier als Produkt der gesellschaftlichen (Inter)aktion verstanden, seine Identität wird aber besonders von außen konstruiert. Auch hier wie bereits bei Fromer erscheint der noch traditionelle, von der Außenwelt abgeschottete Jude als soziales Problem. Bei Mayer liegt der Unterschied aber in der angeführten Ursache des Problems, deren Ermittlung neben der Anamnese erfolgt. Die Darstellung des Juden als Objekt gesellschaftlicher Zwänge bringt ein Konzept von Jude-Sein hervor, das, wie Rosenzweig es formuliert, etwas „durch aus (sic!) Negatives, etwas sich Abgrenzendes und dadurch selber nur Beschränktes" verkörpert.[51] Dadurch wird der „positiv-historische" Begriff des Judentums in den Hintergrund gestellt. Die Reaktion auf dieses Problem ist bei Mayer anders als bei Fromer. Über seinen Geburtsort schreibt der Autobiograph nämlich gleich am Anfang:

> Sarkastisch war jeder dieser Ghettojuden und, gehörte er zu den Intellektuellen, von radikaler Gesinnung. Nur wer mit diesen Gefangenen der Judengasse mitgelebt und mitgelitten, versteht den grimmen Hohn Ludwig Börnes, den Zynismus Heines, begreift, warum Johann Jakoby und Adolf Fischhof, Ferdinand Lassalle und Karl Marx gerade Juden waren.[52]

Diese Logik führt ihn zu einer essentialistischen und quasi-absurden Unterscheidung von Juden und Christen, für die er sich nahezu entschuldigt, und die auf ein Kriterium basiert, das nicht ohne weiteres zu verstehen ist. Der Gemeinplatz des Juden als des besseren Menschen, der in Mayers Äußerungen im ersten Teil nur tendenziell und ohne besondere Anteilnahme Erwähnung findet,

---

50 Sigmund Mayer: JK, S. 142.
51 Vgl. Franz Rosenzweig: Bildung – und kein Ende. Wünsche zum jüdischen Bildungsproblem des Augenblicks insbesondere zur Volkshochschulfrage. In: Ders.: Zweistromland. Kleinere Schriften zur Religion und Philosophie. Berlin/Wien 2001.
52 Sigmund Mayer: JK, S. 3.

tritt nun deutlich in seiner Argumentation und in seiner Darstellung von Juden und Nichtjuden hervor:[53]

> Ich bitte die christlichen Leser, wenn ich deren finden sollte, um Entschuldigung, aber ich kann nicht umhin, hier über den Unterschied zwischen Christen und Juden ein aufrichtiges Wort zu sagen. Berthold Auerbach meint in einer seiner „Dorfgeschichten": „Wo es auf reines Menschtum ankäme, steht der Jude höher." Ich muß ihm bei aller Unbefangenheit zustimmen. Der Jude gibt auf der Straße dem christlichen Bettler stets ein Almosen, ohne dabei an etwas anderes als an dessen Not zu denken, der Christ geht an jüdischen Bettler vorbei. Für die Insassen des Ghetto bedurfte es keines Trunkenheitsgesetzes, für deren Töchter keiner Findelhäuser; Mißhandlungen von Kindern durch die Eltern oder auch nur von Lehrlingen durch deren Meister, wie sie oft in entsetzlichen Gerichtsverhandlungen zu Tage kommen, oder Rohheiten gegen die Frau sind bei den Juden undenkbar.[54]

Hier hat man es nicht mehr mit dem darstellenden, sondern zugleich mit dem beurteilenden Blick des Autobiographen zu tun. Weil er manche Identitätsmerkmale der Juden durch den Einfluss des Milieus erklärt, drängt sich die Frage auf, in welchem Maß die ethnische Abstammung den Topos des Juden als des besseren Menschen mitbestimmt, den er hier aufgreift und zuspitzt. Dieser Vergleich bringt nämlich einen Juden hervor, dessen „Identität" erst in Abgrenzung zum Nichtjuden realisiert wird. Durch diesen Essentialismus wird auch ein Gegendiskurs entworfen, der neben einer „bürgerlichen Verbesserung" des Juden[55] eine sittliche Verbesserung des Christen befürwortet. Erwähnenswert ist die Tatsache, dass Mayer sich hütet, die Abgrenzung des Juden nach Außen gegenüber dem Österreicher zu unternehmen, denn er zweifelt ja nicht an seiner Zugehörigkeit zur österreichischen politischen Nation. Mayer erhebt die Rücksichtslosigkeit und den Egoismus zu allgemein geltenden Charaktermerkmalen der Christen und organisiert dadurch eine binäre Trennung von Juden und Christen, die lediglich auf einzelnen Erfahrungen basiert. Die Argumente, die diesen Gegendiskurs hier untermauern sollen, erscheinen aber nicht immer unproblematisch. Joseph Bloch, der in dieser Arbeit noch behandelt wird, erzählt von den Prügelstrafen, die ihm sehr oft vom Vater zugefügt wurden. Er soll auch gleich nach seinem dreizehnten Lebensjahr aus dem Elternhaus vertrieben worden sein.[56] Dieses eine Gegenbeispiel genügt, um zu zeigen, was offensichtlich ist, nämlich, dass Mayers Ausführungen nicht allgemeingültig sind.

---

53 Vgl. Sigmund Mayer: JK, S. 144
54 Sigmund Mayer: JK, S. 104.
55 Vgl. Christian Wilhelm Dohm: Über die bürgerliche Verbesserung der Juden.
56 Vgl. Joseph Samuel Bloch: Erinnerungen aus meinem Leben. Band I und II. Wien und Leipzig 1922. Hier Band I, S. 3f.

Mayers Äußerungen tragen also zu einem essentialistischen Diskurs bei, der die damaligen Juden von der restlichen Gesellschaft abzuheben sucht, der oft an Nativismus grenzt, und bis ins 20. Jahrhundert hinein fortlebt und unter den wichtigsten jüdischen Gelehrten Widerhall findet. Er ermöglicht eine einfache Teilung der Welt in Kategorien von „gut" und „böse". Identität wird zwar weitgehend sozialpsychologisch definiert als Ergebnis eines Zusammenspiels von Selbst und Andere, aber angeblich durch soziale Interaktion erworbene Merkmale werden doch zu angeborenen gemacht. Bei Ludwig Kalisch zum Beispiel, einem hartnäckigen Verfechter jüdischer „Authentizität" aus dieser Zeit, ist diese Einstellung bereits 1872 deutlich erkennbar. Kalisch schreibt zur Trunksucht, einem angeblich typisch nichtjüdischen Makel:

> Die Trunksucht war, beiläufig gesagt, von den Juden, welche überhaupt die Völlerei als Sünde betrachten, von jeher als eines der abscheulichsten Laster verpönt. Ein betrunkener Jude gehört wohl noch heute zu den Seltenheiten. Man [Das Abendland] hat die Nüchternheit der Juden nicht Tugend gelten lassen wollen, und wenn ich nicht irre, behauptet Kant in seiner Anthropologie, daß alle unterdrückte und sclavische (sic!) Völker sich durch Nüchternheit deshalb auszeichnen, weil sie beständig vor ihren Unterdrückern auf der Hut sein müssen. Das ist nicht richtig. Die polnischen und die russischen Bauern tranken als Leibeigene eben so viel als sie noch heute trinken, und den Negersclaven kann man gewiß keine Mäßigkeit nachrühmen. Der Grad der Mäßigkeit eines Volkes hängt vielmehr von den Breitengraden ab. *Die Unmäßigkeit ist dem Norden, die Mäßigkeit ist dem Süden eigen.* Die Juden sind aber nicht nur als ein orientalisches und religiöses Volk sehr mäßig, sondern vorzüglich als ein Volk, das ein patriarchalisches Leben führt und seine Sitten genau überwacht.[57]

Der „Anthropologe" Kalisch unternimmt hier eine Trennung von Juden und Nichtjuden, die in eine Klassifizierung der ‚Völker' nach ihrem Grad an Mäßigung mündet, wobei dem Begriff der „Mäßigkeit" selbst keinen deutlich erkennbaren Inhalt verliehen wird, die damit bezeichnete Eigenschaft aber angeboren sein soll. Aus diesen Gedanken schöpft Sigmund Mayer, genauso wie Leo Baeck später im Jahre 1956 in seiner ersten Franz Delitzsch-Vorlesung, wo er das tadellose ethisch-moralische Verhalten der Juden in der vorassimilatorischen Zeit lobt:

> Sie [die Juden] sahen in gewissem Sinne auf ihre Umgebung herab, und, historisch betrachtet, durften sie es tun. Die drei großen Krankheiten, unter denen Europa litt: die Rohheit, vor allem die geschlechtliche, die Trunksucht und die Unwissenheit – all das

---

57 Ludwig Kalisch: Bilder aus meiner Knabenzeit. Leipzig 1872, S. 140. Herv. C. S.

> fand durch die Tore der Judengassen keinen Eintritt. [...] Dort gab es keine Zügellosigkeit und keine Rohheit; dort gab es keine Trunksucht.[58]

Es handelt sich also um einen Gegendiskurs, der im Laufe der Jahrhunderte immer wieder zitiert und weiterentwickelt wird, und der in der Vorstellung bzw. Konstruktion des Nichtjuden mithineinwirkt. Dass nun Sigmund Mayer an einer solchen Weiterentwicklung teilnimmt, dass er an dieser mitschreibt, deutet auf ein Gruppenbewusstsein hin. Das Eingeschriebensein seiner Position in eine Logik historischen Diskurses lässt den Schluss zu, dass seine Erzählung nicht, wie er das von Anfang an andeutet, reiner Objektivität entspringt. Die hier vertretene Position ist demnach nicht die selbstbewusste Manifestation eines Subjektes. Bei Mayer wird die Aneignung dieser Position besonders fragwürdig, wenn er unter seinen Zeitgenossen zwischen interessanten und nicht interessanten Menschen unterscheidet:

> Von den hier vorgeführten jungen Leuten (Leopold Löw, später Rabbiner Szegedin, Ehrentheil, Rabbiner in Horic, Steinhart, Rabbiner in Arad) ist sicherlich keiner zu einer ersten oder gar historischen Bedeutung gelangt; doch geben sie mir Stoff zu einer allgemeinen Bemerkung. Waren sie auch nicht bedeutende Männer, so waren sie doch alle mehr oder weniger das, was man „interessante Menschen" nennt. Und ich wage die Meinung auszusprechen, daß solche unter den jüdischen Intellektuellen häufiger sind als unter den nichtjüdischen. Es kann einer ein großer, sogar ein für die Wissenschaft bedeutender Gelehrter sein und braucht deshalb gar kein interessanter Mensch zu sein. Kant und Spinoza sind beide gleich große Metaphysiker, aber interessant als Mensch kann nur der letztere genannt werden. Adam Smith, Malthus und Ricardo sind die Begründer einer modernen Wissenschaft, der Nationalökonomie, aber als Menschenerscheinungen sind interessant Saint-Simon, Lassalle, Marx und – wenn man Provenienz, Laufbahn und Opfermut für seine Sache erwägt – Viktor Adler. Interessant wird eben der Mensch *nicht durch das, was er weiß, sondern durch das, was er ist*, durch sein Werden und seine Entwicklung.[59]

Diese Aussage lässt viele Fragen offen. Die erste betrifft die Bestimmung von Sein und Schaffen, die Mayer zwar andeutet, aber nicht wirklich deutlich macht. Denn genauso wie er bei manchen die wissenschaftliche Laufbahn und den Gelehrtenstatus nicht in Betracht ziehen möchte, erwähnt er etwa bei Viktor Adler die Laufbahn oder den Opfermut. Des Weiteren möchte man gern die Logik herausfinden, die der Auswahl von „interessanten Menschen" zugrunde liegt. Karl Marx wurde bereits mit 16 getauft und hatte keine nennenswerte Bindung ans Judentum.

---

58 Leo Baeck: Von Mendelssohn zu Franz Rosenzweig, S. 17.
59 Sigmund Mayer: JK, S. 128. Herv. C.S.

Spinoza trat aus dem Judentum aus, das er stark kritisierte und begründete sogar einen eigenen Glauben. Sowohl Lassalle als auch Adler waren völlig assimilierte Juden. Damit ergibt sich vielleicht ein Entscheidungs-Muster, dieses wird aber durch die Erwähnung von Saint-Simon wieder ungültig gemacht. Denn Saint-Simon mag ein „Judenfreund" gewesen sein, der für eine Gleichstellung der Menschen in der Gesellschaft plädierte und speziell die Rolle des Judentums in der Geschichte des Menschengeschlechts unterstrich,[60] er war aber kein gebürtiger Jude. Dies lässt die Schlussfolgerung zu, dass in erster Linie nicht die Abstammung, sondern der sogenannte Opfermut für die Kategorisierung entscheidend ist. Dieses Element, das die Opposition von jüdischen und nichtjüdischen Intellektuellen aus dem Gleichgewicht bringt, stört nicht nur die Logik der Erzählung, sondern auch die gesamte Logik der Konstruktion von Identität. Dadurch wird der Versuch, „Identität" immer nur in Gegensätzen zu definieren, unterminiert. Während hier die Gegenüberstellung von Juden und Nichtjuden die Anschuldigung gegenüber der nichtjüdischen Gesellschaft unterstützen soll, um den Juden stets als Opfer darzustellen, führt sie bei Mayer nicht zu einem ethnisch bedingten Rückzug. Ohne aber gleich wie Fromer ein „Verschwinden" des Judentums zu befürworten, entwirft Mayer nach seinem einleitenden Wort über den Anteil der nichtjüdischen Welt am „Juden" das eigene Daseins-Konzept, das sich zwischen Sichtbar- und Unsichtbarwerden wechselt.

5.2.2 Jude-Sein als Beruf: Zur Metaphorisierung des Judenstatus'

Während Fromer die Scheidung zwischen Juden und Nichtjuden durch das Verharren der Juden in ihren Traditionen zu erklären sucht, sieht Sigmund Mayer das entscheidende Element in der Berufswahl der jüdischen Zeitgenossen. Obwohl er einerseits wie Fromer die „geschlossene Abstammung und die Religion" für die Isolierung der Juden verantwortlich macht, definiert er die Judenheit andererseits besonders über den Beruf:

> Schon durch diesen geschlossenen Beruf machten sie auf die ganze christliche Bevölkerung den Eindruck einer besonderen Volksschicht, eines ihnen fremden Volkskörpers.

---

60 Zum Verhältnis vom Saint-Simonismus und jüdischer Emanzipation Perrine Simon-Nahum: Jüdische Historiographie im Frankreich des 19. Jahrhunderts. In: Wyrna, Ulrich (Hg.): Judentum und Historismus. Zur Entstehung jüdischer Geschichtswissenschaft in Europa. Frankfurt/New York 2003. S. 91-116.

> Dieser Umstand allein erklärt den Fortbestand der Scheidung zwischen ihnen und den christlichen Bürgern, unter denen sie jetzt Platz genommen hatten.[61]

In der Entfernung suggerierenden Wortwahl „sie" zeichnet sich hier deutlich eine allmähliche Abgrenzung Mayers vom Judentum ab. Tatsächlich betreibt Mayer eine Metaphorisierung der Judenheit, die nicht wenig an Karl Marx' Konzept von der „Emanzipation" des Juden erinnert. Marx hatte 1844 in seiner umstrittenen Schrift *Zur Judenfrage* buchstäblich Jude als Beruf definiert. Er hat die These vertreten, „der Jude" habe durch das Geldgeschäft materielle Emanzipation und gesellschaftliche Macht erlangt. Die „Judenfrage" betreffe im Grunde nicht die bürgerliche Emanzipation der Juden, sondern ihre Emanzipation vom Geld, vom Erwerb. „Betrachten wir den wirklichen weltlichen Juden", so Marx,

> nicht den Sabbathjuden, wie es Bauer tut, sondern den Alltagsjuden. Suchen wir das Geheimnis des Juden nicht in seiner Religion, sondern suchen wir das Geheimnis der Religion im wirklichen Juden. Welches ist der weltliche Grund des Judentums? Das praktische Bedürfnis, der Eigennutz. Welches ist der weltliche Kultus des Juden? Der Schacher. Welches ist sein weltlicher Gott? Das Geld. Nun wohl! Die Emanzipation vom Schacher und vom Geld, also vom praktischen realen Judentum wäre die Selbstemanzipation unserer Zeit.[62]

Marx definierte also die Judenheit nicht nur nach der Religion oder nach geistig-historischen Merkmalen, sondern als ein bestimmtes Verhältnis zum Geld. Meinte er also, die bürgerliche Gesellschaft, der die wirtschaftliche Macht ihm zufolge zur Grundlage geworden war, erzeuge fortwährend den Juden, dann hatte für ihn Judenheit weniger mit der Abstammung zu tun. Marx betonte auch im Anschluss: „Die Juden haben sich insoweit emanzipiert, als die Christen zu Juden geworden sind".[63] Als Akademiker muss Sigmund Mayer Marx gelesen haben. Mayer erzählt von der täglichen Not der Juden im Ghetto und von der gesellschaftlichen Randstellung der jüdischen Gemeinschaft, davon, dass die Juden die Unterdrückung damals so angenommen hätten, als sei es ein Naturgesetz gewesen.[64] Er erzählt weiter, sein Vater habe im Ghetto ein Engrosgeschäft besessen und die Eltern hätten ihn dazu gedrängt, ins Geschäft einzusteigen: „Meine Mutter legte mir nun ganz ernsthaft nahe, das Studium aufzugeben und ins Geschäft zu treten. Sie hatte wenig Hoffnung für die Karrie-

---

61 S. Mayer: JK, S. 156.
62 K. Marx: Zur Judenfrage. Herausgegeben und eingeleitet von Stefan Grossmann. Berlin 1919, S. 42. Herv. i. O.
63 K. Marx: Zur Judenfrage, S. 43.
64 Vgl. S. Mayer: JK, S. 145.

re eines Juden".[65] Er habe sich aber eher für eine universitäre Bildung interessiert: Besuch des Lyzeums, des Schottengymnasiums, der Universität in Prag und Wien, der Polytechnik. Seine Jahre im Lyzeum behält er als eine äußerst angenehme Zeit in Erinnerung und die Studienjahre als die genussreichsten seines ganzen Lebens:

> Speziell den Sinn für klassische Literatur, für geistigen Gehalt und Schönheit der Form verdanke ich den damaligen Anregungen. Und von ihnen habe ich noch lange Jahre die Gewohnheit bewahrt, jeden Tag vor Tische eine Stunde etwas Klassisches: *Homer, Shakespeare, Goethe, Schiller, Dante* zu lesen – diese Stunde bot mir geistige Erfrischung.[66]

Als Berufswunsch nennt er das Beamtentum, die Advokatur oder die Professur. Entgegen seiner Abneigung gegenüber einem kaufmännischen Beruf habe er solchen nach Abbruch des Studiums wegen Krankheit dann jedoch antreten müssen:

> Zu der neuen Tätigkeit fehlten mir selbstverständlich alle Kenntnisse und offenbar auch *die natürliche Eignung*, vor allem die *Liebe zum Erwerb*; gerade die Notwendigkeit, erwerben zu müssen, war mir äußerst odios. Mit um so (sic!) größerem Eifer und einer Art Verzweiflung suchte ich mich in der neuen Sphäre zurecht zu finden. Erhebend war sie nicht und ich mußte sozusagen ganz untertauchen, um von keiner anderen mehr etwas zu erblicken.[67]

Die Rhetorik des Erwerbs, die noch mal große Ähnlichkeit mit Marx' Ausführungen aufweist, wird hier an der Beschreibung einer Gruppe angewendet, der der Erzähler selbst offenbar nicht angehört. Die Behauptung, er habe sich vom Judentum weitgehend entfremdet, mag an dieser Aussage nicht zutreffen, erkennbar ist trotzdem die Tendenz, die Welt des Judentums von außen zu beschreiben und sich zugleich von dieser zu entfernen. Indem er metaphorisch das Judentum als Beruf versteht und für diesen Beruf eine natürliche Veranlagung voraussetzt, vollzieht Mayer zugleich zwei Gesten. Er definiert das Jude-Sein als etwas Angeborenes und hebt sich zugleich von der jüdischen Masse ab, indem er sich als typisch nichtjüdisch beschreibt. Nichtjüdisch bedeutet aus dieser Sicht: ohne jegliche Neigung zum Erwerb, mangelnde natürliche Eignung zum Erwerb. Damit bestätigt sich die Abgrenzung, die sich bisher in seinen Ausführungen ablesen lässt.

---

65 Sigmund Mayer: JK, S. 231.
66 Sigmund Mayer: JK, S. 170. Herv. C. S.
67 Sigmund Mayer: JK, S. 246. Herv. C. S.

Denn während er den Kontakt mit großen Figuren der weltlichen, nichtjüdischen Kultur wie Goethe, Shakespeare oder Dante als erhebend und erfrischend beschreibt, sieht er seine Beziehung zum „Beruf" Judentum als problematisch an. Im Judentum fühle er sich der Verzweiflung ausgeliefert und orientierungslos. So gesehen kann seine schulische Ausbildung und sein Interesse für Weltliches als eine Art Flucht vor dem Judentum gedacht werden. Denn der Autobiograph gibt zu, nachdem er von seiner schrittweise erfolgten Aufgabe des kaufkaufmännischen Berufs erzählt hat: „Nun fühlte ich mich gerade nicht als Jude von Beruf. Die Zeit hatte ja einen Unterschied zwischen ‚Judentum' und ‚Juden' gezeitigt[...]".[68] Der Unterschied, den Mayer hier zwischen Judentum und Juden macht, weist auf den Unterschied zwischen dem ihm von außen aufgetragenen und dem „durch den Zufall der Geburt" bedingten Judentum hin, und verdeutlicht so erneut die eigene Stellung zum Judentum als eine distanzierte. Als Jude habe er sich nicht gefühlt, nur die Geburt habe ihm an die jüdische Wir-Gruppe gebunden. In dieser Hinsicht mache er auch keinen Hehl daraus, dass er sich im Gemeinderat, dem er 1882 beitrat, nicht dem Judentum und den Juden verpflichtet fühlte, sondern sich einfach gegen Angriffe von Antisemiten verteidigen musste, die ihn, obwohl er sich bereits vom Judentum deutlich distanziert hätte, vorwarfen, „daß mein Vater, Großvater usw. bis zu Abraham hinauf Juden gewesen" seien.[69] Mayer unterstellt also, dass Jude-Sein nicht mit der Geburt zu tun habe, die er für seinen Fall nun als „Fehler", nicht mehr als Zufall bezeichnet,[70] sondern mit einer bestimmten Welterfahrung, mit dem eigenen Selbstbewusstsein. Die Bezeichnung dieser Geburt als „Fehler" weist auf die Absicht hin, nicht länger da zu bleiben, wo eben „der Zufall der Geburt ihn hingeworfen" hatte. Dieses Selbstbewusstsein versucht er nun hervorzuheben, indem er sich aus der historisch konstituierten Gruppe „Judentum" ausnimmt. Er kann nun zu seiner Verteidigung schreiben: „Ich hatte eigentlich schon vergessen, daß ich Jude war. Jetzt brachten mich die Antisemiten auf diese unangenehme Entdeckung". Wieder wird hier der Juden immer nur von außen definiert. Dieser „Jude" ist zwar immer noch das Resultat von gesellschaftlicher Aktion, er hat aber mit dem historischen Juden aus dem Ghetto wenig zu tun, denn er verkörpert vielmehr die Realität im Kopf des Nichtjuden. Er ist jener „Jude", den man auch noch sieht, wenn er bereits „aus Einsicht, Gründen und Wahl des Besseren" seinen Standort gewechselt hat.

---

68 Sigmund Mayer: JK, S. 380
69 Sigmund Mayer: JK, S. 381.
70 Sigmund Mayer: JK, S. 381.

Die Distanzierung vom Judentum und die Negierung der eigenen Judenheit
entsteht aber nicht *ex nihilo,* sie ist nach Mayers Darstellung stets eine abweh-
rende Reaktion auf den Antisemitismus. Denn zu seinem Eintritt in den Bezirks-
ausschuss ein Jahrzehnt früher heißt es noch: „In diesem Bezirksausschuß habe
ich mich[...] wohl befunden. Man machte damals keinen Unterschied zwischen
Juden und Christen, im Gegenteil, die Juden waren geradezu in Mode und ich
speziell war bei meinen Kollegen sehr beliebt, da ich jedes nur irgend schwierige Referat bereitwilligst übernahm".[71] Das Attribut „Jude" wird dort noch nicht
als Last empfunden, sondern affirmiert. Diese Gelassenheit, als Jude aufzutreten, ruht hier also daher, dass Mayer keine Feindseligkeit erfährt. Dies führt
dazu, dass seine Judenheit für ihn selbst unsichtbar wird, dass er unbemerkbar
wird, um es mit Fanon zu formulieren.[72] Das Fehlen von Feindseligkeit führt
demnach zur Unsichtbarkeit des Juden, genauso wie erst der Antisemitismus
den historischen Juden, der sich assimiliert hat, wieder zum Juden macht. Ein
zutreffenderes Beispiel von Sartres Konzept der Überdeterminiertheit von außen
gäbe es kaum. Der Gedanke, man könne vergessen, dass man Jude ist, knüpft
dabei an den Glauben an, Jude-Sein sei keine Naturveranlagung und keine
ethnische Kategorie, sondern eine gesellschaftliche Erscheinung im Sinne von
Sartre. Dabei deutet das Vergessen zugleich darauf hin, dass die Judenfeindlichkeit sich doch auf etwas bezieht, das der gesellschaftlichen Aktion vorgege-
ben ist. Vergessen werden kann nämlich nur etwas, das bereits existiert. Jude-
Sein wird also zwar objektiv-historisch definiert, das Entscheidende in Mayers
Vorstellung bleiben dann aber die äußeren Umstände. Kein Wunder, dass Joseph Samuel Bloch, der zu dieser Zeit stark für die Emanzipation des österreichischen Judentums auftrat, Jude-Sein als etwas auffasst, das zum Überleben
äußeren Nachschubs bedarf. Seine Arbeit habe damals darin bestanden, so
Bloch, „das schlummernde Gewissen [der Juden] wachrütteln...".[73] Sigmund
Mayer selbst schreibt weiter, er sei nur aus Rücksicht gegenüber den Eltern
nicht zum Christentum übergetreten: „die Zugehörigkeit zum Judentum war ein
unübersteigliches Hindernis. Anderseits (sic!) war ich darüber klar geworden,
daß der Übertritt mich von meiner Familie vollständig trennen würde".[74] Bloch
kennzeichnet Sigmund Mayer deutlich als Assimilant.[75] Verwirrend wirkt hier in
Mayers Worte aber der Gedanke, die Taufe könne eine Überwindung des Jude-

---

71 S. Mayer: JK, S. 323.
72 Vgl. Frantz Fanon: Peau noire, masques blancs. Paris 1952, S. 93.
73 J. S. Bloch: Erinnerungen, S. 217
74 S. Mayer: JK, S. 241.
75 J. S. Bloch: Erinnerungen aus meinem Leben. Band III. Aus dem handschriftlichen Nachlass
des Verfassers herausgegeben von seinem Bruder Morris Bloch. Wien 1933, S. 31.

Seins ermöglichen, das er selbst bereits als „unübersteigliches Hindernis" bezeichnet.[76] Wenn davon ausgegangen wird, dass das Judentum eine gesellschaftliche Zuschreibung ist, dann bezieht sich diese Unübersteigbarkeit des Hindernisses Judentum nicht auf die Unfähigkeit, das eigene Jude-Sein zu überwinden, sondern darauf, die Zuschreibungen der Anderen zu unterbinden. Denn diese Zuschreibungen hatten nun mal mit dem „Zufall der Geburt" zu tun, und selbst eine Taufe hätte die Feindseligkeit gegenüber den Juden nicht getilgt. Die Schwierigkeit des Autobiographen, über das jüdische Dasein Klarheit zu gewinnen, artikuliert sich in zwei Unmöglichkeiten. Es ist auf der einen Seite die Unmöglichkeit, aus dem Judentum herauszutreten und auf der anderen die Unmöglichkeit bzw. Unfähigkeit, im Judentum zu bleiben. Die doppelte Schwierigkeit wird noch deutlicher an der Beschreibung des typischen jüdischen Berufs nach Mayer:

> Diese Zufriedenheit hielt einige Jahre an; sie wäre auch weiter bestanden, wenn sich nicht allmählich eine physische und psychische Ermüdung eingestellt hätte. Der Beruf des Boutikiers in einem lebhaften Geschäfte zwingt ihn unausgesetzt von 7 Uhr morgens bis 9 Uhr abends, ohne jede Unterbrechung das ganze Jahr hindurch auf den Beinen zu sein, sich sozusagen unaufhörlich im *Kreise zu drehen*. Er ist nur von denen zu ertragen, die von Jugend auf an ihn gewöhnt sind. Bei mir aber stellte sich nach zwölf Jahren dieser geschäftlichen Tätigkeit in einem Berufe, den ich mir im Grunde hatte *aufzwingen* müssen, ein Verlangen nach geistiger Erholung ein. Diese *ständige Leere* ward mir eine, wenn auch leise, wachsende *Qual*. Der Gedanke, mein ganzes Leben an dieses *Rad gefesselt* zu sein, machte mich *unmutig*, aber da ich keine Aussicht auf eine Änderung sah, war ich entschlossen, mich zu bezwingen.[77]

Diese Beschreibung des Boutikierberufs ist näher betrachtet nichts anderes als eine metaphorische Artikulierung der eigenen Position als Jude und mithin als Kaufmann. Das Gefesseltsein ans Rad des Boutikierlebens, das ihm aufgezwungen wurde, ist zugleich das Gefesseltsein ans Jude-Sein. Jude sein heißt in diesem Sinne „im Kreise drehen". Der kaufmännische Beruf, der mit dem Jude-Sein zusammenfällt, wird als Qual erlebt. Diese Bindung geht mit Zwang einher. Obwohl Mayer schreibt, er habe schließlich sein Platzgeschäft in eine Exportkonfektion umgewandelt und zum Beispiel ein Kleidergeschäft in Kairo eröffnet, was ihm deutlich mehr Freude und Erfüllung gebracht habe,[78] betont er zugleich, diesem neuen großen Geschäft habe immer wieder Hindernisse im Wege gelegen, „die in meiner Person, meiner geistigen Vorgeschichte lagen",

---

76 Sigmund Mayer: JK, S. 241.
77 Sigmund Mayer: JK, S. 275. Herv C. S.
78 Sigmund Mayer: JK, S. 276ff.

also in seiner vermeintlich angeborenen Untauglichkeit für den jüdischen Beruf.[79] Er schreibt nämlich, er habe die Erfahrung gemacht, dass man keine Wissenschaft neben dem Geschäft treiben solle:

> Es handelt sich hier nicht um die materielle Zeit, welche darauf verwendet wird, sondern um die Zersplitterung des Interesses, welches ganz und gar auf Geschäft und Gewinn gerichtet sein muß. Er [der Geschäftsmann] darf keine anderen Götter haben als die des Erwerbs, der richtige Geschäftsmann kennt auch tatsächlich nur sie, sie beschäftigen ihn auch in der freien Zeit.[80]

Auch hier wird die Orientierung an Marx' Thesen deutlich erkennbar. Letzterer scheint eben nichts anderes zu meinen, wenn er schreibt: „Das Geld ist der eifrige Gott Israels, vor welchem kein anderer Gott bestehen darf".[81] Sigmund Mayer will den Beweis dafür endgültig dargelegt haben, dass er, dem die Notwendigkeit des Erwerbs „odios" erschien und der keine angeborene Liebe dazu hatte, eben nicht der wirkliche weltliche Jude von Marx war, oder es nicht sein wollte. Denn Mayer schreibt auch zur Assimilierung der Preßburger Juden in Österreich, sie sei erstmals dadurch gescheitert, dass die Juden sich alle an ihren kaufmännischen Beruf geklammert hätten:

> Die französischen Réfugiés, die im siebzehnten Jahrhundert nach Aufhebung des Ediktes von Nantes nach Berlin kamen, teilten sich in alle möglichen Berufe und sind aus diesem Grunde in wenigen Dezenien so vollständig aufgesogen worden, dass nur mehr Namen wie Bronsart, Thibaut, Savigny, Du Bois-Reymond, Chamisso, De la Motte-Fouqué an diesen Episode erinnern. Nun waren speziell die Juden des Ghetto in Preßburg in der entgegengesetzten Lage. Sie waren alle Kaufleute, und zwar eines und desselben Zweiges, des Textilhandels, denen gegenüber die wenigen christlichen geradezu verschwanden. Schon durch diesen geschlossenen Beruf machten sie auf die ganze christliche Bevölkerung den Eindruck einer besonderen Volksschichte, eines ihnen fremden Volkskörpers.[82]

Die Emanzipation vom Beruf wäre also, wie auch Marx befürwortete, die Emanzipation vom Judentum. Identität wäre demnach sozial konstituiert, sie wäre gesellschaftlich verhandelbar. Sie wäre aber vor allem eine Wahl und nicht an die Geburt gebunden. Der Vorteil dieser Konzeption läge darin, dass sie immer wieder neu artikuliert werden könnte. Mayers eigene Geschichte soll als Beispiel gelungener Emanzipation dienen, wobei der Autobiograph die Tatsache ausblendet, dass in der Regel, wie in seinem eigenen Fall, der kaufmännische Beruf

---

79 Sigmund Mayer: JK, S. 305.
80 Sigmund Mayer: JK, S. 310.
81 Karl Marx: Zur Judenfrage, S. 45.
82 Sigmund Mayer: JK, S. 155f.

von Juden nicht *gewählt,* sondern ihnen quasi aufgezwungen wurde.[83] Hiermit wurde meistens die Möglichkeit der Re-Artikulierung von Identität vereitelt und das jüdische Subjekt an ein Rad gefesselt. Wie Sigmund Mayer sich das Auflösen dieser Ausgrenzung vorstellt, zeigen seine Versuche, u.a. durch ein gesellschaftliches Maskenspiel den Juden Ausweichmöglichkeiten zu verschaffen.

5.2.3 Von Masken

Eine wichtige Frage, die sich aus der Lektüre von Sigmund Mayers Definition des Juden ergibt, ist die nach der Bedeutung der angeblichen „natürlichen Eignung" zum Geschäft, zumal der Autobiograph am eigenen Beispiel den Beweis liefern möchte, dass diese Regel nicht allgemeingültig sei. Aus diesem Blickpunkt schreibt er jüdische Identität in eine pseudo-nativistische Logik ein, die auf der Grundlage basiert, dass es eine unabänderliche jüdische Natur gäbe, die aber unter Umständen verhüllt werden kann bzw. muss. In dieser Hinsicht funktioniert die Emanzipation vom Judentum bzw. die Assimilation an die nichtjüdische Mehrheitsgesellschaft, ob durch den Berufswahl oder durch die Taufe, wie eine Maske, die eine der Komponenten menschlicher Identität verschleiert und dafür zu sorgen hat, dass das Jude-Sein nicht aufgespürt wird. Man gehe etwa wie Fanon davon aus, dass

> le juif peut être ignoré dans sa juiverie. Il n'est pas intégralement ce qu'il est. On espère, on attend. Ses actes, son comportement décident en dernier ressort. C'est un Blanc, et,

---

83 Erst ab 1867 mit der Entstehung der Doppelmonarchie wird im österreichischen Teil durch das Grundgesetz für Angehörige aller Konfessionen die Gleichheit vorm Gesetz, der freie Zugang zu öffentlichen Ämtern, das Recht zur freien Wahl von Wohnsitz und Beruf sowie die Religionsfreiheit eingeführt. Trotzdem und nach sogenannter „abgeschlossener" Emanzipation blieb den österreichischen Juden der Zugang zu manchen Berufen, besonders zur Beamtung, zu Rechtsberufen, zur Medizin oder zu Universitätsprofessuren noch lange versperrt. Die Blüte der jüdischen Elite des Wiener *fin de siècle,* ihre Dominanz der Kulturszene und in der Wirtschaft änderte nichts daran, dass viele Juden noch aus Not unerwünschte oder nicht erlernte Berufe annehmen mussten. Hinzu kommt, dass die Emanzipation der Juden und ihre rasche Entwicklung zu einer starken politischen und kulturellen Macht eine neue Welle des Antisemitismus hervorriefen. Sigmund Mayers eigene Geschichte ist an sich paradigmatisch für die schwierige berufliche Situation der Wiener Juden. Zur beruflichen bzw. wirtschaftlichen Situation österreichischer Juden im 19. Jahrhundert siehe u.a. Sigmund Mayer: Die Wiener Juden. Kommerz, Kultur, Politik. 1700-1900. Wien und Berlin 1917; Robert Vistrits: Die Juden Wiens im Zeitalter Kaiser Franz Josephs. Wien [u.a.]1999; Kurt Schubert: Die Geschichte des österreichischen Judentums. Wien 2008.

hormis quelques traits assez discutables, il lui arrive de passer inaperçu. [...] Le juif n'est pas aimé à partir du moment où il est dépisté".[84]

Der Jude ist, so Fanons These, nicht etwa wie der Schwarze von außen auffällig. Ohne es so weit wie Fromer zu treiben, baut auch Sigmund Mayer den assimilatorischen Diskurs in seine Argumentation ein. Er basiert sein Verständnis des Judentums zugleich auch unmissverständlich auf den Rassendiskurs, indem er „die unleugbare Verschiedenheit der Rasse"[85] betont, relativiert diese Geste aber auch, indem er die Juden dazu auffordert, sich unbemerkbar zu machen. „Allerdings", so seine Rassentheorie,

> reicht diese Verschiedenheit keineswegs so tief wie die Antisemiten behaupten. Man darf sagen, daß Erziehung, gemeinsame Lebensbedingungen sie häufig ganz aufheben kann. [...] Für unwichtig halte ich es aber, die Rasse zu leugnen. Wenn man sich auf die starke Vermischung der Juden mit anderen Völkern im Laufe der Geschichte beruft, so hat sie, ihre Richtigkeit angenommen, nicht mehr Bedeutung als ungefähr die *Mischung* mit gewöhnlichem Weine, der dem edlen doppelt zugegossen wird, um die durch Verdunstung entstandene Lücke zu ergänzen. Der Wein im Fasse *absorbiert* den geringen Zusatz, ohne sich irgendwie zu *ändern*. Und diese Verschiedenheit der Rasse hat für die Geschichte des staatlichen Lebens eine unleugbar tiefe Bedeutung. Das zu einem einheitlichen Staate gewordene Gebiet strebt geradezu automatisch danach, der staatlichen Einheit eine *einheitliche* Bevölkerung zu geben. Der Staat will naturnotwendig aus dem mechanischen Gemenge seiner national verschiedenen Völkerschaften ein einheitlich organisches Produkt schaffen und diese Amalgamierung der Stämme vollzieht sich am leichtesten dort, wo der Staat eine geschlossene geographische Konfiguration hat und die Völkerschaften sich nicht abstoßen, sondern ihrer Natur nach eine solche durchgreifende Verbindung eingehen können. [...]Man kann es bedauern, aber nicht bestreiten: durch die Verschiedenheit der Rasse, welche durch die faktisch vollzogene geistige Assimilierung nicht überbrückt ist, besteht tatsächlich eine latente Voraussetzung des Kampfes gegen die Juden, wo sie durch ihre Masse von Bedeutung sind.[86]

---

84 Frantz Fanon: Peau noire, masques blancs, S. 93. In seinem Buch vergleicht Fanon die gesellschaftliche Situation des diskriminierten bzw. unterdrückten Schwarzen mit der des diskriminierten bzw. unterdrückten Juden. Seine Erkenntnis ist, dass der Schwarze aufgrund seiner mit seiner Hautfarbe gebundenen Auffälligkeit von außen überdeterminiert sei, weil er von vornherein mit Vorurteil behandelt wird, während der Jude, weil er physisch von der restlichen weißen Bevölkerung nicht ohne Weiteres zu unterscheiden sei, dieser Überdeterminiertheit von außen nicht unterliegt. Dagegen sei der Jude, so Fanon, Sartre zitierend, von innen überdeterminiert, und zwar wegen seiner Besessenheit, möglichst den Vorstellungen des „Anderen" über ihn nicht zu entsprechen (Vgl. Frantz Fanon: Peau noire, masques blancs, S. 93).

85 Sigmund Mayer: JK, S. 368.

86 Sigmund Mayer: JK, S. 367f. Herv. C.S.

Hier kippt Mayers Erzählung des Jüdischseins in einen Binarismus um, der in diesem Ausmaß ihr von Anfang an nicht unbedingt zuzuschreiben war. Der Akzent versetzt sich von außen nach innen, Jude-Sein wird weitgehend nativistisch dem Nichtjüdischen entgegengestellt. Dies hat zur Folge, dass der historische Begriff vom Judentum die gesellschaftliche Konstruktion ersetzt und die Pole umgekehrt werden. Während zuvor der Antisemitismus erst den Juden erschaffen hatte, wird er hier zur Reaktion auf eine „unüberwindbare" Fremdheit des Judentums. Diese Einbeziehung der Rasse in die Definition des Juden ist umso bezeichnender, als Mayer ausdrücklich betont, selbst eine kulturelle Assimilierung an die nichtjüdische Umgebung würde diesen grundsätzlichen Unterschied nicht tilgen. Wenn nun Mayer behauptet, die Rassenverschiedenheit sei sogar durch Assimilation nicht zu überbrücken, dann lässt er damit auch das Argument der Entjudung durch Sozialisierung, durch Berufswahl, obsolet erscheinen. Er argumentiert damit auch gegen den Gedanken, man könne jemals vergessen, dass man Jude sei, denn er unterstellt damit, es gebe eine Substanz der Judenheit, die transhistorisch beständig sei. Grundsätzlich, selbst wenn es relativiert wird, bleibt das Argument der „Rasse" hier ein als stark markiertes. Genau an dieser Stelle weist die Rhetorik von Auflösen und Zersetzung einen Widerspruch auf. Denn es geht offenbar um eine Mischung aus zwei Substanzen, bei der beide doch unverändert bleiben. Wie nun Einheitlichkeit ohne Veränderung entstehen soll, ist nicht gleich zu durchschauen. In dieser Hinsicht ist aber Mayers Anfangssatz, die Rassenverschiedenheit würde nicht so weit reichen, wie die Antisemiten es meinen, von großer Relevanz. Denn das jüdische Subjekt, das Mayer damit konstruiert, wird zwar mit einem ursprünglichen Kern versehen, der trotz gesellschaftlicher Interaktion unverändert bleibt, diese Konstruktion von Identität als Permanenz dient aber nicht etwa wie bei Fromer einem totalitären Diskurs der Konfrontation und der „Auslöschung" von Subjektpositionen, sie bereitet vielmehr auf einen Entwurf eines dezentrierten jüdischen Subjekts vor.

Die Streuung des gewöhnlichen Weins verkörpert die Zerstreuung der Subjektstruktur und den Ansatz der Artikulierung einer neuen Subjektposition. Die zu ergänzende Lücke im edlen Wein deutet auf die Unabgeschlossenheit dieser Subjektposition und zugleich auf die kontingente Möglichkeit einer Re-Artikulation durch Vermischung hin. Die völlige Assimilation, die Fromer herbeiwünscht, erscheint aus der Perspektive von Sigmund Mayer, aufgrund des zu großen Rassenunterschieds als unrealisierbar. Statt wie Fromer für ein spurloses Verschwinden des Juden zu plädieren, zitiert Mayer wieder aus unmittelbarer Nähe und knüpft somit an Eduard Gans' Metapher des Stroms und des Ozeans an, mit der Gans zwar ein Auflösen, aber kein Verschwinden des Judentums befürwortete. Als erster Vorsteher des 1819 gegründeten *Verein für Cultur und Wissenschaft der Juden*[87] hatte Gans auf merkwürdiger Weise für ein Ende des jüdischen Partikularismus plädiert. Gans, der so versuchte, den Weg für den eigenen Übertritt zum Christentum zu ebnen, plädierte am 28. April 1822 in einer Ansprache vor dem Verein für ein Aufgehen des Judentums in der europäische Kultur. Gans, der sich drei Jahre später taufen ließ, beteuerte:

> Aufgehen ist nicht untergehen. Nur die störende und bloß auf sich reflectierende (sic!) Selbstständigkeit soll vernichtet werden, nicht die dem ganzen untergeordnete; der Totalität dienend, soll es sein Substantielles nicht zu verlieren brauchen. Das, worin es aufgeht, soll reicher werden um das Aufgegangene, nicht bloß ärmer um den verlornen Gegensatz. [...] Die haben ihre Zeit und die ganze Frage schlecht begriffen, denen es zwischen der Zerstörung und der hervorspringenden Abmarkung kein Drittes giebt, die das ewige Substrat der Idee für vergänglicher halten, als das der Materie; denen nicht in *jedem* Besonderen erscheint, sondern denen ihr jedesmaliger Standpunkt das Absolute, der andere aber die Lüge ist. Das aber ist der wohlbegriffenen Geschichte tröstende Lehre, dass alles vorübergeht, ohne zu vergehen, und dass alles bleibt, wenn es längst vergangen ist. Darum können weder die Juden untergehen, noch kann das Judentum sich auflösen; *aber in die große Bewegung des Ganzen soll es untergegangen scheinen und dennoch fortleben, wie der Strom fortlebt in dem Ocean.*[88]

---

87 Der Verein wurde infolge einer Wiederbelebung des Antisemitismus nach Napoleons Sturz durch eine Gruppe jüdischer Intellektuelle gegründet und setzte sich zur Aufgabe, durch kritische historische Reflexion Wege in die Zukunft zu (er)finden, über das Werden des Judentums nachzudenken.

88 Eduard Gans: Zweite Rede vor dem ‚Kulturverein'. In: Waszek: Eduard Gans (1797-1839): Hegelianer – Jude – Europäer. Texte und Dokumente. Frankfurt a. Main 1991, S. 66f. Herv. C. S. David N. Myers hat aus einer postkolonialen Perspektive argumentierend vorgeschlagen, man möge Gans' Vorschlag nicht, wie es bisher meistens der Fall war, als „an epitaph for German-Jewish culture" ansehen, sondern als „an epigraph, an opening statement, for a renewed consideration of Jewish assimilation in the modern age." Sich hauptsächlich auf postkoloniale Theoretiker wie Anthony Appiah, Homi k: Bhabha, Paul Gilroy und Gayatry Spivak u.a. stützend, unternimmt Myers eine neue, positivere Lesart des jüdischen Assimilationsprozesses. Ihm geht es darum, wie er im Anschluss an Salo Baron schreibt, eine „lachrymose conception of Jewish assimilation" entgegenzuarbeiten. In diesem Sinne zitiert er zugleich Gans' Metapher wie auch Franz Rosenzweigs „Zweistromland"-Metapher, um auf neue Wege der Interpretation jüdischer Geschichte in Europa und besonders in Deutschland hinzuweisen. Myers stützt sich weiter auf eine 1966 von Rabbi Dr. Gerson D. Cohen vor Schülern des Hebrew Teachers College in Brooklyn gehaltenen Rede mit dem Titel *The Blessing of Assimilation in Jewish History*, um darauf zu verweisen, dass unzählige Elemente aus der Geschichte der Juden unter anderen Völkern dafür sprechen, dass Assimilation nicht immer als negativ bewertet werden sollte. (Vgl. D. N. Myers: „The Blessing of Assimilation" Reconsidered. An Inquiry into Jewish Cultural Studies. In: Myers/Rowe (Hg.): From Ghetto to Emancipation. Historical and Contemporary Reconsiderations of the Jewish Community. Scranton 1997. S.17.35. Hier S. 20)

Das Element des Weiterexistierens trotz Aufgehen, das Mayer in seiner Wein-Metapher auf subtile Weise umdeutet, arbeitet der von Fromer vertretenen totalitären Position entgegen. Die hinterlassene Spur, die auf der Unüberbrückbarkeit von „Rasse" basiert, stellt hier wie auch bei Mayer das Weiterbestehen vorangegangener Subjektpositionen dar und bestätigt den disparaten Charakter von Identität. Dieses Prinzip der Artikulation unterschiedlicher Subjektpositionen macht den Weg frei für ein Zusammenleben, wenn auch ein ungerechtes[89], dessen Grundlage die Maske ist. Es ist der bereits von Gans angedeutete „dritte Weg". Dieses Maskenspiel weist Ähnlichkeiten auf mit dem, was Homi K. Bhabha mit seinem Mimikry-Begriff umschreibt. Es handelt sich in diesem Fall nämlich um ein ambivalentes Konzept von Assimilation, das einen Juden zum Anderen erzieht auf der Grundlage gemeinsamer Lebensbedingungen, ohne dass diese Erziehung jemals eine totale Veränderung des Juden mit sich bringen kann. Das Ergebnis ist eine Assimilation à la *„trompe l'oeil"*, d.h. ein Jude, der nach einem Nichtjuden aussieht, dessen Verbleiben im Haus Judentum aber von Anfang an durch den grundsätzlichen Rassenunterschied besiegelt ist. Identität wird weiter als Verhandlungsprozess angesehen, der aber auf ein Ziel gerichtet ist. Das Verfehlen dieses Zieles, das im Sinne postkolonialer Theorie erst den Prozess produktiv macht, wird hier aber als Manko angesehen. Dies sollte aber nicht verwundern, denn der Prozess setzt das Vorhandensein einer natürlichen Essenz voraus.

Indem er auch durch seine Wein-Metapher das Judentum als „ein Element, das in absehbarer Zeit nicht aufgesogen werden kann", darstellt,[90] knüpft Mayer auch unmittelbar an Simon Dubnows Nationstheorie an, die auf der Grundlage basiert, Nationalität, nicht als Staatsbürgerschaft verstanden, sei angeboren und werde nicht erworben. Auf die Frage, ob die Juden sich als Mitglied der Nationen ansehen können, die sie adaptiert haben, antwortete Dubnow eindeutig:

> Man muss sich bloss unsere elementare Definition des Begriffs „Nation" vergegenwärtigen, um die ganze Ungereimtheit einzusehen, die in der Annahme liegt, dass die emanzipierten Juden in Frankreich Franzosen, in Deutschland Deutsche etc. geworden sind, zu Gliedern der einen oder der anderen Nation kann man nicht werden, man muss als solches geboren sein (nascuntur, in der eigentlichen Bedeutung von nation, nativus). Werden kann man das Glied irgend einer künstlerischen, juridischen oder sozialpolitischen

---

89 Die Ungerechtigkeit dieses Prozesses wird hier durch die Unveränderbarkeit des edlen Weines zum Ausdruck gebracht. Nach Gans' Metapher soll sich der edle Wein durch die Bereicherung nicht verändern. Aus diesem Blickpunkt kann die Artikulierung immer nur nach einem bestimmten Maß erfolgen.
90 Sigmund Mayer: JK, S. 368.

Körperschaft, wie z.B. einer bestimmten sozialen Gruppe, eines Staatsverbandes, einer Korporation, einer Zunft u. dgl. Mehr; aber man kann nicht „werden" das Glied einer *natürlichen* Gruppe – einer Familie, eines Stammes, einer Nation.[91]

Hier hört aber die Annäherung auf, denn Mayer plädiert nicht wie Dubnow für die Konstitution der „jüdischen geistig-historischen Nation", ihn interessiert wenig ein nationaler Individualismus, verstanden als „das Streben nach Wahrung und Verteidigung seiner eigenen Volkseigenart".[92] Stattdessen sieht Mayer die Rettung wie bereits erwähnt in einer Maskierung des Judentums. Die Maske, die er als gebürtiger Jude trägt, ist keine, die er gelegentlich ablegt. Der verstellte Teil der Identität wird als unheimliche Erscheinung und als unangenehm empfunden, wie der Autor beteuert: „Ich hatte eigentlich schon vergessen, daß ich Jude war. Jetzt brachten mich die Antisemiten auf diese unangenehme Entdeckung".[93] Hinzu kommt, dass Mayer, und das macht seine Position problematisch, trotz seines nativistischen Arguments die Möglichkeit für den Juden einräumt, „sich auch als ein Mitglied einer der bestehenden Kulturnationen [...] sich gleichwohl doch als Jude [zu] fühlen".[94] Schreibt er, Juden müssten mit anderen Nationalitäten in Österreich eine Nation bilden wie Deutsche, Franzosen und Italiener in der Schweiz,[95] so wird deutlich, dass er mit Judentum nicht mehr eine „geistig-historische Nation" im Sinne von Dubnow meint, d.h. eine Nation, deren Mitglieder durch „die Gemeinsamkeit der Abstammung, der Religion, der historischen Ueberlieferungen und Erinnerungen, der Literatur, zum Teil auch der Sprache" verbunden sind.[96] In dieser Hinsicht sieht er auch im Zionismus eine Gefahr für die erworbene Staatsbürgerschaft des Juden.[97] Dass Mayer eben trotz ausdrücklicher Betonung des Rassenunterschieds auf eine „Vermischung" besteht, kann dabei durchaus als Begründung und Rechtfertigung des eigenen Werdeganges aufgefasst werden. Dass diese Rechtfertigung nicht unbedingt auf einem klaren Verständnis des eigenen Daseins beruht, zeigen die offenen Fragen, die Mayers Autobiographie abschließen: „Zum Schlusse stelle ich an jeden Denkenden die einfache Frage: Kann der moderne Jude wirklich nichts anderes als Jude sein? Ist er tatsächlich imstande, sich nicht als Tscheche oder Deutscher, nicht als Franzose oder Italiener, sondern

---

91 Simon Dubnow: Die Grundlagen des Nationaljudentums. Berlin 1905, S. 44.
92 Simon Dubnow: Die Grundlagen des Nationaljudentums, S. 41.
93 Sigmund Mayer: JK, S. 381.
94 Sigmund Mayer: JK, S. 445.
95 Vgl. Sigmund Mayer: JK, S. 445.
96 Simon Dubnow: Die Grundlagen des Nationaljudentums, S. 40, 58.
97 Vgl. Sigmund Mayer: JK, S. 458.

nur als Jude zu fühlen?".[98] Dass das Jude-Sein angeboren sei, bestreitet er damit nicht. Er unterstellt aber, dass die Juden zusätzlich zu ihrer „natürlichen" Nationalität zusätzliche erwerben können und müssen. Gegen Dubnow argumentiert er nicht nur deshalb, weil er die Möglichkeit des „Erwerbs" einer Nationalität erwägt, sondern auch und besonders dadurch, dass er dieser nicht angeborenen, sondern erworbenen Nationalität den Vorrang zuerkennt. Der Fortbestand der jüdischen Nationalität als Abstammung soll ihm zufolge nicht prahlerisch gepflegt werden. Ohne zu verschwinden, soll sie aber doch völlig hinter die Maske zurücktreten. Diese Fragen, mit denen Sigmund Mayer seine Vorstellungen eines modernen Juden andeutet, verraten aber alles andere als Sicherheit. Sie mögen als rhetorische Fragen verstanden werden, gleichwohl wird an ihnen ersichtlich, dass Mayer an dem Selbst-Erreichten zweifelt. Es geht vor allem um die Frage nach der eigenen Identität, um die Frage „Wer bin ich?". Sie verkörpern die Unfähigkeit, den eigenen Standpunkt als Jude zu bestimmen, sich anders zu definieren als jemand, der eben versucht, sich selbst zu artikulieren. Es ist also nicht verwunderlich, wenn Mayer das Judentum am Ende als eine Erscheinung *suis generis* bezeichnet und damit nicht nur seine Eigenartigkeit, sondern auch seine Komplexität meint.[99] Obwohl diese Behauptung der Eigenartigkeit den Eindruck vom Aufgeben der Suche eines Erklärungsversuchs erweckt, scheint sie einen bereits angedeuteten Gedanken zu ergänzen, nämlich den über die Bereicherung des „edlen" durch den „gewöhnlichen Wein".

5.2.4 „Die Welt kann uns nicht entbehren!"

Das Bild der „Lücke", das bei Sigmund Mayer die Möglichkeit der Artikulation unterschiedlicher Subjektpositionen veranschaulicht, wird im letzten Kapitel seiner Autobiographie für die Formulierung eines weitgehend essentialistischen Diskurses produktiv weiterentwickelt. Hierbei werden Mayers assimilatorische Gedanken dadurch in Frage gestellt, dass der Autobiograph auf die religiöse Vorstellung des Judentums als auserwähltes Volk zurückgreift und diese erweitert. Im Sinne der „Heiligen Schrift" seien die Juden „das Salz der Erde". „Die Welt kann uns auch heute noch nicht entbehren", heißt es weiter.[100] Diese Zuschreibung rühre daher, so Mayer, dass „ohne sie [...] das geistige Leben schon seit Tausenden von Jahren dumpf und matt gewesen [wäre]". Die Juden hätten

---

98 Sigmund Mayer: JK, S. 445.
99 Vgl. Sigmund Mayer: JK, S. 445.
100 Sigmund Mayer: JK, S. 459.

nicht nur den kriegsstiftenden Polytheismus des Orients durch den einfachen Monotheismus ersetzt,[101] sondern es ist auch ihr Verdienst, durch ihre Verstreuung unter den verschiedenen Nationen die Möglichkeit einer Nation ohne geographischer, staatlicher und religiöser Einheit gerettet zu haben:

> Hierin liegt unser Wert. Automatisch waltete im ganzen Mittelalter in jedem Staate das Bestreben, zu der geographischen und staatlichen Einheit die religiöse zu gesellen – der tiefste Grund der religiösen Kämpfe und Verfolgungen. Nun haben wir Juden schon durch unsere bloße Existenz und unsere Widerstandskraft die vollständige Verwirklichung des Staates verhindert.[102]

So werden vermeintliche Übel zur Tugend und die rätselhafte Eigenartigkeit zum Vorteil. Aber auch hier geht die Bedeutung des Judentums aus dem Spiel der Differenz hervor, sie wird erst in Bezug auf das Nichtjüdische erkannt und ermessen. Die Juden treten hier als Störenfried auf, im besten Sinne des Wortes. Die Verteidigung des Jüdischen erfolgt aber nicht um des Juden Willen, sondern aus humanistischen Gründen. In diesem Sinne obliegt sie nicht exklusiv den Juden, genauso wie ein Engagement gegen Antisemitismus nicht zwangsweise die Bekennung zur jüdischen Schicksalsgemeinschaft bedeutet. Entsprechend betont Mayer am Ende seiner Autobiographie, er habe nicht als Jude den Antisemitismus bekämpft, sondern als Mensch: „Diese Überzeugung von dem Kulturwerte der Juden war der Beweggrund, dass ich mich sofort beim Ausbruche des Kampfes gegen die Juden, trotzdem mir jede Exklusivität ferne liegt, in Reih und Glied stellte und der Union anschloß".[103] Er schreibt zwar auch, Jude-Sein sei abhängig von „der Empfindung jedes einzelnen",[104] seine Darstellung des eigenen Werdegangs und der eigenen Beziehungen zum Judentum lässt jedoch keinen Zweifel daran, dass Jude-Sein auch und besonders eine Frage der Abstammung ist, denn „Blut ist kein Wasser".[105] Diese beiden Vorstellungen von

---

101 Vgl. Sigmund Mayer: JK, S. 458.
102 Sigmund Mayer: JK, S. 459. Dubnows Einfluss in Mayers Nationsdiskurs ist hier auch weiter unverkennbar. Dubnow hatte sechs Jahre früher die Idee geäußert, dass die Juden eben dadurch, dass sie keinem einzelnen Staat zugewiesen werden konnten, die höchste Stufe der Nationsbildung erreicht hätten. „Der Mangel an einem realen politischen Element im jüdischen Nationalismus", so Dubnow, „ist kein Zeichen seiner Schwäche, sondern im Gegenteil ein Beweis für die ungewöhnliche Intensität derselben. Eine nationale Einheit, die fast zwei Jahrtausende schon sich unter den ungünstigsten Bedingungen behauptet, eine solche Einheit muss ein für allemal als unerschütterlich anerkannt werden." Simon Dubnow: Die Grundlagen des Nationaljudentums, S. 40.
103 Sigmund Mayer: JK, S. 459.
104 Vgl. Sigmund Mayer: JK, S. 445.
105 Sigmund Mayer: JK, S. 445.

Judentum bringt Mayer dann symbolisch folgenderweise in Kurzform: „Für den einen ist das Judentum eine pièce souvenir de famille, für den andern die Tatsache gemeinsamer Abstammung".[106] So glaubt er, die Vorstellung vom Judentum im Bewusstsein der modernen Juden ausformulieren zu können. Dabei verbinden sich beide Möglichkeiten in Mayer selbst. Die dezidiert possessive Haltung zum Judentum, die das „wir" markiert, lässt einen Erzähler zum Vorschein treten, der bei aller Förderung einer Maskierung der eigenen Ethnizität doch einen ethnischen Zug nicht vermeiden kann. Das „Wir Juden", das ganz am Ende von Sigmund Mayers Erzählung wiederholt vorkommt, das der Leser aber im Laufe der ganzen Geschichte sonst nicht finden wird, ist verdächtig, nicht zuletzt weil Mayer seine Autobiographie mit der Orts- und Zeitangabe abschließt: „Wien, am *Weihnachtstage* 1911".[107] Weihnachten wurde zu jener Zeit auch von den meisten assimilierten Juden gefeiert, wie das auch bei Lewald erwähnt wurde.

Bei Sigmund Mayer fehlt also die endgültige Entscheidung darüber, ob bzw. wann Jude-Sein Blutsache ist oder nicht. Indem er, wenn auch nur spärlich gebraucht, doch das „wir" nicht völlig auslässt, zugleich sich aber immer wieder durch ein „sie" aus der Gruppe ausnimmt, lässt er keine deutliche Antwort erkennen. Tatsache ist jedenfalls, dass er weder durch seine Definition des Juden als Beruf noch durch die gesellschaftliche Konstruktion es schafft, den anderen Juden, den angeblich unveränderbaren, völlig aus dem Spiel zu bringen. Seine Beschreibung einer jüdischen Identität schwankt demnach zwischen nativistischen und existenzialistischen Vorstellungen.

5.3 Joseph Samuel Blochs „Erinnerungen"

Joseph Samuel Bloch stammt wie Fromer und Mayer aus ärmlichen Verhältnissen. Sein Vater war Bäcker und besaß eine kleine Verkaufsstelle in der jüdischen Siedlung. Bloch wurde 1850 in Dukla, Galizien geboren. Er besuchte seit dem dritten Lebensjahr eine *Cheder* (Religionsschule für Knaben) und begann mit sechs das Talmudstudium. Kurz nachdem er 13 war und *Barmizwah* (Volljährigkeit für jüdische Knaben) gefeiert hatte, verließ er das elterliche Haus und begab sich auf eine Wanderreise, an die er sich in seinen dreibändigen *Erinnerungen* folgendermaßen erinnert:

> Ich zog durch verschiedene galizische Städte, zunächst ohne in irgend einem (sic!) Orte länger zu verweilen. Es lag in mir eine gewisse Unruhe, die mich von Ort zu Ort trieb. Mein

---

106 S. Mayer: JK, S. 445.
107 S. Mayer: JK, S. 459. Herv. C. S.

ständiges Quartier in jeder Stadt war das Beth-Ha-Midrasch, wo ich stets auf einer der Bänke schlief.[...] So verbrachte ich die ersten Wanderjahre in Not, doch ohne – Heimweh.[108]

Brzezany, Stanislau, Chorostow, Czortkow, die „Not trieb mich von Ort zu Ort", schreibt er weiter. Mit sechzehn Jahren verlobte er sich mit der Tochter des berühmten Rabbi Mendele von Rymanow, konnte aber letzten Endes wegen Missachtung der Tradition nicht heiraten und ging darauf nach Krakau. Seine Gymnasialausbildung machte Bloch bei Rabbi Dr. Landsberg in Liegnitz, seine Ausbildung zum Rabbiner in Magdeburg, bevor er in Zürich und anschließend in München studierte, wo er zum Doktor der Philosophie promoviert wurde. Ab 1874 besetzte er die Stelle eines Predigers und Oberlehrers in Rendsburg (Holstein), dann folgten Güstrow und Kobylin. Er kam 1877 nach Österreich und bekleidete dort eine Rabbinatstelle in der Israelitischen Kultusgemeinde in Brüx, die er später aufgab, als er nach Wien berufen wurde. Ab 1882 betätigte sich Bloch in der Politik und wurde zwischen 1883 und 1895 Mitglied des österreichischen Parlaments. Er trat in der politischen Öffentlichkeit besonders als Vertreter der jüdischen Minderheit und Anwalt des Judentums auf. In seinem Kampf gegen Antisemitismus bleibt sein Sieg im Prozess gegen Prof. August Rohling und seine Agitationsschrift *Der Talmudjude* einer seiner wichtigsten. Bloch entlarvte Rohling als Lügner und Verleumder gegenüber dem Judentum, indem er bewies, dass Rohling, der vorgab, sich auf den Talmud berufen zu haben, letzteren gar nicht lesen konnte, weil ihm Kenntnisse des Hebräischen fehlten. Rohling hatte sich Jahre lang im Gerichtshof als Sachverständiger für den Talmud und Hebräisch betätigt. Zum Prozess kam es, nachdem Bloch immer wieder in Zeitungsartikeln und Streitschriften Rohling provoziert und als Betrüger bezeichnet hatte. 1884 gründete Bloch ein eigenes Presseorgan, die „Österreichische Wochenschrift", in Analogie zu und gegen Heinrich Friedjungs „Deutsche Wochenschrift". Während Friedjung die Integration der Juden in Deutschland mit der Bedingung verband, sie mögen ihren Patriotismus beweisen, wollte Bloch mit seiner Zeitschrift, wie er es in seinen Erinnerungen erwähnt, das jüdische Bewusstsein wachrütteln und die Juden zum Zusammenschluss gegen Antisemitismus aufrufen.[109] Sie war also eine Kampfansage an alle Deutschnationalen.

---

108 Joseph Samuel Bloch. Erinnerungen I, S. 3.
109 Vgl. Joseph Samuel Bloch: Erinnerungen I, S. 191; Erinnerungen II, S. 217.

In seinem Aufsatz *Josef Samuel Bloch und die jüdische Identität im österrei-chischen Kaiserreich*[110] beschreibt Jacob Toury, wie Bloch durch politischen Opportunismus und Spürsinn die österreichische politische Bühne zu manipu-lieren wusste, um daraus politisches Kapital zu schlagen. Toury tut dar, dass sich Blochs Positionen von den Anfängen zu Zeiten des Rohling-Prozesses bis zum Ende seiner politischen Laufbahn immer wieder verändert hätten. Es sei ihm zu Beginn darum gegangen, eine jüdische organisierte „pressure group" zu gründen, „ein Druckmittel, das mit anderen Gruppen paktieren und seine Un-terstützung dem Meistbietenden zuwenden sollte", im Interesse der jüdischen Gemeinschaft.[111] Im Laufe der Zeit habe es bei Bloch immer wieder Schwankun-gen gegeben und sein Projekt eines jüdisch-politischen Nationalismus habe sich in sein Gegenteil gewandelt. In der Tat heißt es bei Bloch bereits 1885 in seinem Buch *Der nationale Zwist und die Juden in Österreich*: „Als Juden können wir nicht anders als für das Recht aller Volksstämme im Staate, für das gleiche Recht aller Bürger einzutreten"[112] und „Das Judentum beuge sich nicht vor dem Götzen einer nationalen Idee, es stelle sich und sein reiches Arsenal vielmehr in den Dienst des österreichischen Staatsgedankens".[113] Dass diese Positions-schwankungen unmittelbar mit den Entwicklungen auf der sozio-politischen Szene in Österreich zu tun hatten, ist offenbar. Der wachsende Antisemitismus und das wachsende Nationalbewusstsein der „slawischen Volksstämme" hatte Bloch bereits erkannt. „Die nationale Exclusivität schließt nun einmal den Ju-den aus dem politischen Parteiverbande aus", schreibt er 1885.[114] Hinzu kommt, dass Bloch, der aus Galizien stammte, jene Konstellation gut kannte, die in Fragen der Nationalitätsbestimmung die Juden immer wieder zwischen die Fronten geraten ließ. „Juden definierten sich als Deutsche, Polen oder Ruthe-nen. Ihr Dilemma bestand darin, daß sie sich bei der Entscheidung für eine

---

110 J. Toury: Josef Samuel Bloch und die jüdische Identität im österreichischen Kaiserreich. In: Grab, Walter (Hg.): Jüdische Integration und Identität in Deutschland und Österreich 1848-1918. Universität Tel-Aviv 1984, S. 41-64. Zur Geschichte und politisch-kulturellen Situation der Juden in Österreich des 19. Jahrhunderts sowie zur Rolle Josef Samuel Blochs siehe Katja Lan-der: Josef Samuel Bloch und die Österreichisch-Israelitische Union. Initiativen zur Begründung einer jüdischen Politik im späten 19. Jahrhundert in Wien. Saarbrücken1993 und dort weiter-führende Literatur.

111 J. Toury: Josef Samuel Bloch und die jüdische Identität im österreichischen Kaiserreich. In: Grab (Hg.): Jüdische Integration und Identität in Deutschland und Österreich 1848-1918. Tel-Aviv 1984, S. 61f.

112 Joseph Samuel Bloch: Der nationale Zwist und die Juden in Österreich. Wien 1886, S. 42.

113 Joseph Samuel Bloch: Zwist, S. 49.

114 Joseph Samuel Bloch: Zwist, S. 38.

Nationalität sofort die Feindschaft der anderen zuzogen".[115] Des Weiteren ist die positive Entwicklung der bürgerlichen Situation der Juden unter Kaiser Joseph II., dem sogenannten „Judenkaiser", auch mit zu berücksichtigen. Kaiser Joseph II. garantierte den Juden trotz wachsendem Antisemitismus weiter seinen Schutz. „Die unbedingte Gleichberechtigung ist in jeder Beziehung ein Gebot der Gerechtigkeit", heißt es 1887 in einer seiner Reden vor der israelitischen Kultusgemeinde.[116] Blochs spätere Position, die wie Toury betont, ihm seinen Führungsanspruch beraubte und ihn als Opportunisten entlarvte,[117] ist wohl in folgender Aussage aus einer Rede von 1885 herauszulesen, in der deutlich zwischen Nationalismus und Nationalität unterschieden wird:

> Weder den Deutschen noch den Czechen sind wir „Stammesgenossen" und brauchen nach solcher Ehre auch nicht zu geizen. Wir sind weder Germanen noch Slaven, sondern – österreichische Juden, oder jüdische Oesterreicher! Ohne zur lächerlichen Caricatur herabzusinken, können wir weder „deutschnational" noch „czechisch-national" uns geberden, und für unsere Stammesgenossen in Böhmen ergibt sich als Logik der Thatsachen sowohl wie als Gebot der politischen Klugheit und Pflicht der Selbsterhaltung, *außerhalb beider nationalen Parteien* Stellung zu nehmen. Insolange in Böhmen die Parteien nicht nach politischen Principien(sic!), sondern nach Sprache, Nationalität und Abstammung sich gruppieren, ist in deren Reihen kein Raum für die Juden, welche sich auf den Standpunkt des Österreicher's in weitestem Sinne zurückziehen müssen. Das nationale Attribut wird nun einmal dem Semiten heftig abgestritten, nicht aber das „österreichische". Daran sollen die Juden vor Allem festhalten, um nicht ganz den Boden zu verlieren.[118]

Die Positionen, die Bloch in seinen Erinnerungen vertritt, sein dort entworfenes Verständnis der jüdischen Identität dürften also dieser späteren Argumentationslinie entsprechen, solange davon ausgegangen wird, dass die Erinnerungen die abschließenden Gedanken des Schreibenden vermitteln und als Resümee seines Lebens auch das Bild verkörpern, das der sich Erinnernde von sich insgesamt an die Nachwelt weitergeben möchte. Nicht zufällig gibt es Überschneidungen in den verschiedenen Dokumenten, die die Erzählung der Memoiren stützen und anderen Texten, die Bloch während seiner Laufbahn zur „Judenfrage" publizierte.[119] Diese Montage aus Erinnerungen und den vielen Dokumenten

---

115 Katja Lander: Josef Samuel Bloch und die Österreichisch-Israelitische Union, S. 69.

116 Zitiert nach Robert Vistrits: Die Juden Wiens im Zeitalter Kaiser Franz Josephs, S. 147

117 Jacob Toury: Josef Samuel Bloch und die jüdische Identität im österreichischen Kaiserreich, S. 63.

118 Joseph Samuel Bloch: Zwist, S. 40. Herv. i. O.

119 Hierzu wären sowohl die zahlreichen Artikel und Streitschriften aus seiner *Österreichischen Wochenschrift* als auch die 1886 veröffentlichte Schrift *Der nationale Zwist und die Juden in Österreich* zu zählen.

wollen ein harmonisches Bild von Blochs Theorie und von seinem eigenen Selbstbewusstsein als Jude vermitteln.

Blochs *Erinnerungen aus meinem Leben,* deren dritter Band posthum von seinem Bruder Morris Bloch herausgegeben wurde, sind ein Lebensdokument, sie sind aber zugleich Memoiren, Autobiographie und eine Art Chronik. Der Autor führt seinen Werdegang vor Augen und ermöglicht dem Leser einen tiefen Einblick in seine Entwicklungsgeschichte. Seine Erzählung ist insofern eine Autobiographie, als sie von der spezifischen Art und Weise handelt, in der Bloch am Gesellschaftsganzen in Österreich seiner Zeit teilhatte.[120] Indem sie sich nicht mit der „Geschichte seines Werdens und seiner Bildung, seines Hineinwachsens in die Gesellschaft" begnügen, sondern auch Blochs Individualität als „Träger einer sozialen Rolle" darstellen, ragen sie gattungstypologisch unverkennbar in den Bereich der Memoiren hinein. Nicht zuletzt wird der Memoirencharakter dieses Textes durch die darin enthaltenen Zeitdokumente wie Zeitungs- und Zeitschriftauszüge, archivierte Reden bestätigt. Darüber hinaus liefert Bloch in einzelnen Kapiteln kritische Porträts von bekannten Zeitgenossen. Unter anderem werden Theodor Herzl, Sigmund Mayer, Baron Albert Rothschild, Dr. Alfred Stern in Bezug auf ihre Stellungnahmen und ihre Bedeutung in öffentlichen Debatten dargestellt. Blochs Auseinandersetzung mit der „Judenfrage" beschränkt sich nicht auf die eigene Geschichte. Er sieht sich als Intellektueller und geht oft von persönlichen Erfahrungen und von der Erfahrung der österreichischen politischen Bühne aus, um der „Judenfrage" auch in außerösterreichischen Kontexten nachzugehen. Daher die Einteilung seiner Erinnerungen in einzelne, weitgehend autonome Kapitel, die es ihm ermöglichen, weit auseinanderliegende Themen und Fragen aufzugreifen. „Die österreichischen Juden im Weltkrieg", „Abfall und Taufseuche", „Die rumänische Judenfrage",[121] die „Judentragödie in Russland" sind einige Abschnitte aus Blochs Erinnerungen. Die Breite der behandelten Fragen und die sorgfältige Auswahl und Vorstellung anderer wichtiger Zeitgenossen scheinen geeignet, die eigene Rolle als herausragender Intellektueller und Verteidiger des Judentums hervorzuheben. Nicht umsonst geht Bloch zum Beispiel auf den Zwist zwischen ihm und dem Führer der Zionistenbewegung Theodor Herzl ein. Er betont ausdrücklich seinen nach seiner Schilderung entscheidenden Beitrag an

---

120 Vgl. Bernd Neumann: Identität und Rollenzwang, S. 6.
121 Das Kapitel über die rumänische Judenfrage ist 1902 als einzelne Abhandlung beim Verlag der Österreichischen Wochenschrift erschienen unter dem Titel „Die Judenfrage in Rumänien. Eine Aktensammlung vorgelegt dem Brüsseler Kongress „pro Armenia" vom 17. und 18. Juli 1902", genauso wie ganze Teile der Erinnerungen entweder als Zeitungsartikel oder auch als Bücher erschienen sind.

Herzls Projekt des Zionismus und verweist darauf, dass Herzl bloß von der Gunst des Moments profitiert hätte, um sich zum Führer des Zionismus aufzuschwingen. Bloch führt die Anfänge des Zionismus auf die eigene Wirkung zurück und unternimmt schließlich eine ausdrückliche Demontage des Freundes und späteren politischen Gegners Herzl:

> Das Bild des Mannes, wie es in meiner Erinnerung lebt, des Mannes, dem ich bald in freundschaftlichen Gesprächen gegenübersaß, bald in Vereinen, dann in Versammlungen, später meistens oppositionell begegnete, trägt vielfach andere Züge und Konturen als jenes, welches die Volksphantasie von ihrem Liebling sich geschaffen hat und als Erbgut der Erinnerung den Geschlechtern weiterüberliefert. Solche Incongruenz zwischen Tradition und nüchterner Wirklichkeit ist nun einmal das Schicksal historischer Gestalten. [...] Von der jüdischen Literatur hatte Herzl keine Ahnung. Er hatte nie daran gedacht, dass er Jude war, bis ihn die lohende Flamme des Antisemitismus aus allen Illusionen wach rüttelte. Ein radikaler Denker, wollte er das Uebel mit der Wurzel ausreißen: überlassen wir die Völker ihrem Haß und gründen wir uns ein eigenes Heim auf freiem Boden. Von den Palästina-Kolonisationsvereinen, die in verschiedenen Ländern bestanden, und ihren Tendenzen wußte er nichts, auch die nationaljüdische Bewegung und ihre Literatur war ihm unbekannt [...].[122]

Eine solche Übung der Selbststilisierung wiederholt Bloch mehrmals im Rahmen des Portraitierens anderer Zeitgenossen. Er ergänzt sie aber auch mit chronikartigen Berichten über Parlamentssitzungen, Gerichtsverfahren, in die er persönlich aufgrund seines Kampfes für die Sache der Juden verwickelt war, und mit Berichten über die vielen öffentlichen Polemiken mit den Antisemiten. Ohne hier Joseph Blochs wichtige Rolle auf der damaligen gesellschaftspolitischen Bühne Österreichs anzuzweifeln[123], möchte ich darauf hinweisen, dass der Autor Bloch in seinen Darstellungen deutlich die persönlichen Siege in den diversen Polemiken, seine Erfolge im Parlament zugunsten der Juden sowie seine Gerichtssiege in den Vordergrund schiebt, und so seinen Erinnerungen einen apologetischen Charakter verleiht. Diese Verfahrensweise rechtfertigt er, indem er einleitend offen verkündet, seine Erlebnisse selektiv wiederzugeben:

> In Trianon, dem reizenden französischen Schlosse, [...] findet sich in der Mitte des Parkes eine Sonnenuhr, welche die Inschrift trägt: Horas non numero, nisi serena, was auf

---

122 Joseph Samuel Bloch: Erinnerungen III, S. 75ff. Für Näheres über Blochs Beziehung zu Herzl und zur zionistischen Bewegung Maria Kłańska: Aus dem Schtetl in die Welt, S. 319-323; Jacob Toury: Josef Samuel Bloch und die jüdische Identität im österreichischen Kaiserreich.
123 Zu Blochs Bedeutung sowohl im Kampf gegen den Antisemitismus als auch für die politische Geschichte seiner Zeit siehe u.a. Maria Kłańska: Aus dem Schtetl in die Welt, S. 316-324; Chajim Bloch: Dr. Joseph Samuel Bloch. Dem ruhmreichen Verteidiger des Judentums – ein Blatt des Gedenkens. In: Joseph S. Bloch. Erinnerungen III, S. 293-310.

> Deutsch lautet: „Ich zähle nur die heiteren Stunden." Wir tragen eine solche Sonnenuhr
> ständig mit uns herum, die *Erinnerung*, und ich glaube, daß es eine besondere Gabe der
> Götter, *eine besondere Gnade des Himmels* ist, daß auch unsere Sonnenuhr sich zuletzt
> nur der heiteren, der glücklichen Stunden erinnert, die – mit den Jahren – in einem immer
> herrlicheren Glanze erstrahlen, während alles, was trübe und düster war, nach und nach
> von dem feinen grauen Schleier des *Vergessens* gedeckt wird.[124]

Mit dieser Bemerkung nimmt Bloch jede Kritik vorweg, die man dem Autobiographen in Bezug auf Weggelassenes machen könnte. Er überschreibt dementsprechend seinen Text auch nicht mit „Lebensgeschichte", sondern mit „Erinnerungen aus meinem Leben". Mit der Metapher der Erinnerung als Sonnenuhr
bringt Bloch es dahin, Erinnerung, verstanden nicht als Prozess, sondern als
Inhalt, als ausschließlich positiv zu betrachten. Entsprechend erscheint ihm das
Vergessen als ein Segen, da das Vergessene immer nur negativ sein kann. Kein
Wunder also, dass die Autobiographie apologetisch wirkt. Allerdings kollidiert
diese Auffassung des Erinnerten und Vergessenen mit dem Anspruch des Autors, die „Incongruenz zwischen Tradition und nüchterner Wirklichkeit" herauszuarbeiten, denn es drängt sich die Frage auf, inwiefern man von „nüchterner Wirklichkeit" sprechen kann, wenn man die Vergangenheit auf das Heitere
und Glückliche beschränkt. Weil das Glückliche und Heitere immer nur aus
einer bestimmten Perspektive wahrgenommen werden kann, ist die sogenannte
„nüchterne Wirklichkeit" dann immer nur die spezifische des Autors, wie Bloch
in Bezug auf die Darstellung seiner Beziehung zu Herzl dann auch zugibt: „Ich
meinerseits kann nur von dem Theodor Herzl erzählen, den ich erlebt habe",
heißt es.[125]

Indem Bloch behauptet, Vergessen sei eine Gnade des Himmels, meint er
nicht nur, dass das Erinnerungsvermögen nicht vom Menschen abhängt, sondern auch, dass das Vergessen, indem es immer nur das Negative betrifft, für
den Menschen ein Segen sei. In diesem Sinne wirft der nach dem Lustprinzip
geschriebene autobiographische Text einige Fragen auf. Das Trübe und Düstere,
das im Laufe der Jahre vom Schleier des Vergessens verdeckt wird, mag dem
Autobiographen vorteilhaft erscheinen, es erweist sich für den jüdischen Rabbiner aber als problematisch. Erinnerung, und besonders auch die Erinnerung
an das Leiden und an das Kummervolle ist eine der wichtigsten Grundlagen des
jüdischen kulturellen Bewusstseins. Insofern gerade das Leiden in der jüdischen Erinnerungstradition eine wichtige Rolle spielt, erscheint die Behauptung, es sei eine Gnade, das Unglück zu vergessen, ausgerechnet aus der Per-

---

124 Joseph Samuel Bloch: Erinnerungen I, S. IX. Herv C. S.
125 Joseph Samuel Bloch: Erinnerungen III, S. 76.

spektive eines Rabbiners als höchst problematisch. Bloch erweckt mit seinem Programm also den Eindruck, als sei seine Geschichte ohne jegliches Interesse an dieser Tradition des Erinnerns geschrieben worden. Die starke Ich-Bezogenheit des Textes spricht auch für diese These. Es ist allerdings ein „Ich", das ständig von einem „Wir" überholt wird, so dass die Geschichte zwar aus einer persönlichen Perspektive erzählt wird, dabei aber ständig auch eine „Wir-Identität" mitgemeint ist, die die gesamte Judenheit einschließt. Obwohl Bloch eine strenge religiöse Ausbildung hatte und Rabbiner wurde, war sein privates Leben kein besonders konventionelles. Das Rollenbild, das er in seinen Erinnerungen entwirft, ist demnach auch kein konventionelles im Sinne der Tradition, z.B. wird die Familie nahezu völlig ausgeblendet, genauso wie das Bild des Vaters als Verwahrer und Verwalter des Familiengedächtnisses. Bewusst vermeidet der politische Aktivist, sich in innerjüdischen Narrativen einzukapseln, denn er liefert keine Erzählung des Judentums an sich, sondern vielmehr seine Darstellung des Verhältnisses zwischen Judentum und Nichtjudentum in der modernen Welt.

5.3.1 Das jüdische Selbstbewusstsein

Wie Sigmund Mayer fängt Samuel Bloch seine *Erinnerungen* damit an, dass er sein Interesse für allgemeine Bildung und seine beschränkten kaufmännischen Fähigkeiten unterstreicht. Über die Verkaufsstelle seiner Eltern schreibt er:

> Verkäuferin war meine ältere Schwester, und wenn man einmal mich als Verkäufer hinstellte, hatte man wenig Freude daran. Ich erinnere mich, daß ich einmal den ganzen Vormittag auf dem Marktplatze zubrachte, ohne auch nur einen einzigen Kunden zu finden.[126]

Im Gegensatz zu Mayer versucht Bloch aber nicht, seine Begabung in der Schule und seine schlechten Ergebnisse im Geschäft dahingehend zu deuten, dass er keine angeborene Neigung zum Erwerb bzw. keine Liebe zum Geld gehabt hätte. Erzählt auch Bloch wie Mayer von seinem Werdegang und von seinem Studium und sozialen Aufstieg, so macht er auch keinen Hehl daraus, dass er Jahre lang fürs Überleben betteln musste. Im Gegensatz zu Fromer, der, je mehr er in Not steckte, sich von der Möglichkeit, sich taufen zu lassen, angezogen fühlte, erzählt Bloch, er habe trotz der großen Not nie an einen Übertritt gedacht. Er habe ganz im Gegenteil immer wieder Zuflucht in das Beth-Ha-Midrasch (Jüdi-

---

126 Joseph Samuel Bloch: Erinnerungen I, S. 2

sche Lernanstalt) der Stadt gesucht, in der er sich befand. Während bei Fromer zum Beispiel der erste Kontakt mit der Außenwelt, sprich mit weltlicher Literatur den Beginn des religiösen Zweifels symbolisiert,[127] sieht Bloch in seiner Auseinandersetzung mit Profanstudien keine Gefahr für seinen Glauben, obwohl er erkennt, dass er dadurch in Konflikt mit seiner Umwelt geriet.[128] Später wurde Bloch Rabbiner. Als einer der angesehensten Verfechter der jüdischen Sache in Österreich hatte er einen klaren Begriff vom Judentum, das er zukünftig sehen wollte. Seine „Österreichische Wochenschrift", die er für die Zwecke seines Kampfes gründete, hatte eine Mission, die er folgendermaßen ausformulierte:

> Während die national-jüdischen Parteidogmatiker den Assimilanten verschiedener Art das Judentum förmlich ausreden, sie als bereits aus der jüdischen Gemeinschaft geschieden erklären, erachtete es die „Österreichische Wochenschrift" als ihre Aufgabe, *ihnen das Judentum lieber einzureden*, die Fäden, die sie noch an das jüdische Volk knüpften, mochten diese welcher Art, welcher Natur immer sein, nicht entzweischneiden zu lassen, und so in Allen, die *jüdischen Blutes* sind, das *Bewußtsein des Zusammenhanges, das Empfinden und die Erkenntnis der unentrinnbaren Schicksalsgemeinschaft*, zugleich aber auch den edlen Stolz *zu wecken*, den eine einzigartige, viertausendjährige, wenn auch leidensschwere, jedoch ruhmumstrahlte Vergangenheit einflößt.[129]

Bloch geht also zwar davon aus, dass Judenheit „Blutsache" sei, deutet aber zugleich darauf hin, dass nicht allein das Blut Juden zu Juden bestimme. Ein wichtiges Element in seiner Definition des Juden ist das Bewusstsein bzw. das Gewissen, das erst mal wachgerüttelt werden muss, und zwar mit dem Ziel, „Verrat und Abfall entgegenzuwirken", wie er meint.[130] Jude-Sein ist demnach nicht nur angeboren, es muss auch gepflegt werden, damit es aufgrund der Erfahrung des Antisemitismus nicht verloren geht. Das dritte Element, das in Blochs Bestimmung des Juden eine Rolle spielt, ist die gesellschaftliche Markierung seiner Andersheit gegenüber Nichtjuden. Bloch betont nämlich, dass die Juden von der Mehrheitsgesellschaft abgelehnt und ausgegrenzt wurden, weshalb eine weitere Annäherung an diese fremden Völker nutzlos wäre. Die Erwähnung der „unentrinnbaren Schicksalsgemeinschaft" und des damit verbundenen Stolzes ist eine Verbindung antisemitischer und nationaljüdischer Positionen, die dem Entwurf eines spezifischen jüdischen Subjektes zugrunde liegen. Der erwähnte Stolz des Juden rührt nämlich nicht bloß daher, dass er eine „ruhmumstrahlte Vergangenheit" nachweisen kann und dazu von Gott

---

127 Jakob Fromer: GM, S. 27ff.
128 Vgl. Joseph Samuel Bloch: Erinnerungen I, S. 12ff.
129 Vgl. Joseph Samuel Bloch: Erinnerungen I, S. 191. Herv. C.S.
130 Joseph Samuel Bloch: Erinnerungen I, S. 193.

auserwählt wurde, sondern er hat auch zu tun mit seinem Status als „Paria",
aus dem der Stolz auch erwachsen kann als trotzige Reaktion auf Ausgrenzung
und Abstoßung. Insofern ist die „Identität" des Juden schon immer in einem
„anderen" eingeschrieben, und die Konstituierung dieser Identität dem Spiel
der Differenzen unterworfen. Das Eintreten für das Judentum bezieht sich in
diesem Sinne nicht notwendig auf die Überzeugung, der „Zufall der Geburt"
mache Juden zu etwas Besserem, sondern und besonders auf die Notwendigkeit, aus dem „unentrinnbaren Zufall" das Beste zu machen. Ein Teil der Bedeutung des Judentums liegt außerhalb des jüdischen Subjekts selbst und daran
lässt sich hier „die Notwendigkeit des Anderen für das eigene Ich" (Hall) fest-
stellen. Damit ist Blochs „Rückkehr zum Judentum" zwar eine Aufforderung zur
Verstärkung des ethnischen Bewusstseins, sie ist in ihrem Modus aber von
Franz Rosenzweigs *teshuvah* bzw. Rückkehr zum Judentum weit entfernt.[131]

---

131 Franz Rosenzweig, der nach dem Übertritt seines Freundes Rosenstock-Huessy zum Christentum auch die Idee einer Taufe in Erwägung gezogen, sich am Ende aber vom Christentum
abgekehrt und zum Judentum bekannt hatte, widmet sich in seinen philosophisch-
theologischen Abhandlungen einer hartnäckigen Verteidigung des Judentums. Sein Konzept
vom Zweistromland, das er in unterschiedlichen Schriften erläutert, spielt ausdrücklich an die
Kulturlandschaft Babyloniens an, mit den Flüssen Euphrat und Tigris, und die Bedeutung des
jüdischen Exils. Eine gängige Interpretation dieser Strom-Metapher deutet sie dahingehend,
dass die Juden, wie sie die Zeit im Zweistromland, in Babylonien ausnutzten, um in Verhandlung mit anderen Kulturen ihre Kultur mit fremden Anleihen (Griechisch, Persisch u.a.) zu
bereichern, ihre Zeit in Europa bzw. in Deutschland auch zu Nutze ziehen würden, um nichtjüdische Kulturelemente in ihre Kultur aufzunehmen, ohne in ihre Umgebung aufzugehen. Die
Zeit in Europa würde demnach als Moment der Artikulation bzw. der Re-Artikulation erscheinen. vgl. zu dieser Interpretationsrichtung u.a. Philip V. Bohlman: The Land Where Two
Streams Flow. Music in the German-Jewish Community of Israel. Urbana u.a.1989. Zu einem
anderen Interpretationsansatz vgl. u.a. Gesine Palmer: Zur – Vom – Über – Und. Nachwort zu
Franz Rosenzweig. Zweistromland. Kleinere Schriften zur Religion und Philosophie. Ber-
lin/Wien 2001. Rosenzweig sah das Judentum nicht als Religion, nicht gar als bekennende
Konfession, sondern als etwas, das ist, bzw. das „Man ist" (Franz Rosenzweig: Bildung, S. 34),
also etwas, was dem jüdischen Menschen voraus geht und ihn zugleich begründet. Rosenzweig
bedauerte u.a. den Rückgang jener Institutionen, die dem Judentum „eine Plattform jüdischen
Lebens" anzubieten vermochten, d.h. die Familie, das Gesetz, die Synagoge, die durch die
Emanzipation auseinandergebracht wurden (Franz Rosenzweig: Bildung, S. 36f.). Er plädierte
für eine Rückkehr des jüdischen Menschen, für eine Art Renaissance, aus der ein positives
Judentum entstehen würde, sprich ein Judentum, das von sich selbst existiert und mehr ist als
eine bloße Reaktion gegen Antisemitismus (vgl. Franz Rosenzweig: S. 38). Denn wie er behaup-
tete, „Es gibt nur eins, was das Leben der deutschen Juden von heute seit dem Anbruch der
Emanzipation zu einem sozusagen „jüdischen Leben" eint: die Emanzipation selber, der jüdische Kampf ums Recht" (Franz Rosenzweig: Bildung, S. 38). Dabei solle der Jude, der „über alle
Scheidungen der Völker und Staaten, der Begabungen und Charaktere" allumfassend ist, nicht

In einer Schrift, die er 1894 in der *Österreichischen Wochenschrift* publiziert, und die er in seinen Erinnerungen drucken lässt, tritt bereits Blochs Position in Bezug auf die Zukunft des Judentums hervor:

> Zum Assimilieren gehören eben zwei, einer der frißt, und einer, der sich fressen läßt. Wir wollten uns fressen lassen, aber die anderen Völker mochten uns nicht. Wir sind für ihre Verdauungsorgane ein harter Bissen. Ich habe schon vor zehn Jahren gesagt: Kehrt zu euch selbst zurück, versucht, ob euch nicht die Völker mehr lieben werden, wenn Ihr wieder anfangt, Juden zu sein![132]

Hier bestätigt sich der Gedanke, dass der jüdische Stolz durch die Abstoßung erst recht verstärkt wird. „Wieder Juden zu sein" bedeutet eine Rückkehr zu einer „angeblichen" Substanz, es ist ein ethnischer Rückzug. Jüdische Identität wird in dieser Hinsicht als etwas definiert, das zwar gegeben ist, das aber beständig von der Umgebung mitbegründet wird. Jüdisches Bewusstsein ist nicht eine allein aus der Geschichte und Kultur des Judentums geschöpfte Kraft, sondern das Resultat eines Hin- und Her zwischen unterschiedlichen kulturellen und politischen Kräften.[133] Die Metapher vom Fressen, die Blochs Vorstellung von Assimilation veranschaulicht, steht für diese Idee der Verhandlung im Prozess der Identitätsbildung. Das Passiv „uns fressen lassen" drückt zwar ein Moment der Passivität aus, er birg aber auch ein aktives Moment, das durch das „lassen", d.h. die Zustimmung, markiert ist. Damit wird die Aggressivität, die im Akt des Fressens liegt, entschärft und dem Verdacht auf einen erzwungenen, gewaltigen und einseitigen Verlauf des Prozesses von Artikulation entgegengearbeitet. Das Scheitern des Verdauungsprozesses deutet aber deutlich auf die vorwiegende Rolle des ethnisch-rassistischen Moments hin. Einheit und Permanenz werden damit letztendlich als Grundlage der Identität proklamiert. Auch bei Bloch erhält in diesen ethnisch-rassistischen Argumenten das Ritual der Taufe eine besondere Bedeutung. Diese Geste steht für Bloch wie auch schon für Fromer symbolisch für die endgültige Ablösung vom Judentum: „Kein

---

versuchen, sich gegen das Deutsche abzugrenzen, sondern in sich aufnehmen, weil das Deutsche und das Jüdische unterschiedlicher Natur seien. Das eine sei Begrenztes und das andere Unbegrenztes (Franz Rosenzweig: Bildung, S. 33). In diesem Sinne besteht also keine Inkompatibilität zwischen Deutschtum und Judentum. Rosenzweigs Gedanken gehen dahin, die „Taufbewegung" anzugreifen, die nach seinen eigenen Begriffen „uns Jahr für Jahr nicht, wie immer wieder gelogen wird, die Schlechtesten, sondern die Besten entführt" (Franz Rosenzweig: Bildung, S. 35).

132 Joseph Samuel Bloch: Erinnerungen II, S.74.

133 In seiner Schrift *Der nationale Zwist und die Juden in Österreich* vertritt Bloch sogar die These, dass der Antisemitismus als Reaktion entstanden sei auf die wachsende Tendenz bei Juden, ihr Judentum zu negieren (vgl. Joseph Samuel Bloch: Zwist, S. 28).

Teil des Volkes darf für verloren gelten, solange er sich nicht durch die Taufe vom Judentum formal lossagt", so urteilt er über die Bedeutung der Taufe für das Judentum.[134] Weshalb Bloch den Renegaten als „Deserteur" verabscheut und meint: „diese Leute verdienen die größte Verachtung der Juden".[135] Was Bloch tatsächlich vom Renegaten hält, lässt auch bereits erahnen, welche seine Einstellung etwa zu Gans' bereits erwähnte Strom-Metapher hatte sein können. Sein Urteil über Überläufer ist kompromisslos:

> Unter den vielen *problematischen Existenzen*, die während der antisemitischen Stürme in den letzten Dezenien des vorigen Jahrhunderts *eine schlammige Flut* an die Oberfläche schleuderte, waren jene *dunklen Gestalten* besonders *abstoßend* und *widerwärtig*, die aus dem jüdischen Volke hervorgegangen, dem Dienste der *Todfeinde* sich gemeinen Sold verkauften. Drei dieser sonderbaren Gesellen kreuzten meine Laufbahn; mir zu begegnen, zog es sie nach Wien, wo alle drei nacheinander das gleiche Schicksal ereilte: Briman, Rodkinsohn und Paulus Mayer.[136]

Das dunkle Urteil, das aus dieser Mischung aus Abscheu und Verachtung hervorgeht, verrät nicht nur Blochs Einstellung zur Taufe, sondern auch den für ihn gültigen Stellenwert des religiösen Elements in der Definition von Jude-Sein. Die Gewalt dieser Beschreibung und die metaphorische Steigung in der abwertenden Be- bzw. Verurteilung des getauften Juden belegt diese Einstellung zur Genüge, die auch eine gewisse Wut zum Ausdruck kommen lässt. Bleibt jedoch die Frage, warum der Renegatenfeind Bloch dem abgefallenen und völlig entfremdeten Juden Sigmund Mayer ein Lobkapitel widmet. Obwohl er in Österreich sowohl in seinen Schriften als auch öffentlich für die Sache der Juden stark eingetreten war, betonte Mayer ausdrücklich, dass er dies vor allen Dingen als Mensch, nicht als Jude unternahm. Er behauptet selbst in seiner Autobiographie, er sei zur Zeit der Reaktion, als der Antisemitismus neu entfacht wurde, dem Judentum weitgehend entfremdet gewesen.[137] Er schreibt sogar, er habe nur aus Rücksicht auf seine Eltern den Schritt zur Konversion nicht gemacht, es sei aber reine Formsache gewesen.[138] Er war also bereits mehr oder weniger ein Überläufer. Obwohl man Bloch nicht gerade zum orthodoxen Lager zählen kann, muss sein Hinweis betont werden, er habe in seiner Laufbahn trotz Not und Diskriminierung niemals an einen Übertritt gedacht und er im Gegenteil Rabbiner geworden ist. Dass er im Fall Sigmund Mayers weniger

---

134 Joseph Samuel Bloch: Erinnerungen I, S. 89.
135 Joseph Samuel Bloch: Erinnerungen III, S. 208.
136 Joseph Samuel Bloch: Erinnerungen II, S. IX. Herv. C. S.
137 Vgl. S. Mayer: JK, S.1.
138 Vgl. S. Mayer: JK, S. 241.

auf die tatsächliche Verankerung im Judentum als auf öffentliche Auftritte Acht gab, bestätigt in gewisser Hinsicht Jacob Tourys These des politischen Opportunismus'. An dieser Auffassung der Taufe wird auch Blochs Definition des Judentums erstmals problematisch. Denn mit der Taufe erstrebten die meisten assimilierten Juden nicht die Zugehörigkeit zum Christentum, sondern den beruflichen Aufstieg und die gesellschaftliche Anerkennung. In diesem Sinne verkörperte die Taufe zwar ein Akt gesellschaftlichen, aber nicht religiösen Bewusstseins. Nicht zuletzt aus diesem Grund wurden solche Taufen in der nichtjüdischen Gesellschaft kaum anerkannt. Indem Bloch der Taufe eine so grundlegende Bedeutung zuschreibt, nimmt er tendenziell seine Definition des Judentums als „unentrinnbare Schicksalsgemeinschaft" und als „Blutgemeinschaft" zurück, denn „Blut ist kein Wasser", um Sigmund Mayer zu zitieren. Die Blutgemeinschaft, die Bloch bis dahin ins Zentrum seiner Erzählung gerückt hatte, basiert auf eine angeborene und unveränderbare Substanz und das „jüdische Volk" demnach auf seine Einzig- bzw. Eigenartigkeit. Weil Blochs Argumente doch den Schluss zulassen, dass selbst eine Bekehrung nicht zum Auflösen der essenziellen Grundlage des Judentums führen könne, stellt sich die Frage, wie diese Positionen sich in einen Zusammenhang bringen lassen. Auch Blochs Öl-Wasser Metapher, die im Folgenden dargestellt wird, gibt keine eindeutige Antwort auf diese Frage.

5.3.2 Von Mimikry und Juden

Ob ein spurloses Verschwinden oder ein Aufgehen ohne Untergehen, Samuel Bloch hält offensichtlich nicht viel von einem Ineinandergreifen des Jüdischen und des Christlichen. Obwohl er buchstäblich ein Kriegsvokabular einsetzt und meint, die Juden wären im Kontext des Antisemitismus „keine Konfession, sondern Kampfgemeinschaft",[139] geht er doch von der Unmöglichkeit aus, in diesem Kampf Einzelne zu verlieren. Jeder Überläufer ist für ihn nicht nur ein Verräter und demgemäß ein Gegner, sondern er ist eine „problematische Existenz", eine Art „Nichtidentität". Identität, die „normale", wird als stabiles und beständiges Ganzes verstanden. Sie ist auch angeboren, denn Blochs Verachtung des Renegaten rührt nicht daher, dass letzterer „anders" ist, sondern daher, dass er sich eine Position erkämpft, die gar nicht erst existieren darf. Trotz gesellschaftlicher Interaktion und Einflüsse bleibt nach dieser Vorstellung das Subjekt ein zentriertes, mit einem unveränderbaren Kern. Was Eduard Gans als Fortbeste-

---

139 Joseph Samuel Bloch: Erinnerungen III, S. 208.

hen des Stroms im Ozean bezeichnet, bedeutet für Bloch Verfall, Untergang. Bloch fasst sein Konzept der Kohabitation von Judentum mit anderen Völkern ebenfalls mit einer Metapher zusammen:

> Das Oel, sagten unsere Alten, ist das Bild Israels, es mischt und mengt sich nicht mit anderen Flüssigkeiten, *es assimiliert sich nicht.* Nicht feindlich sollen wir den Völkerstammen gegenüberstehen, in Frieden und Eintracht wollen wir Hand in Hand mit ihnen den großen Kulturaufgaben der Menschheit uns widmen, - allein, wie das Oel dem Gebote gehorcht, das sein Schöpfer ihm eingepflanzt hat, von anderen Elementen sich abzuscheiden und abzusondern, so gehorchen wir einem Gottesgesetze, wenn wir unser innerstes Wesen, Kern und Stern unserer Geschichte gegen alle Anfeindungen verteidigen. Dies ist es auch, was die „Kadimah" anstrebt, was sie sich zum Ziele steckte. Das Oel strebt immer aufwärts; gemischt mit anderen Flüssigkeiten, siehst Du das Oel immer am Rande des Gefäßes, du kannst mit aller Gewalt und List versuchen, es hinunterzudrängen, es drängt wieder nach oben und bleibt an der obersten Schicht; so strebt auch der Geist Israels immer aufwärts. O! es hat an Versuchungen nicht gefehlt, an künstlichen, an gewalttätigen, dieses winzige Oel niederzudrücken, und an den Boden zu ketten – doch umsonst! Keine Gewalt vermag es, den Geist Israels für die Dauer niederzudrücken, er sprengt alle Fesseln der Tyrannei und höhnt der ohnmächtigen Gewalt seiner Hasser.[140]

Anders also als bei Mayer, der an Gans' Assimilation-Metapher mehr oder weniger anschließt, wäre es bei Bloch nicht abwegig, von einer Negierung der Assimilation zu sprechen. Das Bild des Öls, das trotz aller Gewalt weiter an die Oberfläche gelangt, verkörpert nicht nur die Überlebenskunst und das Durchhaltevermögen des Juden, sondern auch den Stolz, der sein Überleben sichern soll. Es ist aber zugleich auch eine Apologie der Absonderung. Der Stolz wird nach dieser Vorstellung zur Grundlage eines nativistisch-essentialisierenden Diskurses, der die Welt in binären Kategorien artikuliert. Die Unüberwindbarkeit dieses Binarismus' liest sich in der Inkompatibilität von Öl und Wasser. Bloch mag also mit dieser Aussage prinzipiell die Tatsache unterstreichen wollen, dass das Judentum trotz Unterdrückung und Ausschluss weiter bestehen würde, man kann aber nicht umhin, darin auch die Behauptung einer Unmöglichkeit von Assimilation zu lesen. Er postuliert, wie Mayer, eine Essenz des Judentums, ein unabänderliches Substrat, das ein Untertauchen, ein Aufgehen in der Umgebung verhindert. Im Gegensatz zu Mayer gibt es für Bloch aber keine Möglichkeit der Maskierung, weil der grundsätzliche Rassenunterschied definitiv unüberbrückbar erscheint, wie der Unterschied zwischen Öl und Wasser. Bloch betrachtet Judentum und Nichtjudentum als zwei nebeneinander existierende Entitäten, die sich gegenseitig bereichern, ohne ineinander aufzugehen. In dieser Hinsicht drängt sich aber die Frage auf, worin

---

140 Joseph Samuel Bloch: Erinnerungen III, S. 73. Herv. i.O.

die Möglichkeit der Bereicherung besteht. Denn die Lücke, die für Sigmund Mayer und später auch für Rosenzweig[141] eine Möglichkeit der Re-Artikulation darstellt, wird bei Bloch völlig ausgeblendet. Zu erwähnen ist allerdings auch, dass das Judentum weiter durch Kategorien wie „verteidigen", „überleben" und „abschneiden" definiert wird, also durch Kategorien, die die Präsenz eines „anderen" voraussetzen. Das heißt, dass das Judentum immer nur in Abgrenzung zum Anderen definiert werden kann und nicht, wie Rosenzweig es fordert, *ist*.[142] Näher betrachtet lässt Blochs Position aber deutlich zwischen Judentum als eigenständige kulturelle Nation und Judentum als Teil der österreichischen politischen Nation unterscheiden. Seine Öl-Wasser-Metapher knüpft unverkennbar an Simon Dubnows Definition der jüdischen Nation an, in der es heißt:

> *Das jüdische Volk ist eine Nation, die auch fürderhin ihre Individualität und Eigenart zu wahren bestrebt ist. Da ihr aber schon seit langer Zeit eines der materiellen Attribute einer Nation, die Staatseinheit abgeht, so muss sie zur Unterscheidung von anderen Nationen als eine geistig-historische Nation bezeichnet werden.*[143]

Es ist jenes Recht auf die Verteidigung und Wahrung der eigenen Volkseigenart, das Bloch für das Judentum als eine historische Nation beansprucht. Dieser Partikularismus soll aber nicht verhindern, dass Nationen sich gegenseitig beeinflussen, so Blochs Ansicht. In diesem Sinne ist zum Beispiel sein Hinweis auf den untilgbaren Stempel des Judentums im Christentum gemeint, wie Mendelssohn es seiner Zeit bereits formuliert hatte,[144] oder die zahlreichen Hinweise auf Möglichkeiten der Verbesserung der Christen durch Nachahmung jüdischer

---

141 Während Sigmund Mayer die Juden als „das Salz der Erde" und also ihren Beitrag in der Bereicherung anderer Kulturen betonte, sah Rosenzweig den Prozess der Bereicherung auch in die Gegenrichtung laufen, weshalb er die Juden dazu aufforderte, das Nichtjüdische in sich aufzunehmen, ohne dadurch ihr Judentum zu gefährden.

142 Vgl. Franz Rosenzweig: Bildung, S. 34

143 Simon Dubnow: Die Grundlagen des Nationaljudentums, S. 40. Herv. i. O.

144 Bloch schreibt Folgendes: „Aber das Bedanken hilft Ihnen nichts, und da das Christentum selbst, sowie die geistige Eroberung der heidnischen Arier für dasselbe durch getaufte Juden, durch semitische Apostel und Märtyrer bewerkstelligt wurde, so bleibt Ihnen, meine Herren, nichts anderes übrig, um der Verjudung zu entgehen, als zu den alten unzüchtigen Heidengöttern der germanischen Völker zurückzukehren. Mit aller Gewalt, mit aller List, ja mit allem Hasse wird es nicht gelingen, auch nur aus der deutschen Sprache und Literatur den semitischen Geist, der schon durch die lutherische Bibelübersetzung an der Schöpfung der Sprache mitgearbeitet hat, auszuschneiden. Sie können und Sie vermögen, wenn Sie die Gewalt gewinnen, einzelne Juden unterdrücken, Sie können sie quälen, aber die Verjudung werden Sie nicht los. (Heiterkeit)" (Joseph Samuel Bloch: Erinnerungen I, S. 262).

Kulturwerte. In diesem Zusammenhang sei auf seinen Aufruf in der dritten Parlamentssession am 20. Oktober 1891 hingewiesen:

> Machen Sie es den Juden nach! Anstatt das Geld zu antisemitischen Agitationszwecken auszugeben, machen Sie es wie die Juden, tun Sie ein christliches Werk der Barmherzigkeit, gründen Sie einen solchen Verein. [...] Greifen Sie nicht die Juden an, weil sie für ihre Angehörigen Pietät pflegen, tun Sie dasselbe für die Christen. Das wäre löblich.[145]

Bloch schließt: „Nein, nicht der Kampf gegen den Semitismus, sondern der für ihn würde von den wohltätigsten Folgen sein für die arbeitende Bevölkerung, für das Heil des Staates."[146] Dem Topos des bürgerlich zu verbessernden Juden[147] entgegnet Bloch wie auch schon Mayer mit dem Aufruf zu einer kulturellen Verbesserung des Nichtjuden. Den Topos des Juden als des besseren Menschen, der sich im Fortlauf der antisemitischen Bewegung verstärkte, kennen wir auch aus Fanny Lewalds Autobiographie, oder aus Fromers Autobiographie und aus Sigmund Mayers Diagnose: „Es ist gar keine Frage: der Jude hielt sich ethnographisch und ethisch für den Besseren".[148] Indem Bloch diese Ansicht nicht nur erwähnt, sondern sie auch zu eigen macht, trägt er diskursiv zur Konstituierung einer Wir-Gruppe bei. Von Anfang an löst sich seine Position in eine allgemeine auf, nicht der Einzelne Bloch kommt zur Sprache, sondern ein kollektives Bewusstsein, das sich im Laufe der Zeit konstituierte und verstärkte. Dabei gründet bei Bloch der Anspruch des Juden auf eine gewisse Überlegenheit bzw. auf mehr Menschlichkeit nicht notwendigerweise auf einer angeblichen „Volkseigenart", die als „Natur" begriffen wird, sondern auf der Beziehung zur Außenwelt. Aus diesem Blickpunkt ist die Wir-Gruppe der „Besseren" auch ein gesellschaftliches Produkt und nicht nur Naturgegebenheit.

---

145 Joseph Samuel Bloch: Erinnerungen I, S. 311f. Siehe hierzu auch Blochs Ausführungen über den positiven Einfluss des Judentums in der mittelalterlichen Kultur, den er als vorbildlich darstellt: „Sklavenfreie Völker und sklavenfreie Staaten hatte das Altertum nicht gekannt – mit Ausnahme eines einzigen und winzigen Landes, eines einzigen, kleinen und unbeachteten Volkes: des palästinensischen." (Joseph Samuel Bloch: Erinnerungen I, S. 29, auch S. 31ff.)
146 Joseph Samuel Bloch: Erinnerungen I, S. 48.
147 Christoph Dohms Buch *Über die bürgerliche Verbesserung der Juden* (1782) beschäftigte sich zwar mit der Situation in Deutschland, es ist aber unbestritten, dass in allen europäischen Ländern, wo sich die Juden zu integrieren suchten, das Problem ihrer Verbürgerlichung unter unterschiedlichen Aspekten diskutiert wurde. Meistens stand als Bedingung zur Verbürgerlichung der Juden „ihre Verbesserung", d.h. das Ablegen von bestimmten Attributen, ob religiöse, kulturelle oder einfach gesellschaftliche. In dieser Hinsicht wurde die Emanzipation aus Sicht der Juden schon immer als dialektischer Prozess angesehen, bestehend aus Verlust und Gewinn.
148 Sigmund Mayer: JK, S. 144.

Das andere Judentum, das Blochs Argumentation hervortreten lässt, ist das „assimilierbare" Judentum, d.i. das bürgerlich-politische Judentum Österreichs. Dieses Judentum kennzeichnet das Aufgehen in die Umgebung, das Gefressenwerden. Blochs diesbezügliche Auffassung zeichnet sich deutlich ab, wenn er an das Schaffen jener Angehörigen der jüdischen historischen Nation erinnert, an deren österreichische Nationalität, verstanden als Bürgerrecht, man nicht mäkeln dürfe:

> Gustav Pick, Alexander Krakauer und alle ihre Genossen bilden eine Widerlegung der neuen Theorie von der Unmöglichkeit der Assimilation. [...] Einem ist es geglückt, sogar der Mark Brandenburg ihren Reiz abzugewinnen, *Max Liebermann*. Man muß diesen dürftigen Boden wohl sehr lieben, muß sehr innig mit ihm verwachsen, um sich so an ihn dahinzugeben. Er malt diesen wehenden Sand mit dem dürftigen Graswuchs darüber, mit den zersausten Föhren, die sich kümmerlich zum Himmel heben, malt diesen blaugrünen Himmel mit den ziehenden weißgrauen Wolken darauf. Er hat seine Heimat erst künstlerisch entdeckt. Alsdann das Sittenstück. Niemals ist das kleinste Bürgertum Berlins inniger und mit mehr Neigung gemalt worden, als in Georg *Hirschfeld*'s „Mütter". Das „Wienerstück" hat in dem von seinem Vater streng orthodox erzogenen Judenstämmling *Karlweis* seinen Meister gefunden, dessen Meisterschaft Künstler wie Chiavacci, Pötzl, Tann-Berger, durchwegs Urchristen, rückhaltlos anerkannt haben. Diese Männer, die hier genannt werden, treiben nicht Mimikry; denn Mimikry kann für die Dauer die wahre Natur nicht besiegen. Das Hindernis der Assimilation liegt nicht bei den Juden, in ihrer Assimilationsunfähigkeit, sondern auf Seiten des Wirtsvolkes.[149]

Die Assimilation, die Bloch hier anspricht, hat offenbar nichts zu tun mit dem „nationalen Egoismus", der nach Dubnow eine „Unterdrückung einer fremden Volkseigenart" bedeutet.[150] Sie hat vielmehr zu tun mit der Teilnahme von Menschen jüdischer Nationalität im Sinne von Kultur, an der Bildung der österreichischen politischen Nation. Indem Bloch in seiner Beschreibung des Verhältnisses von Juden zur österreichischen Nation das Konzept der Mimikry verwirft, lehnt er das Prinzip der Nachahmung ab. Die jüdische Teilhabe an der österreichischen Nation, so Bloch, habe mit einer tarnenden Nachahmung, die bloß die Sichtbarkeit des Jüdischen vertuschen sollte, nichts zu tun, und auch nichts mit einer vorübergehenden, trügerischen und vorgetäuschten Übernahme staatsbürgerlicher Charaktermerkmale. Sie sei vielmehr durch eine feste Verankerung, eine ursprüngliche und endgültige Fixierung in der österreichischen „Heimat" verkörpert. Bloch, der bekanntlich, wenn gleich aus anderen Gründen wie Rosenzweig später, gegen den politischen Zionismus anargumentierte, verteidigte die Ansicht, dass die Juden Europa keineswegs nur als vorüberge-

---

149 Joseph Samuel Bloch: Erinnerungen III, S. 28f. Herv. i. O.
150 Simon Dubnow: Die Grundlagen des Nationaljudentums, S. 41.

hende Heimat betrachten sollten: „Für die weitaus große Mehrheit des jüdischen Volkes bleibt die Zerstreuung ein Normalzustand, die Diaspora nicht nur Vaterland, sondern auch Heimat, und der errungene Rechtsboden ein kostbares, vor jeder Schädigung zu bewahrendes Gut".[151] Demnach erwägt er, in Anlehnung an Dubnow, die Bezeichnung „österreichischer Staatsbürger jüdischer Nationalität", die einen geborenen Österreicher, der zur jüdischen Nationalität gehört, meint.[152] Seine Auffassung des Status von Juden in Österreich und der österreichischen Heimat der Juden aus dem obigen Zitat wirft trotzdem noch Fragen auf. Blochs Versuch, Jüdisches und Nichtjüdisches in einen Zusammenhang zu bringen, erfolgt nämlich durch den Entwurf eines anderen Begriffs von „Natur", der mit dem vorherigen, mit dem der Blutverwandtschaft nichts bzw. wenig zu tun hat. Es ist eine Natur auf zweiter Ebene, die zwar kulturell und geographisch geprägt ist, die aber keine Blutverwandtschaft voraussetzt. Dass sie „wahr" ist, bedeutet also mitnichten, dass sie jene erste Natur verdrängt, die sich Bloch zufolge, ähnlich wie Öl in Wasser, nicht auflösen lässt. Jüdisch wird in diesem Sinne als Subjektposition mit doppeltem Knotenpunkt dargestellt, der das Entstehen neuer Subjektpositionen ermöglicht. Durch dieses Konzept einer doppelten Natur scheint Bloch endgültig den Weg gefunden zu haben, den Binarismus aufzulösen, der der Vorstellung von Jüdisch und Nichtjüdisch innewohnt. Dabei ist die „Erfindung" einer zweiten, „wahren Natur" bei Bloch wie schon bei Dubnow diskursiv von größter Relevanz. Sie ermöglicht nämlich die Erfindung eines Juden, bei dem Assimilation gar nicht (mehr) erforderlich ist, weil dieser Jude kein „Fremder" ist, sondern aus dem österreichischen Volk

---

151 Joseph Samuel Bloch: Erinnerungen III, S. 97. In dieser Aussage macht sich Dubnows Einfluss noch deutlicher. Dubnow, der eine Position zwischen Zionismus und Assimilation vertrat, betonte auch ausdrücklich, dass die Juden, die sich seit Jahrhunderten in Europa aufhielten, obwohl sie eine klare, eigenartige Gemeinschaft bildeten, sich in ihre Umgebung eingegliedert hatten. In seiner Schrift *Die Grundlagen des Nationaljudentums* von 1905 beteuerte er: „Der Patriotismus ist eine komplizierte Emotion, die sich aus zwei Elementen zusammensetzt: aus dem *natürlichen* Gefühl der Zusammengehörigkeit der Mitglieder des betreffenden bürgerlichen oder politischen Verbandes. Da seit dem Verluste des politischen Zentrums im Orient Europa einem bedeutenden Teil der Juden eine neue Heimat geworden war, musste sich naturgemäss in ihnen auch das natürliche Gefühl der Liebe zu dieser Heimat entwickeln. Als natürliches Gefühl ist die Liebe zum Heimatlande, zu dessen Boden und zu dessen Natur unabhängig von der Lage, in der sich der Mensch daselbst befindet. Der Mensch liebt das Land, in dem er geboren und gross gezogen ist, mit dessen Natur seine Seele verwachsen ist, mit dem bei ihm eine mehr oder weniger lange Reihe von historischen und Familienerinnerungen, sei es erfreulicher oder unerfreulicher Art, verknüpft ist. Die Stätten, an denen wir gelitten, sind uns nicht weniger teuer als die Orte, an denen wir glücklich gewesen sind" (Simon Dubnow: Die Grundlagen des Nationaljudentums, S. 54).
152 Vgl. Simon Dubnow: Die Grundlagen des Nationaljudentums, S. 45.

selbst abstammt. Daher die Auflistung jener prominenten Künstler jüdischer Abstammung, bei denen man vergeblich nach einem Bedarf an Assimilation sucht. Allein, indem Bloch im gleichen Schritt die Anerkennung dieser „jüdischen" Künstler durch ihre christlichen Kollegen betont und preist, kippt seine gesamte Argumentation in ihr Gegenteil um. Damit unterwirft er nämlich die zweite Natur des Juden noch der Zustimmung der „echten" Verwahrer und Träger der ersten Natur. Die zweite, österreichische Natur des Juden, die er also durch hervorstechende Beispiele hervorzuheben versucht, entpuppt sich demnach als authentifizierungsbedürftig. Es ist keine Natur schlechthin, sondern eine, deren Gegeben-Sein vom Christen abhängt. Nicht zuletzt die Hervorhebung jüdischer Namen in dieser Passage lässt den Juden aus der Masse hervorstechen. Die Identität des Subjekts, auch in diesem politischen Sinne, ist nicht gegeben, sondern sie ist eine ständige Verhandlung, an der der Andere stets beteiligt ist, so dass keine erlangte Subjektposition einen sicheren und stabilen Ort darstellt, sondern immer nur eine Position auf Bewährung ist.

Mehr als bei Sigmund Mayer lässt sich in Blochs Darstellung von jüdischer und nichtjüdischer Wirklichkeit eine Verpflichtung gegenüber der ethnischen Abstammung erkennen. Blochs Jude hat viel von Sartres späterem „authentischem" Juden, der dem Judenhass stolz gegenübertritt. Es ist kein Jude, dem die Sichtbarkeit Schwierigkeiten bereitet, sondern eben einer, der auf dieser Sichtbarkeit besteht und sie zur Grundlage der eigenen Existenz macht. Bloch deutet dahin die von Sigmund Mayer vertretene Mimikry als „fuite", wie sie Sartre später verstehen wird; es ist für ihn aber eine Flucht, die keinen Erfolg kennt, weil eine Verstellung die Natur nicht dauerhaft verändern kann und erst recht den Judenhass hervorruft.[153] Dass Blochs Vorstellung des Juden vor allem aber eine unendliche Suche ist, erkennt man an den vielen Versuchen, Jüdisches und Nichtjüdisches zu artikulieren. Nach seiner oft wiederholten Beurteilung scheitert dieses Projekt an der Unfähigkeit des nichtjüdischen Subjekts, sich einer Re-Artikulation zu stellen. Dabei lässt sein Narrativ des eigenen Werdegangs eine ausgeprägte Tendenz erkennen, das Jüdische als unveränderbare Essenz zu denken, wobei zugleich erkennbar wird, dass dieses stabile Substrat des Jüdischen erst durch den Kontakt zum Nichtjüdischen offenbar wird und sein Dasein letztlich sogar von diesem Kontakt abhängt. Dadurch wird zwar seine These vom Eingeschriebensein der Identität in der „Natur" des Subjekts und damit ihrer Permanenz, nicht in Frage gestellt, wohl aber die Idee, Identität entwickle sich organisch und Subjektpositionen seien voneinander streng abgrenzbar. Auch Blochs Versuch, ohne Einbeziehung der „Blutverwandtschaft"

---

153 Vgl. Joseph Samuel Bloch: Zwist, S. 29f.

eine stabile Identität als sicheren Ort zu entwerfen, führt zu einer Darstellung der Identität als Resultat des Hin-und-Her zwischen unterschiedlichen Subjektpositionen.

5.4 Jude und preußischer Soldat: Meno Burgs „Geschichte meines Dienstlebens"

Am deutlichsten wird die Dialektik von Sichtbarkeit und Unsichtbarkeit am Fall Meno Burg. Meno (Menke, von Menachem) Burg kam am 9. Oktober 1790 in Berlin zur Welt.[154] Er besuchte bis zum 10. Lebensjahr die jüdische Elementarschule zu Berlin. Dort wurde er im Hebräischen, in der Religion, im Talmud und im Bibellesen unterrichtet. Der früh verwaiste Burg – der Vater starb bereits vor seinem fünften Lebensjahr – verband trotz deutlich ungünstiger finanzieller Voraussetzungen jüdisch-traditionelle mit weltlicher Ausbildung. Nach der Judenschule besuchte er kurz die Handelsschule, bevor er auf das Gymnasium zum Grauen Kloster aufgenommen wurde. Dort blieb er bis zum fünfzehnten Lebensjahr, bis 1804. Er machte dann eine Lehre bei seinem Vetter, dem Regierungs-Bauinspektor Salomon Sachs, die ihm den Weg in die Berliner Bauakademie ebnete. Dort absolvierte er 1807 das erste Examen und wurde als Kondukteur und Feldmesser vereidigt. Mit 18 Jahren betrat er den Staatsdienst, den er einige Jahre später niederlegte, um sich freiwillig bei der Armee zu melden, nach dem Aufruf zum Freiheitskrieg des Preußischen Königs 1813 an sein Volk. Der erste Rückschlag wegen religiöser Zugehörigkeit ließ nicht auf sich warten. Burg, der sich bei dem Garde-Normal-Bataillon beworben hatte, wurde bald entlassen mit der Begründung, dass Juden in dieser Einheit nicht aufgenommen würden. Einige Zeit danach folgte Burg dem Ratschlag des Leutnants und späteren Oberst von Ledebur, sich bei der Artillerie zu bewerben, die wenig angesehen war und seine Fachkenntnisse gern in Anspruch nahm. Mit seiner Aufnahme in die Artillerie begann eine erfolgreiche Karriere eines Juden in der Preußischen Armee zu einer Zeit, wo „allen jüdischen Bestrebungen nach Emanzipation auch in der Armee die Vorstellungen einer christlich geprägten

---

154 Es herrscht Uneinigkeit über dieses Datum. Das Geburtsregister 1778-1811 der Jacob Jacobsohn Sammlung am Leo Baeck Institut in New York führt das Datum 7. November 1788 an, während das Enzyklopädisches Handbuch des jüdischen Wissens von 1927 (Band I) in der Spalte 1242 das Jahr 1787 anführt. Die Allgemeine Deutsche Biographie führt dagegen den 9. 10. 1789 als Geburtsdatum an. Weil die Angabe 9. 10. 1789 von Meno Burg selbst stammt, dürfte sie wohl den anderen vorgezogen werden. Sie wird auch in der zeitgenössischen Forschung am meisten adoptiert.

Gemeinschaft gegenüber [standen], die nur in Ausnahmefällen in Nischenverwendungen oder im Krieg aus Nützlichkeitserwägungen durchbrochen wurden".[155] Meno Burg ist außer in der Vorbereitungsphase nie tatsächlich kämpfender Soldat gewesen und in seiner *Geschichte meines Dienstlebens* macht er keinen Hehl daraus, dass er davon tief enttäuscht war,[156] selbst wenn er, wie in der folgenden Aussage, oft versucht, den Schmerz über diesen nie erfüllten Traum herunterzuspielen:

> Daß dieser Wunsch nicht in Erfüllung ging, lag aber weder an dem guten Willen, noch an der Zuneigung meiner Vorgesetzten; es war bei ihnen weder Absicht, noch eine mich betreffende Zurücksetzung, es lag vielmehr in den damaligen Verhältnissen meiner Waffe, und ich mußte dieses Geschick mit mehreren andern meiner christlichen Waffengefährten teilen.[157]

Man mag diese Situation auf seine sehr guten Fachkenntnisse im Zeichnen und in Mathematik zurückführen, die dazu führten, dass man ihn gleich zu Beginn seiner Karriere nach Berlin in die Artillerieschule bestellte, wo er seine ganze Karriere in der Armee verbrachte. Es steht aber außer Frage, dass seine religiöse Zugehörigkeit ein Hindernis auf dem Weg zum Soldatenstande war. Trotzdem gelang Burg eine ruhmreiche Karriere in der Preußischen Armee: Er wurde zu einem der wenigen jüdischen Berufsoffiziere und der einzige jüdische Stabsoffizier der Preußischen Armee im 19. Jahrhundert. Er wurde Major und erhielt alle möglichen Auszeichnungen, unter anderen die Goldene Medaille für die Wissenschaft und das begehrte Dienstauszeichnungskreuz der preußischen Armee, und dies obwohl er immer das Opfer des diskriminierenden Umgangs mit Juden wurde.[158] Nur allzu oft und zu Recht wurde Burgs außergewöhnliche Laufbahn

---

155 Michael Berger/Gideon Römer-Hillebrecht (Hg.): Juden und Militär in Deutschland. Zwischen Integration, Assimilation, Ausgrenzung und Vernichtung. Baden-Baden 2009, S. 113.

156 Vgl. M. Burg: Geschichte meines Dienstlebens. Teetz 1998, S. 37, 54.

157 M. Burg: GD, S. 1.

158 Hoffmann und Hillebrecht weisen auf einige dieser Fälle hin: „Mit Kabinettsorder vom 16. April 1844 wurde Burg gestattet, die Uniform eines Hauptmanns der Artillerie anzulegen und 1847 wurde er mit dem „Charakter" eines Majors der Artillerie versehen. Das war eigentlich keine wirkliche Beförderung, sondern „Etikettenschwindel", da er nur mittels Uniform als Major ausgewiesen wurde, er jedoch nicht die bezahlte Planstelle eines Majors bekam und somit auch keinen Anspruch auf eine weitere Beförderung hatte und dadurch am Ende seiner militärischen Laufbahn angekommen war. [...] Erst 1841 erhielt Burg für seine Leistungen den Roten Adlerorden IV. Klasse, nachdem sich seine Gönner massiv für ihn eingesetzt hatten und der Antrag seines Vorgesetzten, Generalleutnant von Reiche, erstmals 1838 gestellt, dreimal abgelehnt worden war." (Rainer L. Hoffmann/Gideon Römer-Hillebrecht: Juden und Militär in Deutschland, S.101-116. Hier S. 107.) Meno Burg selbst erzählt in seiner Geschichte meines

und das von ihm Erreichte betont bzw. gelobt und als Vorlage für seine jüdischen Glaubensgenossen präsentiert, die an eine Karriere in der preußischen Armee dachten.[159] Aber diese Laufbahn wurde auch immer wieder wegen der Tatsache bewundert, dass Burg dafür nicht zum Christentum übertreten musste, sondern selbst immer wieder sein Judentum betonte, selbst wenn er deutlich wegen seiner Religion angegriffen oder diskriminiert wurde.

> Er war engagiertes Mitglied der jüdischen Gemeinde zu Berlin, deren Vorstand er zeitweilig angehörte, war ein eifriger Besucher der alten Synagoge in der Heidereutergasse, streng konservativ in seiner Gesinnung und legte Wert darauf, sich in voller Uniform an Sabbat und Feiertagen zur Thora aufrufen zu lassen. Religiös im Judentum verwurzelt, fühlte er sich national als Preuße und Deutscher. Für ihn war es nie ein Widerspruch, Deutscher und Jude zugleich zu sein.[160]

Auch Ludwig Geiger lobt das Durchhaltevermögen des Majors Burg, der trotz der sehr tauffreundlichen Umgebung am Judentum festhielt.[161] Nur selten wurde der Modus dieses Nebeneinanders vom Preußischen und Jüdischen reflektiert.

Dienstlebens von den vielen Frustrationen, die er durchlebt hat, weil er bei Beförderungen immer wieder übergangen wurde. Er erwähnt ganz besonders die Gefälligkeit in der ihm zuteilkommenden Verleihung des Verdienstkreuzes.

159 Dazu u.a. Ludwig Geiger: Geleitwort zu Meno Burg: GD, S. XVI-XXVIII; Michael Berger: Eisernes Kreuz und Davidstern. Die Geschichte Jüdischer Soldaten in Deutschen Armeen. Berlin 2006. Rainer L. Hoffmann/Gideon Römer-Hillebrecht: Juden und Militär in Deutschland, 101-116. Berger liefert eine zwar kurze, aber präzise Rekonstruktion von Burgs Laufbahn. Obwohl sie den außergewöhnlichen Weg Burgs auch betonen, privilegieren Hoffmann und Hillebrecht im Fall Burg die These des Zufalls bzw. der Förderung durch die Gunst eines Gönners, des Prinzen August, Sohn des Prinzen Ferdinand von Preußen. Sie schreiben zu Burgs Status als mögliches Musterbeispiel jüdischer Emanzipation folgendes: „Meno Burg war [...]weder als Mustervorlage für eine jüdische Integration in die Streitkräfte zweckdienlich, noch war die Hoffnung begründet, sich über Bildung und Gefallene Gleichberechtigung im preußischen Militär aus eigener Kraft zu erkämpfen. Solange die Vorstellung kollektiver Identität im preußischen Militär auf religiöse Homogenität ausgerichtet war, musste trotz aller jüdischen Opfer in den Freiheitskriegen und außerordentlicher Leistungen jüdischer Wissenseliten der Ruf nach Gleichberechtigung ungehört verhallen." (Rainer L. Hoffmann/Gideon Römer-Hillebrecht: Juden und Militär in Deutschland, S. 115) Man darf diesem Argument aber entgegenhalten, dass Burg selbst eine Emanzipation der Juden auch nie in diesem Sinne einer raschen Veränderung gedacht hat, vielmehr angenommen hat; „Es wird zwar für jetzt noch ausnahmsweise geschehen, allein es geschieht!", so Burg zur Integration von Juden im preußischen Staatsleben (Meno Burg: GD, S. 3). Auch Ludwig Geiger verweist zurecht darauf, dass der genannte Gönner, Prinz August, „freilich seine Gunst nicht an einen Unwürdigen verschenkte" (Ludwig Geiger *Geleitwort* zu Meno Burg: GD, S. XXIII).

160 Michael Berger: Eisernes Kreuz und Davidstern, S. 86.

161 Ludwig Geiger: Geleitwort zu Meno Burg: GD, S. IXXf.

Hoffmann und Hillebrecht weisen gerade mal darauf hin, dass Burg ständig versucht habe, „ohne Selbstverleugnung" jeden Hinweis auf seine jüdische Identität wegzulassen.[162] Ähnlich interessiere ich mich im Folgenden für Burgs jüdisches Selbstverständnis in Bezug auf seine meist judenfeindliche Umgebung. Es geht genauer um seinen Versuch, zwischen Preußischem und Jüdischem zu vermitteln, in einem Kontext, wo dieses Nebeneinander nicht selbstverständlich war. Dafür erscheint mir Burgs *Geschichte meines Dienstlebens* ein aufschlussreiches Dokument. Burg mag dort ausdrücklich betonen, es gehe lediglich um die Geschichte seines Dienstlebens, so ist es nichtsdestoweniger die seines Lebens. Denn, wie Geiger es zu Recht erkennt, „Burgs Leben war Arbeit und Dienst".[163] Dass Burg sich seiner Außenseiterrolle bewusst war, wie Hoffmann und Hillebrecht betonen, ändert nichts daran, dass er am Judentum festhielt, und dabei oft betonte, er könne kein Christ werden. So zum Beispiel als seine Vorgesetzten seine Beförderung zum Hauptmann mit der Bedingung eines Übertritts zum Christentum verbinden wollten. Nach seinen eigenen Aufzeichnungen lautet Burgs Antwort folgendermaßen:

> Wäre ich als Christ geboren, so würde ich das Christentum, so wie jetzt das Judentum, als ein mir vom Himmel verliehenes Geschenk aufgenommen und bei meinem religiösen Gefühl auch fest und heilig bewahrt haben. Jetzt aber fehlt es mir an Kraft, mein Gewissen zu beschwichtigen, und ich setze, trete ich freiwillig über, meine Ruhe aufs Spiel.[164]

Bereits aus dieser Passage lässt sich Burgs Einstellung zum Judentum entnehmen. Dem, was Sigmund Mayer etwa unter dem Begriff vom „Zufall" fasst, verleiht Burg ein Gesicht, wenn auch kein sichtbares. Bei ihm heißt es der Wille Gottes. Das Dasein des Menschen werde durch Vorsehung bestimmt, Jude-Sein hänge von einer höheren Macht ab und nicht vom Selbstbewusstsein des Individuums. Daher hänge das Festhalten am Judentum auch nicht grundsätzlich mit dem Willen zusammen, sondern mit dem Unvermögen, dem „Schicksal" zu entweichen. Denn Religion mag nach dieser Beschreibung ein Geschenk sein, es ist aber eins von einem absoluten Wesen, d.h. ein Geschenk, das man nicht ablehnen kann. Wie Burg es verstand, seine religiöse Zugehörigkeit bzw. seine ethnische Abstammung mit seiner preußischen Staatsangehörigkeit zu verbinden, kommt am deutlichsten in seiner Darstellung der dienstlichen Laufbahn zum Ausdruck. Was für ein Konzept von jüdischer bzw. preußisch-jüdischer Identität daraus entsteht, möchte ich im Folgenden untersuchen.

---

162 Rainer L. Hoffmann/Gideon Römer-Hillebrecht: Juden und Militär in Deutschland, S. 109.
163 Ludwig Geiger: Geleitwort zu Meno Burg: GD, S. XXIV.
164 Meno Burg: GD, S. 115

5.4.1 Eine Geschichte für die Nachwelt

Der Anspruch auf Originalität kommt bei Burg an erster Stelle und steht auch im Mittelpunkt seiner Geschichte. Der Offizier Burg ist sich zu dem Zeitpunkt, wo er seine Dienstgeschichte niederschreibt, der Außergewöhnlichkeit seiner Laufbahn bewusst. Die „Ausnahme", die er in Bezug auf die eigene Situation ausmacht, begründet die Erzählung des Dienstlebens für spätere Generationen.[165] Das Desiderat seines Schreibens formuliert Burg folgendermaßen:

> Sie soll den jüdischen Jüngling ermutigen, sie soll ihm zeigen, dass auch in unserm Vaterlande der Jude zu Staatsämtern gelangen kann und in seiner öffentlichen Laufbahn nicht aufgehalten wird, vorausgesetzt, dass der dem Staatsdienst sich widmende jüdische Jüngling von vornherein bemüht ist, seine Pflichten in ihrem ganzen Umfange zu erfüllen; daß er sich bestrebt, das Vertrauen und die Liebe seiner Vorgesetzten zu erwerben; daß er dabei vor allem *Gott im Herzen* und seine Stellung und sein Ziel vor Augen hat.[166]

So fungiert seine Dienstgeschichte als eine Art „Gebrauchsanweisung" für seine jüdischen Genossen bzw. für die jüdische Nachwelt. Es geht ihm um eine Beweisführung, aber auch um eine Lektion darüber, wie der jüdische Jüngling vorgehen müsse, der seiner Erfolgsspur im preußischen Staatsdienst nachfolgen möchte. Seine Adressaten sind zwar seine Freunde, seine Kameraden, aber er betont ausdrücklich „Glaubensgenossen, und namentlich [den] jüngeren Teil derselben".[167] Burg sieht also das eigene Leben als eine Art *success story,* das Vorzeigepotential aufweist. Damit legitimiert er gleich auch seine autobiographische Tätigkeit. Vorläufig möchte ich hier bereits auf jene Rhetorik hinweisen, die Burgs Geschichte bzw. seine Anweisungen an die jüdische Nachwelt prägt. Sie besteht aus einer Verbindung von Selbstverständlichkeit und Bedingtheit des Status des Juden im öffentlichen Dienst. Sie basiert auf eine Ja-Aber-Methode, die nicht frei von Ambivalenz ist. In der obigen Passage zum Beispiel lässt der Erzähler keinen Zweifel daran, dass Juden im öffentlichen Dienst „uneingeschränkt" Karriere machen können. Nur die Voraussetzung einer solchen Karriere ist alles andere als selbstverständlich. Denn die Aufforderung, „seine Pflichten in ihrem ganzen Umfange zu erfüllen", die auch jedem nichtjüdischen Beamten gelten könnte, wird nicht zufällig betont. Es ist der Hinweis auf besondere Bedingungen, auf einen besonderen Umgang mit Pflichten. Allein die Erwähnung eines an sich sonst selbstverständlichen Prinzips scheint mit der Vorstellung eines besonderen Status verbunden zu sein. Hinzu

---

165 Vgl. Meno Burg: GD.
166 Meno Burg: GD, S. 2. Herv. i. O.
167 Meno Burg: GD, S. 2.

kommt, dass die Liebe, die nicht vorausgesetzt wird, sondern erst erworben werden muss, auch auf einen jüdischen Beamten anspielt, der sich nicht gerade auf vertrautem Boden bewegt.

In seinem Geleitwort zur zweiten Auflage von Burgs *Geschichte meines Dienstlebens* aus dem Jahr 1916 bestand auch Ludwig Geiger darauf, dass das Buch „wegen seiner kulturgeschichtlichen Merkwürdigkeit und wegen des Beispiels, das es der heranwachsenden Jugend der gegenwärtigen und künftigen Generation gibt", eine Neuauflegung verdiente.[168] Aber Geiger war nicht nur das kulturhistorische Potenzial der Geschichte aufgefallen, er betonte auch wiederholt und zu Recht die „Schlichtheit des Ausdrucks", wie er es nannte. Denn, so Geiger weiter, der „Verfasser will nicht [durch] künstliche Wendungen überraschen, nicht durch glänzenden Stil die Aufmerksamkeit auf sich lenken, er erzählt vielmehr ruhig und einfach, ohne damit der Lebendigkeit Abbruch zu tun, und erfreut gerade durch seine Einfachheit und Gegenständlichkeit".[169] Dies mag wenig überraschen, denn Burg war Mathematiklehrer. Als Soldat und als Lehrer soll er auch Sinn für Gegenständlichkeit und Praxisorientiertheit gehabt haben. In diesem Sinne ist seine Geschichte beispielhaft. Wie ein Lehrer verfährt der Autor auch äußerst didaktisch und weist immer wieder auf das für ihn Wesentliche hin und auf das nur „am Rande erwähnte", das ihm zufolge keiner besonderen Aufmerksamkeit gebührt. Dass es Burgs Intention sei, zu belehren, soll den Leser in dem Glauben bestärken, dass der Autor äußerst selbstbewusst erzählt und nichts dem Zufall überlässt. Die sehr einfache und direkte Erzählweise sowie die erwähnte Gegenständlichkeit sollen aber die Tatsache nicht ausblenden, dass der Autor auch über den Schreibprozess reflektiert. Burg bedient sich auch ganz deutlich der modernen Autobiographie-Rhetorik, die – wie bereits erwähnt – seine Geschichte legitimieren und mithin auch ihr Zustandekommen begründen soll. So soll er zwar bereits daran gedacht haben, das eigene Leben in einem Buch zu verzeichnen, konkreten Anlass dazu habe er aber erst durch eine Frage seines Vetters erhalten, die er nun durch diese seine Geschichte zu beantworten suche:

> Im Jahre 1842 erschien von meiner Mutter Brudersohn, meinem verehrten Lehrer, dem pensionierten königlichen Regierungs-Bauinspektor S. Sachs, folgende Biographie: „Mein fünfzigjähriges Dienstleben und literarisches Wirken. Ein Beitrag zur tatsächlichen Beleuchtung der Frage: Sind Juden zum Staatsdienst geeignet?", in welchem der Verfasser in logischer Ordnung und bei der ihm eigenen *hohen Rechtlichkeit* der Wahrheit getreu seine Erlebnisse bis zum Jahre 1830 erzählt. Als ich diese für mich so interessante Schrift durch

---

168 L. Geiger: Geleitwort zu Meno Burg: GD, S. XVIf.
169 L. Geiger: Geleitwort zu Meno Burg: GD, S. XVII.

gelesen hatte, erstarkte in mir der hängst gehegte Gedanke, auch mein Dienstleben einfach und treu zu erzählen, da ich vermutete, jene könne, trotz der großen Anhänglichkeit und Liebe meines Vetters für den Glauben seiner Väter, entmutigend auf meine jungen Glaubensgenossen einwirken, um dadurch sie zu kräftigen und anzufeuern, damit sie getrost und vertrauensvoll ihre Kräfte dem teuren Vaterlande widmen mögen, wenn sie den Beruf dazu in sich fühlen.[170]

Burg knüpft also auch an den Anspruch an, wahrheitsgemäß zu erzählen. Weil er die Wahrhaftigkeit der Darstellung nicht allein vom eigenen Gedächtnis bzw. von der eigenen Perspektive auf die Dinge abhängig machen will, wird die Erzählung zu einer Beweisführung, unter Rekurs auf unterschiedliche Zeugnisse. Im Nachtrag zur *Geschichte meines Dienstlebens,* der tagebuchartig zum Text angehängt ist, bedauert Burg, dass er aufgrund ihrer überragenden Zahl viele „Beweise von Wohlwollen und Zuneigung" von Kollegen und Offizieren ihm gegenüber unerwähnt lassen müsse. Ein Teil dieser „Beweismittel" findet Burg in den vielen Briefen, die er während seiner Dienstzeit entweder schrieb oder erhielt, weil diese Auskunft über seinen Gemütszustand und die berufliche Situation geben könnten. Sorgfältig werden sie in die Geschichte eingebunden und sollen nicht nur die „Authentizität" des Erzählten, den Eindruck der von Geiger erwähnten Gegenständlichkeit der Darstellung verstärken, sondern auch dem Bericht eine persönlichere Note dadurch verleihen, dass sie die Nähe des Majors Burg zu seinen christlichen Kollegen, Vorgesetzten und Schülern betonen. Es sind teilweise Anerkennungsbriefe über berufliche Leistungen, teilweise Briefe von markanten Persönlichkeiten, die nicht ohne Stolz in die Geschichte erwähnt werden. Es sind aber auch Briefe, die Rückschläge dokumentieren, deren Einbeziehung geeignet erscheint, den dialektischen Prozess hervorzuheben, der durch Erfolge und Rückschläge hindurch schließlich zum „Sieg" führte.

5.4.2 „Ohne Kampf kein Sieg!"

Mit diesem aussagekräftigen Satz deutet Burg von Anfang an auf die besondere Situation des Juden hin, der den Staatsdienst antritt. Damit scheinen bei erster Betrachtung auch die ersten Widersprüche in seiner Intention und in seiner Erzählung aufzutreten. Burg bemerkt nämlich gleich am Anfang, dass der Jude sich in diesem ihm feindlichen Kontext mit Geduld, Ausdauer und Kampfgeist bewaffnen müsse:

---

170 Meno Burg: GD, S. 4. Herv. i.O.

> Es wird aus der vorliegenden Geschichte hervorgehen, dass die Religion, zu welcher ich mich bekenne, mich in mancher Beziehung zum Kämpfen veranlasste, wie dieses namentlich bei einigen Übergängen aus meiner militärischen Stellung in eine höhere der Fall war, einen Kampf, der meinen christlichen Kameraden durchaus fremd ist. Denn während sie mit Sicherheit ihre Laufbahn verfolgten und ohne eine derartige Überwindung von Hindernissen, ohne ihr Hinzutun befördert wurden, war ich genötigt, einen Kampf mit meiner innersten Überzeugung und mit den äußeren Verhältnissen zu bestehen. [...] Es lag dieser Kampf in der außergewöhnlichen Stellung, die ich einnahm, in der Stellung der Juden zum Staat überhaupt.[171]

Hier wird jene Rhetorik von Kampf und Sieg anschaulich, die ich eben erwähnt habe. Denn Burg macht nun keinen Hehl daraus, dass ein Sieg zwar erreichbar ist, aber nur unter der Bedingung eines andauernden Kampfes. Das leitmotivisch wiederkehrende Wort „Kampf" markiert das entscheidende Element im Verhältnis des Juden zur nichtjüdischen Welt und zu sich selbst. Es markiert aber auch die Präsenz eines Gegenübers, mag dieses auch innerhalb des Selbst sein. Burg organisiert hier eine Trennung zwischen einer Identität als religiöses Jude-Sein, die für ihn gesichert ist, und einer gesellschaftlichen Identität als Preußisch-Sein, die erst in einer Auseinandersetzung mit dem Jude-Sein und mit der nichtjüdischen Welt erkämpft werden muss. Dadurch wird auch eine Trennung von jüdischer und nichtjüdischer Erfahrung operiert. Die gesellschaftliche Identität des Juden entspringt also nicht einem linearen und berechenbaren Prozess, sondern einer dialogischen und dynamischen Interaktion zwischen unterschiedlichen Subjektpositionen, von denen eine das religiösjüdische Subjekt mit seinen Überzeugungen und eine weitere die nichtjüdische Gesellschaft mit ihren Verhältnissen darstellt. Dass dabei die Metapher des Kampfes zum Einsatz kommt, deutet darauf hin, dass es sich um eine „umkämpfte Identität"[172] handelt, die keinesfalls einen sicheren und friedlichen Ort darstellt, denn sie muss je nach den äußeren Verhältnissen und je nach den eigenen Überzeugungen immer wieder neu artikuliert werden. In der Tat ist Burgs Geschichte auch die Geschichte der Diskriminierung der jüdischen Minorität in der Preußischen Armee. Obwohl Burg den sich seines Status bewussten Juden zum Kampf auffordert, betont er zugleich, seine Religion sei niemals ein Hindernis zwischen ihm und seinen christlichen Kollegen bzw. Vorgesetzten gewesen. Ein für Burgs Dienstgeschichte typischer Satz lautet wie folgt:

> Bevor ich in meiner Dienstgeschichte fortfahre, muß ich hier noch nachträglich eines Umstandes gedenken, der mir aufs neue bewies, wie sehr ich das Vertrauen meiner Unterge-

---

171 Meno Burg: GD, S. 7f.
172 Vgl. Stuart Hall: Rassismus und kulturelle Identität.

benen besaß und wie bei ihnen meine Religion niemals als ein Hindernis erschien oder einen Anstoß erregte.[173]

Dieselbe Rhetorik durchzieht die ganze Geschichte in variierenden Formulierungen,[174] und sowohl Briefe als auch Anekdoten werden zur Beweisführung herangezogen. Michael Berger sieht diese Einstellung durch die oft erwähnte Treue preußischer Juden gegenüber der königlichen Obrigkeit begründet:[175]

> Meno Burg hatte trotz der zahlreichen Demütigungen und Benachteiligungen nie gewankt in der Zuneigung zu König und Vaterland. Eine Kritik an den Umständen, unter den die Juden in Preußen und den anderen Staaten zu leiden hatten, wäre ihm nie in den Sinn gekommen.[176]

---

173 Meno Burg: GD, S. 153. Es sei hier nur kurz auf den Bericht über den Vorfall 1813 hingewiesen, in dem Burg von seiner Entlassung aus der Garde aus religiösen Gründen erzählt: „Ich kam zum Feldwebel. Er hatte eine Liste vor sich, in welcher mehrere Rubriken mit den entsprechenden Überschriften, als Namen, Geburtsort, Alter usw., versehen waren, die er meiner Angabe nach ausfüllte. Als er aber zur Rubrik „Religion" kam und von mir die Antwort „jüdisch" erhielt, wollte er anfangs seinen Ohren nicht trauen. Er sah mich groß, bedeutend und kopfschüttelnd an, vollendete die Liste und entließ mich bald darauf, ohne weiter etwas hinzuzufügen. Nach Verlauf einiger Stunden kam er auf mein Zimmer. Er sah ziemlich verlegen aus und eröffnete mir mit einer gewissen Befangenheit, wie er auf Befehl des Herrn Major von Alvensleben mir mitteilen müsse, dass ich nach den bestehenden Gesetzen und nach den obwaltenden Umständen nicht in der Garde als Jude dienen könne, demnach die von der Kompanie erhaltenen Gegenstände wieder abliefern und das mir überwiesene Quartier sofort räumen müsse. Ich war sehr erstaunt und betroffen, und diese Mitteilung war mir in dieser Zeit umso unerwarteter, als kurz zuvor, im Jahre 1812, der König den Juden auf *Hardenbergs* Veranlassung die so lange ersehnten Rechte aus freiem Antriebe verliehen hatte. Es war dies also das erste Mal seit dem Jahre 1807, wo ich in den Staatsdienst trat, dass der Jude, dass meine Religion mir in den Weg trat." (Meno Burg: GD, S. 15) Andere solche Vorfälle werden auch im Fortlauf der Geschichte dokumentiert.
174 Anders ausgedrückt heißt es zum Beispiel an anderer Stelle: „Bevor ich die Geschichte meines Dienstlebens fortfahre, drängt es mich, eine Tatsache zu erzählen, die, wenn sie auch gleich nicht hierher gehört, doch eine sehr wohltuende Erinnerung in mir erregt und zugleich dartut, dass selbst bei nicht vorurteilsfreien Menschen meine Religion kein Hindernis des innigsten und freundschaftlichsten, ja des zärtlichsten Verhältnisses zueinander war." (Meno Burg: GD, S. 109) Auch Meno Burg: GD, S. 10f. und S. 44 u.a.
175 Zum Verhältnis von Juden zum Preußischen Staat siehe Albert Breuer: Juden in Preußen 1750-1918. Emanzipation, Assimilation und Antisemitismus. In.: Schoeps u.a. (Hg.): MENORA. Jahrbuch für Deutsche-Jüdische Geschichte. Band 16. Tradition, Emanzipation und Verantwortung. Moses Mendelssohn, die Aufklärung und die Anfänge des deutsch-jüdischen Bürgertums. Hamburg 2006. S. 15-52. Hier S. 35.
176 Michael Berger: Eisernes Kreuz und Davidstern, S. 84.

In der Tat liest sich Burgs Geschichte an manchen Stellen wie ein Loblied auf die Obrigkeit. Kein einziges Ereignis, das Burg anführt, ohne in aller Feierlichkeit und mit viel Demut der Obrigkeit seinen aufrichtigen Dank auszudrücken. Diese Dank-Rhetorik, die seine Erzählung durch und durch prägt, zeugt zugleich von einer unfehlbaren Untertanentreue und vom Bewusstsein des Auserwähltseins, und damit des Außenseiters. Aber die Begründung dieser Einstellung ist offenbar auch in Burgs persönlicher Vorstellung des Verhältnisses zur nichtjüdischen Welt zu suchen. Denn geht man mit Burg davon aus, dass seine Religion für seine nichtjüdischen Kollegen und Vorgesetzten kein Problem darstellte, dann bleibt nur der Schluss übrig, dass der angekündigte Kampf um die eigene preußische Identität im Grunde nicht zwischen dem Juden und der nichtjüdischen Gesellschaft stattfand, wie vorerst angenommen, sondern allein zwischen dem Juden und seinem jüdischen Bewusstsein, unter Berücksichtigung des fremden Horizonts bzw. des Nichtjuden. In diesem Sinne ist das Gegenüber des Juden in der Verhandlung seines Preußisch-Seins kein anderer als er selbst. In dieser Hinsicht wird das religiöse Selbstbewusstsein ständig von Momenten des Preußisch-Seins heimgesucht. Der Kampfbegriff tritt nur dann in Widerspruch mit der Annahme eines freundschaftlichen und vorurteilsfreien Zusammenlebens von Christen und Juden, wenn man ihn ähnlich wie ein Joseph Bloch im Sinne eines aktiven bzw. aktivistischen Engagements auffasst. Wie Burgs Kampf mit sich selbst in der Praxis abläuft und wie er dabei sein religiöses Jude-Sein für gesichert hält und es gleichzeitig mit dem Preußischen artikuliert, geht aus seiner Darstellung des Berufsalltags hervor.

5.4.3 Unsichtbar werden und weiter existieren

Ludwig Geiger schreibt in seinem Vorwort zu Meno Burgs *Geschichte meines Dienstlebens,* Burg sei aufgrund der Anziehungskraft der nichtjüdischen Welt und des herrschenden Tauftrends bei jungen, bildungsdurstigen Juden seiner Zeit eine bewundernswerte Ausnahme gewesen.[177] Die Frage der Taufe steht auch in Zentrum von Burgs Überlegungen. Seine strenge Ablehnung der Taufe taucht in seiner Erzählung als Leitmotiv immer wieder auf. Diese Haltung des Festhaltens ans Judentum wird später als sein wichtigstes Verdienst im Kampf um die Emanzipation des Judentums dargestellt. Burg berichtet von einer Reihe von Vorfällen, bei denen er wegen seiner Religion benachteiligt wurde, und zieht doch am Ende die Bilanz, seine Religion sei ihm auf seinem Weg zum Offi-

---

177 Vgl. Ludwig Geiger: Geleitwort zu Meno Burg: GD, S. XXIf.

zier kein Hindernis gewesen. Demnach sind dem Autobiographen nicht der Prozess und die einzelnen Momente seiner Entwicklung wichtig, sondern das Ergebnis, das sich aus der ganzen Geschichte ergibt. Der Sinn seiner Geschichte ergibt sich nicht aus den einzelnen Schwierigkeiten, mit denen er konfrontiert wurde, sondern aus der Tatsache, dass er Offizier wurde und sich dafür nicht taufen lassen musste. Dabei zeigt sich bei näherer Betrachtung, dass sein Entwurf des Jude-Seins in der nichtjüdischen Umgebung das Jüdische deutlich zur Fügung auffordert.

Am Anfang führt der jüdische Offizier den ersten Grundsatz seiner persönlichen Einstellung an, d.h. die Grundlage seines Rezepts zum Erfolg:

> Von Anfang an war mein Hauptbestreben dahin gerichtet, durch mein Benehmen gegen Vorgesetzte, Kameraden und Untergebene sowohl im Dienst, als im geselligen Verkehr *das Vorurteil zu beseitigen*, zu tilgen und überhaupt *den Juden möglichst ganz in Vergessenheit zu bringen*. [...] Dabei habe ich die Religion, zu der ich mich bekenne, niemals verleugnet, sie aber auch eben so wenig unberufen und auf eine ungehörige Art zur Schau getragen.[178]

Hier wird am deutlichsten erkennbar, wie der Kampf um das Preußisch-Sein eigentlich den Kampf des Juden gegen sich selbst darstellt. Denn der Jüdisch-Preuße wird, so widersprüchlich das klingen mag, nur um den Preis einer Ausblendung des sogenannten „echten" religiösen Juden geschaffen. Das Vorurteil wird dadurch bekämpft, dass das verurteilte Subjekt aus der sozialen Welt geschafft wird, d.h. indem der Jude unsichtbar gemacht wird. An dieser persönlichen Einstellung knüpft die Aufforderung des Protagonisten an jene Juden an, die im preußischen Staatsdienst erfolgreich sein möchten: „Der jüdische Jüngling", so der Protagonist,

> wird im Staatsdienst nur dann richtig Fuß fassen, wenn er durch die entsprechenden Prüfungen dargetan, dass er was Tüchtiges erlernt hat und das Erlernte auch praktisch anzuwenden versteht, wenn er mit *Bescheidenheit*, ohne *Anmaßung* und *Überschätzung* auftritt, wenn er nicht durch eine zu weit getriebene *Empfindlichkeit* jede ihm verletzend scheinende Äußerung gleich als das Ergebnis eines gehässigen Vorurteils, vielmehr als eine harmlose, mehr scherzhafte, in vielen Fällen ganz absichtslose Mitteilung aufnimmt.[179]

Das Hervorgehobene, ob die zu pflegende Bescheidenheit, oder die zu vermeidenden Anmaßung, Überschätzung und Empfindlichkeit, sind nach Burgs Vorstellung der Schlüssel zum Erfolg. Das Vorurteil soll also nicht dadurch ent-

---

178 Meno Burg: GD, S. 5. Herv. C. S.
179 Meno Burg: GD, S: 3. Herv. i. O.

schärft werden, dass dagegen aktivistisch gekämpft wird, sondern durch die Kultivierung des Durchhaltevermögens. Abträgliches soll harmlos gemacht werden, genauso wie Unauffälligkeit bzw. Unsichtbarkeit Sicherheit garantieren soll. Wer nicht gesehen wird, wird auch nicht angegriffen, so das Motto. In diesem Sinne bedeutet das Beseitigen des Vorurteils eigentlich, es nicht wahrzunehmen. Und dies ist nur dann möglich, wenn man aufhört, als Zielscheibe da zu sein. Es heißt genauer gesagt als Jude zu existieren aufhören. Der Jude verschwindet aber nicht völlig, er versteckt sich bloß vor dem feindlichen Bewusstsein. Die Bedingungen dieser „Existenz" kommen zum Beispiel in Burgs Beurteilung der eigenen Beförderungen zum Ausdruck. Immer wenn er von einem Fall reibungslosen Erfolges, einem Fall von Nicht-Diskriminierung gegenüber seiner Person berichtet, führt er explizit den Hinweis hinzu, es sei alles „ohne alle Hindernisse, ohne irgend eine Schwierigkeit" erfolgt.[180] So bei seinem Bericht über seine Berufung nach Berlin und über sein berufliches Leben dort, um nur dieses Beispiel zu nennen: „Es war demnach meine Religion weder ein Hindernis zu meiner Anstellung als öffentlicher Lehrer, noch zur Ablegung des Offizierexamens, obgleich meine Vorgesetzten, meine Schüler und meine Examinatoren vollkommen Kenntnis davon hatten".[181] Dagegen wird jeder Hinweis auf die Religion vermieden, wenn es offensichtlich ist, dass letztere Grund zur Diskriminierung ist. Seinen eigenen Grundsätzen folgend betont er dann, man solle als Jude den Grund zur eigenen Benachteiligung keinesfalls in der Religion suchen. Er schreibt zum Beispiel zu seiner Nichtteilnahme an der Schlacht um Paris: „Jetzt erhielt ich die feste Überzeugung, daß es meine Bestimmung nicht war, einem Feinde im offenen Kampfe gegenüber zu stehen".[182] Mit dieser Einstellung versetzt Burg den Juden in einer Situation permanenter „Selbstverachtung", um Frantz Fanons Darstellung der Ausgrenzung des „Schwarzen" hier analogisch zu übernehmen: „Quand on m'aime, on me dit que c'est malgré ma couleur. Quand on me déteste, on ajoute que ce n'est pas à cause de ma couleur... Ici ou là, je suis prisonnier du cercle infernal", so beurteilt Fanon die Situation des „Schwarzen" im Kontext rassistischer Ausgrenzung.[183] Aus der hier von Burg dargestellten Situation des Juden ergibt sich, dass der Jude niemals schlechthin existiert, sondern immer nur *trotz* seiner Judenheit. Und weil er nicht wie der Christ schlechthin existieren bzw. angenommen werden kann, muss er auch immer die Berichte über seine Beförderungen mit einer Vor-

---

180 Meno Burg: GD, S. 109.
181 Meno Burg: GD, S. 44.
182 Meno Burg: GD, S. 54.
183 Frantz Fanon: Peau noire, masques blancs, S. 94.

sichtsmaßnahme in Verbindung bringen: „Meine Beförderungen" so schreibt Burg weiter, „meine Versetzungen und die mir zuteil gewordenen Begünstigungen kamen alle ohne irgend ein Zutun von meiner Seite. Ich wußte in der Regel vor der Kundgebung derselben nichts davon und wurde in den meisten Fällen von ihnen überrascht".[184] Diese Tendenz, ständig die Beförderungen als vorurteilsfrei und unabhängig von seiner Religion darzustellen, legt Gegenteiliges Nahe. Daraus geht hervor, dass für den Protagonisten als Jude die Beförderung, die in jeder Armee geregelt und in gewisser Hinsicht nach festen Regeln automatisch erfolgt, nie gesichert, sondern stets eine Art „Gnadenakt" war. Weshalb er im Fortlauf seiner Geschichte nicht aufhört, sich bei seinen Gönnern und bei der Obrigkeit zu bedanken.

Noch deutlicher wird Burgs Vorstellung des Judenstatus in seinem Bericht über den Amtsantritt als Aufseher an der Artillerieschule zu Berlin 1823:

> Bei der Übernahme dieses Postens war ich mir alles dessen vollständig bewußt und erkannte sehr bald, daß diese an sich schon schwierige Stellung *für mich als Jude* noch um so schwieriger sein, eine um so größere *Vorsicht* in Anspruch nehmen würde. Deshalb richtete ich auch mein Augenmerk zuförderst und vorzugsweise auf mich selbst, *gab fortwährend auf mich Achtung* und bestrebte mich, durch mein Benehmen überhaupt, durch mein möglichst ruhiges und sich gleichbleibendes Verhalten, durch eine strenge Gerechtigkeitsliebe und Unparteilichkeit, sowie andererseits durch eine Schonung und unschädliche Nachsicht mir das notwendige Zutrauen und die Liebe der jungen Leute zu erwerben.[185]

Die Ironie der Situation liegt wohl in dem Status des Aufsehers, der eigentlich Schüler zu überwachen hat, der aber vor allem sich selbst überwachen muss. Der zurücktretende Jude wird in diesem Fall als eine Art Überlebenskünstler dargestellt und der vorwiegend nach innen gerichtete Blick als ein wichtiges Instrument seiner Kunst. Diese Blickrichtung verrät zugleich den Ort, an dem der Kampf um „Identität" stattfindet, nämlich am Körper bzw. am sichtbaren Dasein des Juden. Es handelt sich bei diesem Blick nicht bloß um einen beobachtenden, es ist zugleich ein transformierender Blick, weil er ständig Anlass zur Modifizierung des Verhaltens gibt und mithin zur Re-Artikulierung von „Identität". Die Schwierigkeit der Aufgabe liegt aber in der Frage, wie der Jude verschwinden soll, wenn er vom ständigen Bewusstsein des Jude-Seins und mithin des Beobachtet-Seins begleitet wird. Plötzlich taucht der sich vor der Öffentlichkeit versteckende Jude wieder auf und rückt ins Zentrum des Geschehens, da, wo eigentlich nichts anderes als der „Soldat" Burg sein sollte. Er mag

---

184 Meno Burg: GD, S. 164f.
185 Meno Burg: GD, S. 97f. Herv. C.S.

seine Religion nicht nach Außen zeigen, er fällt trotzdem auf. Der Jude, der aus diesem „Beobachtungsmoment" hervorgeht, erinnert an Sartres negative Bestimmung des Juden als Produkt einzig der „conscience hostile d'autrui", also als Produkt des Judenhasses.[186] Sartre stellt diesen Umgang des Juden mit sich selbst wie folgt dar:

> Ils [die Juden] se sont laissé empoisonner par une certaine représentation que les autres ont d'eux et ils vivent dans la crainte que leurs actes ne s'y conforment. Ainsi pourrions-nous dire [...] que leurs conduites sont perpétuellement surdéterminées de l'extérieur. Leurs actes, en effet, n'ont pas seulement les motifs qu'on peut assigner à ceux des non-Juifs – intérêts, passion, altruisme, etc. – mais ils visent en outre à se distinguer radicalement des actes catalogués comme „juifs". [...] Il n'y a aucune raison, à priori, pour que le Juif soit plus avare que le chrétien. Cela veut dire plutôt que leurs gestes de générosité sont empoisonnés par la décision d'être généreux.[187]

Burgs Jude ist also von dem Ehrgeiz gekennzeichnet, den meistens negativen Vorstellungen der „Anderen" über ihn möglichst nicht zu entsprechen. Dieser Jude richtet seinen Blick zwar nach innen, aber dies soll nicht darüber hinwegtäuschen, dass dieser Blick von außen mitgesteuert wird. Dies führt dazu, dass seine Entscheidungen, seine Taten keinesfalls nur durch Gerechtigkeit und Unparteilichkeit bedingt, sondern stets durchdacht und nach den ihm bekannten Vorurteilen ausgerichtet sind. Er wird ständig von außen konstruiert und gelenkt, er wird von jener Beklommenheit begleitet, die Sartre als „la peur d'agir et de sentir en Juif" bezeichnet.[188] Diese Einstellung verhindert eine Definition des Judentums als „positiv-historische" Erscheinung oder als historisch-religiöse Gemeinschaft, sie macht die Existenz des Juden abhängig vom Judenhass. Das „Eingeschriebensein der Identität in den Blick des Anderen"[189] führt dazu, dass dieser Jude zwischen drei Unmöglichkeiten schwankt, um eine bekannte Formulierung von Kafka zu paraphrasieren:[190] Er befindet sich zwischen

---

186 Jean Paul Sartre: Réflexions, S. 99.
187 Jean Paul Sartre: Réflexions, S. 102.
188 Jean Paul Sartre: Réflexions, S. 101f.
189 Stuart Hall: Rassismus und kulturelle Identität, S. 73.
190 In einem im Sanatorium von Matliary im Juni 1921 entstandenen Brief an den Freund Max Brod beschreibt Kafka die komplexe Situation – Kafka spricht von der „schrecklichen inneren Lage" – polnischer (?) Juden seiner Zeit, und macht folgende Überlegung: „Weg vom Judentum, meist mit unklarer Zustimmung der Väter (diese Unklarheit war das Empörende), wollten die meisten, die deutsch zu schreiben anfingen, sie wollten es, aber mit den Hinterbeinchen fanden sie keinen neuen Boden. Die Verzweiflung darüber war ihre Inspiration. [...]Sie lebten zwischen drei Unmöglichkeiten, (die ich nur zufällig sprachliche Unmöglichkeiten nenne, es ist das Einfachste, sie so zu nennen, sie könnten aber auch ganz anders genannt werden): der

der Unmöglichkeit, als Preuße zu existieren, der Unmöglichkeit, als Jude zu existieren, und der Unmöglichkeit, nicht als Jude angesehen zu werden. Die Überlebensstrategie des Juden, wie sie Burg darstellt, bildet eine Stufe der „Unauthentizität", wie sie Sartre beschreibt. Denn diese Strategie sieht ein Moment des Rücktretens und einer gewissen Feigheit vor, im Gegensatz zu Blochs Strategie, die darin besteht, der gesellschaftlichen Konstruktion von Jude-Sein durch die Selbstkonstruktion entgegenzutreten. Die Tendenz von Burgs Juden, fortwährend sich selbst zu beobachten, könnte man auch mit Sartres These über die Verantwortung des Juden gegenüber der „Schicksalsgemeinschaft" in Verbindung bringen: „tout se passe comme s'il devait se demander, en chaque cas: ‚si tous les Juifs agissaient comme moi, qu'adviendrait-il de la réalité juive ?'".[191] Denn anders als in den meisten Texten, die wir aus der jüdischen Tradition der Vermittlung moralischen Vermächtnisses kennen, etwa in jüdischen Unternehmerautobiographien,[192] ist die Geschichte Burgs nicht etwa an die eigenen Kinder des Protagonisten gerichtet, sondern an die jüngere Generation der Glaubensgenossen. Demnach ist die Verantwortung des Schreibenden eine gemeinschaftsübergreifende. Wie so oft in seiner Erzählung überträgt Burg jetzt sein persönliches Modell auf die allgemeine Situation der Juden in Preußen und zieht seine Schlüsse in überspitzter Form. Der jüdische Jüngling, so seine Formulierung,

> wird deshalb auch fortan auf sein ganzes Benehmen, auf sein Tun und Lassen, *auf seine ganze persönliche Erscheinung noch fortwährend sehr acht geben müssen*, sich vorsichtig vor Übergriffen und Überschätzungen zu hüten haben, seine Handlungen, *seine Sprache und Gebären einer strengen und unparteiischen Kritik unterwerfen*, sich anerkannt tüchtige Vorbilder zur Nacheiferung wählen, und überhaupt mit einer um so *größeren Bescheidenheit* und Nachsicht auftreten müssen, als ihm jetzt vom Staat das Recht zu fordern gewis-

---

Unmöglichkeit, nicht zu schreiben, der Unmöglichkeit, deutsch zu schreiben, der Unmöglichkeit, anders zu schreiben, fast könnte man eine vierte Unmöglichkeit hinzufügen, die Unmöglichkeit zu schreiben (denn die Verzweiflung war ja nicht etwas durch Schreiben zu Beruhigendes, war ein Feind des Lebens *und* des Schreibens, das Schreiben war hier ein Provisorium, wie für einen, der sein Testament schreibt, knapp bevor er sich erhängt, - ein Provisorium, das ja recht gut ein Leben lang dauern kann), also war es eine von allen Seiten unmögliche Literatur, eine Zigeunerliteratur, die das deutsche Kind aus der Wiege gestohlen und in großer Eile irgendwie zugerichtet hatte, weil doch irgendjemand auf dem Seil tanzen muß. (Aber es war ja nicht einmal das deutsche Kind, es war nichts, man sagte bloß, es tanzte jemand)" (Franz Kafka: Gesammelte Werke. Hg. von Max Brod. Band 9. Briefe 1902-1924. Frankfurt am Main 1958, S. 337f.)

191 Jean Paul Sartre : Réflexions, S. 96.

192 Vgl. Miriam Gebhardt: Das Familiengedächtnis. Erinnerung im deutsch-jüdischen Bürgertum 1890 bis 1932. Stuttgart 1999, S.169ff.

sermaßen eingeräumt worden ist. Dieses stete *Auf-sich-acht-geben*, diese *Vorsicht*, diese *fortwährende Aufmerksamkeit auf sich selbst*, ist indessen nur in der ersten Zeit unbequem, vielleicht beschwerlich, aber sie ist *unerlässlich* und führt auf dem *geraden Wege* zum erwünschten Ziel; dabei ist sie zugleich in Hinsicht der äußeren Bildung und Erscheinung von unschätzbarem Erfolg. Diese stete Aufmerksamkeit auf sich selbst wird aber nach einer nicht allzu langen Praktik zur *Gewohnheit*, und man befindet sich zuletzt in der Ausübung derselben, ohne weiter daran zu denken, ohne sich irgendwie Rechenschaft davon zu geben. Durch das Sich-zu-eigen-machen der hier aufgestellten Forderungen wird und muß nachgerade das manchmal wohlbegründete Vorurteil schwinden und die schöne Zeit der *Anerkennung* und der *Gleichheit* eintreten.[193]

Zum ersten Mal wird ein Vorurteil, wenn auch nur nebenbei, als begründet empfunden, was zugleich die Aufforderung veranlasst, die „Empfindlichkeit" nicht zu weit zu treiben. Anerkennung erfolgt am Ende nur unter der Bedingung der Selbstaufgabe. Denn das Sich-zu-eigen-machen in der hier aufgestellten Forderung ist kein Sich-zu-eigen-machen des eigenen Selbst, sondern eine Selbstentfremdung, die ihren Höhepunkt dadurch erreicht, dass das Bewusstsein davon zur Gewohnheit wird. Dass das Auf-sich-achten zu einer Gewohnheit und Teil des Selbst wird, verkörpert in diesem Sinne eher eine Gefahr denn ein Vorteil. Denn die Emanzipation des Juden bedeutet ja auch nicht bloß die Gleichstellung im Beruf, sie ist auch eine psychologische. Die *Gleichheit*, die Burg durch seine Praxis des Auf-sich-achtens erreicht sehen möchte, ist möglicherweise eine berufliche, aber keine dem Wesen des Menschen innewohnende Gleichheit. Eine Gleichheit, die dadurch erreicht wäre, dass der Jude wie der Christ nicht mehr auf seine Sprache, auf seine Person Acht geben müsste, wenn er aufhören würde, von außen überdeterminiert zu sein, ist hier noch eine Illusion.

Obwohl Burg darauf besteht, dass diese Strategie des Unsichtbar-Werdens weder Verleugnung noch Aufgeben des Judentums mit sich bringen soll, kann konstatiert werden, dass der von ihm dargestellte Jude alles von dem „Juif *inauthentique*" von Sartre hat. Der „authentische" Jude, so Sartre, nimmt seine Situation in vollem Bewusstsein voll in Anspruch und versteckt sich nicht vor Judenhass.[194] Er ist „celui qui se revendique dans et par le mépris qu'on lui por-

---

193 Meno Burg : GD, S. 168f. Herv. C. S.

194 „L'authenticité", so Sartres Bestimmung der Authentizität, „cela va de soi, consiste à prendre une conscience lucide et véridique de la situation, à assumer les responsabilités et les risques que cette situation comporte, à la revendiquer dans la fierté ou dans l'humiliation, parfois dans l'horreur et la haine. Il n'est pas douteux que l'authenticité demande beaucoup de courage et plus que du courage". Es seien aber gerade jene Verhaltensmuster, die der Jude zur Maskierung seiner Situation übernimmt, die vom Judenhasser als angeboren abgestempelt werden. (Jean Paul Sartre: Réflexions, S. 99f.). Sartre weist auch ausdrücklich darauf hin, dass

te",[195] während der unauthentische Jude sich dadurch kennzeichnet, dass er diese Situation ständig zu entfliehen sucht:

> Ce qui [les] caractérise en effet, c'est qu'ils vivent leur situation en la fuyant, ils ont choisi de la nier, ou de nier leur responsabilité ou de nier leur délaissement qui leur paraissait intolérable. Cela ne signifie pas nécessairement qu'ils veuillent détruire le concept de Juifs ou qu'ils veuillent nier explicitement l'existence d'une réalité juive. Mais leurs gestes, leurs sentiments et leurs actes visent sourdement à détruire cette réalité.[196]

Das Aufgeben der „jüdischen" Existenz also, wie sie in Burgs Darstellung zum Ausdruck kommt, dieses Verschwinden des Juden aus der öffentlichen Bühne, mag wenig zu tun haben mit einem grundsätzlichen Austritt aus dem Judentum, die Gesten u.a. der *Vorsicht*, des *Auf-sich-acht-gebens* und der *fortwährenden Aufmerksamkeit auf sich selbst* tragen zum Projekt des Unsichtbar-Werdens bei und sind demnach gleichzusetzen mit dem, was Sartre *„Chemin de fuite"* nennt, weil sie den Juden aus seiner Situation befördern.[197] Genau diese Dialektik beschreibt Fanon, wenn er in Anlehnung an Sartre bei seinem Vergleich der *expérience vécue du Noir* und der Situation des Juden behauptet:

> Le juif peut être ignoré dans sa juiverie. Il n'est pas intégralement ce qu'il est. On espère, on attend. Ses actes, son comportement décident en dernier ressort. C'est un Blanc, et, hormis quelques traits assez discutables, il lui arrive de passer inaperçu. [...] Le juif n'est pas aimé à partir du moment où il est dépisté.[198]

---

sowohl das Attribut der Authentizität als auch das der Nicht-Authentizität nicht nur auf den Juden, sondern je nach den unterschiedlichen Zuschreibungen auf alle Menschen zutreffen können. Er behauptet sogar, es gebe noch weniger unauthentische Juden als unauthentische Christen. Die Erwähnung der Nicht-Authentizität sei aber in keinem Fall mit einem moralischen Vorwurf verbunden (vgl. Jean Paul Sartre: Réflexions, S. 97; 100).

195 Jean Paul Sartre: Réflexions, S. 98.

196 Jean Paul Sartre: Réflexions, S. 99. Mit „Délaissement" spielt Sartre auf die Situation des Juden als Außenseiter und Ausgestoßener an.

197 Jean Paul Sartre: Réflexions, S. 99.

198 Frantz Fanon: Peau noire, masques blancs, S. 93. In seinem Buch vergleicht Fanon die gesellschaftliche Situation des diskriminierten bzw. unterdrückten Schwarzen mit der des diskriminierten bzw. unterdrückten Juden. Seine These ist, dass der Schwarze aufgrund seiner mit seiner Hautfarbe verbundenen Auffälligkeit von außen überdeterminiert sei, weil er von vornherein mit Vorurteilen beladen wird, während der Jude, weil er physisch von der restlichen weißen Bevölkerung nicht ohne Weiteres zu unterscheiden sei, dieser Form der Überdeterminiertheit von außen nicht unterliegt (vgl. S. 93). Hier soll hinzubemerkt werden, dass Fanon, gleich wie Sartre im Fall des Juden meint, dass der Schwarze ständig von dem Wunsch bewohnt sei, aus seiner Haut zu schlüpfen, als Schwarzer unsichtbar zu werden, in die Anonymität zu geraten.

Die „Überlebensstrategie", die darin besteht, fortwährend auf sich achtzuge-
ben, und die in ein Unsichtbar-Werden des Juden münden soll, bringt ein
Selbstüberwachungssystem hervor. Unsichtbarkeit wird in diesem Sinne
gleichgesetzt mit der Nichtüberschreitung von Rechtsgrenzen. Der Jude wird
hier also als eine Art Gefangener dargestellt, der sich selbst überwachen muss,
damit er immer in den Grenzen des Unsichtbaren bleibt bzw. nicht wahrgenommen wird. Wird er wahrgenommen, so verwandelt er sich in eine Zielscheibe, in einen strafbaren Häftling.

5.5 Aron Hirsch Heymanns „Lebenserinnerungen"

Anders als die meisten der in diesem Kapitel behandelten Autoren war Aron
Hirsch Heymann (1803-1880) weder Ghettokind noch bettelnder Talmudstu-
dent. Er entstammte einer sehr wohlhabenden und streng orthodoxen Familie.
Er wurde am 10. April 1803 in Strausberg, östlich von Berlin geboren. Sehr früh
wurde er in das Studium des Hebräischen und des Pentateuchs eingeführt.
Auch die deutsche Sprache lernte er bereits als Kind. Er hatte eine ruhige und
harmonische Kindheit, weitestgehend frei von Erlebnissen kultureller und religiöser Konflikte sowie von finanziellen Sorgen. Sein Vater Chaim Heymann, der
erste Kaufmann im Ort Strausberg, sorgte dafür, dass seine Söhne die beste
Ausbildung bekamen, die man als Jude zu dieser Zeit bekommen konnte. Unter
der Leitung des Vaters wurde der junge Aron bereits mit 18 allein auf Geschäfts-
reisen geschickt. Trotzt der tiefen Verankerung der Eltern in der jüdischen Tradition genossen die Kinder eine relativ moderne Erziehung. Anders als Sigmund
Mayer, Samuel Bloch und Jakob Fromer musste sich der junge Aron weltliches
Wissen nicht selbst, z.T. heimlich, aneignen. Ähnlich wie beim Erlernen des
Deutschen wurde er auch in dieser Hinsicht vom Vater gefördert. Heymann
hatte Zugang zu französischen und deutschen Büchern. Er schreibt in seinen
Lebenserinnerungen, er habe seinen Heiratsantrag mit einer Passage aus Goe-
thes *Hermann und Dorothea* vorgetragen.[199] Er schreibt allerdings auch, er sei

---

[199] Ausführlich zitiert lautet diese Antragsstelle folgendermaßen: „Der Heiratskandidat
machte auch alsbald mit wenigen schlichten Worten seinen Antrag, den er mit einem Zitate aus
Hermann und Dorothea: Deinetwegen kam ich her, was soll ichs verbergen*, sehr geschickt
einleitete. Sie gab zwar nicht gleich ihre Einwilligung, was auch von einem so jungen, keu-
schen Mädchen nicht zu verlangen war, aber sie refüsierte ihn auch nicht. Sie beklagte den
frühen Tod ihrer Mutter, und bemerkte, daß, wenn diese noch lebte, so manches anders wäre.
Als er indessen bald darauf ihre Hand erfaßte, erhielt er ihr Jawort durch — einen leisen Hän-
dedruck." (Aron H. Heymann: Lebenserinnerungen, S. 195)

gegen sein 23. Lebensjahr der Gefahr einer arrangierten Ehe ausgesetzt gewesen:

> Er befindet sich bereits in seinem 23. Jahre und kommt jetzt mehrere Male in Gefahr, verheiratet zu werden. Es ist nun allerdings nichts Schlimmes für einen jungen Mann, wenn er sich verheiratet, besonders wenn dies glücklich geschieht, aber – verheiratet zu werden, hat seine großen Bedenken.[200]

Im Verhältnis zu den damaligen Gewohnheiten unter den Juden lag er mit 23 noch weit unter dem durchschnittlichen Ehealter.[201] Obwohl er die Frühehe nicht zu beanstanden scheint, erweist sich diese Aussage doch als unmissverständliche Kritik der damals gängigen Tradition der arrangierten Ehen.[202] Es ist deshalb nicht verwunderlich, dass Heymanns Vermählung zwar traditionsgemäß durchgeführt und abgeschlossen wurde, es bei der Wahl der Braut aber zu Konflikten zwischen ihm und seinem Vater kam:[203]

> Der Vater von Aron Hirsch Heymann bestand darauf, daß seine Kinder nicht ohne sein Einverständnis heiraten dürften, aber Sohn Aron hatte gegen alle Vorschläge seines Vaters etwas einzuwenden.[...]Ein Fremder, der zufällig gehört hatte, dass Heymanns Familie fromm war, empfahl Aron in einem Brief die Tochter von Mauroh Leipziger aus Breslau als Braut.[204]

Es geht auch deutlich aus Heymanns Darstellung hervor, dass die Beziehung zum Vater, den er als schwerfällig beschreibt, insgesamt nicht reibungslos lief. Dass die Generation des Sohnes bereits fortgeschrittener war als die der Eltern,

---

200 Aron H. Heymann: Lebenserinnerungen, S. 168
201 Zu verspäteten Ehen innerhalb der deutsch-jüdischen Gemeinschaft Steven M. Lowenstein: Anfänge der Integration 1780.1871. In.: Kaplan (Hg.): Geschichte des jüdischen Alltags in Deutschland vom 17. Jahrhundert bis 1945. München 2003, S. 123-224. Hier S. 143f. Lowenstein tut dar, dass die meisten Juden wegen der restriktiven Bevölkerungspolitik „keine andere Wahl [hatten], als spät oder gar nicht zu heiraten". Eine Frühehe, wie das in Deutschland noch im Laufe des 17. Jahrhunderts üblich gewesen war, sei nun im 18. und im frühen 19. Jahrhundert ein Privileg reicher Familien geworden.
202 Lowenstein beschreibt in Anlehnung u.a. an Heymann die Schwierigkeit vieler Juden dieser Zeit und auch der Zeit danach, mit bestimmten Sätzen bzw. Elementen der Tradition umzugehen. Er betont allerdings, dass diese Schwierigkeit wenig zu tun hätten mit den späteren Modernisierungstendenzen der jüdischen Tradition (vgl. Steven M. Lowenstein: Anfänge der Integration, S. 195 und dort weitere Hinweise).
203 Heymann schreibt auch in seinen Erinnerungen, es habe anlässlich der Hochzeit des jüngeren Bruders ebenfalls Vorfälle gegeben zwischen Sohn und Vater, weil der Bruder sich ohne Erlaubnis des Vaters verlobt hatte (vgl. Aron H. Heymann: Lebenserinnerungen, S. 221f.).
204 Steven M. Lowenstein: Anfänge der Integration, S. 145.

lässt sich wohl kaum bestreiten. Trotzdem entwickelte sich Heymann zu einer der prägendsten Figuren der Berliner Orthodoxie. Er heiratete erst 1829 im Alter von 26 die aus Breslau stammende Johanna, Tochter des auch sehr wohlhabenden und als Mäzen bekannten Mauroh Leipziger, mit der er 9 Kinder hatte. Gegen Vorschrift des notariellen Aktes, der ihm Breslau als Wohnsitz nannte, ging er lieber nach Berlin, wo er ab 1830 in Gemeinschaft mit seinen Brüdern ein Bank- und Wechselgeschäft führte. Das Haus Heymann & Co entwickelte sich trotz schlechter konjunktureller Entwicklungen zu einem florierenden Geschäft[205] und Aron Hirsch Heymann, der zu einem engen Vertrauten des Eisenbahngründers Bethel Ludwig Burger wurde, zu einem der führenden Bankiers Berlins. Ab 1847 führte Aron Heymann auch ein Wollgeschäft in Berlin. Mit dieser anderen Tätigkeit kam er bereits als Kind in Kontakt, da sein Vater entsprechend tätig war. Aber Heymann entwickelte sich nicht nur zu einem berühmten Bankier und Kaufmann. Seine Geschäfte änderten nichts an seiner Frömmigkeit und seiner Bindung an die Tradition. Sein Leben führte er als aktives Mitglied der Berliner Judengemeinde und im Zeichen der Orthodoxie. Heinrich Loewe schreibt in dem Vorwort zu den *Erinnerungen* in dieser Hinsicht: „Aron Hirsch Heymann war ein gesetzes- und stammestreuer Jude, der seinen ganzen Stolz in das Judentum setzte, das ihm in seiner großen Erhabenheit und in seiner Wissenschaft sehr wohl bekannt war".[206] Heymann wurde führendes Mitglied unterschiedlicher jüdischer Vereine[207] und brachte es in der jüdischen Gemeinde bis zum höchsten Amt des Vorstehers. Obendrein erlernte er die Kunst der Beschneidung und diente als *Mohel* (religiöser Beschneidungsspezialist), ein besonderes Zeichen von Frömmigkeit und Verankerung in der Tradition des Judentums. Nicht zufällig beginnen seine Erinnerungen an einem symbolischen Ort, in der Synagoge. An diesem Ort spielt auch ein großer Teil der Erzählung. Die Synagoge als Ort des kulturellen Gedächtnisses beschreibt Bernd Witte dahingehend, dass sie die zentrale Stätte der jüdischen Geschichte im Exil sei:

---

205 In den sechziger Jahren konnte Heymann bereits ein Jahresumsatz von ca. 8 Millionen Talern machen. Lowenstein schreibt, dass man an den immer häufigeren Reisen und Kuraufenthalten von Aron Heymann, seiner Frau und seinen Kindern erkennen könne, wie der Wohlstand zunahm (Steven M. Lowenstein: Anfänge der Integration. S. 210).

206 A. H. Heymann: Lebenserinnerungen, Seite V.

207 Heymann war u.a. Mitglied der „Gesellschaft der Freunde", Vorsteher und Pflegevater der Gesellschaft „Magine Reim" sowie Mitbegründer der Gesellschaft „Adaas Jisroel". Er gründete auch mit seiner Frau eine Wohltätigkeitsstiftung zur Ausstattung von armen Bräuten.

Die in ihrem Ursprung angelegte Tendenz der jüdischen Geschichte ist durch die nachfolgenden historischen Ereignisse, die Babylonische Gefangenschaft und die endgültige Zerstörung des Tempels in Jerusalem radikalisiert und vollendet worden. Seitdem hat sich Israel als Volk im Exil verstanden und die Synagoge als seine identitätsstiftende Institution etabliert. In ihr wird das Wort Gottes in der Gemeinde gelesen, kommentiert und auf diese Weise von Generation zu Generation überliefert. [...] Geschichtskultur manifestiert sich im Judentum des Exils also gerade nicht in der Erinnerung an historische Ereignisse, sondern in der geschichtlich sich entfaltenden Kommentierung der Heiligen Schrift.[208]

Dass Heymann in seiner Erzählung sein Leben um diesen Ort herum organisiert, zeugt vom ausgeprägten Bewusstsein einer Exil-Existenz. Die *Lebenserinnerungen* des Hirsch Heymann belegen die große Belesenheit des Autors in Zusammenhang mit der jüdischen Religion und Tradition. In seiner sorgfältigen Darstellung der jüdischen Tradition und des Alltags innerhalb der jüdischen Gemeinde in Strausberg und später in Berlin wird dies unmittelbar deutlich.

Eine erwähnenswerte Besonderheit von Aron Heymanns Erinnerungen ist vor allem aber die erzählende Instanz, die nicht ein „Ich", sondern ein „Er" ist. In seiner Auseinandersetzung mit der Gattung Autobiographie schreibt Philippe Lejeune zur Erzählinstanz, dass dieses Vorgehen, von sich in der dritten Person zu sprechen, entweder „auf ungeheurem Stolz beruhen [kann]" oder „eine besondere Form von Bescheidenheit sei (wie im Fall bestimmter alter religiöser Autobiographien, in denen der Autor sich selbst ‚den Diener Gottes' nannte)". In beiden Fällen, so Lejeune weiter, „berichtet der Erzähler von der Person, die er gewesen ist, sei es aus dem Blickpunkt der Geschichte, sei es aus dem Blickpunkt Gottes, also der Ewigkeit, und führt in seine Erzählung eine Transzendenz ein, mit der er sich letzten Endes auch identifiziert".[209] Beide Fälle treffen auf die Erzählung von Aron Hirsch Heymann zu. Sie stellt auf der einen Seite die Demut des frommen Juden aus, der sich als Diener Gottes betrachtet bzw. beschreibt, und auf der anderen Seite den Stolz des „Individuums", seinen Lebensauftrag im Sinne Gottes bzw. nach Gottes Willen erfüllt zu haben. Die Hervorhebung des außergewöhnlichen Werdegangs innerhalb der jüdischen Gemeinde Berlins erfolgt in diesem Sinne nicht als Selbststilisierung, daher das Vermeiden eines subjektivistischen Menschenbildes, und daher auch die Vermeidung der Ich-Form. Das „Er" bei Heymann lässt zwar die Gruppenperspektive nicht so wie bei Sigmund Mayer unmittelbar hervortreten, denn es ist ja kein „Wir", es lässt aber die Individualität des Erzählers deutlich hinter eine höhere Instanz zurücktreten. Das Interesse am „Ich" schwindet zugunsten des Interes-

---

208 Bernd Witte: Jüdische Tradition und literarische Moderne. Heine, Buber, Kafka, Benjamin. München 2007, S. 16.
209 Philippe Lejeune: Der autobiographische Pakt, S. 232.

ses an Gott. In dieser Logik erscheint der Text der *Lebenserinnerungen* nicht als Dokument einer Individualität, sondern als Unternehmen im Auftrag Gottes und im Dienste einer Gemeinschaft. Aron Hirsch Heymanns Text ist demnach der einzige von den in diesem Kapitel behandelten Texten, der zweifelsohne auf der jüdischen Tradition der *Tsava'ah* (ethischer Wille) beruht. Im Vorwort zu den Erinnerungen weist Heinrich Loewe, der Herausgeber, auf den privaten Charakter dieser Schrift hin, die mit dem Vermerk „Eigentum der Familie" abgedruckt wurde:

> Die vorliegende Biographie ist einem Manuskripte entnommen, das er [Heymann] als mehr denn siebzigjähriger Greis in Erinnerung an seine Jugendjahre und seine Mannesarbeit ausschließlich für sich selbst und vielleicht noch für seine Kinder niedergeschrieben hat.[...] Es sind nämlich gewissermaßen Erinnerungen eines alten Großvaters, die er nur als solche betrachtete und an deren mögliche Veröffentlichung er keineswegs dachte, geschweige denn, daß er sie für einen weiteren Kreis niedergeschrieben hätte.[210]

Dem Autor geht es in der Tat, ähnlich wie den Haskalah-Autobiographen, um die Weitergabe eines kulturellen und geistigen Vermächtnisses. Die Weitergabe der eigenen Erfahrungen durch die Beschreibung des persönlichen Werdeganges soll die eigene Rolle als Akteur in der Gestaltung der jüdischen Gemeinde zu Berlin festhalten. Er hinterlässt seinem Nachkommen damit zugleich ein persönliches, religiöses und moralisches Dokument, sowie eine Familienchronik. Ob der Autor beim Schreiben nie an einen breiteren Adressatenkreis gedacht hatte, wie Loewe es beurteilt, bleibt aber offen.

5.5.1 Individuelles- und Gruppenbewusstsein: Heymanns Umgang mit Sprache

Die Verankerung des Autobiographen Heymann im Judentum ist nicht zuletzt an seiner Benutzung des Hebräischen und von unterschiedlichen jüdischen Dialekten zu erkennen. Obwohl das in Dialekten bzw. im Hebräischen Angeführte ins Deutsche übersetzt wird, zeugt diese Wahl von der Absicht, eine gewisse Idiosynkrasie des Jüdischen zu postulieren. Als fürchte er eine Art Entheiligung des Jüdischen durch eine direkte Übersetzung, vermeidet der Autor bei jeder traditionellen oder religiösen Angelegenheit bewusst den Gebrauch des Deutschen und setzt entweder auf Hebräisch oder auf einen Dialekt. Er erzählt zum Beispiel von der „Einweihung" des neuen Vatershauses und berichtigt sich: „Wir gewahren soeben, welches unpassendes Ausdrucks wir uns hier

---

210 Aron H. Heymann: Lebenserinnerungen, S. IV.

bedient haben, wenn wir auf ein jüdisches Haus „Einweihung" sagten, wir
meinten ‚Chanukas habbajis'".[211] Fast jeder Schritt des beschriebenen Lebens
wird von Zitaten bzw. Grundsätzen aus der Thora und dem Talmud begleitet,
was die tiefe Frömmigkeit des erzählenden Subjekts belegen soll. Dementsprechend sind sowohl seine zeitlichen als auch seine kulturellen Bezugspunkte
jüdisch. Doch die Tatsache, dass der Text trotz der erkennbaren sprachlichen
Vorsicht und trotz des Anspruchs auf Traditionalität hauptsächlich auf Deutsch
verfasst wurde, scheint auch anderes anzudeuten. Einerseits ist der Gebrauch
des Deutschen für private Schriften durch einen „orthodoxen" Juden die ausdrückliche Behauptung eines eigenen deutschen Bewusstseins, andererseits
weisen diese unterschiedlichen *Präsenzen* auf einen unverkennbaren kulturellen Synkretismus hin. Des Weiteren verrät der Gebrauch des Deutschen in einer
nicht für die Öffentlichkeit bestimmte Schrift ein gewisses historisches Bewusstsein. Heymann muss angesichts der geschichtlichen Entwicklung kultureller
Verhältnisse erkannt haben, dass die Zukunft späterer Generationen von Juden
sich nicht ohne Deutsch gestalten lassen würde. Monika Richarz weist in diesem Sinne auf die starke kulturelle Assimilierung der Juden in der zweiten Hälfte des 19. Jahrhunderts hin:

> Als nach der Jahrhundertmitte die Mehrheit der Kinder keine jüdischen Bildungsanstalten
> mehr besuchte, nahmen [...] in den öffentlichen Schulen jüdische Schüler manchmal am
> christlichen Religionsunterricht teil.[...] Die wachsende Teilnahme der Juden an der all-
> gemeinen Kultur zeigt sich vor allem in Veränderungen der Erziehung und Bildung, in
> neuen kulturellen Interessen der Familien und im Übergang zur hochdeutschen Spra-
> che.[212]

Demnach könnte die deutsche Sprache in diesem Text als die Sprache des Anderen, des Adressaten, angesehen werden, die das Denken des Autors mitstrukturiert. Zum Zeitpunkt der Entstehung des Textes befindet sich der von Heymann exemplarisch verkörperte Jude in einer Übergangsphase, die dadurch
gekennzeichnet ist, dass die jüdischen Sprachen allmählich vom Hochdeut-
schen verdrängt werden, ohne aber völlig zu verschwinden. Diese jüdischen
Sprachen bzw. Dialekte sind hier also mehr als nur ein Äußerungsmittel, sie
sind die Verkörperung einer Weltanschauung. Sie sind vor allem die Sprache
einer Gruppe, der Vätergeneration. Somit konstituiert sich ihr Träger Heymann
als ein kollektives Subjekt. Der „Sinn" (im Sinne Bachtins) seines Textes, seine
„Identität", ergibt sich aus der Wechselwirkung zwischen den verschiedenen

---

211 Aron H. Heymann: Lebenserinnerungen, S. 142.
212 M. Richarz: Jüdisches Leben in Deutschland. Band I, S. 49.

Sprachen. Es ist in dieser Hinsicht keine einheitliche, sondern eine dynamische und heterogene Identität. Das im Dialekt oder im Hebräischen Geschriebene könnte man hier im Sinne von Derrida als „grief", als eine Art „procédure en appel" auffassen.[213] Eine solche Interpretation erfordert aber eine kurze Erläuterung bzw. ein Umformulieren von Derridas Konzept des *monolinguisme,* wie er es in Bezug auf den Kolonisierten in der algerischen Kabylei entwirft, zum Zweck dieser Interpretation. Denn Derrida unterscheidet nämlich zwischen der Situation dieses Kolonisierten und der des deutschen Juden im Kontext der Assimilation.

Derrida beklagt[214] in seiner Schrift *Le monolinguisme de l'autre* die „Misère" des Kolonisierten, den er verkörpert, bezüglich des (Nicht)-Besitzes einer „langue maternelle". Er spricht davon, dass durch unterschiedliche Strategien das Verbot der einheimischen Sprachen Arabisch und Bèrbère im kolonisierten Algerien institutionalisiert und im gleichen Zug das Französische den Menschen dort als offizielle Sprache aufgezwungen wurde. Besonders durch das koloniale Schulsystem seien die einheimischen Sprachen zu Fremdsprachen und die Fremdsprache zur Muttersprache gemacht worden, so dass das Arabisch und das Bèrbère, die Derrida im Vergleich zum kolonialen Französischen „langues prémières" nennt, weitgehend außerhalb des Bereichs des Kommunikativen angesiedelt wurden, „hors de toute ‚communication', dans la solennité poétique du chant ou de la prière".[215] Dabei sei die angebliche Muttersprache, Französisch, auch eine „langue interdite" gewesen,[216] weil sie zwar von den Einheimischen gesprochen wurde, geographisch aber einem „ailleurs" gehörte und auch strukturell nicht im Besitz des Kolonisierten, sondern eine „langue du rêve" war, die Sprache des Kolonisators[217], mit Standort in der „Métropole". Nun stell-

---

213 Jacques Derrida: Le monolinguisme de l'autre ou la prothèse d'origine. Paris 1996, S. 60.
214 Derrida spricht eigentlich von „plainte sans accusation", also von einer Klage ohne Beschuldigung.
215 Jacques Derrida: Le monolinguisme de l'autre, S. 71.
216 Jacques Derrida: Le monolinguisme de l'autre, S. 71.
217 Hier soll angemerkt werden, dass Derrida auch jeglichen Besitz einer Muttersprache an sich bestreitet und selbst dem Kolonisator den Besitz einer Muttersprache abspricht, denn „contrairement à ce qu'on est le plus souvent tenté de croire, le maître n'est rien. Et il n'a rien en propre. Parce que le maître ne possède pas en propre, *naturellement,* ce qu'il appelle pourtant sa langue ; parce que, quoi qu'il veuille ou fasse, il ne peut entretenir avec elle des rapports de propriété ou d'identité naturels, nationaux, congénitaux, ontologiques ; parce qu'il ne peut accréditer et dire cette appropriation qu'au cours d'un procès non naturel de constructions politico-phantasmatiques ; parce que la langue n'est pas son bien naturel, par cela même il peut historiquement, à travers le viol d'une usurpation culturelle, c'est-à-dire toujours d'essence coloniale, feindre de se l'approprier pour l'imposer comme ‚la sienne' " (45). In

te sich die Frage, so Derrida weiter, ob und wie das eigene „Ich" in einer Sprache zu formulieren war, die zwar gesprochen wurde, aber nicht die eigene war?[218] Noch komplizierter sei es gewesen, sich ‚bei' *(auprès)* dieser „anderen" Sprache in der eigenen Sprache zu beklagen, da man kraft des kolonialen Verbots keine eigene Sprache mehr besaß. Derrida lehnt seine Ausführungen allerdings an Franz Rosenzweigs Argument an, dass es dem Juden, der seine eigene Sprache verlor, anders als in einer Kolonie, frei stand, sich die Sprache der Mehrheitsgesellschaft anzueignen und sie zu lieben, genauso wie er sein Gastland lieben konnte wie sein eigenes: „Rosenzweig rappelle que le juif peut encore s'approprier et aimer la langue de l'hôte comme la sienne propre dans un pays qui est le sien, et dans un pays qui surtout n'est pas une „colonie, une colonie de colonisation ou d'invasion guerrière".[219] Er erinnert eben daran, dass Rosenzweig selbst sich dem Deutschen, der Sprache seines Landes, so sehr verbunden fühlte, dass er sogar die Bibel ins Deutsche übersetzte, als „Gastgeschenk".[220] Er erinnert ebenfalls daran, an Gershom Scholems Kritik von Rosenzweigs Unternehmen anknüpfend,[221] dass Rosenzweig erst in letztem Moment sein Projekt der Bekehrung ins Christentum aufgab.

Der Prozess, der während der Assimilation zur Verdrängung bzw. zum Verschwinden jüdischer Sprachen und Dialekte als Minderheitssprachen führte, kennzeichnet sich durch eine Art „symbolische Gewalt" im Sinne von Bourdieu.[222] Zu Recht verweist Derrida auf die Möglichkeiten, die dem Juden offen standen. Diese Möglichkeiten lassen sich in eine Logik einschreiben, die dafür sorgte, dass das Verdrängen dieser Sprachen nicht wie im kolonialen Kontext mit „objektiver" Gewalt institutionalisiert wurde. Stattdessen erfolgte eine Assimilation durch die Sprache sogar mit der Zustimmung und der Beteiligung des sozialisierten Juden. In diesem Sinne wurde durch das Prinzip des *Habitus* den Juden zu einer *personne sociale* geformt, die *Dispositionen* verinnerlichte und sie weitgehend unbewusst reproduzierte.[223] Von großer Relevanz für mein Ar-

---

diesem Sinne ist jede Beziehung zur Sprache immer eine willkürliche, eine vom Anderen erzwungene.

218 Vgl. Jacques Derrida: Le monolinguisme de l'autre, S. 60.

219 Vgl. Jacques Derrida: Le monolinguisme de l'autre, S. 97.

220 Vgl. Jacques Derrida: Le monolinguisme de l'autre, S. 97.

221 Scholem habe die Geste als anachronistisch kritisiert und als Symbol für das Scheitern der Deutsch-Jüdischen Symbiose interpretiert (Jacques Derrida: Le monolinguisme de l'autre, S. 97f.).

222 Vgl. Pierre Bourdieu : Choses dites, S. 147-166.

223 Pierre Bourdieu : Esquisse d'une théorie de la pratique. Précédé de trois études d'ethnologie kabyle, S. 276. Zur Transformation der jüdischen Gesellschaft durch das Bildungssystem Monika Richarz: Jüdisches Leben in Deutschland.

gument ist hier aber besonders die Tatsache, dass diese jüdischen Sprachen zu dieser Zeit unter anderen Bedingungen erfolgte als im kolonialen Kontext die Übernahme fremder Sprachen und jene Möglichkeit der „Wahl" bzw. der „procédure en appel" dem Juden in gewisser Hinsicht nicht absolut entzogen war. Heymanns Benutzung jüdischer Mundarten und Sprachen liest sich in diesem Sinne als jene Möglichkeit der Klage, jenen *grief,* der dem Kolonisierten (von) Derrida verweigert wird. Das Deutsche ist hier zwar keine „Langue défendue", wohl aber eine „langue interdictrice" in dem Sinne, dass sie die jüdischen Sprachen „verbietet", verdrängt. Der Gebrauch jüdischer Sprachen ist also eine „inscription de soi auprès de cette langue [...] et non simplement en elle, auprès d'elle, déposée, un grief et déjà une procédure en appel".[224] Die Berufung, die hier vom sich Erinnernden *„auprès"* des Deutschen gelegt wird, betrifft vielmehr den Verlust einer eigenen, „ursprünglichen" Sprache als ihre Nichterwerbung, wie im Falle des Kolonisierten. Denn während bei Derrida das „interdit colonial", die „eigene Muttersprache" zu erwerben, Grund zu diesem kulturellen Desaster ist, geht es bei Heymann um die mehr oder weniger zwanghafte Assimilierung und die allmähliche Aufgabe der erworbenen „Muttersprachen". Demnach ist die Berufung, die hier durch den Rückgriff auf diese quasi „verlorene" Muttersprache erfolgt, nicht nur bei der assimilierenden Gastkultur eingelegt, sondern auch bei sich selbst und bei dem Judentum. Es ist ein Appell, der sowohl an die Zukunft als auch an die Vergangenheit gerichtet ist. Das Deutsche also, hier bei Heymann die Hauptsprache des Textes, verkörpert demnach die Bindung an die Sprache der Anderen. Diese Sprache ist aber keine aufgezwungene, sie ist auch keine fremdartige, anderweitig, in einer mythischen Fremde verortete Sprache, sondern eine „andere", eine zweite Muttersprache, die im Hier existiert und mit dem eigenen Dasein verbunden ist. In dieser Hinsicht kann man letzten Endes behaupten, dass „[Le juif] ne parle jamais une seule langue".[225] Die weiteren Sprachen, die neben dem Deutschen an seiner Geschichte mitschreiben, sind zwar auch seine Sprachen, die Tatsache aber, dass sie nur noch in Zitaten und Sprüchen erscheinen, dass sie immer weniger den Bereich des Kommunikativen betreffen, belegt, dass ihr Gebrauch ein Versuch des Autors ist, etwas nicht ganz zu verlieren, was *ihn* bereits verloren hat.[226] Sie bringen in gewisser Hinsicht aber auch den Beweis, dass „[le juif] ne parle jamais qu'une langue",[227] also, dass der Jude immer nur eine Sprache

---

224 Jacques Derrida: Le monolinguisme de l'autre, S. 60.
225 Jacques Derrida: Le monolinguisme de l'autre, S. 21.
226 Jacques Derrida: Le monolinguisme de l'autre, S. 64.
227 Jacques Derrida: Le monolinguisme de l'autre, S. 21.

spricht. Diese Sprache, verstanden als *langage*, ist durch die Differenz geprägt und sie ist vielleicht auch seine einzige Sprache. Sie besteht, wie im Falle des vorliegenden Textes von Sigmund Mayer, aus multiplen Brüchen und Überlappungen. Diese Überlappungen lassen sich aber nicht nur auf die Sprachebene beschränken, sie strukturieren auch Heymanns Argumentation und seine Darstellung der Realität.

5.5.2 Schiller vs. Salomo, Jüdisches vs. Nichtjüdisches

Ein beträchtlicher Teil von Heymanns Autobiographie besteht aus Darstellungen, in denen der Autor unterschiedliche Alltagssituationen skizziert, und dabei die These eines kulturellen Partikularismus' anschaulich macht. So zum Beispiel die Debatte über einen vermutlich in der Vossischen Zeitung erschienenen Artikel mit der Nachricht, es sei einem „Herrn Hirsch Rubens in Berlin Allerhöchsten Orts die Erlaubnis erteilt worden, sich fernerhin Heinrich Rubens nennen zu dürfen".[228] Heymann schreibt dazu, sein Vater und ein Onkel hätten sich über die Angelegenheit aufgeregt und kritisiert, dass ein Jude einen deutschen Namen tragen dürfe. Er legitimiert dann diese Kritik, indem er auf einen der ältesten und meist zitierten Geschichtsmythen des Judentums zurückgreift: den Gedanken, dass das Judentum sich seit Jahrhunderten und trotz Exil und Unterdrückung nur deshalb bewahren konnte, weil es jede Veränderung ihrer Grundsätze vermied und an die Traditionen der Alten festhielt:

> [...]daß unsere Vorfahren die Erlösung aus dem Sklavenjoche Ägyptens dem Umstande mit zu verdanken hatten, daß sie ihre Namen und ihre Sprache nicht verändert haben. Es ist auch sehr natürlich, daß durch eine solche Wahrung der Nationalität immer eine gewisse Selbständigkeit und Gemeinsamkeit erhalten wird.[229]

Ähnlich argumentiert Heymann im Rahmen der Kritik einer Predigt des Rabbi Gotthold Salomon in der Synagoge zu Hamburg Altona. Der Prediger habe, so Heymann, nichtjüdische Verweise zur Untermauerung seiner Predigt benutzt:

> „Silber und Gold macht selbst Bastarde (moralisch) rein." Ein solches triviales Sprichwort gehört wohl kaum auf die Kanzel. Ferner sagte er: „In einem in der Welt weit verbreiteten Buche (er meinte damit das Neue Testament) heißt es: Noch eher kann ein Kamel durch ein Nadelöhr gehen, als daß ein Reicher ins Himmelreich käme." Als wenn das Judentum nicht reiche Quellen der Literatur genug besäße, mußte der Mann erst das Neue Testa-

---

228 Aron H. Heymann: Lebenserinnerungen, S. 78.
229 Aron H. Heymann: Lebenserinnerungen, S. 79.

ment zitieren! Hier kann man die vom Propheten Elias an die Boten des Königs von Schomron gerichteten Worte anwenden: [...] Ist etwa kein Gott in Israel, daß ihr hingegen müßt, Baal-Sebub, den Gott Ekrons, zu befraen [sic!] (B.d. Könige 1,3.).[230]

Die Opposition Gott Israel/Gott Ekrons, die für die Trennung von Jüdischem und Nichtjüdischem steht, bildet die Grundlage von Heymanns binärem Denkmuster. Dass diese Opposition gleich aus der Bibel herausgearbeitet wird, soll ihre Ursprünglichkeit belegen und zugleich darauf hinweisen, dass die Besonderheit des jüdischen Volkes kein menschliches Konstrukt sei, sondern heilige Wahrheit.[231] Die Verletzung dieser heiligen Wahrheit könnte mit der höchsten Strafe belegt werden. Das Judentum wird also als komplettes, eigenständiges und geschlossenes semiotisches System vorgestellt, das keinerlei Anleihe von außen bedarf. Jede Modifizierung der Tradition, jeder kulturelle Import wird als potentielle Gefahr dargestellt. Es wird demnach ein Konzept von Jude-Sein entworfen, das Identität definiert als etwas Vorgegebenes bzw. Natürliches, das im Laufe der Zeit beständig, unverändert bleibt. Der Mythos der Transhistorizität beruht darauf, dass das Judentum eine reine Essenz habe, die im Laufe der Geschichte sich selbst gleich geblieben sei. Es wird eine jüdische „nationale" Identität als homogenes und einheitliches Ganzes konstruiert. Die „nationale Kultur" wird zum *Diskurs,* d.h. zu einer „Weise, Bedeutungen zu konstruieren, die sowohl unsere Handlungen als auch unsere Auffassungen von uns selbst beeinflußt

---

230 Aron H. Heymann: Lebenserinnerungen, S. 273.

231 Gewöhnlich wird mit Ekron das heutige Tel Mique in Israel genannt. Es handelt sich nach der Bibel um eine Philisterstadt. Die Passage, aus der Heymann hier zitiert, erzählt die Geschichte von Ahasja, König der Moabiter, dem Böses widerfährt, weil er für eine Vorhersage des eigenen Schicksals statt an den Gott Israels sich an den Gott Ekrons wendet: „[1]Nach dem Tod Ahabs fiel Moab von Israel ab. [2]Ahasja war in Samaria durch das Gitter seines Obergemachs gefallen und hatte sich verletzt. Er sandte Boten ab mit dem Auftrag: Geht, befragt Beelzebul, den Gott von Ekron, ob ich von diesem Leiden genesen werde. [3]Doch der Engel des Herrn sprach zu Elija aus Tischbe: Mach dich auf, geh den Boten des Königs von Samaria entgegen, und sag zu ihnen: Gitb es denn keinen Gott in Israel, so dass ihr fortgehen müsst, um Beelzebul, den Gott von Ekron, zu befragen? [4]Darum: So spricht der Herr: Vom Lager, auf das du dich gelegt hast, wirst du nicht mehr aufstehen; denn du musst sterben. Elija ging weiter. [5]Die Boten aber kehrten zum König zurück, und er fragte sie: Wie kommt es, dass ihr schon zurück seid? [6]Sie antworteten ihm: Ein Mann kam uns entgegen und trug uns auf: Kehrt zum König zurück, der euch gesandt hat, und sagt zu ihm: So spricht der Herr: Gibt es denn keinen Gott in Israel, so dass du Boten aussenden mußt, die Beelzebul, den Gott von Ekron, befragen sollen? Darum wirst du von dem Lager, auf das du dich gelegt hast, nicht mehr aufstehen; denn du mußt sterben. [7]Da fragte er sie: Wie sah der Mann aus, der euch entgegenkam und diese Worte zu euch sprach? [8]Sie erwiderten: Er trug einen Mantel aus Ziegenhaaren und hatte einen ledernen Gurt um die Hüften. Da sagte er: Das war Elija aus Tischbe." (2. Buch der Könige, 1-8)

und organisiert".[232] So wird eine jüdische Identität aus dieser Idee bzw. aus diesem „Narrativ[...] der Nation" konstruiert, indem die Gegenwart unmittelbar mit der Vergangenheit verbunden wird.[233] Diese Nation ist aber, so meine These, eine „vorgestellte Gemeinschaft".[234] Dass eine Gemeinschaft besteht, wird nicht bestritten, sondern die Behauptung, man könne diese Gemeinschaft in eine gewisse historische Linearität eingetragen und mit den Attributen der Ursprünglichkeit, der Kontinuität, der Zeitlosigkeit und der Organizität bekleiden.[235] Die Autobiographie von Hirsch Heymann ist selbst Teil einer diskursiven Konstruktion. Und diese Teilnahme am „nationalen Diskurs" verleiht der Existenz des Schreibenden selbst Sinn.[236] Nicht zuletzt durch das Schwanken zwischen Deutsch als Ausdruckssprache und den vielen jüdischen Mundarten bzw. Sprachen wird jene Zerrissenheit erkennbar, die Stuart Hall für nationale Kulturen geltend macht:

> Er [der Diskurs einer Nationalkultur] ist zwischen der Versuchung, zu früherem Ruhm zurückzukehren, und dem Drang, vorwärts, tiefer in die Moderne einzudringen, hin- und hergerissen. Manchmal möchten nationale Kulturen die Uhr zurückdrehen, um sich defensiv auf die „verlorene Zeit" zurückzuziehen, als die Nation ‚groß' war, und um die alten Identitäten wiederherzustellen. Dies ist das rückschrittliche, anachronistische Element in der Geschichte der nationalen Kultur.[237]

Die Aufforderung, sich bei Predigten oder bei Debatten ausschließlich auf jüdisches Kulturgut zu berufen, zeugt von jener Tendenz, die Tradition, ihre Organizität und Einheitlichkeit zu bewahren, um dem Mythos Kontinuität zu sichern. Diese Strategie des Rückzugs in die Vergangenheit kritisiert Hall dahingehend, dass sie „einen Kampf [verdeckt], der ‚das Volk' mobilisieren soll,

---

232 Stuart Hall: Rassismus und kulturelle Identität, S. 201.

233 Homi K. Bhabha: Die Verortung der Kultur, S. 207-253.

234 Benedict R. Anderson: Die Erfindung der Nation. Zur Karriere eines erfolgreichen Konzepts. Frankfurt am Main 1988, S. 15f.

235 Man könnte diesem Ansatz vorwerfen, er kombiniere nicht alle Elemente von Stuart Halls Darstellung diskursiver Strategie zur Konstruktion der Nation, aber beim Näheren Betrachten wird erkennbar, dass Halls Zusammenfassung jener Elemente sie so miteinander verbindet, dass das Vorhandensein des einen die anderen logischerweise hervorbringt. Die „Idee eines reinen ursprünglichen Volkes" (1) an sich basiert auf bzw. braucht einen Gründungsmythos (2). Dieser Mythos begründet selbst die Zeitlosigkeit und die Ursprünglichkeit der Tradition und betont ihre Kontinuität, die durch unterschiedliche Rituale, Geschichten, Szenarien, kurz, durch eine bestimmte Alltagskultur materialisiert und gelebt wird (4). Aus diesem Ganzen wird die Nation als Zusammenhang von Elementen erfunden, die schon immer vorhanden waren (5).

236 Vgl. Stuart Hall: Rassismus und kulturelle Identität, S. 202.

237 Stuart Hall: Rassismus und kulturelle Identität, S. 204.

seine Reihen zu säubern, die ‚Anderen', die seine Identität bedrohen, auszuschließen und sich für einen neuen Marsch vorwärts zu rüsten".[238] Obwohl
Heymanns Projekt kein aktiver und gewalttätiger Vorgang der Ausgrenzung ist,
macht es eine Einstellung deutlich, die eine Praxis begründen kann, nämlich
den Versuch, „Identität" von jedem „fremden" Moment zu säubern, das sie
gefährden könnte.

In seiner 1966 vor Schülern des Hebrew Teachers College in Brooklyn gehaltenen Rede mit dem Titel *The Blessing of Assimilation in Jewish History*, dekon-
struierte Rabbi Dr. Gerson D. Cohen diesen Mythos und verwies darauf, dass
Assimilation in der langen Geschichte des Judentums nicht nur oft stattgefunden, sondern auch durchaus als positiv zu bewertende Seiten habe. Cohen weist
u.a. auf Ägypten hin, wo Jakobs Kinder unvermeidlich fremde Namen übernommen hätten. Namen wie Aaron [wie im vorliegenden Fall Aron Heymann],
Moses, Hofni, Phineha, so Cohen, seien für das moderne Judentum zwar authentische hebräische Namen, sie seien aber ursprünglich ägyptische Namen,
die hebräisiert wurden. Weiter nennt Cohen Griechenland und betont, dass
nach der Hellenisierung des „Nahen Osten" viele Juden griechische Namen
übernommen hätten und die meisten sogar einen doppelten Namen führten mit
einem griechischen und einem hebräischen Teil. In dieser Hinsicht kann man
also keineswegs von einer einheitlichen „Identität" sprechen. Zuletzt weist
Cohen auf die Tatsache hin, dass „The *lingua franca* of Sefardic Jews, long after
the Spanish expulsion in 1492, remained Spanish. And Yiddish – let us not for-
get – was originally a form of German", um zu dem Schluss zu kommen, dass

> in other words, Jews did „change their names" in accordance with the regnant fashions of
> their times. However, not only did they change their names; they also changed their lan-
> guage. Yehezkel Kaufmann first pointed out that of all peoples of the western world the
> Jews alone have had no one language that throughout their history can be characterized
> as their own. Ironically, Kaufmann made his point by writing it in Hebrew....[239]

Cohen stützt sich u.a. auf Arbeiten des jüdischen Hellenisten Elias Bickerman,
um darzutun, dass das Judentum sein Fortbestehen eben der Tatsache zu verdanken habe, dass es sich im Laufe der Geschichte und im Kontakt mit anderen
kulturellen Systemen zu re-artikulieren, seine Kultur an unterschiedlichen Um-
gebungen anzupassen wusste.[240] Es sei, so Cohen weiter, ungerecht, die wichti-

---

238 Stuart Hall: Rassismus und kulturelle Identität, S. 204.
239 G. D. Cohen: The Blessing of Assimilation in Jewish History (1966). In: Neusner (Hg.):
Understanding Jewish Theology. Classical Issues and Modern Perspectives. New York 1973, S.
252.
240 Vgl. G. D. Cohen: The Blessing of Assimilation, S. 254.

gen Entwicklungen etwa wie die Geburt des Staats Israel selbst, die Blüte der jüdischen Literatur wie die Blüte des jüdischen Nationalismus nicht als positive Folgen der Assimilation zu sehen. Man könne Assimilation zwar als „withdrawal and fossilization" auffassen, eine andere, weitaus fördernde Auffassung derselben wäre allerdings „utilizing the inevitable inroads of assimilation as channels to new sources of vitality".[241] Eine plausible Erklärung für die Entstehung der Täuschung einer Ursprünglichkeit gibt der jüdische Professor Mark Lidzbarski in seiner 1927 veröffentlichten Autobiographie *Auf rauhem Wege. Jugenderinnerungen eines deutschen Professors*, indem er Folgendes formuliert:

> Schon früh haben die Juden ihre hebräischen Namen durch Namen des Volkes, zwischen dem sie lebten, ersetzt. Dabei wurden die alten Namen selten übersetzt, sondern man wählte ähnlich lautende Namen, besonders solche von gleichem Anlaut. Weil nun die betreffenden Namen sich oft bei Juden fanden, wurden sie von der anderen Bevölkerung aufgegeben.[242]

Aus dieser Perspektive erscheint das Ineinandergreifen von kulturellen Räumen nicht nur als gegenseitige Bereicherung, sondern auch als unvermeidlich und in gewisser Hinsicht als Voraussetzung eines Weiterexistierens. Eine binäre Trennung von Jüdischem und Nichtjüdischem, auch mit Berufung auf biblische Quellen, wird dadurch hintertrieben. Das deutlichste Beispiel einer Heterogenität von Identität ist wohl der Autobiograph Heymann selbst. Die Sprache(n) des Textes und ihre Heterogenität widerlegen den Anspruch von transhistorischer Kontinuität, den er gegenüber anderen gelten machen möchte. Nicht nur in der Mischform seines Textes beweist er das Ineinander als Bereicherung, sondern auch in den eigenen Aussagen. So der Vergleich zwischen Schillers Worten aus dem Gedicht „An die Freunde" und Salomons heiligen Worten:

> Wenn Salomon der Weise sagt: „Es gäbe nichts neues unter der Sonne", so ist dies nur ein Widerhall der Worte Schillers: „Es wiederholt sich alles im Leben", und Schiller hat Recht;

---

241 Auf diesen Überlegungen von Gerson Cohen beruht teilweise David N. Myers Unternehmen, die Frage der jüdischen Assimilation mit postkolonialen Kategorien aufzugreifen. (Vgl. David N. Myers: „The Blessing of Assimilation" Reconsidered. An Inquiry into Jewish Cultural Studies. In: Myers /Rowe (Hg.): From Ghetto to Emancipation. Historical and Contemporary Reconsiderations of the Jewish Community. Scranton 1997, S.17-35; David N. Myers: Zu ‚Diaspora' und den ‚Segnungen der Assimilation'. In: Kalonymos. Beiträge zur deutsch-jüdischen Geschichte 4 (2001), Heft 4, S.23-27.
242 M. Lidzbarski: Auf rauhem Wege. Jugenderinnerungen eines deutschen Professors. Giessen 1927, S.169.

denn was sich einst in der grauen Vorzeit in Mesopotamien zugetragen, das hatte sich hier nach länger als 3500 Jahren wiederholt.[243]

Schiller und Salomo, Jüdisches und Nichtjüdisches treten, dem Bildungsweg des Autobiographen entsprechend, als Bestandteile einer multiplen „Identität" zusammen, das Aufrechterhalten einer Binarität auf konstativer Ebene wird dadurch immer fragwürdiger. Der Vergleich von Schiller und Salomon dem Weisen ist auch deshalb aufschlussreich, weil er Weltliches und Heiliges in Verbindung setzt und so die Annäherung von Jüdischem und Nichtjüdischem noch weiter treibt als dies im Rahmen der von Heymann kritisierten Bezugnahmen von Predigern auf das Neue Testament geschieht. Ein weiteres Element, das das Argument einer einheitlichen und stabilen „Identität" weiter in Frage stellt, ist die bereits bei Fromer, Mayer und Bloch besprochene Frage der Taufe.

5.5.3 Die Taufe: Der „dritte Weg"?

Als religiös-konservativer Jude verurteilt Heymann die Taufe, auch wenn er, seiner nativistischen Vorstellung von Identität entsprechend, sie nicht als Mittel der Loslösung vom Judentum auffasst. Er berichtet mit viel Ironie und Spott über das Schicksal getaufter Juden und sieht ihre Existenz zumeist als gescheitert an. Ihre Geschichten und die ergänzenden Anekdoten dienen vor allem zur Legitimierung der eigenen Einstellung. Der Spott hört aber da auf, wo die strategische Position des getauften Juden als Vermittler zwischen Judentum und Nichtjudentum gefragt ist. Heymann erzählt nämlich, er habe, als es darum ging, im Rahmen der Wohltätigkeitsstiftung seiner Frau Geld für einen christlichen Kommunallehrer in Not zu sammeln, gerade die getauften Juden als ideale Spender angesehen:

> Auf dem Heimweg äußerte der ältere Bruder zu dem jüngeren: „Wie soll ich es nun anfangen? Juden möchte ich nicht gern ansprechen, da ich sie das Jahr hindurch so oft in Kontribution setze – und wenn ich mich an Nichtjuden wende, könnte ich sehr häufig einen Refus bekommen; denn wenn schon der Antrag des armen christlichen Lehrers um Gehaltszulage als unchristlich bezeichnet wird, so wird die von mir, dem Juden, ausgehende Bitte um Unterstützung für den Mann gewiß als unchristlich im Superlativ angesehen werden. Doch halt, ich habe eine gute Idee. *Ich bettele die getauften Juden an, und diese werden ihr jüdisches Herz ihrem christlichen Bruder nicht verschließen.*" Gesagt getan; am folgenden Tage wendete er sich an der Börse an die dort befindlichen getauften Juden und höchst bereitwillig steuerten sie zu der guten Sache bei. Die Zahl der Renegaten war da-

---

243 Aron H. Heymann: Lebenserinnerungen, S. 154.

mals größer als jetzt, denn nach und nach sterben sie aus und in der Gegenwart kommt selten ein solcher zu.[244]

Das Herz als Kern der Identität symbolisiert hier das Naturgegebene, das, was unveränderbar bleibt, während die Bruderschaft mit dem Christen als gesellschaftlich erworbenes Kulturelement beschrieben wird. Diese Bruderschaft mag das Naturelement verschleiern, es zerstört es aber nicht. Den Konvertiten binden in diesem Sinne trotz Taufe noch Fäden ans Judentum, weshalb er ein jüdisches Herz besitzt. Die Taufe, die für Fromer sowie für Bloch die endgültige Ablösung vom Judentum bedeutete, bedeutet dies bei Heymann gerade nicht. Taufe bedeutet zwar Loslösung von der Gemeinschaft, nicht aber vom Judentum. Der nativistische Diskurs strukturiert auch hier das Denken über das Judentum.[245] Dieser Diskurs wird aber dadurch abgemildert, dass er kein Hassverhältnis zum Konvertiten begründet, sondern durch die Anerkennung einer Bruderschaft zwischen Christen und Juden die Möglichkeit eines dritten Weges eröffnet. Dem getauften Juden wird somit sogar eine Rolle in dem Dialog zwischen Juden und Nichtjuden zugewiesen. Hinter dieser Darstellung des Renegaten steckt ein „Spiel der Identitäten".[246] Dieses Spiel kommt dadurch zustande, dass man den Konvertiten zur Spende zu bewegen sucht, indem man ihm einerseits den Eindruck verleiht, er sei noch Mitglied der jüdischen Gemeinschaft, und ihm andererseits die Not des Christen vorhält. Eine Hilfeleistung zugunsten des „christlichen Freundes" wäre der Beweis seiner Loyalität gegenüber seinen neuen „Glaubensgenossen". Wichtig hier ist nicht das Ge- oder Misslingen der Strategie, sondern das Spiel an sich und seine Konsequenzen, die sowohl für die Position des konservativen Juden als auch für den getauften gelten. „Identitäten werden widersprüchlich: sie [überschneiden] und zerstreuen sich gegensei-

---

244 Aron H. Heymann: Lebenserinnerungen, S. 228. Herv. C.S.
245 Zu Moses Mendelssohns Einstellung zu Acht und Bann Asriel Schochat: Der Ursprung der jüdischen Aufklärung in Deutschland, S. 449-451.
246 Stuart Hall hat in seinem Buch *Rassismus und kulturelle Identität* das Konzept vom „Spiel der Identitäten" auf den politischen Bereich angewendet und meint damit die Art und Weise, wie man die unterschiedlichen Positionen innerhalb einer Bevölkerung (Geschlechteridentitäten, Klassenidentitäten, soziologische und politische Identitäten) derart miteinander kombinieren kann, dass man daraus den maximalen politischen Gewinn schlägt. Hall stützt sich dabei auf ein Beispiel aus der amerikanischen Politikbühne 1991, als Präsident Bush den konservativen Schwarzen Richter Clarence Thomas an der US Supreme Court nominierte, mit dem Kalkül, dadurch wegen der „Rassenaffinität" schwarze Wähler zu gewinnen und auch Weiße konservative Wähler, die, selbst wenn sie Abneigung gegen einen Schwarzen Richter haben würden, ihn doch wegen seiner konservativen Ansichten in Fragen der Gleichstellungsgesetzgebung unterstützen würde (vgl. Stuart Hall: Rassismus und kulturelle Identität, S. 185f.).

tig".[247] Das Judentum und seine Abgrenzung vom Christentum werden somit neu definiert, genauso wie die Einstellung des konservativen Juden zur Taufe neu ausgerichtet wird. Es ist ein Spiel, das die Widersprüche der gesellschaftlichen Identitätspolitiken zum Vorschein bringt. Diese neue Vorstellung des Verhältnisses zum Konvertiten lässt letzteren als Brücke zwischen Judentum und Nichtjudentum erscheinen. Während etwa Joseph Bloch gegenüber dem getauften Juden tiefste Verabscheuung empfinden und alles für die Bekämpfung dieser „problematischen Existenz" einsetzt, sieht ihn Heymann zwar nicht unbedingt als besten Freund des konservativen Juden an, sieht ihn dennoch als Chance an. Der Renegat stellt jenen dritten Weg dar, der für Bloch gar nicht existieren kann. Darüber hinaus aktualisiert die Annäherung an den getauften Juden den Topos von der jüdischen Nächstenliebe.

5.6 Zusammenfassung

In den in diesem fünften Kapitel untersuchten Texten erfolgt der Entwurf von „jüdischer Identität" durch eine Definition des Verhältnisses des Juden zum Nichtjuden. Dabei wird „Jude" sowohl durch nativistische Kategorien wie „Blut" und „Rasse", als auch durch die gesellschaftliche *situation* (Sartre) definiert. Die Unterscheidung von Judentum und Nichtjudentum erfolgt also nicht zuletzt mithilfe von Stereotypen. Das eigene jüdische Selbstverständnis mancher Autoren wird aber, wie etwa bei Fromer und Mayer, als Reaktion auf gesellschaftliche Zuschreibungen bzw. als Resultat der Interaktion mit der nichtjüdischen Umgebung dargestellt. Ausgeprägt in diesen Texten, besonders bei Heymann und Bloch, ist eine Tendenz zur Identitätskonstruktion durch Grenzziehung. Hier funktioniert die Grenze oft als natürliche Demarkationslinie. Allerdings geht auch aus den Darstellungen hervor, dass bei jedem Versuch, sich auszugrenzen, Dissonanzen spürbar werden, die die Einheitlichkeit von Identität und mithin eine dichotomische Konstruktion der Welt in Frage stellen. Der Entwurf von Identität erfolgt aber nicht nur durch Grenzziehung, sondern auch durch die Konstruktion von Assimilation. Hierfür sind die Texte von Meno Burg, Sigmund Mayer und Jakob Fromer besonders typisch. Alle hier behandelten Texte haben aber gemeinsam, dass ihrer Darstellung von jüdischem und nichtjüdischem Bewusstsein eine ambivalente Vorstellung von selbst und fremd zugrunde liegt, die die Möglichkeit von Hybridität eröffnet.

---

247 Stuart Hall: Rassismus und kulturelle Identität, S. 186.

6 Abschließende Bemerkungen

Das Hauptanliegen dieser Arbeit bestand darin, vor dem Hintergrund jüdischer Emanzipation und ihrer Begleiterscheinungen Selbstdarstellungen von Juden zu untersuchen. Mich beschäftigte dabei besonders die Frage, welches Verständnis von sich selbst und von ihrer Umgebung die jüdischen Autobiographen durch die Rekonstruktion ihres Lebens entwerfen und welche Erkenntnis aus diesen Entwürfen gewonnen werden kann. Die Frage, die man sich am Ende dieser Darstellung zu Recht stellen wird, ist die danach, welche Identitäten aus den unterschiedlichen Techniken der Selbstbeschreibung entstehen.

Wenn wir wie Ricœur davon ausgehen, dass die von dem Autobiographen beanspruchte Identität eine „narrative" ist, d.h. eine Identität, die nur im Erzählen konstruiert werden kann und demnach der Identität des Textes selbst entspringt, dann wird angesichts der Heterogenität der untersuchten Texte erkennbar, wie uneinheitlich jene Identitäten sind. Nach Ricœur gleicht die Suche des Autobiographen nach einem Zusammenhang einer *mise en intrigue*. Es gehe dabei um eine „Zusammensetzung der Handlungen", die zu einer Einheit der Fakten führen soll. Die in dieser Arbeit untersuchten Texte weisen unterschiedliche Texturen auf. Sie sind zwar alle als Autobiographien bzw. Erinnerungen verfasst worden, aber ihre Struktur macht es schwer, klar zu unterscheiden zwischen Memoiren, Tagebuch, Essay und Autobiographie. Auf sie trifft zu, was Derrida über das Überschreiten von Gattungsgrenzen in allen Textsorten festgestellt hat:

> Un texte ne saurait *appartenir* à aucun genre. Tout texte *participe* d'un ou de plusieurs genres, il n'y a pas de texte sans genre, il y a toujours du genre et des genres mais cette participation n'est jamais appartenance. [...] En se marquant de genre, un texte s'en démarque.[1]

Über eine „Zusammensetzung der Handlungen" hinaus bieten diese Texte eine Zusammensetzung von Dokumenten, die die Einheit des narrativen Vorgangs immer wieder aus dem Gleichgewicht bringen. Die vielen Briefe, die Tagebucheinträge sowie die essayistischen Auszüge, die ursprünglich zum Zustandekommen des Zusammenhangs beitragen sollen, schaffen Diskontinuitäten in den Texten und durchstoßen somit ihre jeweilige Identität. Die Collage von außertextlichen Dokumenten wie etwa bei Joseph Bloch erweckt den Eindruck

---

1 Jacques Derrida: Parages. Paris 1986, S. 264. Herv. i. O.

von Instabilität und Unsicherheit in dem Sinne, dass die Handlungen nicht nur arrangiert sind, sondern von außen gestützt werden müssen. Die Natur der äußeren Stützen – Briefe und Tagebücher – lassen die Annahme zu, dass sie genauso wie die Handlungen, die in die Erzählungen eingebunden sind, durch einen selektiven Prozess ausgewählt wurden. Durch die Wahl der Erlebnisse, die die Erzählungen ausmachen, und die meistens nicht das gesamte Leben umfassen, wie durch die Wahl der Dokumente, die die Erzählung stützen sollen, entstehen Brüche und ungeahnte Artikulationsmöglichkeiten. Fromers Re-Artikulation der eigenen „narrativen Identität" ist dafür bestimmt das deutlichste Beispiel. Die zweite Version seiner Autobiographie ist an sich der Beleg dafür, dass die beanspruchte Identität weiter offen bleibt und das Subjekt der Autobiographie nicht an einem Ort festgemacht werden kann. Die Autobiographie, die dem Leser vorliegt, vermittelt nur zwei aller möglichen Subjektpositionen. Die Identität, die der Autobiograph hier postuliert, wird durch seine eigene Tätigkeit verkompliziert. Ebenfalls belegt Heymanns Autobiographie die Unfähigkeit, den Text sprachlich einheitlich zu gestalten. Diskontinuitäten entstehen bereits in der Mischung aus unterschiedlichen Sprachen, die dem Text seine Identität entziehen, um ihn in den Bereich des Nichtidentischen und des Unbeständigen überführen.

Fanny Lewalds starke Orientierung an Goethe und die zugleich beanspruchte Individualität bringt ihren Text in eine Zwischenposition, die diese Individualität fundamental problematisiert. Dazu kommt, dass das Projekt einer makellosen Selbstbeschreibung in eine verstümmelte Geschichte und mithin in eine verstümmelte Identität des autobiographischen Subjekts mündet. Das Subjekt, das aus der Darstellung hervorgeht, glänzt zwar durch seine nahezu perfekte Konstruktion, büßt aber jegliche Originalität und Authentizität ein.

Nicht zuletzt Joseph Blochs Zusammensetzung von Zeitungsberichten, öffentlichen Reden und Briefen macht den diskontinuierlichen Prozess der Identitätskonstruktion anschaulich. Mit diesen Dokumenten wird fremde und eigene Rede verschränkt.[2] Das Bild, das der Autobiograph seinem Leser vermittelt, ist je schon durch das fremde Wort geprägt. Bei Bloch erkennt man auch am deutlichsten, dass der Protagonist sich selbst als kollektives Subjekt darstellt und sich selbst und seine Gruppe nur in Abgrenzung von anderen Subjekten definieren kann. Der Sinn, der sich aus dem Ganzen ergibt, diese Identität also, entspringt der Dynamik von fremder und eigener Rede. Identität ist demnach offen und kontingent. Bloch und Hirsch Heymann u.a. postulieren einen Begriff von Kultur, der auf Konzepte einer Essenz und einer Transhistorizität des Jüdischen

---

2 Vgl. Michail M. Bachtin: Die Ästhetik des Wortes.

basiert. In ihren Darstellungen wird aber immer wieder sichtbar, dass die Behauptung der einheitlichen kulturellen Identität eine historische Konstruktion ist, die auf dem *diskursiven Entwurf* basiert, Differenz als Einheit oder Identität darzustellen.[3]

Sowohl Sigmund Mayer als auch Meno Burg entwerfen eine Identitäts-Politik, die mit Maskierung und Mimikry arbeitet. Obwohl diese Politik auch in einen kulturellen Essentialismus münden soll, dekonstruiert sie ihn zugleich, indem sie die Grenzen des Jüdischen und des Nichtjüdischen solchermaßen verschiebt, dass eine neue Realität entsteht, die stark von Differenz geprägt ist. Identität wird zum Ergebnis des Spiels unter der Maske, das ein völlig neues, sowohl dem Juden als auch dem Christen entfremdetes Subjekt entstehen lässt. Hinzu kommt, dass der Versuch, einen modernen Juden ohne kulturell-jüdische Attribute zu schaffen, daran scheitert, dass Bestandteile der Identität ähnlich wie die unterschiedlichen Schichten eines Palimpsestes auch nach langer Zeit wieder zum Vorschein treten können und die Bildung von Identität unendlich mitprägen.

Jakob Fromers Entwurf des sich emanzipierenden Juden führt ins Extreme und besteht in unterschiedlichen Versuchen, den Juden sozio-kulturell zu „töten". Die Struktur seines Textes führt die vielen Widersprüche vor Augen, die dieser Versuch mit sich bringt. Offenbar besser als jeder der anderen Texte drückt Fromers Autobiographie das Unbehagen des sich emanzipierenden Juden aus, die Schwierigkeit, (s)einen Weg zu finden. Er drückt aber zugleich die Unmöglichkeit aus, den Juden verschwinden zu lassen. Aus diesem Blickpunkt erscheint ein Verständnis des Autobiographen als modern oder als traditionalistisch schlechthin unmöglich, weil eine solche Einstufung dem textuell entworfenen Bild eines weitgehend hybriden Subjekts nicht gerecht werden kann.

So gesehen sind die von den untersuchten Texten produzierten Identitäten keine abgeschlossene Prozesse, sondern immer nur Entwürfe, die Momente einer fortwährenden Suche darstellen. Diese Suche kennzeichnet sich dadurch, dass der Jude und seine Positionierung zur Mehrheitsgesellschaft auch bei einem und demselben Autor nie eindeutig fest umrissen ist, sondern in einem strategischen Spiel von Selbst- und Fremdkonstruktion entworfen wird, bei dem die Grenze zwischen „selbst" und „fremd" sich ständig verschiebt. Insofern bringen die Texte zerstreute Identitäten hervor, da sie ein Bild des sich emanzipierenden bzw. assimilierenden Juden zeichnen, das ihn aus einer dezentrierten Struktur hervorgehen lässt (Hall). Die von manchen Selbstbiographen postulierte Einheit kultureller Räume offenbart Widersprüche, die semiotischen Räume

---

3 Vgl. Stuart Hall: Rassismus und kulturelle Identität, S. 206f.

sind von Brüchen gekennzeichnet. Eine Bestimmung des Jüdischen ohne das Nichtjüdische scheint nicht mehr möglich, eine binäre Trennung von Jüdischem und Nichtjüdischen auch. Aus dieser Perspektive erscheint eine Subsumierung der unterschiedlichen Identitätskonzepte unter den Oberbegriffen von Tradition, Assimilation, Orthodoxie oder auch Zionismus zwar nicht als völlig obsolet, sie beraubt aber den einzelnen Geschichten ihre Einzigartigkeit und mithin die besondere Art der Autoren, Jude-Sein prozessual zu definieren und sich zur Europäizität in Beziehung zu setzen. Eine klassifizierende Subsumierung würde es auch unmöglich machen, die Hybridität der Subjektpositionen wahrzunehmen. Nur eine Wahrnehmung der Werdegänge und ihrer Begleitumstände im Einzelnen ermöglicht einen Einblick in das jeweilige Selbstverständnis der Selbstbiographen.

In den hier untersuchten Texten ist der entworfene „Jude", wie er sein soll bzw. wie er für die Autoren ist, kein Subjekt mit festem und stabilem Zentrum, sondern eines, dessen Zentrum verdrängt wurde, und das somit unterschiedliche Subjektpositionen verkörpert. Das cartesianische Sich-Selbst-Sein trifft auf dieses Subjekt nicht mehr zu, sondern Diskontinuität, Fragmentierung, Bruch und Zerstreuung kennzeichnen es. Es scheint in dieser Hinsicht ein Vorläufer des postmodernen Subjekts zu sein, dessen Struktur fortwährend eine Re-Artikulation zulässt und demnach nicht abgeschlossen, sondern offen ist. Die Abgeschlossenheit, die Einheitlichkeit des bewussten und am Ziel seines Lebens angekommenen Subjekts werden eben durch jene Mittel in Frage gestellt gemacht, die sie aufrechterhalten sollten. Denn ein sich ständig zwischen Sichtbarkeit und Unsichtbarkeit bewegendes Subjekt, um mich auf diesem Beispiel zu beschränken, ist alles andere als ein sich seiner Identität bewusstes Subjekt. Das Masken- und Mimikry-Spiel, das Spiel von Trennung und Zusammenführung, ermöglichen eine Überlappung bzw. eine Verflechtung von kulturellen Räumen, durch die die Grenzen zwischen Selbst und Anderem fortwährend verschoben werden. Es handelt sich demnach um ein Subjekt, das keinesfalls nach einer festen Typologisierung klassifizierbar wäre. Denn ein Bestehen auf so einer Klassifizierung würde jene innere Zerrissenheit, jene durch und durch persönliche Momente ausblenden, die in dem psychologischen Entwurf jedes einzelnen Juden aus dieser Epoche vorkommen, und deren Komplexität Heinrich Enoch Kisch in seiner Selbstbiographie *Erlebtes und Erstrebtes* folgendermaßen umschreibt: „Wer darf da das Schiedsrichteramt über die hiermit verbundenen komplizierten psychischen Vorgänge und aus diesen hervorgegangenen schmerzlichen Reflexaktionen des Abfalls vom angestammten Glauben üben?".[4] Weil die Aufgabe des jüdischen Glaubens und die Assimilierung an die nichtjüdische Umgebung auf äußerst persönliche psychische Vorgänge basierten, sollte man auch eine Amalgamierung vermeiden und über Gemeinsamkeiten hinaus immer das Besondere jeden Schicksals ins Auge fassen. Das soll aber nicht bedeuten, dass der Selbstbiograph von seiner Zeit abgelöst betrachtet wird. Denn der Autobiograph ist, wie auch der Memoirenschreiber, ein „Kind seiner Zeit". Beide werden „geprägt von der historischen und sozialen Lage", weil sie „Objekt sozialer und psychischer Zwänge" waren.[5] In dieser Hinsicht erzählen die hier untersuchten autobiographischen Texte nicht bloß das Leben ihrer Autoren, sondern auch das Werden ganzer Generationen. Sie vermitteln in diesem Sinne auch ein Bild der kollektiven Vorstellungswelt jener Gruppen, die die Subjektivität der Schreibenden mitgeprägt hat. Diese Konstellation ist für die hier untersuchte Problematik umso wichtiger, als die „Judenfrage" zur Zeit der Emanzipation stärker in den Bereich des Öffentlichen gelangt war. Dadurch wurde auch der Umgang der Juden selbst mit dem Jude-Sein grundlegend verändert. Subjektivität und Gruppenbewusstsein sind deshalb zwei Paradigmen, die in den hier untersuchten Narrativen ständig aneinander grenzen.

Über die üblicherweise von autobiographischen Texten postulierte Individualität hinaus, ist das von den in der vorliegenden Studie behandelten Texten inszenierte Bewusstsein von Selbst eine in Abgrenzung von gesellschaftlichen Gruppenzuweisungen konstruierte Individualität. Es handelt sich bei diesen Texten nicht bloß um die Individualisierung von der ganzen Gesellschaft, sondern zugleich um eine Individualisierung in Bezug auf die jüdische Gemeinschaft. Selbst bei Fanny Lewald, wo objektiv-historisch keine nennenswerte materielle Verbindung zum Judentum besteht und dementsprechend das Ich-Bewusstsein jenseits aller gesellschaftlichen Zuschreibungen gegenüber den Juden konstruiert wird, bleibt erkennbar, wie das jüdische Bewusstsein in diesem Prozess der Individualisierung mithineinspielt. Obwohl die Form des Textes keinen Zweifel daran lässt, dass die Autorin ihre Erzählung an die moderne Tradition der Autobiographie anschließt, wird in der Darstellung der persönlichen Entwicklung sowie in Momenten der Rechtfertigung die Einbeziehung des jüdischen Gruppenbewusstseins unvermeidlich. Das Jude-Sein trägt, ob als gelebte Realität oder als Zuschreibung von außen, zur Selbstkonstruktion bei. In einem Kontext von Umschwung und Modernisierung hatten Frauen aber andere bzw. zusätzliche Kämpfe zu führen. Ihr Individualisierungsanspruch

---

4 H. E. Kisch: Erlebtes und Erstrebtes. Erinnerungen. Stuttgart und Berlin 1914, S. 21.
5 Bernd Neumann: Identität und Rollenzwang, S. 1.

erfolgt deshalb zugleich in Bezug auf die Allgemeinheit, auf den gesellschaftlichen Frauenstatus und auf ihr Bewusstsein vom Judentum, wobei letzteres von allen nicht das Bedrückendste war, wie aus ihren Texten herausgearbeitet werden konnte.

Die hier untersuchten Selbstdarstellungen bringen auch durch ihre Inszenierung von Sichtbarkeit und Unsichtbarkeit die grundlegende Veränderung des Umgangs mit Jude-Sein in der Emanzipationszeit zur Sprache. Besonders vielsagend wird der Umgang mit der Sichtbarkeit bzw. Unsichtbarkeit als Jude an Texten von jenen Juden, die dem Judentum treu blieben und zugleich versuchten, in ehemals Nichtjuden vorbehaltenen Bereichen des öffentlichen Lebens Fuß zu fassen, aber auch an jenen Narrativen, die von einer totalen Assimilation erzählen. Diese Texte erzählen von einer sich modernisierenden Gesellschaft im Sinne einer Überbrückung von Unterschieden, d.h. einer Gesellschaft, in der Grenzen ständig neu gesetzt werden. Daher die Schwierigkeit für sie, ein standfestes Prinzip von Identität als *stasis* anzubieten. So entpuppt sich die Darstellung von Unsichtbarkeit immer auch zugleich als Darstellung von Sichtbarkeit und umgekehrt. Wenn also ‚Autobiographie-Schreiben‘ die Suche nach sich selbst bedeutet und das Ende des autobiographischen Textes das endgültige, gefundene Selbst verkörpert, dann darf man am Ende dieser Studie behaupten, dass die untersuchten Texte kein Bild von ihren Autoren anbieten, sondern immer nur Entwürfe. Sie bieten eine Selbstsuche an, die kein Ende findet, weil die Suche nach völliger Assimilation wie etwa bei Fromer am Ende in eine Sackgasse mündet und eine Vereinheitlichung von Identitätsbestandteile sich als unmöglich erweist, oder wie etwa bei Heymann die Suche nach Einheit und Reinheit am Ende doch die Möglichkeit eines dritten Weges offen lässt, oder noch wie bei Meno Burg und Sigmund Mayer, wo Identität, verstanden als Ziel, nur durch ein Spiel von Masken und Mimikry denkbar ist. Selbst eine Selbstkonstruktion mit dem Ziel, sich als Europäer und Jude darzustellen, entgeht nicht der Verschiebung von Grenze und Sinn, so dass das Prinzip vom Nebeneinander von Europäischem und Jüdischem nie endgültig gegeben ist. Meine hier vertretene These diesbezüglich ist, dass die gesellschaftshistorischen Voraussetzungen in den einzelnen Ländern zwar unterschiedlich waren, die Vorstellung von Jude-Sein und Judentum, auch wenn in unterschiedlichem Umfang, doch meistens von ähnlichen Diskursen geprägt und getragen wurden. Die hier behandelten autobiographischen Texte führen bewusst oder unbewusst unterschiedliche Diskurse zur Judenfrage, die sich je nach Fall überschneiden, überlappen oder oft widersprechen. In diesem Sinne nehmen die Texte an dem ‚Spiel‘ teil, das die ‚Abwesenheit eines Zentrums' vor Augen führt.[6] Sie nehmen Platz in einer Bedeutungskette ein und tragen selbst zur Konstitution unterschiedlicher Diskurse über die Emanzipation und die Assimilation der Juden bei. Ich habe versucht, geltend zu machen, dass Traditionslinien sich nur schwer erarbeiten lassen, angesichts der Tatsache, dass jedes autobiographische Zeugnis eine eigenständige Position zu begründen versucht und dabei oft sich widersprechende Diskurse miteinander verbindet. Ich habe auch darzulegen versucht, dass diese Texte nicht nur eine Realität abbilden, sondern die Realität gleich mitproduzieren, von der sie sprechen. Demnach ist jüdische Identität, wie sie von diesen Texten dargestellt wird, ein diskursiver Entwurf, der ständig neuartikuliert wird.

---

6 Vgl. Jacques Derrida: L'écriture et la différence. Paris 1967.

7 Anhang

Im Folgenden werden Texte aufgelistet, die mir bei der Verfassung der vorliegenden Arbeit zur Verfügung standen, die aber nach Lektüre aus unterschiedlichen Gründen nicht eingebunden werden konnten. Die Gründe betreffen die dargestellte Zeit (DZ), die nicht mit dem untersuchten Zeitraum übereinstimmt, die Thematik (TH), die von der Problematik der Arbeit abweicht, oder der Texttyp (TT), weil viele der autobiographisch klingelnden Titel sich tatsächlich auf nichtautobiographische Texte beziehen. Texte aus dem Katalog des Leo-Baeck Institute werden durch die Buchstabenfolge LBI markiert, gefolgt vom Kennzeichen des Manuskriptes bzw. des gedruckten Dokumentes im Katalog:

Adam, Jacob: Zeit zur Abreise : Lebensbericht eines jüdischen Händlers aus der Emanzipationszeit. - Hildesheim : Olms, 1993 (TH).

Altenberg, Peter: Vita ipsa. - Berlin : S. Fischer, 1918 (TH).

Altenberg, Peter: Wie ich es sehe. - Berlin : S. Fischer, 1896 (TH).

Anonym (Arthur Kahn?): Lebenserinnerungen eines Juden 1850 -1860. LBI, MM 92 – ME 741 (TH)

Aronstein, Philipp. 4. Dez. 1862-24. Sept. 1942. von Raphael Fritz Aronstein. LBI, ME 17 (DZ, TT).

Auerbach, Anna (nee Silbergleit): Chronik unserer Familie: 1850-1905. LBI, ME 707 1905. (DZ, TT)

Austerlitz, Moritz: Aus meinem Leben (1833-1913). (TH)

Bamberger, Ludwig: Erinnerungen. Berlin: G. Reimer, 1899 (TH).

Barnay, Ludwig: Erinnerungen. Hrsg. von Joachim Tenschert. Berlin: Henschel, 1953 (TH)

Beer, Peter: Selbstbiografie. 1833-1913. LBI, ME 19, 1913(TH)

Behrend, Itzig. Unsere Familienchronik. Geführt von sel. Grosspapa Itzig Behrend in jüdische-deutscher Schrift 1801-1865. LBI, ME 38, MF 72 (TT)

Bondi, Esther: Erinnerungen Ende des vorigen Jahrhunderts. LBI, ME 298a, 1876 (TH).

Brach, Rudolf (1829-1907). Autobiographie. LBI, ME 66 – MM 11 (TH)

Calvary, Moses. Erinnerungen 1876-1909. LBI, ME 80 – MF 74, Grindelwald 1949. (DZ, TT)

Cassel Stephanus, Paulus: Sabbatische Erinnerungen. Erfurt: Keyser 1853. LBI, BM 45 C38 S3 (TH).

Cohn, Gustav: Universitätsfragen und Erinnerungen. - Stuttgart : Enke, 1918. (TH)

Cohn, Salomon (1817-): Salomon Cohn's Leben, von seinem Geburtsjahre 1817 bis Ende September 1865, sein Wirken als Jugendbildner und Erzieher und sein Leiden. Von ihm selbst wahr u. treu dargest. nebst e.v. demselben abgefaßten Vortrage eines Confirmanden ... Pest: Gyurian u. Deutsch, 1868 (TH)

Conitzer, Rudolph (1851-): Mein Leben. Selbstbiographie. LBI, ME 582, 1919/30 (TH)

Davidsohn, Doris: Aus dem Bilderbuche meines Lebens. LBI, ME 106, 1919 (DZ, TH).

Devrient, Therese: Jugenderinnerungen. Stuttgart: Krabbe, 1905 (TH).

Dies. Erinnerungen einer deutschen Jüdin. LBI, ME 105, 1919 (DZ, TH).

Drucker, Erich: Erinnerungen eines deutschen Buchhaendlers. LBI, ME 728/3, 1974 (TH)

Ehrlich, Hermann. Lebenslauf und Tagebuch. LBI, ME 419 (TH).

Ehrlich, Joseph Ruben (1843-1899): Der Weg meines Lebens : Erinnerungen eines ehemaligen Chassiden. - Wien : Rosner, 1874 (TH).

Elben, Otto (1823-1899): Lebenserinnerungen, 1823-1899. LBI, DD 801 W61 E4 (TH)

Elsas, Adolf. Skizze zum Elsas'schen Stammhaus 1836-1918. 1918. LBI, MM 21 (TH)

Eltzbacher, Paul. Aus der Geschichte meiner Familie 1630-1928. Berlin 1928. LBI, MM 21 (TT, DZ).

Erman, Adolf (1854-1927): Mein Werden und mein Wirken : Erinnerungen eines alten Berliner Gelehrten. - Leipzig : Quelle & Mayer, 1929(TH).

Ettlingen, Anna (1845-): Lebenserinnerungen, fuer ihre Familie verfasst. Leipzig Druck: C. Grumbach. LBI, DS 135 G5 E8 L4 (TH, TT).

Flersheim, Ernst. Lebenserinnerungen. LBI, ME 432- ME 131 (DZ).

Fraenkel, Heinz Ferdinand Erhard: Lebenserinnerungen. Bamberg: Haas, 1999. LBI, DS 135 G4 B22 F65 (TH)

Fraenkel, Hirsch (1818-1907): Kasseler Jude, deutscher Demokrat: seine Lebenserinnerungen ueberprueft und mit Anmerkungen versehen von Eberhard Mey; Hg. Helmut Burmeister. Hofgeismar: Verlag für Hessische Geschichte und Landeskunde, 1996 LBI, DS 135 G5 F55 H57 (TH)

Freudenthal, Berthold. Unsere Eltern. LBI, ME 150, MM 24, 1917(TH).

Fritz Mauthner. Prager Jugendjahre. Erinnerungen. Frankfurt am Main: Fischer 1969 (TH).

Fritz, Frank: 1890-1899. Verschollene Heimat 1890-1899. LBI, ME 140 (TH, DZ).

Funck, Carl (1852-1918): Lebenserinnerungen. LBI, DD 231 F86 (TH)

Fürth, Hirsch. Der Rabbi aus Schwaben. Eine wahre Geschichte aus dem Leben. LBI, MM 26. (TT)

Gans, Eduard [Elias] (1798-1839): Rückblicke auf Personen und Zustände. - Berlin : Veit, 1836. (TH)

Geller, Leo (1844-1925): Sein Leben- und Bildungsgang. Von ihm selbst geschrieben, Wien: Perles, 1923 (TH).

Gomperz, Theodor von (1832-1912): Essays und Erinnerungen. - Stuttgart : Dt. Verl.-Anst., 1905. (TH)

Gotthold, Salomon: Selbstbiographie. Leipzig: Wiegand 1863 (TH).

Gronemann, Sammy (1875-1952). Erinnerungen 1875-1918. LBI, ME 203- MM 29. (TT)

Hamburger, Hermann. Wie der Anfang einst gewesen 1800-1920. LBI, MF 139 – MM 32, Breslau 1920 (TT).

Heimann, Otto: Das Gedenk –und Familienbuch der Familie Leopold Heimann Einstein 1882-1918. LBI, ME 1162 (TH).

Herz, Henriette. Ihr Leben und ihre Erinnerungen. Herausgegeben von J. Fürst. Berlin: Hertz, 1850 (TH).

Heyse, Paul. Jugenderinnerungen und Bekenntnisse. Berlin: Hertz, 1900 (TH).

Hiller, Ferdinand: Erinnerungsblätter. München: New Providence, 1991 (TH).

Hirschel, Bernhard. Meine Lebensgeschichte. LBI, ME 316a, 1860 (TH).

Hirschland, Simon. 100 Jahre Simon Hirschland, Essen Hamburg 1815-1938. 66 S. LBI MM 39, Essen 1938 (TT)

Isaak, Aaron. Lebenserinnerungen. Herausgegeben von Bettina Simon. Berlin: Edition Hentrich, 1994 (TT, DZ)

Isaak, Aaron. Lebenserinnerungen. Textfassung und Einleitung von Bettina Simon. Herausgegeben von Marie und Heinrich Simon. Berlin: Edition Hentrich, 1994 (TH).

Jacobsohn, Bernhard: Fünfzig Jahre. Erinnerungen aus Amt und Leben. Skizzen. Berlin Friedenau: Im Selbstverlag des Verfassers, 1912 (TH).

Jutrosinski, Richard. Geschichte der Familie Jutrosinski 1750-1872. LBI, ME 341 - MF 114 (TT)

Kalisch, Ludwig. Bilder aus meiner Knabenzeit. Leipzig: Verlag von Ernst Keil, 1872 (TT).

Katz, Walter. Jubiläumsschrift zum 100jährigen Bestehen der Firma Heinrich Kohn. Augsburg 1937. LBI, ME 367 (TT).

Kaufmann, Alfred. Anshej Rhenus, eine Chronik jüdischen Lebens am Rhein. Santa Rosa, Californien 1967. LBI, MM44. (TT)

Kirschberger, Theodor: Lebenserinnerungen 1811-1925. LBI, ME 1057- MM II 28 (TH)

Kohn, Abraham. Tagebuch 1842-1847. LBI, ME 951 – MM 115. (TT,TH)

Kohn, Jean. Die Familie Kohn aus Wassertruedingen. LBI, MF 42, MM 45, Paris 1948 (TT, TH).

Lasker, Eduard: Erlebnisse einer Mannes-Seele. Stuttgart 1873 (TH).

Lazarus, Bendavid: Selbstbiographie. LBI, DS 135 G5 B 46, 1806(TH)

Lazarus, Moritz: Lebenserinnerungen. Berlin: Reimer 1906 (TH)

Lehmann, Emil: Ein Halbjahrhundert in der israelitischen Religionsgemeinde Dresden : Erlebtes und Erlesenes. - Dresden : Salomon, 1890 (TH).

Lövinson, Martin. Geschichte meines Lebens. Teil I. Die goldene Jugendzeit 1859-1875.. 128 S. LBI, ME 401, Berlin 1924 (TH).

Lucia, Franz. Schöne Aussicht. Familie Wertheimber. Lebenserinnerungen von Lucia Franz geb. Schneider. LBI, ME 594 (TH).

Makower, Hermann. Jugenderinnerungen. LBI, ME 39a (TH)

Mark Libarszki. Auf rauhem Wege. Jugenderinnerungen eines deutschen Professors. Giessen: Töpelmann, 1927 (TH)

Markus, Tobias. Meine Lebensgeschichte. Ein Familiendokument 1835-1914. Florenz: Buchdruckerei Giuntina, 1914 (TH)

Martin Lövinsohn. Memoiren. Die Geschichte meines Lebens. LBI, Nr 242 (TH)

May, Anton. Erinnerungen 1810-1847. LBI, ME 429, 1847(TH)

Meißner, Alfred: Geschichte meines Lebens (2 Bde). - Wien : Prochaska, 1881-1884. (TH)

Metzger, Hermance. Die Geschichte der Familie Kuhn 1800-1935. LBI, ME 374, MM 46 (TT)

Moritz Lazarus. Lebenserinnerungen. Bearbeitet von Nahida Lazarus und Alfred Leicht. Berlin 1906. Druck und Verlag von Georg Reimer. (TH)

Moritz, Benedikt. Aus meinem Leben Erinnerungen und Erörterungen. Wien: Konegen, 1906 (TH).

Moszkowski, Alexander (1851-1934): Das Panorama meines Lebens, Berlin 1925.

Mueller, Ernst: Geistige Spuren in Lebenserinnerungen. 1880-1914. LBI, ME 452 a (TH)

Mueller, Max (1823-1900): Alte Zeiten, alte Freunde. Lebenserinnerungen von F. Max Mueller. Autorisierte Übersetzung von H. Groschke. Gotha: Perthes 1901 (TH).

Mühsam, Paul. Ich bin ein Mensch gewesen. Lebenserinnerungen. Hrsg. und mit einem Nachwort von Ernst Kretzschmar. Gerlingen: Bleicher, 1989. LBI, PT 2625 U26 I_3 (DZ).

Mühsam, Paul. Mein Weg zu mir. Tagebuch. Hrsg. und kommentiert von Else Levi-Muehsam. Geleitwort von Werner Volke. Konstanz: Rosengarten 1978. LBI, PT 2625 U26 M38 (DZ).

Oppenheimer, Franz. Erlebtes, Erstrebtes, Erreichtes; Erinnerungen. Berlin: Welt Verlag, 1931. LBI, HB 107 O_6 A3 (DZ)

Oppenheimer, Louis. Lebensgeschichte unseres sel. Vaters Hirsch Oppenheimer 1805-1883. LBI, MM 60 (TH).

Oppenheimer, Max. Ein Aufsatz über die Vorkommnisse meines Lebens. Von Max Oppenheimer LBI, ME 487 (DZ, TH)

Perutz, Hermann. Memoiren. LBI, MM 61. Reel 61 (TH).

Popper, Josef Lynkeus: Selbstbiographie von Josef Popper-Lynkeus. LBI, HM 22 A 88 P6 (TH)

Prerauer, Lilli: Die Geschichte meiner Kindheit und Jugend 1882-1903. LBI, MM61- ME 506 (DZ, TH)

Rabinow, Herman. Aus dem Leben eines Hamburger Kaufmanns. Nach seinen Tagebüchern geordnet von Adele Jaffé. LBI. ME 490 (TH).

Rawitscher, Ludwig: Lebenserinnerungen 1917. LBI, ME 990 - MM II23 (TH).

Rodenberg, Julius (1831-1914): Aus der Kindheit : Erinnerungsblätter. - Berlin : Paetel, 1907. (TH)

Rodenberg, Julius (1831-1914): Bilder aus dem Berliner Leben. 3 Bände. - Berlin : Paetel, 1885-1888. (TH)

Rodenberg, Julius (1831-1914): Erinnerungen aus der Jugendzeit (2 Bde). - Berlin : Paetel, 1899. (TH)

Rosenthal, Heimann. Kindheitserinnerungen. LBI, ME 332/370 (TH).

Rosenthaler, Leopold. Erinnerungen. LBI, ME 533 (TH).

Rosenthaler, Maier. Lebenserinnerungen. LBI, MM 64 ME 533 (TH)

Schaeffer, Charlotte. Bilder aus meiner Vergangenheit 1865-1890. Joenkoeping/Sweden 1944. LBI, MM 67 - ME 562 (TH).

Seligmann, Caesar. Erinnerungen. Herausgegeben von Erwin Seligmann. Frankfurt am Main: Verlag von Waldemar Kramer, 1975. (161 S.) (DZ, TH)

Seligmann, Caesar: Mein Leben. Erinnerungen eines Grossvaters 1836-1941. LBI, MM 70 – ME595 MF 93 (TH).

Seligsohn, Hermann. Geschichte der Familie Seligsohn zu Samotschin, Provinz Posen; Tragische und humoristische Geschehnisse aus Samotschin. LBI, MM 70, MM 71 (TH, TT).

Silbermann, Eduard. Erinnerungen 1871-1917. München 1916. LBI, ME 601 (DZ)

Simon, Jacob. Lebenserinnerungen. LBI, ME 1566 (DZ, TT, TH).

Spanier, Meier. Erinnerungen. 1864-1934. LBI, ME 609. (DZ)

Stern, Alfred (1846-1936). Zur Familiengeschichte. Zuerich: Buchdruckerei Berichtshaus, 1906. (TT)

Stern, Alfred: Wissenschaftliche Selbstbiographie 1846-1932. Zuürich/Leipzig: Leemann, 1932. LBI, MM73 - ME 621 (TH).

Stieglitz, Heinrich (1801-1849): Eine Selbstbiographie. Hrsg. von Curtze. Gotha: [s.n.], 1865. LBI, PT 2524 S6 A3 (TH)

Strousberg, Bethel Henry. Dr. Strousberg und und sein Wirken von ihm selbst geschildert. Berlin: Guttentag, 1876. (TH)

Tuchmann, Moritz/Tuchmann, Franz. Chronik der Familie Tuchmann, aelterer Linie. 1895. 85 S. LBI, MM 104 (TT).

Wahlendorf, Willy Ritter Liebermann von. Erinnerungen eines deutschen Juden 1863-1936. München: Piper, 1988. LBI, DS 135 G5 L55 A18 (DZ)

Wasserzug, Mosche: Memoiren eines polnischen Juden: Lebenserinnerungen von W.M. 28p. LBI, CT 1098 W 38 M4 (TH)

Weigert, Abraham Erinnerungen. LBI, ME 427, 1867 (TH).

Zadek, Doris: Tagebuch 1820-1916. 51p. LBI, MM 84 -ME700 (TH).

Zadek, Ignatz: Aufzeichnungen aus der Jugendzeit. LBI, ME 701, Posen 1858-Berlin 1931 (DZ).

Zitierte Literatur

Primärtexte

Bloch, Joseph Samuel: Erinnerungen aus meinem Leben. Band I und II. Wien und Leipzig: R. Löwit Verlag, 1922.

Bloch, Joseph Samuel: Erinnerungen aus meinem Leben. Band III. Aus dem handschriftlichen Nachlass des Verfassers herausgegeben von seinem Bruder Morris Bloch. Wien: Appel & Co.-Verlag, 1933.

Burg, Meno: Geschichte meines Dienstlebens. Teetz: Hentrich & Hentrich, 1998.

Fromer, Jakob: Vom Ghetto zur modernen Kultur. Eine Lebensgeschichte. Charlottenburg: Im Verlage des Verfassers, 1906.

Fromer, Jakob: Ghettodämmerung. Eine Lebensgeschichte. Zweite und dritte Auflage. Berlin und Leipzig: Schuster & Loeffler, 1911.

Hirsch Heymann, Aron: Lebenserinnerungen. Nach seiner Niederschrift im Auftrage seiner Kinder herausgegeben von Heinrich Loewe. Berlin: Eigentum der Familie, 1909.

Lewald, Fanny: Meine Lebensgeschichte. Gesammelte Werke. Band I, II, II. Berlin: Janke, 1871

Lewald, Fanny: Meine Lebensgeschichte. Band I, II, III. Frankfurt am Main: Helmer, 1988.

Mayer, Sigmund: Lebenserinnerungen. Ein jüdischer Kaufmann 1831-1911. zweite Auflage. Hg. von Sidonie Rosenberg. Berlin/Wien: Benjamin Harz Verlag, 1926.

Wengeroff, Pauline: Memoiren einer Grossmutter. Bilder aus der Kulturgeschichte der Juden Russlands im 19. Jahrhundert. Band I und II. Mit einem Geleitwort von Dr. Gustav Karpeles. Zweite, durchgesehene Auflage. Berlin: Verlag von M. Poppelauer, 1913.

Andere Primärquellen

Antin, Mary: The Promise Land. Boston: Mifflin, 1912.

Bernd, Adam: Evangl. Pred. Eigene Lebens-Beschreibung Samt einer Aufrichtigen Entdeckung, und deutlichen Beschreibung einer der grösten, obwohl Theils noch unbekannten Leibes- und Gemüths-Plage, Welche Gott zuweilen über die Welt-Kinder, und auch wohl über seine eigene Kinder verhänget; Den Unwissenden zum Unterricht, Den Gelehrten zu weiterm Nachdencken, Den Sündern zum Schrecken, und Den Betrübten, und Angefochtenen zum Troste. Leipzig: Heinisius, 1738.

Bloch, Joseph Samuel: Der nationale Zwist und die Juden in Österreich. Wien: Verlag von M. Gottlieb, 1886.

Dischereit, Esther. Joëmis Tisch. Eine Jüdische Geschichte. Frankfurt am Main: Suhrkamp, 1988.

Geissmar, Clara: Erinnerungen. LBI, ME 181.

Heine, Heinrich: Briefe. Erste Gesamtausgabe nach den Handschriften herausgegeben, eingeleitet und erläutert von Friedrich Hirth. Mainz: Florian Kupferberg, 1948.

Heine, Heinrich: Werke und Briefe. Hg. von Hans Kaufmann. Berlin: Aufbau-Verlag, 1962.

Heine, Heinrich: Begegnungen mit Heine. Berichte der Zeitgenossen. Hg. von Michael Werner in Fortführung von H.H. Houbens „Gespräche mit Heine". [Band 1:] 1797-1846. [Band 2:] 1847-1856. Hamburg: Hoffmann und Campe, 1973.

Honigmann, Barbara: Eine Liebe aus Nichts. Roman. München: Deutscher Taschenbuch Verlag, 2008.

Kalisch, Ludwig: Bilder aus meiner Knabenzeit. Leipzig: Verlag von Ernst Keil, 1872.

Kisch, Heinrich Enoch: Erlebtes und Erstrebtes. Erinnerungen. Stuttgart und Berlin: Deutsche Verlags-Anstalt, 1914.

Lewald, Fanny: Gefühltes und Gedachtes (1838-1888). Hg. von Ludwig Geiger. Dresden und Leipzig: Verlag Heinrich Minden, 1900.

Lidzbarski, Mark: Auf rauhem Wege. Jugenderinnerungen eines deutschen Professors. Giessen: Töpelmann, 1927.

Rabinow, Herman: Aus dem Leben eines Hamburger Kaufmanns. Nach seinen Tagebüchern geordnet von Adele Jaffé. LBI., ME 490.

Slonimsky, Nicolas: Perfect Pitch. A Life Story. Oxford – New York: Oxford University Press, 1988.

Sekundärliteratur

Arendt, Hannah: Rahel Varnhagen. Lebensgeschichte einer deutschen Jüdin aus der Romantik. München/Zürich: Piper, 1981(1959).

Baeck, Leo: Von Mendelssohn zu Franz Rosenzweig. Typen jüdischen Selbstverständnisses in den letzten beiden Jahrhunderten. Franz Delitzsch-Vorlesungen. Stuttgart: W. Kohlhammer, 1958.

Bloch, Chajim: Dr. Joseph Samuel Bloch. Dem ruhmreichen Verteidiger des Judentums – ein Blatt des Gedenkens. In: Joseph S. Bloch. Erinnerungen aus meinem Leben, Bd. III. S. 293-310.

Braese, Stephan: Schreiben ans Stiefvaterland. Zum Anregungsgehalt postkolonialer Begriffsarbeit für die Lektüre deutsch-jüdischer Literatur. In: Lezzi, Eva/Salzer M., Dorothea (Hg.): Dialog der Disziplinen. Jüdische Studien und Literaturwissenschaft. Berlin: Metropol, 2009. S. 415-435.

Gebhardt, Miriam: Das Familiengedächtnis. Erinnerung im deutsch-jüdischen Bürgertum 1890 bis 1932. Stuttgart: Franz Steiner Verlag, 1999.

Gebhardt, Miriam: Der Fall Clara Geißmar, oder von der Verführungskunst weiblicher Autobiographik. In: Heinsohn, Kirsten/ Schüler-Springorum, Stefanie (Hg.): Deutsch-jüdische Geschichte als Geschlechtergeschichte. Studien zum 19. und 20. Jahrhundert. Göttingen: Wallstein, 2006. S.233-249.

Geiger, Ludwig: Geleitwort zu: Meno Burg. Geschichte meines Dienstlebens (1916). In: Burg, Meno: Geschichte meines Dienstlebens. Hg. Von Hermann Simon. Teetz: Hentrich & Hentrich, 1998. S. XVI-XXVIII.

Goodman, Katherine Ramsey: German Women and Autobiography in the nineteenth century: Louise Aston, Fanny Lewald, Malwida von Meysenburg and Marie von Ebner-Eschenbach. Ph.D. Xerox. Michigan: University of Wisconsin Microfilms, 1977.

Heine, Heinrich: Historisch-kritische Gesamtausgabe der Werke. Herausgegeben von Manfred Windfuhr. Hamburg: Hoffmann und Campe 1994. Band XV.

Heine, Heinrich: Memoiren und Geständnisse. Hg. von Walter Zimorski. Schleswig: Schleswiger Druck- und Verlagshaus, 2000.

Kuschel, Anna. Transitorische Identitäten. Zur Identitäsproblematik in Barbara Honigmanns Prosa. München: Iudicium, 2009.

Lander, Katja: Josef Samuel Bloch und die Österreichisch-Israelitische Union. Initiativen zur Begründung einer jüdischen Politik im späten 19. Jahrhundert in Wien. Saarbrücken. Univ.- Diss., 1993.

Malo, Markus: Behauptete Subjektivität. eine Skizze zur deutschsprachigen jüdischen Autobiographie im 20. Jahrhundert. Tübingen: Niemeyer, 2009.

Marci-Boehncke, Gudrun: Fanny Lewald: Jüdin, Preußin, Schriftstellerin. Studien zu autobiographischem Werk und Kontext. Stuttgart: Akademie Verlag, 1998.

Pomeranz Carmely, Klara: Das Identitätsproblem jüdischer Autoren im deutschen Sprachraum. Von der Jahrhundertwende bis zu Hilter. Königstein/Ts: Scriptor, 1981.

Rosenfeld, Alvin H.: Inventing the Jew: Notes on Jewish Autobiography. In: Midstream. A Monthly Jewish Review. Volume XXI, N° 4 (April 1975). S. 54-80.

Rüthers, Monika: Tewjes Töchter. Lebensentwürfe ostjüdischer Frauen im 19. Jahrhundert. Köln/Weimar/Wien: Böhlau, 1996.

Segebarth, Ruth: Fanny Lewald und ihre Auffassung von der Liebe und Ehe. München: Diss., 1922.

Shulamit, Magnus S.: Sins of Youth, Guilt of a Grandmother: M.L. Lilienblum, Pauline Wengeroff, and the Telling of Jewish Modernity in Eastern Europe. In: POLIN. Studies in Polish Jewry. Vol 18. Hg. von Chaeran Freeze, Paula Hyman und Antony Polonsky. Oxford. Portland .Oregon: The Littman Library of Jewish Civilization, 2005. S. 87-120

Shulamit, S. Magnus: Kol Ishah: Women and Pauline Wengeroff's writing of an Age. In: NASHIM: A Journal of Jewish Women's Studies and Gender Issues, N° 7 (2004), Bloomington.

Shulamit, S. Magnus: Pauline Wengeroff and the Voice of Jewish Modernity. In Gender and Judaism. The Transformation of Tradition. Hg. von Tamar. M. Rudavsky. New York & London: New York University Press, 1995. S. 181-190.

Stöver, Krimhild: Leben und Wirken der Fanny Lewald. Grenzen und Möglichkeiten einer Schriftstellerin im gesellschaftlichen Kontext des 19. Jahrhunderts. Oldenburg: Igel Verlag, 2004.

Thomann Tewarson, Heidi: Jüdinsein um 1800. Bemerkungen zum Selbstverständnis der ersten Generation assimilierter Berliner Jüdinnen. In: Dick, Jutta/ Hahn, Barbara(Hg.):Von einer Welt in die andere. Jüdinnen im 19. und 20. Jahrhundert. Wien: Verlag Christian Brandstätter, 1993. S. 47-70.

Toury, Jacob: Josef Samuel Bloch und die jüdische Identität im österreichischen Kaiserreich. In: Grab, Walter (Hg.): Jüdische Integration und Identität in Deutschland und Österreich 1848-1918. Universität Tel-Aviv, 1984.

Van Rheinberg, Brigitta: Fanny Lewald. Geschichte einer Emanzipation. Frankfurt am Main: Campus, 1990.

Van Ornam, Vanessa: Fanny Lewald and Nineteenth-Century Constructions of Feminity. New York u.a.: Peter Lang, 2002.

Weber, Marta: Fanny Lewald. Erlenbach-Zürich: Eugen Rentsch Verlag,1921.

Zimorski, Walter: *„wie ich meine Zeit und Zeitgenossen betrachtet.“* Identitätsstrukturen in Heines Vermächtnisschriften. In: HEINE, Heinrich: Memoiren und Geständnisse. Hg. von Walter Zimorski. Schleswig: Schleswiger Druck- und Verlagshaus, 2000. S. 143-163.

Allgemeine Schriften, Literaturtheorie, Literaturgeschichte

Accardo, Alain: Introduction à une sociologie critique. Lire Pierre Bourdieu. Troisième édition revue et actualisée. Marseille: Agone, 2006.

Aichinger, Ingrid: Probleme der Autobiographie als Sprachkunstwerk(1970). In: NIGGL, Günter(Hg.): Die Autobiographie. Zu Form und Geschichte einer literarischen Gattung. Darmstadt: Wissenschaftliche Buchgesellschaft, 1989. S. 170-199.

Anderson, Benedict R. O'G: Die Erfindung der Nation. Zur Karriere eines erfolgreichen Konzepts. Frankfurt am Main: Campus, 1988.

Aristoteles: Poetik. Übersetzt und herausgegeben von Manfred Fuhrmann. Stuttgart: Reclam, 1982.

Ashcroft, Bill/Griffiths, Gareth/Tiffin, Helen: The Empire Writes Back. Theory and practice in post-colonial literatures. 2nd edition. London/New York: Routledge, 2002.

Assmann, Aleida: Erinnerungsräume. Formen und Wandlungen des kulturellen Gedächtnisses. München: Beck, 1999.

Augustinus, Aurelius: Confessiones. Stuttgart: Reclam 2009

Bachtin, M. Michail: Die Ästhetik des Wortes. Aus dem Russischen von Rainer Grübel und Sabine Reese. Herausgegeben von Rainer Grübel. Frankfurt am Main: Suhrkamp, 1979.

Barthes, Roland: La mort de l'auteur(1968). In : Ders.: Œuvres complètes. Tome III. 1968-1971. Nouvelle édition revue, corrigée et présentée par Éric Marty. Paris: Éditions du Seuil, 2002. S. 40-45.

Barthes, Roland: Tod des Autors. In: Jannidis, Fotis et al.: Texte zur Theorie der Autorschaft. Stuttgart: Philipp Reclam Verlag, 2000. S. 181-193.

Barthes, Roland: Œuvres complètes. Tome III. 1968-1971. Nouvelle édition revue, corrigée et présentée par Éric Marty. Paris: Éditions du Seuil, 2002.

Bartlett, Frederic: Remembering: A Study in Experimental and Social Psychology. Cambridge: Cambridge University Press, 1964.

Begemann, Christian (Hg.): Realismus. Das große Lesebuch. Frankfurt am Main: Fischer, 2011.

Begemann, Christian (Hg.): Realismus. Epochen-Autoren-Werke. Darmstadt: Wissenschaftliche Buchgesellschaft, 2007.

Benstock, Shari: The Female Self Engendered: Autobiographical Writing and Theories of Selfhood (1991). In: Watson Brownley, Martine/ B. Kimmisch, Allison (Hg.): Women and Autobiography. Wilmington: Scholarly Resources, 1999. S. 3-13.

Bergmann, Klaus u.a. (Hg.): Handbuch der Geschichtsdidaktik. 3. Aufl. Düsseldorf: Schwann, 1985.

Bhabha, Homi K.: Die Verortung der Kultur. Hg. von Elisabeth Bronfen u.a. Tübingen: Stauffenburg Verlag, 2000.

Bhabha, Homi K.: Unpacking My Library Again. The Journal of the Midwest Modern Language Association, Vol. 28, No 1, Identities (Spring, 1995), S. 5-18.

Borries, Bodo von et. al. (Hg.): Geschichtsbewußtsein empirisch. Pfaffenweiler: Centaurus-Verlagsgesellschaft, 1991.

Bourdieu, Pierre: „Les trois états du capital culturel". In: Actes de la recherche en sciences sociales. N° 30, 1979.

Bourdieu, Pierre: Le sens pratique. Paris : Les Éditions de minuit, 1980.

Bourdieu, Pierre: Leçon sur la leçon. Paris : Les Éditions de minuit, 1982.

Bourdieu, Pierre: Choses dites. Paris : Les Éditions de minuit, 1987.

Bourdieu, Pierre: La Domination masculine. Actes de la recherche en sciences sociales. Vol. 84. N° 1, Sept., Paris: Seuil, 1990. S. 2-31.

Bourdieu, Pierre: Les règles de l'art. Genèse et structure du champ littéraire. Paris : Seuil, 1992.

Bourdieu, Pierre: Esquisse d'une théorie de la pratique. Précédé de trois études d'ethnologie kabyle. Paris : Seuil, 2000.

Bredekamp, Horst et. al.: Kritische Berichte, Jg. 13, Heft 3 (1985). Gießen: Anabas.

Brubaker, Rogers/Cooper, Frederic: Beyond „identity". In: Theory and Society 29. Springer, Februar 2000, S. 1-47.

Chodorow, Nancy: The Reproduction of Mothering. Psychoanalysis and the sociology of Gender. Berkeley u.a.: University of California Press, 1978.

Deleuze, Gilles/Guattari, Félix: Kafka. Für eine kleine Literatur. Frankfurt am Main : Suhrkamp, 1976.

De Man, Paul : Autobiography as De-facement. Modern Language Notes, Vol. 94 (1979). The John Hopkins University Press, S. 919-930.

Deissler, Alfons/ Vögtle, Anton (Hg.): Neue Jerusalemer Bibel. Einheitsübersetzung mit dem Kommentar der Jerusalemer Bibel. Neu bearbeitete und erweiterte Ausgabe. Deutsch Freiburg [u.a.]: Herder, 2000.

Derrida, Jacques: L'écriture et la différence. Paris : Éditions du Seuil, 1967.

Derrida, Jacques : La dissémination. Paris : Seuil, 1972

Derrida, Jacques: Parages. Paris: Galilée, 1986.

Derrida, Jacques : Marges de la philosophie. Paris : Les Éditions de minuit, 1993.

Derrida, Jacques : Le monolinguisme de l'autre ou la prothèse d'origine. Paris : Galilée, 1996.

Dick, Jutta/ Hahn, Barbara(Hg.):Von einer Welt in die andere. Jüdinnen im 19. und 20. Jahrhundert. Wien: Verlag Christian Brandstätter, 1993.

Dilthey, Wilhelm: Das Erlebnis und die Dichtung. Lessing, Goethe, Novalis, Hölderlin. Göttingen: Vandenhoeck & Ruprecht, 1970.

Dilthey, Wilhelm: Der Aufbau der geschichtlichen Welt in den Geisteswissenschaften. Eingeleitet von Manfred Riedel. Frankfurt am Main: Suhrkamp, 1981.

Djoufack, Patrice: Entortung, hybride Sprache und Identitätsbildung. Zur Erfindung von Sprache und Identität bei Franz Kafka, Elias Canetti und Paul Celan. Göttingen: V&R Unipress, 2010.

Erikson, H. Erik: Identität und Lebenszyklus. Drei Aufsätze. Frankfurt am Main: Suhrkamp, 1973.

Fanon, Frantz: Peau noire, masques blancs. Paris: Seuil, 1952.

Foucault, Michel: L'archéologie du savoir. Paris: Gallimard, 1969.

Foucault, Michel : L'ordre du discours. Leçon inaugurale au Collège de France le 2 Décembre 1970. Paris: Gallimard, 1971.

Foucault, Michel: Les techniques de soi. In : Ders.: Dits et écrits IV. Sous la direction de Daniel Defert et François Ewald. Paris : Gallimard, 1994. S. 783-813.

Foucault, Michel: Dits et écrits I. Sous la direction de Daniel Defert et François Ewald. Paris : Gallimard, 1994.

Foucault, Michel: Dits et écrits IV. Sous la direction de Daniel Defert et François Ewald. Paris : Gallimard, 1994.

Foucault, Michel: Technologien des Selbst. In : Ders.: Schriften in vier Bänden. Band IV. 1980-1988. Aus dem Französischen von Michael Bischoff u.a. Hg. von Daniel Defert und François Ewald. Frankfurt am Main : Suhrkamp, 2005. S. 966-999.

Foucault, Michel: Schriften in vier Bänden. Band IV. 1980-1988. Aus dem Französischen von Michael Bischoff u.a. Hg. von Daniel Defert und François Ewald. Frankfurt am Main: Suhrkamp, 2005.

Foucault, Michel: Ästhetik der Existenz. Schriften zur Lebenskunst. Hg. von Daniel Defert und François Ewald. Übersetzt von Michael Bischoff u.a. Frankfurt am Main: Suhrkamp, 2007.

Freud, Sigmund: Das Unheimliche. In : Ders.: Gesammelte Werke XII, Frankfurt am Main: Suhrkamp, 1919.

Freud, Sigmund: Jenseits des Lustprinzips In.: Ders.: Psychologie des Unbewussten. Band III. Studienausgabe. Herausgegeben von Alexander Mitscherlich u.a. Sechste Auflage. Frankfurt am Main: S. Fischer Verlag, 1975(1920). S. 217-272.

Freud, Sigmund: Psychologie des Unbewussten. Band III. Studienausgabe. Herausgegeben von Alexander Mitscherlich u.a. Sechste Auflage. Frankfurt am Main: S. Fischer Verlag, 1975(1920).

Freud, Sigmund: Abriß der Psychoanalyse. Einführende Darstellungen. Frankfurt am Main: Fischer Taschenbuch Verlag, 1994 (1914).

Freud, Sigmund: Vorlesungen zur Einführung in die Psychoanalyse und Neue Folge. 14. Aufl. Frankfurt am Main: S. Fischer, 2003(1969).

Frevert, Ute: Mann und Weib, und Weib und Mann. Geschlechter-Differenzen in der Moderne. München: Beck, 1995.

Gadamer, Hans-Georg: Wahrheit und Methode. Grundzüge einer philosophischen Hermeneutik, 3. Aufl. Tübingen: Mohr, 1972.

Gerhard, Ute: Verhältnisse und Verhinderungen. Frauenarbeit, Familie und Rechte der Frauen im 19. Jahrhundert; mit Dokumenten. Frankfurt am Main: Suhrkamp, 1978.

Gilroy, Paul: The black Atlantic. Modernity and double consciousness. Cambridge: Harvard University Press, 1993.

Goethe, Johann Wolfgang: Gedenkausgabe der Werke, Briefe und Gespräche. Hg. von Ernst Beutler. Band 10. Aus meinem Leben. Dichtung und Wahrheit. Zürich: Artemis, 1949.

Goethe, Johann Wolfgang: Sämtliche Werke. Briefe, Tagebücher und Gespräche. Vierzig Bände. II. Abteilung. Hg. von Karl Eibl [u.a.]. Band 11(38). Frankfurt a. Main: Deutscher Klassiker Verlag, 1993.

Greven-Aschoff, Barbara: Die bürgerliche Frauenbewegung in Deutschland 1894-1933. Göttingen: Vandenhoeck & Ruprecht, 1981.

Gusdorf, Georges: Voraussetzungen und Grenzen der Autobiographie (1956). In: Niggl, Günter(Hg.): Die Autobiographie. Zu Form und Geschichte einer literarischen Gattung. Darmstadt: Wissenschaftliche Buchgesellschaft, 1989. S. 121-147.

Hall, Stuart: Rassismus und kulturelle Identität. Ausgewählte Schriften 2. Hamburg: Argument Verlag, 1994.

Hall, Stuart: Ausgewählte Schriften 3. Cultural Studies. Ein politisches Theorieprojekt. Hamburg: Argument, 2000.

Hall, Stuart: Die Zentralität von Kultur. Anmerkungen über die kulturelle Revolution unserer Zeit. In: Hepp, Andreas / Löffelholz, Martin (Hg.): Grundlagentexte zur transkulturellen Kommunikation. Konstanz: UVK – Verlag-Gesellschaft, 2002, S. 95-117.

Hall, Stuart: Ideologie, Identität, Repräsentation. Ausgewählte Schriften 4. Hamburg: Argument Verlag, 2004.

Henrich, Dieter: 'Identität' – Begriffe, Probleme, Grenzen. In: Marquard, Odo/ Stierle, Karlheinz (Hg.): Identität. 2. Aufl. München: Wilhelm Fink Verlag, 1996. S. 133-186.

Hepp, Andreas / Löffelholz, Martin (Hg.): Grundlagentexte zur transkulturellen Kommunikation. Konstanz: UVK – Verlag-Gesellschaft, 2002.

Heuser, Magdalene: Einleitung. In: Dies (Hg.): Autobiographien von Frauen. Beiträge zu ihrer Geschichte. Tübingen: Niemeyer, 1996, 1-12.

Heuser, Magdalene (Hg.): Autobiographien von Frauen. Beiträge zu ihrer Geschichte. Tübingen: Niemeyer, 1996.

Hild, Cornelia: „Not Blood Relations, Ink Relations" Autobiographie und Fiktion. München: Diss., 2007.

Iser, Wolfgang: Die Appelstruktur der Texte. Konstanz: Universitätsverlag, 1971.

Jaeger, Michael: Autobiographie und Geschichte. Wilhelm Dilthey, Georg Misch, Karl Löwith, Gottfried Benn, Alfred Döblin. Stuttgart /Weimar: Metzler 1995.

Jannidis, Fotis/ Lauer, Gerhard et al.: Texte zur Theorie der Autorschaft. Stuttgart: Reclam, 2000.

Jeismann, Karl-Ernst: Geschichtsbewusstsein. In: Bergmann, Klaus et. al. (Hg.): Handbuch der Geschichtsdidaktik. 3. Aufl. Düsseldorf : Schwann, 1985. S. 40-43.

Kaufmann, Jean-Claude: L'invention de soi. Une théorie de l'identité. Paris : Armand Colin, 2004.

Koselleck, Reinhart: Geschichte, Historie. In: Brunner/Conze/Koselleck (Hg.): Geschichtliche Grundbegriffe. Zur politisch-sozialen Sprache in Deutschland. Band 2. E-G. Stuttgart: Klett-Cotta, 1998. S. 593-717.

Lacan, Jacques : *le stade du miroir comme formateur de la fonction du je* (1949). In : Ders.: Ecrits I. Paris: Seuil, 1966. S. 93-101.

Lacan, Jacques: Ecrits I. Paris: Seuil, 1966.

Lacan, Jacques: *Das Spiegelstadium als Bildner der Ichfunktion, wie sie uns in der psychoanalytischen Erfahrung erscheint.* In: Ders.: Schriften I. Herausgegeben von Norbert Haas. Übersetzt von Rodolphe Gasché u.a. Weinheim, Berlin: Quadriga, 1991.

Lachmann, Renate : Gedächtnis und Literatur. Intertextualität in der russischen Moderne. Frankfurt am Main: Suhrkamp, 1990.

Lejeune, Philippe: Der autobiographische Pakt. In: Niggl, Günter (Hg.): Die Autobiographie. Zu Form und Geschichte einer literarischen Gattung. Darmstadt: Wissenschaftliche Buchgesellschaft, 1989. S. 214-257.

Lejeune, Philippe: Le pacte autobiographique. Paris : Seuil, 1996.

Lessing, Gotthold Ephraim: Nathan der Weise. Stuttgart: Reclam, 1975.

Lévi-Strauss, Claude: La Pensée sauvage. Paris : Plon, 1962.

Lezzi, Eva: Kolonialphantasien in der Deutsch-Jüdischen Literatur um 1900. In: Lezzi, Eva/Salzer, Dorothea M. (Hg.): Dialog der Disziplinen. Jüdische Studien und Literaturwissenschaft. Berlin: Metropol, 2009.

Lezzi, Eva/Salzer M., Dorothea (Hg.): Dialog der Disziplinen. Jüdische Studien und Literaturwissenschaft. Berlin: Metropol, 2009.

Mahrholz, Werner: Der Wert der Selbstbiographie als geschichtliche Quelle. In: Niggl, Günter(Hg.): Die Autobiographie. Zu Form und Geschichte einer literarischen Gattung. Darmstadt: Wissenschaftliche Buchgesellschaft, 1989. S. 72-74.

Marquard, Odo/Stierle, Karlheinz: Identität – Autobiographie – Verantwortung (ein Annäherungsversuch) In: Dies.: (Hg.): Identität. 2. Aufl. München: Wilhelm Fink Verlag, 1996. S. 690-699.

Marquard, Odo/Stierle, Karlheinz (Hg.): Identität. 2. Aufl. München: Wilhelm Fink, 1996.

Mcnay, Lois: Gender, Habitus and the Field. Pierre Bourdieu and the Limits of Reflexivity. In: Theory, Culture and Society. Vol 16(1) (1999). London and New Dehli: SAGE, S. 95-117.

Mead, Georg Herbert: Mind, Self and Society. From the standpoint of a social Behaviorist. Hg. von Charles W. Morris. Chicago and London: Phoenix Books, 1967.

Mecklenburg, Norbert: Erzählte Provinz. Regionalismus und Moderne im Roman. Königstein/Ts.: Athenäum, 1982.

Meyer, Richard Moritz: Die deutsche Literatur des 19. Jahrhunderts. Berlin: Bondi, 1912.

Misch, Georg: Geschichte der Autobiographie. Band 1,1. Das Altertum, erste Hälfte. 3. stark vermehrte Auflage. Frankfurt am Main: Schulte-Bulmke, 1949.

Misch, Georg: Geschichte der Autobiographie. Vierter Band, zweite Hälfte. Von der Renaissance bis zu den autobiographischen Hauptwerken des 18. und 19. Jahrhunderts. Frankfurt am Main: Schulte-Bulmke, 1969.

Möhrmann, Renate: Frauenemanzipation im deutschen Vormärz. Texte und Dokumente. Stuttgart: Reclam, 1978.

Neumann, Bernd: Identität und Rollenzwang. Zur Theorie der Autobiographie. Frankfurt am Main: Athenäum, 1970

Niggl, Günter(Hg.): Die Autobiographie. Zu Form und Geschichte einer literarischen Gattung. Darmstadt: Wissenschaftliche Buchgesellschaft, 1989.

Okely, Judith/ Callaway, Helen (Hg.): Anthropology and Autobiography. New York [u.a.]: Routledge, 1992.

Okely, Judith: Anthropology and autobiography: participatory experience and embodied knowledge. In: Okely, Judith/ Callaway, Helen (Hg.): Anthropology and Autobiography. New York [u.a.]: Routledge, 1992. S. 1-28.

Olney, James: Autobiography and the cultural moment. A Thematic, Historical, and Bibliographical Introduction. In: Ders. (Hg.): Autobiography. Essays Theoretical and Critical. Princeton: Princeton University Press, 1980. S. 3-27.

Olney, James (Hg.): Autobiography. Essays Theoretical and Critical. Princeton: Princeton University Press, 1980.

Olney, James: Memory and Narrative. The Weave of Life-Writing. Chicago/ London: The University of Chicago Press, 1998.

Pascal, Roy: Design and Truth in Autobiography. London: Routledge & Kegan Paul, 1960.

Pascal, Roy: Die Autobiographie. Gehalt und Gestalt. Stuttgart [u.a.]: W. Kohlhammer, 1965.

Pascal, Roy: Die Autobiographie als Kunstform. In: Niggl, Günter(Hg.): Die Autobiographie. Zu Form und Geschichte einer literarischen Gattung. Darmstadt: Wissenschaftliche Buchgesellschaft, 1989. S. 148-157.

Pfotenhauer, Helmut: Literarische Anthropologie. Selbstbiographien und ihre Geschichte – am Leitfaden des Leibes. Stuttgart : J.B. Metzler, 1987. München: Wilhelm Fink Verlag, 1987.

Ricœur, Paul: Temps et récit. Tome I. Paris : Seuil, 1983.

Ricœur, Paul: Temps et récit. Tome III. Paris: Seuil, 1985.

Ricœur, Paul: Soi-même comme un autre. Paris : Éditions du Seuil, 1990.

Ricœur, Paul: Das Selbst als ein Anderer. München: Wilhelm Fink Verlag, 2005.

Riesman, David: Die einsame Masse. Eine Untersuchung der Wandlungen des amerikanischen Charakters. Darmstadt u.a.: Hermann Luchterhand Verlag, 1956.

Rickless, J.R.: Nachricht von der Gegenwärtigen Einrichtung der Töchterschule in Oldenburg: Zur Einladung einer am 9. Nov. Mit derselben anzustehenden Prüfung. Oldenburg: Schultze, 1808.

Rüsen, Jörn / Frölich, Klaus / Horstkötter, Hubert / Schmidt, Hans Günter: Untersuchungen zum Geschichtsbewußtsein von Abiturienten im Ruhrgebiet. In: Borries, Bodo von et. al. (Hg.): Geschichtsbewußtsein empirisch. Pfaffenweiler: Centaurus-Verlagsgesellschaft, 1991. S. 221-344.

Rüsen, Jörn: Kultur macht Sinn. Orientierung zwischen Gestern und Morgen. Köln/Weimar/ Wien: Böhlau, 2006.

Sartre, Jean Paul : Réflexions sur la question juive. Paris: Gallimard, 1954.

Schneider, Manfred: Die erkaltete Herzensschrift. Der autobiographische Text im 20. Jahrhundert. München /Wien: Carl Hanser Verlag, 1986.

Schoeps, Hans-Joachim: Preußen und Deutschland. Wandlungen seit 1763. Berlin: Haude & Spener, 1970.

Searle, John R.: Ausdruck und Bedeutung. Untersuchungen zur Sprechakttheorie. Frankfurt am Main: Suhrkamp, 1982.

Searle, John R.: Sprechakte. Ein sprachphilosophischer Essay. Frankfurt am Main: Suhrkamp, 1976.

Simo, David: Subjektposition und Kultur im Zeitalter der Globalisierung. Postkoloniale Ansätze. In: Comparativ. Zeitschrift für Globalgeschichte und vergleichende Gesellschaftsforschung. Nr. 6 (2010), S. 51-79.

Smith, Sidonie/Watson, Julia (Hg.): Women, Autobiography, Theory. A Reader. Madison: The University of Wisconsin Press, 1998.

Smith, Sidonie: Constructing Truth in Lying Mouths: Truthtelling in Women's Autobiography. In: Brownley, Martine Watson / B. Kimmisch, Allison (Hg.): Women and Autobiography. Wilmington: Scholarly Resources, 1999. S. 33-52.

Spickernagel, Ellen: Die Macht des Innenraums. Zum Verhältnis von Frauenrolle und Wohnkultur in der Biedermeierzeit. In: Kritische Berichte, Jg. 13, Heft 3.(1985) Gießen: Anabas, S. 5-15.

Spivak, Gayatri Chakravorty: Can the subaltern speak? Postkolonialität und subalterne Artikulation. Wien: Turia + Kant, 2008.

Stanford F., Susan: Women's Autobiographical Selves: Theory and Practice (1988). In: Smith, Sidonie/Watson, Julia (Hg.): Women, Autobiography, Theory. A Reader. Madison: The University of Wisconsin Press, 1998.

Stanzel, Franz K.: Autobiographie. Wo ein Ich erzählt, ist immer Fiktion. In.: Foltinek, Herbert / Höller, Hans (Hg.): Sprachkunst. Beiträge zur Literaturwissenschaft. Jg. XXXVII. Wien: Verlag der Österreichischen Akademie, 2006.

Starobinski, Jean: Sur quelques formes de critiques de la notion d'identité (remarques historiques). In : Marquard, Odo/Stierle, Karlheinz(Hg.): Identität. 2. Aufl. München: Wilhelm Fink Verlag, 1996. S. 644-650.

Strasen, Sven: Rezeptionstheorien. Literatur-, sprach- und kulturwissenschaftliche Ansätze und kulturelle Modelle. Trier: Wissenschaftlicher Verlag, 2008.

Straub, Jürgen (Hg.): Erzählung, Identität und historisches Bewußtsein. Die psychologische Konstruktion von Zeit und Geschichte. Frankfurt am Main: Suhrkamp, 1998.

Straub, Jürgen: Identität. In: Jaeger, Friedrich/Liebsch, Burkhard(Hg.): Handbuch der Kulturwissenschaft. Grundlagen und Schlüsselbegriffe. Stuttgart, Weimar : Metzler, 2004. S. 277-303.

Todd, Herzog: Hybrids and *Mischlinge*: Translating Anglo-American Cultural Theory into German. The German Quaterly, Vol. 70, No. 1 (Winter, 1997), S. 1-17.

Vazquez, Garcia, F.: La tension infinie entre l'histoire et la raison : Foucault et Bourdieu. In : Revue internationale de philosophie n° 220 (2002/2), S. 343-365.

Vogt, Marianne: Autobiographik bürgerlicher Frauen. Zur Geschichte weiblicher Selbstbewußtwerdung. Würzburg: Königshausen und Neumann, 1981.

Volkening, Heide: Am Rande der Autobiographie. Ghostwriting – Signatur –Geschlecht. München: Diss., 2003.

Wagner-Egelhaaf, Martina: Autobiographie. Stuttgart: J.B. Metzler, 2002.

Watson B., Martine/ Kimmisch, Allison (Hg.): Women and Autobiography. Wilmington: Scholarly Resources, 1999.

Wenzel, Peter: Literarische Gattung. In: Ansgar Nünning(Hg.)]: Metzler Lexikon. Literatur- und Kulturtheorie. Stuttgart/Weimar: Metzler, 2004. S. 209-210.

Wiedemann, Conrad: Grenzgänge: Studien zur europäischen Literatur und Kultur. Heidelberg: Universitätsverlag Winter, 2005.

Wiefarn, Markus: Authentifizierungen. Studien zu Formen der Text- und Selbstidentifikation. Würzburg: Ergon, 2010.

Wilhelmy, Petra: Der Berliner Salon im 19. Jahrhundert (1780-1914). Berlin/New York: De Gruyter, 1989.

Zapf, Hubert: Dekonstruktivismus. In: Nünning, Ansgar (Hg.): Metzler Lexikon Literatur- und Kulturtheorie. Stuttgart, Weimar: J.B. Metzler Verlag, 2004. S. 104-107.

Schriften zur jüdischen Literatur, Geschichte und Kultur

Alter, Robert: After Tradition: Essays on Modern Jewish Writing. New York: Dutton, 1969.

Aschheim, Steven E.: Brothers and Strangers. The East European Jew in German and German Jewish Consciousness, 1800-1923. Madison: The University of Wisconsin Press, 1982.

Battegay, Caspar / Breysach, Barbara (Hg.): Jüdische Literatur als europäische Literatur. Europäizität und jüdische Identität 1860-1930. München: Text+Kritik, 2008.

Bayerdörfer, Hans-Peter: Das Bild des Ostjuden in der deutschen Literatur. In: Juden und Judentum in der Literatur. Hg. von Herbert A. Strauss und Christhard Hoffmann. München: Deutscher Taschenbuch Verlag, 1985.

Berger Michael / Römer-Hillebrecht, Gideon (Hg.): Juden und Militär in Deutschland. Zwischen Integration, Assimilation, Ausgrenzung und Vernichtung. Baden-Baden: Nomos, 2009.

Berger, Michael: Eisernes Kreuz und Davidstern. Die Geschichte Jüdischer Soldaten in Deutschen Armeen. Berlin: Trafo, 2006.

Berger Michael: Eisernes Kreuz, Doppeladler, Davidstern. Juden in deutschen und österreichisch-ungarischen Armeen; der Militärdienst jüdischer Soldaten durch zwei Jahrhunderte. Trafo Verlag, 2010.

Biale, David: Eros and the Jews. From Biblical Israel to contemporary America. New York: Basic Books, 1992.

Birnbaum, Nathan: Die Nationale Wiedergeburt des jüdischen Volkes in seinem Lande, als Mittel zur Lösung der Judenfrage. Ein Appell an die Guten und Edlen aller Nationen. Wien, 1893. In: Ders.: Die jüdische Moderne. Frühe zionistische Schriften. Augsburg: Ölbaum Verlag, 1989. S. 17-38.

Birnbaum, Nathan: Die jüdische Moderne. Frühe zionistische Schriften. Augsburg: Ölbaum Verlag, 1989.

Bohlman, Philip V.: The Land Where Two Streams Flow. Music in the German-Jewish Community of Israel. Urbana u.a.: University of Illinois Press, 1989.

Brenner, Michael et.al. (Hg.): Deutsch-jüdische Geschichte in der Neuzeit. Band II Emanzipation und Akkulturation (1780-1871). München: Beck, 2000.

Breuer, Albert: Juden in Preußen 1750-1918. Emanzipation, Assimilation und Antisemitismus. In: Schoeps, Julius H. u.a. (Hg.): MENORA. Jahrbuch für Deutsche-Jüdische Geschichte. Band 16. Tradition, Emanzipation und Verantwortung. Moses Mendelssohn, die Aufklärung und die Anfänge des deutsch-jüdischen Bürgertums. Hamburg: EVA, 2006. S. 15-52.

Butzer, Günter: Topographie und Topik. Zur Beziehung von Narration und Argumentation in der autobiographischen Holocaust-Literatur. In: Günter, Manuela (Hg.): Überleben schreiben. Zur Autobiographik der Shoah. Würzburg: Königshausen & Neumann, 2002. S. 51-76.

Cohen, Gerson D.: The Blessing of Assimilation in Jewish History (1966). In: Neusner, Jacob (Hg.): Understanding Jewish Theology. Classical Issues and Modern Perspectives. New York: Ktav Publishing House, 1973.

Dohm, Christian Wilhelm: Über die bürgerliche Verbesserung der Juden. Neue verbesserte Auflage. Berlin und Stettin: Friedrich Nicolai, 1783.

Dubnow, Simon: Die Grundlagen des Nationaljudentums. Berlin: Jüdischer Verlag, 1905.

Dubnow, Simon: Weltgeschichte des jüdischen Volkes. Von seinen Uranfängen bis zur Gegenwart. In zehn Bänden. Band VII: Die zweite Hälfte des XVII. und das XVIII. Jahrhundert. Berlin: Jüdischer Verlag, 1928.

Dubnow, Simon: Weltgeschichte des jüdischen Volkes. Von seinen Uranfängen bis zur Gegenwart. In zehn Bänden. Band IX : Das Zeitalter der ersten Reaktion und der zweiten Emanzipation (1815-1881). Berlin: Jüdischer Verlag, 1929.

Erb, Rainer / Bergmann, Werner: Die Nachtseite der Judenemanzipation. Der Widerstand gegen die Integration der Juden in Deutschland 1780-1860. Berlin: Metropol. 1989.

Eshel, Amir: Zeit der Zäsur. Jüdische Dichter im Angesicht der Shoah. Heidelberg: Universitätsverlag C. Winter, 1999.

Fiero, Petra S. : Zwischen Enthüllen und Verstecken. Eine Analyse von Barbara Honigmanns Prosawerk. Tübingen: Niemeyer, 2008.

Freud, Sigmund: Ansprache an die Mitglieder des Vereins B'nai B'rith(1926). In: Ders.: Gesammelte Werke. Chronologisch geordnet. XVII. Band. Schriften aus dem Nachlass. Frankfurt am Main: Fischer, 1955.

Gans, Eduard: Zweite Rede vor dem 'Kulturverein'. In: Waszek, Norbert: Eduard Gans (1797-1839): Hegelianer – Jude – Europäer. Texte und Dokumente. Frankfurt am Main: Peter Lang, 1991.

Gelhard, Dorothee: „Mit dem Gesicht nach vorne gewandt". Erzählte Tradition in der deutsch-jüdischen Literatur. Wiebaden: Harrassowitz, 2008.

Goldstein, Moritz: „Wir und Europa", In: Vom Judentum. Ein Sammelbuch. Hg. vom Verein jüdischer Hochschüler Bar Kochba in Prag. Leipzig: Kurt Wolff, 1913.

Günter, Manuela (Hg.): Überleben schreiben. Zur Autobiographik der Shoah. Würzburg: Königshausen & Neumann, 2002.

Hahn, Hans-Joachim: Europäizität und innerjüdisches Othering ›Ostjuden‹ im literarischen Diskurs von Heine bis Zweig. In: Battegay, Caspar / Breysach, Barbara (Hg.): Jüdische Literatur als europäische Literatur. Europäizität und jüdische Identität 1860-1930. München: Text+Kritik, 2008.

Hartman, Geoffrey H.: On the Jewish Imagination. In: Prooftexts: A Journal of Jewish Literary History. 5:3 (1985), P.210-220.

Kafka, Franz: Gesammelte Werke. Hg. von Max Brod. Band 9. Briefe 1902-1924. Frankfurt am Main: Fischer,1958.

Katz, Jacob: Tradition und Krise. Der Weg der jüdischen Gesellschaft in die Moderne. München: Beck, 2002.

Kłańska, Maria. Aus dem Schtetl in die Welt. 1772 bis 1938. Ostjüdische Autobiographien in deutscher Sprache. Wien: Böhlau, 1994.

Löwenstein, Steven M.: Anfänge der Integration 1780.1871. In.: Marion Kaplan (Hg.): Geschichte des jüdischen Alltags in Deutschland vom 17. Jahrhundert bis 1945. München: Beck, 2003.

Marx, Karl: Zur Judenfrage. Hg. von Stefan Grossmann. Berlin: Ernst Rowohlt Verlag, 1919.

Mayer, Michael A. (Hg.): Deutsch-Jüdische Geschichte in der Neuzeit. In drei Bänden. Band III. Umstrittene Integration 1871-1918. München: Beck, 1997.

Mayer, Sigmund: Die Wiener Juden. Kommerz, Kultur, Politik. 1700-1900. Wien und Berlin: R. Löwit Verlag, 1917.

Mendelssohn, Moses: Gesammelte Schriften. Jubiläumsausgabe. Band 20/2. Stuttgart Bad Cannstatt u.a.: Frommann-Holzboog, 1929ff.

Mendelssohn, Moses: Jerusalem oder über religiöse Macht und Judentum. Hg. von Michael Albrecht. Hamburg: Felix Meiner Verlag, 2005.

Miething, Christoph: Gibt es jüdische Autobiographien? In: Ders.(Hg.): Zeitgenössische Jüdische Autobiographien. Max Niemeyer Verlag. Tübingen 2003, S.43-73.

Miething, Christoph (Hg.): Zeitgenössische Jüdische Autobiographien. Tübingen: Max Niemeyer Verlag, 2003.

Mintz, Alan: „Banished from Their Father's Table". Loss of Faith and Hebrew Autobiography. Bloomington & Indianapolis: Indiana University Press, 1989.

Moseley, Marcus: Being for Myself Alone. Origins of Jewish Autobiography. Stanford: Stanford University Press, 2006.

Myers, D.N./Rowe, William V. (Hg.): From Ghetto to Emancipation. Historical and Contemporary Reconsiderations of the Jewish Community. Scranton: Scranton University Press, 1997.

Myers, David N.: „The Blessing of Assimilation" Reconsidered. An Inquiry into Jewish Cultural Studies. In: Myers, D.N./Rowe, William V. (Hg.): From Ghetto to Emancipation. Historical and Contemporary Reconsiderations of the Jewish Community. Scranton: Scranton University Press, 1997. pp. 17.35.

Myers, David N.: Zu ‚Diaspora' und den ‚Segnungen der Assimilaton'. In: Kalonymos. Beiträge zur deutsch-jüdischen Geschichte 4 (2001), S.23-27.

Neusner, Jacob (Hg.): Understanding Jewish Theology. Classical Issues and Modern Perspectives. New York: Ktav Publishing House, 1973.

Palmer, Gesine: Zur – Vom – Über – Und. Nachwort zu: Franz Rosenzweig. Zweistromland. Kleinere Schriften zur Religion und Philosophie. Berlin/Wien: Philo, 2001.

Richarz, Monika (Hg.): Jüdisches Leben in Deutschland. Band I. Selbstzeugnisse zur Sozialgeschichte 1780-1871. Stuttgart: Deutsche Verlags-Anstalt, 1976.

Richarz, Monika (Hg.): Jüdisches Leben in Deutschland. Band II. Selbstzeugnisse zur Sozialgeschichte im Kaiserreich. Stuttgart: Deutsche Verlags-Anstalt, 1979.

Richarz, Monika (Hg.): Jüdisches Leben in Deutschland. Band III. Selbstzeugnisse zur Sozialgeschichte 1918-1945. Stuttgart: Deutsche Verlags-Anstalt, 1982.

Riesman, David: Die einsame Masse. Eine Untersuchung der Wandlungen des amerikanischen Charakters. Aus dem Amerikanischen von Renate Rausch. Darmstadt u.a.: Hermann Luchterhand Verlag, 1956.

Rosenfeld, Alvin H.: Ein Mund voll Schweigen. Literarische Reaktionen auf den Holocaust. Göttingen 2000.

Rosenthal, Jacob: Die Ehre des jüdischen Soldaten. Die Judenzählung im Ersten Weltkrieg und ihre Folgen. Frankfurt am Main: Campus, 2007.

Rosenzweig, Franz: Bildung – und kein Ende. Wünsche zum jüdischen Bildungsproblem des Augenblicks insbesondere zur Volkshochschulfrage. In: Ders.: Zweistromland. Kleinere Schriften zur Religion und Philosophie. Berlin/Wien: Philo 2001.

Rosenzweig, Franz: Zweistromland. Kleinere Schriften zur Religion und Philosophie. Berlin/Wien: Philo 2001

Roskies, David G.: The Jewish search for a usable past. Bloomington [u.a.]: Indiana University Press, 1999.

Rubin Suleiman, Susan: The Jew in Sartre's *Réflexions sur la question juive*. An Exercise in Historical Reading. In: Nochlin, Linda/Garb, Tamar (Hg.): The Jew in the Text. Modernity and the Construction of Identity. London: Thames and Hudson, 1995. pp. 201-218

Rubin, Barry: Assimilation and its discontents. New York: Times Books, 1995.

Rudel, S. Adler: Ostjuden in Deutschland 1880-1940. Tübingen: Mohr, 1959.

Rürup, Reinhard: Emanzipation und Antisemitismus. Studien zur „Judenfrage" der bürgerlichen Gesellschaft. Frankfurt am Main: Fischer Taschenbuch Verlag, 1987.

Said, Edward W.: Orientalism. Western Concepts of the Orient. London: Penguin, 1995.

Schochat, Ariel: Der Ursprung der jüdischen Aufklärung in Deutschland. Frankfurt am Main/New York: Campus, 2000.

Schoeps, Julius H. u.a.(Hg.): MENORA. Jahrbuch für Deutsche-Jüdische Geschichte. Band 16. Tradition, Emanzipation und Verantwortung. Moses Mendelssohn, die Aufklärung und die Anfänge des deutsch-jüdischen Bürgertums. Hamburg: EVA, 2006.

Schoeps, Julius: Juden in Deutschland. Von der Aufklärung bis zur Gegenwart; ein Lesebuch. München: Piper, 1994.

Schubert, Kurt. Die Geschichte des österreichischen Judentums. Wien: Böhlau, 2008.

Schultz, Hartwig (Hg.): Salons der Romantik. Beiträge eines Wiepersdorfer Kolloquiums zur Theorie und Geschichte des Salons. Berlin, New York: De Gruyter, 1997.

Schuster, Frank M.: Zwischen allen Fronten. Osteuropäische Juden während des ersten Weltkrieges (1914-1919). Wien: Böhlau, 2004.

Schütz, Hans J.: Juden in der deutschen Literatur. Eine deutsch-jüdische Literaturgeschichte im Überblick. München. Zürich: Piper, 1992.

Segebrecht, Wulf: Über Anfänge von Autobiographien und ihre Leser. In: Niggl, Günter (Hg.): Die Autobiographie. Zu Form und Geschichte einer literarischen Gattung. Darmstadt, 1989, S. 158-169.

Sieg Ulrich: Jüdische Intellektuelle im Ersten Weltkrieg. Kriegserfahrungen, weltanschauliche Debatten und kulturelle Neuentwürfe. Akademie Verlag, 2001.

Simon-Nahum, Perrine. Jüdische Historiographie im Frankreich des 19. Jahrhunderts. In: Wyrna, Ulrich (Hg.): Judentum und Historismus. Zur Entstehung jüdischer Geschichtswissenschaft in Europa. Frankfurt/New York: Campus, 2003. S. 91-116.

Stanislawski, Michael: Autobiography, The Jews, and Episodic Memory. In: Ders.: Autobiographical Jews. Essays in Jewish Self-Fashioning. Seattle. London: University of Washington Press, 2004.

Stanislawski, Michael: Autobiographical Jews. Essays in Jewish Self-Fashioning. Seattle. London: University of Washington Press, 2004.

Stern, Selma: Der preußische Staat und die Juden. Berlin: Schwetschke, 1925.

Strauss, Herbert A./ Hoffmann, Christhard (Hg.): Juden und Judentum in der Literatur. München: Deutscher Taschenbuch Verlag, 1985.

Tewarson, Heidi Thomann: Jüdinsein um 1800. Bemerkungen zum Selbstverständnis der ersten Generation assimilierter Berliner Jüdinnen. In: Von einer Welt in die andere. Jüdinnen im 19. und 20. Jahrhundert. Hg. von Jutta Dick und Barbara Hahn. Wien: Verlag Christian Brandstätter, 1993 S. 47-70.

Vistrits, Robert: Die Juden Wiens Im Zeitalter Kaiser Franz Josephs. Wien: Böhlau, 1999.

Waszek, Norbert: Eduard Gans (1797-1839): Hegelianer – Jude – Europäer. Texte und Dokumente. Frankfurt am Main: Peter Lang, 1991.

Wertheimer, Jack L.: Germany Policy and Jewish Politics: The Absorption of East European Jews in Germany (1868-1914) Columbia Uni. Diss., UMI Arbor, 1978.

Wilhelmy, Petra: Der Berliner Salon im 19. Jahrhundert. (1780-1914). Berlin/New York: De Gruyter, 1989.

Witte, Bernd: Jüdische Tradition und literarische Moderne. Heine, Buber, Kafka, Benjamin. München: Carl Hanser, 2007.

Wyrna, Ulrich (Hg.): Judentum und Historismus. Zur Entstehung jüdischer Geschichtswissenschaft in Europa. Frankfurt/New York: Campus, 2003.

Young, James Edward: Beschreiben des Holocaust. Darstellung und Folgen der Interpretation. Frankfurt am Main 1992.

Zechlin, Egmont: Die deutsche Politik und die Juden im Ersten Weltkrieg. Vandenhoeck & Ruprecht, 1969.

Lexika

Brunner, Otto / Conze, Werner / Koselleck, Reinhart (Hg.): Geschichtliche Grundbegriffe. Zur politisch-sozialen Sprache in Deutschland. Band 2. E-G. Stuttgart: Klett-Cotta, 1998.

Evans, Dylan: Wörterbuch der Lacanschen Psychoanalyse. Wien: Turia+Kant, 2002.

Herlitz, Georg/Kirschner, Bruno (Hg.): Jüdisches Lexikon. Ein enzyklopädisches Handbuch des jüdischen Wissens in vier Bänden. Band II. D-H. 2. Aufl. Frankfurt am Main: Jüdischer Verlag bei Athenäum, 1987.

Nünning, Ansgar(Hg.): Metzler Lexikon Literatur- und Kulturtheorie. Stuttgart/Weimar: J.B. Metzler Verlag, 2004.

Rheinisches Conversations-Lexicon oder encyclopaedisches Handwörterbuch für gebildete Stände. Hrsg. von einer Gesellschaft rheinländischer Gelehrten. In 12 Bänden. Fünfter Band. F-Gri. Köln/Bonn: Comptoir für Kunst und Literatur, 1825.

Internetadressen

http://www.misrachi.at/index.php/geschichte-der-juden-in-wien/64-herrschaft-der-gnade (25.08.2011)

Namenregister